에필로그

-권력을 향해 진리를 말하다-

강 성 학

박영사

Epilogue

-Speak Truth to Power-

Sung-Hack Kang

나의 사랑하는 상남
강상온에게

추 천 사

이영일 박사

건국대통령 이승만 기념관 건립추진위원

강성학(姜聲鶴) 박사의 새로운 저서 〈에필로그: 권력을 향해 진리를 말하다〉가 드디어 출간된다. 강 교수는 33년에 걸친 고려대학교 교수생활을 정년으로 퇴임한 한국 국제정치학계의 손꼽히는 석학의 한 분이다. 대학에서 퇴임한 지 6년 후에 서울의 일간지인 〈아시아투데이 AsiaToday〉에 그는 격주로 칼럼을 쓰기 시작했다. 이를 계기로 강 박사는 이제 자기도 언론인이 되었다고 말하지만 아직도 그는 언론에 기고하는 석학일 뿐 언론인이라고 말하기는 그렇다. 대개 시중(市中) 일간지에 기고하는 칼럼 원고의 분량은 거의 200자 원고지 9.2매가 상한이다. 그러나 강 박사는 회사 사주와의 협의를 통해 원고의 분량을 칼럼 급이 아닌 에세이 급으로 상향해서 집필한다고 했다. 분량이 넘치면 연재해서라도 싣는다. 칼럼집이라기보다는 에세이 집일 것이다.

필자가 이 책에 관심을 갖는 것은 책의 형태나 양이 아니다. 강 박사가 국제정치학자로서 그가 축적해온 심도 높은 연구의 엑기스가 〈에필로그〉에 쏟아져 나올 것으로 전망되기 때문이다. 교직에서 퇴임한 국제정치학자가 이제 학생들이 아닌 일반 시민들을 상대로 일간 신문의 언징에서 그가 닥나한 연구와 통찰력을 활용, 오늘의 한국이 낭면한 여러 가지 정치적 난제 해결의 방향과 논리를 제시할 것으로 기대되기 때문이다. 또 이 책은 읽기에 부담을 주는 거대하고 부피가 큰 저서가 아니고 단편의 글로써 독자가 부담 없이 읽어 양식(良識)을 얻게 해줄 것이다. 지금까지 강 박사는 30여 권의 대저를 줄

간했다. 그것도 500에서 900페이지가 넘는 매머드급 저술들이다. 이 분야를 전공하는 학생이라도 두꺼운 책은 큰 맘 먹어야 읽기에 착수하게 된다.

그간 강성학 교수가 출간한 저작들은 하나같이 매머드급인데도 다른 학자들에 비해 독서율도 높고 출판연도가 한참 지났는데도 "시대를 초월해서 생명력을 갖는 고전처럼 여전히 서점에서 판매가 이어지는 까닭은 무엇일까?" 필자가 볼 때는 두 가지다. 하나는 미국 하버드 대학의 정치학박사로서 대통령 비서실장과 주유엔대사를 역임했고 강성학 박사의 은사이기도 한 고 김경원(故 金瓊元)교수가 강 교수의 900페이지에 달하는 명저 〈새우와 고래싸움〉에 쓴 추천사에 잘 나타나 있다. 김경원 박사는 다른 국제정치학자들의 저술과 구별되는 강 박사의 특이성을 아래와 같이 말했다. "강성학교수의 저서는 다른 학자들의 저술과는 달리 읽어도 지루하지 않고 다루는 소재도 전쟁과 평화, 역사의 교훈과 현안문제, 전환기의 생존전략 등 우리들이 실제로 당면하고 있는 문제들에 대해 깊이 생각하여 얻은 진실을 독자들과 나누기 위해 쓴 글"이라는 것이다. 필자도 동감이다. 그의 저술들을 읽어보면 우리나라가 놓여있는 지정학적 위치 때문에 역사 속에서 겪지 않으면 안 되었던 사건들의 배경, 또 앞으로 당면하게 될 문제의 본질을 깊이 있게 파헤치고 나름의 종합적인 처방을 긍정적으로 내놓고 있다. 강박사가 〈에필로그〉를 통해 던지는 메시지는 상황 윤리를 반영하기 때문에 결코 공허한 담론이 아니고 현실적 과제해결을 지향할 것이다. 즉, 서론(緖論)이 아니라 결론을 내놓는 글로 기대된다.

다른 하나는 강 교수가 그간 출간한 책들의 제목(title)을 보면 다른 학자들의 저서들과는 표현이 전혀 다르다. 그는 책 속에 담긴 글 내용을 예리한 비유(比喩)로 집약, 제목을 붙인다. 앞서도 언급했지만 우리나라는 한시도 국제정치의 굴레를 벗어날 수 없는 나라다. 우리 근 · 현대사를 규정하는 국제정치의 맥락을 쉽게 풀어서 책을 쓴다면 "한국과 국제정치"로 제목을 붙였으면 무난하다. 그러나 강 박사는 〈새우와 고래싸움〉(초판 2004년)으로 작명했다. 설명인즉 이제 가난에 시달리던 약소국 한국이 가까스로 선진국 반열에 올랐는데 여기에 자만한 나머지 감당 못할 행동으로 위기를 부르지 말기를 권고하는 의미로 이런 제목을 택했다고 말했다. 그는 청일전쟁의 역사를 다룬 책도 제목이 〈용(중국)과 사무라이(일본)의 결투〉였다. 글 쓰는 맛과 멋을 아는 학자의 풍모다. 최근 영국 옥스퍼드대의 라몬 파체코 파르도(Ramon Pacheco Pardo) 교수도 〈Shrimp to Whale〉(새우에서 고래로)라는 영문명으로 2022년에 한국현대사를 저술했다.

강성학 교수의 학문 세계를 비전문가의 입장에서 말하기는 솔직히 쉽지 않다. 필자는 그분의 저서 몇 권을 읽고 난 독후감만 한마디 던지고 싶다. 우선 교수로서 강 박사가 자기의 저술에서 원전(原典)에 참으로 충실했다는 것은 책의 본문 페이지마다 실린 그의 각주(脚註)가 말해준다. 동시에 그의 저서에는 한국 민주주의에 대한 짙은 애정이 도처에 녹아있다. 강 박사는 프랑스의 레이몽 아롱(Raymond Aron) 교수를 좋아하는데 그분의 영향을 받았다고 말하면 결례 아닐까? 레이몽 아롱은 사상과 실천의 양면에서 민주주의와 시장경제를 옹호한 것으로 명성을 얻었다. 주지하는 바이지만 프랑스의 대석학 레이몽 아롱은 '마르크주의는 지식인의 아편'이라고 논박하면서 공산주의를 지지하는 실존철학자 사르트르(Sartre)와 세기의 논쟁을 벌였다. 두 분 사후 사르트르가 창간한 Liberation(해방신보)은 논쟁의 승자로 레이몽 아롱의 손을 들어주면서 슬픈 일이지만 그가 옹호한 민주주의가 프랑스가 나아갈 길이라고 선언했다. 결국 엠마뉘엘 마크롱 대통령도 아롱을 프랑스의 국가사부(國家師傅)로 부르면서 그가 부르짖은 정치이념을 구현하는데 힘을 쏟고 있다. 어느 면에서 강 박사는 레이몽 아롱을 그의 롤 모델로 삼고 있는 것 같다.

필자는 그의 명저의 하나인 〈인간 神과 평화의 바벨탑〉을 읽으면서 종교

서적도 아닌 가장 살벌한 국제정치 저술에서 이런 타이틀을 붙인 까닭은 무엇일까 궁금했다. 국제정치의 세계는 한마디로 힘이 지배하는 약육강식의 세계, 정글법칙이 지배하는 무정부 세계다. 전쟁이 끊이지 않는 이러한 무정부의 세계에 질서를 부여, 평화의 세계를 만들겠다는 꿈을 가진 분들이 이 책의 두 분 주인공이다. 제1차 세계대전 후에 국제연맹(the League of Nations)을 창시한 미국의 윌슨(Woodrow Wilson) 대통령과 제2차 세계대전 후 국제연합(the United Nations)의 창설을 주도한 프랭클린 루즈벨트(Franklin Roosevelt) 대통령 그분들이다. 윌슨 대통령이 창립한 국제연맹은 실패했기 때문에 제2차 세계대전을 막지 못했다. 윌슨 대통령 시절 해군차관보로 유럽전쟁에 참가했던 루즈벨트 대통령은 윌슨 패배에서 교훈을 얻고 전후 미국의 압도적인 국력을 배경으로 그간 강대국들이 영토 확장수단으로 추구해온 식민지 쟁탈이 모든 침략전쟁의 원인이라면서 식민지 지배체제의 해체를 전후 세계질서 수립의 조건으로 내세우고 국제연합(UN)을 창설했다. 유엔은 지난 70여년 동안 각 지역에서 대·소 전쟁이 끊임없이 발생했지만 제3차 세계대전의 발발만은 막았다. 그러나 러시아의 우크라이나 침략으로 유엔의 평화체제는 또다시 존폐의 위기를 맞고 있다. 강 박사는 "국제정치의 이런 현실에서 과연 인간들이 신의 영역에 속할 영구 평화체제를 만들 수 있을까?", "결국 인간이 만든 평화는 바벨탑의 운명을 면할 수 없는가?"를 철저히 따지고 있다. 그는 이렇게 거칠고 험한 세계정치의 파고 속에서 지정학적 불리(不利)를 안고 태어난 대한민국호가 어떻게 버텨가면서 평화와 번영을 누리면서 살아갈 방도가 무엇인가가 그의 사색의 종착점이 된다. 한마디로 요약될 정답은 없다. 살길을 찾으려면 세계정치의 흐름을 항상 깊이 있게 지켜보면서 국가수호를 위해 고뇌에 찬 노력을 쏟는 길밖에 없다고 강조한다.

강 박사는 미국 시카고 대학의 존 미어샤이머(John Mearsheimer)형의 공세적 현실주의와 구별되는 입장에서 국가 리더십의 중요성을 강조하는 현실주의자로 보인다. 그는 결국 국가의 흥(興)과 망(亡)의 결말은 누가 국가를 이끄느냐는 리더십 문제로 귀결된다면서 세계 각국의 주요 지도자 연구에 천착(穿鑿)했다. 2017년부터 2024년 사이에 뜨거운 열정으로 주요 정치지도자들의 이야기를 위인전(偉人傳) 차원이 아닌 국제정치적 시각에서 전기(傳記)로 펴냈다. 그가 펴낸 것은 나폴레옹 보나파르트, 오토 폰 비스마르크, 조지 워싱턴, 시어도어 루즈벨트, 윈스턴 S. 처칠, 해리 S. 트루먼, 헨리 키신저를 다룬 7권의 전기다. 국제정치의 승패도 결국 리더십에 결정적으로 좌우된다는 결론을 제시했다. 이 부분은 필자가 아직 7권의 책을 통독하지 못했기 때문에 상식적 평가로 이해해주기 바란다. 필자가 그의 학문 세계나 깊이를 제대로 촌탁(忖度)할 수는 없다. 그러나 그에게 축적되어 있는 국제정치의 경륜을 보면 대한민국의 오늘이 꼭 필요로 하는 국가의 중요한 정책결정의 핵심에서 크게 쓰임 받아야 할 분이 바로 이분이 아닌가로 여겨졌다. 그렇지 못한 현실이 안타깝다.

필자는 이 책에 추천사를 써달라는 부탁을 받고 필자가 이런 글을 쓸 자격이 있는지 걱정이 앞섰다. 필자는 학자도 아니고 언론인도 아니며 3선의 국회의원 생활을 했지만 성공한 정치인도 아니다. 필자가 강 박사를 처음 만난 것은 국토통일원의 정치외교담당관에서 교육홍보실장으로 승진했던 바로 그때였다. 강 박사는 이 시기에 대학원을 마친 후 통일원 산하 법인체인 평화통일연구소의 연구프로젝트에 관여하고 있었다. 연구가 끝난 후 강 박사는 곧장 미국 유학을 떠났고 필자도 5공의 출범기에 11대 국회의원이 되면서 정치인으로 변신했기 때문에 길이 달라졌다.

그동안 강 박사는 미국에서 정치학 박사학위를 취득하고 모교인 고려대학교 교수가 되었다. 그러나 필자는 선거에서 6전 3승 3패를 기록하는 기복과 부침의 큰 인생을 살았다. 필자는 국토통일원 근무 10년 간 한반도를 둘러싼 국내외 환경 분석이 주 업무였기 때문에 대학시절의 전공을 살려 그 분야를 줄곧 천착했고 국회에서도 주로 통일외교통상위원회에서 활동, 국제정세에 항상 깨어 있었다. 정계를 떠난 후에는 한민족복지재단의 공동대표로 북한을 여러 차례 방문했고, 한중문화협회회장으로 14년간 재직하면서 중국을 상대로 민간외교를 해왔다. 강 박사는 필자의 이런 경력에 방점을 찍었을까?

강 박사와 필자는 가는 길이 달라 서로 오랜 세월 만나지 못하다가 2000년 중반쯤 나에게 연락을 주어 다시 만나게 되었다. 필자도 대학시절에는 정치학을 공부했다. 서울대 정치학과를 50년대 말과 60년대 초반까지 다녔다. 그때만 해도 국제정치학을 제대로 가르칠 교수도, 저서도 없었다. 출석 잘하고 등록금만 내면 졸업은 보장된 시절이었다. 강성학 교수 세대가 유학을 마치고 귀국, 대학에서 교수직을 맡던 70년대에 들어오면서부터 아마도 이 나라에는 제대로 된 국제정치학 교수와 교재가 나오기 시작했을 것이다.

강 교수가 나와 만나 맨 처음 준 책이 〈인간 神과 평화의 바벨탑〉이었다. 이것은 그의 국제정치 연구에서 가장 심혈을 기울인 3부작(〈시베리아 횡단열차와 사무라이〉, 〈카멜레온과 시지프스〉) 중의 하나였다. 그 후 강 박사는 정년 퇴임 후에도 학문에 대한 열정이 넘쳐 한국 국제정치학의 원시림(原始林)에 가까운 지정학(地政學) 연구에 착수, 〈한국의 지정학과 링컨의 리더십〉이라는 중요한 서적을 출간했다. 필자는 책 내용에 깊은 감명을 받고 서평을 써서 대한민국 헌정회의 월간 헌정지(憲政誌)에 발표했다. 이 서평이 나와 강 박사의 지적인 거리를 좁혔을지도 모른다.

강 박사는 그간 아시아투데이지에 격주로 싣는 칼럼이 나올 때마다 필자에게 보내주었다. 필자는 그냥 읽고 잊어버리기 아까운 글들은 챙겨 필자의 네이버 블로그에 저장하고 카톡으로 나의 소감을 써 보냈다. 그때 그는 앞으로 발표되는 자기 글들을 모아 〈에필로그: 권력을 향해 진리를 말하다〉라는 제목의 단행본을 내기로 사측(社側)과 합의했다고 말했다. 그 말을 듣는 순간 내 머리에는 토드 부크홀츠(Todd G. Buchholz)의 명저 〈죽은 경제학자의 살아있는 아이디어〉가 번뜩 떠올랐다.

강 박사는 평소에 국제정치에서 행위자(Player)들을 주목하면서 리더십 연구를 파고 든 분이기 때문에 앞으로 그의 칼럼집 〈에필로그〉는 국제정치의 숲속을 마치 타임머신을 탄 것처럼 과거와 현재, 미래로 날아다니면서 자기가 숙지한 국제정치 행위자(Player)들의 이론·주장·논리를 응용, 우리나라의 현재와 장래 문제를 풀어가는 메시지를 담을 것이다. 〈에필로그〉에 담긴 그의 견해는 원숙한 경지에서 나오는 학문의 진수, 엑기스이기 때문에 먼저 읽는 자에게 반드시 큰 복이 따를 것이다. 그의 국제정치를 향한 연구의 장정(長程)에서 이 책이야말로 그가 사랑하는 독자들에게 드리는 가장 진실된 선물이 될 것으로 기대한다. 그의 학문에의 욕심과 열정이 건강을 돌보는 자기 관리와의 조화 속에서 잘 진행되기를 바라면서 추천의 글을 맺는다.

저자 서문

본서는 내가 2019년부터 2025년 사이 약 7년 동안 일간지 〈아시아투데이〉에 주로 격주로 게재한 국내외 정치와 리더십에 관한 학술 칼럼들의 모음집이다. 나는 칼럼을 계속하면서 미국의 국부들인 알렉산더 해밀턴(Alexander Hamilton), 제임스 메디슨(James Madison) 그리고 존 제이(John Jay) 3인이 1787년 10월부터 1788년 8월까지 뉴욕의 신문들에 연속으로 게재했던 기사와 에세이들을 후에 모두 하나로 묶어 책으로 출판한 〈페더랄리스트 페이퍼스〉(Federalist Papers)를 염두에 두었다. 즉, 그것을 모델로 삼았다는 뜻이다. 그것은 모두 85개 장들로 구성된 신문기사와 에세이집으로 토마스 제퍼슨(Thomas Jefferson)이 작성한 〈독립선언서〉와 함께 미합중국의 정당성을 설파하고 옹호한 논설문들이자 18세기 계몽주의에 입각한 신생 미합중국의 공화정을 옹호하는 유일한 역사적 문서이다. 본서가 모든 면에서 그것에 결코 미치지 못하겠지만, 그리고 주제들이 물론 아주 다르지만, 나는 필요한 경우에 대한민국의 취약한 자유 민주공화국을 옹호하려고 노력했다. 미국 유학 중 대학원에서 그 책을 공부했던 기억을 되살려 최소한 〈페더랄리스트 페이퍼스〉의 '정신'에 입각하려고 했다. 지난 7년 동안에 게재된 칼럼들을 모으다 보니 본서는 모델로 삼았던 〈페더랄리스트 페이퍼스〉의 총 85개 장을 조금 넘는 수인 총 105개의 칼럼들이 모였다. 그러다 보니 책이 좀 두꺼워졌다. 그렇다고 사과할 생각은 없다.

오늘날 대한민국은 여러가지 면에서 '작은 미국(a small America)'이라고 해도 과언이 아니다. 1945년 제2차 세계대전의 종결과 더불어 탄생한 신생국들에게는 두 개의 모델이 있었다. 하나는 물론 자유 민주주의 미국이고 또 다른 하나는 공산주의 소련이었다. 대한민국은 이승만 박사를 중심으로 미국의 자유민주주의를 택했던 반면에 북한은 소련의 스탈린이 소련 공산주의의 프랜차이즈 지점으로 수립한 소련의 괴뢰정권이었다. 따라서 〈페더랄리스트 페이퍼스〉의 공부는 어떤 면에서 대한민국 헌법정신의 본질을 공부하는 셈이 될 것이다. 그러나 본서가 〈페더랄리스트 페이퍼스〉를 직접 연구한 결과물은 결코 아니다. 본서는 외면상 그것을 모방한 것에 지나지 않는다. 그럼에도 불구하고 여기에 모은 칼럼들은 내가 지난 반세기 동안 대학교수로서 교육과 연구 그리고 저서 출간의 긴 세월 후에 마침내 인생의 황혼기에 저널리스트가 되어 성찰한 결과물들이다. 많이 부족한 것들이지만 본서는 나의 다른 학술서들과 함께 내 학문 인생의 한 유산으로 남기고 싶은 강한 충동으로 만들어진 것이다. 여기에 모여 있는 칼럼들은 단순한 시사해설이 아니라 주제를 학술적으로 접근하였기에 '학술칼럼'이라고 부르고 싶은데 원칙적으로 각주가 없는 에세이들이라서 그렇게 부르는 것이 다소 무리가 아닐까 염려되기도 한다. 그래서 본서의 제목을 나의 오랜 학문생활의 종결부분이라는 의미에서 〈에필로그(Epilogue)〉라고 정했다. 그리고 부제로는 지성의 의무인 "권력을 향해 진리를 말하다"라고 덧붙였다. 막스 베버(Max Weber)는 진리란 때로는 아름답거나 선하거나 신성하지 않다고 말했다. 나는 베버가 옳다고 생각한다. 끝으로 "아시아투데이 학술칼럼 모음집"임을 표지에 밝혔다.

나는 고려대학교 정치외교학과의 교수로 33년간 재직하고 정년퇴임 후 6년 만에 나이 70세가 넘어서 갑자기 저널리스트가 되었다. 이것은 나에게 새로운 도전이며 기회였다. 이제 저널리스트로서 나는 프랑스의 레이몽 아롱(Raymond Aron)을 나의 롤 모델로 삼았다. 레이몽 아롱(1905-1983)은 소르본대학교의 저명한 교수로서 역사철학, 근대사회의 성격, 국제관계, 군사전략 그리고 정치사상과 사회사상에 관해 중요한 작품들의 저자였을 뿐만 아니라 동시에 35년 동안 신문과 잡지들을 위해 그가 '창조 중인 역사(history-inthe making)'라고 부른 것에 관해 수많은 칼럼들을 썼다. 그는 개인적 이니셔티브, 정치적 선택, 그리고 살아 있는 아이디어들이 20세기의 운명을 변증법적으로 형성하는 데 수행한 진정한 역할에 정의를 부여하기를 바랐기에 역사철학을 적용했다. 요컨대, 그는 인간 역사의 극적인 요소들을 존중했다. 그의 역사철학은 20세기에 마르크스주의 및 실존주의와 가장 밀접했던 역사적 결정론과 활기찬 자발적 행동주의의 쌍둥이 위험들을 회피하려고 노력했다.

그러나 그의 초기 철학적 작품은 실존주의의 색채를 띠었다. 실제로 회고적으로 양차 대전 중간시기에 프랑스 지식인들의 과학적이고 실증주의적인 대의에 대한 과잉 반응이었던 것으로 보이는 것에서 젊은 아롱은 인간 작품과 사건들의 끝없는 해석의 다원성 그리고 인간 선택의 근본적인 자유나 미결정된 성격을 선포했다. 후에 그는 그것들의 종종 비극적인 복잡성의 안목을 잃지 않고 인간과 사회적 성격의 지속적 현실들을 강조함으로써 그의 초기 실존주의의 논조와 요지를 모두 수정하였다. 그러나 레이몽 아롱의 위대성은 궁극적으로 보수적 마음의 자유주의와 진실로 정치적 조망을 위한 그의 이중적 선택에 있다. 그는 나치즘과 마르크시즘의 세속적 종교들을 모두 거부하고 또 사회적 삶의 구조, 과거의 유산, 그리고 무엇보다도, 시민들과 정치가들을 마주하는 구체적인 선택들과 같은 피할 수 없는 제약과 인간세계의 주어진 상황에 대하여 충분한 관심을 기울이지 않고 거대한 정치적 모험들에 헌신하는 지식인들의 성향을 거부했다. 이러한 성향은 오늘날 정치사상의 잘 알려진 많은 학파들 사이에서 여전히 눈에 띈다. 그들의 마르크스주의적이거나 실존주의적 성향은 정치적으로 현실인 것에 대한 어떤 성찰로부터도 동떨어진 이론적 모델들을 제시함으로써 그것들을 기껏해야 적실성이 없게 만들고 있으며, 최악의 경우엔 파괴적으로 만든다. 레이몽 아롱은 근대 정치경제, 외교전략의 본질, 그리고 근대 전쟁의 성격에 관한 연구에 몰두함으로써 젊은 날의 정치적 순진성에서 벗어났다. 따라서 그의 성숙한 작품들은 이데올로기의 허위와 20세기의 주된 반-자유주의적 독트린들의 실제적 결과들에 대한 계속적인 비판적 평가에 의해서 특징되었다. 동시에 그는 그리스 역사학자 투키디데스(Thucydides)처럼 정치적 삶의 실제 참여자들의 생각과 행동에 주의력을 기울였다.

레이몽 아롱은 동시에 시민적 용기, 혹은 그의 작품의 지속적인 주제로 남아 있는 민주주의의 타락에 관한 비판을 시작하면서 민주주의의 '사나이다움(virtu)'에 공개적으로 호소했다. 그는 전체주의자들을 저항하는 데 있어서 우리가 저항의 이유들을 타협하는 광범위하지만 진실로 어리석은 생각을 공격했다. 무엇보다도, 그리고 때로는 가장 논쟁적으로 레이몽 아롱은 이데올로기 시대에 진정한 자유주의자들은 보수주의자가 되어야만 하거나 아니면, 보다 정확하게 말해서, 보수적 자유주의자가 되어야 한다고 주장했다. 보수적 자유주의자들은 서방의 부르주아 문명의 근본적 선택의 가치성과 사회적 규율, 시민적 용기, 권위에 대한 동의와 사회적 및 직업적 생활에서 실천적이고 기술적인 능력의 불가결성을 주장했다. 나는 일찍이 그의 주장에 전적으로 공감했다. 레이몽 아롱은 20세기 프랑스에서 좌파가 지배적인 지성계에서 유일하게 자유민주주의를 옹호하는 '외로운 부엉이'의 목소리였다. (본서의 제21장을 참조)

오늘날 자유 민주주의가 심각하게 도전 받고 있는 대한민국에서 나는 프랑스의 레이몽 아롱처럼 자유민주주의를 설명하고 옹호하는 외로운 부엉이가 될 수 있기를 기대한다. 본서의 중심적 주제는 정치적 리더십에 관한 것이다. 나는 정치지도자의 기본적 요건은 확고한 국가관에 입각한 애국심, 올바른 역사관에 입각한 역사철학적 조망, 굳건한 도덕적 가치관에 입각한 정직한 인격, 철저한 전략적 안목, 그리고 무엇보다도, 사나이다운 용기라고 생각한다. 독자들이 이러한 요소들을 본서의 리더십에 관한 논의의 이곳저

곳에서 마주할 것이다. 나는 진리와 자유를 사랑한다. 진리와 자유는 불가분의 관계이다. 그래서 거짓과 구속을 가장 혐오한다. 이것이 나의 삶과 사고방식에서 가장 근본적인 것이다. 진리를 표현할 수 있기 위해서는 인간은 필연적으로 자유로워야 한다. 본서의 부제를 "권력을 향해 진리를 말하다"로 정한 것은 나의 그런 신념을 표현한 것이다. 물론 정치적 문제에서 진리를 말하는 것이 불가능하지만 그러나 나는 내가 알고 있는 것을 토대로 진리를 말하려고 노력했다. 뿐만 아니라 나는 동시에 대한민국의 국민이다. 1948년 대한민국의 건국 직후 태어난 나에게 대한민국의 역사는 곧 나의 삶의 역사이다. 대한민국의 발전과정에서 나의 삶의 조건도 그만큼 늘 조금씩 좋아졌다. 그래서 나는 모든 어린아이들처럼 애국적이고 대한민국의 건국 이후 비참했던 고난의 세월속에서 세계적 선진국으로 발전한 대한민국의 위대성을 특히 자랑스럽게 생각한다.

나의 칼럼들은 지난 약 반세기 동안 축적된 나의 지적 자본의 일부분이다. 이제 학술논문이나 저서가 아닌 보다 자유로운 신문 칼럼을 작성하는 데 있어서 나는 레이몽 아롱의 저널리스트로서 집필 원칙을 막연하게나마 마음에 두었다. 평생 동안 공공 지식인(public intellectual)인 저널리스트로서 레이몽 아롱은 2개의 원칙에 충실했다. 하나는 '바람직한 사회의 문학적 이미지인 이데올로기가 아니라 기존의 자유민주주의 정치 및 경제제도의 기능'을 연구하는 데서 출발한다. 또 하나는 정부정책을 비판할 때에는 "만일 자기가 정책결정을 해야 할 위치에 있다면 무엇을 할 것인가?"라는 의문에 답하려고 애를 쓴다는 것이다. 나는 레이몽 아롱의 2가지 원칙을 마음에 두고 원고를 쓰려고 노력했지만 항상 충실했다고 자신 있게 말할 수는 없겠다. 나의 글에서는 사회과학의 경계선을 넘어서 가능하면 철학적 보편성, 역사적 특수성, 정치학적 분석과 문학적 향기를 동시에 담아내어 가능하면 미학(aesthetics)에 다가가려고 노력했다. 나는 오직 진리에 다가가려고 애를 썼지만 독자들이 나의 칼럼을 읽으면서 철학적 지혜와 역사적 통찰력 그리고 진리를 지향하는 균형 잡힌 분석뿐만 아니라 글의 맛과 멋, 그리고 무엇보다도, 플라톤의 말처럼 '지식의 아름다움(the beauty of knowledge)'을 발견하길 기대한다. 나는 우선 나의 사랑하는 자식들과 그리운 옛 제자들이 본서를 주의 깊게 거듭 읽기를 바란다. 그리고 더 나아가서 본서가 정치의 주요 주제들과 국내외 정치정세와 리더십에 관한 건전한 '국민의 교양서'가 될 수 있는 행운을 기대한다.

본서는 대한민국의 올바른 리더들의 출현을 기대하는 의미에서 먼저 〈제1부 총론을 대신하여〉에서 대한민국 자유민주주의의 데카당트 현실을 진단하고 그것의 치유를 희망했다. 그리고 각론에 속하는 〈제2부 정치란 무엇인가?〉에서는 정치적으로 중요한 주제들을 다루었고, 〈제3부에서는 본서의 핵심 주제인 리더십 문제〉를 다루었다. 여기에서는 역사적으로 중요한 민주적 리더십의 본보기들을 제시했다. 그리고 〈제4부와 제5부에서는 각각 한반도와 국제정세에 관한 분석〉을 실었다.

본서의 출간을 맞아 나는 누구보다도 〈아시아투데이〉의 우종순 회장님에게 먼저 감사드린다. 그는 2019년에 나에게 정규칼럼을 요청하면서 신문사가 내 원고의 길이나 표현한 용어 사용에 일체 간섭하지 않는다는 나의 조건을 수락해주었다. 참으로 고마운 일이었다. 이 이전에도 어쩌다 한번씩 이런 저런 신문에 기고문 형식의 칼럼이 게재된 적이 있었지만 정규칼럼을 쓰게 된 것은 이것이 처음이었다. 실제로 나는 기존의 모든 신문에서 볼 수 있는 칼럼의 길이가 너무 짧아서 나중에 하나로 묶어 책으로 내기에는 아주 피상적인 글이 되고 말 것 같았기에 보다 넓은 지면을 요구했던 것이다. 우종순 회장님의 관대한 승인 덕분에 나는 비교적 넉넉한 지면을 활용할 수 있었다. 다시 한번 그에게 깊이 감사한다. 〈아시아투데이〉는 주로 격주로 나의 칼럼을 게재했다. 그 과정에서 오랫동안 나에게 헌신적 도움을 주신 김이석 논설심의 실장님에게도 깊이 감사드린다.

또한 내 칼럼의 꾸준한 독자로서 그동안 감동적이고 고마운 격려의 댓글들을 달아 주시고 이번에 본서의 추천사 요청을 주저 없이 수락해주신 이영일 건국 대통령 이승만 기념관 건립 추진 위원님에게 거듭 깊이 감사드린다. 또한 칼럼들을 모아 본서가 탄생할 수 있도록 처음 편집의 단계에서부터 최종 교정까지 수고해준 장남 강상온에게 감사하며 평생 아버지의 역할에 크게 부족했던 것을 사과하는 마음으로 본서를 그에게 헌정한다.

끝으로 평생 동안 변함없이 항상 힘겨운 내조에 헌신해온 아내 신혜경 여사에게 다시 한번 감사한다. 그녀가 내 곁에 없었다면 오늘의 나는 존재하지 못했을 것이다.

2025년 8월 30일

광화문

구고서실(九皐書室)에서

차례

제4부 한반도의 정세 337

제1부

총론을 대신하여

제1장

"약한 자여, 그대의 이름은 남자이니라!"

"약한 자여, 그대의 이름은 여자이다(Frailty, thy name is woman)." 이것은 세계적 문호 윌리엄 셰익스피어가 그의 드라마 〈햄릿〉에서 했던 유명한 말이다. 그로부터 약 420년의 세월이 흐른 뒤, 오늘날 우리는 유니섹스(unisex)의 시대, 혹은 성-중립(the gender-society)사회에 살고 있다. 이런 시대, 이런 사회 속에서는 인간의 성이 인간의 권리나 의무 혹은 인간의 지위를 결정하지 않는다. 성-중립사회는 성을, 그것이 여자를 남자에게 복종시키기 때문에 자유에 대해, 그리고 그들의 능력을 오용하기 때문에 효율성에 대해, 비합리적 방해가 된다고 간주한다. 이런 사회적 현상은 1960년대 미국사회를 휩쓴 소위 민권운동의 파생물인 여성해방운동, 즉 페미니즘(Feminism)이 출현한 이후이다. 그 후 페미니즘은 미국의 대서양과 태평양의 국경선을 넘어서, 특히 자유주의적 이념의 국가들에게 꾸준히 전파되고 확산되었다. 대한민국에도 1970년대에 들어와 서서히 확산되었다. 반세기가 지난 지금 한국사회에서 페미니즘은 아주 강력한 정치적 및 사회적 영향력을 행사하고 있다.

오늘날 여성들은 자신들이 남성들과 비슷하거나, 아니, 실제로 여성을 남성들과 똑같이 만드는 방식으로 남성과 평등하길 원한다. 그들은 직장이 가정보다 더 낫다고 결정해 버렸다. 직장은 그들에게 가정보다 더 많은 돈, 더 많은 인정, 더 많은 자유를 제공한다. 그리고 가장 결정적인 이점은 직장이 보다 많은 선택을 제공한다. '선택'은 현대 여성의 상투적인 단어이며, 그 단어는 이제 단순히 낙태에만 국한되지 않는다. 하나의 원칙으로서 '선택'에 헌신하는 것은 여성이 남편과 아이들에 매달리는 가정에 비해 직장은 그것을 언제든 바꿀 수 있기 때문이다. 남녀평등의 효과적인 의미는 여자들의 독립, 즉 남편과 어린 자식들로부터 최대한 독립을 의미한다. 완전한 독립은 적어도 가정을 원하는 여자들에게는 분명히 가능하지 않다. 그러나 가능한 한 최대한의 독립을 얻기 위해서 여자들은 남자들을 흉내 내고, 남자들의 삶을 살아가며, 가정의 책임을 남자들이 스스로 수용하는 정도로 축소시키길 모색한다.

하나의 대안적 전략은 남자들이 보다 많은 가사 일을 하게 하고 여자들처럼 행동하게 하여 반려자들이 그들의 독립에 평등한 희생을 하게 하는 것이다. 그런 합의에서 여자들의 독립은 강요된 역할과는 대조적으로 계약의 개념에 의해서 유지된다. 성-중립사회는 독립적인 남자들과 여자들, 특히 독립적인 여자들의 사회이다. 그리하여 페미니즘은 가정에서도 남성과 여성이 똑같고 중요한 차이가 없다고 가정한다. 가정에선 아버지의 역할이나 어머니의 역할 같은 말이 사라져버렸다. 그것을 똑같이 중립적인 용어로 육아라고 부른다. 아버지의 가장 역할이나 책임도 거의 사라져버렸다. 그러다 보니 남자는 가정에 무책임하게 되고 여성은 아직도 그런 책임을 여전히 남성에게 기대함으로써 발생하는 갈등으로 인해 가정이 빠르게 붕괴되는 추세에 있다. 그리고 무엇보다도 우리의 전통적 문화에서 남자에게 소중하게 기대되었던 지도자의 덕목으로 '사나이다움' 혹은 '대장부의 기질' 같은 것들은 우리의 언어나 인간관계에서 거의 다 사라져버렸다. 그 말은 진기하게 되었고 더 이상 쓸모없게 되었다. 그리하여 오늘날 고전적 '남자다운 남성'이라는 '사나이'는 이제 주변에서 볼 수 없는 거의 천연기념물이 되어버린 것만 같다.

이러한 사회적 변화와 남녀 간 역할의 전도현상은 이제 '여성스러운 남자들'이 넘쳐나게 만들었지만 그런 남성은 정치적 지도자가 될 수 없다. 왜냐하면 그런 남성에겐 정치지도자나 영웅들에게 요구되는, 그래서 전사다운 '대담함(boldness)'이 전혀 없기 때문이다.

우리 시대에 페미니스트들은 정치적으로는 요란한 압력단체로 행동하면서도 어떤 페미니스트 지도자도 최고의 공직에 입후보하지 않았다. 이런 상황이 페미니스트 운동권 사이에서 파당적 분열을 어느 정도 감소시켰다. 자유주의자이든 보수주의자이든 모든 여성들은 다음의 영부인(the first lady)이 남자들의 특권을 침해하는 데 만족감을 느낄 수 있다. 여성들은 성-중립사회를 남자들을 지배하기보다는 남자들에게 수치심을 갖게 만들었지만 바로 그 성취가 그들에게 지배의 평등성을 누리지 못하게 만들었다. 전통적으로 여성은 남성들의 호통치는 방식과는 다르게 간접적 지배에 아주 능한 것으로 생각되었다. 그러나 오늘날 여성들은 겸손하길 거절하는 만큼이나 겸손을 실천함으로써, 다시 말해서 전통을 규탄하는 것만큼이나 전통을 수락함으로써 지배에서 많은 것을 얻고 있다.

셰익스피어보다 약 100년 앞서 마키아벨리는 자기의 영혼보다 더 사랑했다는 자신의 조국 피렌체가 기독교화로 인해 이탈리아 남성들이 선조 로마인들의 사나이다움을 상실하고 모두 여성화됨으로써 패망했다고 진단하고 새 군주에게 헌정한 비망록인 〈군주론〉(The Prince)에서 새로운 국가의 수립과 안전을 위해 '사나이다움(virtu)'의 덕목을 요구했다. 그것만이 수시로 변하는 행운의 여신을 극복할 수 있기 때문이다. 그것은 자신감, 용기, 그리고 리더십을 의미했다. 오늘과 같은 성-중립의 시대, 즉 페미니스트의 사회에서 살다 보니 감동을 주는 '사나이다운' 정치 지도자가 종종 그리워지는 것은 나 혼자만의 부질없는 생각일까?

제2장

영웅을 인정하지 않는 시종들(Valets)의 시대를 극복하자

"어느 누구도 자기의 시종에게는 영웅이 아니다." 이것은 프랑스 절대군주 루이 14세(Louis XIV)가 군림하던 시대에 마담 드 세비녜(Madam de Sevigne)가 맨 처음 했던 말로 알려지고 있다. 그 후 그 말은 하나의 경구 내지는 속담이 되었다. 헤겔이 이것을 "어느 누구도 자기의 시종에게는 영웅이 아니다. 그것은 그 사람이 영웅이 아니기 때문이 아니라 시종은 시종이기 때문이다."라고 확대했다. 이 속담의 이 수정본은 1807년 헤겔의 〈정신현상학〉 (Phenomenology of Spirit)에서 처음 등장했으며 후에 그의 〈역사철학〉(Philosophy of History)에서 반복되었다. 헤겔은 영웅들에게 전매특허 같은 관심을 갖고 있었다. 왜냐하면 그에게 영웅들은 역사의 발전에 중대한 에이전트들인 '세계사적 개인들(world-historical individuals)'이기 때문이다. 같은 이유에서 그는 시종의 영혼을 가진 소인배들을 경멸했다. 왜냐하면 그들은 역사적 개인들의 민감성과 의식을 자신들의 수준으로 끌어내리기 때문이다. 그들은 마치 17세기 영국의 급진적 수평파들(Levelers)처럼 모든 사람들이 다 똑같이 평준화해야 한다고 믿는다.

우리는 자신들의 어떤 영웅들에 관해 아주 열정적일 필요 없이도 영웅과 시종 사이 헤겔의 구별을 이해할 수 있다. 헤겔 자신도 나폴레옹 같은 자기의 영웅들에게서 불멸성을 거두지 않았다. 그는 세계사적 개인들은 자기들에게 방해가 되는 사람들에 대해서 아주 사려 깊지 않았다고 말한다. 그들은 자기들이 가는 길에서 많은 죄 없는 꽃들을 짓밟았다. 이에 대해 그들은 참으로 도덕적 비난에 직면했다. 그들도 역시 위대한 인간들에게 공통적으로 떨어지는 불행에 직면했다. 그들은 알렉산더처럼 젊어서 죽거나, 시저처럼 살해당하거나 아니면 나폴레옹처럼 유배지에서 그들의 삶을 마감했다. 그들은 실제로 행복한 사람들이 아니었다. 그런 사실이 위대하고 초월적인 것에 분개하고 그것을 오직 무시하고 비판하는 소인배들, 즉 시기하는 인간들에게는 약간의 위안이 될 수 있을 것이다. 역시 헤겔의 말처럼 그의 영웅인 세계사적 개인들은 과거에 속한다는 것을 알고 약간의 위안을 얻을 수 있을 것이다. 일단 국가가 수립되고 나면 영웅들이 더 이상 있을 수 없기 때문이다. 영웅들은 문명화되지 않은 조건에서만 나오기 때문이다. 헤겔은 가장 근대적이고 문명화된 국가들에서 영웅의 발견을 기대하지 않을 것이다.

카알라일(Carlyle)도 영웅을 칭송했다. 그는 신, 예언자, 성직자, 왕, 시인 그리고 문학가 같은 다양한 영웅들을 논했다. 그도 헤겔처럼 아무도 자기의 시종에게는 영웅이 아니라는 속담을 인용하면서 만일 시종이 영웅을 알아보지 못한다면 그것은 시종이 빈약한 영혼의 소유자이기 때문이라고 덧붙였다. 위대성의 아이디어를 참을 수 없는 시종은 영웅을 자기의 크기로 잘라버릴 수 있을 뿐이다. 카알라일의 영웅은 성자가 아니라 그의 개인적 결함이 무엇이든 그의 위대성과 지혜로 존경받는 영웅이다.

그러나 오늘날 소위 '신(新)역사(New History)'가 ("오늘날 역사학이 왜 정치교육에서 무익한가?" 아시아투데이, 2023년 2월 16일자 필자의 칼럼 참조) 나폴레옹과 같은 세계사적 개인들을 추방했을 뿐만 아니라 모든 엘리트 인물들도 역사에서 추방했다. 여기서 엘리트 인물들이란 왕들뿐만 아니라 대통령들, 그리고 귀족들뿐만 아니라 노동계급의 지도자들에게도 적용되는 말이다. 더구나 폄하되고 대체되는 것은 엘리트 개인들뿐만이 아니다. 그것은 개인들이 필연적으로 두각을 나타내고 또 위대한 아이디어와 고전들이 위대한 정신의 산물인 역사에서 위대한 사건들인 엘리트의 주제가 폄하되고 대치된다. 역사학자가 평범한 사람들에게 그들의 일상적 삶의 평범한 관심을 넘어서는 아이디어, 동기, 그리고 이익을 부인할 때 이런 '아래로부터의 역사', 즉 민중사관은 그 자체가 거들먹거린다. 왜냐하면 그렇게 되면 그것은 역사에서 영웅적인 어떤 것도 볼 수 없는 시종의 수준으로 추락된 역사가뿐만 아니라 영웅적인 어떤 측면도 부인당해 시종 수준으로 떨어진 인민들이기 때문이다. 헤겔의 말처럼, 그들은 우주적 의식과 단절되어 그들의 삶의 즉각적이고, 일상적이며, 특수한 환경을 넘어서게 하는 존재의 질서가 부인되는 것이다.

역사에 대한 시종 같은 개념의 문제점은 그것이 위대성과 영웅주의의 폄하일 뿐만 아니라 개인의 개성과 자유의 폄하인 데 있다. 거의 200년 전 알렉시스 토크빌(Alexis de Tocqueville)이 바로 이 문제를 예상했다. 그는 〈미국의 민주주의〉(Democracy in America) 제2권 제20장에서 "민주주의 세기에 역사가들에게 특이한 몇 가지 특징들"이라는 놀라울 정도의 선견지명을 보여주고 있다. 아주 간단한 이 장에서 토크빌은 구역사와 신역사 사이의 본질적인 구별을 이미 지적했다. 귀족주의 시대에 역사가는 발생한 모든 것을 특수한 인간들의 의지와 인격에 모든 것을 돌리면서 가벼운 사건들이 가장 큰 혁명들의 원인이라고 가정했다. 반면에 민주주의 시대에 역사가들은 인류의 운명에 대한 어떤 영향도 개인들에게 돌리지 않고 가장 작은 특수한 사건들에 대해서도 일반적인 원인들이 책임이 있게 만드는 성향이 있다. 민주적 양식의 위험은 역사를 만드는 데 있어서 개인들의 의지를 무시하는 역사가는 인간의 자유도 역시 무시한다는 것이다. 토크빌의 이 말은 마르크시즘의 경제적 결정론과 최근의 민중결정론을 포함하여 모든 결정론에 적용된다. 모든 결정론은 개인들의 의지, 아이디어, 행위, 그리고 자유를 무시하는 효과가 있다.

개인의 의지가 없다면 영웅도 없다. 그러나 개인들이 없다면 악당들도 없다. 악당의 부재는 영웅들의 부재처럼 영혼을 파괴한다. 시종에게 영웅이 없다면 어느 누구도 시종에게는 악당이 아니다. 시종에게 주인은 모두 같은 인간들이다. 주인의 신발을 벗기고 잠자리를 돕는 시종은 주인에 관해서 다른 것도 알고 있을지 모른다. 그러나 시종이 알지 못하는 것은 자기 주인이 영웅인지 악당인지의 여부이다. 즉, 그가 위대한 정치가인지 혹은 철학자인지, 아니면 그가 폭군인지 사기꾼인지를 알지 못한다. 오늘날 유행하는 구조주의(structuralism)를 신봉하는 정치학자나 역사학자들도 마찬가지로 그런 것들을 알지 못할 것이다. 그들에게는 예를 들어, 나치즘의 결정적인 사실들이 히틀러나 나치의 아이디어, 정책, 혹은 심지어 행동이 아니라 독일국가의 구조, 관료제도와 압력단체들의 성격, 경제의 긴급사태와 지리적 조건이다. 이런 구조주의적 분석의 효과는 토크빌이 예측했던 그대로다. 개인들, 아이디어들, 그리고 의지의 중요성을 평가절하하여 히틀러와 나치 지도자들의 역할을 하찮게 만들어 그들의 정복과 대량살인의 이미 공언한 의도를 최소화하거나 심지어 부인하고 악의 문제를 회피하려는 것이다. 그리하여 구조주의자들은 인간사회에서 자유의지의 행사를 제거하고 인간에게서 선과 악을 선택할 그들의 능력을 박탈했다.

동일한 분석이 스탈린 치하의 소련의 역사에도 적용되었다. 구조주의자들은 스탈린주의를 하나의 전체주의의 형태, 즉 공산주의 이데올로기에 따라 스탈린체제에 의해서 강요된 폭군체제로 보지 않는다. 소련의 전체주의와 테러에 관한 사실들을 결정적으로 기록한 소련 전문가 로버트 콩퀘스트(Robert Conquest)는 스탈린주의 없이 스탈린의 시대를 묘사하려는 이런 노력을 단지 덴마크의 왕자가 없는 〈햄릿〉일 뿐만 아니라 아무런 개성이 없는 햄릿 왕자에 등가시키는 것이라고 비판했다. 스탈린 치하에서 테러는 부수현상이 아니었다. 그것은 의도적인 스탈린정책의 핵심적 목표였다. 1945년 얄타회담에서 윈스턴 처칠이 러시아의 수백만에 달하는 많은 자경농민들의 행방에 관해서 물었을 때 스탈린은 천연덕스럽게 그들은 그냥 사라졌다고만 대답했었다. 스탈린은 러시아판 로베스피에르(Robespierre)였다. 스탈린의 테러로 인해 수백만 명이 흔적도 없이 사라졌다. 그래도 스탈린은 살아남아서 사진촬영을 위해 살며시 미소를 지었다.

오늘날 개인의 의지와 자유가 없이는 미덕과 악이 있을 수 없다는 것이 그 어느 때보다도 분명하다. 미덕과 악이 없다면 영웅들과 악당들도 있을 수 없다. 그것은 선하든 악하든 어떤 영웅도 알아보지 못하는 시종들만 있는 세상일 것이다. 만일 그런 시종의 사고방식이 전 국민들을 지배한다면 우리들 가운데 가장 초라하고 또 가장 탁월한 사람들 모두가 시종의 수준으로 떨어질 것이다. 그러면 우리들 가운데 거인은 없고 오직 난쟁이들만 가득할 것이다. 영웅이 없는 나라는 망하거나 영원히 비굴한 소인국으로 남을 것이다. 그러나 다행히도 인간의 정신 속에는 그런 실추를 오랫동안 용인할 수 없는 것이 있다는 것을 깨닫게 되었다. 소련과 동유럽의 위성국가들에서 폭정의 타도를 목격한 우리는 그런 사건들에 의해서 우리의 영혼이 고양될 것이라는 희망을 갖게 되었다. 북한의 폭정이 지구상에서 영원히 사라질 때까지 우리는 개개인의 자유와 의지를 고양시켜야 한다. 우리는 그 어느 때보다도 토크빌(Tocqueville)의 말을 경청할 필요가 있다. "자유의지가 희미해지도록 두어서는 안 된다. 왜냐하면 우리는 시종처럼 인간 영혼들을 완전히 굴복시키지 않고 그것들을 고양할 필요가 있기 때문이다. 그때 우리는 위대한 영웅들을 갖게 될 것이다."

제3장

대한민국의 '데카당트 민주주의(Decadent Democracy)'는 생존할 수 있을까?

오늘날 대한민국의 자유민주주의는 자살적 신드롬을 겪고 있다. 한국인들은 자유민주주의에 대한 자신감이 없다. 그들은 대한민국의 인간적이고 경제적인 삶에서 북한에 대해 우월감을 인식하면서도 정치적 우월감을 의식하지 못하고 있다. 우리의 자유민주주의는 국가의 단결을 위해 용인할 수 있는 그 이상의 방종을 허용하는 성향이 있다. 그리하여 오늘날 대한민국의 자유민주주의는 5가지의 중대한 위협을 받고 있다.

첫째, 자유민주주의에서 개인의 존재가 무시당하고 있다. 자유민주주의의 역사는, 무엇보다도, 개인의 자유, 즉 개인주의(individualism)에서 시작했다. 개인주의가 존재하지 않는 경우에도 민주적 제도가 생존할 수 있을까? 역사적으로 1930년대 독일에서 사람들은 민주정치제도는 망할 운명이라고 말했다. 왜냐하면 과거에 당시 독일의 정치제도는 개인주의에 기초했던 반면에 이제는 개인들이 남아 있지 않았다. 오직 정당들과 사회단체와 각종 집단만 있었다. 왜냐하면 모든 이 조직은 공산주의자들과 나치스들, 그리고 상당한 정도로 사회민주당원들 모두 다 전체주의적이었기 때문에 사람들은 만일 정치투쟁이 전체주의자들 사이의 투쟁으로 발전한다면 어떻게 될 것인가를 물었다. 결과는 충분히 비극적이었다.

둘째, 오늘날 한국의 자유민주주의 국가는 명백한 모순으로 고통을 당하고 있다. 한편으로, 오늘날 민주정부는 경제적 및 사회적 구조에서 광범위한 개입에 착수하는 반면에 다른 한편으로, 국가와 정부의 권위는 상대적으로 크게 추락했다. 왜냐하면 모든 조직된 집단, 모든 노조와 사회단체 그리고 모든 정당은 정부를 마비시키는 수단과 방법을 갖고 있기 때문이다. 정부가 무기력증에 빠져 있다. 국가행동의 광범위한 성격과 권위의 취약성 사이의 이 엄청난 모순은 대부분의 선진 민주주의 국가에서 존재하지만 현재 대한민국의 경우에는 그것이 더욱더 첨예하게 존재한다. 마르크시스트 용어로 표현한다면 그것은 민주사회의 근본적인 모순이다.

셋째, 오늘날 한국의 자유민주주의는 국민들의 모순적 행동으로 위협을 받는다. 국가권력에 대항하여 항의하는 바로 그 동일한 사람들이 국가로부터 모든 것을 원한다. 역사적으로 소위 영국병(the English sickness)은 과거에 아주 잘 작동했던 영국에서 제2차 대전 후 노동당의 '요람에서 무덤까지' 개인의 생애를 국가가 책임진다는 복지우선정책으로 자유민주주의 체제가 스스로 붕괴에 직면했다. 당시에 그것을 바꾼다는 것은 거의 비인간적이었다. 그러나 그런 변질된 체제가 더 이상 작동하지 않는다는 것이 아주 명백해졌다. 물론 위기의 시기에는 수많은 구원의 예언자들이 있다. 그러나 이런 사람들은 사회과학에서 생각하는 것을 실천할 위험성과 그리고 그 과정에서 아마도 역사를 잘 모르기 때문에 역사를 잊을 큰 위험이 존재한다. 그들은 모든 국가위기는 역사적 측면에서 고려되어야 한다는 것을 완전히 까먹는다.

넷째, 신(新)냉전체제의 심화에 따른 친(親)중국 및 친북세력의 확대와 혁명적 활동이다. 중국은 오늘날처럼 군사적으로 그렇게 강한 적이 없었다. 중국의 공산당 지도자들은 미국이 취약한 상태이고 정치적 의지를 상실했다고 보고 그렇기에 자기들이 더 큰 모험을 할 수 있다고 믿고 있다. 그렇다고 중국이 미국과의 전면전을 추구하고 있다고는 생각되지 않지만, 중국의 지도자들은 그들의 군사력을 증강함으로써 무엇인가를 얻어낼 수 있다고 믿는다. 그들은 현재 타이완의 정복과 남중국해의 독점적 장악을 제1차적 목표로 추구하고 있다. 그들이 이미 얻어낸 것은 동아시아에서 미국과의 군사적 평형이고 세계 어디에서나 존재감을 드러내는 능력이다. 중국은 근대 역사상 처음으로 진정한 강대국이 되었음을 과시하고 있다. 중국은 그런 지위를 당연히 유지하려고 노력할 것이며 그것을 확장하려 할 것이다. 그것은 대한민국이 방지하거나 피할 수 없는 어떤 것이다. 한국인들은 이를 심각하게 깨닫고 그에 상응하는 군사력의 증강에 착수해야 하지 않겠는가? 국제적 신냉전체제의 도래로 인해 중국은 우리가 함께 살아가야 할 군사적 강대국이 되었다. 그런데도 한국인들에게는 미·중 간의 신냉전체제가 본격화되고 있음에도 불구하고 1950년대 초반에 지배했던 미·소 간 냉전체제에서 일반적으로 지배했던 두려움이 전혀 없어 보인다.

대한민국은 위기를 적절히 깨닫지 못한 채 진실로 커다란 위험에 처해있다. 북한은 미국과 협상에서 유리한 위치에 오르고 대한민국을 협박하기 위해서 핵무장을 계속 강화해 나가고 있다. 군사적 위험에 대한 대한민국 일반대중의 인식은 존재하지만 그들은 북한의 군사력이 실제로 사용되지 않는 한 남북관계에 구체적인 영향력을 갖고 있다고 느끼는 것 같지 않다. 많은 사람들은 남북관계가 진공상태에서 이루어지고 있다고 믿는 것 같다. 오늘날 우리는 자유를 수호하기 위해서 사람들에게 모든 것은 아니라 해도 많은 것을 희생하도록 설득하기가 매우 어려운 경제적 이익에 의해서 통제되는 사회에 살고 있다. 민주주의와 번영이 항상 서로에게 동일한 것은 아니다. 확실히 번영은 좋은 것이지만 그러나 그것도 역시 흔히 희생을 요구한다. 자유민주주의의 한국인들은 그러한 희생을 하려고 하지 않는다. 그것이 민주제도의 또 다른 강력한 모순을 이룬다.

다섯째, 진실로 민주주의의 본질적 가치에 대한 새로운 도덕적 인식을 일으키는 것이 필요하다. 민주주의는 도덕적으로 전제주의에 비해 우월하지만, 그것은 민주주의의 경제 제도가 더 낫거나 혹은 그것이 더 창조적이고 일반적으로 생산적이기 때문이 아니라 그것이 보다 나은 인간들을 가져오기 때문이다. 한국민, 보다 정확하게 말해서 한국 유권자들의 도덕적 마비상태가 심각하다. 범죄자들이 아무런 죄의식이나 부끄러움이 없이, 아니, 오히려 범죄사실을 기술적으로 법적투쟁을 벌여 선거나 비례대표제를 악용하여 국회의원이라는 권력자가 되는 철면피의 세상이다. 그들은 개인과 집단의 사적 이익을 앞세워 국가의 공권력을 무참히 무력화시키고 비도덕적 행동을 보편화하여 국민의 도덕적 감각을 마비시켰다.

그러나 국가가 올바르게 유지되기 위해서 오늘날 정치인들은 국민들에게 지금보다 훨씬 더 많은 것을 요구해야 한다. 사람들은 만일 정치인들이 다른 언어로 말하기로 결정한다면 훨씬 더 많은 것을 이해할 수 있고 수용할 수 있을 것이며 또한 그렇게 할 것이다. 만일 텔레비전 특별방송을 통해 정치지도자가 "내가 실수했다"거나 혹은 "내가 잘못된 예측을 했다"고 진실로 고백하면서 즉시 실수를 바로잡는다면 그의 용기 있는 자세는 여론의 지지에서 놀라운 성공을 거둘 것이다. 그러나 우리의 정치지도자들은 자신들이 대중 앞에 일종의 무오류의 초인처럼 보여야 한다고 믿고 있다. 그들은 이런 행동의 해악을 알아보지 못한다. 그들은 결국 기본적으로 자기들이 국가는 물론 궁극적으로 본인들에게도 불리하게 작용할 비도덕적 테크닉을 사용하고 있다는 것을 깨닫지 못한다. 만일 그들이 보다 더 겸손하고 보다 더 정직하다면 그들은 일반 국민들에게 훨씬 더 좋은 인상을 줄 것이고 일반 국민들에게 더 큰 희생을 요구할 수 있을 것이다.

오늘날 대한민국은 정치적으로 부패하고 타락했다. 여기서 정치적 타락이란 국민들이 편안과 안정 그리고 물질적 소비자의 행복만을 추구하는 쾌락주의(hedonism)에 젖어 국가의 안전과 명예, 그리고 국가의 영광과 같은 공익을 먼저 생각하지 않는 것이다. 이것은 마키아벨리식으로 표현한다면, 대한민국 남사들의 '여성화'이다. 그러므로 다시 마키아벨리에 의하면, 건전한 정치적 질서의 창조와 개혁을 위해 필요한 것은 정치인들과 국민들에게서 잃어버린 '사나이다움(Virtu)'의 부활이다. 여성과 같은 포르투나(Fortuna)는 야성적인 비르투에 의해서 정복되지 않는다면 오히려 인간을 조롱하면서 항상 변화를 좋아하는 여자와 같이 정치적 변동과 불안정을 초래한다. 그러므로 우선 포르투나를 정복하는 것이 중요하다. 그리고 포르투나를 굴복시키려면 여자를 정복할 때와 마찬가지로 도덕에 구애받아서는 안 된다. 오히려 도덕적 선보다는 힘이 더욱 중요하다. 차가운 지성보다는 뜨거운 야성이 더 효과적이다. 그리고 물론 정복의 대상이 되는 여자에게 자유를 준다는 것은 남자가 약하다는 것을 의미한다. 우선 정복하는 것이다. 마찬가지로 군주가 포르투나를 극복함으로써 질서를 창조하고 안정을 유지하기 위해서는 피치자의 자유 같은 것에 신경을 쓸 겨를이 없다. 그런 도덕적 관념에 제약을 받는 자는 군주의 자격이 없는 약자이다. 그런 약자는 결국 피치자에 속하며 마키아벨리가 요구하는 질서의 창조과업에는 적합하지 않다.

20세기의 세계 최고 지성인 가운데 한 분인 프랑스의 레이몽 아롱(Raymond Aron)은 1977년에 출간된 〈타락한 유럽의 변론(In Defense of Decadent Europe)〉에서 당시 유럽의 데카당스를 진단하고 그 원인을 비르투의 상실, 혹은 역사적 활력의 상실에 있다고 경고했다. 그는 마키아벨리에게서 유럽의 데카당스에 대한 처방을 찾았다. 그에게 비르투는 국가적 행운의 궁극적인 원인이며 데카당스는 나태함을 떨구지 못하는 국가의 무능력을 의미했다. 아롱은 데카당스의 위험을 의식하고 그것에 대항할 의지를 강조했다. 아롱은 유럽에 그런 집단적 결의가 있는지를 묻고 더 이상 없다고 직설적으로 자답했다. 그는 이미 20세기 유럽에서 좌우 전체주의가, 즉 나치즘과 공산주의가 마력을 발휘하던 1939년 공개적으로 민주주의의 데카당스를 비판하면서 마키아벨리의 시민적 용기, 다시 말해, 비르투에 호소했다. 치열한 이데올로기의 대결 시대에 레이몽 아롱은 진정한 자유주의자는 보수주의자, 보다 정확하게 말해서, 보수적 자유주의자가 되어야 한다고 주장했다. 그들은 서방의 부르주아 문명의 근본적 선택의 가치를 기꺼이 옹호해야 하며 사회적 규율, 시민적 용기, 권위에 대한 동의 그리고 사회적 및 직업적 삶에서 실천적이고 기술적 능력의 불가결성을 고집했다.

플라톤의 이상국가에서도 수호자 계급, 즉 진사들의 필요성은 당연했다. 플라톤은 인간의 영혼 속에서 '이성'이나 '욕구'보다는 '사기(士氣, thumos)'가 충만하고 발달한 사람이 수호자가 되어야 한다고 주장했었다. 그러다 15~16세기 르네상스 시대에 이르러 플라톤의 '사기'가 마키아벨리의 '비르투'로 변용되어 재등장한 것이라고 볼 수 있다. 15세기에 마키아벨리가 자신의 조국 피렌체의 데카당스를 탄식하면서 비르투를 절규하고, 또 20세기 레이몽 아롱이 유럽의 데카당스를 개탄하면서 비르투를 촉구했듯이 오늘날 대한민국의 데카당트 민주주의의 치유를 위해 나는 한국인들에게 조국의 자유민주주의의 생존을 위해 오로지 물질적 '소비자'가 아니라 민주공화국의 애국적 '시민'으로서 비르투를 함양하고 또 발휘해 주길 간절히 바란다.

제4장

삼권분립과 무기력증에 빠진 행정부의 치유책은?

최근 입법부의 횡포와 사법부의 독단으로 행정부가 무기력증에 빠진 것으로 보인다. 근대 자유민주주의는 최선을 성취하기보다는 최악을 막기 위해 마련된 제도다. 자유민주주의의 건축가들은 폭정 혹은 독재체제라는 최악을 막는 것이 정치적 삶의 목적이었다.

그들은 정치가 최고 목적의 추구를 금지하고 하나의 원칙으로서 최고의 것에 대한 합의를 생각하는 것조차 금지했다. 그들은 최고의 것에 관한 합의는 원칙적으로 성취될 수 없다고 간주했다. 그들은 최고 목적의 깃발을 정치에 끌고 들어가는 사람이나 정당은 누구든 어쩔 수 없이 정파적 투쟁을 벌이고 이들의 승리는 폭정으로 귀결될 것이라고 믿었다.

이런 최악의 폭정화를 막기 위해 마련된 제도가 바로 삼권분립제도다. 삼권분립제도는 근대 자유민주주의 정치제도의 하나의 전형이다. 그것은 16세기 피렌체의 마키아벨리가 암시하고, 17~18세기 프랑스의 몽테스키외가 이론을 체계화하고, 미국의 국부들이 신생 합중국을 위해 채택하여 지금까지 성공적으로 중단 없이 작동하고 있는 민주주의의 정부조직 형태다. 이 미국의 민주정부조직은 지적으로 그리고 역사적으로 전 세계에 영향력을 미친 소중한 제도다. 대한민국도 현재 제6공화국 헌법에서 여전히 이 삼권분립의 정부조직 형태를 유지하고 있다.

그러나 삼권분립의 교리는 18세기 근대의 유형으로 등장했을 때 그것은 즉시 정치적 의도와 정치적 사실 사이의 갈등에 직면했다. 그것의 정치적 의도는 서로가 독립적이고 완전히 평등한 것으로 조정된 정부의 3부 속으로 용해함으로써 군주의 절대 권력을 파괴하는 것이었다.

권력분립의 교리가 여기에서 멈추었다면, 홉스와 칸트가 분명하게 인식했던 것처럼, 그것은 필연적으로 국가 그 자체의 소멸로 이어졌을 것이다. 왜냐하면 권력분립의 제도하에서조차 최고의 정부권력인 주권적 권력은 어디엔가 살아있어야 했기 때문이다.

그리하여 그것은 3개의 분리된 권력에 제4부인 주권적 권력을 추가함으로써 그리고 3부 중 하나를 다른 부들 위로 높이고 그것을 주권의 대변자로 만들었다. 군주제에서 권력분립에 통일성을 부여하고 그것들을 동시에 중립화함으로써 이 제4부는 군주였다. 미국과 1789년의 프랑스와 같은 민주정치제도에서 그것은 헌법을 통해 말하는 국민이었다. 그리하여 군주제하에서 다른 부서 위에 올려진 부서는 영국을 제외하곤 행정부다. 그리고 대의민주주의에서는 입법부다.

그러나 전시엔 매일 직접 전쟁을 수행하는 행정부가 우위에 서게 된다. 실제로 미국의 역사에서 대통령의 권한이 제왕적으로 나타난 것은 남북전쟁을 치른 에이브러햄 링컨 대통령 때였다. 그는 헌법에 규정된 전쟁법안(the War Power Act)을 통해 행정부의 주도로 입법부를 이끌었다.

그러나 전쟁의 종결과 제왕적 링컨 대통령의 사망으로 의회가 다시 우위를 되찾았다. 평화 시 미국에서 제왕적 대통령의 효시는 20세기 초 1901년 7월 선임 대통령의 피살로 우연히 대통령직을 계승한 제26대 시어도어 루즈벨트(Theodore Roosevelt) 대통령 시절이었다. 미국은 19세기 말경에 산업화의 절정에 도달했다. 대기업들의 카르텔이 국가의 공적 이익과 공정성을 위반하고 비리가 심각하게 되었다. 그때까지 미국의 전임 대통령들은 헌법이 허용하는 것 외엔 아무것도 할 수 없다고 소극적으로 생각했다.

그러나 루즈벨트는 대통령이란 헌법이 구체적으로 금지하지 않은 것은 무엇이든지 할 수 있다는 헌법 해석의 적극적인 입장을 취했다. 그리하여 연방정부 대통령이 자유로운 경제와 기업 활동에 간섭할 수 없다는 오래된 자유방임경제에 루즈벨트 대통령은 정의와 공정의 이름으로 경제와 기업 활동에 제약을 가하고 노동조합 활동을 조성하는 행정부 중심의 소위 진보주의적 정책을 최초로 실시하여 제왕적 대통령의 모습을 보였다.

그의 이런 진보주의 정책의 시발은 그 후 제33대 프랭클린 루즈벨트 대통령, 그리고 1960년대에 제26대 린든 존슨 대통령의 '위대한 사회(the Great Society)'의 건설로 미국을 진보적 복지국가로 변화시켰다. 그들은 행정부의 적극적 주도로 국정을 이끌어 재임 시 모두가 제왕적 대통령이라는 비판을 받았다.

그러나 대한민국의 헌법질서는 제1공화국의 수립 때부터 헌법상 삼권분립의 완전한 미국식 대통령제가 아니라 거기에 유럽식 내각책임제적 요소를 내포하고 있다. 제2공화국 내각책임제의 처참한 실패에도 불구하고 다시 대통령제를 선택한 제3공화국 헌법도 현대 민주 정당정치의 발전을 위해 그런 요소를 포함하였다.

그러다 보니 이질적인 두 제도 간의 충돌로 각각의 장점들이 성공적으로 융합하여 상승효과를 가져오기는커녕 오히려 두 제도의 단점들만 부각되는 어이없는 정치투쟁의 결과들이 한국정치사를 수놓게 됐다. 그리하여 한국인들은 1948년 건국 이후 소위 제왕적 대통령(Imperial President)이 주도하는 권위주의적 통치를 유지하거나 아니면 여소야대 정당중심의 의회가 대통령과 행정부의 국정운명을 사실상 마비시키는 입법부 독재정치를 경험하기도 했다.

그것은 일찍이 토크빌이 경고했던 '다수의 폭정(tyranny of majority)'이었다. 대한민국이 1953년 세계최빈국에서 21세기 선진국 대열에 진입하게 된 것은 대체로 활기찬 제왕적 대통령들이 이룬 업적이라 해도 과언이 아닐 것이다.

한국의 자유민주주의는 국회가 행정부에 우위를 차지하면 거의 언제나 행정부가 무기력증에 시달리는 결과를 가져왔다. 국민들은 직접투표권을 행사했지만 그들이 선출한 대통령은 효과적 통치에 필요한 권한들을 갖지 못했다.

거대야당과 대중의 여론이 정부를 무차별적으로 공격하는 곳에서는 진정한 주권적 정치권력의 기능에 병적인 장애가 발생하기 마련이다. 이런 병적인 장애는 정부를 허약하게 만들어 통치능력을 거의 마비상태로 몰고 간다. 이런 헌정질서의 붕괴는 민주사회의 재앙적 몰락의 원인이 된다. 보다 구체적으로 말해서 입법부가 당연히 행정부가 일할 기회를 박탈하여 행정부가 국가를 운영해갈 수 없게 된다. 그렇게 국가의 운영이 마비되면 국민은 자유와 권위 중에서 선택해야만 한다.

저명한 공공철학자 월터 리프만(Walter Lippmann)이 일찍이 주장한 것처럼 "국민들은 동족상잔을 위협하는 자유보다는 아버지 같은 권위를 선택할 것이다. 자유와 민주주의의 어떤 이상도 그들이 통치되는 방식에 오랫동안 방해되도록 허용되지 않을 것이다." 제1차 세계대전 후 이런 방식으로 생명력 없는 정치질서로서 민주주의의가 바로 그 무기력증의 해결책의 하나로 전체주의를 가져왔다.

오늘날 한국의 자유민주주의를 위협하고 있는 것은 프랑스대혁명 시 자코뱅(Jacobin)당 유형이 위협과 유사하다. 국회의원들은 국가의 악을 제거하기보다는 국가 그 자체를 파멸시키려고 한다. 게다가 신-봉건주의(a new feudalism)적 탈산업사회의 새 계급들이 국가의 공권력을 위협한다. 거대기업들은 중세 유럽사회의 귀족계급처럼 그리고 노동자 집단은 과거 성직자 계급처럼 행동한다. 무책임한 언론을 포함하여 각종 근대의 사회단체들은 사적인 이익을 앞세워 국가의 공권력을 무시한다.

이런 병든 형태의 민주주의에 대한 올바른 치유책은 행정부가 강력하게 국가정책을 주도하는 것이다. 국회의 결정은 다양한 이해관계의 '타협'을 대변한다. 그러나 행정부는 증거와 상담을 받은 뒤 대통령 스스로 '올바른' 결정을 하는 곳이다. 상담자들과 보좌진들은 정책결정의 참여자가 아니라 정책결정자의 비서들이다. 비서들이 설치는 것은 과거 왕조시대 내시들이 설치는 것과 같다. 그들은 그림자에 머물러야 한다.

오늘날 치열한 국제사회의 경쟁 속에서 살아남고 또 앞서가기 위해서는, 즉 국제적 파도타기에 성공하기 위해서는 국가의 주권을 실제로 행사하는 대통령이 선장으로서 그리고 국민 교사로서 직접 국민 앞에 나서 국민 여론을 조성하고 압도적으로 끌고 가야 할 것이다.

제5장

윤석열 대통령의 국가 비상계엄령 선포를 어떻게 생각해야 할까?

"언젠가 해야 하고, 누군가 해야 한다면, 지금 제가 하겠습니다." 이것은 역사에 남을 참으로 감동적인 수사학이다. 주권재민의 근대 민주주의의 제1차적 근본 원칙을 짓밟은 거듭된 부정선거와 자유민주주의의 국체를 전복하려는 반국가, 종북, 친중 세력들의 위협으로부터 나라를 구원하기 위해 윤석열 대통령이 2024년 12월 3일 비상계엄령을 발동할 때 선언한 말이다. 그러나 이 계엄령 선포는 몇 시간 만에 국회의 동의를 얻지 못해 곧 중지되었다. 그러나 계엄령 선포 후 거대 야당의 윤 대통령 탄핵이라는 입법만행으로 인해 윤석열 대통령의 전국적 지지세력이 결집하여 민주당의 폭주에 저항하는 한편 민주당이 행정부를 무력화하려는 대통령 권한대행 국무총리의 추가 탄핵으로 인해 대한민국은 사실상 무정부 상태에 빠졌다.

그러나 윤석열 대통령은 한국판 볼셰비크 혁명가들 같은 반국가세력에 결연히 맞서는 자세를 보이고 또 그를 위한 범국민적 지지도 급상승하고 있다. 현재 대한민국의 자유민주주의 헌법질서는 백척간두에 서서 죽음의 위협에 떨고 있다. 윤 대통령은 이제 비로소 대한민국의 '사나이다운(virtu)' 성지가가 되었다. 그는 대한민국의 현대사에서 독립 혁명가 이승만 건국 대통령과 한강의 기적을 일으킨 박정희 대통령에 이어 자유민주주의를 구출한 대통령으로서 국가적 영웅의 반열에 오를 것으로 예상된다.

대한민국의 민주주의는 그동안 민주주의의 과잉으로 서서히 병들고 무기력해져서 헌정질서의 유지가 매우 위태로운 상황이었다. 대한민국의 자유민주주의는 데카당스의 상태에 있었다. 애국 국민들은 이런 국가적 위기를 해결할 사나이다운 정치지도자의 출현을 마치 '고도를 기다리듯' 하였다. 윤석열 대통령이 국가비상 계엄의 발동으로 그러한 국민들의 여망과 기대에 부응한 것이라고 말할 수 있을 것이다.

대한민국 제6공화국 헌법에서 과거에 있었던 비상대권법(emergency power)이 사라져버렸다. 그리하여 국가 비상계엄령은 현행 헌법에서 대통령에게 부여하고 있는 유일한 일종의 비상대권이다. 비상대권의 발동은 역사적으로 볼 때 고전적으로는 공화정, 그리고 근대에서는 민주공화국, 즉 자유민주주의에서만 발견되는 특별한 국가적 위기의 마지막 해결책이었다. 역사에 영원히 빛나는 로마 공화정의 전성시대에 로마인들은 폭군이 아닌 '헌정적 독재자(Constitutional Dictator)'라는 국가적 위기를 타개하는 제도를 갖고 있었다. 가장 유명한 독재자는 킨키나투스(Cincinnatus)였다. 그는 전설적 인물이었다.

그러나 로마 공화정의 이 특별한 제도는 줄리우스 시저가 자신을 평생 독재자(lifetime dictator)로 선언하여 사실상 황제의 지위에 오름으로써 킨키나투스의 롤 모델은 끝이 났다. 그럼에도 불구하고 줄리우스 시저가 스스로를 '독재자'로 자처한 것은 독재자라는 용어가 국가적 위기 해결사라는 긍정적 의미를 갖고 있었기 때문이다. 그 이후에는 줄리어스 시저가 정치적 야심가들의 롤 모델이 되었다. 17세기 영국의 올리버 크롬웰(Oliver Cromwell)과 18세기 프랑스의 나폴레옹 보나파르트의 롤 모델이었다.

오직 18세기 미국의 초대 대통령 조지 워싱턴만이 아메리카 대륙군 총사령관으로서 킨키나투스의 길을 걸었다. 19세기 카를 마르크스가 공산혁명 후 '프롤레타리아 독재'를 주장했을 때 그도 혁명 직후의 혼란을 염려하여 로마 공화정의 헌정적 독재자를 염두에 두었던 것으로 생각된다. 그러나 제

1차 세계대전에 참전한 미국의 우드로 윌슨 대통령이 당시 유럽의 독재자들을 선쟁범죄자들로 규탄함으로써 '독재자'는 전통적인 '폭군'과 동일한 의미로 널리 사용되게 되었다.

제1차 세계대전에서 패배한 후 독일 역사상 1919년에 처음으로 수립된 민주공화정인 독일 바이마르 공화국의 헌법도 제48조에 비상내권을 인정하고 있었다. 이것은 일종의 신-로마모델(Neo-Roman Model)의 출발이었다. 1930년대 초 히틀러의 나치스정당이 점점 세력이 증가하여 자유민주주의 체제를 위협할 때 당시 독일의 파울 폰 힌덴부르크(Paul von Hindenburg) 대통령은 후세 역사적 평가를 두려워한 나머지 비상대권의 발동을 거부함으로써 결국 독일 역사에서 최고의 악마인 히틀러에게 정권을 넘겨주어 바이마르 공화국은 참담한 비극적 종말을 맞고 말았다.

반면에 제2차 세계대전 후 바이마르 공화국의 교훈은 프랑스에서 작동했다. 1958년 알제리아 전쟁으로 프랑스 제4공화국이 사실상 붕괴에 직면하자 그해 6월 프랑스 정부는 정계에서 은퇴했던 샤를 드골(Charles de Gaulle) 장군에게 6개월 간 전권을 위임하는 비상대권을 발동했다. 이 비상대권을 통해 드골 장군은 제5공화국 헌법을 제정하고 선포했다. 프랑스 제5공화국도 헌법 제16조에 비상대권을 인정했다. 프랑스의 최대 식민지 알제리아(Algeria)의 독립 문제에 대한 극렬한 찬반 대립으로 프랑스가 사실상 무정부 상태에 처했지만, 드골 프랑스 대통령은 바로 이 비상대권을 발동하여 국가적 위기를 해결할 수 있었다.

독일과 프랑스의 경우를 비교할 때 민주공화정, 즉 자유민주주의 체제에서 비상내권은 필요한 것으로 인정될 수 있다. 그렇다면 윤석열 대통령의 좌질된 비상계엄의 발동을 어떻게 생각해야 할까? 20세기 전반기 독일과 프랑스에서 자유 민주주의가 위험에 처해 있을 때 독일의 힌덴부르크 대통령과 프랑스의 드골 대통령은 서로 판이한 결단을 내렸다. 역사는 그 결과를 생생히 말해주고 있다. 21세기 대한민국 자유민주주가 위험에 처했을 때 윤석열의 결단이 어느 쪽에 가까운지는 자명하다. 반대로 비상계엄령의 선포를 반대하는 자들은 어리석은 힌덴부르크 대통령의 후예들이라고 해도 과언이 아니다.

인류에게 서양문명은 자유주의와 민주주의가 결합된 자유민주주의를 선물했다. 이것은 인류가 획득한 가장 소중한 자산이다. 그러나 자유민주주의가 인간의 모든 문제를 시원하게 해결해 주지는 않는다. 그러므로 현실에서 우리는 인간의 문제에 대한 인간의 해결책은, 그것이 기술적 문제이든 정치적 문제이든 아니면 경제적 문제이든, 언제나 불완전하고 일시적이라는 것을 이해하고 있어야 한다. 위험의 망각, 혹은 위협 그 자체의 망각은 과도한 자신감, 혼돈의 무관심, 혹은 문명의 구조를 과소평가하는 과정 때문이다. 그러나 정치적으로 말해서 위험의 망각은 항상 위기와 동의어이다. 자유민주주의는 단 한 방에 찢겨 나갈 하나의 얇은 필름 같은 것으로 야만주의가 그 찢겨진 틈 사이로 들어선다.

히틀러와 스탈린의 시대를 살았던 사람들은 최악의 사태가 언제나 가능하다는 것을 알고 있다. 다원적이든 아니든 모든 사회는 취약성을 안고 있다. 자유민주주의는 주의 깊은 보살핌을 요구한다. 무엇보다도 국가 지도자에게 역사적 활력인 '사나이다움(virtu)'이 없다면, 즉 적(敵)을 알아보고 적과 싸울 의지가 없다면, 자유 민주주의 정치체제는 생존의 위험에 처할 것이다.

국가적 위험은 권력을 사용할 준비성으로 대처해야 한다. 우리는 언제나 권력의 남용을 규탄한다. 그러나 정치는 권력의 사용을 의미한다. 책임 있는 정치가는 악(惡)을 힘으로 저항해야 하고 그렇지 않으면 악의 승리에 책임을 져야 한다. 자신의 영혼보다도 조국을 더 사랑했던 피렌체의 마키아벨리가 말했듯이 만일 선(善)이 악에 의해 쉽게 압도당할 수 있다면 악(惡)은 선(善)의 고려에서 지속하도록 결코 허용되어서는 안 될 것이다. 왜냐하면 악은 결코 간단히 사라지지 않을 것이기 때문이다.

그러므로 악(惡)은 말로 그리고 불행하게도 때로는 검(劍)으로 싸워야 한다. 한편으로 악은 적대감이 결코 제거되지 않을 것이라는 지식에 의해서 균형을 이루어야 하지만, 또 다른 한편으로 최악이 가능하지만 항상 확실하지는 않다는 믿음에 의해서 균형이 이루어져야 한다. 정치란 결코 선과 악의 갈등이 아니다. 그렇다고 정치가 곧 비도덕적이거나 도덕이 정치와 근본적으로 분리되는 것은 아니다. 정치적 갈등이란 결코 순수한 대의명분에 관한 것이 결코 아니며 정치투쟁이란 모호하다. 정치, 특히 외교정책은 어쩔 수 없이 끼어드는 비도덕적인 요소들의 갈등이다.

정치에서 순수한 대의명분은 현실과 타협해야만 한다. 그리하여 정치는 선호하는 것과 혐오스러운 것 사이의 선택이 된다. 그러나 선호하는 것과 혐오하는 것의 구별은 비록 그것이 우연적인 것이지만 무엇이 악이고 무엇이 악이 아닌지에 대해 굳건한 토대를 두어야 한다. 구체적인 상황에서 무엇이 선호하는 것이고 또 무엇이 혐오하는 것인지에 대한 우리의 지식의 토대는 임의적이지 않고 또 그것은 순전히 편의의 문제도 아니다. 이것이 바로 정치적으로 생각하고 행동하는 것을 의미한다.

오늘날 대한민국의 위기는 여러 측면이 있고 또 복잡하지만, 그러나 중요한 요소들 중의 하나는, 역사적 활력의 집단적 결의의 상실, 국가적 위험에 대한 인식의 부재, 그리고 그 위험에 맞서려는 용의(用意)의 부재, 즉 마키아벨리가 말한 '사나이다움(virtu)'의 결핍이었다. 실제로 16세기 이래 '저질의 마키아벨리즘(vulgar Machiavellism)'이 성행했다. 저질의 마키아벨리즘은 국내적 지배뿐만 아니라 제국의 정복에 봉사하는 권력의 테크닉 이상의 아무것도 아니었다. 바꾸어 말해서, 저질의 마키아벨리즘은 폭군체제를 정당화하는 이론으로 이용되었다. 제국의 폭군체제, 공산주의, 파시즘과 나치스의 국가사회주의가 저질의 마키아벨리들의 명백한 후계자들이다. 그러나 20세기 프랑스의 최고의 지성 레이몽 아롱(Raymond Aron)이 주장했듯이 마키아벨리즘과 마키아벨리의 사상은 다르다. 우리는 저질의 마키아벨리즘과 마키아벨리의 복잡하고 무한한 사상을 구별할 수 있어야 한다.

마키아벨리 자신이 배타적은 아니지만 의도적으로 폭군들을 위해 '군주론(The Prince)'을 썼다는 것을 부인할 수는 없다. 마키아벨리의 모든 독자들은 군주의 보좌관이 된다는 것은 곧 동시에 폭군들의 보좌관이 된다는 것을 알고 있다. 마키아벨리는 자유공화정을 선호했지만 그러나 정치에서 폭군의 필연성은 특히 정당성이 모호한 개념이 될 때 피할 수 없는 것이라고 생각했다.

20세기 자유의 적들은 그들이 마키아벨리의 태도를 계승했다고 해서 마키아벨리언들이라 불릴 것이다. 그들은 극단적인, 다시 말해서, 저질 마키아벨리즘의 자식들이다. 그러나 마키아벨리와 함께 배우는, 그리하여 정치적 현실에 대한 깊은 감각을 습득하는 다른 방식이 있다. 그것은 마키아벨리에 관해 비판적으로 읽는 방식으로 그의 가르침을 보다 온건하고 혹은 문명화된 것으로 만드는 것이다. 따라서 극단적이고 저질의 마키아벨리즘과는 대조적으로 온건하고 문명화된 마키아벨리즘은 정치세계에 관해 중요한 통찰력을 발생시킬 수 있다.

마키아벨리식으로 말해서 국가적 데카당스(decadence)는 사나이다움(virtu)의 상실, 즉 역사적 활력의 상실이다. 다시 레이몽 아롱에 의하면 마키아벨리의 사나이다움은 집단적 행동의 능력과 역사적 활력을 의미한다. 실제로 사나이다움은 국가들의 행운, 즉 그것들의 흥망성쇠의 궁극적인 원인이다. 데카당스는 국가가 나태함을 벗어나지 못하는 무능력을 의미하며, 특히 공화정의 시민정신의 상실을 의미한다. 시민들이 굴종을 거부하는 것으로는 충분하지 않다. 시민들이 국가적 위험을 인정하고 그것에 맞서야 한다. 고전적 공화정은 오늘날 자유민주주의로 발전했다.

역사적 활력의 상실은 즉각적인 정치적 결과를 가져온다. 즉, 그것은 결의의 상실 혹은 결정적으로 선택할 능력의 상실을 가져온다. 마키아벨리에 의하면 공화국들이 가지는 최악의 성질은 우유부단이라서 어떤 행동의 길을 그들이 택하든 간에 그들은 어쩔 수 없이 밀려서 행동한다. 그들에게 일어나는 좋은 일도 그들의 지혜에 의해서가 아니라 필연에 의해서다. 우리가 선택을 거부할 때조차 우리는 이미 선택하고 있는 것이다. 그러나 마키아벨리는 대안이 없을 때까지 선택을 연기하는 것은 치명적이라고 경고할 것이다. 때때로 우리는 주어진 선택의 배타성, 즉 주어진 행동의 길을 결정하면서도 다른 가능한 길들을 배제하려고 하지 않는다. 이런 경우에 최악의 행동은 양쪽 다 배제하지 않는 우유부단한 행동의 길을 가는 것이다.

윤석열은 자신에게 가장 위험하지만 조국의 헌정질서를 살리는 길을 택했다. 그는 '사나이다운' 지도자로 거듭난 것이다.

제2부

정치란 무엇인가?

제6장

권력이란 도대체 무엇일까?

권력이란 마치 사랑처럼 제 눈에 안경이다. 권력이 모든 것이고, 모든 것은 권력과 관련되기 때문이다. 그래서 그럴까? 한국인들 중에는 권력을 향해 날아드는 '불나방들'이 너무 많다. 그렇다면 권력의 속성은 도대체 무엇이란 말인가? 역사가 헨리 애덤스(Henry Adams)는 "권력이란 독약"이라고 개탄했다. 그러나 철학자 프리드리히 니체(Friedrich Nietzsche)는 "권력이란 인간에게 가장 중요한 자양분"이라고 생각했다. "권력이 곧 정의이다."라는 말은 그리스의 유명한 소피스트 트라시마쿠스(Thrasymachus)의 주장이었다. 우리 시대의 헨리 키신저(Henry Kissinger)는 "권력이란 최음제"라고 규정했다.

그러나 나는 권력을 간단히 아편이라고 정의하고 싶다. 권력이 아편이라면 그것은 천사 같은 진통제이며 동시에 악마 같은 지옥의 사자일 것이다. 알맞게 쓰면 고통을 완화시키는 데 탁월한 효능이 있지만 많이 사용하면 중독이 되어 그것 없이는 살 수 없다. 그리고 갈수록 더 많은 양의 마약이 고통 없는 삶을 위해 필요하게 된다. 그러다 마약 그 자체가 결국 죽음의 원인이 되어버린다. 바로 여기에 아이러니한 권력의 본질이 숨어있다. 그러나 권력은 인간이 단념하기엔 너무나 매력적이다. 이 뿐만 아니라, 모든 공동체의 삶을 가능하게 하기 위해 정치권력은 필요악이다. 정치권력은 질서를 위해 필요하고 질서는 평화를 의미하며 평화는 삶의 전제조건이기 때문이다. 권력은 마치 히드라(Hydra)나 카멜레온과 같이 수많은 얼굴과 다양한 모습을 갖고 있다. 바로 그렇기 때문에 권력은 인간을 매혹시키거나 두렵게 만든다. 그것은 우리 모두에게 항상 매우 밀접하게 관련되기 때문에 우리의 시각에는 강렬한 감정과 도덕적 가책들이 흠뻑 배어들어 있다. 그리하여 권력은 마약인 동시에 정의로 간주될 수 있지만 그러나 그것은 단순히 마약도 아니고 정의도 아니다. 권력은 마치 불처럼 이중적인 속성을 갖고 있기 때문이다. 그것은 불처럼 아주 유용한 것이지만 또한 동시에 모든 것을 태우고 파괴할 수 있다. 권력은 '천국의 빛'인 동시에 '지옥의 화염'이다. 요컨대, 권력은 야누스의 두 얼굴(Janus-faced)을 갖고 있음이 분명하다.

성 오거스틴(St. Augustine)이 누군가 물어올 때까지 우리 모두는 '시간'이 무엇인지 이미 알고 있다고 말한 것처럼 우리는 '권력'에 대해서 누군가 물어올 때까지는 이미 그것에 대해서 잘 알고 있다고 말할 수 있을 것이다. 권력의 이런 미묘함은 그것으로 하여금 마치 유령과 같은 속성을 갖도록 만든다. 그것은 항상 우리의 주변에 있지만 우리의 '오감'에 의해서 '파악되기'보다는 우리의 '육감'에 의해서 '감지될' 수 있는 것이다. 우리는 그것이 무엇인지를 알지만 그러나 우리는 그것을 정의하는 데 끊임없는 어려움에 직면한다. 우리는 어떤 사람이나 사회집단이나 국가가 더 많은 권력을 보유하고 있다고 '구별할 수는' 있지만 그것을 정확하게 측정할 수가 없다. 그것은 시간처럼 아주 추상적이지만 총살형 집행대(a firing squad)만큼이나 현실적인 것이다. 그러므로 정치학에서도 권력이란 가장 빈번히 사용되는 개념이지만 엄밀하게 정의하기가 거의 불가능한 개념이다. 어떤 점에서 권력의 이러한 모호성은 그동안 시도된 모든 정의들을 마치 장님과 코끼리의 우화와 비슷하게 만든다. 그리고 바로 이러한 이유에서 동료 정치학자들에게 참으로 미안한 얘기지만 '정치학(Politics)'은 '정치과학(Political Science)'이 결코 될 수 없는 것이다. 정치과학은 무지개를 좇듯 허망한 일이다.

권력은 개념의 모호성에도 불구하고 오랫동안 인간행위와 정치에 관한 논의 속에서 매우 중대한 역할을 해왔다. 고대에서 아리스토텔레스는 권력이 내부적으로 어떻게 분배되어 있는가에 따라 정치체제를 분류했으며, 근대에서 마키아벨리는 권력을 잡고 그것을 지키는 방법을 군주들에게 가르쳤다. 토마스 홉스(Thomas Hobbes)는 권력에 대한 욕구가 인간행위의 근원이라고 설파했다. 몽테스키외(Montesquieu)의 가르침에 따른 미국헌법의 아버지 제임스 메디슨(James Madison)과 그의 동료들은 권력을 제한하고 분산시키는 헌법체계를 설계했으며, 기존의 모든 제도에 도전했던 칼 마르크스는 정치권력은 필연적으로 경제적 지배계급에 귀속된다고 주장했다. 일반 대중들도 권력이라는 개념을 일반적으로 널리 사용했다. 많은 슬로건들이 '인민의 권력', '흑인 권력', '여성권력', '학생권력', '신의 전능한 권력' 등에서 그 용어에 의존한다. 정치학자들은 권력이라는 용어를 쓰지 않고는 설득력 있게 정치를 논의할 수 없다. 이 뿐만 아니라, 권력은 철학자나 역사가, 사회이론가, 그리고 정치인들과 대중들이 항상 필수불가결한 것으로 생각하는 정치적 언술이 남긴 용어이다.

알렉산더 해밀턴(Alexander Hamilton)이 질문했듯이 무엇을 할 수 있는 능력이나 수완이 아니라면 무엇이 권력이란 말인가? 그러나 구체적으로 행사되지 않은 구조적 권력도 권력의 또 다른 얼굴이기 때문에 권력이 자신에게 귀속되어 있음을 입증하기 위해 항상 또는 반드시 무엇인가를 해야 할 필요는 없을 것이다. 정치학의 아버지인 아리스토텔레스는 일찍이 정치학의 정밀성에 대해서 이미 경고했다: "모든 예술품이나 공예품에서 동일한 정확성이 기대되어서는 안 되는 것처럼 철학의 모든 분야에서도 똑같은 정도의 정확성이 기대되어서는 안 된다." 비록 우리가 권력을 정확하게 정의하고 또 측정할 수는 없지만 모든 사람들에게 권력은 확실히 존재한다. 권력이란 단지 연기(煙氣)가 아니라 진짜로 불이다. 따라서 우리는 측정 불가능한 요소가 있다고 해서 그것을 비실제적인 것이라고 버리는 중대한 실수를 범해서는 안 될 것이다. 그것은 마치 문학에서 '사랑'의 개념이 모호하다고 그것을 버리는 것만큼이나 어리석은 짓이다.

모든 권력자는 인민들의 사랑을 받고 싶어 한다. 그러나 그것은 사실상 불가능한 염원이기 때문에 그는 권력을 이용하여 인민들을 지배하고 탄압하며 무조건 복종을 요구한다. 그러면서 그는 자신이 사랑받고 있다고 착각한다. 그리고 그는 인민들의 복종을 자신에 대한 사랑으로 착각하고 또 그렇게 항변한다. 바로 그런 권력자는 변명할 수 없는 폭군이다. 오늘날 북한의 김정은이야말로 이러한 폭군의 대표적 사례, 아니 세계의 유일한 세습 폭군이다. 그러나 모든 권력자도 인간이기에 결국은 죽는다. 아마 그 순간에는 그가 권력의 무상함을 느낄지도 모른다. 모든 권력자는 권좌에서 사라져 그의 시대가 끝나면 사람들은 그가 행사한 권력의 공과에 대해 보다 자유로운 역사적 평가를 시작한다. 어떤 사람은 그의 공적만을 칭송하고, 또 다른 사람들은 그의 허물에만 집중한다. 그러나 앞서 말한 권력의 본질적인 모호성과 양면성으로 모든 권력자는 공과를 동시에 갖게 된다. 권력은 공적을 위해 사용되지만 또한 동시에 사적인 욕망을 위해 사용되기 때문이다. 따라서 권력자에게 허물없이 공만 기대할 수는 없을 것이라고 생각된다. 이것이 우리가 권력자를 평가할 때 반드시 명심해야 할 일이 아닐까?

제7장

인간은 왜 그토록 끝없이 권력을 추구할까?

인간이란 죽을 때까지 권력을 추구한다고 주장한 것은 17세기 영국의 정치철학자 토마스 홉스(Thomas Hobbes)가 처음이었다. 그에 의하면 인간은 생명의 보존과 잘살기 위해서 죽을 때까지 권력을 추구한다. 즉 그에게 권력은 분명한 목적을 위한 수단이다. 그러나 19세기 독일의 철학자 프리드리히 니체(Friedrich Nietzsche)는 권력이란 생존의 의지(will to living)이며, 이 생존의 의지는 곧 권력의 의지(the will to power)라고 정의했다. 인간은 태어나면서부터 지배하려 든다. 태어나서 말귀를 알아듣고 말을 할 수 있을 때까지 울기만 하면 모든 욕구가 충족된다. 울어서 부모를 지배하는 것이다. 그러나 그는 성장해 가면서 부모의 지시를 하나둘씩 거부하게 되지만 여전히 부모에 절대적으로 의존하는 삶을 산다. 그러면서 어린아이는 갈수록 부모의 사랑은 절대적이 아님을 체험하게 된다. 청소년기에 접어들어 자의식이 생기면서 부모의 절대적 사랑인 에덴의 동산에서 추방된 아담과 이브가 수치심을 느끼기 시작한 것과 비슷하게 그들은 갑자기 외로움을 '새롭게' 느끼기 시작한다.

그래서 고독에서 벗어나기 위해 인간은 타인의 사랑을 갈구하기 시작한다. 사랑을 얻지 못하면 그는 타인에 대해 강제적 지배를 모색한다. 타인의 지배에서 오는 만족감은 사랑받을 때의 만족감과 유사하기 때문이다. 일방적으로 모두의 사랑을 받기를 원하는 지배자는 그렇게 자연스럽게 폭군으로 변한다. 그런 면에서 권력은 부패된 형태의 사랑이다. 폭군은 마치 카사노바(Casanova)가 끝없이 사랑을 추구하듯 그는 권력을 끊임없이 추구한다. 사랑과 권력이 고독이라는 동일한 뿌리에서 나와 성장하고 있음에도 불구하고 그것들은 유기적으로 연결되어 있다는 명제는 현대인들에게는 기이하고 또 역설적으로 보일 것이다. 왜냐하면 한 사람에게는 기쁘고 다른 사람에게는 고통스러운 인간에 대한 인간의 지배로서 권력은 두 인간이 서로 자발적이고 기꺼이 복종하는 사랑과는 공통점이 없기 때문이다. 아니, 그것들은 오히려 상호배타적이다. 현대인의 마음이 권력을 향한 욕망과 인간의 본성 사이의 고유한 관계를 부인하는 한 현대인은 사랑의 본질을 전혀 이해하지 못한다. 사랑은 함께 속하는 두 영혼과 육체의 결합이다. 현대인이 이해하지 못하는 것은 사랑의 순수한 현상을 특징짓는 헌신의 총체성(totality)이다. 사랑이 영혼을 알지 못하기 때문에 권력을 향한 욕망과 사랑을 향한 갈망 모두의 뿌리인 인간존재의 성질, 즉 '고독'을 알지 못하기 때문이다.

사랑과 권력은 모두가 고독을, 그리고 이 고독에 기인하는 인간의 불충분성을 극복하려고 노력한다. 인간은 사랑을 통해 자기를 전체로 만들어 줄 통일을 이루기 위해 자기 같은 다른 인간을 추구한다. 그리고 인간은 권력을 통해 자신의 의지를 강요하려고 한다. 사랑이 자연의 선물로 타인에게서 발견하려는 것을 권력은 심리적 조작의 책략을 통해 창조하려고 한다. 각자가 타인의 요소를 내포하는 것은 사랑과 권력의 공통된 성질이다. 사랑이 권력에서 출발하고 권력에 의해 항상 부패의 위협을 받는 것처럼 권력은 그것의 성취로 사랑을 향한다. 사랑은 비록 권력의 축소할 수 없는 잔여에 의해서 부패됨에도 불구하고 그것의 궁극적인 성취에선 사랑과 동일하다.

사랑의 관계를 권력의 관계와 비슷하게 만드는 것은 사랑의 필연적 좌절이다. 왜냐하면 사랑이 함께 속하는 두 인간의 결합이지만 그 재결합은 어느 정도의 시간이 지나면서 결코 완전할 수 없기 때문이다. 처음의 자발적 복종은 감소되고 비자발적 혹은 습관적 복종으로 변질된다. 그러면 사랑은 결국 궁극적인 부패에서 권력과 동일하게 된다. 사랑은 각자의 개인성을 잃어버리고 두 인간이 할 수 있는 가장 완벽한 통일이다. 권력은 사랑이 원상 그대로 남겨두어야 할 개인성의 장벽을 깨뜨리려 한다. 권력은 사랑이 할 수 없는 것을 하려고 들 때 그것은 사랑을 위험에 빠뜨린다. 권력의 축소할 수 없는 요소가 사랑의 안정된 관계를 만드는 데 필수적이다. 그리하여 권력이 없이 사랑은 지속할 수 없다. 그러나 권력을 통해 사랑은 부패하고 파괴의 위협을 받는다.

권력관계의 일방적 강요를 상호관계로 변환하는 곳이 정치의 세계이다. 그리하여 진실된 사랑에 도달할 수 없다는 사실을 고통스럽게 인식한 알렉산더나 나폴레옹 같은 유형의 정치권력자들은 그들에게 결핍된 사랑을 끝없는 권력의 축적으로 보상하려고 했다. 언제나 보다 많은 인간들을 자신의 의지에 굴복시킴으로써 그들은 사랑의 결핍을 지배의 성취로 보상받으려 기대했던 것으로 보인다. 그러나 권력에 대한 욕구는 오직 더 많은 권력에 대한 욕망을 낳을 뿐이다. 더 많은 인간들을 자기의 의지하에 두면 둘수록 더 많이 자신의 고독을 의식한다. 권력의 관점에서 본 성공은 사랑의 관점에서 보면 그의 실패를 설명하는 데 봉사할 뿐이다. 인간들의 지배자들이야말로 모든 인간들 중에서 가장 고독한 자이다. 왜냐하면 그의 고독은 자기 권력의 총체성에도 불구하고 그것이 권력에 의해 치유될 수 없다는 것을 입증해 주기 때문이다.

고전철학자들은 고독의 치유책으로 사랑이 아니라 우정(friendship)을 내세웠다. 인간들 사이의 우정이야말로 공동체의 안정된 생활을 유지하는 최고의 덕목이라고 생각되었다. 우정은 사랑과는 달리 우선은 엄격한 평등을 전제로 하는 인격의 결합이다. 그러나 불완전한 인격들 사이의 우정은 어느 정도의 시간이 흐르면서 필연적으로 경쟁적 관계로 변질된다. 우정은 일반적으로 호머(Homer)의 〈일리아드〉(Iliad)에 등장하는 아킬레스(Achilles)와 패트로클로스(Patroclus) 간의 우정처럼 목숨을 바칠 만큼 절대적일 수 없다. 경쟁적 관계는 곧 권력의 관계이며, 헤겔의 인류 역사상 최초로 만난 두 최초의 인간관계의 이론을 융통성 있게 적용한다면, 우정은 결국 지배의 투쟁으로 변한다. 왜냐하면 그들은 두쟁을 통해서 결국 '주인(master)'과 '노예(slave)'의 상호 인정된 관계로 전환해야만 하기 때문이다. 그리고 우정은 사랑만큼 강렬한 만족감을 가져다 주지 못하기에 사랑보다 더 쉽게 깨어질 수 있다. 보다 온건하게 표현하여 우정도 사랑처럼 배신을 막기 위해서는 수직적 권력관계로 안정시켜야만 하는 것이다.

따라서 권력의 추구를 통한 헛된 사랑의 추구는 그들의 성공적 권력의 대상에 파괴적이고 좌절된 사랑과 우정으로 상대방의 증오심을 가져온다. 증오심은 혁명의 동기가 된다.

오직 철학적 절제와 종교적 체념만이 진정한 치유책이지만 권력에 맛을 들인 자는 도박꾼처럼 스스로 멈출 수 없을 확률이 아주 높다. 그들은 경사진 언덕을 극복하지 못하고 결국 인생의 파멸을 피하기 어렵다. 그럼에도 불구하고 지금 이 순간에도 불나방들처럼 맹목적으로 권력을 지향하는 사람들은 결국 사랑에 굶주린 참으로 고독한 존재라고 말할 수 있을 것이다.

제8장

정치란 결국 무지개를 좇듯 허망한 일일까?

"정치란 결국 보람 없는(thankless) 일이다." 이것은 19세기 독일 철의 재상 오토 폰 비스마르크(Otto von Bismarck)의 탄식이었다. 한국 정치의 풍운아라고 일컬어지는 김종필 전 국무총리도 정치란 허업(虛業)이라고 말함으로써 정치평가들에 의해 종종 인용되기도 했다. 그들에게 정치를 한다는 것은 마치 어린아이가 뒷동산에 걸쳐 있는 무지개를 좇듯 결국 허망한 일이었음을 뒤늦게 깨달은 것이다.

그러나 미국을 국제사회에서 역사상 처음으로 강대국으로 인정받게 하고, 또 미국인 최초로 노벨평화상을 받았으며, 20세기 미국 대통령으로서는 유일하게 러시모어 바위산(the Mount Rushmore)에 그의 얼굴이 새겨진 탁월한 정치가 시어도어 루즈벨트(Theodore Roosevelt)에게 "정치는 참으로 고결한 직업(a noble profession)"이었다. 그에게는 "올바른 것을 위해 저돌적으로 싸우는 것은 세상이 제공하는 가장 고결한 스포츠"였다. 정치가 참으로 고결한 직업이 아니라면 미합중국을 창업한 조지 워싱턴의 거룩한 정치적 리더십이나 미합중국 분열의 대위기에서 수성에 성공하고 노예를 해방한 에이브러햄 링컨의 위대한 정치적 리더십, 그리고 서구 문명을 나치의 잔혹한 위험에서 구원한 윈스턴 처칠의 위대한 정치도 한낱 허업에 지나지 않는다는 말인가? 정치는 결코 허업이 아니다. 아니 그렇게 되어서도 안 된다.

인간은 이상을 추구하지만 현실 속에서 살아갈 수밖에 없다. 이것은 인간을 짐승이나 신(神)과 구분 짓게 하는 공통된 특징이다. 그러나 이상의 성취는 항상 열망에 미치지 못한다. 짐승은 타고난 그 이상을 추구하지 않는다. 예를 들어 고양이는 사자가 되려고 모색하지 않는다. 신도 역시 그 이상을 추구하지 않는다. 왜냐하면 신은 이미 그가 될 수 있는 모든 것을 소유하고 있어 전지전능한 존재이기 때문이다. 오직 인간만이 하늘과 땅 사이에 존재하면서 신이 되길 열망한다. 즉 인간은 야심적 동물임과 동시에 좌절한 신이다. 우리는 인간이기 때문에 이상을 추구하면서도 현실 속에서 좌절할 수밖에 없는 존재인 것이다. 그러므로 인간만이 이상과 현실을 동시에 인지하는 것이다. 바꾸어 말해서, 인간사에는 이상과 현실의 커다란 괴리가 항상 존재한다는 말이다.

그러나 고전 정치철학에선 그러한 괴리의 극복이 가능하다고 보는 것이 지배적인 신념이었다. 플라톤은 철인왕이 지배하는 정의로운 사회에서 이상과 현실의 이중구조가 궁극적으로 결합할 수 있다고 주장했다. 그러나 이상이 반드시 현실에 대해 승리를 거두는 것은 아니다. 따라서 플라톤은 그러한 사회는 지상에서 존재할 수 없고 오직 언술 속에서(in speech)만 가능한 것이라고 물러섰다. 그의 제자 아리스토텔레스는 그러한 사회를 세상 어느 곳에서도 존재하지 않는 유토피아라고 비판했다. 그것은 베르너 예거(Werner Jaeger)의 표현을 빌린다면 '파이데이아(Paideia)'의 비극으로 끝났다. 플라톤과 아리스토텔레스에게는 국가의 구성원들이 자족할 수 있는 행복하고 정의로운 사회를 추구해야 한다. 따라서 정치공동체는 그 구성원들이 단순히 함께 사는 것만으로는 부족하다. 인간은 고결한 삶을 살아야만 한다. 그러므로 고전 철학의 핵심은 모든 인간이 규범적 원칙에 따라야 한다는 '당위(Ought)'였다.

우리는 그러한 이상과 현실 간의 괴리를 종교나 고전 철학에서 공통으로 가정하는 '당위'의 추구로서는 극복할 수 없었다. 우리는 '존재(Is)'에 대한 현실적인 이해가 필요했다. 왜냐하면 정치의 영역이란 윤리적 평가가 단지 이념적 산물에 지나지 않는 정치적 기술의 규칙에 의해서 배타적으로 지배되는 곳이기 때문이다. 따라서 마키아벨리와 토마스 홉스(Thomas Hobbes)에서 비롯되는 근대 정치철학은 정치를 전혀 다른 것으로 본다. 그들의 시각은 당위에서 시작하지 않고 현실(Is)에서 시작한다. 정치의 근대적 문을 최초로 연 사람은 토마스 홉스였다. 그에게 인간은 원래 미덕을 추구하는 존재가 아니라 생존을 위해 오직 권력을 추구하는 존재였다. 이것은 인간의 본성에 대한 일종의 코페르니쿠스(Copernicus)적 발견이었다.

홉스에 의하면 자연 상태의 인간은 비참한 삶을 영유한다. 즉, 인간의 삶은 "고독하고, 가난하며, 불결하고, 야만적이며, 짧다." 그들의 비참함은 욕망과 죽음에 대한 공포라는 자연적 특징에서 나타나는 것이다. 그러나 시간이 흐르면서 그 공포가 인간으로 하여금 생각하게 만들어 결국 비참한 삶을 피하기 위해 그로 하여금 그와 관련된 모든 인간과 계약을 체결하여 모두를 보호하기 위해 절대적 권력을 행사하는 공통의 지도자나 주권자에게 복종하게 만든다. 이러한 과정으로 레바이어턴(Leviathan), 즉 근대 주권 국가가 시작되는 것이다. 바로 공포가 인간으로 하여금 평화를 추구하게 만들고 평화의 규약을 제시하는 이성의 소리에 귀를 기울이게 한다. 이것이 다른 말로는 자연법(the Law of Nature)인 것이다. 이제는 인간의 이기심을 정당화시키고 신성시하게 되는 새로운 길이 열렸다. 홉스에 의해 판도라의 상자가 열린 것이다. 이제 정치는 인간의 삶을 고결하게 만드는 것이 아니라 오직 삶을 가능하게 하는 것으로 간주하였다. 그리하여 정치제도는 더 이상 정치적 이슈가 아니었다. 미국 헌법의 아버지 제임스 매디슨(James Madison)의 말처럼 "최악의 정부도 무정부보다는 나은 것이다." 그러나 인간성에 대한 홉스적 이해는 근대인들의 마음을 사로잡지는 못했다. 그의 지성적 후계자들(로크, 루소, 칸트)은 정치에 있어 적나라한 권력의 중요성을 평가절하하면서 인간이란 오직 적나라한 권력의 추구자가 아닌 도덕적 존재라고 생각했기 때문이다.

그리고 20세기 두 차례의 세계대전은 거의 모든 국민들이 동원되고 참여하는 총력전이었다. 다시 말해 '전 국민의 정치화'가 이루어진 것이다. 이제 정치는 여론과 압력, 선전이나 그 밖의 단순한 폭력이 충돌하는 현장이며 우리의 일상사들을 해결하기 위한 방안을 모색하는 절차적 과정이 되었다. 정치가 정말로 보람 없는 따분한 직업이 되어버린 것이다. 비스마르크가 정치란 보람 없는 일이라고 탄식했을 때는 그가 쓸모없이 치열한 정치투쟁을 벌일 때나 그가 퇴임 후 자신이 그렇게 애써 추구했던 올바른 정책들이 독일의 카이저와 자신의 멍청한 후임자들에 의해서 서서히 무너져 내리는 것을 목격했을 때 그의 탄식이 틀림없이 타당한 경우였을 것이다. 그러나 그의 사후 그가 불멸의 천재-정치가라는 세계사적 평가를 지하에서 들었을 때도 같은 생각일까? 위대한 정치가는 종종 동시대인들에게 배신당했지만, 후세인들의 회고적 칭송을 받았다. 어쩌면 그것이 그의 숙명일 것이다. 정치지도자는 역사창조의 특권적 지위와 기회를 부여받은 사람들이다. 자신의 헌신이 허망한 것으로 귀결된다면 그런 역사적 평가도 겸허히 받아 들어야 하는 것이 정치가의 숙명이다. 최종적 평가는 역사가들에게 맡기고 적어도 정치 지망자들은 시어도어 루즈벨트가 정치에 관해서 정의했던 것처럼 '고결한 직업'이 될 수 있도록 항상 노력해야 할 것이다.

제9장

자유(Freedom)의 본질은 무엇일까?

미국의 남북 간 내전은 대부분의 전쟁보다도 더 진정한 의미에서 자유를 위한 전쟁이었다. 이 전쟁을 승리로 이끈 미국의 가장 위대한 대통령 에이브러햄 링컨(Abraham Lincoln)은 자유의 철학적 이해를 어렵게 만들고 또 자유의 정치적 실현에서 항상 무엇인가가 미진하게 남는 것으로 보이는 딜레마의 본질들을 명확하게 해주었다.

링컨 대통령은 전쟁 수행 중인 1864년 4월 18일에 행한 연설에서 세계는 자유라는 말에 관한 하나의 좋은 정의(definition)를 결코 갖지 못했다면서 자유에 대한 정의가 필요하다고 했다. 그는 "우리 모두가 자유를 위해 선언하지만 그 말을 사용할 때 우리는 모두가 동일한 것을 의미하지 않는다."면서 "누군가에게는 자유라는 말은 각자가 자신과 자기 노동의 생산물을 자기 마음대로 하는 것을 의미하는 반면, 다른 누군가에게는 타인들과 타인들의 노동의 생산물을 자기 마음대로 하는 것을 의미할 수 있다."고 했다.

자유라는 동일한 말로 불리지만 서로 상이할 뿐 아니라 양립할 수 없는 두 가지가 있다. 이것들 각각은 서로 다른 정당들에 의해서 자유와 폭정이라는 두 개의 상이하고 양립할 수 없는 이름으로 불린다. 링컨의 설명은 이렇다.

"목동은 늑대를 양의 목으로부터 쫓아내고 양은 목동을 해방자로서 감사하는 반면에 늑대는 동일한 행동에 대해 목동을 자유의 파괴자라고 비난한다. 분명히 양과 늑대는 자유라는 말의 정의에 동의하지 않는다. 그리고 정확하게 동일한 차이가 오늘날 인간들 사이에서 지배하고 있다. 수많은 사람들이 속박의 굴레에서 매일매일을 보내고 있다. 그런데 그것을 어떤 사람들은 자유의 진전이라고 환영하고 그리고 다른 사람들은 모든 자유의 파괴라고 통탄한다." 자유는 이처럼 야누스처럼 두 얼굴을 갖고 있다.

그렇다면 정치적 자유란 우리가 정치 권력자의 소유자 아니면 정치권력의 대상에 관해 생각하는지의 여부에 따라서 두 개의 상이하고 양립할 수 없는 의미를 갖는다. 정치권력의 장악자를 위한 자유는 정치적 지배를 행사할 기회를 의미한다. 반면 그 권력행사의 대상을 위한 자유는 그런 지배의 부재를 의미한다.

자유에 대한 이 두 개의 개념은 논리적으로 상호배타적일 뿐만 아니라 사실상 공존이 불가능하다. 하나는 다른 하나의 대가로만 실현될 수 있다. 그리고 하나가 많아질수록 다른 하나는 그만큼 적어질 수밖에 없다. 이처럼 자유의 개념은 정치적 주인과 그의 대상의 관점에서 볼 때 모순이 아닐 수 없다. 또한 그것은 사회의 대부분의 구성원들이 단지 이쪽인가 아니면 저쪽인가, 주인인가 대상인가, 아니면 둘 다인가에 있어서 모호하다.

대부분의 사람들은 누군가를 정치권력의 대상이 되게 하면서 다른 사람들에 의해서 그것의 대상이 됨으로써 정치권력에 관하여 이중적 역할을 수행한다. 사람들이 자신들을 위해 자유를 주장할 때 그들이 의미하는 것은 무엇인가? 다른 사람들을 지배할 자유인가 아니면 타인들의 지배로부터의 자유를 의미하는가? 어쩌면 사람들은 전자를, 아니면 후자를 의미한다. 아니, 어쩌면 그들은 둘 다 의미한다.

이런 모호성이 지배로부터 해방의 관점에서 지배할 자유를 합리화하고 정당화하는 전형적으로 이데올로기들로 표방하기 때문에 계속적인 혼란을 필연적으로 일으킨다. 그러므로 보편적이고 절대적인 자유란 용어상 모순이다. 정치적인 영역에서 한 사람의 자유는 언제나 다른 사람의 자유의 결핍에 의해 지불된다. 정치적 주인은 자기 권력의 대상인 사람들의 자유의 대가로만 자기의 자유를 갖게 된다. 그리고 후자는 오직 주인이 자기의 자유를 희생하게 될 때에만 자유로울 수 있다.

정치권력에 대한 자유에 적용되는 것은 동시에 정치권력의 행사를 정당화하는 정치적 진리의 표현과 적용에서 자체를 노출한다. 정치적 문제에서 진리를 독점하고 있다고 믿는 사람은 자신의 진리를 표방하는 데 자유롭지만 그의 생각과 행동을 부패시킬 실수의 자유는 결국 승리할 진리(the truth)의 자유와 양립할 수 없다.

다른 한편으로 다른 진리들의 수락을 위해서 시장에서 다른 진리들과 경쟁하는 많은 진리들의 자유는 자기의 진리에 대한 개념을 모두에게 강요하는 사람의 자유를 폐기하는 것이 요구된다. 어떤 주어진 사회에서 모두가 다른 모든 사람들처럼 자유로울 수는 없다. 모든 사회는 어떤 자유를 갖게 될지를 스스로 결정해야만 한다. 그렇다면 특정된 역사의 특정된 시기에 특정된 사회가 실현할 수 있는 그런 종류의 자유란 사회가 살고 있는 정치적 질서의 종류에 달려있다. 그리고 특정된 질서의 성격은 그 사회가 스스로 표방하고 그것이 정치의 매개를 통해 실현하고자 하는 근본적인 가치에 의해 결정된다. 요컨대 한 사회가 향유하는 그런 종류의 자유란 그것이 추구하는 정치적 정의 성격에 의해서 결정된다. 자유는 정의 없이 정의(define)될 수 없다. 그리고 그것은 특수한 정의감에 의해 형성된 특수한 정치적 질서에 의해서만 실현될 수 있을 것이다.

전 인류역사를 통해 자유를 실현하려는 모든 시도는 두 개의 서로 양립할 수없는 정의의 개념 중의 하나에서 기인했다. 하나는 소수주의 혹은 엘리트주의이고 또 다른 하나는 평등주의 혹은 대중주의다. 플라톤과 아리스토텔레스로부터 근대의 귀족주의와 전체주의 정부의 정당화에 이르기까지 다수를 위한 정치적 자유의 거부는 소수에게 자유를 향유할 능력과 권리를 제한

하는 정치적 정의의 개념에 기인한다. 마르크스는 '공산당 선언'에서 이성뿐만 아니라 자유가 역사의 강제력이라는 헤겔의 철학을 거부했다. 마르크스는 자유를 오직 부르주아의 자유와 동일시했다. 바로 이런 이유에서 공산주의자들은 재산뿐만 아니라 개인의 존엄성과 자유를 폐지하려 든다. 그렇다고 '공산당 선언'이 프롤레타리아의 자유를 주장하지도 않았다. 공산주의 이론은 정보의 독점과 통신의 매스미디어에 대한 통제가 언론의 자유라고 뻔뻔스럽게 주장한다. 그러나 자유에 대한 공산주의 개념과 정치적 자유를 소수에게만 유보하는 모든 정치적 철학들에 반대하는 결정적인 주장은 두 날개의 반론에 의존한다.

하나의 날개는 합리적 존재로서 사회의 모든 구성원들이 어느 정도의 정치적 진리에 접근성을 가지고 있다는 다원주의적 가정이다. 또 하나의 날개는 소수자들이 정치적으로 지혜롭기에 필연적으로 정치적 선(good)도 독점할 수 있다는 명시적 가정에 반대한다. 어떤 소수도 그것이 절대적 지혜를 갖고 있다는 가정에서 절대적 권력의 위임을 받을 수 없다. 칸트에 의하면 플라톤의 철인왕도 믿을 수 없다. 영국의 액튼(Acton) 경의 주장처럼 절대 권력은 절대로 부패한다. 이런 주장은 인간의 본성에 근거한다.

따라서 정기적인 선거가 권력자에 대한 제한을 가한다. 그 선거가 통치자들을 선택하고 그들을 통해 정책들을 선택할 자유를 제공한다. 그런 자유를 잃은 민주주의는 권력자와 그의 정책을 승인하는 국민투표라는 요식행위로만 살아남을 것이다. 그럴 경우 그것은 이미 민주주의의 탈을 쓴 전체주의일 것이다. "자유인이여, 경계하라!"

제10장

자유주의(Liberalism)를 어떻게 생각해야 할까?

한 세대 전 냉전의 종식은 공산주의의 폭정과 마르크시즘의 족쇄로부터 우리를 해방시켰다. 그것은 근대 자유주의(Modern Liberalism)의 빛나는 승리였다. 지난 반세기가 넘는 기간 우리가 직면한 문제는 자유주의가 어떻게 전체주의로부터 자신을 방어할 것인가였다. 개인주의적이고, 다원주의적이며, 평화주의적이고, 그리고 사적인 즐거움과 국내적 평온에 몰두하는 자유·민주적 사회가 집단주의적이고, 군국주의적이며, 권력과 정복을 위해 동원된 적에 대항하여 승리할 수 있을까였다. 나치즘의 패배와 소련제국의 몰락은 전체주의가 억압적이고 살인적일 뿐만 아니라 그것이 비효율적이고 치명적이고 취약하다는 사실을 결정적으로 입증했다.

이제 우리는 또 다른 문제에 직면했다. 이제 문제는 자유주의가 전체주의에 대항하여 자신을 방어할 수 있느냐가 아니라 스피노자, 로크와 칸트의 근대의 전통적 자유주의가 그 자체로부터, 즉 자유주의가 그 자체의 위약함과 과잉에 대항하여 자신을 보호할 수 있는가이다. 이 문제는 정치적이 아니라 사회적, 문화적, 그리고 도덕적이다. 문제가 되는 것은 자유주의의 정신이다. 그것은 새로운 문제도 아니다. 왜냐하면 그것은 적어도 19세기의 고전적 자유주의까지 거슬러 올라가기 때문이다. 만일 그 문제가 고전적 자유주의에 내재한다면 그것은 민주주의나, 소비자중심의 자본주의, 혹은 탈공업사회에 특이한 일탈이 아니다. 이런 환경이 그것을 악화시켰을지는 몰라도 그러나 그것들이 그것을 창조하지는 않았다. 만일 그렇다면 그것은 오래전에 수립된 자유주의 전통을 가진 국가들뿐만 아니라 탈냉전 이후 수립된 동유럽의 민주국가들을 포함하여 모든 자유민주주의 국가들의 걱정거리다.

고전적 자유주의에 관한 고전적 교과서는 존 스튜어트 밀(John Stuart Mill)의 〈자유론〉(On Liberty)이다. 이 책은 자신을 고전적 자유주의의 진정한 후계자라고 간주하는 이제 자유의지론적 보수주의(a libertarian conservatism)의 고전적 교과서다. 그것은 동시에 진정한 자유주의의 목적을 수행한다고 내세우는 적어도 특수한 급진주의 학파의 급진주의에 관한 고전적 교과서이기도 하다. 요컨대 그것은 우리 사회를 지배하는 아이디어와 태도에 지적 권위와 정당성을 부여하는 근대의 아이콘 같은 것이다. 그리고 그것은 밀이 시대보다 오히려 오늘날 더 적실성이 있다.

〈자유론〉의 첫 페이지는 자유의 문제가 더 이상 정치적 문제가 아니라고 한다. 즉 억압받는 인민들에 대한 임의적 의지를 강요하는 '정치적 폭정(a political tyranny)'에 대항하는 투쟁이 아니다. 그 문제는 적어도 보다 선진된 국가들, 그리고 잠재적으로 성숙된 문명의 수준에 도달한 모든 다른 국가에서 인민주권 정부의 수립으로 해결되었다고 밀은 우리에게 확언한다. 지금 자유가 직면하는 문제는 새로운 형태의 폭정, 즉 개인에 대해 대중이 행사하는 '사회적 폭정(a social tyranny)'이다. 〈자유론〉의 첫 문장은 '시민 혹은 사회적 자유'라는 주제를 발표하고, 그 영역을 "개인들에 대해 사회에 의해서 정당하게 행사되는 권력의 성격과 한계"라 정의한다. 그 주제의 장엄성은 그것의 핵심인 '하나의 아주 간단한 원칙'을 밝힐 때 드라마틱하게 만든다. "그 원칙은 자기 보호이다." 문명사회의 모든 구성원에 대해 자기의 의지에 반해 올바르게 행사되는 권력의 유일한 목적은 타인들에게 대한 해(害)를 예방하는 것이다. 물리적이거나 도덕적이거나 자기 자신의 선(善)이 충분한 보증서는 아니다. 오직 자신에게만 관련된 부분에서 인간의 독립성은 절대적이다. 자기 자신에 대해서, 즉 자신의 몸과 마음에 대해서만 개인은 주권자다.

이런 원칙은 개인과 사회 사이에서 급진적 괴리를 가리킨다. 즉 모든 긍정적이고 명예로운 속성들이 부여된 개인과 부정적이고 경멸적인 속성을 가진 사회 사이의 적대관계를 가리킨다. 그리하여 개인은 자유와 의지를 부여받고 그 자신의 선은 전적으로 자신의 관심이다. 그의 독립성은 절대적이고 그는 주권자다. 반면에 사회는 강제, 통제, 강요, 억압, 간섭, 즉 폭정의 방식으로 행동한다. 이런 부정적인 성질은 사회가 법적 처벌의 형태로 물리력의 수단으로 행동하든 아니면 여론의 도덕적 강압에 의해서 행동하든 사회에 적용된다. 사회가 정당하게 간섭하는 환경에서조차 그것의 목적은 부정적이다. 즉 그것은 타인들에 대한 해나 악을 막는 것이다. 사회는 명시적으로 긍정적이거나 바람직한 어떤 것, 개인의 선을 넓히거나 혹은 그를 더 낫게 하거나 혹은 행복하게 하거나 혹은 사회가 현명하거나 옳다고 생각할지도 모르는 것도 행하는 것을 금지한다.

하나의 아주 간단한 원칙이 생각하고 표현하는 영역, 그리고 행동과 개인들의 결합의 영역을 지배한다고 밀은 말한다. 어떤 나라가 자유로운지를 결정하는 것은 정치체제가 아니라 바로 이 원칙이다. 이런 자유들이 전반적으로 존중되지 않는 어떤 사회도 자유롭지 않다. 행동의 자유는 생각하고 표현하는 것보다는 오직 한 단계 덜 절대적이다. 왜냐하면 그것은 타인에 대한 해(害)의 조건에 직면하기 때문이다. 그것만 아니라면 그것은 개성이 그 자체로서 절대적 선이기 때문에 침범할 수 없다. 토론의 자유가 실수의 결과를 가져오는 경우에조차 토론의 자유는 그 자체로서 좋은 것과 꼭 마찬가지로 개인의 삶의 계획이나 삶의 실험이 현저하게 좋지 않거나 혹은 심지어 나쁜 경우에도 개성 그 자체는 좋은 것이다.

그리하여 〈자유론〉이 법(法)뿐만 아니라 사회의 비공식적 관습의 작동을 통한 그 어떤 통제도 얼마나 부인하고 있는지가 항상 감지되고 있지는 않다.

밀은 사회적 및 도덕적 제재들이 법과 물리적 제재만큼이나 자유에 대한 침해라고 주장한다. 개인들은 타인들에게 해를 입히지 않는 한 물리적이나 도덕적 방해 없이 그들이 원하는 대로 자유롭게 행동해야 한다. 사회적 제재는 개인의 행동이 타인들에게는 해롭지만 그러나 법적으로 타인의 권리를 위반하지 않을 때 요구된다. 이 경우에 위반자는 비록 법을 통해서는 아니지만 여론에 의해서 정당하게 처벌되어야 한다. 그러나 그 사람의 행위가 오직 그 사람 자신에게만 영향을 미칠 때에는 그는 자기가 하고 싶은 대로 할 법적이고 사회적인 완벽한 자유를 갖는다.

오늘날 자유주의의 패러독스들 가운데 하나는 그것이 도덕적 문제에서는 밀이 원했던 것처럼 점점 더 자유의지적(libertarian), 즉 자유의 절대화로 가는 것과 동시에 경제적 영역에서는 점점 더 계획경제적이 되었다는 사실이다. 도덕적인 영역에서 개인은 절대적 주권자에 가깝다. 그러나 경제적인 영역에서는 국가가, 밀이 그렇게 두려워했던 '사회적 폭정'과 적어도 같은 정도의 통제력을 행사하고 있다. 19세기 자유방임 자유주의와 20세기 사회복지 자유주의 사이에는 커다란 차이가 있다는 것은 상식이다. 그러나 공산주의의 몰락과 사회주의의 불신으로 오랜 세월 공세적이던 사회복지 자유주의가 이제는 아주 수세적이 되었다. 이 두 자유주의 간의 구별은 진실이고 중요하게 되었다. 그리고 도덕적인 영역과 경제적인 영역의 사이에서 오늘날 자유주의 내부의 괴리도 못지않게 진실이고 중요하다.

밀의 자유에 대한 하나의 간단한 원칙은 다른 복잡한 원칙들에 비해서 언제나 유혹적이다. 그것은 현대의 해방된 자치(自治)적인 진정한 개인의 이미지에 부합하기에 더욱더 호소력을 갖는다. 자유 그 자체가 위험할 때, 즉 위기의 시기에 특별히 압도적이다. 공산주의와 나치즘이 부상할 때 많은 자유주의자들은 절대적 전체주의 체제에 대항하여 유일한 안전은 절대적 자유의 원칙이라고 믿게 되었다.

자유주의자들은 절대적 권력은 절대적으로 부패한다는 것을 항상 알고 있었다. 그러나 해방된 체코슬로바키아의 전 대통령 바클라프 하벨(Vaclav Havel)은 자유 그 자체의 예상하지 못한 결과에 관해서 성찰하면서 자유가 공산주의 폭정으로부터 자기 동포들을 해방시키려 할 뿐만 아니라 도덕의 제약으로부터 해방시키려 위협한다고 말했다. 하벨처럼 우리는 지금 절대적 자유도 역시 절대적으로 부패하는 성향이 있다는 것을 발견하고 있다. 전통과 인습으로부터 단절된 절대적 자유란 자유주의 자체에 대한 중대한 위협이다. 그것은 우리가 이제는 모든 것이 상대적이고 또 가능하다는 허무주의(nihilism)에 빠져, 도덕적으로 갈 때까지 간 니체의 소위 '마지막 인간(the Last Man)'이 되는 것을 의미하기 때문이다.

제11장

평등(Equality)의 문제를 어떻게 접근해야 할까?

"나는 유대인이다. 유대인은 눈이 없느냐? 유대인은 손, 오장육부, 감각, 애정, 열정이 없느냐? 유대인도 기독교인과 같이 똑같은 음식을 먹고, 같은 무기로 상처받으며, 같은 질병에 걸리고 같은 방법으로 치유되며, 똑같이 겨울에 추위를 느끼고 여름에 더위를 타지 않느냐?" 이것은 셰익스피어의 〈베니스의 상인〉에서 사회적으로 핍박을 받는 악명 높은 고리대금업자 샤일록(Shylock)의 사회적 불평등에 대한 절규였다. 여기서 샤일록이 인간의 본질적 평등을 설명할 때 그는 인간의 육체의 평등만을 강조했다. 여기서 그는 인간의 영혼, 즉 인격의 불평등을 알지 못했다. 샤일록이 자신을 괴롭히는 기독교인들과 평등을 주장하는데 근거를 두고 있는 것은 슬프게도 오직 육체적 조건에 속하는 것들만을 열거했다. 그가 기독교인과 유대인 사이에 발견한 공통점은 본질적으로 모든 동물들이 공통으로 갖고 있는 것이다.

샤일록은 인간의 보편성에 호소함으로써 자기 자신을 정당화했다. 인간들은 상호 그들의 닮은 것을 인식했을 때 함께 인간일 수 있다. 그렇지 않으면 서로에게 다른 족속이나 마찬가지이며 그들의 유사성은 그들의 보복심에 있다. 슬프게도 샤일록에게 유일하게 정신적인 것은 보복이다. 소피스트 안티폰(Antiphon)의 경우처럼 샤일록에게 인간의 공통분모는 정말로 아주 낮은 것이다. 그것은 바로 육체이다. 영혼의 보다 높은 것들이 빠져 있다. 무엇이 좋은 것이고 나쁜 것인가에 대한 미덕과 악덕에 관한 인간들의 의견이자 믿음이 빠져 있다. 인간들은 이것들을 공유하지 않는다. 그러나 이러한 믿음은 인간들을 상호 적으로 만든다. 샤일록은 모든 인간들이 인정하는 하나의 본성에 호소했지만 그러나 그렇게 하는 데 있어서 고결한 인간들이 가장 중요하다고 간주할 것들을 무시해 버린 것이다.

그러나 인간의 불평등은 인간사회의 본질적인 것이다. 이미 기원전 그리스 시대 아테네의 철인 아리스토텔레스가 일찍이 간파했던 것처럼 불평등한 인간은 평등을 추구하고 평등한 인간은 불평등을 추구하는 것이 인간의 본성이다. 그에게는 평등의 추구가 정의였다. 그럼에도 셰익스피어의 이러한 간과는 그가 아리스토텔레스주의자가 아니라 플라톤주의자였기 때문이다. 아리스트텔레스에게 정의가 분배의 비례에 있었다면 플라톤에게 정의란 평등이 아니라 시민 각자의 인격적 완성이었다. 셰익스피어가 벗어나고 있던 중세는 철저히 신분에 입각한 봉건사회였지만 기독교인들은 '신 앞에 평등'이라는 개념을 내세웠다. 그러나 신은 끝내 그것에 대해 아무 말이 없었다. 반면에 셰익스피어보다 약간 뒤 시대에 살았기에 셰익스피어를 읽었을 인물이었던 정치철학자 토마스 홉스는 셰익스피어가 샤일록의 입을 통해 설파한 인간의 동물적 공통점인 육체의 안전, 즉 생명의 보존을 자신의 위대한 정치철학의 출발점으로 삼았던 것이다. 그는 인간이 신 앞에 평등하다는 기독교인들의 주장은 결국 알고 보면 모두가 죽음 앞에 평등하다는 것으로 파악했다. 이것은 서양 정치사상에서 코페르니쿠스적 발견이었다.

자연 상태에서 인간은 자기 생명의 보존을 확보할 능력의 부재와 그럼에도 불구하고 타인을 죽일 수 있는 능력에서 평등한 것이다. 자연 상태에서 인간은 만인에 대한 만인의 투쟁이 있을 뿐이다. 인간은 레바이어턴(Leviathan)이라는 제3자의 무서운 국가가 없는 자연 상태에서 삶은 "고독하고, 빈곤하고, 치사하고, 잔인하고 그리고 짧을 수밖에 없다."는 것이다. 이렇게 불행하게 평등한 상태에서 인간은 자신의 생명을 보존하기 위해서 죽음으로 끝날 때까지 끊임없이 권력을 추구하는 심리에서도 평등한 것이다. 그리하여 홉스는 생명의 보전을 위한 인간의 자연권(the natural right)을 천명했다. 그리고 그것은 근대정치사상의 출발점이 되었다. 이제 인간은 죽음의 공포에서 벗어나기 위해 사회계약을 통해 자신을 지켜줄 국가를 수립하고 그 국가의 법 앞에 평등하게 되었다. 마침내 샤일록이 승리한 것으로 보인다.

그러나 일단 국가가 수립되자 인간들은 로크가 주장하듯 단순히 생명뿐만 아니라 자유와 행복을 위한 재산을 확보하려는 치열한 경쟁사회로 진화했다. 그리고 국가는 그런 경쟁, 특히 경제적 경쟁의 자유를 보장해야 했다. 그 결과 시민사회는 심각한 경제적 불평등을 낳았으며 그에 따른 비열하고 끝없는 허영심이 지배하는 불평등한 사회가 되고 만 것이다. 따라서 바로 이러한 불평등한 사회를 규탄하고 나선 것이 루소였다. 홉스의 자연상태가 루소에게는 오히려 시민사회의 현실이 되었다. 다만 시민사회와 그 속에서 인간들 간의 관계가 평화적 수단의 전쟁을 오직 확장한 것이 되었다. 이제 목숨을 건 투쟁 대신에 여러 가지의 경쟁과 착취, 특히 주로 경제적인 경쟁과 착취로 대체되어 버렸다. 주된 관계는 개인들 간의 계약이다. 루소는 자연상태에서의 평등을 상실하고 시민사회에서 직면한 불평등을 해소하기 위해 다시 자연상태의 평등한 삶으로 되돌아 갈 수 있는 방법을 모색했다. 그러나 그는 버크(Burke)처럼 과거를 돌아보지 않았다. 그는 인간 재건의 기회를 모색했다. 새로운 사회계약이 바로 그것을 위한 그의 프로젝트였다. 루소는 샤일록을 초월하려고 하는 것 같았다.

루소는 "인간은 평등하게 태어났지만 어디에서나 쇠사슬에 묶여 있다."고 선언하면서 새로운 일반의지의 평등한 사회의 수립을 주장했다. 그에게는 기존의 모든 사회가 유산자들의 사기 계약에 의해서 수립된 부당한 국가사회였다. 따라서 새로운 정당한 국가의 수립에 착수해야 한다고 주장함으로써 그는 근대 최초의 정치적 혁명가가 되었다. 그러나 그가 실제로 확보하기 어려운 '일반의지'의 창조를 한 사람의 위대한 입법자에게 위임했을 때 그는 자신도 모르게 근대 독재체제의 문을 열고 말았다. 그리고 그는 그 후 모든 혁명의 이론적 아버지가 되었을 뿐만 아니라 근대 정치적 독재자들을 일반의지의 입법가로 정당화해 버렸다. 아이러니하게도 루소는 여기서 '진정한 민주주의'라는 이름으로 전체주의의 문을 슬그머니 열어버렸다. 그 결과 루소는 나폴레옹을 매혹시켰으며 로베스피에르를 사로잡았을 뿐만 아니라 훗날 마르크스-레닌주의자들과 그 후예의 혁명가들에게 중대한 영향을 미쳤다.

그리하여 근대의 독재자들은 사회적 불평등의 문제를 아주 엉뚱한 방법으로 해결하려고 했다. 그들은 인간들의 격차를 줄이는 방법을 모색하기보다는 모든 인민들의 삶을 획일화(uniformity)하여 불평등의 문제를 일거에 제거하려고 했다. 즉 그들은 획일적 전체주의(totalitarianism)를 강요했다. 자유민주주의가 다원적 사회로 발전해 가는 반면에 마르크스-레닌주의의 공산주의자들은 선전과 억압을 통해 모든 인민들을 새로운 획일적 공산주의자로 만들어 물질적 평등을 해소하는 경제활동, 즉 생산과 분배를 획일화하려고 했다. 즉 그들은 육체적 조건을 획일화하려고 한 것이다. 반면에 니체의 '선과 악을 초월하여' 새로운 가치를 창조하겠다는 '초인', 그의 후예인 하이데거의 파시스트, 그리고 역시 니체의 영향을 받은 베버의 '카리스마적인 지도자'에 사로잡힌 전체주의자들은 새로운 문명과 질서의 건설이라는 미명하에 인민들을 모두 새로운 파시스트 인간으로 획일화하려 했다. 그들도 역시 선전과 억압을 통해 심리적 세뇌(regimentation)작업, 혹은 요즈음 유행하는 말로, 가스라이팅으로 인민들의 의식을 획일화하여 인간 영혼의 불평등 문제를 해결하려고 했던 것이다. 그들은 마치 루소가 참다운 교육을 통해 성서적 타락 이전의 새로운 고결한 아담(Adam)으로 에밀(Emile)을 창조하려 했듯이 새로운 '공산주의 인간'과 새로운 '파시스트 인간'을 창조하려 했다. 그러나 20세기 두 전체주의 세계는 그 프로젝트에서 결코 성공하지 못했다. 왜냐하면 그들은 서로 아주 다른 것들을 동일하게 만들려고 했기 때문이다. 공산주의자들은 타인보다 우월하고 싶은, 즉 더 살아보겠다는 인간의 본능적 저항을 견뎌내지 못했던 것이다. 그리고 파시스트들은 개별 인간들의 상이한 자유의지, 즉 영혼을 억압하는 데 실패했다.

그동안 자유민주주의 사회는 1929년 경제적 대공황 사태 이후 그때까지 유지해 온 '기회의 균등'이라는 정의의 개념을 보완하여 모든 인민의 최저생계를 보장하는 근대복지국가의 정책을 채택하기 시작하였다. 그러한 경향은 1970년대에 와서는 소위 존 롤즈(John Rawls)의 '결과의 평등'을 의미하는 공정으로서 사회정의론이 등장하여 커다란 논란을 일으키기도 하였다. 왜냐하면 롤즈의 사회정의론은 사실상 전체주의 사회의 평등으로 귀결될 수 밖에 없기 때문이다. 따라서 자유민주주의는 기회의 평등을 유지하면서 사회적 약자를 보호하는 복지국가의 추구가 대세가 되었다. 이처럼 자유민주주의 사회는 불평등을 줄이는 방식으로 평등한 사회를 지향했던 반면에 획일적 평등을 강요했던 공산주의나 파시스트 정권은 오히려 불평등한 자유민주주의를 원했던 인민들에 의해서 1990년대 대부분 전복되고 말았다. 인간들은 20세기 말에 마침내 전체주의적 획일화를 거부하고 평등보다는 오히려 불평등한 자유로운 사회를 선택했다. 이것은 20세기의 인간들이 발견한 가장 중요한 정치적 진실이다.

19세기 초반 알렉시스 토크빌은 이미 민주주의가 발전된 사회에서 인간들은 자유보다는 평등을 선호한다고 경고했다. 인간이란 평등감을 얻기 위해서 자유에 필요한 제도들과 법률들을 기꺼이 뒤집을 것이라고 했다. 그럼에도 불구하고 인간이 정말로 육체와 영혼의 조건에서 모두가 평등을 원한다고 주장할 수 있을까? 그렇지 않다. 다시 여기에서 아리스토텔레스를 인용하면 "평등한 자는 불평등을 원하고 불평등한 자는 평등을 원하는 인간들" 사이에서 끝없이 계속되는 반복과정이다. 루소는 이 빈부 간의 계급투쟁을 인간이 맨 먼저 경험하는 추악한 열정이라고 주장했다. 샤일록의 항변처럼 모든 인간은 육체적 조건에서 평등해 보일 수 있다. 그러나 인간의 영혼은 결코 평등해질 수 없다. 여기서 인간의 영혼을 각 인간 개인의 인격이라고 바꾸어 쓴다면 이런 사실은 보다 선명히 이해될 것이다. 우리는 솔직하게 인간은 인격적으로 결코 평등하지 않으며 또한 영원히 평등해질 수 없다는 사실을 인정해야 할 것이다. 우월한 영혼의 소유자, 즉 고결한 인격자는 참으로 존경스럽고 아름답지 않은가?

제12장

21세기에 바라본 애국주의(Patriotism)와 민족주의(Nationalism)

오늘날 애국주의(patriotism)와 민족주의(nationalism)는 '조국에 대한 사랑'의 의미로서 거의 동의어처럼 사용되고 있지만 그러나 그것들은 구별되어야 한다. 애국주의와 민족주의는 그 기원에 있어서 그리고 그것이 수행하는 정치적 기능에 있어서 자유의 아이디어와 밀접하게 관련된다. 조국이라는 아이디어에서 사람은 그의 재산, 그의 안선, 그의 법, 그의 신을 발견했다. 그것을 잃어버린다는 것은 모든 것을 상실한다는 것을 의미했다. 고대 그리스인들은 아버지와 공화정을 동일시했다. 로마시대에 키케로는 공화정을 공적 자유와 법을 연계시켰다. 그러나 중세에 조국에 대한 사랑이 신에 대한 사랑으로 대체되었다. 성당과 왕이 신의 이름으로 인간들을 지배했다. 그리스-로마가 소수를 위한 철학자들을 발견했다면 중세는 다수를 위한 종교의 창립자들을 발견했다. 종교는 인민들의 형이상학이었다.

근대로 전환하는 시기인 15세기 말과 16세기 초에 마키아벨리가 애국주의를 재발견하고 "애국주의가 정의"라고 주장했다. 그러나 그의 외침은 황야에서 외롭게 울부짖는 소리에 머물렀다. 17~18세기 근대국가의 시대가 도래하자 프랑스의 루이 14세처럼 "짐이 곧 국가다."라고 믿는 절대군주를 위한 '왕권신수설'이 지배하게 되었다. 프러시아의 프레데릭 대왕은 계몽군주로서 "나는 국가의 봉사자"라고 우기기도 했지만 그것은 그의 수사학에 지나지 않았다. 이 시대의 애국주의는 "왕, 만세!"를 외치는 시대였다.

근대에서 1776년 미국의 독립혁명과 1789년 프랑스혁명 후 공화정의 탄생과 함께 진정한 국가에 대한 애국주의가 부활하였다. 프랑스 혁명정부는 루이 16세를 포함하여 새 공화정의 반대자들을 반역자로 처단했다. 민주공화정은 대서양 건너 오직 미국에서만 유지·발전될 수 있었다. 미국인들은 아메리카라는 '땅'에 대한 충성보다는 새로 수립한 '민주공화정'에 대한 충성이라는 애국주의를 고양시켰다. 반면 19세기 유럽에서는 애국주의가 긴 나폴레옹의 정복전쟁의 결과 민족주의로 탈바꿈했다. 그리하여 18세기 유럽은 민족통일을 통한 민족국가의 수립이 추구되었고 여기에서 이탈리아와 독일이 전쟁을 통해 민족통일을 이루었다. 그러나 남부유럽의 발칸반도에서는 민족주의의 불길이 여전히 억압당했다. 유럽의 민족주의가 곧 제국주의로 변질됐기 때문이다. 그리고 제국주의 국가들의 치열한 경쟁은 곧 '대(大)전쟁(the Great War)', 즉 제1차 세계대전 당시까지 역사상 최대의 비극을 초래했다.

제1차 세계대전의 불길 속에서 세계인들은 새로운 세상, 새로운 국제질서를 모색했고 두 개의 대안이 등장했다. 하나는 러시아의 레닌(Lenin)이 주창하는 세계의 공산화를 위한 '영구혁명'이었고 계급이 조국에 우선했다. 또 하나는 미국의 윌슨(Wilson) 대통령이 제시한 민주주의와 '민족자결'의 원칙이었다. 그러나 파리평화회담에서 윌슨의 민족자결의 원칙은 당시 패배한 독일, 오스트리아-헝가리 그리고 오스만 터키제국에만 해당되고 승전국인 영국, 프랑스, 그리고 일본제국에는 해당되지 않았다. 또한 레닌은 민족주의란 반혁명적이라고 민족을 거부했지만 그의 후계자인 스탈린은 제2차 세계대전을 맥 빠진 공산주의 혁명전쟁이 아니라 힘찬 '애국주의적' 전쟁이라고 규정하고 그것을 이용했다. 제2차 세계대전 후에 윌슨의 민족자결의 원칙이 동유럽에서는 소련의 스탈린에 의해서 무참히 짓밟혔지만 아시아-아프리카의 식민지들에서 '민족국가(a nation-state)'의 수립이 들불 같은 독립운동으로 발전하게 됐다. 그리하여 아시아-아프리카인들에겐 민족주의는 곧 애국주의와 결합되어 그 차이를 구별하기 어렵게 됐다. 이때 소련과 중국은 갑자기 세력 확장을 위해 민족주의 운동에 동참했다. 그리하여 유엔을 중심으로 1960년대에 거의 모든 민족들이 독립국가를 수립하는 데 성공했다. 그리고 1990년에 접어들어 소련제국의 붕괴는 서-러시아에서 그리고 유고연방의 해체에서 모두 10여 개의 새 민족국가들을 탄생시켰다.

그러나 앨버트 아인슈타인은 "민족주의란 인류의 홍역"이라고 했다. 그 홍역은 온전히 사라지지 않고 지금도 세계 도처에서 잠복하고 있다. 중동에서 쿠르드족이나 신장의 위그루족과 티베트인들을 포함하여 아직도 크고 작은 민족들은 자신들의 독립적 민족국가를 갈망하고 있다. 이뿐만 아니라, 제2차 세계대전과 그 후 냉전시대의 도래는 역설적으로 독일과 중국, 그리고 한국과 같은 진동석 통일국가를 분단시키는 결과를 초래했다. 왜냐하면 민족보다 계급을 우선시하는 공산주의자들은 민족자결을 중대한 반농적 음모로 간주하기 때문이다. 냉전체제의 종식으로 유럽에서 냉전의 원인이었던 독일은 평화로운 재통일을 이루었지만 그 밖의 다른 곳에서는 공산주의 계급혁명주의자들과 함께 하나의 민주주의적 민족국가를 평화적으로 수립한다는 것은 여전히 불가능해 보인다. 공산주의자들에게는 민족주의도 계급혁명을 위한 하나의 강력한 심리전의 수단에 불과하기 때문이다.

민족주의는 여전히 가장 강력한 집단적 헌신의 대상이다. 그것은 소속감을 추구하는 인간의 본성에 기반을 두고 있기 때문이다. 어쩌면 최초의 민족주의 철학자로 간주될 수 있는 칼 슈미트(Carl Schmitt)는 인간은 원래 '우리'와 '그들'을 구별하는 존재이고 그것이 국제정치의 출발점이라고 주상했던 것이다. 노덕의 영역에서 최종적 구별이 선과 악 사이를, 경세의 영역에서 이윤과 손실 사이를, 그리고 미학의 영역에서 최종적으로 아름다운 것과 추한 것 사이를 구별하는 것처럼 특수하게 정치적 구별은 '친구와 적'을 구별하는 데 있다고 주장했다.

여기서 적과 친구는 공적인 적으로 항상 이해돼야 한다. 그리고 여기에서 적이 친구보다 우선시된다. 반면 애국주의는 소극적으로 개인적 시민정신을 강조하면서 기존의 국경선을 지키는 것으로 만족한다. 그러므로 조지 오웰(George Orwell)은 애국주의란 군사적이고 또 문화적으로 방어적인 성격을 갖는 반면 민족주의는 공세적 성격을 갖는다고 진단했다. 핵공포의 냉전시대에 민족국가는 안전의 보장이 되지 못했다. 그리하여 애국주의와 동맹의 집단안보가 우선시됐다. 그러나 우크라이나-러시아 전쟁은 핵무기의 터부(taboo)시로 인해 동면상태에 머물던 민족주의를 러시아가 다시 부활시킬 가능성이 있어 보인다. 그렇다면 핵시대에 민족주의의 위험스러운 장래는 유럽에서 그 신호를 볼 수 있다.

민족주의는 이제 자유와 안전을 약속하지 못한다. 오히려 그것은 증오심과 충돌하는 국가이익에 무기를 실을 것이다. 따라서 북한의 맹목적 민족주의는 위험스럽게 공격적이고 남한의 막연한 애국주의는 한가롭게 방어적이다. 21세기에도 민족주의는 갈등과 전쟁의 선동적 이데올로기이다. 침략적 민족주의가 아니라 오직 강력한 애국주의만이 국가 간의 안전과 평화를 유지해 줄 것이다. 모든 국가의 애국주의만이 궁극적으로 상상하는 핵전쟁을 통한 아마겟돈(Armageddon)의 위협으로부터 우리 모두를 보호해 줄 것이다.

제13장

21세기에 돌아본 자본주의와 공산주의

17세기 당시 지배적인 왕권신수설(the Divine Right of King)을 거부하고 주권재민의 시민정부론을 제시한 영국의 정치철학자 존 로크(John Locke)의 정치사상은 미국의 독립선언서를 작성했던 토마스 제퍼슨(Thomas Jefferson)에 의해 집약되었고 미국의 국부들에 의해 미합중국의 건국에서 구현되었다. 그는 민주주의의 아버지일 뿐만 아니라 동시에 '자본주의의 아버지'였다. 그에게 인간의 생존은 곧 재산(property)의 보존을 의미했기 때문이다. 그렇다면 로크가 규정하는 자본주의 사회는 어떤 성격의 사회일까? 그것은 개인주의적 사회라고 이해되었다. 그리고 이것은 자연법(the Law of Nature)에 의해서 정당화되는 일종의 신성한 영역을 이룬다.

로크는 진실로 자본주의의 아버지였지만 그렇다고 애덤 스미스(Adam Smith)의 기여를 우리는 과소평가할 수 없다. 그는 경제적 자유를 주장했다. 그에 의하면 인간들이란 자신들의 이익을 추구하도록 내버려 둘 때 부산물로서 공공선이 창출된다는 것이다. 즉, 인간들은 마치 '보이지 않는 손'에 의한 것처럼 자신들의 원래 의도가 아닌 목적을 가져오게 된다는 것이다.

로크와 스미스에게 개인적 재산의 축적은 곧 자연법이다. 그러나 그러한 개인적 재산축적의 자유는 심각한 사회적 불평등을 낳는다. 그리하여 로크와 스미스의 근대 자본주의 사회는 장 자크 루소(J. J. Rosseau)에 의해서 강력히 도전을 받게 된다. 루소는 사회적 불평등의 기원을 재산에서 찾았다. 루소가 상정하는 자연상태(the state of nature)에서 인간들은 선했기 때문이다. 루소는 인간이 시민사회의 생활을 통해서 이기적이고 저돌적이며 경쟁적이고 시기하는 존재가 되었다고 보았다.

루소의 자연상태에서 인간은 낮은 차원의 열정만을 갖고 있다. 자신에 대한 사랑과 남의 고통에 대한 연민의 정이 그것들이다. 그들은 단순할 뿐 지성이 없다. 단순함은 선이요 미덕이다. 그러나 시민사회에 들어와서 인간은 변해버렸다. 그에게 인간의 본성(the human nature) 같은 것은 존재하지 않는다. 인간은 매우 급속하게 변해버렸다. 그리고 인간성은 사회적 조건의 변화에 의해서 영향을 받고 또 실제로 결정되었다. 루소가 볼 때 자연상태에서 시민사회로의 이전은 축복이 아니라 마치 아담과 이브가 낙원에서 쫓겨난 것처럼 타락이다. 그리하여 시민사회에 대해 보다 근본적으로 반대하는 것이 가능하게 되었다. 이런 근본적인 도전은 칼 마르크스(Karl Marx)에서 국가의 소멸, 즉 시민사회의 소멸로 끝나게 된다.

마르크스에게는 자연상태와 시민사회의 구별이 불가능하다. 그에게 자연상태 같은 것은 없다. 헤겔(Hegel)을 따른 마르크스에겐 자연이라는 그 자체가 역사적인 현상일 뿐이다. 이미 루소에게 인간본성은 역사적이었다. 그러나 마르크스에 와서는 모든 자연이 역사적이 되었다. 모든 것이 변화의 과정에 있을 뿐이다. 즉 우리는 뭔가 새로운 것이 되는 과정(becoming)에 있으며 이것이 존재의 참된 토대가 된다.

따라서 마르크스에게 중요한 것은 역사의 구분, 즉 역사의 시대적 구분이다. 마르크스에게 자본주의적 산업화에 따른 노동분업이 가장 큰 문제였다. 증가하는 인구의 압력하에서 자신들을 보존하기 위해 생산할 필요가 있게 되자 인간들은 생산도구를 사용하여 재산을 얻게 되었다. 그러나 재산이 들어올 때 평등이 빠져나갔다. 재산을 소유하자마자 인간들은 재산을 보존해야만 했다. 그리고 재산을 보존하기 위해서 그들은 정부를 가져야만 했었다.

여기까지는 홉스, 로크, 루소를 상기하게 된다. 그리고 그들은 그것을 위해 정부의 강제력을 수용할 준비가 되어 있었다.

그러나 마르크스는 그런 강제력을 수용할 준비가 되어 있지 않았다. 아니, 그는 대가를 지불할 생각이 전혀 없었던 것이다. 우리가 완전한 급진주의자가 되려면 어떤 방법으로든 우리가 반대하는 모든 것의 뿌리로 돌아가야 한다. 그리고 그 뿌리로부터 항상 발전을 가리키는 역사의 교리를 시작하면 된다. 그리하여 마르크스에게 시민사회(정부)와 함께 등장한 노동분업으로 불평등한 재산의 결과가 소위 인간의 소외였다.

이것은 경제적 조건의 결과였다. 마르크스는 인간의 삶, 사고, 존재, 그리고 도덕에 관한 것 등 실로 모든 것이 생산의 조건에 의해서 결정된다고 생각했다. 그렇다면 시민사회란 강제적 착취에 지나지 않는 계급정부일 뿐이었다. 그리하여 마르크스는 인간의 모든 문제들을 단번에 안전히 해결할 것을 고집했다. 모든 재산이 공산화되면 인간들의 불화와 소외의 모든 원인들이 당장 사라질 것이다. 그러면 정부도 불필요하게 될 것이다. 루소가 그렇게 비판했던 경쟁심은 사라질 것이고 노동분업도 불필요하게 될 것이다. 이런 평화로운 조건 속에서 모든 인간은 자기가 하고 싶은 것만을 할 것이고, 따라서 노동은 사라질 것이다.

인류를 노동과 착취의 굴레로부터 해방시킬 것을 약속한 마르크스 정권들은 실제로는 소련 공산정권의 역사가 보여주듯 폭정체제로 자유의 억압체제에 지나지 않았음을 역사는 입증해주었다. 프리드리히 하이에크(Friedrich Hayek)의 지적처럼 마르크스주의는 지성의 궤도 이탈이었을 뿐만 아니라 '과학'으로 포장한 미신에 지나지 않았다. 그리스의 비극처럼 공산주의는 그 자체에 죽음의 씨앗을 내포하고 있었던 것이다.

그러나 21세기 좌절한 공산주의자들은 갑자기 근대성 자체를 거부하는 포스트모더니즘 속으로 번지점프를 함으로써 마르크스주의가 그 기원을 둔 근대 사상가들, 아니 이성의 산물인 지성 그 자체와 함께 동반자살을 꾀하려든다. 공산주의자들에게 그런 논리적 모순은 전혀 문제가 안 된다. 그들은 이제 포스트모더니즘의 해방과 창조라는 위장된 슬로건으로 우리를 끊임없이 유혹하면서 기존의 자유주의와 자본주의 질서를 모두 해체하기 위해 치열한 맹목적 투쟁에 몰입하고 있다. 그들에겐 투쟁만이 존재의 이유이기 때문이다.

그러나 그것은 지성과 도덕을 자살에 초대하는 것이다. 그러한 허무주의적 지성적 나락에 빠지지 않기 위해서 우리는 자유 민주주의 전통으로 끊임없이 되돌아가야 한다. 그 전통은 인간적 열정에 의해 이성에 부과되는 한계를 망각하지 않으면서도 동시에 이성을 존중하고 또 꾸준히 자유를 향유할 수 있는 길을 우리에게 변함없이 가리키고 있기 때문이다.

제14장

왜 폭군 히틀러(Hitler)에 관해 공부해야 하는가?

아돌프 히틀러는 지금부터 79년 전 그가 일으킨 제2차 세계대전의 종결이 다가오는 1945년 4월 30일 죽었다. 그는 20세기 현대정치에서 악의 화신이었다. 그런 점에서 히틀러의 공부가 절실히 필요하다. 그렇게 함으로써만이 우리는 정치적 악을 알고 철저히 경계할 수 있을 것이기 때문이다. 히틀러는 제1차 세계대전에 참전하여 유대인 장교의 추천으로 무공훈장을 받았다. 그러나 그는 결코 진급하지 못했다. 왜냐하면 한 장교가 말했듯이 그들은 히틀러에게서 어떤 리더십의 자질도 발견하지 못했기 때문이었다. 히틀러는 30세가 될 때까지 단 한 번의 연설도 하지 않았으며 파티에 참석하지도 않았다. 그러나 그는 소위 정당에 가입하여 7번째의 당원증을 갖게 되었다. 그리고 13년 후에 그 정당을 이끌어 국가를 정복했다. 히틀러에 대한 채울 수 없는 정보의 갈증은 악이 덕보다 더 매력적이라는 증거이다. 히틀러가 세계적 상상력을 장악하는 주된 이유는 그가 인류 경험의 지평을 굉장히 넓혔다는 사실이다. 히틀러는 문명이 얼마나 빨리 야만적일 수 있는가를 보여주었다.

히틀러 정권은 문명화된 국민들의 복에 기초했을 뿐만 아니라 그들의 심장에 기초했다. 히틀러는 결코 민주주의자가 아니었지만 그 자신의 권력을 대중에 기초한 인기영합주의자였으며 카리스마적 선동가였다. 1933년부터 1945년까지 나치 제국은 모든 현대 국가들처럼 무심한 관료들에 의해서 운영되었다. 나치들은 항공기에 관해서 아주 무지했지만 그들의 지도자들은 라디오, 영화 그리고 관료제 같은 전쟁과 사회통제의 현대 기술들을 이용하는데 능숙했다. 히틀러의 천년 제국은 988년이 부족했다. 그러나 그의 생애는 레닌처럼 단순화하는 강박관념의 힘을 보여주었다. 마르크스는 "지금까지 모든 사회의 역사는 계급투쟁의 역사"라고 말했다. 히틀러는 "서방세계의 모든 사건들은 단지 인종의 자기보존 욕구의 표현"이라고 말했다. 히틀러의 생애는 철의 법률과 자치적 과정에 의해 지배되는 세계에서 개인의 중요성에 관한 개념들을 마르크스처럼 거부했다. 그러나 강박관념에 의해 추동되는 사람들은 자신들의 원인을 지배할 수 없다. 즉, 그들은 멈출 수가 없다. 만일 히틀러가 1948년 10월 뮌헨협정 이후나 프랑스가 패망한 1940년 6월에 멈추었다면 그는 승리했을 것이다. 그러나 그는 유럽을 단지 일상적으로 관리하는 따분함을 견디지 못했을 것이다. 히틀러는 극단적 급진주의자였다. 아인슈타인이 물질이 에너지라고 세상에 말했을 때 히틀러는 순수한 에너지의 정치를 실천하기 시작했다. 그의 본질은 초조한 불만족이었다.

우리가 자유를 제약의 부재라는 현대적 정의를 수락할 만큼 어리석다면 히틀러는 가장 자유로운 인간이었다고 말해야 한다. 그는 어떤 양심의 가책이나 애정에 의해 전혀 제한을 받지 않았다. 그는 존 루카스(John Lukacs)가 20세기의 가장 널리 퍼진 어리석음이라고 부른 경제적 인간에 대한 믿음을 거부했다. 즉, 그는 인류가 경제적 계산에 의해서 움직이고 역사는 단지 갈등하는 이익집단들의 이야기라는 것을 믿지 않았다. 히틀러뿐만 아니라 제2차 세계대전 당시의 지도자들인 처칠, 루즈벨트, 그리고 스탈린도 경제에 관해서 잘 알지 못했거나 신경을 쓰지 않았다. 어쩌면 바로 그런 이유에서 그들이 지도자였던 이유를 어느 정도 말해줄 것이다.

오늘날 한 개인이 어떤 차이를 만들 여지를 거의 남기지 않으면서 어떻게 이런저런 변증법과 비인간적 힘이 역사를 지배하는가를 설명하려는 역사와 정치이론들로 넘쳐나는 시대에 히틀러는 한 개인이 역사를 새로운 유형으로 비틀 수 있는 힘을 과시했다. 불행하게도 개선은 일반적으로 품위 있는 정치의 인내력, 즉 수은보다는 당밀처럼 움직이는 대중마음의 설득을 요구한다. 그러므로 역사의 가속화는 나쁜 인간이 하는 일이다. 대부분의 정치인들은 바람과 함께 항해한다. 소수의 광신자만이 바람 속을 뚫고 들어간다. 히틀러는 바람을 일으키고 대중들을 먼지처럼 불어버렸다. 그렇다. 다른 사건들도 하나의 국가 공동체를 먼지로 만들 수 있었을 것이다. 히틀러는 바이마르 공화국, 네빌 챔버레인 그리고 1940년의 프랑스같이 비틀거리는 것을 여지없이 뒤엎었다. 독일의 역사학자 세바스티안 하프너(Sebastian Haffner)가 말했듯이 히틀러는 비틀거리는 것을 알아보는 재능을 갖고 있었다. 역사는 인류의 내적 삶의 역사이다. 그리고 히틀러는 화가로서는 실패했지만 정치적 예술가였다. 그는 패배로 인해 굴욕당하고 인플레이션으로 혼란에 빠진 사람들의 공허한 아픔을 무엇이 달랠 수 있을지를 본능적으로 알았다. 스페인의 철학자 오르테가 이 가셋(Ortega y Gasset)은 천재를 자신의 직업을 발명하는 능력으로 정의했다. 히틀러는 정치에 입문할 때까지 안정된 직업을 결코 갖지 않았다. 그의 첫 공직은 독일의 수상이었다. 그리고 그는 '지도자(Fuhrer)'의 직업을 발명했다. 그 직업은 심각한 나치즘처럼 그와 함께 사라졌다. 그는 정치를 내적 혼란의 연장으로 만들었으며 역사를 자기의 개인 전기로 간주했다. 히틀러에 대한 매혹은 인류에게 비추는 하나의 '검은 거울'이기 때문에 사라지지 않고 있다.

일찍이 셰익스피어는 자신의 수많은 드라마를 통해 다양한 인간의 가능성들을 제시했다. 그의 역사드라마 중에서 가장 사나이다운 〈헨리왕 5세〉(King Henry V)가 20세기의 대범한 윈스턴 처칠의 위대성을 상기시킨다면, 그의 최악의 폭군 〈리처드 3세〉(Richard III)는 의문이 여지없이 히틀러를 상기시킨다. 여기에 정치의 최선과 최악이 있다. 인류의 올바른 연구는 인간에 관한 것이다. 인류의 명성에 아무리 해가 되어도 히틀러는 인간이었다. 그는 분명히 인간의 한 가능성이다. 질병의 경우에서처럼 히틀러의 이해는 죽음으로 이끌 수 있다. 그러나 어떤 의미에서 치료제 연구는 죽음의 연구로 시작된다. 마찬가지로 현대정치의 연구는 악마의 정치를 실천했던 히틀러로부터 시작된다고 해도 과언이 아닐 것이다. 인간은 나쁜 지식만 있으면 그것도 사용하기 마련이다. 그렇기 때문에 폭군 히틀러를 공부할 땐 반드시 위대한 지도자 윈스턴 처칠과 비교하는 공부가 되어야 할 것이다.

미국의 저명한 정치철학자 리오 스트라우스(Leo Strauss)가 1965년 윈스턴 처칠의 서거 다음 날 "처칠의 죽음은 정치학도들에게 자신들의 한계를 상기시킨다."고 지적했다. 환언하면, 이제 사회과학이 되어버린 정치학은 처칠 같은 위대한 정치지도자에 관해서 가르치거나 배우지 않는다는 사실을 안타까워했던 것이다. 정치학에게 정치적 위대성, 인간적 탁월성의 정점들을 상기시키는 것보다도 더 높고 또 절박한 의무는 없다. 이것은 무엇보다도 정치지도자의 위대성과 비참함, 그들의 탁월성과 그들의 타락, 그들의 고결함과 그들의 승리, 그리고 제아무리 현란해도 평범한 인물을 진정한 위인으로 결코 착각하지 않는 것을 의미하며 정치적 악마성을 간과하지 않는 것을 의미한다. 셰익스피어 방식으로 말한다면 진정으로 '사나이'다운 정치가와 미친 '폭군' 간의 대조야말로 인간들이 언제든지 배워야 할 가장 위대한 교훈들 가운데 하나다.

제15장

정의(Justice)를 어떻게 생각할 것인가?

정의란 무엇인가? 이것은 고대 그리스에서 철학이 출현한 이래 지금까지 되풀이해서 제기되는 철학적 질문이다. 그 문제에 대한 철학적 명상과 정치적 논쟁은 끊임없이 계속되어 오고 있지만 그럼에도 불구하고, 아니 오히려 그렇기 때문에, 정의에 대한 일반적 정의가 수립된 적은 없었다. 정의란 법에 대한 절대적 복종을 의미한다고 하거나 혹은 완전하고 절대적인 평등상태를 의미한다는 주장도 있다. 이러한 개념적 갈등은 단지 철학적 충돌에 그치지 않고 구체적 실력대결로 비화되기도 한다. 그리하여 인간들은 그들 나름의 정의를 위해 항상 투쟁하며 심지어 서로 죽이기까지 한다. 그러나 타인을 정의의 이름으로 죽이는 것이 과연 정의일 수 있을까?

인간의 역사는 우리의 이해를 초월하는 부조리의 연속인 것만 같다. 톨스토이의 이반 카라마조프의 생각처럼 부조리야말로 우리 세상의 적나라한 필연일지도 모른다는 역설적 감정을 떨칠 수 없다. 복수의 칼이 정의라는 미명 하에 휘둘러지고, 종교는 사랑을 위해 증오를 가르치며, 정치체제들은 자유를 위해 인민을 억압하고, 또 혁명은 행복을 빙자해 비극을 초래한다. 자신의 부조리를 깨달으면서도 동시에 정의를 외치는 것이 현대 인간의 의식이다. 경험과 사실의 세계는 부조리의 세계이다. 따라서 인간은 부조리의 세상에서 발견될 수 없는 정의를 위해 투쟁하고 있는 것만 같다. 물론 그러한 부조리성을 발견하는 것은 현대인만의 특권이나 저주는 아니다. 자연과 관습, 이성과 권력, 이상과 현실 사이의 간극들은 인간 자체의 의식과 함께 시작되었던 것이다. 따라서 레이몽 아롱(Raymond Aron)이 일찍이 지적한 대로 역사의 모든 모순들이 일순간에 일소될 수 있다는 믿음이나 약속은 불의와 부도덕의 세계에 살고 있는 것에 대한 분노로 가슴이 불타는 사람들에게 일종의 아편과 같은 것이었다.

그렇다면 우리는 어떻게 정의를 실현할 수 있을까? 우리는 그것을 종교에서 실현할 수 없고 또 혁명에 의해서도 구현할 수 없다. 인간은 정의를 위한 반란자는 될 수 있어도 혁명주의자가 될 수는 없다. 인간의 생생한 역사는 정의를 내세운 혁명이 역설적으로 더 큰 불의를 낳을 수 있다는 엄연한 사실을 경고하고 있기 때문이다. 정의는 모든 공동체의 유지를 위해 필요한 최소한의 인간적 열망이다. 그러나 그것의 성취는 언제나 열망에 미치지 못한다. 이것은 우리와 항상 함께하는 문제이다. 다만 오늘날 그 중요성이 과거 어느 때보다도 더 위협적이다. 우리는 그것을 더 극명하게 볼 수 있지만 해결책에 더 가까이 있는 것은 아니다. 문제는 과학적 지식은 누진적이지만 도덕적 지식은 그렇지 않다는 데 있다. 일찍이 장 자크 루소가 주장했듯이 각 세대는 전 세대 보다 더 많이 알기는 하지만 더 도덕적으로 행동하지는 않는다는 것을 의미한다. 우리의 의지를 통해 효과적으로 선을 지향하게 하는 그런 종류의 지식, 즉 도덕적 지식의 관점에서 볼 때 우리는 옛 조상들보다 별로 더 진보하지 않았다고 해도 과언이 아닐 것이다.

소크라테스나 공자 그리고 예수의 가르침은 우리의 이해와 실천을 상당히 초월한다. 우리는 원칙적으로 그것을 인정하지만 실제로는 그것을 거부한다. 그리하여 우리는 윤리와 종교에서 벗어나 세속적이고 물질주의적 허무주의에 사로잡혀 있다. 도덕적 지식은 한 세대에서 다음 세대로 증가하는 것 같지 않다. 우리는 조상들이 했던 실수를 그대로 범한다. 자식들이 부모보다 더 도덕적인 삶을 살지 않는다. 아니 오히려 부모보다 덜 도덕적이다.

그렇다면 과연 가능한 해결책이 존재할까? 우리는 과학에서 대답을 찾을 수 없다. 원시적 마술처럼 과학은 수단에만 관계되지 않는다. 그것은 선한 목적에도 그리고 악한 목적에도 봉사하도록 이용될 수 있다. 요컨대 우리는 윤리적 교육을 필요로 하는 것이다. 그러나 윤리학은 자연과학과는 달리 믿음을 제공하고 진리에 대한 대략적 윤곽을 설명하는 것으로 만족해야 한다. 윤리학은 수학적 엄밀성을 기대할 수 없는 지식의 영역이다.

아리스토텔레스에게는 정의란 “인간으로 하여금 옳은 것을 행하기 쉽게 만들고, 올바르게 행위하며, 옳은 것은 희구하게 하는 도덕적 성향이라고 정의함으로써 정의를 지향하는 인격의 기질(disposition)을 달성하는 것”이다. 그 기질은 감정에 대하여 우리가 잘 처리할 수 있고 또는 나쁘게 처리할 수 있게 하는 바탕이 되는 성격의 상태라고 했다. 그런 항구적인 인격의 기질을 성취하기 위해서 우리는 도덕적 지식과 함께 도덕적 행위의 습관을 필요로 한다. 도덕적 행위의 습관화는 긴 시간을 필요로 하며 매우 고통스럽다. 왜냐하면 그것은 우리의 ‘자발적 행위’, 즉 자유로운 선택을 요구하기 때문이다. 그러므로 우리는 두 가지 손쉬운 탈출구로 달려가려는 경향이 있다. 하나는 윤리에 대해서 잊고 싶어 한다. 정의에 관해 벌이는 그처럼 피곤한 ‘어리석은 논쟁’에 등을 돌리는 것이 현명하다고 생각하기 쉽다. 또 하나의 손쉬운 탈출구는 도그마에 빠지는 것이다. 우리 사회의 모든 불의를 일소하려는 정의관을 절대시하고 정의를 위한 타협 없는 전쟁을 선포하고 싶은 충동에 사로잡히는 것이다. 그러나 이것은 또 다른 종류의 불의에 속하는 것이다.

인간은 자제하는 데 있어서, 즉 극기의 면에 있어서는 우정이나 사랑이 정의보다 더 우월할지도 모른다. 우정이나 사랑은 타인에 대한 적극적인 관심과 서로의 행복에 대한 관심을 의미하기 때문이다. 그러나 신경쇠약에 걸릴 정도인 햄릿(Hamlet)의 철학적 의심을 리어 왕(King Lear)의 부분별한 사랑으로 상쇄하려 한다면 그것은 하나의 결점을 다른 결점과 맞바꾸는 일에 불과할 것이다. 그러므로 우리는 도덕적 무관심과 주관적인 도덕의 절대화 사이에 균형을 강조한 아리스토텔레스의 가르침에 따라야 한다. 물론 정의에 대한 아리스토텔레스의 학설이 결코 완전한 것은 아니다. 그러나 그의 '다소의 탁월한 실수들' 때문에 '아기를 목욕물과 함께' 버릴 수는 없는 것이다. 정의라는 높은 산의 정상에 도달할 수는 없다고 할지라도 시지포스(Sysyphus)처럼 끊임없이 우리는 항상 자유롭게 도덕을 배우고 습관화하려고 노력해야 한다. 그렇게 하는 것만이 우리가 어제와 오늘에 비해 내일은 정의에 더 가깝게 살아 갈 수 있는 유일한 길이라고 생각되기 때문이다.

제16장

보수주의(Conservatism)를 어떻게 이해할 것인가?

대한민국에는 근래에 보수주의자로 자처하는 사람들이 점점 늘어나고 있는 것 같다. 그런데도 왜 보수당이라는 명칭을 가진 정당은 없을까? 보수주의는 하나의 유행어가 되었다. 보수주의적 기질은 어느 곳에서나 인간사회의 인정된 특성이다. 그럼에도 불구하고 정당들과 정치적 운동이 자신들을 보수주의자라고 부르는 것은 주로 영어를 사용하는 국가에서 발선하였다. 프랑스 혁명에 대한 에드먼드 버크(Edmund Burke)의 비판적 반응에 의해 가장 완전하게 표현된 정치적 보수주의는 인간사회란 세속적이고, 평등주의적이고, 그리고 자치정부의 길로 안내될 수 있다는 계몽주의적 신념에 대한 반대로 서양에서 발전되었다. 그것은 인간의 본성에 대한 비관적 견해에 의해서, 즉 국가나 공동체가 개인주의와 갈등을 일으킬 때 전자를 선호하는 것으로 인간행위의 합리적 모델에 토대를 둔 정치제도의 거부에 의해 특징되었다. 이런 핵심적 원칙들은 최선의 정부형태나 최선의 사회질서에 관련하여 일단의 실질적 아이디어들을 구성하지 않았다. 그것은 가장 다양한 현상(status quo)의 가장 다양한 보수적 옹호들이 적합한 틀을 정의했을 뿐이다. 그런데도 보수주의는 기이하게도 영국의 관습법(the common law)의 전통을 물려받은 곳에서만 존재하고 있다.

프랑스 혁명에 대해서는 철저히 비판적이었지만 그보다 12년 앞선 미국의 독립혁명을 지지했던 영국의 에드먼드 버크의 고전적인 보수주의 정치철학은 기이하게도 계몽주의 철학자들의 영향을 받은 미국의 자유주의적 독립 혁명가들에게도 큰 영향을 미쳤다. 보수주의는 정치철학과 정치방법, 혹은 정치의 목적과 수단에 관련된다. 미국에서 독립전쟁을 치른 13개 아메리카의 개별국가들이 하나의 연방국가를 수립할 때 그것을 정당화하고 옹호했던 〈연방주의자 논문집〉(the Federalist Papers)은 미국의 가장 위대한 정치철학적 기념비이다. 이 연방주의 운동을 주도했던 알렉산더 해밀턴(Alexander Hamilton)은 최고의 보수주의 이론가였고 실천가였다. 그는 연방주의자 논문 제1편에서 막 작성된 헌법의 많은 반대자들의 이기적이고 야심적인 견해에 앞서 보다 더 넓은 공공선을 우선하도록 인민들에게 호소했다. 그는 연방주의자 논문 23번에서 강력한 중앙정부의 이점을 옹호하고 상비군의 창설을 촉구했다. 열렬한 민족주의자였고 후에 초대 재무부 장관이 된 해밀턴은 활기찬(energetic) 정부의 수립을 위해 자신의 모든 열정을 쏟아부었다. 독립 후 국가의 혼란한 재정에 질서를 세우는 임무를 워싱턴 대통령으로부터 부여받은 해밀턴은 강력한 행정부에 의해 주도되고 또 부유하고 강력한 사람들의 지지로 안정된 강력한 정부와 함께 산업발전에 의해서 촉진되는 국가를 상정했다.

자신들의 독립성과 이익을 열심히 수호하는 당시 엉성하게 연계된 13개 주들의 농업국가에서 해밀턴의 정책은 논란의 피뢰침이었다. 그는 특히 연방정부보다 독자적 주정부 중심의 정치와 목가적 농업국가를 지향하는 저명한 혁명가 토마스 제퍼슨(Thomas Jefferson)의 강력한 반대에 직면했다. 그는 연방정부의 역할을 최소화하려는 소위 작은 정부의 주창자였다. 그러나 해밀턴은 강력한 중앙정부는 물론이고 국가은행을 설립하고 제조업을 장려했다. 그는 영국과 같이 번성하는 산업 및 상업국가를 상정했다. 그는 부국강병의 미국을 원했다. 그리하여 이 두 사람의 분열과 대립의 최종결과는 해밀턴의 연방주의자들과 제퍼슨의 공화주의자 사이에 국가적 분열이었으며 이것은 오늘날 우리가 정당제도라고 부르는 것의 출현을 가져왔다. 해밀턴의 사망으로 연방주의자들은 사실상 사라지고 홀로 남은 제퍼슨은 민주-공화당(후에 민주당)의 창시자로서 제3대 대통령이 되었고, 그 후 민주당은 미국에서 가장 강력한 정당으로 빈번하게 집권하였으며 지금까지도 민주당은 존속되고 있다.

그러나 알렉산더 해밀턴 사후 제6대 존 퀸시 애담스(John Quincy Adams) 대통령, 공화당의 창설자인 제16대 에이브러햄 링컨(Abraham Lincoln) 대통령과 공화당의 제26대 대통령 시어도어 루즈벨트(Theodore Roosevelt) 같은 보수주의 정책의 위대한 실천가들이 있었다. 그러나 20세기에 들어와 제1차 세계대전이 발발하자 민주당과 공화당은 미국의 외교정책을 중심으로 보다 선명하게 자유주의(혹은 진보주의)와 보수주의로 갈리게 되었다. 민주당의 제28대 우드로 윌슨(Woodrow Wilson) 대통령이 혼신을 다해 추진했던 국제주의적 미국의 국제연맹(the League of Nation) 가입문제로 공화당과 대립했고 국제연맹의 집단안보규약이 미국의 헌법에 우선할 수 없다는 이유에서 반대로 무산되었다. 그리고 제1차 대전의 참전에 대한 반성이 지배하게 되면서 미국에서는 '아메리카 우선주의(America First)'가 1941년 진주만 기습 때까지 압도적인 여론이었다. 그러나 공화당의 제32대 프랭클린 루즈벨트(Franklin Roosevelt) 대통령이 수행한 제2차 대전 후에는 미국 주도의 유엔(the United Nations)이 미국 외교정책의 주류가 되었다.

그러나 1929년 경제 대공황으로 인한 경제적 위기를 타개하기 위한 공화당의 프랭클린 루즈벨트 대통령의 뉴딜정책은 진보주의적 복지정책의 시작이었다. 그리고 이 복지정책은 1960년대 미국의 민권운동을 거치면서 제36대 린든 존슨(Lindon Johnson) 대통령의 '위대한 사회(the Great Society)' 프로젝트의 완성으로 이어졌다. 그러나 이러한 한 세대에 걸친 '요람에서 무덤까지' 국가의 개입을 요구하는 진보주의적 복지정책의 심화는 영국에선 소위

'영국병'을, 그리고 미국에선 심각한 경제적 침체를 가져오고 말았다. 경제 침체에 대한 양국의 국민적 반발은 오랫동안 동면상태를 지속해 온 보수주의를 일깨웠다. 신보수주의(Neo-Conservatism)를 표방하는 정치가가 마침내 집권하여 혁명적 정책의 변화를 추진했다. 이런 신보수주의는 대표적인 철학자들을 갖고 있었다. 영국에선 마이클 오크숏(Michael Oakeshott)과 프리드리히 하이에크(Friedrich Hayek)가 있고 미국에는 리오 스트라우스(Leo Strauss)와 밀턴 프리드먼(Milton Friedman)이 있다. 그리고 그런 신보수주의 철학의 실천가로는 1980년대 영국의 마가렛 대처(Margaret Thatcher) 수상과 미국의 로널드 레이건(Ronald Reagan) 대통령이 대표적이다. 그들이 내세운 것은 오랫동안 잃어버린 개인의 '자유'였다. 정부의 강력한 역할을 표방했던 고전적 보수주의와는 아주 달리 작은 정부를 지향하면서 과도한 국가개입으로부터 개인의 해방을 의미하는 자유가 신보수주의의 핵심적 가치로 다시 떠오른 것이다.

신보수주의는 무엇보다도 창의적 자유를 의미했다. 특히 기업인들에게 정부의 과도한 개입은 자유로운 창의적 기업활동을 위해 이제 벗어 던져야 할 불필요하고 무겁기만 한 낡은 갑옷 같은 것이었다. 보수주의는 그동안 끝도 없는 맹목적 평등이라는 이름 아래 시행되어 온 온갖 사회주의적이고 심지어 공산주의적인 수많은 정부의 규제정책으로부터 해방을 실현하자는 것이다. 보수주의는 그동안 압박했던 무분별한 복지정책이라는 복장을 단숨에 벗어 던지고 이제 자유라는 복장으로 갈아입음으로써 오랫동안 잃어버린 진정한 자유 민주주의 세계로 돌아가자는 것이다.

대한민국에는 버크 같은 고전적 철학자나 해밀턴 같은 이론가는 없었다. 그러나 해밀턴 같은 부국강병의 고전적 보수주의의 실천가는 있었다고 생각된다. 이승만 대통령과 박정희 대통령이 그런 범주에 속한다. 그렇다면 신보수주의의 철학자나 이론가는 있는가? 역시 없어 보인다. 윤 대통령이 신보수주의의 자유를 앞세우지만 그가 신보수주의 철학자나 이론가가 될 수 있을 것 같지는 않다. 그러나 어쩌면 윤석열 대통령이 적어도 신보수주의 신념의 훌륭한 실천가가 될 수는 있을 것이다. 더 나아가서, 그는 대통령 재임 중 적어도 한국의 '보수당'을 창당할 수도 있을 것이다. 그가 그렇게 할 수 있다면 그는 한국에서 '루비콘 강'을 건너는 것과 유사한 일생일대의 역사적 모험을 하게 될 것이다.

제17장

정치에 물든 지식인의 배반(Betrayal)은 우연인가?

지식인은 진리를 항구적으로 추구한다. 반면에 정치가는 우발적인 사건들을 다룬다. 사상가는 무엇이 옳은지를 정의할 의무를 갖는다. 반면에 정책결정자는 얻을 수 있는 것을 다루어야만 한다. 교수는 궁극적인 목적에 초점을 맞추지만 정치인은 궁극적인 해결이란 별로 없는 길을 정처 없이 거닐면서 뭔가를 해결하고 나면 그것이 종종 새로운 문제로 들어가는 문턱이 된다. 드골(De Gaulle) 대통령은 철학자 레이몽 아롱(Raymond Aron)에게 쓴 편지에서 바로 그 딜레마를 특징적으로 요약했다: "나는 종종 당신이 쓰는 글에 공감하지 않고 또 나는 처음부터 내가 하는 일을 당신이 승인하는 일이 별로 없다는 것은 알고 있다. 그러나 나는 당신이 분명히 측정이 안 되고 또 어떤 경우에는 전례가 없는 운명으로 우리 모두를 몰고 가고 있는 거대한 홍수를 에워싸려는 당신의 방식을 찬양한다는 것을 믿어주기 바란다."

지식인은 정치인들과는 분리되지만 잠재적으로 뒤얽힌 세계에 살고 있다. 그리하여 지식인과 정치가 사이에는 언제나 긴장이 존재한다. 지식인의 세계와 정치인의 세계는 궁극적으로 상이한 가치를 지향하기 때문에 분리된다. 지식인은 진리를 추구하고 정치가는 권력을 추구한다. 이런 상이한 지향은 단순히 정치가에 대한 지식인의 우월성을 결코 의미하지 않는다. 윈스턴 처칠과 같이 고도로 지적이고 또 재능 있는 정치가는 세상사에 지적이지만 현명하지는 못한 지식인보다 더 실질적인 진리에 훨씬 더 가까울 수 있다. 지식인과 정치가 사이에 결정적인 구별은 상이한 궁극적인 가치를 추구하는 데 있기에 진리를 추구하는 이상적 형태의 지식인은 권력을 의식하지 않는다. 반면에 권력을 추구하는 정치인은 기껏해야 진리를 자신의 권력추구의 목적을 위한 수단으로 사용할 것이다. 그러나 두 세계는 동시에 잠재적으로 뒤얽혀 있다. 왜냐하면 진리가 권력과 관련된 메시지를 갖고 있고 또 권력의 바로 그 존재가 진리의 표현과 인정에 관련을 갖고 있기 때문이다. 진리는 권력을 위협하고 또 권력은 진리를 압박한다. 그들은 서로 어느 정도 적대적이다. 권력은 효과적이기 위해서 실재가 아닌 다른 어떤 것으로 보여야만 한다. 남들과 자기 자신을 기만하는 속임(deception)은 권력의 행사와 분리될 수 없다.

이와는 반대로, 권력의 가면을 벗김으로써 진리는 최소한 권력자들을 불안하게 한다. 왜냐하면 진리는 지적이고 도덕적으로 권력을 수세로 밀어 넣기 때문이다. 더 나아가서 진리는 권력의 목적과 과정에 의문을 제기하여 권력이 작동하는 바로 그 틀을 위험하게 만든다. 진리는 만일 충분히 강력한 이익에 의해서 지지를 받는다면 실제적인 정치의 차원에서 기존의 권력에 도전할 수도 있을 것이다. 일단 이런 이익이 권력투쟁에서 승리하면 어제의 진리가 새로운 권력을 정당화하고, 합리화하고, 또 은닉하면서 오늘의 이데올로기가 된다. 지식인이 부패한 것이다. 그러면 새로운 사이클이 시작된다. 그리고 진리는 권력에 다시 도전할 것이다.

일반적으로 권력에 대해 지식인은 네 가지 형태를 취한다. 첫째로 부패를 두려워하는 지식인은 정치세계와 완전히 분리되어 소위 상아탑에 영구히 안주한다. 그러면서 그는 미켈란젤로(Michelangelo)에 의해 피렌체의 운명에 무관심하다고 비난 받았던 레오나르도 다 빈치(Leonardo da Vinci)처럼 아름다움의 연구에만 몰두하는 것이다. 그러나 상아탑으로 후퇴하는 것은 권력의 문제를 해결하는 것이 아니라 회피하는 것이다.

둘째로 지식인은 권력에 대해 새로운 '약속된 땅(the promised land)'을 가리키며 기존의 권력에 전면적 비판자가 된다. 그는 마치 선지자나 예언자처럼 말하고 행동하면서 늘 새로운 세상의 꿈을 꾸는 자이다. 그는 그 꿈이 전혀 실현성이 없거나 악몽일 수 있다는 생각을 전혀 하지 못한다. 그는 일부 맹목적 지지자들의 인기에 사로잡혀 살아간다. 그는 한마디로 몽상가이다.

셋째로 지식인은 정치의 영역 밖에 머물면서 자신의 순수성을 유지할 수 있지만 그러나 자신의 지식과 통찰이 정치의 목적과 과정에 영향을 미치려고 시도할 수 있다. 그는 정치에 관심이 있지만 직접 관여하지는 않는다. 그는 정치의 밖에서 바라보면서 자기의 기준에 의해 그것을 판단하고 꾸짖는다. 그는 권력에 진리를 말한다. 그는 권력에 그것이 무엇을 할 수 있고 또 무엇을 해야 하며, 무엇이 가능하고 무엇이 요구되는지를 말한다. 그러나 그는 영원히 권력의 외부인이다.

넷째로 지식인은 정치권에 전문가로 들어갈 수 있다. 그 경우에 그는 정부의 목적이나 과정에 의문을 제기하지 않고 정부가 작동하는 틀을 주어진 것으로 수용한다. 그는 권력자들에게 그들이 어떤 특별한 결과를 얻기 위해서 무엇을 알아야 하고 또 그것을 성취하기 위해 어떻게 해야 하는지를 말한다. 그는 진리를 권력에 봉사하게 하지만 그러나 그가 작용하는 궁극적인 기준은 여전히 진리이다. 지식인으로 하여금 민주적 과정과 정책의 향상을 위해 이런 중요한 일을 수행하게 하는 것은 직업의 안전으로 표현되는 외부 압력으로부터의 면제이다. 그는 권력자들의 비위에 거슬리는 이상의 보복에 대한 두려움 없이 권력에 진리를 말할 자유를 누려야 한다. 그리하여 전임제도(tenure)에 의해 신분과 생활의 보장을 받고 있는 대학교수들이 정치의 세계, 특히 행정부에 전문가로 들어가는 것이다. 이 경우에 지식인은 두 가지의 유혹에 직면한다. 하나는 완전한 무책임이고 또 하나는 필연적 부패이다. 우선, 그는 자유롭게 말할 수 있다. 그러나 그는 자신의 말에 책임을 지지 않는다. 또 하나는 권력에 항복하고 권력의 전도사가 된다. 이것은 지식인의 필연적인 부패이다. 그럼에도 불구하고 그 지식인은 여전히 가식을 유지하고 또 여전히 지식인으로서 자신의 위신을 이용한다.

그러나 이제 그 지식인은 진리의 기준에 의해서 평가받는 지식인이 아니다. 그는 권력기준의 심판에 직면하는 하나의 이데올로그(Ideologue)나 정치적 에이전트(agent)가 된다. 그는 저질의 마키아벨리언이 되는 것이다. 그럼에도 그는 여전히 겉으로는 마치 자기가 여전히 진리의 추구에 헌신하는 것처럼 말한다. 바로 여기에서 우리는 필연적으로 '지식인들의 배반(the Betrayal of Intellectuals)'을 목격하게 된다.

제18장

포스트모더니즘(Postmodernism)의 유혹을 경계하자

포스트모더니즘이란 무엇일까? 전 세계에 걸쳐 마르크시즘이 몰락하자 우리는 무엇이 이 공산 전체주의 이데올로기를 대치할 것인가 하고 묻게 되었다. 어떤 철학적 비전이 마르크시즘의 계승자가 될 것인가? 이 질문을 제기했을 때만 우리는 현재 상황이 얼마나 혼란스러운 것인가를 감지할 수 있다. 저명한 정치학자 프란시스 후쿠야마(Francis Fukuyama)는 마르크시즘의 몰락, 즉 헤겔식으로 말해서, 자유와 평등을 위한 투쟁을 벌이던 역사의 종말 이후에는 세계가 상호인정을 통해 자유와 평등이 실현되는 자유민주주의 세계가 되리라 전망했다. 마르크시즘 이후에 자유민주주의는 특히 시민 권리와 재산권을 우선으로 하는 개인의 권리와 함께하는 자유민주적 공화주의였다. 그러나 역사적 투쟁은 사라지지 않았고 그 투쟁의 주역 중 하나만 소련제국에서 공산 중화 제국으로 바뀌었다. 우리는 이것을 제2의 냉전이라고 부르기 시작했다. 그러나 서방의 자유민주주의 세계는 마르크시즘의 메카인 소련 공산 전체주의가 몰락하자 일종의 새로운 세계관 혹은 이데올로기로서 포스트모더니즘의 강력한 도전에 직면하게 되었다.

250여 년 전 자유주의 공화주의가 미국과 유럽에서 구체제를 타도했을 때 유럽과 미국을 계몽주의 혹은 이성의 시대로 안내하는 정치철학자들이 있었다. 스피노자와 로크에서 칸트와 심지어 헤겔에 이르는 근대성의 철학자들은 단지 인간의 권리에 관해서 말했을 뿐만 아니라 자연권(natural rights)

을 강조하면서 자연의 법칙들과 자연의 신을 내세우면서 '자연 상태', '사회계약' 그리고 '단정적인 명령법' 같은 근본적인 개념들을 제시했다. 그러나 오늘날 공산 전체주의의 타도 이후에 이런 근대성의 한때 압도적인 철학적 기둥들이 널리 불신받고 있다. 우리의 철학적 시류는 부정적이고, 회의적이며, 환멸적이다. 참으로 오늘날 철학에서 가장 영향력 있는 추세는 너무 미약하고 단편적이어서 시류만큼 강력한 어떤 것도 구성하지 못하고 있다. 그러나 부정적으로 정의된 의심할 여지 없는 토대가 있다. 포스트모더니즘이 그것이다. 그러나 포스트모더니즘은 그 자체만으로는 아직 아무것도 아니다. 우리는 여전히 결정적인 의미에서 근대성에 의해서 정의된다. 이 포스트모던은 근대 후에 존재하는 것이 아니다. 그것은 오히려 우리가 도망칠 수는 없지만 이제는 신뢰할 수 없는 어떤 것으로 근대성에 묶여 있는 상태이다.

근대성의 핵심에는 과학적 이성에 대한 믿음과 신념이 있다. 근대과학을 위한 지적 지배를 획득하는 데 성공한 긴 투쟁은 동시에 모든 인간 사이에서 진정으로 공동의 유대를 위한 유일하게 공고한 토대로서 과학적 이성에 기초한 보편적 인류의 새로운 문화를 위한 투쟁이었다. 과학을 위한 투쟁은 동시에 보편적이고 대중적 계몽의 문화를 위한 투쟁이었다. 새로운 문화는 수세기에 걸친 배타주의적 미신들로부터 해방운동에 뿌리를 내렸다. 그것은 비합리적이고, 과학 이전의 부족적이고, 민족적이고, 종파주의적 전통들에 뿌리를 둔 부당한 경제적 및 정치적 헤게모니들에 대항하는 혁명으로부터 출현할 것으로 예견되었다. 새 문화는 새로운 내용, 새로운 목적, 그리고 좋은 삶에 대한 새로운 개념을 가져올 것으로 예견되었다.

그러나 공적이고 또 사적인 세계적이고, 합리적이며, 일반적으로 수용할 만한 토대를 제공할 계몽주의 정치 철학자들에 의한 시도들은 부적절한 것으로 드러났다. 보편적 인간애와 평등, 동의에 의한 정부, 자유 시장, 관용과 사적 영역의 신성시 같은 지도적이고 도덕적인 시민적 개념들은 자유주의 공적 정신의 방어벽으로 남아있다. 그러나 그런 정신을 위한 원래의 철학적이고 과학적인 토대들이 부식되었다. 그리하여 공적 기풍이 연약하고 불안정하게 되었다. 오늘날 교육받은 시민들 가운데 자연권이나 인간의 권리를 감히 인정하려 드는 사람이 별로 없다. 인간의 권리에 관한 계몽주의 개념의 핵심인 재산권은 오늘날 헌정주의자들에게 크게 회의적이다. 무엇보다도 이성 그 자체가 그리고 합리주의가 의미하는 보편주의가 점점 더 불신받고 있다. 근대적 합리주의가 루소(Rousseau)에서 시작하여 니체(Nietzsche)와 하이데거(Heidegger)에서 절정을 이루면서 계승되는 철학적 비판자들에 의해 두들겨 맞았다. 그들은 합리주의가 진정으로 인간적인 것이 무엇인지에 관하여 하나의 납득할 만하게 심오하고, 다양하며, 창조적이고 또 역사적인 설명을 제공할 수 없다는 강력한 주장들을 내놓았다. 오늘날 서양 세계는 환상적으로 강력한 기술적이고 경제적인 자원들을 소유하고 있지만 우리 사회는 도덕적 목적과 토대를 깊이 불신하게 되었다. 그 결과 사회가 반이성주의 혹은 반과학주의라는 포스트모더니즘이라는 점차로 새롭고, 고도로 문제가 많으며, 그리고 회의적인 문화적 추세에 의해서 점차로 침투당하고 또 형성되고 있다.

포스트모더니즘의 뿌리가 되는 니체와 하이데거에 의하면 17~18세기에 서양문명을 점차 지배하게 된 과학과 합리주의에 대한 의미의 분명한 견해를 우리에게 처음으로 허용한 시대를 19세기 말에 맞이하였다. 니체와 하이데거는 우리의 합리주의적이고 과학적으로 성숙한 문화가 어떤 근본적인 카테고리(범주)들, 분석의 양식, 그리고 평가의 기준을 통해 그 자체와 모든 인간의 존재를 생각하게 되었다고 주장했다. 그 카테고리들이란 항구적, 보편적, 객관적인 것과 평화와 필연, 그리고 예측 가능성 등이다. 그러나 우리 영혼의 가장 깊은 경험들에 대한 진실하고 심오한 명상으로 알게 된 역사의 경험은 인간의 존재에서 가장 가치 있고, 또 우리를 사로잡는 것은 그런 합리주의적이고 과학적인 카테고리를 통해서 적절하게 간파되거나 이해할 수 없다는 것을 우리에게 가르친다. 진실, 혹은 존재하는 것을 찾아내려는 시도는 진실과 인간존재의 훼손을 가져온다. 인간의 삶에서 진정으로 취약한 것은 미덕들, 신들, 아름다운 것, 공동의 의무, 탁월한 개인들 그리고 아주 다양하게 표현되는 삶의 방식 등, 즉 존재(Being)로 구성된다. 이 존재는 다양하고 영원히 창조적이며 전혀 역사의 예측할 수 없는 투쟁의 드라마를 통해 드러낸다. 존재는 영원한 것이 아니다. 그것은 역사와 그리고 인류에 달려있다. 인류가 멸종하게 되면 존재는 사라질 것이다.

존재가 오직 시간이나 역사 속에서 자체를 노출한다고 말하는 것은 질서란 문화적 '수평선' 내에서 발견되고 존재한다는 것을 의미한다. 인간의 야망은 예술작품들, 영웅들, 그리고 신성한 숭배의 대상에서 표현된다. 그러나 동시에 다양한 수평선들은 본질적으로 갈등 속에 있기 때문에 그것들은 끊임없이 변화하고 있고 또 서로에 의해서 변화된다. 참으로 의무의 가장 압도적인 원천과 야망의 대상이 정신의 투쟁과 경쟁하는 외국인들과 문화와 시대 사이의 전쟁들에서 가장 생생하게 정의된다. 그들은 서로 오해할 수밖에 없다. 투쟁의 실제 과정에서 전쟁을 벌이는 민족들과 인민들은 자기들의 다름에 대한 주장에서 보다 더 많은 자의식을 갖게 된다. 인간적인 것을 이해하려는 모든 심오한 시도는 항상 원근화법적(perspectival)이다. 왜냐하면 특수한 문화에 젖어 있는 인간들은 반대되는 해석상의 조망을 가진 다른 경쟁적 문화와 투쟁 속에 있기 때문이다. 존재에 사로잡히면 심판할 수밖에 없다. 즉 그것은 열정적인 도덕적 입장을 취할 수밖에 없는 것이다.

니체가 새로운 가치들이라고 말하는 것에 사로잡힌다는 것은 합리적 분석을 넘어 기대하지 못한 야망을 갖는 경험이다. 그리고 하이데거가 주장하듯이 역사적 사건에 반응하여 그런 결정을 한다는 것은 심각한 도전과 말썽을 결코 피할 수 없다. 자신과 자기 민족과 자신의 문화를 정의한다는 것은 타인들에 대해 그리고 타 민족과 타 문화에 대항하여 자신들을 우월한 지위에 놓는 것이다. 진지하고 헌신적인 존재의 심장부에는 평화나 조화나 평준화가 아니라 최고의 충성과 지배의 특권과 책임에 대한 적대적 주장들 사이에 갈등이 있기 마련이다. 과학은 '어떻게'에 관해서 성찰하지만, 진정으로 중요한 '무엇'과, 무엇보다도, '왜'에 대해 표현할 능력이 모호하다. 만일 니체가 옳다면 우리는 미래를 위해 새로운 가치를 창조하거나 아니면 하이데거가 옳다면 우리는 미래를 위해 새로운 신들이 차오르길 기다려야 할 것이다.

우리는 무조건적 합리주의에 대해서는 절대적으로 반대해야 한다. 합리주의적 사회는 정신이나 영혼을 무시하고 물질적 복지를 강조하는 성향이 있다. 거의 동등하게 모든 사람에 의해서 추구되는 것은 허영심의 만족, 동료들이나 이웃들의 승인과 찬양에 대한 시시한 의존이다. 합리적이고 평등주의적 대중 민주주의에 정당성이 일단 부여되면 이런 의존은 암처럼 자라서 정신적으로 난쟁이이고 도덕적으로 겁쟁이이며 분자화된 개인에 대해 순응적 여론과 선전은 갈수록 더 심해질 것이다. 민주정치는 막스 베버(Max Weber)가 '절차적 합리성(procedural rationality)'이라고 부른 것으로 인해 부드럽고 감각을 마비시키는 관료제도의 연성 폭정(soft tyranny)으로 나갈 것이다. 하이데거는 여전히 막연한 포스트-합리주의적 미래를 위해 합리주의에 대한 철학적으로 세련된 반란을 주장한다. 그러나 우리는 하이데거 사상의 으스스한 성격을 경계해야 한다. 나치즘에 대한 그의 포용은 그가 말하고 썼던 모든 것에 대해 소름 끼치는 그림자를 남겼기 때문이다.

제19장

한반도는 헤겔(Hegel)과 마르크스(Marx)의 최후 결전장이 아닐까?

프랑스 대혁명 200주년이 되는 1989년 여름 프란시스 후쿠야마(Francis Fukuyama)는 '역사의 종말'을 선언하면서 냉전의 종식을 알렸다. 역사의 종말은 본질적으로 헤겔의 역사철학에 대한 알렉산드로 코제프(Alexandre Kojeve)의 해석을 20세기 황혼기에 적용시킨 것이다. 코제프는 헤겔의 역사철학 속에서 '역사의 종말'이란 개념을 재발견한 헤겔주의자였다. 이 개념은 역사란 그 자체의 목적을 가지고 있으며 그 자신의 숨겨진 비밀스러운 계획을 통해 보편적 자유와 합리성을 구현하는 국가제도로 인간들을 안내한다는 것이다. 19세기에 마르크스가 공산주의를 역사의 종말과 동일시했다면 20세기의 코제프는 그 원칙들을 20세기에만 성취되고 있는 보편적이고 동질적인 국가라고 불렀다. 그것은 당시 자유주의적 민족국가를 의미했다.

코제프는 1806년에 역사가 끝났다고 선언한 헤겔을 부활시키려고 했다. 이 해에 헤겔은 예나전투에서 나폴레옹이 프러시아의 군주제를 패배시키는 것을 목격했고, 프랑스 대혁명의 이상이 승리하는 것을 보았으며, 그리고 자유와 평등의 원칙을 실현하는 국가의 임박한 보편화를 보았다. 즉, 헤겔은 나폴레옹 전쟁, 특히 예나의 선두에서 울린 나폴레옹의 승전소리로 역사가 완성되었거나 아니면 이미 완성되었다고 감지했던 것이다. 1806년 이후 노예제도와 노예무역의 폐지, 노동자나 여자, 혹은 흑인 등 소수민들에게 참정권의 확대와 같은 실현되어야 할 과업이 많았지만 자유민주주의 국가의 제

원칙은 더 이상 발전할 수 없었다.

또한 코제프는 1806년 이후 혼란한 사건들이 많았지만 본질적으로 헤겔이 옳았다고 주장했다. 그리고 그는 역사의 종말 이후의 삶은 자유와 평등이 원칙적으로 실현된 미국식의 삶으로 마르크스가 꿈꾸던 계급 없는 사회의 본질적 성취를 대변한다고 내다보았다.

19세기는 역사철학의 시대였다. 18세기가 철학자들의 자연법에 기초한 보편적 진리의 탐구 시대였다면 19세기는 역사발전의 법칙을 발견하려는 시대였다. 가장 대표적인 인물이 헤겔과 마르크스였다. 연대순으로 헤겔 다음에 마르크스가 탄생했다. 세상의 마르크시스트들은 헤겔의 민족국가 다음 단계에 계급 없는 공산주의 사회가 도래할 것으로 믿었다. 아니, 그렇게 되길 소망했을 것이다.

그러나 실제 역사의 수레바퀴는 그들의 기대를 배신하고, 아니 그들의 오류를 깨닫게 하면서 아이러니하게도 마르크스 다음에 헤겔이 왔다. 공산주의 세계의 몰락과 함께 '역사의 종말'을 우리에게 소개한 프란시스 후쿠야마를 통해 헤겔이 새롭게 등장했고, 그러고 나서 해방된 체코슬로바키아의 대통령 바클라프 하벨(Vaclav Havel)은 미국 의회의 합동회의 연설에서 최근 역사의 교훈은 마르크시스트들의 주장과는 정반대로 "의식이 존재를 앞선다.(Consciousness precedes Being.)"고 천명하여 열렬한 환호를 받았다.

후쿠야마와 하벨은 마르크스에 대한 헤겔의 승리를 확인했다. 그들은 마르크스에 대한 헤겔의 뒤늦은 승리를 확인해 줄 뿐만 아니라 마르크스가 헤겔을 거꾸로 세웠다고 말함으로써 의미하는 것을 보다 선명하게 내다볼 수 있게 해주기 때문이다. 그리고 하벨이 의미했던 것은 사실상 헤겔이 그의 정당한 지위에 복귀했다는 것을 의미했다. 마르크스가 거꾸로 세운 헤겔의 역사철학의 체계는 '역사'의 아이디어에 집중되었다.

우리는 칸트의 혁명에 관해서 말한다. 그는 사물이 아니라 인간을 객관적 현실의 중심에 놓았다. 그러나 역사를 객관적 현실의 중심으로 만든 헤겔의 혁명에 관해서는 별로 얘기하지 않는다. 헤겔이 했던 것은 역사에서 '의미'를 발견했던 것이다. 이 역사의 의미는 시시한 사건에서 항상 발견되는 시시한 의미가 아니라 역사의 전체를 위한 거대한 형이상학적이고 목적론적인 의미였다.

그 의미는 그가 이성이라고 부르는 곳에 있다. 헤겔에겐 이성이 주권자이다. 그러므로 세계의 역사는 우리에게 합리적 과정을 제시한다. 과거의 철학자들은 인간의 본성이나 마음의 본질에서 이성을 찾았다. 그러나 헤겔은 역사에서 그것을 찾았다. 그것은 대문자의 이성(Reason)이다. 물론 독일어에서 모든 명사는 대문자로 표기하지만 그것은 우주의 이성, 즉 역사를 의미 있게 하는 이성이다. 이것은 헤겔이 역사에서 발생하는 모든 것이 합리적이라고 믿었다는 것을 의미하지는 않는다. 이성은 부분적으로만 실현되고 실제는 오직 부분적으로만 합리적이다. 만일 이성이 이미 완전히 실현된다면 그 때는 역사가 끝날 것이다.

합리적인 것이 점차로 역사 속에서 스스로 실현되는 것은 역사의 변증법, 즉 역사의 역동성을 통해서다. 이 변증법은 역사의 이중적 의미에 달려있다. 경험적이고 실제적인 역사와 이성, 즉 합리적인 영역에 침투된 역사가 그것이다. 헤겔은 실제적인 역사의 현실을 부인하지 않는다. 오히려 합리적인 역사가 등장하는 것은 오직 실제적인 역사를 통해서이다. 인간들이 자기들의 일상적 삶에서 경험하는 실제적인 역사는 비이성, 즉 폭력과 악과 타락으로 가득하다. 인간들이 그들의 욕구, 열정, 이익, 개성과 재능에서 행동하는 곳은 바로 이곳이다.

이성이 등장하는 것은 그들의 특수한 욕구의 만족을 추구하는 인간들에 의한 바로 이 수단에 의해서이다. 이것이 바로 이성의 '비밀스러운 계획(the Cunning of Reason)'이다. 자기 자신의 열정과 이익을 추구하는 데 있어서 개인들은 자신들도 모르게 자기의 목적을 넘어서는 자신들의 의식이나 계획에 없던 결과들을 생산한다. 세계사적인 개인들(world-historical individuals) 같은 어떤 사람들은 역사의 과정을 진전시키고 보다 직접적이고 드라마틱하게 이성의 등장을 가속화한다.

헤겔은 칸트처럼 자유의 진화에 관해서 말하지 않고 자유의식(the consciousness of freedom)의 진화에 관해서 말했다. 이성이 역사에서 절대적인 것과 꼭 마찬가지로 자유에는 의식이 절대적이다.

헤겔이 1831년 61세로 사망한 뒤 17년째 되는 1848년 30세의 마르크스가 엥겔스와 함께 내놓은 〈공산당 선언〉(The Communist Manifesto)은 헤겔의 역사철학과는 아주 대조적이었다. 그것은 선언이기보다는 행동을 촉구하는 격문이었다. 역사의 원동력으로 계급투쟁이 이성을 대체했다. 지금까지의 모든 기존사회의 역사는 계급투쟁들의 역사였다고 단정되었다. 역사는 헤겔에게 만큼이나 마르크스에게도 중대했다. 왜냐하면 마르크스에게도 역사는 그 자체의 거부할 수 없는 목적론적 필연성을 갖고 있었기 때문이다.

그러나 역사의 원동력은 전적으로 달랐다. 헤겔의 역사가 우주적 이성과 자유의 정신에 의해서 운전이 되는 반면에 마르크스의 역사는 물질적 생산과 계급투쟁에 의해서 움직인다. 따라서 헤겔과는 달리 마르크스에게는 역사의 이동을 서두르는 영웅들, 즉 세계사적인 개인들이 없다. 그의 계획에 개인들은 없고 오직 계급만 있으며 무엇보다도 그에게는 '세계사적'인 프롤레타리아 계급만 있을 뿐이다.

마르크시즘을 서술하기 위해서 '역사적 유물론(Historical Materialism)'이라고 부른 것은 엥겔스(Engels)였다. 실제로 그는 마르크스가 했던 것을 정확하게 서술했다. 헤겔주의가 '역사적 관념론(Historical Idealism)'이라고 특징지을 수 있다면 마르크시즘은 적당하게 역사적 유물론이라고 불릴 수 있다. 헤겔의 관념론을 거부하는 데 있어서 마르크스는 역사의 추진력으로서 이성뿐만 아니라 자유까지 배격했다.

그 결과 마르크스의 의식의 유물론적 이론은 부르주아 사회와 문화의 산물인 마르크스와 엥겔스에게 심각한 문제를 창조했다. 어떻게 그들은 자신들의 계급 이익에 그렇게도 적대적인 의식을 발전시킬 수 있었을까? 마르크시스트들은 잉여가치설이나 프롤레타리아의 빈곤화나 계급투쟁과 혁명에 대한 집착이나 혹은 인간의 고통에 대한 연민 때문이 아니라 마르크시즘이 미래를 정복한다고 약속했기 때문에 신봉자들을 끌어들일 수 있었다. 성공의 보장만큼 유혹적인 것은 없다. 만일 성공이 역사에 의해서 보장된다면 왜 구태여 공산주의를 위해서 싸우는가? 만일 프롤레타리아가 그것의 존재만으로 그 자체가 혁명을 가져온다면 왜 공산당을 창설하고 또 참여하는가? 권력의 욕구에 사로잡힌 자들은 다가올 혁명의 골든타임을 기다리지 못하고 가상적 역사의 법칙을 믿고 가장 효율적인 정치적 마차에 편승하는 노박에 자신의 운명을 걸기 때문이다.

유물론과 역사의 결정론의 결합으로 마르크시즘은 치명적으로 반인간적이 되었다. 그것은 물질적인 조건과 계급관계와는 독립적인 인간의 의식, 즉 정신을 부인한다. 그것은 역사의 과정을 형성할 능력이 있는 인간의 의지와 결의를 부인한다. 그것은 계급으로 축소되지 않는 개성을 부인한다. 그것은 아이디어와 자유의 현실을 부인한다. 그리고 그것은 정통적 종교의 의미에서나 헤겔의 철학적 의미에서 인간의 정신성을 부인한다.

그래서 후대의 네오-마르크시스트들이 들이대는 '인본주의적 마르크스(humanistic Marx)'는 하나의 모순어법이다. 사실상 그것은 마르크스에게는 참을 수 없는 중대한 모욕이다. 왜냐하면 그가 그렇게 열심히 달성하려고 했던 모든 것이 허위임을 보여주기 때문이다. 그런 점에서 그들은 진정한 마르크스주의자가 아니다. 마르크스주의는 역사의 박물관에 박제된 채 전시되어 있는 것을 감상하는 것으로 충분할 것이다.

그럼에도 불구하고 21세기에 중국과 베트남, 그리고 한반도에는 아직도 그런 낡은 공산주의에 뿌리를 둔 공산정권들이 유물로 남아있다. 그들의 본질은 공산주의 이데올로기를 앞세운 동양의 전통적 전제정치이다. 특히, 북한은 김정은의 일인지배의 전제정치로 인해 남북대결이 냉전의 잔재처럼 남아있다. 아니, 21세기에는 미·중 간의 신(新)냉전시대가 형성되면서 북한의 김정은 정권은 핵무기로 남한을 그 어느 때보다 더 실존적으로 위협하고 있다. 그리하여 한반도는 헤겔과 마르크스 역사철학의 마지막 결전장이 되어버렸다. 북한 주도로 한반도가 통일된다면 그것은 엉뚱한 마르크스의 승리가 될 것이다.

그러나 20세기 헤겔과 마르크스 간의 역사적 심판은 한반도에도 그대로 적용될 것이다. 그러므로 남한의 자본주의체제가 북한의 공산주의체제에 패배하여 한반도 전체가 공산주의 사회가 될 가능성은 없어 보인다. 이것은 헤겔식으로 말해서 남한의 보편적이고 동질적인 자유민주주의 국가인 대한민국이 세계사가 증명한 '역사 그 자체'의 미래이기 때문이다.

제20장

아직도 거짓된 레닌(Lenin)의 '인민 민주주의'인가?

블라디미르 레닌의 '국가와 혁명(State and Revolution)'은 전 세계에 걸쳐 '인민 민주주의(people's democracy)'의 옹호자들을 위한 고전적 지주를 제공했다. 그런 정치체제들의 정치적 정의에 관해 이론적으로 중요한 것은 그것들이 노동자들의 민주주의를 단순히 공산당의 독재로 대체했다는 것이 아니라 노동자 민주주의 이상이 본질적으로 모순적이라는 사실에 있다. 레닌은 노동자 민주주의에 대한 그의 개념을 의회 민주주의에 대한 단순한 대안으로 제시했다. 레닌은 의회 민주주의를 자본주의 사회가 존재하는 한 생산수단의 사적 소유자들이 미디어와 선거운동의 자원과 같은 정치적 활동의 수단에 특권적 접근을 제공하는 압도적인 부를 소유할 것이기 때문에 '부르주아 민주주의'라고 규탄했다.

그런 환경 속에서 민주주의는 부르주아 민주주의가 되고, 그리고 부르주아들이 비록 일반선거권, 언론과 집회의 자유가 있고, 그리고 계급과 직접적으로 연관된 모든 정치적 특권들을 제거한다고 할지라도 국가에 자기들이 이익을 강요할 수 있는 지배계급이 된다. 다수의 지배가 실세로는 소수의 지배를 감추는 스크린인 의회 민주주의를 대체해야 하는 것은, 레닌에 의하면, 노동계급이 그 자체의 구성원들에 제한된 민주주의를 통해 정치적 지배를 행사할 프롤레타리아의 독재(the dictatorship of proletariat)이다. 비록 이것이 다른 계급 시민들의 정치적 참여를 배제한다고 할지라도 그것은 사회주의 사회는 물론이고 자본주의 사회의 구성원들이 압도적으로 노동자들이기 때문에 진정한 다수의 지배를 확립한다고 레닌은 주장했다. 더 나아가서 노동 계급은 하나의 특수 계급에 지나지 않기 때문에 그것의 이익은 본질적으로 보편적인 것이며 계급 간 구별의 제거, 국가의 소멸, 그리고 계급 없는 공산주의 사회의 출현 외에 다른 목적을 갖고 있지 않다. 따라서 부르주아 민주주의가 특수한 사회적 이익의 수단으로 보편적 지배의 과시를 이용하여 정치적 정의를 위반하는 반면에 노동자 민주주의는 다수의 지배를 실현함과 동시에 정부를 적합하게 보편적인 특수한 사회적 이익에 복종시킴으로써 정통성을 소유한다는 것이다. 정말로 그럴까? 아니다.

레닌의 주장에서 치명적인 결함은 노동자 민주주의가 공산주의 혁명적 목적과 양립할 수 없다는 점이다. 레닌은 국가가 사회에 대하여 강제력을 독점하고 있는 특권적 제도 이상의 아무것도 아닌 본질적으로 순전히 도구라고 주장했다. 그 자체로서 정치란 목적이 될 수 없다. 왜냐하면 그 자체를 위한 권력이란 공허하고 무의미하기 때문이다. 국가란 독립적으로 결정된 목적에 대한 수단으로 봉사함으로써 그 의미를 갖는 것이다. 그러나 레닌이 계급이익으로 추적하는 목적이란 결국 마르크스의 경제적 결정으로 주어지는 계급이익일 뿐이다. 이러한 관점에서 국가는 정치권력의 힘으로 하나의 계급이 다른 계급을 억압하도록 허용하는 계급 지배의 도구가 되고 만다. 따라서 정치란 그 자체의 정당성이 없을 뿐만 아니라 국가는 없애야 할 본질적으로 지배의 부당한 제도일 뿐이다. 그러므로 프롤레타리아 독재의 목적은 정의로운 국가를 수립하는 것이 아니라 사회의 계급 분할을 제거하고 그에 따라 모든 국가의 토대를 제거해 버린다.

이것은 노동자의 민주주의 그 자체가 목적이 아니라 계급 분할의 경제적 토대를 진보적으로 결정하는 그런 사회적 조치들을 취함으로써 공산주의 사회로 가는 길을 따르는 정도만큼만 정당화될 수 있는 것이다. 그러나 노동자 민주주의는 프롤레타리아가 그것이 원하는 대로 선택할 자유가 있는 한 그런 정책을 자동적으로 실행하지 않을 것이다. 더구나 혁명의 목적이 정치적 자유의 어떤 행사와는 독립적으로 '과학적 사회주의'에 의해서 이미 규정되었기 때문에 마르크시즘의 구제불능의 진리로 교육된 혁명적 전문가들의 지배가 아마도 어떤 경우에도 더 의존할 만할 것이라고 간주될 것이다.

그러므로 레닌이 노동자 민주주의를 다수지배의 진정한 형태라고 정당화하려고 모색하는 만큼 그가 공산주의 사회의 건설에 목적론적 헌신을 유지하는 한 자유로운 통치를 허용할 수 없을 것이다. 그 결과 레닌은 루소와 플라톤으로부터 균등하게 빌려오는 해결책으로 후퇴할 수밖에 없다. 루소가 인민들이 이성에 호소하도록 입법가와 시민종교를 도입하고 그리고 플라톤이 백성이 좋은 삶을 가르치기 위해 공동체의 철학자들을 수호자로 만들었던 것과 꼭 마찬가지로 레닌은 프롤레타리아를 지도하기 위해 혁명 전위대의 역할과 이데올로기를 불러냈다. 혁명의 목적이 노동자 민주주의나 어떤 형식의 정부가 아니라 마르크시스트 과학으로 알려진 공산주의 사회인 것이다. 레닌의 혁명 전위대는 일반 당원들에 의해서 통제되는 대중정당일 수가 없고 그래서 그들의 임의성에 복종할 것이다. 그 혁명 전위대는 오히려 그 구성원들을 혁명의 진정한 수호자들이 되도록 목적이 지워진 변증법적 유물론으로 교육된 정치적 엘리트들이 되어야만 한다.

국가권력을 장악하기에 앞서 혁명 전위대인 공산당은 노동계급에 영향을 미치기 위해 설득에 의존할 뿐만 아니라 그런 목적을 향해서 전위대는 프롤레타리아가 '과학적 사회주의'의 합리적 이해보다는 이데올로기적 신념에 더욱더 빈삼하도록 회유하기 위해 시민종교와 같은 대중노선을 이용할 것이다. 그러나 혁명 후엔 전위대 공산당은 루소의 힘없는 입법자를 넘어서는 지위에 있게 되어 플라톤의 지배계급과 같은 역할을 채택할 것이다. 공산주의 사회의 '합리적으로' 규정된 목적을 달성한다는 지상명령 하에서 공산당은 어떤 헌법적 의회나 노동자 소비에트, 혹은 노동조합운동에 대한 복종으로부터 그 자체를 자유롭게 할 수밖에 없으며 공산주의로 이행해 나아가기 위해 필요할 때는 언제든지 노동계급의 사회적 자유뿐만 아니라 정치적 자유도 제한하는 데 경계심을 잃지 않으면서 그 자체가 사회와 국가에서 궁극적인 결정자가 될 수밖에 없다. 볼셰비크들이 노동자의 소비에트와 노동조합들을 박멸한 이래 우리 모두가 알고 있는 그런 역사가 된 그 결과는 노동자 민주주의와 공산주의 지배 사이에 멈출 수 없는 갈등만을 증언했다. 자유주의적 원칙들은 정치적 자유가 없이도 실현될 수 있는 반면에 공산주의의 미래는 민주주의를 전혀 필요로 하지 않는다. 국가를 이미 정해진 사회적 목적의 가처분 도구로 전락시킴으로써 레닌과 그의 추종자들은 프롤레타리아 독재 하에서 정치적 자유의 모든 이유를 약화시켜 버렸다.

노동자들의 국가를 만회하려는 듯 레닌이 기다린 공산사회의 질서를 언뜻 제공할 때 그리고 노동일, 시장, 계급들 그리고 국가가 모두 대체되어 버린 공산주의 사회에서는, 레닌이 암시한 것처럼, 개인들은 전통적 습관만이 남은 타인들과의 조화 속에서 자기가 필요한 것을 취할 것이다. 아리스토텔레스가 말했듯이 습관이 미덕의 산파일지 모른다. 그러나 인간이 선택할 의지를 가지고 있는 한 어떻게 습관이 정치적 권위의 지배수단에 의존함이 없이 어떤 형태의 정의를 보장할 수 있다는 것을 상상하기는 어렵다. 인간이 시장과 국가가 없는 종(species)으로 전락한 곳에서, 즉 연계된 생산자들의 사회적 및 정치적 진공상태에서 남는 것은 순전히 사적인 취미 활동일 것이다. 그것이 마르크스가 '독일 이데올로기'에서 주장했듯이 오전에 낚시를 하고, 오후에는 그림을 그리고, 저녁에는 철학을 하든 뭘 하든 간에 말이다. 역사가 종말을 맞은 바로 그곳에서 민주주의는 다른 어떤 공적 노력만큼이나 어울리지 않을 것이다.

만일 민주주의가 옹호되어야 한다면 레닌의 길을 따를 수 없다. 그럼에도 불구하고 그의 주장의 실패는 직접적으로 민주주의를 가리킨다. 레닌의 본보기는 민주주의의 정당화를 암시하는 것은 민주주의적인 정치적 자유란 독립적으로 결정된 목적들로 가는 단순한 도구가 아니라 그 자체가 목적이 되어야 한다는 것이다. 그리고 민주적 과정이란 국가가 그 자신의 민주적 작동을 유지하기 위해서 필요한 수정할 수 없는 헌법적 규정에 의해서 묶여 있어야만 한다. 민주주의의 원칙인 다수의 통치에 고유한 임의성 앞에서 합헌성(constitutionality)이 민주적 정책결정을 제한하고 그것의 규범성을 가능하도록 하는 것이 필요한 것이다. 합헌성에는 두 가지 지상명령이 달려있다. 첫째로, 다수의 지배 그 자체는 다수가 민주주의를 유지할 것이라는 보장을 제공하지 않기 때문에 민주적 자유를 존중하고 보존하기 위한 민주적 결정을 요구하는 헌법적 규정들이 있어야 한다. 그렇지 않으면 민주주의는 그 자신의 원칙을 위반할 지위에 있기 때문이다. 둘째로, 다수의 지배는 다른 정의의 관계를 존중할 필요가 없기 때문에 민주정부는 민주적 지배뿐만 아니라 그 민주적 지배의 모든 정당한 활동과 제도를 인정하고 시행할 의무를 갖게 하는 규정들이 헌법에 있어야 한다. 비록 이 두 가지의 지상명령이 뚜렷한 정치적인 영역과 비정치적인 영역을 가리키지만 그것들은 정의의 비정치적 관계의 유지 그 자체가 정치적 자유의 행사를 위한 전제조건이 되는 정도만큼 합쳐질 수 있다.

민주주의 하에서 만일 루소의 일반의지처럼 입법부가 법을 제정하고 그것들을 집행하는 일까지 모두 다 한다면 합헌성은 현실성이 없을 것이다. 왜냐하면 그것이 실제로 얼마나 헌법을 위반했던지 간에 그것이 만든 법을 합헌적이라고 증명할 수 없기 때문이다. 더 나아가서 만일 권력분립이 존재한다면 헌법적 기대를 완전히 무시하고 그것이 원하는 무슨 법이든 시행할 수 있을 것이다. 어느 쪽이든 민주적 입법부가 모든 헌법적 정부의 제한을 사실상 모두 제거하고 다수의 의지가 정의의 어떤 법률에도 부합하지 않게 만들 것이다. 물론 행정부가 다른 부처와 결탁하여 절대적인 지배를 꾀할 위험성도 항상 존재한다. 이런 경우를 우리는 권위주의적 정권이나 독재정권 혹은 제왕적 대통령제라 부르기도 한다. 만일 민주주의가 합헌성을 향유하려면 확실한 권력분립에 따라 수립되어야 한다.

그러므로 레닌의 공산당 일당 지배체제는 제아무리 고집을 부려도 결코 '민주주의'가 될 수 없는 것이다. 그럼에도 불구하고 레닌주의자들은 왜 자신들을 인민민주주의자라고 내세우는 것일까? 그것은 그들이 모순 덩어리인 인민 민주주의를 추구하는 것이 아니라 자유민주주의 사회에서 권력을 쟁취하려는 투쟁에서 인민 민주주의보다 더 유용한 수단을 아직 발견하지 못했기 때문일 것이다. 그들은 대한민국의 자유민주주의에서 '자유'를 제거하고 '민주주의'만을 사용함으로써 '인민 민주주의'와 근본적 차이를 제거하기 위한 온갖 노력을 경주하고 있다. 그러나 그것들 간의 근본적 차이로 인해 그들은 그런 그칠 줄 모르는 투쟁에도 불구하고 아직도 성공하지 못했을 뿐만 아니라 앞으로도 보다 유용한 대안적 수단을 발견할 때까지는 광신자처럼 자신들의 목적에서 멀어지면 멀어질수록 오히려 더욱더 그 투쟁에 집착하는 성질을 보일 것이다.

제 21 장

레이몽 아롱(Raymond Aron): 자유주의의 외로운 부엉이

레이몽 아롱은 교수로서 그의 경력을 시작했다. 제2차 세계대전 중에는 런던에서 드골 장군의 자유 프랑스에 합류해 '자유 프랑스'지의 편집자 중 한 사람이었다. 전후 그는 다시 대학교수가 되었다. 동시에 그는 '르 피가로'지의 정규 칼럼니스트로서 30년 이상 머물렀다. 파리의 유명한 지식인들 가운데 평생 교육자로 남은 유일한 인물이었다. 그는 수많은 책을 출판했으며 그것 중 26권이 영어로 번역되었다. 잘 알려진 것들 가운데에는 〈평화와 전쟁: 국제관계의 입문서〉, 〈지식인들의 아편〉, 〈클라우제비츠: 전쟁철학자〉, 〈제국의 공화국: 미국과 세계, 1945-1973〉, 그리고 〈타락한 유럽의 변호〉 등이 있다.

레이몽 아롱은 프랑스의 지적 유행에서 벗어난 지성인이었기에 그는 자신의 조국 프랑스에서보다 사회학자로서, 정치학자로서, 그리고 철학자로서 외국의 학계에서 더 영향력을 가졌다. 그의 견해는 미국, 영국, 그리고 독일 정치인들의 관심을 더 많이 끌었다. 프랑스에서 그의 견해는 생애의 말기에 프랑스 지성인들이 오랜 좌익에서 회복되어 여전히 남아 있는 그들의 위대한 사상가를 발견하기 시작했고 그들에게 지도와 영감을 줄 수 있을 때까지 외로운 목소리였다. 1980년 두 명의 좌파 교수와 언론인과 가진 두 차례의 텔레비전 토론이 거대한 성공을 거두어 갑자기 그가 추구하지 않은 지위인 웅장한 파리 식으로 그를 유행으로 만들었다.

그것은 고전적 자유주의자인 그가 보는 진리에 대한 고독한 헌신의 정당성을 입증했다. 그의 가르침은 그가 대변하는 고전적 자유주의의 본질인 고도의 이성과 자유에 헌신하는 한 세대 학생들의 지적 형성에 기여했다. 레이몽 아롱은 반세기 동안 실제로 이용할 수 있는 정치적 대안들에 관해 옳았다. 그는 히틀러에 관해서 옳았으며 스탈린에 관해서도 옳았다. 그는 모든 결함에도 불구하고 서방의 자유 민주주의 체제가 최선이며 인류의 희망임을 주장했다. 그는 자유 민주주의에 적대적인 사상의 시류에 의해 제기되는 지적 도전에 맞서려고 했다. 그는 지적 유행, 즉 시류에 편승하지 않고 오히려 저항했으며 교리주의나 분노함이 없이 그렇게 했다. 그는 미국을 이해한 프랑스인이었으며 그는 진정으로 미국을 이해했다. 그러므로 그는 미국과 유럽의 완전한 연결이었다. 그에게 시대적 문제는 서방의 자유와 소련 폭정의 대립이었다. 그는 냉전체제를 "전쟁은 있을 것 같지 않지만 평화는 불가능하다."고 특징지었다.

레이몽 아롱은 아리스토텔레스가 의미하는 정치학자였다. 인간은 원래 정치적 동물이다. 정치는 인간 존재의 한 차원이지 비정치적 세력의 산물이 아니다. 경제학, 인류학, 사회학 그리고 심리학 등의 파생물이 절대 아니다. 그에게 정치학은 정의의 사랑과 영광이 굶주림이나 성적 욕망처럼 주된 것이며 정치는 윤리학이나 심리학에 앞선다. 인간의 가장 두드러진 것은 정의로움을 자처하는 국가의 정체들을 수립하고 그것들에 맞는 법들을 제정한다는 것이다. 그리고 이 법들에 따라 수립되는 권위적 지평은 바로 인간의 의도나 의지에서 나오는 것이다. 오늘날 정치에 관한 이런 공부와 실천의 토대는 몰락했지만, 아롱은 거기에 굳건하게 서 있었으며 그의 생애는 그런 정치적 가능성의 구현이었다.

레이몽 아롱은 자유주의의 마지막 위대한 부엉이였다. 그는 자유주의 이론의 진리를 믿었으며 그에게 자유주의의 실천은 최선의 가용한 대안이었을 뿐만 아니라 간단히 최선이었다. 권리의 상호 존중이 자유주의 신념의 본질이었다. 이런 면이 현실에서는 아주 드물고 또 점점 드물게 되었다. 아롱은 그런 존중을 소유했다. 그는 결코 보수주의자가 아니었다. 그러나 유럽의 고전적 자유주의는 1970년대 미국에서 정치적으로, 신(新)보수주의로, 그리고 경제적으로는 신(新)자유주의로 개명하게 되어 이념적 혼란이 야기되기도 하였다. 그가 좌우의 급진주의자들에게는 보수주의자로 보였지만 인간의 본질적 권리에 기초하고 또 그것들을 보호하는 그의 정부형태는 좌우의 과거에 보이지 않았던 이론적이고 실천적인 위협에 대항하는 것이었다.

아롱의 자유주의는 로크, 몽테스키외, 그리고 어느 정도는 토크빌의 것이었다. 자유주의의 신념은 모든 인간의 자연적 자유와 평등에 대한 믿음에 있다. 그러므로 모든 인간은 당연하게 생명, 자유, 그리고 재산의 추구에 대한 불가양도의 권리들을 갖는다. 그리고 모든 인간은 역시 당연하게 그런 권리를 인정하는 정부를 건설할 이유가 있다. 즉, 정부는 피치자들의 동의에 의해서만 정당화된다. 요컨대 계몽이 가능하고 좋은 것이다.

레이몽 아롱은 인간을 인간으로서 존중했기에 그는 민족주의자이기보다는 더 많이 사해동포주의자였다. 그는 어떤 문화나 종교보다는 과학의 보편적 원칙들에 더 많이 집착했다. 이것들은 그에게 절대 단순하지 않았다. 그는 국가들의 차이와 뿌리의 중요성을 잘 알고 있었다. 그는 자유 민주주의가 아주 드문 성취이기에 심한 도덕적 전제조건들이 필요하다는 것을 알고 있었다. 그러나 그는 그것이 특수한 인종이나 문화에 속한다고 간주하지 않았다. 그는 역사적이고 문화적 차이에서 인간본성의 동일성 수신과 평화, 번영, 그리고 정의로운 질서를 향한 공통의 염원을 항상 파악했다. 이 모든 것은 건전성과 인간애의 놀라운 결합에 기여했다.

그는 비록 좀먹는 열정들이 그의 주변을 지배했던 시대에 살았지만, 그에게는 그런 열정들이 전혀 없었다. 그는 비록 편파적이었지만 결코 남을 비방하는 자는 아니었다. 그는 비록 자유민주주의가 이기적 이익에서 출발한다는 것을 잘 알고 있었지만, 그는 그런 이익들이 우리 공통의 고통에 토대를 준 공동의 이익으로 승화될 수 있다는 것을 알고 있었다. 그는 사회과학자들 사이에서 아주 인기 있는 자유사회에 대한 기초적 해석에 절대 굴복하지 않았다. 그것은 그들이 비열하기 때문일 뿐만 아니라 그들이 옳지 않았기 때문이다.

자유민주주의는 높은 것과 낮은 것의 미묘한 혼합이다. 따라서 오직 높은 것만을 인정하는 것은 단지 고양하는 일인 것과 마찬가지로 낮은 것에 관해서만 말하는 것은 왜곡이다. 인간들은 공동의 선을 추구하지만, 사적이익으로 공동의 선을 획득하는 것이 흔히 방지된다는 것을 그는 알고 있었다. 그는 민주주의에서는 아주 어리석은 순간들이 있음을 잘 알고 있었지만 그러나 그들이 어리석거나 동의에 기초하지 않은 정부형태의 선호를 고려할 권리가 있음을 절대 의심하지 않았다.

레이몽 아롱은 무엇보다도 인간을 해방하는 교육의 힘을 믿었다. 그는 교육을 통해 철학, 과학, 역사, 그리고 문학의 관점에서 삶과 사건들을 바라볼 기회를 믿었다. 그에게 민주주의는 자신의 권리와 의무를 스스로 배우고 낡은 권위를 타파하고 독자적으로 진리를 발견하는 길이었다. 그는 누구보다도 대학이 민주사회에서 중심적 제도임을 알았기에 그는 1960년대에 서구의 대학들을 휩쓴 파괴의 물결에 아주 강력하게 반대했다. 대학은 자유민주주의가 의지하는 이성이 단단히 존재하는 곳이다. 만일 그런 의지가 없다면 현대 민주주의에 있는 모든 합리적 권리가 사라질 것이다. 만일 민주주의가 고도 학습의 기준 존재를 관용하지 않는다면 그러면 민주주의 그 자체가 의문시될 것이다. 대학의 위기에 대한 그의 반응이 그의 모든 것을 완벽히 보여주었다. 그는 사상의 자유와 그런 자유사상이 고무하는 종류의 사회를 열렬히 사랑했다.

20세기의 정치는 자유민주주의에 대한 치명적 증오심으로, 배타적으로 정의되는 운동들과 정체들로부터 자유민주주의에 대한 위협에 의해 완전히 지배되었다. 공산주의와 파시즘은 그들의 적인 부르주아 사회에 대해 동의했다. 그리고 그들은 자유민주주의의 권리들이 부르주아 권리라고 합의했다. 그들은 자본주의를 부르주아 사회와 동일시했으며 부르주아 사회를 이기심, 개인주의, 그리고 천박한 물질주의의 세계라고 특징지었다. 공산주의는 부르주아 사회에서 이성이 자유로울 수 있다는 것은 부인한다. 파시즘은 이성이 부르주아 사회에서 잘못된 것이라고 고집하면서 그러므로 그것을 열정으로 대체하려고 한다. 그러므로 이 둘은 자유민주주의의 합리적 정당성을 제거한다. 그리고 그들은 인간의 권리의 상호인정을 위해 주장되는 따뜻한 도덕을 무시한다. 이렇게 본다면 자유민주주의자인 아롱은 완벽한 부르주아였다.

이런 두 반(反)민주주의 운동 뒤에는 지난 2세기의 가장 강력한 사상이 있었다. 칸트 이래 자유주의는 철학적 지원을 받지 못했던 반면에 자유주의의 적들은 누구보다도 마르크스와 니체의 축복을 받았다. 오늘날 로크와 몽테스키외의 가르침을 기꺼이 옹호할 사람이 별로 없다. 자유주의의 좋은 의식은 녹슬고 대부분의 서구인은 자유주의적 정의에 의문을 제기하는 것처럼 보였다. 자유주의를 약화하는 상대주의가 자유주의의 건전한 회의론에서 생성되었다.

그러나 아롱은 흔들리지 않았다. 그는 그 누구보다도 자유주의에 대한 비판을 더 잘 연구했다. 그는 사르트르와 코제프를 잘 알고 있었고 하이데거를 주이 깊게 읽었다. 그는 이들에 관해서 지성적으로 말했지만, 그러나 수많은 사람들처럼 열광할 수 없었다. 윈스턴 처칠이 시대착오자이었다고 말하는 것과 같은 의미에서 그는 시대착오적이었다. 야만의 시대가 지났다는 존 스튜어트 밀의 확신은 이런 신념의 오직 특별히 순진한 표현이다. 아롱에게는 무엇인가가 그의 시대와 환경에서 그렇게 만연한 허무주의(nothingness)에 관해 쉽게 말할 수 없게 만들었다. 히틀러는 그에게 강박적인 수수께끼였다. 어떻게 그것이 가능한가? 어떻게 과거의 어둠에 호소하고 잔인한 미래를 내다보는 살인적 깡패가 세계에서 잘 교육받은 인민 중 하나에서 선택된 지도자가 될 수 있을까? 그것은 그의 거대한 당혹감이었다.

그러나 그는 악이 선보다 더 기반을 두고 있다고 생각하지 않았다. 그는 민주적 인간성의 가능성에 관한 살아 있는 전범(典範)이었다. 그는 최선의 그리고 가장 포괄적인 의미에서 자유민주주의를 살았던 사람이었다. 1990년 소련 공산주의 제국이 붕괴하였을 때 그것은 레이몽 아롱의 최종적 승리의 순간이었지만 그는 1983년에 이미 세상을 떠났다. 공산주의의 몰락과 자유민주주의의 승리가 그의 필생 사명이었다. 필자는 그를 만나본 적이 없다. 나는 그의 제자라고 주장할 수 없다. 그러나 그의 책들을 통해 그는 나의 스승이었다.

제22장

레이몽 아롱의 〈지식인의 아편〉 (The Opium of Intellectuals) 출간 70주년을 맞아 (상)

“종교는 인민의 아편이다.” 카를 마르크스의 유명한 말이다. 이데올로기가 세속적 종교라면 특정된 이데올로기의 광신자는 일종의 ‘아편쟁이’라고 말할 수 있다. 마르크시즘은 1917년 러시아의 혁명 이후 유라시아 대륙을 물들이는 분명히 가장 강력한 이데올로기였다. 그러므로 마르크스주의자들은 아편쟁이이다. 레이몽 아롱(Raymond Aron)은 1955년에 〈지식인의 아편〉을 출간하여 그해 소르본(Sorbonne) 대학교의 사회학 교수로 선출되어 대학교수로 돌아왔다. 그러나 3~4주 이전에 이 책의 출간을 이유로 소르본 교수 선출이 어렵게 되었지만 그의 젊은 시절 친구였던 소르본 대학교수들이 그를 설득력 있게 옹호해주어 다행스럽게 선출될 수 있었다. 당시에 그는 이미 저널리스트로서 명성을 얻었지만 충족감을 느끼지 못했다. 그는 일종의 사명의식에 부응하길 원했다. 부분적으로는 그의 선친의 열망이 대학교수였지만 뜻을 이루지 못해 그의 셋째 아들인 레이몽이 선친의 꿈을 대신 이루려는 염원도 있었다. 그는 다시 대학교수가 되어 책들, 중요한 책들을 쓰고 싶었다.

금년 2025년은 레이몽 아롱의 〈지식인의 아편〉이 출간된 지 70주년이 되는 해이다. (영어 번역판은 1957년). 냉전은 프랑스 지식인들에게 중요한 영향을 끼쳤다. 동서의 분열은 각 국가 내에서도 반복되었고 또 각 국가의 지성계를 분할했다. 이런 현상은 특히 프랑스에서 심했다. 프랑스에서는 그것이 심지어 우정마저 깨뜨렸다. 핵심적 문제는 외교직 및 시석 자원에서 소련에 대한 태도였다. 외교적으로는 소련이 유럽의 반을 장악한 상황에서 유럽의 균형을 보존하기 위해서는 미국의 협력이 필요하다는 것이며, 따라서 대서양 동맹이 외교적 균형에서 필요한 요소라는 것이다. 그러나 많은 지식인들이 당시에 거의 자명한 명제를 수락하길 거부했다. 마르크스주의자들인 좌파의 지식인들은 특히 프랑스의 지성계를 사실상 지배했다. 이런 상황 속에서 레이몽 아롱은 용기 있게 〈지식인의 아편〉을 출간하여 큰 소동을 일으켰으며, 마르크스주의자들과 그들을 동행하는 언론들에 의해서 적대적인 반응으로 도배가 되었다. 그 결과 레이몽 아롱은 좌파 지식인들의 대표적 공적이 되었다. 당시 유럽은 소련의 붉은 군대에 의해서, 유럽에서 출몰하는 공산주의라는 유령에 의해서, 그리고 사회주의 경제의 저항할 수 없는 부상에 의해서 위협받았다. 진보주의자들과 대서양주의자들(Atlanticist) 간의 논쟁은 소련체제와 미국의 민주주의 간 각각의 덕목과 결함을 중심으로 전개되었다.

레이몽 아롱과 다른 한편으로 사르트르(Jean-Paul Sartre)와 메를로-퐁티(Merleau-Ponty) 사이의 먼 거리를 노정하는 첫 놀라움은 1945년에 등장했다. 메를로-퐁티가 사르트르와 실존주의를 논하면서 지나가는 말로 공산주의와의 불화는 가정불화로 취급해야 한다고 지적했다. 그들은 곧 가정불화가 무엇을 의미하는지를 알게 되었다. 메를로-퐁티와 레이몽 아롱의 첫 논란은 1947년 메를로-퐁티의 에세이가 아롱을 경악케, 보다 정확하게 말한다면, 즉각적인 분노를 일으켰기 때문이다. 아더 케슬틀러(Arther Koestler)가 〈정오의 어두움(Darkness at Noon)〉에서 제시했던 것처럼 모스크바의 재판(Moscow trials)이 그 책에게는 중심, 목적 혹은 기회였다. 케스틀러의 모든 작품에서 만큼이나 '모스크바 논쟁들의 속기록'에 실존주의가 있다는 말에 아롱은 분개했다. 희한하게 그 재판이 논쟁이라고 불리었다. 그 재판은 미리 날조되고, 역할이 정해졌으며 그리고 판사들과 피고들 모두가 사전에 작성된 '고백서들'을 암송했다는 것을 메를로-퐁티는 잊어버렸다. 왜 기소당한 자들이 고문을 받지 않았다면 그들이 범하지 않은 죄악을 고백했을까? 메를로-퐁티는 이 사실을 알았을 것이지만 어쩌면 철학자로서 그는 이런 구체적인 요소들이 반대할 책임에 대해 그 '논쟁'으로부터 취할 것이 없다고 생각했을 수도 있다.

이뿐만 아니라 메를로-퐁티는 반공 선전을 거부했다. 그에게 폭력은 모든 편에 존재하며 진실이 거짓에 대립되는 것처럼 자유세계가 공산주의세계에 대립되지 않는다는 것이다. 모든 투쟁은 정도의 차이가 있고 또 모호한 것이지만 정도의 문제는 남는다. 만일 모든 외교정책이 기만과 폭력의 요소들을 내포한다고 해서 그것이, 한편에서, 히틀러와 스탈린 그리고 다른 한편에서, 처칠과 루즈벨트 사이에 아무런 도덕적 차이가 없다는 말은 아니다. 모든 역사적 결정은 그 순간, 즉 그 결정이 이루어지는 맥락을 고려하여 판단되어야 한다. 그리고 마지막으로, 메를로-퐁티의 역사철학은 아롱에게 고전적이면서도 유치했다. 주의 깊게 고려한다면 마르크스주의는 후에 다른 이론에 의해서 대치될 단순한 이론이 아니다. 그것은 역사철학이 아니라 유일한 역사철학임을 내세운다. 그것을 거부한다는 것은 역사적 이성을 거부하는 것이다. 그 이후로는 단지 꿈이나 모험이 있을 뿐이다. 아롱에게 소련은 마르크스가 내다본 프롤레타리아의 역사적 승리를 대변하지 않는다. 아롱과 메를로-퐁티는 직접 논쟁을 벌이지 않았다.

다른 한편으로, 사르트르는 시몬 드 보바르(Simone de Beauvoir)의 펜을 통해 그의 친구에게 대답했다. 장-폴 사르트르와의 친구관계는 1946년 정치적 이유로 깨졌다. 사르트르가 갈수록 공산주의의 동행사(fellow-traveler)가 되어가는 반면에 아롱은 소련체제와 많은 지식인들이 소련체제를 선호하거나 적어도 관용적으로 다루는 것에 대해 가장 날카로운 비판자가 되었다. 그는 이 책에서 그 주제를 발전시켰으며 좌익, 혁명과 프롤레타리아 같은 신성시되는 말이나 신화에 관해서 그의 잘 주장된 비판, 즉 근대사회에서 지식인의 위상과 프랑스의 지성사에서 그들의 특이성에 관한 아롱의 자세한 분석과 비교는 그 책을 전후 프랑스와 유럽에서 등장한 가장 중요한 정치적 저작들 중의 하나로 만들었다. 이 책에서 아롱은 좌익의 이상을 공격하기보다는 그들의 왜곡에 더 많은 관심을 두었다. 그는 어떻게 고상한 이상들이 사르트르와 모리스 메를로-퐁티 같은 고도로 재능 있는 인간들을 스스로 친-공산주의의 대변자가 되어 범하는 무지와 정신적 혼돈, 그리고 감정적 사고의 덕택으로 파괴적 신화가 되었는가를 분석했다.

〈지식인의 아편〉이라는 책의 제목은 아롱이 수년 전에 사르트르와 벌인 논쟁의 과정에서 사용한 말에서 취했다. 이 책을 쓴 아롱의 목적은 민주주의의 실패에 대해서는 무자비하지만 이데올로기의 이름으로 자행하는 최악의 범죄에 대해서는 관용적인 지식인들의 태도를 설명하는 것이었다. 그런 과정에서 그는 곧 좌익, 혁명, 그리고 프롤레타리아라는 신성시하는 단어들을 마주하게 되었는데 그것들은 세계의 정치적 신화였다. 이후 그는 역사의 숭배를 성찰하게 되었으며, 이어서 사회학자들이 아직 깊은 관심을 기울이지 않은 지식인들이라는 사회적 집단을 조사하게 되었다. 그러므로 본서는 소위 좌익의 이데올로기의 현재 상태와 프랑스 및 전 세계 지식인들의 상황, 즉 지식인들의 소외를 다루게 되었다. 이것은 다른 사람들이 스스로 마땅히 자문했어야 할 몇 가지의 질문에 대답하려는 시도였다. 어찌하여 마르크스의 예측이 빗나간 나라에서 마르크스주의 경제적 진화가 다시 유행하게 되었는가? 어찌하여 프롤레타리아와 공산당의 이데올로기들이 노동자 계급이 가장 작은 곳에서 더욱더 성공적일까? 어떤 환경 속에서 상이한 국가들에서 지식인들의 말하는 방식, 사고와 행동을 통제하는가?

모두 3부로 구성된 본서의 제1부에서 아롱은 좌익, 혁명, 그리고 프롤레타리아라는 세 가지의 정치적 신화들을 분석함으로써 시작했다. 그는 첫 번째 정치적 신화에서 '좌익'은 신화라고 주장했다. 왜냐하면 1789년 프랑스 대혁명 이후에 프랑스에서 자신들을 좌파라고 생각하는 상이한 집단들이 결코 깊게 통일된 적이 없기 때문이다. 소위 좌익의 통일은 프랑스 정치현실의 성찰이 아니라 왜곡이었다. 그것은 '회고적 신화'에 지나지 않았다. 소련이 언제나 옳다는 공산주의자는 좌익에 속하는 사람인가? 아시아와 아프리카의 모든 인민들의 자유를 요구하면서도 폴란드인들과 동독인들의 자유를 요구하지 않는 사람들은 어떤 사람들인가? 역사적 좌익의 언어가 오늘날 승리했지만 그러나 항구적 좌익의 정신은 분명히 죽어가고 있다고 아롱은 씁쓸하게 성찰했다.

아롱이 조사한 두 번째 정치적 신화는 혁명의 신화였다. 만일 계속적인 발전의 아이디어가 좌익의 신화 속에 암묵적이라면 혁명의 신화는 보완적임과 동시에 발전의 아이디어에 반대된다. 왜냐하면 혁명의 신화는 인간사의 정상적인 추세와 단절의 기대를 조성하기 때문이다. 사회학적으로 혁명이란 한 정권이 다른 정권에 의해 갑작스럽고 난폭하게 대치되는 것을 의미하며 또한 어떤 본질적 속성에 의해 특징지어진다. 즉, 그것의 적들을 무자비하게 탄압하는 소수에 의한 권력의 행사가 새로운 국가를 창조하고 또 민족을 변화시키려는 꿈을 꾼다. 혁명적 권력은 하나의 폭정의 권력으로 정의된다. 폭력에 의한 권력의 장악과 행사는 협상과 타협이 실패한 갈등을 가정한다. 바꾸어 말하면, 그것은 민주적 절차의 실패이다. 혁명과 민주주의는 모순적 개념들이다. 소위 프롤레타리아의 혁명은 과거의 모든 혁명들처럼 단지 한 엘리트에 의해 다른 엘리트의 폭력적 대치를 수반한다. 지식인들에게 개혁은 지루하고 혁명은 신나는 일이다. 전자는 산문적이고 후자는 시적이다. 혁명은 사건의 일상적 과정과 환영할 만한 단절을 제공하며 또한 모든 것이 가능하다는 믿음을 조성한다. 혁명의 신화는 이상주의적 지식인들이 피난처로 봉사했으며 현실과 이상 사이에 신비스럽고 예측할 수 없는 알선자가 되었다.

세 가지 정치적 신화들 중 마지막 세 번째 신화는 프롤레타리아의 신화이다. 마르크스의 종말론에서는 프롤레탈리아가 집단적 구세주의 역할로 정해진다고 아롱은 썼다. 마르크스와 그의 추종자들에 의하면 프롤레타리아는 생산수단의 사적인 소유에 의해서 소외되었다. 그러나 노동자들의 불만들 가운데 많은 것들은 소유의 형태와는 무관하다고 아롱은 대응했다. 왜냐하면 생산수단이 국가에 속할 때에도 동일한 불만들이 계속되었기 때문이다.

좌익, 혁명 그리고 프롤레타리아는 한때 진보, 이성 그리고 인민이라는 정치적 낙관주의를 고무했던 위대한 신화들의 뒤늦은 상대에 지나지 않는다고 아롱은 결론지었다. 그런 개념들은 합리적이지 않고 또 지적 오류로 인해 신비하게 되었을 뿐이다. 공장의 거친 규율에 순종하는 프롤레타리아 계급은 그것이 사회의 본성을 바꾸지 못했던 것과 마찬가지로 주인만 바뀐다고 해서 그것의 본성을 바꾸지 않았다. 왜냐하면 그것은 소위 '정치적 인간(homo politicus)'의 본질을 바꾸지 않았기 때문이다.(계속)

제23장

레이몽 아롱의 〈지식인의 아편〉 (The Opium of Intellectuals) 출간 70주년을 맞아 (하)

본서의 제2부에서 레이몽 아롱은 좌파 '성직자들과 신도들'의 분석을 시작으로 '역사의 숭배'를 조사했다. 즉, 비-스탈린주의 혁명가들 그리고 특히 파리의 지성계에서 스탈린의 현실주의와 함께 트로츠키의 비극적 삶이 규탄한 것으로 보일 혁명적 이상주의에 일종의 철학적 존중성을 부여한 사르트르와 메를로-퐁티와 같은 실존주의자들의 분식으로 시작했다. 마치 교회가 만족시키지 못한 정신적 굶주림이 복음서들을 다시 읽고 또 읽는 습관에 젖은 것과 꼭 마찬가지로, 아롱에게는 메를로-퐁티가 기독교인이든 합리주의자이든 간에 혁명을 추구하는 반란자들이 마르크스의 젊은 날의 저작으로 돌아간 사고방식의 가장 체계적인 인물이었다. 그는 마르크스주의가 역사철학 그 자체와 동일시되어야 한다는 순진한 독단주의적 행동에 놀랐다. 그러나 아롱은 왜 역사로서 마르크스주의의 최고 시험이 20세기의 중반에 발생해야 하며 또 왜 그것이 반드시 소련의 실험과 동일시되어야 하는지를 물었다.

분명히 모순되지만 그러나 사실상 연계된 두개의 오류가 역사의 숭배의 기원에 자리하고 있었다. 즉, 성직자들과 신도들이 스스로 절대주의에 빠셨고 그리고 나서 그들은 무한정의 상대주의에 빠졌다. 그러나 아롱은 절대주의와 상대주의의 쌍둥이 오류들을 인간의 사실들에 관한 회고적 지식과 이해의 논리로 모두 거부했다. 역사가는 행동, 제도 그리고 법률의 다양한 의미를 발굴할 수 있지만 전제의 유일한 의미를 발견할 수 없다. 역사는 우스꽝스럽지 않았지만 그러나 살아있는 누구도 역사의 유일한 궁극적인 의미를 파악할 수 없었다. 그러나 역사적 의미의 다양성은 이해의 실패를 의미하지 않고 현실의 풍부함과 역사적 해석의 갱신을 의미한다. 아롱은 인간사가 통일되었거나 총체적 사회(society of totality)라는 견해를 거부했다. 사회의 요소들이 상호 의존적이고 상호간 영향을 미치지만 그러나 그것들이 총체를 구성하지는 않았다. 우리가 말할 수 있는 것은 시간 속 인류의 모험은 모든 인간들이 구원을 집단적으로 추구하고 있다는 정도로 하나의 의미만 있다는 것이다. 역사철학들이란 세속화된 신학들이다. 역사의 종말과 같은 모호한 개념에 의지하는 '성직자들'과 '신도들'은 광신주의의 죄가 있다. 왜냐하면 그들은 집단적 선을 위해 개인들의 이기심과 열정을 활용하기 위해 정치가들이 애쓰는 지혜의 규칙을 거부하기 때문이다. 우리가 행위에 부여하는 의미의 다원성은 우리 자신들의 무능력을 폭로하는 것이 아니라 우리의 지식의 한계와 현실의 복잡성을 폭로한다. 우리는 세상이 본질적으로 애매하다고 인정할 때에만 우리는 진리에 다가갈 어떤 기회를 갖게 될 것이다. 그러므로 그릇된 역사철학은 오직 광신주의만을 낳는다. 역사적 운명이란 항상 결정되어 있지 않다.

제3부의 '지식인들의 소외'에서 아롱은 지식인들에 대해 오랫동안 지연된 사회학이라고 보는 것에 대한 것으로 시작했다. 인텔리겐치아(intelligentsia)라는 용어 그 자체가 정의하기 어렵다. '인텔리겐치아'라는 용어는 19세기 러시아에서 처음으로 사용되었다. 지식인들의 '직업병'은 기존의 질서를 비판하고 또 그들의 조국과 제도들을 현재의 현실들을 다른 현실이 아니라 이론적 아이디어와 비교함으로써 비판하는 경향이다. 프랑스는 종종 지식인들의 파라다이스로 생각되었지만 그러나 프랑스의 지식인들은 페러독시컬하게도 혁명가들이라는 명성을 갖고 있었다. 어찌하여 그렇게도 많은 지

식인들이 그들에게 명예로운 생활수준을 제공하고, 그들의 활동에 아무런 제약을 하지 않고, 그리고 정신적 작품들이 최고의 가치를 선언하는 사회를 혐오하는 것일까? 그들은 황야에서 울부짖고 있었다. 그들은 행동의 자유를 수복한 유럽을 꿈꾸었고, 그리고 바로 여기에 그들의 반미주의(anti-Americanism)의 원천이 자리하고 있다.

그러나 유럽의 좌익은 선호하는 이데올로기와 갈등을 일으키는 수단을 통해서 미국이 성공했기 때문에 주로 미국에 대해 원한을 품는 것이 사실이라고 아롱은 주장했다. 즉, 번영, 권력, 경제적 조건의 획일화 경향 등, 이런 결과들은 국가의 개입이 아니라 사적인 이니셔티브와 경쟁에 의해서, 다른 말로 말하면, 모든 잘 길러진 지식인들이 경멸하도록 배운 자본주의에 의해서 성취되었던 것이다. 아롱은 지식인들과 이데올로기의 문제에서 현제 세계상황의 네 가지 기본적 요소들을 제시했다. 첫째는 서방세계에서 자본주의와 사회주의의 다툼이 그것의 감정적 잠재력을 잃고 있는 중이라는 요소이다. 두 번째 요소는 전쟁 중 대부분의 유럽 국가들에서 의회제도의 실패와 전체주의 국가, 즉 소련의 부상으로 야기된 대의제도에 대한 도전이었다. 셋째로는 칼 마르크스라는 19세기 서방세계의 지식인에 의한 19세기 자본주의 비난과 오늘날 아시아 및 아프리카에서 지식인들이 느끼는 열정 사이에는 이미 수립된 조화이다. 마지막으로 넷째로는 소련진영과 서방세계 사이의 거대한 분열이 런던과 봄베이, 워싱턴과 도쿄에서 다르게 해석되었다는 것이다. 사회주의와 종교 사이에, 그리고 고대 세계를 통해 기독교의 확산과 우리 시대 마르크스주의의 확산은 빈번히 비교된다. 아롱이 창조한 '세속적 종교'라는 표현은 이제 상식이 되었다. 공산당은 부르주아들이 반대하는 교회가 되었다. 그런 아롱의 견해에서 기독교인은 진정한 공산주의자가 결코 될 수 없었다.

아롱의 결론은 이데올로기 시대가 종식에 도달했는가를 묻는 형식으로 이루어졌다. 그는 물론 가까운 장래에 평화가 만발할 것으로 기대할 만큼 그렇게 자신이 순진하지 않다는 것을 강조했다. 왜냐하면 일단 권력을 장악한 혁명가들이 환멸을 느끼거나 제거되면 관료들이 계속해서 군림하기 때문이다. 그럼에도 불구하고 서방의 인민들은 아마도 보다 더 큰 회의론과 정치적 관용의 시대에 진입하고 있었다. 물질적 풍요의 덕택으로 박애의 비전을 구상하는 낙관주의자나 대량 통신과 고문의 새로운 수단의 도움을 받아 완벽한 폭정을 내다보는 비관주의자 모두 20세기의 경험에 의해서 완전히 부인되었다. 첫 공장의 시대에 시작한 그들의 대화는 지금도 여전히 추구되고 있지만 그러나 그것은 하나의 이데올로기적 논쟁의 형식을 취하지 않았다. 왜냐하면, 아롱에 의하면, 대립하는 주제들이 더 이상 특수한 계급이나 정당에 연계되지 않았기 때문이다. 여전히 지금도 통용되고 있는 계급투쟁이론은 거짓된 유추에 의해서 조작된 것이다. 그것에 의하면 프롤레타리아가 프랑스 혁명시에 귀족주의에 대항하는 투쟁에서 부르주아가 시작했던 일을 끝낼 것이다. 그러나 부르주아와 프롤레타리아 간의 경쟁은 귀족주의와 부르주아 간의 경쟁과 본질적으로 다른 것이다. 부르주아 지식인들이 무엇을 말하든 프롤레타리아는 부르주아의 개념에 대항하는 세계에 대한 개념을 결코 가진 적이 없다. 프롤레타리아가 무엇이 되어야 하고 또 무엇을 해야 하는 지에 관한 이데올로기가 있을 뿐이다. 마르크스는 헤겔의 역사에 대한 형이상학, 혁명의 자코뱅당식 해석, 그리고 영국의 저자들에 의해서 개발된 시장경제에 대한 비관적 이론 사이에서 하나의 기발한 합성을 달성했다. 프랑스 혁명과 러시아 혁명 사이의 계속성을 유지하기 위해 마르크스의 이데올로기를 프롤레타리언이라고 부르는 것이 필요했을 뿐이다. 그러나 환상을 제거하기 위해서는 우리는 눈을 뜨기만 하면 된다.

레이몽 아롱에게는 어느 인텔리겐치아도 프랑스 인텔리겐치아만큼 인류 전체에 적용될 진리를 갈망하면서 소위 보편성의 상실을 그렇게 많이 겪지 않았다. 프랑스 지식인들은 사태를 바라보며 기다렸다. 모스크바로부터 유고슬라비아가 파문을 당한 얼마 뒤에 당시 티토(Tito)는 공산주의를 포기하지 않은 채 진보주의자들이 서방국들을 비난했던 비슷한 논리로 군사동맹을 체결했다. 프랑스의 티토주의자들의 위신은 즉시 땅에 떨어졌다. 지금 1954년 말에 마오쩌둥의 중국이 그들의 찬탄에 있어서 티토의 유고슬라비아를 계승했다. 그러나 마오의 정권이 프랑스에게 어떤 가능한 모델을 제공할 수 있느냐고 아롱은 물었다. 아롱은 관용에 대한 호소와 함께 광신주의의 거부로 끝을 맺었지만 그러나 이것은 이성에 입각한 신념이 회의주의에 의해서 대치되어야 한다는 것을 의미하지 않았다. 하나의 계급, 한 가지 형식의 행동과 하나의 이네올로기적 체계를 이상화하기를 거부하는 것은 우리가 보다 정의로운 사회나 인류에 보다 덜 가혹한 운명을 더 이상 갈망하지 않는다는 것을 의미하지 않는다는 것을 아롱은 명확히 했다. 어쩌면 회의주의의 오직 강력한 치료만이 지식인들에게서 그들의 광신주의를 제거할 수 있을 것이다. 그렇게 된다면 이성적인 진리뿐만 아니라 관용되는 회의주의를 위한 자리가 있을 것이다. 만일 관용이 의구심에서 나온다면 모든 사람들에게 모든 모델이나 유토피아를 의심하도록 가르치고, 모든 구원의 예언자들과 재앙의 전령관들에 도전하도록 가르치자. 만일 회의론자들만이 광신주의를 폐기할 수 있다면 회의론자들의 도래를 위해 함께 기도하자.

1977년 자신의 생의 말기에 레이몽 아롱은 이데올로기의 종식에 관한 자신의 입장을 이렇게 밝혔다. "진정한 자유주의자는 모든 것을 의심하고 참을성 있게 진리를 추구한다. 우리는 파스칼(Pascal)을 올려다보고 이데올로기들의 적합한 이용에 관해서 말하는 것이 더 좋을 것이다." 그리고, 마지막으로, 그는 사망 3년 전인 1980년에 좌파 교수와 좌파 언론인인과의 유명한 텔레비전 토론에서 "이데올로기들의 종언을 상정하는 것은 어리석은 일"이라고 단언했다. 그가 사망한 1983년 프랑스어로 출판되고 1990년에 영어로 번역 출판된 자신의 〈회고록〉에서 아롱은 〈지식인의 아편〉은 여전히 그 자신에게 의미가 있다고 말했다. 그는 1952년과 1954년 사이에 천천히 그리고 약간의 어려움을 갖고 그 책을 썼다고 했다. 1951년과 1955년 사이에 아마도 저널리스트적 특징의 희생자이지만 그러나 특히 개인적인 불행에 상처받았던 그는 이 말의 결합이 모순되지 않는다면, 쉴 새도 없이 다양한 활동과 스튜디오의 전환으로 도피에서 피난처를 구했다. 그리고 그는 이렇게 고백했다: "나는 〈지식인의 아편〉 덕택에 내 자신을 치유하고 또 구원했다는 인상, 어쩌면, 환상을 가졌다. 나는 이 책이 직면한 공격들에 대해 거의 무관심했다. 나는 어둠속에서 빠져나왔다."

끝으로, 아롱은 그가 살아생전에 목격할 수는 없었지만 1990년대 좌파들의 일종의 '교황청'이고 '메카'였던 소련 공산제국과 그 위성국들의 몰락으로 20세기의 역사는 당시 프랑스의 지성계를 지배했던 장 폴 사르트르와 모리스 메를로-퐁티 같은 좌파 지식인들이 아니라 외로운 자유주의자 레이몽 아롱이 옳았음을 마침내 입증해주었다. (그의 일생에 관한 필자의 평가를 위해서는 본지, "레이몽 아롱: 자유주의의 외로운 부엉이" 2024년 6월 21일자 참조). 그는 참으로 위대한 20세기의 지혜로운 지적 스승이었다.

제24장

솔제니친(Solzhenitsyn)이 고발한 소련 공산전체주의 처참한 삶: 경계하자!

오늘날 대한민국에선 거짓말(가짜 뉴스 포함)이 만연하고 공포정치가 은밀히 다가오고 있다. 이것은 좌익 전체주의적 신드롬(syndrome)이다. 종북 및 친북 그리고 자생적 사회주의지들이 대한민국을 사회의 모든 곳에서 공격하고 있다. 다가오는 6월 3일 대선을 정점으로 총공세를 할 것으로 보인다. 자유 대한민국의 민주주의가 몹시 위태롭다. 자유 민주주의는 자유와 평등, 그리고 주관적 행복의 추구권을 전제로 각자가 모래알처럼 자신의 삶을 개척해 나아가는 외로운 세계이다. 그러나 이런 삶의 개척에 지친 사람들은 깊은 유대감을 주는 집단적 삶을 통한 뭔가 달콤한 새로운 세상을 염원한다. 20세기 전반기에 유럽에서 이런 지식인에게 새로운 소속감과 비전을 제시하고 허무주의적 사회분위기를 서서히 파고든 것이 좌와 우의 전체주의 사상이었다. 한 세기 후 아시아에서 21세기 전반기에 대한민국의 자유민주주의가 좌익의 전체주의에 유혹과 동시에 위협을 받고 있다. 좌익의 도전은 건국이래 끊임없이 계속되었지만 최근에 국민적 안보의식의 해이가 극에 달하자 총공세의 정점을 맞은 것으로 보인다.

역사와 진보의 독트린인 거대한 종말론적 환상에 젖은 공산당은 아리스토텔레스의 폭군이나 동양적 전제군주와는 아주 다른 것이다. 공산주의 사회는 마르크스와 레닌이 예언했던 그런 사회가 결코 아니었다. 한나 아렌트(Hannah Arendt)는 전체주의의 고전적 연구에서 전체주의는 20세기의 새로운 형태의 특이한 정체로서 완전한(total) 지배를 위한 테러(terror)를 핵심적 특징이라고 밝혔다. 20세기엔 대규모 선전과 선동 그리고 테러가 가능하게 되었기 때문이다. 그러나 노벨 문학상 수상과 소련에서 추방되어 서방 세계에 널리 알려지는 계기가 되었던 알렉산드르 솔제니친(Aleksandr Solzhenitsyn)은 소련 공산전체주의 체제의 악마적 통치를 직접 체험했다. 그는 소련 공산전체주의의 특징은 테러와 함께 거짓말(lie)이라고 증언했다. 이런 큰 차이는 아렌트가 주로 히틀러의 나치스 정당이 지배했던 우익의 전체주의만을 연구의 대상으로 삼았던 반면에 솔제니친은 소련의 좌익 전체주의 체제의 체험에 집중했기 때문이라고 생각된다. 정치인들과 언론의 거짓말이 주저 없이 판을 치고 일반 국민들이 아주 잘못이 없이도 막연한 공포에 마음을 조린다면 그런 사회는 분명히 전체주의 사회로 진입한 것이다. 전체주의 체제의 목적은 사실과 허구 그리고 진실과 허위 간의 구별을 없앤다. 생각하고 도덕적으로 책임 있는 개인들을 불필요한 존재(superfluous)로 만드는 초현실(surreality)로 대체하는 것이다. 은근한 공포가 밀려들고 멋대로의 거짓말이 처벌되지 않고 만연하다면 그 사회는 분명히 전체주의의 질병이 이미 심각한 상태이다. 대한민국은 분명히 좌익 공산전체주의의 치명적 위험에 처해 있다. 그럼에도 불구하고 많은 한국 국민은 이런 위험에 무감각한 채 서서히 좌익 공산전체주의의 궤도에 접어든 것이다. 이것은 프라이 팬에서 불로 뛰어드는 어리석은 집단적 행위이다. 유혈혁명 없이도 공산전체주의 수립이 가능해진 것이다.

역사적으로 모든 공산전체주의 체제의 메카이고 롤 모델인 소련 공산전체주의 체제의 제1차적인 특징은 역시 테러, 즉 공포정치이다. 솔제니친이 고발한 소련은 우선 모든 국민들에게 재갈을 물렸다. 표현의 자유를 말살한 것이다. 그리하여 자유로운 정치적 삶이 사실상 금지되었을 뿐만 아니라 러시아의 역사에서 가장 인간적이고 가치 있는 것들에 전쟁을 벌였다. 역사적 기억과 전통적 믿음을 공격하면서 거대한 변태적 정지질서, 즉 인간의 개성과 도덕적이고 정치적인 책임의 바로 그 가능성을 배제하는 사실상 반정치적 질서를 수립했다. 인간들의 '공포의 속국(vassals of fear)'이 되었을 때 그들은 진실로 거의 모두가 배신과 거짓말에 의존했다. 이것은 시민적 우애와 사회적 신용을 폐지하고 인간영혼의 순결에 치명적 위협을 가했다. 솔제니친은 소련테러의 노골적 만연함을 강조했다. 매 순간마다 인간들이 죽거나 태어나는 것처럼 사람들이 체포되지 않는 순간은 없었다. 이 공포는 어느 성인도 예외로 하지 않았다. 집단농장의 농부이든 공산당 정치국원이든 모두가 취약했다. 한번의 부주의한 말이나 몸짓은 그를 돌이킬 수 없는 심연으로 날려버릴 수 있었다. 그러나 공포가 몽테스키외의 불가결한 카테고리를 이용하여 말한다면 '원칙', 즉 소련정권 행동의 샘은 아니었다. 대신에 그 명예는 소련의 정치기계를 작동시키고 진실이든 아니면 상상이든 '인민의 적들'의 탄압을 요구하고 또 정당화하는 이데올로기에 의해서 장악되었다. 소련의 공산전체주의 체제는 몽테스키외나 헤겔에 의해서 묘사된 그런 '동양적 전제정치(oriental despotism)'도 아니었다. 동양적 전제정치의 희생자들은 거의 전적으로 지배 엘리트로부터 나왔지만 소련의 탄압은 과거 차르 시대에 살아 있던 모든 층의 시민사회를 공격했다. 또한 동양적 전제정치는 관습적인 종교적 복종에 대한 호소를 통해서 이루어졌으며 그들의 잔혹성에 대한 이데올로기적 정당화를 행하지도 않았다.

레닌이 로베스피에르(Robespierre) 같은 순수한 광신자였다면 스탈린은 고전적 역사가들과 철학자들이 묘사한 전제군주에 더 가까웠다. 그러나 스탈린의 전체주의적 지배력의 행사는 궁극적으로 이데올로기 없이는 이해할 수 없었다. 그도 역시 '사회주의 건설'에 매진했으며 유일한 마르크스-레닌주의 해석가요 수호자였다. 소련의 수용소와 탄압의 제도는 소련정권 그 자체와 동일한 시공간에 존재했으며 스탈린의 일탈이 아니었다. 러시아의 땅에서 모든 종류의 '해로운 벌레들(harmful insects)'을 축출하려는 음흉한 의도를 가진 레닌에 의해서 시작된 공산체제를 스탈린이 '완성'했다고 말할 수 있을 것이다. 소련 공산전체주의의 전성기, 즉 그것의 가장 전체주의적 시기에 수용소의 귀신이 소련인들 매일의 일상생활에서 출몰했다.

솔제니친은 소련에서 공포가 항상 체포의 공포는 아니었음을 분명히 했다. 그는 숙청, 사찰, 안보에 관한 질문지의 완성, 일자리에서 해고나 추방을 포함하는 온갖 즉각적 위협들에 관해서 썼다. 그리고 그는 시민들이 자기 보존을 위해 사용한 거짓말과 속임수를 강조했다. 이런 끊임없는 위협들의 축적효과는 집합적 공포로 인간 자신의 중요성과 모든 권리의 결핍에 대한 정확한 의식을 가져왔다. 솔제니친은 사람들이 친구들과 가족에게 진실을 말하기를 두려워한 환영 같은 세계를 묘사했다. 공포가 영혼들을 마비시켰고 사회를 분자화 했다. 마음의 평화란 소련 시민들이 결코 알지 못하는 어떤 것이라고 그는 썼다. 그런 질서는 인간의 몸과 영혼을 너무 짓누른다. 그것은 인간정신을 파괴한다. 그것은 인간관계를 단절하여 공포와 불신이 시민적 우호를 대체한다. 공포와 불신의 전제조건들 중의 하나는 일반적 노예상태이다. 소련 시민들은 거주의 자유가 없었고 어느 노동자도 자기 마음대로 일을 그만 둘 수 없었다. 어느 집도 팔거나 임대할 수 없었다. 자유와 이동에 대한 제약으로 인해서 자기가 살거나 일하는 곳에서 감히 항의한다는 것은 정신나간 짓이 되었다. 노예상태가 대규모 소련 시민들에게 안주와 복종을 보장했다.

솔제니친은 소련 사회에서는 가족을 포함하여 아주 가까운 사람들 사이에서도 서로 간 믿지 않으려는 마음이 아주 깊었다고 기록했다. 자신의 보존이나 물질적 이득을 위해서 자기의 친구들이나 동료 노동자들, 그리고 동료 시민들은 자기가 감시당하고 있기 때문에 서로가 먼저 밀고하기 때문이다. 사람들 사이의 유대를 약화시키는 목적을 넘어서 다른 목적도 있다. 정권에 포섭당한 사람은 누구나 공개노출을 두려워한 나머지 그 정권의 시속적 안정에 아주 열성적이다. 소련 공산정권은 모든 사람들을 전체주의의 망 속에서 어느정도 공범으로 만들었다. 전체주의적 허위는 희생자들을 억압자로 전환시키는데 동일한 역할을 했다. 전 체코슬로비키아의 대통령 바클라프 하벨(Vaclav Havel)이 지적했듯이, 탄압은 소수에 의한 다수의 억압이 아니라 처음에 희생자가 된 사람들의 배신과 거짓말에 의해서 심화된 준-자동적 탄압의 망이 창조된다. 그리하여 배신이 하나의 생존형태가 되었다. 인간들이 공포에 사로잡혀 가장 덜 위험스러운 형태의 생존은 꾸준한 배신이라고 결론 지었다. 솔제니친은 배신의 단계를 가족을 포함하여 불운한 옆 사람의 포기에서 '소련인민의 적들'이라는 의혹을 받는 사람들을 공개적으로 규탄하거나 재-규탄하는 단계를 기술했다. 사람들은 자기 자신의, 가족의 안전을 빌미로 이런 배신의 겁쟁이 행동을 정당화했다. 그들은 가장 부끄러운 방식으로 타인들을 배신함으로써 자신들의 삶을 구매했다. 솔제니친은 소련 대다수의 시민들은 이런 배신의 장에서 살기로 선택했으며 그들의 이성적 사고의 최고의 힘은 배신에 관해 정당화하는데 사용되었다고 주장했다. 최선의 사람들이 도끼 밑에 떨어졌으며 수용소로 보내졌다. 가장 순수하고 가장 담대하고 또 가장 정신이 살아있는 사람들은 그렇게 변태적 사회에 남을 수 없었다. 소련의 공포는 총명하고, 현저하며 보다 높은 수준의 모든 사람들을 고의적으로 파괴하여 악화가 양화를 추방하는 수단이었다. 고결한 사람들은 사라지고 인민들의 죽어가는 영혼들만 남았다.

소련 공산전체주의의 또 하나의 중대한 특징은 거짓말이 생존의 형태였다는 사실이다. 솔제니친은 체계적인 허위가 소련 공산전체주의 속성이라고 믿었으며 그 허위는 스탈린이 죽고 스탈린 지배의 최악이 끝난 뒤에도 오랫동안 지속될 것임을 알고 있었다. 항구적인 거짓말이 배신과 마찬가지로 유일하게 생존의 형태가 되었다. 그럼으로 모든 말은 일반적이고 공동적인 거짓말과 모순이 되어서는 안 되었다. 그 일반적이고 공통된 거짓말은 이데올로기 그 자체였다. 그것은 사회주의 혁명이 인간의 본성과 사회를 근본적으로 바꿀 수 있다는 거짓말이다. 기존 관용구들의 모음, 즉 선발된 기존 거짓말들은 공산주의란 지금까지 기존의 사회들을 판단하는데 사용된 기준들이 아니라 다른 기준들에 의해서 판단할 필요가 있다는 주장을 지지한다. 도덕적 우주를 구성하는 요소들인 양심, 정의 그리고 옳고 그름이 틀에 박힌 말들로 대체되었다. 그런 틀에 박힌 말들이 모든 교과서나 언론기사들을 장식했고 일반적이고 공통된 거짓말의 도구들이었다. 이데올로기의 틀에 박힌 말들은 자유로운 생각과 행동이 공적 공간이 되는 대신에 그들에게 개인과 집단적 삶에 관한 진실에 접근을 부인했다. 모두가 거짓말 속에 살았고 절대적 허위라는 것을 알면서도 그것들을 수치스럽게 되풀이함으로써 그것을 강화했다. 소련사회에서는 거짓말을 하지 않고 연단에 서거나 한 페이지의 글을 쓸 수 있는 사람은 아무도 없었다. 솔제니친에 의하면 이데올로기적 거짓말이 소련을 정의하는 특징이었다. 일반화된 거짓말이 소련의 삶을 묶는 아교로서 지속되었다. '생존형태로서 거짓말'에 관한 솔제니친의 설명은 거짓말의 나라에서 아이들을 기르는 모골이 송연해지는 도덕적 딜레마에 직면하게 할 것이다.

공포, 배신과 허위가 지배하는 세계는 따뜻한 마음도 역시 없는 세계이다. 잔혹성(cruelty)은 배신과 존재의 형식으로서 거짓말의 필연적 산물이다. 피에 젖은 사람들은 보다 더 잔인해질 뿐이었다. 그리고 이데올로기 그 자체는 공산주의 사회에서 설 자리가 없는 계급의 적들을 처벌한다는 이름으로 계급적 잔혹성을 칭송하고 서서히 주입시킨다. 친절, 연민, 그리고 자비가 조롱당했기 때문에 수많은 소련의 시민들은 피에 취했다. 솔제니친은 계급적 잔혹성은 거짓말이 은밀히 퍼지는 수단이었으며 품위 있는 정치질서에서는 설 자리가 없었음을 보여주었다. 그것은 이데올로기가 도덕률, 즉 옳음과 그름 그리고 선과 악의 영원한 구조를, 그리하여 모든 정치적 질서를 판단하는 궁극적인 기준들을 공격하는 하나의 수단이었다. 1990년 이후 러시아가 국가들의 공동체 속으로 복귀한 것은 무엇보다도 거짓말에 뿌리를 둔 이데올로기 정권의 계급적 카테고리보다는 보편적 가치와 미덕의 인정에 의해서 표시되었다. 자유민주주의의 원칙에서 벗어나 두 얼굴의 탈을 쓰고 국민들과 전쟁을 하는 정치인이나 정권은 정의에 관해서 신경을 쓰고 도덕률에 충실한 인간들의 지지를 받을 자격이 없다. 여기서 북한의 김일성 정권은 스탈린의 소련 공산전체주의의 제국주의적 도구였던 코민테른의 프렌차이즈 지점에 불과했다. 인간답게 살려면 대한민국의 이곳 저곳에서 지금 노골적으로 출몰하는 좌익 공산전체주의의 망령을 경계하자.

제3부

리더십이란 무엇인가?

제25장

위대한 민주정치의 리더십을 어떻게 배울 수 있을까?

리더십이란 말은 모든 시대에, 모든 사람들에게, 그리고 모든 분야에서 모든 것을 의미했다. 그럼에도 불구하고 리더십은 오늘날 아주 새롭게 유행하는 말이다. 최근의 한 조사는 1920년대에서 1990년대까지 총 211가지의 리더십에 대한 정의를 수집했다. 또 다른 조사는 리더십을 다룬 책들이 6,000권이 넘는다고 주장했다. 가장 최근인 2022년, 99세의 헨리 키신저(Henry Kissinger)가 출간한 책의 타이틀도 〈리더십: 세계전략의 6개 연구〉(Leadership: Six Studies in World Strategy)였다.

◇ 리더십은 정치의 핵심

누가 뭐라고 해도 리더십은 정치의 핵심이다. 그렇다면 위대한 정치지도자는 타고나는 것일까, 아니면 훈육되는 것일까? 만일 위대한 지도자가 모두 타고나는 것이라면 우리는 유전학이나 유전공학에 의존해야 할 것이다. 그러나 그것이 타고나기보다는 더 많은 교육과 실제 삶의 경험을 통해 훈육되는 것이라면 우리는 위대한 지도자를 탐구한 철학자나 실제로 존재했던 위대한 지도자를 연구한 역사가에게 의존할 수 있다. 즉, 역사야말로 리더십 습득의 왕도라고 말할 수 있을 것이다. 자유민주주의는 최선을 달성하기 위한 것이 아니라 최악을 막는 정치제도이다. 따라서 민주국가의 탁월한 정치지도자가 되기 위해서는 특별한 교양교육이 필요하다. 바로 이러한 견지에서 미국의 민주주의의 장래를 위해 초대 조지 워싱턴 대통령은 의회에 대학의 설립을 촉구했고, 제3대 토마스 제퍼슨 대통령은 아예 자신의 재산을 털어 대학을 설립했다. 왜냐하면 일찍이 정치학의 아버지 아리스토텔레스가 간파했던 것처럼 지도자에게 요구되는 인격과 판단의 정도는 다른 일반 시민들에 요구되는 것보다도 더 크기 때문이다.

◇ 크세노폰과 플라톤의 이상적 리더십

역사적으로 기록상 최초로 최고의 지도자로 인정된 사람은 누구일까? 고대 그리스인들의 성경에 해당하는 기원전 8세기 호머(Homer)의 시(詩)들인 〈일리아드〉(Iliad)에 의하면 아킬레스(Achilles)가 최초의 가장 위대한 영웅이다. 영웅이란 자기의 동포들을 돕고 동포와 전우들을 이롭게 한다고 생각된다. 그러나 아킬레스는 놀랍게도 아주 야만적이고, 이기적이며 반역적이다. 그는 일리아드에 등장하는 많은 영웅들 중 가장 용맹한 전사(warrior)일지는 몰라도 결코 위대한 최고지도자나 왕은 아니었다. 그러나 그는 정복자 알렉산더 대왕의 롤 모델이었다. 인류 역사상 최초의 위대한 왕, 혹은 영웅으로 간주되는 인물은 일반적으로 기원전 6세기(BC 580~530년경)에 처음으로 거대한 페르시아 제국을 건설한 키로스 대왕(Cyrus the great)으로 알려져 있다. 기원전 4세기경 소크라테스의 제자로서 철학자요 역사가로 알려진 크세노폰(Xenophon)이 쓴 〈키로스의 교육〉(Cyropaedia)은 사실상 하나의 정치적 로맨스(romance)로 자기를 칭송하고 열렬한 신민들에 대한 자애로운 전제군주로 지배하도록 훈련된 이상적 지배자의 교육과정을 서술한 것이다. 이 책은 중세에 '군주들의 거울들'이라고 알려진 중세작가들의 모델이 되었다고도 한다.

크세노폰의 동시대에 이상적 국가지도자의 모델을 제시한 가장 유명한 인물은 물론 철학자인 플라톤이다. 그도 소크라테스의 제자로서 역사가 크세노폰과는 달리 그의 〈공화정〉(Republic)에서 가장 이상적인 국가지도자로 '철인 왕(philosopher king)'을 내세웠다. 그러나 실제 정치세계에서는 플라톤의 철인 왕이 아니라 크세노폰의 키로스 대왕이 후세의 롤 모델이 되었다. 그러한 고전적 지도자들 가운데에는 알렉산더 대왕, 로마의 스시피 아프리카누스(Scipie Africanus)와 줄리어스 시저(Julius Caesar)가 포함되었다. 아버지 케이토(Cato the Elder)에 의하면 로마는 전쟁 영웅이 롤 모델이었다. 로마인들은 그리스 철학이 인간을 나약하게 여성화한다고 반대했다. 그들은 오직 영웅적 전사들만이 로마 공화정을 지킬 수 있다고 믿었기 때문이다.

크세노폰은 〈키로스의 교육〉에 머물지 않고 〈히에로〉(Hiero)의 대화편을 통해 당시 고전철학자들의 핵심적 주제인 왕(king)과 폭군(tyrant)의 구별에 참여했다. 여기에서 그는 시인 시모니데스(Simonides)의 입을 통해 폭군이 비참한 삶을 극복할 수 있는 방법으로 선정을 베풀 것을 권유했다. 15세기 말, 16세기 초에 와서 피렌체의 니콜로 마키아벨리가 크세노폰의 가장 잘 알려진 헌신적인 독서가였다. 마키아벨리는 특히 크세노폰의 〈키로스의 교육〉에 의해 영향을 받았으며 키로스의 기만술에 의해 깊은 인상을 받았다(Christopher Nadon, Xenophon's Prince: Republic and Empire in the Cyropaedia, Berkeley: UC Press, 2001).

◇ 마키아벨리·클라우제비츠 리더십론

그리하여 마키아벨리는 근대의 왕들로부터 전통적으로 윤리적인 덕목들을 모두 제거해 버렸다. 즉, 마키아벨리는 윤리적인 왕(king)과 무도한 폭군(tyrant)의 구별과 차이를 없애 버린 것이다. 그리고 그는 왕이나 폭군이라는 용어 대신에 제3의 용어인 〈군주〉(Prince)를 사용했다. 그에게는 오직 효과적으로 무력을 행사할 수 있는 '무장한 예언자(an armed prophet)'만이 필요했던 것이다. 키로스 대왕이 정당한 세습적 왕이었다면 마키아벨리의 새 군주는 사실상 혁명가였다. 그는 자신의 정통성을 스스로 확보해야만 한다. 그것이 어렵다면 고전적 폭군처럼 그의 통치는 두려움에 의존할 수밖에 없다. 그 결과 정치철학이 윤리나 도덕철학과 완전히 결별하고 마키아벨리의 소위 근대 과학적 정치철학이 탄생한 것이다.

그 후 유럽은 마키아벨리와는 무관하게 '왕권신수설(the Divine Right of King)'에 입각한 절대군주의 시대가 계속되었다. 그러다가 미국의 독립혁명과 프랑스 대혁명의 여파로 왕권신수설이 추방되고 새로운 주권재민의 원칙에 따라 절대군주들은 입헌군주로 전환하였다. 그러나 왕들은 여전히 기독교적 윤리를 존중했지만 그들은 본질적으로 '군주'였다. 그리하여 왕과 폭군의 차이가 크게 부각되지 않았다. 그럼에도 불구하고 이제 정치는 군주 홀로가 아니라 시민들의 참여가 증가하는 추세였다. 이러한 민주주의의 추세는 일찍이 1830년대 알렉시스 토크빌(Alexis Tocqueville)이 간파했던 것처럼 역사의 돌이킬 수 없는 원동력이었다. 그리하여 칼 폰 클라우제비츠도 1831년에 출간된 〈전쟁론〉(Vom Kriege)에서 프랑스 혁명과 나폴레옹 전쟁으로 변실된 근내 국민진쟁에서 나폴레옹과 간은 '군사천재(military genius)'를 칭송했던 것이다. 그의 군사천재는 결국 마키아벨리의 비르투(virtu)를 소유한 장군-정치가(a general-stateman)였다.

◇ 민주지도자의 롤 모델: 워싱턴, 링컨 그리고 처칠

20세기 초 제1차 세계대전은 리더십 이론의 새로운 전환점이었다. 우드로 윌슨 미국 대통령이 유럽에서 전쟁을 일으킨 나라의 군주들을 '독재자(dictator)'로 규탄하면서 사악한 전쟁 지향적 독재자와 선한 평화 지향적 민주지도자 간의 명확한 구별이 시작된 것이다. 이것은 전통적인 왕과 폭군이라는 용어가 아닌 새로운 독재자와 민주주의 지도자로 구별되었으며 그 후 이것이 일반적인 지도자의 분류가 되어 오늘에 이르렀다. 이제 우리들의 마음속 지도자는 민주지도자이어야만 한다. 그러나 그 이후 용어의 차이에도 불구하고 독재자는 결국 고전적 폭군과 동일하게 인식되었다. 근대 자유민주주의의 가장 위대한 성취는 그것이 성취하는 것보다 그것이 예방하는 것에 대해 더 많이 찬양할 만하다. 이것은 참으로 최선을 달성하기보다는 최악을 막는 근대적 방식이었다.

그렇다면 우리가 민주지도자의 롤 모델로 삼을 만큼 충분히 연구되고 또 비교적 접근하기 쉬운 위대한 민주 지도자는 누구일까? 고대 민주적 도시국가 아테네의 가장 위대한 민주 지도자로서는 역사가 투키디데스(Thucydides)가 펠로폰네소스 전쟁사에서 전하는 페리클레스(Pericles)가 있다. 그는 독특한 속성을 가진 위대한 지도자였다. 그는 군인이며 전략가의 지위에 있었지만 그는 더 나아가 보기 드문 재능을 가진 탁월한 정치가였다. 그는 스스로 정책을 결정하고, 아테네 시민들이 그것을 채택하고, 그리고 그것에 헌신하도록 설득할 수 있었다. 그는 아테네 시민들의 지나치게 야심적인 사업을 억제하고, 그리고 그들이 자신감을 잃었을 때에는 용기를 불어넣었다. 어느 아테네 지도자들도 할 수 없었지만 오직 그는 아테네 시민들이 일관된 정책을 고수하도록 할 수 있는 충분한 힘을 갖고 있었다. 페리클레스는 죽기 전 마지막 연설에서 정치가에게 필요한 속성을 이렇게 설명했다. "무엇이 행해져야 하는지를 알고 그것을 설명할 수 있는 능력; 조국을 사랑하고 부패하지 않을 것." 투키디데스는 아테네의 그 누구도 페리클레스만큼 그러한 속성을 소유하지는 못했다고 그가 죽은 직후 그를 칭송했다.

그러나 페리클레스는 우리 시대와는 너무나 먼 고대 직접 민주주의 시대의 지도자로서 오늘날 그의 전 생애를 연구하는 데에는 기록의 한계가 분명하다. 반면에 우리는 민주주의 정치가의 롤 모델을 근현대 민주국가인 미국과 영국의 역사적 지도자들 속에서 쉽게 찾을 수 있다. 우선 최초의 근대 민주국가를 세계적 위대한 국가로 만드는 데 기여한 미국의 위대한 지도자들이 그들이다. 그들은 우선 미국 사우스 다코다(South Dakoda)의 러시모어 바위산(the Mount Rushmore)에 얼굴이 새겨진 미국의 큰 바위 얼굴의 대통령들이다. 그들은 조지 워싱턴, 토마스 제퍼슨, 에이브러햄 링컨 그리고 시어도어 루즈벨트 대통령이다. 그러나 이들 중에서도 18세기 최초의 민주공화국의 대통령으로서 롤 모델이 된 초대 대통령 조지 워싱턴(George Washington)이야말로 우리 시대에도 최선의 롤 모델이 아닐 수 없다. 그는 최초의 대통령이었기에 후세의 롤 모델이 될 수밖에 없다는 생각에서 늘 최선의 모범적인 길을 가려고 노력했었다. 그리하여 그는 근대 민주주의의 황무지에 민주공화국 지도자의 올바른 길을 최초로 걸어가 후임들을 위해 길을 낸 최초의 정치지도자로서 미국의 후임 대통령들에게 선구적 롤 모델이 되었다. 에이브러햄 링컨 대통령은 조지 워싱턴을 항상 롤 모델로 삼았지만 남북전쟁에서 승리하고 미국의 노예를 해방시킴으로써 워싱턴 대통령을 능가하는 역사적 평가를 받았다. 영국의 윈스턴 처칠(Winston Churchill)도 롤 모델이 되고도 남을 20세기 최고의 위대한 민주지도자였다. 처칠은 자유민주주의를 지키기 위해 제2차 세계대전에서 파시스트 전체주의와 싸워 이기고 전후 냉전시대 초기에는 공산 전체주의와 싸운 유일한 20세기의 지도자였다.

처칠의 롤 모델은 18세기 프랑스 루이 14세의 야심을 블렌하임(Blenheim) 전투에서 저지한 존 처칠(John Churchill), 즉 말보러 공작(Duke of Marlborough)이었지만 처칠 역시 자신의 롤 모델을 능가하는 역사적 평가를 받았다. 우리의 스승이 될 수 있는 역사적 지도자들이 어찌 조지 워싱턴과 윈스턴 처칠뿐이겠는가? 우리 한국인들이 그들을 찾아 열심히 학습할 때 머지않아 우리도 위대한 세계사적 지도자들을 배출할 수 있을 것이라고 생각된다.

제26장

정치인들의 역사적 유추(Historical Analogy) 사용은 신중해야 한다

리더십의 공부는 마치 어린 학생들처럼 모방할 모델을 찾을 수 있을 것이라는 기대에서 갑자기 플루타크(Plutarch)의 〈영웅전〉을 뒤적이는 것을 의미하지 않는다. 우리는 우리 시대의 당면과제들에 대해 보다 효과적인 조망을 얻으려는 마음으로 역사에 접근해야 한다. 새로운 상황이 발생했을 때 힘의 요소들이 무엇이고 어떻게 정당성이 형성되고 사건에 대한 국제체제의 구조적 영향이 무엇인지를 이해하지 않으면 모든 지식이 공허한 것이 되고 만다. 우리가 역사로부터 부분적으로 배울 수는 있지만 그러나 철학적 영감인 직감력도 필요하다.

정치가에게는 철학적 사고와 구체적 행동이 동시에 요구된다. 철학자는 자신의 사고에 책임이 없지만 정치가는 자기 행동의 결과에 책임이 있다. 그러나 칼 야스퍼스(Karl Jaspers)가 주장했던 것처럼 정치가에겐 철학과 정치가 결합되어야 한다. 정치가가 자신이 어디에 서 있는지를 모르면 어쩔 수 없었다는 변명으로 자기 조국의 운명을 위태롭게 할 수도 있다. 그러므로 정치가는 모두가 살기 위해서 누군가가 서야 할 최전방에 선다. 그런 소수의 지도자는 외부적인 물리적 힘에 의해서가 아닌 자신의 내부적 인격으로 자신을 지배한다. 정치가는 상황의 틀 속에서 도덕적이고 정치적인 아이디어에 의해서 지도된다. 그는 계속되는 역사 속에서 일해야만 한다.

역사는 역사가의 경험이다. 그것은 바로 역사가에 의해서 만들어진다. 역사서를 쓰는 것이 역사를 만드는 유일한 길이다. 이와 비슷한 맥락에서 이에이치 카(E. H. Carr)도 역사서를 읽기 전에 그 역사가를 먼저 알아야 한다고 주장했다. 역사가에게도 궁극적으로 주관성은 피할 수 없다는 것을 인정할 수밖에 없기 때문이다. 진실은 영원한 신기루 같은 것일지도 모른다. 헤겔은 우리가 역사로부터 배울 수 있는 것은 우리가 역사로부터 아무것도 배우지 않는 것이라고 말했다. 산타야나(Santayana)는 과거로부터 배우지 않는 자는 그것을 되풀이할 수밖에 없다고 경고했다. 그러나 불행하게도 헤겔과 산타야나는 과거의 역사 중에서 어떤 과거를 의미하는 것인지를 구체적으로 명시하지 않았다. 이뿐만 아니라 동일한 역사로부터도 상이한 교훈을 추출할 수 있기 때문에 누구의 역사적 기록이 올바른 것인지에 관한 논란은 끝없이 계속될 수 있다.

학문의 세계로부터 세련된 도움을 받지 못하는 정치지도자들은 자신들이 당면하고 있는 문제나 위기에 위험스러울 정도로 단순화되거나 심지어 무관한 역사적 교훈을 적용시키는 경향이 있다. 역사학자 어니스트 메이(Ernest May)는 정치 지도자들이 보통 시간을 두고 생각하거나 당면문제의 성격을 충분히 분석하는 노력을 하지 않으면서 그들은 떠오르는 첫 번째 역사적 유추에 집착하는 경향이 있다고 지적했다. 그들은 역사를 널리 찾아보지 않는다는 것이다. 이러한 정치지도자들의 경향에는 그들뿐만이 아니라 그들에게 아무런 도움을 주지 못한 역사학자들에게도 책임이 있다. 역사학자는 오늘의 국가적 당면위기와 비교할 만한 성격을 가진 과거의 사례들의 연구를 통해 당면문제의 이해를 향상시킴으로써 정치지도자들을 위해 봉사할 수 있다. 역사연구는 국제환경의 모든 면이 완전히 새로운 것이라는 믿음에 정치지도자들이 빠지지 않도록 도와줄 수 있는 이른바 대행경험을 제공할 수 있다. 또한 훌륭한 과거의 연구는 정치지도자가 중요한 결정을 내릴 때 고려해야 할 예상치 못한 결과들에 관한 일송의 확인목록(checklist)을 제공함으로써 일종의 감응 장치로서 봉사할 것이다.

그것은 물론 결코 용이한 일이 아니다. 정책수립에 영향을 미친다는 공식적 직책에 있는 사람에게도 그것은 어려운 일이다. 정부의 밖에 있는 외부인이 정책결정에 영향을 미칠 기회는 거의 전무하다. 이뿐만 아니라 관료들은 너무나 바빠서 자신들의 생각을 바꾸지 못한다는 소위 핼퍼린의 법칙(Halperin's Law)이 작동한다. 고위 정책기구에 들어간 피임명자들도 신선한 아이디어에 프리미엄을 두는 자리에 있음에도 불구하고 이 바쁜 관리들은 자신의 지적 자본을 보충할 시간을 갖는 일이 드물다. 고위 관리들은 관련부처 간의 조정, 커뮤니케이션 및 통제활동에 자신들의 모든 시간을 소비함으로써 깊이 생각하거나 새로운 아이디어를 획득할 기회를 갖지 못한다. 게다가 관리들은 원래 오만하여 학문연구로부터 얻을 것이 별로 없다고 생각한다. 관료들은 소위 관료정치에서 승리하는 데 더 많은 관심을 둔다. 이러한 관료정치의 지배하에서 정치지도자들에게 과거의 역사연구는 당연히 외면당할 수밖에 없다.

그러나 관료정치의 본산이라고 할 수 있는 미국에서 1961년 이후 대통령의 안보담당 특별보좌관들이 모두 역사적 분석에 있어서 고도로 훈련된 사람들이었다는 사실은 정책수립에 역사적 안목이 얼마나 중요시되었는가를 단적으로 말해준다. 실제로 정책결정자들은 정책결정을 하는 데 있어서 역사의 사용을 인정하든 안 하든 간에 자신들의 주장과는 관계없이 실제로 역사를 사용한다. 왜냐하면 로버트 저비스(Robert Jervis)가 적절히 설명했듯이 국가 간의 역사적 주요 사건들로부터 우리가 배우는 것은 새로 들어오는 정보를 해석하는 이미지의 결정에 중요한 요소이다. 따라서 우리는 미래가 어떤 의미에서 과거를 닮을 것이라는 가정을 하지 않고서는 우리의 환경을 이해할 수 없을 것이기 때문이다. 역사는 역사가들에게만 맡겨 두기에는 너무 중요하다. 특히 역사의식이 결여된 지도자나 국가는 마치 상상력의 문학세계에서 이방인으로 남아있는 사람처럼 공허하고 박탈당한 존재일 것이다.

역사는 우리에게 국가의 미래에 대한 실마리를 제공한다. 역사는 과거와 똑같이 되풀이되지 않는다. 역사가 우리에게 뭔가를 가르칠 수 있다면 그것은 동일성을 통해서가 아니라 유추를 통해서이다. 그러므로 정치인들이 스스로 역사를 제대로 공부한 적이 없으면서도 자신들의 구차한 입장을 정당화하려는 시도에서 얼핏 들은 풍월로 어설프게 이런저런 역사적 실례들을 손쉽게 끌어들이는 경향이 있다. 참으로 개탄할 일이다. 왜냐하면 그는 분명히 자신의 사적인 이익을 위해 객관적 역사를 두려움이나 부끄러움 없이 멋대로 왜곡하거나 날조하고 있는 것이 분명하기 때문이다. 역사의 해석은 분명히 다양하다. 그러나 그 다양한 해석도 역사적 연구의 결과에 근거해야만 한다. 그렇지 않으면 역사학의 존재이유를 부인하는 꼴이 되기 때문이다.

물론 델피의 계시(the Oracle at Delphi)처럼 어떤 특수한 역사적 사건도 여러 가지로 해석될 수 있다. 그러나 정치지도자의 최대 도전은 정확한 역사적 유추를 하는 것이다. 여기에서 그는 단 한 번의 기회를 갖고 있을 뿐이다. 사실상 그는 자신과 자신의 조국을 상대로 단 한 번의 실험을, 아니, 국가적 도박을 하는 것이며 그에게 두 번째의 기회는 없을 것이다. 그리고 그 피해는 온전히 그의 국민들에게 돌아갈 것이다. 그러므로 정치지도자는 역사적 유추의 사용에 있어서 아주 신중해야 할 것이다.

제27장

오늘날 역사학이 왜 정치교육에서 무익한가?

그리스 역사가 투키디데스(Thucydides)가 자신의 역사서 〈펠레폰네소스 전쟁사〉에서 다룬 사건들이 과거는 물론 다가올 미래에도 반복될 것이기 때문에 사람들이 유용하다고 판단되면 영구 불멸할 것이라고 선언한 후에 역사의 심판은 그의 손을 들어주었다. 지금도 전쟁 연구는 그의 책으로 시작한다. 그러나 오늘날 출판되는 대부분의 역사책들은 투키디데스의 작품과는 달리 정치적 통찰력과 지혜를 얻는 데 적절한 교재나 부교재로도 채택되지 않고 있다. 그것은 독자들이 원하는 것을 가르쳐주지 않기 때문이다. 그리고 또한 그것은 오늘날 대부분의 역사학자들이 소위 '신역사(New History)'의 헤게모니 하에 있기 때문이다.

20세기 초 미국의 역사학자 제임스 하비 로빈슨(James Harvey Robinson)이 지금까지의 왕조 간 전쟁의 '쓸모없는 상설'을 그만두고 인류학자들, 경제학자들, 심리학자들 및 사회학자들의 발견을 이용하는 '민중들'의 역사를 촉구하면서 '신역사의 강령'을 발표한 이래 본질적으로 정치적인 것은 역사기술의 중심적 자리에서 서서히 밀려났다. 이제 역사학 분야에서 신역사가 새로운 정통파가 되었다. 이것은 정치적, 외교적, 헌법적, 군사적 및 지성적 구역사(the Old History)가 더 이상 집필되지 않는다는 것을 의미하지는 않는다. 그러나 구역사가 완전히 대치되지는 않았다고 할지라도 대부분이 바뀌었다. 그리하여 과거 역사학의 중심부에 있었던 것이 이제 변방으로 밀려났고 과

거의 역사로 정의되었던 것이 이제는 역사의 삭주로 진락했다.

신역사는 정치를 무시하거나 부수현상으로 치부해 버린다. 구역사는 정치체제와 입법과 행정, 외교와 외교정책, 전쟁과 혁명을 전형적으로 다루었다. 반면에 신역사는 계급과 인종집단, 사회적 문제와 지역 공동체, 일과 놀이, 가정과 성, 출생과 죽음, 유년시절과 노년, 빔죄와 광기를 다룬다. 구역사는 황제와 왕들, 대통령과 수상들, 정치지도자와 정치인들, 그리고 정치이론가들을 주제로 삼았다. 그러나 신역사는 익명의 민중들을 주제로 삼는다. 구역사가 소위 '위로부터의 역사'라면 신역사는 '아래로부터의 역사', 혹은 '민중의 역사'다. 그리고 신역사는 헌법이나 조약, 의회의 토론, 정치 관련 문헌이나 정당의 강령보다는 통계적 지표, 구두 인터뷰, 사회학적 모델과 정신분석학적 이론들에 의존하면서 서술적이 아니라 분석적인 경향을 보인다. 한때는 마르크스주의자들이 성치를 역사의 부수적 현상, 즉 저변의 경제사회적 하부구조의 상부구조 혹은 그림자로 간주했다. 어떤 의미에서 신역사의 사회사학자들은 마르크스주의자들보다 한 걸음 더 나아간다. 마르크스의 고전적 하부구조를 대치한 새로운 하부구조는 민중의 일상생활, 즉 계급관계뿐만 아니라 남녀관계, 노동자와 농민들뿐만 아니라 범죄자들과 정신이상자들의 조건이다. 그들에게 진정한 하부구조는 소위 시민사회다.

이런 급진적 효과는 정치사를 평가절하할 뿐만 아니라 인간 이성 그 자체를, 즉 역사와 정치제도란 적어도 부분적으로는 공공복리와 좋은 삶을 진작시키기 위한 의식적이고 신중한 이성적 시도의 산물이라는 아이디어를 평가절하하는 것이다. 이 점에서 사회사학사들은 일부 정치공하적 정치학자들과 함께 정치를 본질적으로 하나의 게임으로 산주하는 경향을 보인다. 그들은 정치를 정치인들이 지위와 권력 및 공직상의 부수입을 위해 사기를 치고 또 유권자들의 편견을 이용하는 게임으로 간주한다. 정치학이 사용하는 언어가 바로 그런 것들을 암시한다. 즉 정치학은 성치가들보다는 정치인들,

시민들보다는 선거권자 혹은 투표자란 용어를 사용하고 있는 것이다.

신역사는 정치적 교육에 있어서 전통적인 구역사만큼 도움을 주지 못한다. 오히려 신역사는 구역사에 대한 향수를 자극한다. 신역사에서 우리는 역사의 일관성을 제공한 통일된 주제들과 우리의 역사적 기억과 유산을 구성하는 현저한 사건들, 그리고 관련 인물들과 제도들, 극적인 움직임과 문학적 우아함을 상실할 뿐만 아니라 합리적인 '정치적 동물'로서 인간에 대한 개념을 상실할 것이다. 아리스토텔레스가 인간이란 원래 정치적 동물이라고 정의했을 때 그는 가정이나 마을이 아니라 오직 폴리스, 즉 국가에서만 인간이 다른 동물들과는 결정적으로 다르게 진실로 인간일 수 있다는 것을 의미했다.

헌법과 법률을 단순히 권력을 위한 공작이나 책략으로 간주하는 신역사는 정치교육의 진정한 교재가 될 수 없다. 훌륭한 삶을 엘리트주의자들의 개념이라고 거부하고 아무런 삶이나 이해하려고 노력하면서 삶의 가장 낮은 곳을 탐구하는 신역사학자들은 인간이 유일한 합리적 동물이라는 것을 부인하는 것이다. 그렇다고 아리스토텔레스가 정치를 절대적으로 합리적 활동이라고 주장하지는 않았다. 아리스토텔레스의 정치적 동물은 현대 인간이 알고 있는 모든 열정과 충동, 이익과 감정 그리고 욕망과 비합리성을 갖고 있다. 그에게 인간의 합리적 활동은 오직 부분에 지나지 않지만 정치적 삶의 중대하고 본질적인 요소라고 간주했다.

합리성은 자유의 조건, 즉 인간 의지의 자유로운 구사의 전제조건이다. 물질적이고 경제적인 관심에 의해서 지배되는 사회적 영역에 비교할 때 정치적 영역이 합리적 선택에 보다 기여할 수 있을 만큼 정치에는 자유의 잠재력이 있다. 그리고 정치적 훈육을 위한 역사는 신역사학파의 따분한 민중들의 일상생활의 기록이 아니라 역사적 사건들의 역동적인 드라마, 아이디어의 힘과 개인들의 존엄성, 특히 위대한 정치가들의 역사창조의 경험에 관한 것이어야 한다. 즉, 진정한 정치교육이란 위대한 정치지도자들이 자연의 세계와 자신이 속한 정치사회 속에서 거대한 비인간적 힘을 어떻게 인식하고 그에 대처했으며, 어떤 정책을 채택하고 결정했으며, 그 결과가 어떠했는지에 관한 이해를 통해 그들의 리더십의 핵심적 비결인 정치적 지혜와 용기, 그리고 분별력을 가르치는 것이어야 한다. 따라서 우리는 역사로부터 법칙이나 요리법이 아니라 마음의 교육만을 기대해야 한다. 그것이 역사공부에서 우리가 배울 수 있는 한계일 것이다.

제28장

미국의 국부 조지 워싱턴: 거룩한 신화적인 리더십

지금까지 정치에 관해 쓴 책들 가운데 세상에서 가장 유명한 〈군주론〉(The Prince)의 저자인 마키아벨리(Machiavelli)는 바로 그 책에서 이렇게 말했다. “자기가 새로운 질서를 시작하는 우두머리가 되는 것보다도 더 다루기 어렵고, 더욱 성공이 의심스러우며, 관리하기에 보다 더 어려운 일이 없다는 것을 기억해야 한다.” 그러나 마키아벨리는 그가 비판한 이전의 모든 철학자들처럼 자신의 정치적 목적지를 당위적으로 상정했을 뿐, 스스로 약속한 땅을 결코 밟지 못했다.

그의 계획은 그만큼 성공하기 어려운 것이었다. 바꾸어 말한다면 그는 ‘영원히, 영광스러운 새로운 창업자와 수성가’가 되길 염원했다. 마키아벨리는 자기의 계획을 실천에 옮겨보지도 못했지만 그러나 세계사에서 18세기 말에 새로운 근대 민주 공화국을 신천지 미국 땅에 최초로 세웠을 뿐만 아니라 더 나아가 이 새로운 민주 공화국이 항구적으로 유지될 수 있는 토대를 마련한 아주 탁월한 정치 지도자요 거룩한 영웅이 한 사람 있었다. 그가 바로 미합중국의 초대 대통령인 조지 워싱턴(George Washington)이다.

마키아벨리는 무장한 예언자들(armed prophets)만이 성공했던 반면에 비무장 예언자들은 모두 실패했다고 주장했다. 그는 성공한 영웅들로 모세(Moses), 키루스(Cyrus), 테세우스(Theseus) 그리고 로물러스(Romulus) 등을 내세웠다. 조지 워싱턴도 독립을 위한 혁명전쟁을 수행하는 동안에는 아메리카 대륙군의 총사령관으로서 일종의 무장한 예언자였다. 그러나 대륙군의 총사령관으로서 1783년 전쟁에서 최종적으로 빛나는 승리를 거둔 뒤에 워싱턴은 대륙군의 총사령관직을 사임하고 로마 공화정의 킨키나투스(Cincinnatus)처럼 마운트 버논의 자기 농장으로 미련 없이 돌아갔다. 그리고 6년 후에 신생 독립국 미합중국의 초대 대통령으로 추대되었다. 이때 워싱턴은 마키아벨리가 모두 실패했다고 주장하는 일종의 비무장 예언자(unarmed prophet)였다. 게다가 조지 워싱턴은 8년간의 대통령 임기를 마치고 스스로 다시 농부요 일개 시민으로 돌아갔다. 이것은 마키아벨리가 상상하지 못했던 일이었다.

그리고 바로 이런 역사에 전례가 없는 중대한 차이로 인해 워싱턴을 단순히 '위대한(great)' 지도자를 넘어 신의 영역에 한 다리 걸치는 '거룩한(grand)' 지도자가 되었다고 생각된다. 요컨대, 창업 하나만도 매우 지난하고, 나아가서 수성의 발판을 마련한다는 것은 더욱 어렵다. 그런데 이 어려운 두 가지 과업을 동시에 성취하여 워싱턴은 세계 역사상 참으로 위대한 영웅이요 인류의 영원한 스승이 된 것이다. 조지 워싱턴은 미국의 국부로서 미국인들이 사우스 다코다(South Dakoda)주의 러시모어(Rushmore) 바위 산에 새겨진 4명의 큰 바위 얼굴의 대통령들 중 한 사람일 뿐만 아니라 미국의 저명한 역사가들이 평가한 역대 대통령들 중에서 에이브러햄 링컨 다음으로 가장 위대한 대통령으로 미국인들에 의해서 언제나 변함없이 인정되고 또 칭송을 받아왔다.

조지 워싱턴은 진실로 '조용한 사나이(a quiet man)'였다. 그러나 동시에 그는 아주 카리스마적(charismatic) 지도자였다. 그가 살던 18세기엔 '카리스마(charisma)'란 용어가 존재하지 않았다. 그러나 약 2세기 후에 독일의 사회학자 막스 베버(Max Weber)에 의해 카리스마란 용어가 처음 사용되고 리더십의 연구가 보다 다양화되었다. 그러므로 오늘날 리더십 연구의 용어와 분류를 적용한다면 조지 워싱턴은 분명하고 명백하게 아주 두드러진 카리스마적 지도자라고 묘사할 수 있다.

그러나 워싱턴의 시대엔 탁월한 지도자는 전통적인 용어로 '영웅적 지도자(heroic leader)'로 묘사되었다. 간혹 영웅적 절대군주에게 대제(the Great)라는 칭호가 사용되었으나 영국의 군주와 혁명전쟁을 수행하여 민주 공화국을 수립한 미국에선 '워싱턴 대제(Washington-the Great)'라고 호칭될 수 없었다. 그래서 그는 당시에 단지 미국의 '대통령'으로, 그리고 동시에 '국부(the Founding Father)'로 불렸던 것이다.

새로운 길을 가는 천재에겐 롤 모델(role model)이 없다. 그러나 역사의 영웅들에겐 항상 롤 모델이 있었다. 알렉산더(Alexander) 대왕에겐 호머(Homer)의 일리아드(Iliad)에 나오는 전설적인 아킬레스(Achilles)가 롤 모델이었다. 줄리어스 시저(Julius Caesar)에겐 알렉산더 대왕이 롤 모델이었다. 그렇다면 조지 워싱턴 대통령의 롤 모델은 누구였을까? 그에게는 로마의 킨키나투스(Cincinnatus)가 있었다.

그래서 그는 거룩한, 그리고 현대적 용어로, 카리스마적 지도자였지만 그는 스스로 그 카리스마적 지도자의 함정을 항상 경계했다. 즉, 그는 정치지도자의 개인적 권력욕을 언제나 멀리했고 한동안 재선을 거부하기도 했었다. 참으로 특별히 완벽한 자기 통제력을 갖춘 역사상 그 이전이나 그 이후에도 찾아보기 힘든 그런 인물이었다. 예를 들어 말하면 그는 자기 이전의 크롬웰(Cromwell)이나 자기 이후의 나폴레옹(Napoleon)이 아니었다. 그는 근대 정치사에서 조지 워싱턴이라는 새로운 군사지도자의 모델 그리고 동시에 새로운 정치지도자의 모델을 세웠다.

조지 워싱턴과 미국의 독립 혁명가들은 근대의 역사에서 완전히 새로운 거대한 공화국을 미국 땅에 새롭게 성공적으로 수립했으며 새로운 생활양식과 질서를 창조했다. 그 위험스러운 기나긴 과정에서 조지 워싱턴은 필요

불가결한 인물이었다. 그는 "세상에 필요불가결한(indispensable) 사람은 없다."고 스스로 말했지만 그 자신은 미합중국의 창업은 물론이고 그것의 항구적 수성을 위한 수많은 리더십의 전례들을 남긴 '필요하고도 불가결한 인물'이었다. 미국 역사가들의 예외 없는 만장일치의 이러한 평가에 이의를 제기하는 사람들은 거의 없다.

조지 워싱턴은 자기 조국인 미국의 국부로 그리고 또 미국의 킨키나투스라고 불리었다. 워싱턴은 위기와 최고 사령관으로서 피할 수 없는 압박에도 높은 원칙들을 고수함으로써, 그리고 은퇴 후에는 시민-농부로 돌아가고 그리고 마침내는 초대 대통령이 되어 그런 칭송을 얻었다. 조지 워싱턴은 일찍이 셰익스피어가 간파한 권력의 속성을 알고 그것의 위험성을 철저히 경계하면서 살았던 겸허한 인물이었다.

"그러면 모든 것은 권력으로 잦아들고
권력은 의지가 되고 의지는 욕구가 되고
그리고 그 욕구는 우주의 늑대가 되리라.
그리하여 의지와 권력에 의해 배가되어
필연적으로 우주를 먹이로 하리.
그리고 끝내는 자기 자신마저도 집어
삼키리라."

그리고 워싱턴은 대통령은 최종적으로 은퇴한 후에 자기가 죽은 뒤 모든 자기의 노예들을 해방시킴으로써 노예제도의 부당성을 숨김없이 인정했다. 이것은 노예를 소유한 대통령들 사이에서 참으로 독특한 행동이었다. 그럼에도 불구하고 20세기에 들어서 조지 워싱턴이 노예들을 소유한 농장주였다는 사실에 근거하여 그를 폄하하는 현대의 역사가들이 있지만 그들은 워싱턴이 살던 18세기 말의 지배적 사회조건과 합중국 수립의 절대적 장애들을 아주 과소평가하고 있다. 그것은 마치 기원전 로마 공화정에 노예제도가 있었다는 이유 하나만으로 로마 공화정과 그것의 위대한 영웅들을 비하하는 것처럼 별로 설득력이 없다. 먼 과거의 역사적 업적을 되돌아보면서 오늘의 관점에서 다소 미진했던 부분을 지나치게 과장하는 인식적 오류이다.

워싱턴은 사적으로 노예제도에 점차 반대했다. 그러나 공적으로 그는 노예제도에 관해 침묵했다. 그는 자기가 죽거나 후에 부인이 죽으면 노예들을 풀어주라는 인정을 베풀었지만 그러나 자신의 생애 동안 그는 노예제도에 반대하는 공식적 천명을 한 적이 없었다. 그것은 어떤 비판자들이 주장하듯이 그가 어떤 종류의 인종주의자였거나 흑인 혐오주의자였기 때문이 아니었다.

그의 노예제 폐지를 찬성하는 공적 입장은 그가 무엇보다도 소중하게 간주하는 가치를 위험하게 하기 때문이었다. 다시 말해서 그에게는 나라의 질서, 안정, 그리고 생존에 입각한 미국의 통일이 최우선이었다. 신생 공화국의 생존에는 타협의 정신이 더 중요했던 것이다. 의심할 여지없이 그는 노예제도가 언젠가 나라의 통일을 균열시킬 갈등을 실제로 안고 있다는 직감을 갖고 있었다. 그러나 그 문제는 80여 년이 흐른 후에 결국 연방국가의 분열을 막고 통일을 유지하려는 남북 간 내전의 과정에서 노예해방을 선언하는 에이브러햄 링컨 대통령을 기다려야만 했다.

조지 워싱턴이 역사상 식민지에서 해방된 최초의 신생국가인 미국의 국부로 추앙을 받는 현실을 인정한다면 그는 모든 신생 민주공화국의 조부가 되는 셈이다. 민주 공화국의 초대 대통령으로서 그는 민주 공화국의 운영에 필요한 기본 조직의 설계와 수립은 물론 운영의 전범들(examples)을 남김으로써 모든 신생 공화국 지도자들의 롤 모델이 되었다.

그러나 그만큼 성공한 인물은 거의 없었다. 전후 신생국가들의 대통령들이 조지 워싱턴의 조국을 향한 무한한 애국주의와 아낌없는 헌신 그리고 무엇보다도 권력에 겸허한 거룩한 인품을 배웠다면 그들의 정치도 한층 격상되었을 것이다. 그런 점에서 조지 워싱턴이야말로 기나긴 근대 역사에서 필적할 만한 인물이 거의 없는 참으로 보기 드문 귀중한 그리고 거룩한 인간적 참 스승이라고 불러야 할 것이다.

그는 대통령직으로부터 은퇴 후 자기가 목숨을 걸고 싸웠던 대영제국의 왕 조지 3세와 권력의 화신 나폴레옹으로부터도 놀라운 칭송을 받았던 유일한 인물이었다. 그런데도 불구하고 조지 워싱턴 이후 역사상 수많은 독재자들이 그의 훌륭한 모범을 따르는 것이 그렇게 어려운 일이었을까?

제29장

토마스 제퍼슨: 모순된 영혼의 미국 첫 철인-대통령

미국의 혁명사상가 토마스 제퍼슨은 "우리는 이런 진실들을 자명하다고 간주한다. 즉, 모든 인간들이 평등하게 태어났다."고 시작하는 1776년 미국의 독립선언서의 핵심적 55개의 단어들을 썼다. 그것은 미국의 역사에서 마법과 같은 단어들이었을 뿐만 아니라 그 약속과 그 단어들은 아마도 미국의 역사에서, 아니, 근대의 세계사에서 가장 중요한 단어들일 것이다.

그리하여 1874년 그의 전기 작가인 제임스 파턴(James Parton)은 "제퍼슨이 틀렸다면, 미국이 틀렸다. 만일 미국이 옳다면, 제퍼슨이 옳았다."고 썼다. 바로 그 미국의 제3대 대통령이 된 토마스 제퍼슨은 키가 크고 부드러운 말씨를 가진 버지니아의 대지주였다. 그는 포도주를 사랑했고 그가 수집한 엄청난 분량의 책은 미국의회도서관의 핵심이 되었다. 그는 감정이 무디지 않았지만 사심이 없는 지식인이었다.

그러나 그는 동시에 열정적이면서도 다소 규정하기 어려운 복잡한 인물이었다. 제퍼슨의 영혼은 그의 전 생애를 통해 모순으로 가득했다. 그가 썼던 거의 모든 것이 어느 시점에서 그가 행한 어떤 것에 의해서 부인되었다. 우선, 인간 평등의 예언자인 그는 노예들을 소유했으며 더 나아가 한 여성 노예와 적어도 한 명의 자식을 두었다.

둘째로, 신문이 없는 정부와 정부가 없는 신문을 택해야 한다면 그는 정부 없는 신문을 선호하는 데 일순간도 주저하지 않겠다고 말했던 그가 개인적으로는 국가 관리들에게 자기의 대통령직에 비우호적이 편집자들에게 폭동을 선동한다는 명예훼손죄를 적용하라고 촉구했다.

셋째로, 작은 연방정부를 주창하고 또 상비군을 반대했던 그가 루이지애나 지역을 구매함으로써 미국 국토의 크기를 한 방에 배로 늘렸으며 완전히 새로운 전투력인 미국의 해병대로 무슬림 해적들과 전쟁을 수행했다.

그러나 제퍼슨의 그런 비일관성은 위선이 아니었다. 제퍼슨의 행동들이 그의 높고 또 때로는 비현실적인 원칙들을 위반했다면 오늘날 우리의 행동들도 그것들 가운데 어떤 것들을 역시 위반하고 있다.

제퍼슨이 염원했고 또 그가 도입하기 위해 자기가 할 수 있는 일을 했던 것은 평화로운 공화정이었다. 즉, 제퍼슨은 그것들이 통상적이든 집안일이든 혹은 종교적이든 간에 법적으로 그들의 문제에 간섭하지 않는 검약하고 간소한 정부하에서 살아가는 어느 정도 번영하고 고도로 교육받은 독립적인 신사-농민의 집합체를 상정했다.

그리고 그는 대외적으로는 외국과 얽히는 것을 확고하게 저항했다. 제퍼슨은 자기의 아이디어들을 후세에 남겼다. 그리고 그것들 가운데 많은 것들이 지금도 생생하다. 그것들은 정치와 종교의 완벽한 분리를 주장했고 또 돈이 권력과 유착한 사악한 토착 귀족의 등장을 의심했다. 어떤 것들은 기이하고 공상적이었다.

예를 들어, 그는 각 세대가 자신의 정부를 수립할 수 있도록 매 19년마다 헌법이 개정되어야 한다고 제안했다. 또한 어떤 아이디어들은 당시에 상당한 사람들에게 혐오스러웠다. 예를 들어, 그는 흑인들이 백인들에 비해 정신적으로 열등하다는 비과학적인 생각을 했다. 그럼에도 불구하고 그의 모든 아이디어들은 그가 기록하는데 심혈을 기울였기 때문에 무시하는 것이 불가능하다.

제퍼슨은 세상을 말로 지배하길 원했다. 그는 자기의 말을 통해 미국의 역사와 정치를 지배하려고 했다. 그는 견제와 균형, 평등과 자유, 그리고 언론의 자유가 무엇인지에 관해서 주장했다. 그의 언어 구사력은 진정으로 미국의 지적, 정치적 그리고 철학적인 세계를 형성하고 있다.

그러나 제퍼슨도 역시 행동하는 인간이었다. 1790년대 그는 미국의 독립혁명이 그의 내각 동료인 연방주의자 알렉산더 해밀턴(Alexander Hamilton)의 주도하에 인민의 권리와 이익이 배신당하고 있다고 확신했다. 정치적 소동이 일어났다. 제퍼슨은 자기의 견해를 파급하기 위해서 우호적인 신문사를 설립하고 지원했다. 그와 그의 협력자 제임스 매디슨(James Madison)은 자기의 정적들을 공격하고 영향력 있는 연합체를 이루어 그가 소위 '귀족들과 독재자들'이라고 부르는 것에 반대했다. 그의 저돌적인 행위와 해밀턴의 행위는 마침내 합의를 사랑하는 워싱턴 대통령의 공식적 질책을 받았지만 그러나 제퍼슨은 물러서지 않았다.

1801년 그가 제3대 대통령으로 취임했을 때 그는 일종의 미국의 첫 철인-대통령(a Philosopher-President)이었다. 그 시절에 지식은 지금처럼 전문분야로 세분화되지 않았다. 제퍼슨 같은 사람의 마음속에서는 모든 것이 연계되었다. 자연세계의 관찰도 인간세계를 위해 깊은 함축을 갖고 있었다. 두 영역은 창조주로부터 오는 항구적이고 합리적인 법칙에 복종했다. 그것들은 왕들의 기분에 달려있지 않았고 계급이나 민족성에 예외를 두지도 않았다.

제퍼슨은 일찍이 프랑스를 방문했을 때 혁명의 끝자락에서 휘청거리는 군주제를 목격하면서 아주 깊숙이 혼합된 감정을 경험했다. 그는 프랑스 와인을 좋아했고 건축물에 경외감을 느꼈지만 거만하고 방자한 귀족은 그에게 혐오감을 주었다. 혁명의 초기 봉기에 따른 무차별적이고 소란한 폭력은 자유의 대가에 관해서 생각하게 했다. 제퍼슨은 탄압을 증오하고 자유를 인류의 자연적 성향이라고 간주했다.

1912년 우드로 윌슨 대통령은 "제퍼슨의 원칙들이 순수이성으로 만들어졌기 때문이 아니라 여망, 충동, 비전, 동정심에서 나온 것이기 때문이 빛의 원천들이다. 그것들은 심장을 열정으로 불태운다."고 말했다. 그러나 제퍼슨은 대외정책에서 20세기의 우드로 윌슨과 아주 달랐다. 그는 워싱턴 규칙(the Washington Rules)에 따르는 고립주의자의 본능을 갖고 있었다.

제퍼슨은 프랑스와 영국을 모두 변덕스러운 군주제들로 간주했다. 미국이 국제적 갈등에서 벗어나 있어야 한다는 그의 신념은 미국의 순전히 물리적 거대함과 지리적 불침투성에 대한 그의 낙관적 이미지에 기초했다. 물론 거리는 그때 이후로 줄어들었다. 그리고 미국의 인구는 미국의 무한한 자원을 결코 압박하지 않을 것이라는 제퍼슨의 생각은 이제는 비웃음을 살 만큼 근시안적이다. 더구나 자기의 고향 버지니아가 외국의 석유에 의존할 것이라고 예상할 수 없었을 것이다. 글로벌 경제가 모든 것을 바꿔버렸다.

그럼에도 불구하고 제퍼슨 시대 이래 어떤 것은 바뀌지 않았다. 그것들 가운데 하나는 시민생활에서 종교의 역할에 관한 미국의 계속되는 투쟁이다. 인민의 종교적 신앙에 정부의 간섭을 금지한 종교의 자유를 위해 버지니아의 법률을 만들었던 제퍼슨은 이 점에서 강경노선을 취했다. 따라서 공립학교에서 기도에 관한 현재의 논쟁에서 그가 어느 편에 설지를 상상하기에 어렵지 않다. 만일 헌법에 하나의 분야가 있다면 그것은 정교의 분리다. 제퍼슨은 정교의 유착은 양측을 모두 부패시키고 개인적 마음의 자유를 위태롭게 만든다고 생각했다.

만일 제퍼슨이 오늘날 살아 있다면 그는 현대정치의 괴물 같은 복잡성과 비용에 경악할 것이다. 1800년에 그가 대통령에 처음으로 출마했을 때 선거인단과 하원이 대체로 선거를 결정했다. 당시엔 오늘날과 같은 선거운동은 별로 없었다. 끝없는 홍보, 과시적 전당대회 그리고 빡빡한 여행은 대중연설을 부담스러워했던 수줍은 제퍼슨을 물리쳤을 것이다. 그를 비롯한 미국의 국부들은 후보자들이 투표를 구걸하는 것을 본다면 공포에 사로잡혔을 것이다.

제퍼슨도 대통령이 되자 제한정부에 대한 그의 견해도 그의 강력한 권한의 사용을 막지 못했다. 그것의 합법성을 스스로 의문시했지만 실질적 이익을 저항할 수 없었던 루이지애나 영토의 구매 후에 그는 미국의 드넓은 황야에 대한 정치적 지배를 대담하게 주장했다. 제퍼슨에게 자유의 진전은 스스로 발생하는 어떤 것이 아니었다. 그것은 밀어붙여야 하는 것이었고 그래서 그는 실제로 밀어붙였다.

오늘날 항상 그의 행동은 아니라 할지라도 그의 아이디어들은 보다 자유롭고, 공개적이고, 합리적이고 그리고 공정하게 작용할 미국의 잠재력을 항구적으로 상기시키는 데 봉사할 것이다. 토마스 제퍼슨은 인습적으로 종교적 의미는 아니지만 신념의 사나이였다. 그는 어떤 준수하는 진리들이 그가 떠난 오랜 뒤에도 미국의 양심을 계속해서 지도해 나갈 것이라 기대했다. 그는 결코 완벽한 인간은 아니었다. 제도는 발전하고 환경은 변하지만 그러나 그는 최종적으로 인민을 믿었다.

1859년 에이브러햄 링컨은 "제퍼슨의 원칙들은 자유로운 사회의 정의이며 공리이다. 타인에게 자유를 부인하는 자들은 자신들의 자유를 누릴 자격이 없다. 그리고 하나님 앞에서 그것을 오랫동안 유지할 수 없다."고 말하면서 제퍼슨을 미국의 위험한 시간에 자유의 명분에 연계시켰다. 제퍼슨은 분명히 우리 시대의 인물이 아니었다. 그는 18세기와 19세기 초의 역사적 현실에 의해서 형성된 사람이었다. 우리는 그를 그런 맥락에서 보아야 한다.

그러나 동시에 그의 관심사들 중 많은 것들이 보편적이다. 그의 삶은 항구적으로 중요한 특수한 삶이었다. 그가 어쩔 수 없이 모순된 영혼의 지도자였다면 그것은 그가 바로 우리들 가운데 한 사람이었기 때문일 것이다. 그럼에도 불구하고 대한민국이 건국된 1948년 해리 트루먼(Harry Truman) 대통령은 이렇게 말했다. "토마스 제퍼슨이 그랬던 것처럼, 우리에게 생명을 주신

하나님은 우리에게 자유를 주셨다고 우리는 믿는다. 우리는 해외에서 그것을 위협하는 자들에 대항해서 우리의 자유를 보호하고, 우리는 국내에서 그것을 위협하는 자들에게 그것을 포기하지 않을 것이다. 우리는 좌파의 독재 체제에 우리의 민주적 방식을 포기하지 않을 것이며 특권의 전제주의에도 포기하지 않을 것이다." 제퍼슨에 대한 트루먼의 이 헌사는 오늘날 대한민국의 국민들이 아무리 강조해도 지나침이 없을 것이다.

토마스 제퍼슨이 자신의 사후 그의 묘비에 새기도록 명령한 3개의 업적은 첫째, 미국 독립선언서의 저자 둘째, 종교적 자유를 위한 버지니아 법령의 입법자 그리고 셋째로, 버지니아 대학교의 설립자였다. 그의 이 유언은 정신과 마음의 자유에 대한 그의 지칠 줄 모르는 사랑과 미래에 대한 그의 굳은 신념을 집약해 준다.

조지 워싱턴이 경외심을 불러일으키는 초대 대통령이었고, 제2대 존 애담스(John Adams)가 존경심을 불러일으키는 대통령이었다면, 제3대 토마스 제퍼슨은 보다 활기 있고 명랑한 대통령이었다. 또한 그의 정치적 리더십은 모순으로 가득했다. 바로 이런 모든 이유에서 그는 인간적, 아니, 어쩌면 너무도 인간적이었다고 말할 수 있지 않을까?

제30장

에이브러햄 링컨: 고결한 인품의 천재적 리더십(상)

천재에겐 롤 모델이 없지만 영웅에게는 롤 모델이 있다. 에이브러햄 링컨은 천재였지만 그에게는 조지 워싱턴이라는 '큰 바위 얼굴' 같은 롤 모델이 있었다. 그 후 미국 내외에서 많은 야심적 정치가들은 오히려 링컨을 자신의 롤 모델로 삼았다. 워싱턴이 미국의 창업에 성공한 지도자였다면 링컨은 수성에 성공한 지도자였다. 링컨은 워싱턴에게 일종의 청출어람이었다. 그 후 링컨은 20세기 초 제26대 시어도어 루즈벨트(Theodore Roosevelt)에서 21세기 제44대 버락 오바마(Barack Obama) 대통령에 이르기까지 여러 명의 후임자들이 그를 롤 모델로 삼았다. 시어도어 루즈벨트가 링컨에 이어 러시모어 바위산에 그의 얼굴을 새김으로써 링컨의 청출어람에 다가섰지만 그 후 아직까지는 누구도 그에 버금가지 못했다. 그만큼 링컨의 리더십은 흉내 내기 어려운 것이었다.

링컨의 전기 작가인 역사학자 도리스 컨즈 굿윈(Doris Kearns Goodwin)은 링컨을 '정치적 천재(political genius)'라고 평가했다. 그녀에 의하면 링컨의 정치적 천재성은 과거의 정치적 경쟁자들과 우정을 수립하고, 항구적 적대감으로 확대될 상처받은 감정을 치유하고, 하급자들에 대한 책임을 스스로 지면서도 성공에 대해선 그 공헌을 공유하고, 그리고 실수로부터 배우는 개인적 특징으로 나타났다. 링컨은 동시에 '군사적 천재(military genius)'였다. 미국의 저명한 링컨연구가인 데이비드 포터(David M. Porter)는 만일 남부의 제퍼슨 데이비스(Jefferson Davis)와 북부의 에이브러햄 링컨이 서로 상대 쪽의 지위에 있었더라면 남부가 승리했을 것이라고 확신했다. 북부군 총사령관으로서 링컨 대통령의 역할이 결정적으로 중요했다는 사실을 강조하는데 이보다 더 적절한 표현은 없을 것이다.

그러나 에이브러햄 링컨이 미국의 제16대 대통령으로 당선되어 처음으로 워싱턴에 도착했을 때 신문들은 그를 '3류 서부 변호사' 그리고 좋은 문법을 모르는 '4류 강연자'로 서술했다. 그는 행정적 경험이 전무했으며 겨우 1년도 안 되는 정규교육만을 받았기 때문이었다. 이와는 대조적으로 공화당 대통령 후보 지명을 위한 그의 주요 경쟁자 3인은 공화당원들에게는 아주 친숙했다. 윌리엄 헨리 스워드(William Henry Seward)는 그가 워싱턴에 가기 전에 이미 10년 이상 뉴욕주의 상원의원을 지냈으며 뉴욕의 주지사를 두 번이나 역임했다. 오하이오주 출신의 사먼 체이스(Salmon P. Chase) 역시 상원의원과 주지사를 역임했으며 공화당의 창당에 중심적 역할을 했다. 에드워드 베이츠(Edward Bates)는 미주리주 출신의 널리 존경받는 원로 정치가였다. 자신들이 링컨보다 교육을 더 많이 받았으며, 보다 경험이 많고, 그래서 링컨보다는 더 자격을 갖추었다고 알고 있던 이 3인은 링컨이 공화당의 지명을 획득하고 대통령 선거에서 당선되자 모두가 경악했다.

그런데 링컨은 이 3인의 경쟁자들을 모두 자신의 내각에 입각시킴으로써 정계를 더욱 경악시켰다. 그것은 위험스러운 조치로 보였다. 왜냐하면 그것은 다음 선거에서 잠재적 경쟁자들을 높여주고 또 그가 많은 사람들에 의해서 단지 명목상의 대통령으로 보일 것이 확실했기 때문이다. 링컨의 반대자들은 링컨이 리더십의 첫 시험에서 실패했다고 확신했다. 내각의 구성은 그만큼 중요했다. 링컨의 이 첫 결정은 거대한 용기와 자신감의 표현이었다. 덜 자신 있는 사람은 자신의 권위에 의문을 결코 제기하지 않을 개인적 지지자들로 자신을 둘러쌀 것이다. 후에 링컨은 '왜 자신의 내각을 위해 자신의 주된 경쟁자들을 선택했는지' 질문을 받았을 때 그의 답변은 간단하고 기민했다. "우리는 내각에 당의 가장 강력한 사람들이 필요했다. 나는 이들이 당에서 가장 강력한 사람들이라는 결론을 내렸다. 그렇다면 나는 국가를 위해 그들의 봉사를 박탈할 권리가 없다." 자기의 정적들을 자신의 내각에 임명하는 결정은 어쩌면 링컨의 감정적 힘의 가장 명백한 본보기였다.

링컨 대통령은 취임식이 끝난 직후부터 그가 서거할 때까지 전쟁을 수행했다. 그리고 링컨이 성공적으로 치른 미국의 내전은 단지 미국사(史)를 넘어 범(凡)세계사적 의미를 갖는다. 우선 미국사에서 의미를 본다면 첫째로, 그것은 민주공화국으로서 단일 연방국가의 존립에 치명적인 반란세력에 대한 기존 연방정부의 승리였다. 18세기 미국의 탄생이 전쟁을 통해서만 이루어질 수 있었던 것처럼, 19세기 당시 미국의 남북 간 대결도 오직 무력에 의해서만 해결될 수 있는 아주 심각한 것이었다. 그것은 바로 미국인들의 삶의 양식에 관한 근본적인 투쟁, 즉 실존적 투쟁이었고 일종의 신들의 전쟁이었다. 따라서 남북전쟁 중 링컨이 뚜렷하게 보여주었듯이 내전의 종결양식은 반드시 '무조건 항복'이어야만 했다. 타협이나 절충을 통한 내전의 종결은 반란의 불씨를 완전히 제거할 수 없다. 그 결과 링컨의 승리는 미국을 하나의 민족국가, 혹은 진정으로 통일된 국민국가의 완성이었다.

19세기는 민족통일국가의 건설 시대였다. 이탈리아에서 카브르와 독일에선 비스마르크가 통일 민족국가를 수립했다. 그러나 링컨은 더 큰 일을 해냈다. 그는 단지 통일국가를 구원했을 뿐만 아니라 아주 특별한 통일국가, 즉 "모든 인간은 자유롭고 평등하게 창조되었다."는 명제에 헌신하는 통일국가를 수립했던 것이다. 만일 남북전쟁에서 남부의 반란세력이 승리했다면 지상의 민주공화국의 마지막 희망이 역사의 쓰레기통으로 들어가고 말았을 것이다. 링컨의 불멸의 표현을 빌려 말한다면, '국민의, 국민에 의한, 국민을 위한 정부'가 지상에서 사라졌을 것이다.

둘째로, 남북전쟁은 1776년 미국의 독립혁명에 이은 '제2의 미국혁명'으로 자유를 위한 투쟁이었다. 당시에 많은 미국인들처럼 링컨 대통령도 역시 미국독립선언서의 약속들을 구현하기 위해서는 국가가 노예제도를 먼저 폐지해야만 한다는 것을 오직 점진적으로만 깨달았다. 이 목적을 달성하기 위해 링컨은 노예제도의 보호자로서의 헌법과 자유의 주된 보장서인 독립선언서 둘 사이의 차이를 해소해 나가는 조치를 취했다. 남북 양자 모두가 미국독립혁명의 정당한 후예라고 자처했다. 결국 노예제도가 분쟁의 핵심이었다. 마침내 1861년 링컨 대통령의 리더십하에 미국의 국민들은 노예제도 폐지론자들이 주장하는 '보다 높은 도덕률'과 노예소유주들이 토로하는 '법률주의' 사이의 갈등으로 인해 야기된 내전을 감당하고자 일어섰다. 전쟁이 발발했을 때 미국의 급진적 공화당원들뿐만 아니라 대서양 건너 유럽의 급진주의자들도 그것을 혁명으로 간주했다. 당시 런던에 있던 카를 마르크스는 자신의 동료인 프리드리히 엥겔스에게 보낸 편지에서 "'노예 과두정'에 대항하는 미 연방정부의 전쟁을 만일 북쪽이 기회를 잡아 노예제도의 폐지를 선포한다면 잠재적으로 세상을 변화시키는 혁명운동이 될 것"이라고 말했었다. 링컨이 실제로 그렇게 했을 때 마르크스는 "400만 명의 노예해방과 같은 거대한 변환이 그렇게 빨리 이루어진 적은 결코 없었다."고 환호했다.

셋째로, 남북전쟁에 의한 미국의 통일은 미 대륙에 거대한 단일 대륙국가, 혹은 일종의 제국을 탄생시켰다. 버나드 드보토(Benard DeVoto)에 따르면 남북전쟁은 '어제' 대 '내일'에 관한 것이었다. 어제는 노예제도와 목화라는 하나의 작물 위에 건설된 농상을 가진 남부였고 내일은 공업화된 북부와 그곳의 반노예제도였다. 링컨에게 미 대륙은 분할되어서는 안 되는 하나의 거대한 제국이었다. 지리가 반드시 인간의 인격을 결정하지는 않지만 그래도 지리는 중요한 영향을 미친다. 링컨은 대평원을 바라보면서 전 지구를 직관했던 것이다. 남북전쟁은, 특히 남부가 승리했나면 각 주들이 궁극적으로 주의 경계선을 따라 사분오열될 위험성, 바꾸어 말해서 여러 개의 독립국가들로 분열되는 소위 '발칸화(Balkanization)' 할 수 있는 위험성을 충분히 안고 있었다. 그렇게 분열된 미국이 여러 주권국가들로 확산되어 그들 상호간 자국의 이익을 위해 투쟁하고 심지어 전쟁을 불사한다면 미국 역시 30년 전쟁을 겪은 17세기의 유럽이나 중국의 옛 전국시대와 같은 '전쟁상태' 혹은 '천하대란' 속으로 전락하여 오랫동안 거듭되는 전쟁을 겪었을 것이다. 인류 역사를 아는 사람들에게 그럴 개연성은 아주 명백하다고 해도 과언은 아닐 것이다. 미 대륙이 발칸화되지 않고 오히려 '비잔틴화(Byzantinization)'되는 방향으로 실제 역사가 전개된 것은 전적으로 링컨의 리더십 덕분이라고 말할 수 있다. 남북전쟁에서 승리함으로써 링컨은 미 대륙에서 일종의 '천하통일'을 이루었던 것이다.

넷째로, 미국의 남북전쟁에서 링컨은 아주 상식적으로, 따라서 그만큼 진부한 말이긴 해도, 국가가 위기에 처했을 때 정치지도자가 지니는 탁월한 리더십의 중요성을 새삼스럽게 일깨워 주었다. 상이한 지도자는 상이한 결과를 초래한다. 지도자는 역사창조의 기회를 갖지만 모든 지도자가 다 위대한 역사의 창조자가 되는 것은 아니다. 물론 링컨 대통령은 전쟁을 수행하고 승리함으로써 미합중국을 구했다. 그러나 링컨의 처음 조치는 우선 전쟁을 결정하는 일이었다. 그의 전임자인 제임스 뷰캐넌(James Buchanan) 대통령은 각 주들이 연방정부에서 이탈할 권리가 없다고 믿었음에도 불구하고 그의 수사학은 개별 주들의 이탈은 헌법상 불법이지만 본인이 그것에 대해 할 수 있는 일은 아무것도 없다는 것이었다. 그러나 그러한 입장표명은 오히려 남부의 이탈을 고무하는 데 기여했을 뿐이었다. 그가 아무런 조치도 취하지 않은 것은 사실상 많은 일을 한 셈이다. 왜냐하면 뷰캐넌 대통령은 남부의 미래 연합국가들로 하여금 전쟁을 조직하고 준비할 수 있는 시간을 부여했기 때문이다. 그는 미국의 헌법을 '수호하고 보호하고 방어한다'는 대통령의 취임

선서를 했으며 또한 그런 목적을 위한 군 총사령관의 권한을 헌법에 의해 부여받았지만 그는 선서를 지키지 않았으며 그 권한을 적합하게 사용한 사람도 아니었다.

그러나 링컨은 달랐다. 그는 정치적 분별력과 함께 대범한 행동을 위한 용기를 갖춘 지도자였다. 그는 연방정부를 구원하는 유일한 방법으로 전쟁을 수행할 수밖에 없는 때가 도래했음을 잘 인식하고 있었다. 그러나 그는 공개적으로 그렇게 말하기를 주저했다. 그렇지만 그는 노예제도의 확대문제에 대해 어떤 타협도 없다는 것을 아주 분명히 했다. 그리고 그는 남부 측의 선제공격이 있자 즉시 단호한 방어적 전쟁을 택했다. 그것은 그의 전임 대통령 뷰캐넌에겐 상상할 수도 없었던 대범한 정치적 결단이었다. 링컨과 뷰캐넌은 그렇게 서로가 판이하게 다른 정치 지도자였던 것이다. (계속)

제31장

에이브러햄 링컨: 고결한 성품의 천재적 리더십(하)

링컨의 탁월한 리더십은 그의 전임자뿐만 아니라 그의 후임자들과도 역시 크게 구별되었다. 링컨 대통령의 서거로 갑자기 대통령직을 계승한 제17대 대통령 앤드류 존슨(Andrew Johnson)은 남북전쟁 후 미국의 국가적 상처를 봉합해야 할 막중한 과제를 부여받았으나 이를 해결할 기회를 상실했다.

링컨의 과업을 완수할 것으로 모든 기대를 모았던 제18대 대통령 율리시스 그랜트(Ulysses S. Grant)도 크게 실망스러웠다. 그는 링컨이 지향했던 모든 것을 대변하는 것 같았다. 그는 링컨에 의해 선택되었던 군사령관으로서 남북전쟁을 승리로 이끈 장군이었으며 정의롭고 항구적인 미국 내 평화를 이룰 수 있는 폭넓은 아량과 이해력을 갖고 있는 듯했다. 그래서 그는 남북전쟁 후 최초의 대통령 선거에서 백악관의 주인공이 되었다. 그러나 그의 대통령직은 그랜트와 미국에게 하나의 비극적 스토리였다. 전시의 훌륭한 군 사령관의 능력과 평화 시의 대통령에게 요구되는 정치적 능력은 별개의 것이었다.

링컨이 승리한 미국의 남북전쟁은 범세계사적으로도 중대한 의미를 갖는다. 첫째로, 남북전쟁은 최초의 총력전(the total war), 혹은 최초의 현대전이었다. 남북전쟁은 그 수행방법에서 미국독립전쟁이나 나폴레옹 전쟁보다는 20세기 제1차 세계대전에 훨씬 더 가까웠다.

단순히 평화협상에서 우위를 점하기 위한 제한전쟁이 아니라 적의 섬멸을 전투의 목적으로 무조건 항복을 받을 때까지 수행하는 현대의 총력전은 그 이전의 전쟁과는 달랐다. 이것은 무제한적 목적을 추구하고 무제한적 수단을 사용함으로써 예상할 수 없는 결과가 따른다는 특징이 있다.

남북전쟁은 '전부가 아니면 전무(all or nothing)'의 전쟁이었다. 남부는 절대적 독립을 원했고, 북부는 절대적 통일을 원했다. 일단 피를 본 이상 양측이 서로 만나 타협할 중간지점이 없었다. 총력전이 된 것이다. 총력전에서는 적의 군대만이 공격의 유일한 목표물이 아니다. 진실로 파괴해야 할 것은 적의 전쟁수행능력이다. 그러기 위해서는 사용하는 수단에 제한이 없다. 무엇이든 가능하다. 문명화된 전쟁의 옛 규칙들이 모두 사라져버렸다.

둘째로, 링컨의 민주주의는 아메리카 대륙을 넘어 전 세계에 민주주의의 상징과 횃불이 되었다. 근대 민주주의는 영국이 원산지였다. 영국의 민주주의는 입헌군주제를 유지하면서 성문헌법이 없는 일종의 정치적 삶의 방식으로 정착되었다. 그러나 미국인들은 명백한 성문헌법에 입각한 공화정으로 민주주의의 '새로운 출발'을 택했다.

그러나 그 성문헌법은 미완성에 머물렀다. 이제 남북전쟁에서 링컨의 승리가 가져온 수정헌법(제14-15조)을 통해 미국은 비로소 명실상부한 민주주의의 헌법질서를 수립하게 된 것이다. 특히 남북전쟁의 와중인 1863년 게티즈버그 장례식 연설에서 링컨이 제시한 민주주의에 대한 정의, 즉 '국민의, 국민에 의한, 국민을 위한 정부'라는 새로운 정의는 기원전 아테네의 민주지도자 페리클레스의 '소수가 아니라 다수에 의한 지배'라는 정의에서부터 지금까지 수많은 민주주의에 대한 정의들을 사실상 압도해 버렸다. 그리고 성문헌법에 의한 미국식의 민주주의가 불문헌법의 영국식 민주주의를 사실상 대체해 버렸고, 민주주의를 갈망하는 전 지구인들에게 영국식 점진적 개선이 아니라 '이론적 계획'에 의해서 민주주의를 수립하는 모델이 되었다.

셋째로, 1871년 미국과는 무관하게 유럽에서 프러시아가 철혈재상 비스마르크의 탁월한 리더십으로 독일을 통일하고, 소위 제2의 독일제국이 수립되었다. 그 결과 유럽은 신식민주주의 시대(the Age of New Imperialism)로 접어들었다. 유럽에서 1871~1914년 사이 40여 년간의 긴 평화는 동시에 유럽 밖에서 해외 식민지 경쟁이 치열했던 시기였다. 따라서 미국이 남북전쟁의 결과로 발칸화 되었더라면 미국은 유럽제국들의 치열한 팽창주의적 쟁탈전의 대상으로 전락해 여러 주(국가)들이 주권적 실체를 유지하기 어려웠을 것이다. 다시 말해서 아메리카 대륙도 19세기 후반 동일한 수준은 아니었다 할지라도 아시아나 아프리카가 경험했던 제국주의 경쟁의 객체로서의 역사를 피하기 어려웠을 것이다. 아니면 적어도 남유럽의 발칸지역에 이어 미국도 유럽제국들의 '화약고'의 지위를 면하기 어려웠을 것이다.

넷째로, 남북전쟁으로 미국의 연방정부가 존속됨으로써 일종의 '대륙의 제국'으로서 미국의 지리적 조건은 국제사회에서 아주 유리한 위치에 서게 되었다. 서반구에서 미국의 상대적으로 압도적인 지위는 미국으로 하여금 서반구를 지배하는 패권국이 될 수 있게 해주었을 뿐만 아니라 동반구, 즉 유라시아 대륙에서 힘의 균형에 영향을 줄 수 있는 여유와 자원을 갖게 했다. 그리하여 미국은 일찍이 니콜라스 스파이크먼(Nicholas Spykman)이 내다보았던 것처럼 20세기의 본질적인 지정학적 투쟁에서 양차 세계대전 및 뒤따른 냉전시대를 통해 자국에 유리한 세력균형을 형성해 갈 수 있었다. 서반구와 유라시아 대륙에 대한 미국의 지정학적 전략은 21세기에도 계속될 것이며 특히 중국의 부상과 무제한적 해군력 증강으로 인해 요동치는 동아시아는 이러한 지정학적 대결의 중심지가 될 것이다. 19세기 중엽 미국의 남북전쟁 시기에 미국은 유럽의 강대국들로부터 강대국으로 인정되지 않았다. 그런 인정은 20세기 양차대전 이후부터다. 미국의 국가적 위상은 21세기에도 변함없이 계속될 것이다. 그리하여 미국의 역사가 곧 세계사가 된 것이다. 이런 점에서 링컨 대통령은 남북전쟁에서 승리함으로써 오늘날 현대 미국의 진정한 아버지라고 해도 결코 지나친 과장은 아닐 것이다.

정치적 및 군사적 천재였던 링컨이 지도자로서 보여준 덕목은 아주 다양하다. 그는 정치가로서 무엇보다도 확고한 정책비전의 소유자였다. 동시에 놀라운 수사학으로 그것을 표현하여 감동을 불러일으켰다. 그것이 바로 그의 탁월한 설득력의 비결이었다.

그는 "분열된 집은 바로 설 수 없다."면서 미합중국의 통일을 최우선시했으며 노예제도에 반대했다. 그러나 그는 또한 신중하고 분별력이 있었기에 그의 정치적 행동에서는 항상 타이밍을 중요시했다. 그럼에도 불구하고 그는 동시대 누구보다도 용기 있는 인물이었다.

그의 애국주의는 특히 미합중국의 통일에 대한 그의 신념은 완고하고 비타협적이었다. 그리고 아직 영어로 번역되지 않았던 칼 폰 클라우제비츠의 〈전쟁론〉에 비견할 링컨의 군사전략적 안목은 장군들의 판단을 앞섰다.

또한 무엇보다도, 자신의 직무에 대한 철두철미한 의무감에서 그는 로마의 위대한 정치가 겸 철학자였던 키케로의 후예라 해도 좋을 것이다. 링컨의 명언으로 알려진 '정직이 최선의 정책'이라는 경구의 원전도 사실은 키케로였다. 키케로는 정치지도자가 헌법과 법률에 대한 의무는 물론이고 도덕적 의무에 의해서 제약된다고 주장했다.

그러나 링컨의 다양한 덕목 가운데 그에게 가장 고유한 것은 그의 장엄함, 즉 타인에 대한 아량이었다. 그에게는 타인들이 느끼고 있는 것을 경험하고, 또 그들의 동기와 욕망을 이해하기 위해 자신을 타인의 입장에 두는 재능인 공감능력(empathy)이 탁월했다. 넓은 의미에서 그의 공감능력은 그로 하여금 자기 동포들의 슬픔과 희망을 흡수하고, 그들의 변하는 기분을 감지해서 올바른 때에 올바른 말과 행동으로 그들의 의견을 형성하고 또 만들어갈 수 있게 해주었다. 또한 링컨은 놀라운 유머감각의 소유자로 어려운 순간에 자신과 동료들의 긴장을 먼저 풀어주었다. 그는 자신의 전략적 실수를 그랜트(Grant) 장군에게 서신으로 인정했다. 한 하원의원이 링컨에게 에드윈 스탠턴(Edwin Stanton) 전쟁장관이 링컨 대통령을 완전한 바보로 불렀다고 하자 링컨은 "만일 그가 나를 바보라고 불렀다면 나는 바보임에 틀림없다."고 대꾸했다. 이처럼 링컨은 무엇보다도 도량이 아주 넓은 장엄한 인물이었다.

당시 흑인들에게는 제2의 모세(Moses)로 추앙을 받았던 링컨을 마키아벨리 식으로 표현한다면 링컨 대통령은 '무장한 예언자'였다. 러시아의 문호 톨스토이가 '작은 예수'라고 불렀던 이 탁월한 전쟁지도자는 4년간에 걸친 치열한 전쟁을 치른 뒤 1865년 3월 4일 그의 두 번째 취임사에서 "어느 누구에게도 원한을 품지 않고, 모두에게 자비심으로 우리가 시작한 일을 완수하기 위해 우리 모두 매진합시다!"라고 촉구했다. 그리고 남북전쟁의 승전의 문턱에서 1865년 4월 14일 밤 포드극장에서 연극배우 출신 암살자 존 윌키스 부스(John Wilkes Booth)의 총탄을 맞고 다음 날 15일 오전 7시 직후에 링컨은 서거했다.

당시 임종의 현장에 있었던 에드윈 스탠턴 전쟁장관은 예지력 있게 "이제 그는 시대를 초월하는 인물이 되었다.(Now, he belongs to the ages.)"고 말했다. 링컨이 시골 무명의 변호사 시절인 1850년대 스탠턴과 어떤 법률사건의 파트너일 때 그는 링컨을 '긴 팔을 가진 원숭이'라 부르면서 그를 상대도 하지 않으려고 해서 링컨에게 큰 굴욕을 주었다.

그러나 링컨은 자신을 그렇게 무시했던 스탠턴의 바로 그 특성, 즉 그의 집요함, 그의 퉁명스러움, 그리고 성공을 향한 결의가 전쟁장관에게 필요한 바로 그런 특성이라고 인정하고 그를 전쟁장관에 임명했다. 남북전쟁 수행 과정에서 스탠턴 전쟁장관은 링컨에게 충성을 다했고 링컨의 안목이 정확했음을 입증해줬다.

링컨이 서거했을 때 링컨과 동시대의 시인 월트 휘트먼(Walt Whitman)이 "링컨은 한 인간이 할 수 있는 일을 다했다."고 찬양했다. 당시 링컨에 대해 빈번하고 신랄한 비판자였던 영국의 유명한 잡지인 〈펀치〉(Punch)의 편집자요 통렬한 링컨의 비평가였던 톰 테일러(Tom Taylor)는 링컨이 서거한 지 3주 만에 "그는 나를 비웃기 위해 살다 갔다. 링컨은 인간들의 진실로 타고난 왕이었다. 찬양할 것은 많아도 용서할 것은 별로 없다."고 자신의 헌정시에서 읊었다.

1959년 2월 9일 링컨의 탄생 150주년 기념행사에서 기조연설자로 초빙된 빌리 브란트(Willy Brandt) 당시 서베를린 시장은 1,500여 명의 청중들에게 "나의 친구 여러분! 링컨은 당신들에게만 속하지 않습니다."고 말했다. 후에 서독 수상이 된 빌리 브란트는 독일을 위한 영감으로, 그리고 물론 공산주의에 대한 반대의 상징으로 링컨을 계속 언급했었다.

사후 링컨의 얼굴은 국립공원 러시모어 바위산에 새겨져 이제는 그 자신이 스스로 미국인들의 '큰 바위 얼굴'이 되었다. 그리고 링컨의 고결한 이미지 덕택에 미국은 위대한 '링컨의 나라(the Country of Lincoln)'가 되었다. 역사는 기술하지만 기억은 명령한다. 애국주의는 도덕적 미덕일 뿐만 아니라 지성적 미덕이다. 온당한 애국주의는 단순히 상속되는 것이 아니라 가르쳐야 하는 것이다. 따라서 미국에서 링컨의 위대성에 대한 교육이 멈추는 날, 그리하여 링컨이 더 이상 미국인들의 '집단적 기억'의 대상이 되지 않는 날엔 '링컨의 나라'라는 미국의 국가적 위대성도 종언을 고할 것이다. (끝)

제32장

미국을 강대국으로 만든 첫 대통령: 시어도어 루즈벨트

20세기는 누가 말해도 '미국의 세기'였다. 그리고 미국의 세기를 열었던 인물은 미국의 제26대 시어도어 루즈벨트(Theodore Roosevelt) 대통령이었다. 그리하여 그는 미국의 러시모어 바위산(Mount Rushmore)에 그의 얼굴이 새겨진 20세기 유일한 대통령이다. 그는 조지 워싱턴, 에이브러햄 링컨, 그리고 토마스 제퍼슨과 함께 미국인들의 '큰 바위 얼굴(the Great Stone Face)'로 바위산에 있다. 루즈벨트는 미국을 처음으로 강대국으로 만들었다. 1909년 그가 백악관을 떠난 1세기가 훨씬 지난 후에도 그의 '사나이'다움, 즉 넘치는 에너지, 지성, 그리고 카리스마의 집단적 기억이 여전히 계속되고 있다. 그는 분명히 까마득한 후임 대통령들의 좋은 롤 모델이었다. 그는 분명히 먼 후임 대통령들이 닮고 싶어 하는 기관차처럼 미국을 이끈 불굴의 사나이다운 삶과 빛나는 대통령의 리더십을 보여준 영웅이었기 때문이다. 그는 한국의 대통령에게도 가장 필요한 롤 모델이 될 수 있다.

그러나 불행하게도 대부분의 한국인들에게 시어도어 루즈벨트 대통령은 그의 대통령 재임시에 있었던 미·일 간의 소위 가쓰라-태프트 협정(the Katsura-Taft Agreement) 때문에 아주 부정적인 인상이 각인되어 있다. 참으로 안타까운 일이다. 왜냐하면 미국의 역대 45명의 대통령 중 가장 위대한 대통령의 순위에서 항상 최저 4위를 차지하고 있는 인물인데도 한국인들은 그의 진면목을 거의 알지 못하기 때문이다. 이것은 당시 국제정세에 대한 정밀한 분석의 결과보다는 감정에 치우친 민족주의적 분노와 지적 탐구의 태만이 함께 작동한 결과다. 실은 시어도어 루즈벨트는 '새로운 시대정신'을 구현한 영웅으로서 위대한 세계사적 정치지도자였다. 그는 동아시아에서 강대국간 힘의 균형을 모색하며 미국이 역외 균형자(off-shore balancer)로서 행동한 최초의 미국 대통령이었다.

시어도어 루즈벨트 대통령은 여러 분야에서 최초의 대통령이었다. 우선 첫째, 미국 역사상 최초의 진보주의적 대통령이었다. 독점기업들의 분쇄와 같은 그의 권력행사는 오늘날 우리에게는 온건하게 보이겠지만 당시에 그것은 미국 정치체제엔 하나의 충격이었다. 루즈벨트 대통령은 공화당원이었음에도 불구하고 정부가 관리해야 하는 것들 가운데 하나가 경제라고 주장했다. 지금도 정부가 건전한 경제를 위해 거대 기업의 독점과 비행에 대해 간섭하려 할 때면 루즈벨트의 귀신이 어디에선가 웃고 있을 것이다.

둘째, 대외정책에서 루즈벨트 대통령은 미국이 국제사회에서 지구적 강대국으로서 역할을 수락해야 한다고 진심으로 촉구한 최초의 미국 대통령이었다. 맥킨리 대통령의 해군차관보(Assistant Secretary of the Navy)로서 루즈벨트는 스페인과의 전쟁을 촉구했다. 후에 대통령으로서 그는 미국인들에게 그들의 새로운 지구적 돌출이 장기적인 계획임을 이해하도록 하였다. 그의 팽창주의는 이상주의적인 측면을 갖고 있었다. 그도 역시 민주주의의 확산을 얘기했기 때문이다. 그러나 미국이 미국의 목적에 저항하는 타국의 선출된 지도자를 타도하고자 시도할 때에는 루즈벨트의 유산도 역시 작동했다.

뿐만 아니라, 미국의 팽창주의와 국제적 위상의 격상과 함께 미국 대통령 자신의 국제적 위상도 크게 치솟았다. 루즈벨트 대통령은 1905년 러일전쟁의 종결 시 평화회담을 주선하고 중재에 나서도록 교전국 일본으로부터 요청을 받아 포츠머스 평화조약에 성공적으로 이르게 한 국가원수였다. 게

다가 1904~1906년의 모로코 위기(the Morocco Crisis)시에도 루즈벨트 대통령은 분쟁 당사자인 독일 카이저의 초대를 받았고 그 위기를 성공적으로 해소하는 데 기여했다. 그 후 미국 대통령들은 국제적 긴장과 갈등이 심각해지면 그것의 해소를 위한 중재자로 행동하는 일이 빈번해졌다. 1907년 그는 미국의 16척의 전함으로 구성된 미함대로 하여금 1년이 넘는 기간을 통해 세계 최대 군항들을 방문하면서 전 지구를 한 바퀴 도는 항해를 시킴으로써 이제는 미국이 명실상부한 해양 강대국임을 전 세계에 알렸다.

셋째, 의회가 대통령에 대해 꾸준히 우위를 점했던 30년 후에 루즈벨트가 백악관에 들어갈 때 그는 자기가 전임자들과는 다른 종류라는 것을 명백히 하는 데 시간을 허비하지 않았다. 프랭클린 D. 루즈벨트로부터 린든 존슨, 리처드 닉슨에 이어 조지 W. 부시 대통령 시대에 이르기까지 미국의 언론과 학계에서 종종 등장한 소위 '제왕적 대통령제(imperial Presidency)'라는 것은 모두가 시어도어 루즈벨트 대통령의 본보기에서 어느 정도 덕을 본 것이다.

넷째, 루즈벨트 대통령의 또 하나의 중요한 업적과 유산은 최초로 환경보존(environmentalism)을 최초로 하나의 중요한 정치적 쟁점으로 만들었다는 점이다. 그는 자연에 대한 자신의 사랑을 자연을 옹호하는 정책으로 수립하는 것을 배웠다. 그는 심지어 국가의 자연자원을 이용하는 자기 세대의 의무조차 말할 권리를 인정했지만 그러나 그는 그것들을 낭비할 권리나 후손들에게서 약탈할 권리를 인정하지 않았다. 그는 150곳의 국가의 산림, 51곳의 야생동물 피난처, 5곳의 국립공원을 창조했을 뿐만 아니라 공기, 물, 그리고 산림 및 야생동물의 생명이 어떻게 해서든 미국인들의 집단적 보호하에 있어야 한다는 바로 그 생각을 남겼다. 그는 아프리카 사파리 원정과 남아메리카 아마존의 탐험을 감행하여 미국의 자연사 박물관의 토대를 놓았다.

시어도어 루즈벨트는 모든 것을 단호하게 처리했다. 무엇보다도 미국에게 저장된 위대한 미래에 대한 최고의 감각을 갖고 있었다. 그리고 어느 누구도 루즈벨트보다 미국의 운명에 대해 더 많이 확신하지 못했다. 그는 그런 미국의 위대한 미래로 가는 기관차 역할을 자임했던 것이다. 그는 100여 년 전의 미국의 대통령이었지만 어쩌면 그는 최초의 현대 복지국가의 선구자였다. 그는 정치적으로 야심적 사나이였다. 그리고 그는 미국인들에게 가장 사나이다운 대통령으로서 젊은이들의 롤 모델이었으며 국민적 교사(teacher)와 같은 정치지도자였다. 그러므로 우리는 그의 삶에서 새롭게 배울 수 있을 것이다. 그리고 어쩌면 시어도어 루즈벨트야 말로 오늘날 한국인에게 절실히 요구되는 그런 정치지도자의 롤 모델이 될 수 있을 것이다.

제33장

국부 이승만 박사의 스승 우드로 윌슨: '철인-대통령'의 리더십

청년 이승만이 미국 프린스턴대학교에서 박사과정을 밟을 때 얼마 후 미국의 제28대 대통령이 되어 제1차 세계대전을 승리로 이끌고 새로운 국제질서를 수립한 당시 우드로 윌슨 교수는 이승만을 주변에 '한국 독립의 희망'이라고 소개했다(David Halberstam, The Coldest Winter: America and the Korean War, New York: Hyperion, 2007). 그 후 이승만은 윌슨 대통령의 정치적 신념을 받아들여 철저한 윌슨주의자가 되었다. 그가 윌슨 대통령의 청출어람이었다고 말한다면 과장일까? 100년 전 우드로 윌슨 대통령은 어떤 지도자였을까?

태초에 말씀이 있었다. 그리고 종말에도 말씀이 있었다. 아름다운 말, 희망을 부풀게 하는 말, 민족을 감동시키고 또 인류를 매혹시키는 말이 있었다. 놀랄 만한 순간에 군대보다도 더 강력한 말이 있었다. 가장 처참한 희생을 영광스러운 투쟁으로 보이게 만드는 말이 있었고 또 5대양 6대주에 떨치고 수십 년에 걸쳐 메아리치는 말이 있었다. 1919년 노벨평화상을 수상한 미국의 제28대 우드로 윌슨 대통령은 그런 굉장한 말의 지도자였다. 그의 행동이 중요하지 않았다는 뜻은 아니다.

그러나 윌슨 대통령은 미국의 정치적 목적을 새로운 차원으로 이끌었으며 무서운 제1차 세계대전에서 연합국들을 승리로 이끌었다. 그러나 그의 업적과 유산은 바로 그의 말이었다. 비록 그의 발걸음이 여정의 끝에서 비틀거리고 종국에는 쓰러졌지만 그의 말은 계속 살아서 후세들로 하여금 그가 결코 성취할 수 없었던 것을 꾸준히 추진하도록 만들었다. 윌슨은 학자-정치가, 고전적으로 표현한다면 철인-정치가로서 대표적인 '말의 지도자'였다. 그의 말은 영구적 세계평화수립이라는 메시지를 담고 있었다. 고대 그리스인들의 표현방식을 차용한다면 윌슨은 '평화의 신(神)'이었다. 그는 살아 숨쉬는 20세기의 예언자였다.

1919년 1월 4일 윌슨 대통령을 태운 여객선 조지 워싱턴호가 파리를 향해 뉴욕 항에서 출항하여 맨해튼을 지날 때 고층건물에서 수만 명의 환송객들이 손수건을 흔들고 색종이를 뿌렸다. 배가 자유의 여신상을 지나자 거대한 비행선이 흔들거렸으며 비행대가 공중제비를 했다. 그 너머에는 11척의 전함이 대통령이 승선한 배를 목적지까지 호위할 준비를 했다. 유럽에서 환영은 훨씬 더 열광적이었다. 9일 후 조지 워싱턴호가 프랑스의 브르타뉴 해안에 모습을 보이자 브레스트시의 선 주민들의 함성과 '인간권리의 챔피언 만세' 그리고 '국제사회의 창시자에게 영광을'이란 슬로건을 내건 현수막들은 오직 서막에 불과했다. 프랑스 역사상 파리에서 윌슨 대통령을 기다리는 그런 대규모의 군중 모임은 없었다. 약 200만 명의 파리 시민들이 미국의 대통령을 환영하기 위해 거리로 쏟아져 나왔다.

퍼레이드의 일정에 따라 건물 창가의 좌석은 300프랑에 팔렸으며 청소년과 어린이들은 '정의의 화신 윌슨'을 한번 보기 위해 가로수에 올랐다. 윌슨 대통령과 레이몽 푸앵카레(Raymond Poincare) 프랑스 대통령을 태운 첫 번째 마차와 함께 8마리의 말들이 끄는 마차들이 길을 따라 지나갈 때 3만 6,000명의 프랑스 군인들이 질서유지를 위해 군중들을 막아섰다. 멀리서 환영의 포성이 울렸고 제비꽃 꽃다발들이 윌슨 대통령의 부인이 탄 마차에 비 오듯이 쏟아져 거의 마차가 묻혀버릴 정도였다. 함성은 귀를 먹게 했으며 심지어 두려울 정도였다. 윌슨은 함성 속에서 자신을 초인(superman)이라고 부르는 소리를 들었다.

그러한 장관은 다음 주에 윌슨 대통령이 영국의 런던과 칼리슬과 맨체스터를 방문했을 때도 그대로 되풀이되었다. 새해 1월 초에는 고대의 전통에 따라 금빛 모래가 뿌려지고 "평화의 신을 환영합니다."라는 현수막이 걸린 이탈리아의 로마에 들어선 후 로마의 줄리어스 시저도 그보다 더 장엄한 승리감을 결코 맛보지 못했다고들 했다. 밀라노에서는 그에 대한 열렬한 환영이 히스테리에 가까웠으며 윌슨 자신도 감격한 나머지 눈물을 글썽였다. 거대한 군중이 거리를 가득 채웠고 '인류의 구원자' 그리고 '대서양을 건너온 모세'라고 윌슨을 환영하는 전단들이 그가 탄 자동차에 홍수처럼 쇄도했다.

그러나 유럽인들이 윌슨을 그렇게 특별하게 기리는 것이 동맹국 수상들에겐 악몽이었다. 그것들은 대중들의 정치적 의견의 분명한 표현이었다. 사실상 유럽의 인민들은 윌슨에 대한 신임을 과시했다. 그것은 윌슨에게 평화회의가 소집되기 전에 국제연맹을 위해 윌슨이 계속적인 분위기를 띄워나갈 수 있는 예상치 못한 기회들을 가져다주었다. 윌슨은 영국에서 시작하여 군국주의와 제국주의, 그리고 힘의 균형이라는 개념을 강력하게 규탄해 갔다. 그는 구질서의 중심에 힘의 균형이 있으며 이 균형은 검으로, 즉 경쟁적 이익의 불안한 균형이 결정된 것이었다고 설명했다.

그러나 그의 이런 메시아 같은 사고와 발언이 유럽의 지도자들에게는 결코 반가울 리가 없었다. 프랑스의 클레망소(Clemenceau) 수상이 한번은 윌슨에게 말하는 것은 예수 그리스도에게 말하는 것 같다고 빈정거렸으며, 영국의 조지(George) 수상은 윌슨이 때론 예수와 나폴레옹 사이에 앉아 있는 것처럼 느낀다고 언급한 바 있었다.

윌슨은 미국 남부의 엄격한 장로교회 집안에서 태어났다. 그는 가정과 종교 그리고 남북전쟁 시기의 남부의 환경적 영향을 크게 받았으며 어린 시절 남북전쟁 전투지역 가까이에 살면서 전쟁으로 인한 파괴와 인간의 희생을 알게 되었다. 전쟁과 종전 후 재건의 경험은 남북을 동시에 잘 이해한 〈분열과 재통일〉(Division and Reunion, 1829~1889)이라는 자신의 저서에서 제시된 생각들의 토대가 되었다. 유혈과 전쟁에 대한 윌슨의 혐오가 감수성이 예민했던 소년 시절의 체험에 뿌리를 두고 있다는 것을 부인하기 어려울 것이다. 그러나 그는 후에 그 시대를 생각할 때 공평하려고 노력했다.

또한 그의 굳은 신앙심은 세상이 정당한 신에 의해 통치되고 있다고 믿었다. 그는 불의에 대한 투쟁과 인간 열정에 대한 투쟁이 신에 대한 책임의 핵심이라고 생각했고 또 사랑이 이끄는 힘이 최고의 힘이며 가장 숭고하다고 생각했다. 모든 인간은 자신의 행동에 대해 신에게 책임을 지는 것이며 진실한 인생관은 인간의 경험에서 부분적으로 반영되는 정신적이고 도덕적인 것이라 믿었다. 그에겐 인간의 양심이 사람들의 의견보다도 더 상급 재판소이며 눈앞의 현재가 아니라 미래가 중요했다. 물질적 성취는 지성적이고 정신적인 성취보다 못한 것으로 간주되었다. 정신적인 것들이 당연히 본질적인 것이었다. 어쩌면 윌슨의 인생관에서 물질적인 것은 그 자체가 목적이 아니라 어떤 목적을 위한 수단에 불과하다고 믿었던 것보다 더 중요한 개념은 없었을 것이다.

윌슨 대통령의 참전 목적은 처음부터 미래의 전쟁을 방지할 국제적인 법질서제도를 수립하는 것이었다. 따라서 1917년 미국은 민주주의와 민족자결이 기초한 정당한 민족국가들 간의 평화 제도를 수립하기 위해서라는 명분으로 전쟁에 돌입하여 150만명의 장병들을 유럽의 전쟁에 파병했다.

윌슨은 그 제도가 국가(state)와 민족(nation)간의 관계에 대한 미국적 개념을 반영하고 무엇보다도 미래의 전쟁을 방지해 줄 것으로 믿었기 때문이다. 집단안전보장 제도라는 새로운 국가 간의 제도인 국제연맹(the League of Nations)은 바로 그런 미국적 아이디어의 제도적 구조를 제공할 것이기 때문에 국제연맹의 수립이 미국의 주된 전쟁 목적이 되어버렸다. 윌슨은 유럽의 연합국들이 민주주의와 민족자결의 자치정부 권리에 대해 진정한 관심을 갖고 있지 않다고 믿고 있었다. 그러나 유럽 국가들에게 주권은 절대적인 것이었다. 국민들이 자신들의 주권을 전부 국가에 위임했기 때문에 국민은 자신들을 지배하는 그 권력으로부터 주권을 회수하여 새로운 초주권적 국가 제도의 수립을 요구할 수 없었다.

그러나 헌정질서의 학자 출신인 윌슨 대통령은 미국에게 국가 탄생과 행복을 준 원칙들이란 미국독립선언서의 원칙들이었다. 즉, 그것은 제한적 국가주권의 천명이었다.

미국의 전쟁 목적들은 1917년 초에 윌슨 대통령에 의해 사적으로 처음 구상된 그 유명한 14개 조항으로 집약되었으며, 1918년 1월 8일 윌슨 대통령의 의회 연설에서 공개적으로 처음 제시되었다. 국제연맹규약의 초안은 '헌법(Constitution)'이라는 용어를 사용했다. 이 헌법은 미국인들이 자국의 연방정부차원에서 습관화된 법 제정과 집행의 과정을 초국가적 차원에서 단순히 복제한 것이었다.

그러므로 이 세계헌법을 위한 이 독특하게 미국적인 헌정질서를 이해하지 않는 한 평화회의에서 미국과 유럽 연합국가들 간의 심각한 차이를 알기 어려울 뿐만 아니라 그 평화회의에서 나온 조약의 비준이 미국의 상원에서 직면한 어려움을 이해할 수 없을 것이다.

윌슨 대통령의 14개 조항의 연설에 관하여 들은 클레망소 프랑스 수상은 14개 조항은 따분하다며 딱 10개면 좋았을 것이라고 반응했다. 영국의 로이드 조지 수상은 선거운동 중이었는데 그는 그때 독일인들로 하여금 전쟁의 모든 비용을 지불하게 하겠다고 약속했다. 그런데 어떻게 그가 전후타결에서 승전국과 패전국을 똑같이 공평하게 취급하는 원칙의 천명을 수락할 수 있겠는가? 독일의 반응도 적대적이었다. 독일은 14개 조항을 거부했다.

그러나 유럽 국가들은 결국 국제연맹을 원했다. 그들은 회원국들의 안전보장과 함께 결속되고 침략에 대항하는 보장으로 미국을 끌어들이는 그런 국제연맹을 요구했다. 그러나 문제는 피침 시에 미국의 개입을 약속하는 것이 유럽의 정부들에게는 그 조약을 더욱 매력적으로 만들겠지만 그러나 그만큼 미국의 상원에게는 덜 매력적으로 만드는 딜레마에 처할 수밖에 없었다는 점이다. 윌슨 대통령은 국가주권의 뿌리 깊은 구조를 개혁하려고 시도했었다.

그러나 아이러니하게도 그의 야심적 계획을 망가뜨린 것은 바로 미국의 제한 주권 제도였다. 왜냐하면 베르사유 조약의 비준을 막고 그리하여 미국의 국제연맹 참여를 좌절시킨 것은 그 조약에 동의하기를 거부한 미국의 상원이었기 때문이다.

약 1세기 전의 빈 회의에서처럼 파리에서도 모든 중요한 결정은 승전 강대국들에 의해 내려졌다. 그러나 그때와는 중대한 차이가 있었다. 국가의 성격이 변한 것이다. 이제 그들은 국민국가들이 되었다. 그리하여 점점 많은 정부들이 빈체제가 토대를 두었던 국가 상호 간의 유대를 자신들의 국내적 정통성을 높이기 위해 포기했다. 당시 윌슨의 비전은 자유주의 이념을 대변하는 일종의 시대정신이었다. 그러나 그는 파리평화회의에서 자신의 평화계획을 모두 실현하지는 못했다.

그러나 미국에 대한 윌슨의 지속적 영향은 그가 20세기의 가장 중요한 대통령들 가운데 한 사람이라는 주장을 정당화한다. 국제정치학자들과 정책결정자들은 다 같이 그것이 칭송이거나 혹은 모욕적으로 종종 난폭하게 의견을 달리하지만 외교정책 분야에서 여전히 공통적으로 '윌슨주의적(Wilsonian)'이라는 용어를 사용하고 있다. 그리고 무엇보다도 제32대 프랭클린 루즈벨트 대통령은 제2차 세계대전의 종결과정에서 원래 윌슨주의자였지만 그의 비극적 운명을 되풀이하지 않으려고 늘 경계를 늦추지 않았다. 그렇지만 그도 결국 제2차 세계대전 후 국제평화와 안전을 위해 윌슨의 국제연맹을 보다 현실화한 유엔(the United Nations)을 창설했다. 그런 점에서 윌슨의 야망과 비극적 교훈은 미국의 대외정책에서 앞으로도 지속적인 유산으로 귀신처럼 꾸준히 출몰할 것이다.

제34장

윤 대통령의 예언자적 리더십: 대한민국을 깊은 잠에서 깨우다

역사에서 영웅적 지도자들은 예언자적 성격을 갖는다. 처음엔 그의 말에 귀를 기울이는 사람들이 별로 없지만 시간이 흐르면서 점차 지지자들이 늘어난다. 그 시기에 예언자는 정치적 핍박을 받기도 한다.

1930년대 독일의 아돌프 히틀러가 급속한 재무장을 통해 유럽을 위협할 때 윈스턴 처칠은 1938년 "영국이 잠든 사이에(While England Slept)"라는 자신의 연설문집을 출간했다. 그러나 처칠의 예언자적 경고는 평화주의적 영국에서 별다른 반향을 일으키지 못했다. 그의 경고는 황야에서 울부짖는 목소리에 지나지 않았다. 그는 아무도 귀를 기울이지 않는 트로이의 외로운 카산드라였다. 이에 대해 처칠은 후에 민주국가의 국민들은 눈앞에 폭탄이 떨어져야만 정신을 차린다고 한탄했다.

대한민국은 역사적으로 김대중 정권 이후 노무현 정권을 거치고 지난 문재인 정권 5년 동안 본격적인 종북·친북·반국가 세력들이 정부의 온갖 요직을 점령함으로써 소위 이탈리아의 공산혁명 이론가인 안토니오 그람시(Gramsci)가 주장하는 공산진지 구축을 전국적으로 확대하여 헤게모니를 확보하고 대한민국을 공산화로 끌고 갔다.

다행히 지난 대선에서 자유민주주의를 신봉하는 윤석열이 가까스로 당선되어 공산 전체주의화를 중단시킬 수 있었다. 그러나 이에 망연자실한 더불어민주당과 좌익세력들은 윤석열 정부 출범과 함께 정권타도를 모색하기 시작했다. 그들은 선거를 통한 합법적인 정권의 회복이 아니라 윤석열의 대통령 임기만료 전에 모든 가용한 수단을 동원하여 정권탈취를 노리며 암약했다. 그럼에도 대한민국의 대부분의 국민들은 국가가 처한 위험을 깨닫지 못한 채 깊이 잠들어 있었다.

그러다가 2024년 12월 3일 이후 지금까지 약 4개월 동안 대한민국 국민은 한국 헌정사에서, 아니 세계 역사상 초유의 거대한 정치적 반전의 정치드라마를 연출하였다. 참으로 가슴 조이고 상상하기 어려운 이 정치드라마는 대한민국 야당이 자행한 것으로 국회가 다수의 횡포를 부리면서 출발하였다. 야당은 행정부 핵심적 주요부처의 예산을 전액 삭감하여 행정부를 사실상 마비시킨 것이다.

1948년 건국 이래 대한민국의 역사에서 국회는 종종 '행정부의 시녀'라는 비판과 조소가 있었다. 제왕적 대통령 제도를 막아야 한다는 주장이 종종 득세했다. 삼권 분립의 권력구조에서 입법부가 행정부를 적절히 견제하지 못하고 행정부에 질질 끌려가는 것으로 보였기 때문이다. 그런 한국의 헌정사에서 윤석열 정부는 출범과 함께 거대 야당의 횡포에 시달리기 시작하더니 결국 행정부가 '국회의 시녀'로 전락하여 국정운영이 사실상 불가능하게 되는 역설적 상황이 발생한 것이다.

이에 윤석열 대통령은 어쩔 수 없이 12월 3일 국가 비상계엄령 선포로 맞대응함으로써 예언자적 모습을 보여주었다. 그는 국가 비상계엄령을 선포하여 깊이 잠든 국민들을 깨우는 조치를 취했다. 그는 동시에 국가의 전복세력인 종북·친중·공산·반역 세력의 준동과 망국적 부정선거를 자행한 중앙선거관리위원회를 더 이상 그대로 묵과할 수 없었다.

특히, 중앙선거관리위원회는 1960년 4·19혁명을 촉발한 천인공노할 부정선거를 무심하게 자행한 의심을 받았다. 부정선거의 규탄으로 일어선 4·19혁명을 겪은 한국인들에게 21세기에 발생한 부정선거는 4·19재단에 바친 수

많은 삶은 순교자들의 영혼을 모독한 행위로 용서받을 수 없는 행위였다. 종북·친북 세력의 선거관리위원회 침투와 선거관리위원회의 끝없는 부패를 척결하지 않으면 안 되었다.

그러나 야비한 10여 명의 여당 배신자들과 겁도 없이 야당의 다수 반역자들이 모의하여 함께 정통성 있는 현직 대통령 탄핵이라는 최악의 정치 사태를 만들어냈다. 야당의 거듭된 행정부 관리들의 탄핵을 주도한 의회 폭정과 정치적 폭거로 인해 대한민국은 역사상 반역과 배신의 절정을 이루었다. 이런 긴박한 상황에서 윤석열 대통령은 “저는 오로지 국민만 믿고 신명을 바쳐 자유 대한민국을 지켜낼 것입니다. 저를 믿어 주십시오.”라는 예언자적 호소를 남긴 채 반역의 무리들에 의해 구치소에 갇혀 핍박을 받는 처지가 되었다.

그러나 그 모든 과정에서 윤석열 대통령은 보기 드문 사나이다움과 우아한 품위를 보여주었다. 그는 자신의 안전에 대해 고결한 무관심을 보였다. 윤 대통령은 보기 드문 자제력을 보여주었고 반역의 음모꾼들은 분별력의 결핍을 폭로했다. 반역자들은 너무도 오만한 자신감에 빠진 나머지 절제력을 완전히 상실하고 말았다. 그들은 멈출 줄 모르는 지옥행 급행열차 같았다. 그러나 윤 대통령이 굳게 믿었던 일반 국민들은 결코 그를 실망시키지 않았다.

일반 국민들은 윤석열 대통령의 부름에 부응하기 시작했다. 국민이 직접 국가 원수로 선출한 정통성 있는 윤석열 대통령을 빗나간 정치적 야심으로 정치적 음모꾼들과 그들의 잉크를 받고 그 반역에 가담한 반역자들을 용서할 수 없었기에 윤석열 대통령 탄핵반대와 윤 대통령 지지를 표명하는 강력한 국민운동이 전국으로 퍼져나갔다.

대한민국의 역사상 처음 있는 대규모의 집회가 매주 토요일마다 서울의 광화문과 여의도에서는 물론이고 전국 대도시와 전국의 수많은 대학교에서 윤 대통령 탄핵반대 집회가 열린 것이다.

반역자들과 음모꾼들이 설치는 한국 정치는 참 더럽게 되었다. 한국의 민주정치가 극단으로 치달아, 민주정치가 아리스토텔레스가 최고의 정치적 덕목으로 강조했던 온건성(moderation)을 상실한 채 방임에 젖어 결국 선동의 중우정치로 전락했다. 자유 민주정체를 전복하려는 종북·친중 및 공산주의 세력과 윤석열 대통령을 사적으로 혐오하는 세력이 결탁하여 반란을 꾀한 반역의 음모가 주된 근원이었다.

그러나 정의는 인간본성의 일부이다. 대한민국의 의식 있는 국민들의 본능적 정의감이 분출하기 시작했다. 그때까지 대부분의 언론들은 윤석열 대통령을 성급하고 시시하며 겁에 질린 '반란의 괴수'로 묘사하는 것이 가능했을 것이다. 그러나 그렇게 하는 것은 참으로 터무니없는 일이 되었다. 오히려 이제는 윤 대통령의 신중하고 결단력 있으며 담대한 사나이다움을 찬양할 수밖에 없을 것이다.

대한민국의 헌정사상 유례가 없는 반역의 이 사건은 마치 셰익스피어가 드라마화한 위대한 로마 공화정의 종말을 가져온 줄리어스 시저와 그의 배신자들의 비극적 스토리를 상기시킨다. 자신의 영혼보다 더 사랑했던 로마 공화정의 종언을 견딜 수 없었던 브루투스(Brutus)와 시저를 폭군이라고 증오했던 캐시우스(Cassius)가 결탁하여 시저의 암살을 모의하고 마침내 시저를 살해하는 데 성공했다. 브루투스와는 달리 캐시우스는 덕스럽게 살지 않았다.

이것은 마치 윤석열 정부에게 처음부터 적대적인 더불어민주당의 이재명 대표와 윤석열을 사적으로 혐오하는 한동훈 간의 음모적 윙크와 결탁이 윤 대통령의 탄핵을 촉발했다. 그들은 동시에 셰익스피어가 그의 전 작품에서 가장 사악한 인물로 창조한 이아고(Iago)에 견줄만한 아주 비열한 인물들이다. 그들은 브루투스와 캐시우스처럼 자신의 상황적 의미를 직시하지 않았다. 그들은 시저의 살해 후 닥쳐올 강력한 후유증을 전혀 예상하지 못했다. 그들은 마크 앤토니(Mark Antony)와 필리피(Philippi)전투에서 패배하자 닥쳐올 불명예를 피하기 위해 명예롭게 자결했다. 로마인들에게는 명예가 최고의 가치였다.

마찬가지로, 이재명과 한동훈도 윤 대통령의 탄핵시도가 몰고 올 후폭풍, 강력한 국민적 저항을 예상하지 못했다. 오늘은 로마의 시대가 아니다. 그러므로 명예보다는 권력을 추구하는 이재명과 한동훈이 정치적 패배 후에 로마인들처럼 명예롭게 죽음을 택할 것 같지는 않다. 그들은 오로지 숨겨진 자신들의 추악한 위선의 형태만을 폭로하고 말았다. 그들의 의도와는 정반대로, 그들은 윤 대통령에게 극단적 고통과 시련을 강요함으로써 오히려 윤 대통령을 영웅으로 만들었다. 윤 대통령은 극단적인 고통과 시련의 상황에서 영웅적 겸손과 설세력을 과시했다.

윤 대통령의 탄핵시도는 합법적 대통령의 계엄령 선포를 구실 삼아 정통성 있는 국가 원수를 축출하고 정권을 찬탈하려는 사악한 음모꾼들의 반역적 사건이었다. 탄핵음모는 윤석열 정부를 개혁하려는 것이 아니라 그것을 무너뜨리려는 것이었다. 정치행위는 본질적으로 결과가 불확실한 속에서 취하는 일종의 도박 성격을 벗어날 수 없다. 그러므로 정치행위는 분별력과 함께 대담한 용기가 필요한 것이다. 윤석열 대통령은 위태로운 자신의 상황을 스스로 만들었고 그것을 악화시켰다. 그렇게 그는 국민적 동정심을 일으켰다. 윤석열은 분명 정치적 야심가이다. 그러므로 그의 선택은 공적 정신과 혼합되어 있었다. 그는 자신의 예언자적 리더십 하에서 자유 대한민국을 붕괴의 위험에서 구하길 소망했다.

민주정치에서 권력의 쟁취를 위한 소수 선동가들이 이끄는 중우정치에 대해서는 일찍이 그리스의 고전 철학사 플라톤과 아리스토텔레스가 경고했다. 그러나 근대 민주정치에서는 19세기 초 '미국의 민주주의'를 썼던 알렉스 토크빌(Alexis Tocqueville)이 몽테스키외로부터 '부드러운 전제정치(soft despotism)'의 개념을 도입하여 대중영합정치의 위험성을 경고했다. 그것은 존 스튜어트 밀(John Stuart Mill)의 유명한 '자유론'에서 다수의 폭정(the tyranny of majority)의 개념으로 발전하였다.

오늘날 우리는 바로 그 다수의 폭정을 눈앞에 마주했던 것이다. 그것은 바로 더불어민주당이 국회에서 자행한 다수의 폭정이었다. 윤석열은 대한민국의 자유민주주의 정체와 공산-사회주의 전체주의 사이에 서 있는 유일한 사나이, 즉 피그미들 사이의 거인이었다. 윤석열은 대한민국을 구했고 국민들은 윤석열을 구했다. 그는 대한민국의 볼셰비크 혁명가들로부터 나라를 구한 것이다. 민주국가에서 국민적 지지를 받지 않는다면 누구도 정치지도자일 수 없다. 보다 정치적으로 말해서 윤석열 대통령은 정치지도자로서 다수 국민들의 자발적 지지와 복종을 끌어내는 통치술을 보여주었다. 그리하여 그는 북한의 항구적인 음모와 대한민국에 잠복한 제5열로부터 절체절명의 나라를 구한 것이다.

대한민국의 현 제6공화국 헌법은 국회의 독재, 입법부의 독재가능성에 눈을 감았다. 그것은 건국 이래 제왕적 대통령들과 투쟁의 결과로 인해서 반-정부, 즉 반-대통령 투쟁만이 존재할 것이라고 각인된 결과였다. 그 결과 제6공화국 헌법 제정자들은 입법부의 독재는 전혀 알지 못했다. 그러나 17세기 영국에서 올리버 크롬웰(Oliver Cromwell)이 왕정을 누르고 일생 동안 의회독재를 했고 그의 사후 그가 부관참시를 당했던 역사적 사실을 아는 사람이 없었던 것 같다.

그리하여 삼권 분립체제 하에서 행정부의 견제에만 치중하고 의회를 견제할 헌법적 권능인 비상대권이 제6공화국 헌법에서 사라졌다. 대통령이 사용할 수 있는 유일한 의회 독재에 대항할 수 있는 헌법적 권한은 국가 비상계엄령뿐이다. 정부가 먼저 기능하게 한 다음에 견제하는 것이 순리이다. 정부가 작동하기도 전에 처음부터 정부를 먼저 마비시킨다면 그런 국가는 존재할 수 없을 것이다.

적과 동지만을 철저히 구별하는 더불어민주당의 나홀로 입법부 폭정에 대한 윤석열 대통령의 반격의 정점(culminating point)이 바로 2024년 12월 3일의 비상계엄령의 선포였다. 그러나 그의 반격은 곧 민주당의 파상공세로 인해 위험한 수세로 몰려 구치소에 갇히는 절망적 상황에 몰렸다. 그러나 다행히 윤 대통령을 구해야 한다는 국민들의 압도적 지지표명과 정교한 법적 투쟁을 통해 마침내 52일간 구속에서 해방되어 승리를 거머쥐었다. 그의 52일간 구치소 구금은 어떤 면에서 그에게는 '위장된 축복(a blessing in disguise)'이었다. 이제 그가 대한민국의 자유민주주의의 회생을 위해 그의 전략적 통치술을 주저함이 없이 발휘할 때이다.

제2차 세계대전 후 그리스의 위대한 정치지도자 콘스탄티노스 카라만리스(Konstantinos Karamanlis)는 "위대한 지도자는 국민을 필요로 하지 않는다. 국민이 위대한 지도자를 필요로 하는 것이다."라고 말한 바 있다. 그는 반은 맞고 반은 틀렸다. 윤 대통령의 사악한 탄핵시도의 드라마에서 윤 대통령은 대한민국 국민을 필요로 했던 반면에 대한민국 국민도 윤석열을 필요로 한다는 것을 목격하게 해주었다.

유산되어 버린 윤 대통령의 탄핵음모는 이제 곧 대한민국이 경험한 극한적 정치 투쟁에 대한 정의로운 심판을 가져올 것이다. 윤석열 대통령은 정치 투쟁에서 견딜 수 없는 모욕과 명백한 불의를 견디어야만 했다. 탄핵 음모자들이 낮이었다면 윤석열 대통령은 밤이었다. 이제 낮과 밤이 바뀔 것이다 민주주의 통치자는 헌법의 자궁에서 태어난다. 그러므로 정통성 있는 정부의 불법적 전복은 후에 다른 정부의 전복에 논거를 제공한다. 그러므로 확립된 헌법적 권위와 정통성은 언제나 존중되어야만 한다.

윤석열은 이승만 대통령의 독립 혁명가, 박정희 대통령의 산업 혁명가에

이어 자유민주주의 구출 혁명가로 등극할 것이다. 윤석열 대통령은 공산주의 위협에 목숨을 걸고 대응한 '영원한 자유의 상징'이 되었기 때문이다. 그는 자신과 조국에 위협적인 시대의 현실 앞에서 굴복할 필요가 없다는 것을 보여주었다. 그는 자유민주주의 정부와 정신을 유지해 나갈 후세의 계승자들에게 롤(role) 모델로서 봉사할 것이다.

그는 진정으로 조국이 처한 위험한 조건들을 간파하고 자신의 책임을 다하고 있다. 대한민국이 공연한 이 거대한 정치드라마에서 최종적으로 이재명은 자신의 비극적 드라마를 완성했고 한동훈은 자신의 희극적 드라마를 완성했다. 오직 윤석열 대통령만이 자신의 장엄한 서사시를 여전히 써 나갈 것이다. 그리하여 윤 대통령은 대한민국의 역사에 하나의 소중한 거울을 제공했다.

제35장

프랭클린 델라노 루즈벨트(FDR): '사자와 여우'의 노련한 리더십

"그는 무릎 꿇은 미국을 일으켜 세우기 위해 자신의 휠체어에서 스스로 일어섰다." 루즈벨트의 전기작가들 중 한 사람인 진 에드워드 스미스(Jean Edward Smith)가 한 말이다. 그는 미국의 역사에서 휠체어에 의존한 유일한 대통령이었다. 그러나 다시 미국의 역사에서 조지 워싱턴이 미국을 창건하고 에이브러햄 링컨(Abraham Lincoln)이 미국을 보존했다면, 프랭클린 루즈벨트 대통령은 절망적인 경제적 좌절에서 미국을 구했다. 그런 이유에서 사우스 다코다에 있는 국립공원인 러시모어 바위산에 그의 얼굴이 새겨져 있지는 않지만 미국인들에 의한 역대 대통령의 업적평가에서 링컨과 워싱턴 다음으로 그는 늘 제3위에 올랐다. 미국의 전 역사에서 전례 없이 4번이나 대통령으로 선출된 그는 20세기의 가장 재능 있는 미국의 정치가였다. 그리하여 그에 관한 최초의 전기를 쓴 리더십에 관한 대표적인 학자인 제임스 맥그리거 번즈(James MacGregor Burns)는 마키아벨리의 표현을 빌려 루즈벨트의 리더십의 특징을 '사자와 여우(a lion and a fox)'라고 불렀다.

프랭클린 델라노 루즈벨트가 1933년에 처음 미국의 제32대 대통령으로 집권했을 때 미국인들의 3분의 1이 실업 상태에 처해 있었고, 농업은 피폐했으며, 공장들은 쉬고 있었고, 상업은 문을 닫고, 그리고 은행제도는 파산의 위기에 처했다. 미국은 남북 내전 이후 가장 심각한 미국의 위기, 즉 최초의 절망적 경제위기에 처해 있었다. 그러나 이런 상황에서 루즈벨트 대통령은 오히려 기회를 포착했다. 그는 링컨의 위대한 두 번째 취임사에 버금가는 자신의 첫 취임사로 미국인들에게 충격요법을 썼다. 그는 두려움에 떨고 있는 미국인들에게 "미국인들이 두려워해야 할 것은 오직 두려움 그 자체뿐"이라고 선언했다. 루즈벨트의 힘찬 리더십 하에서 미국연방정부가 국가의 경제적 삶에 적극적인 참여자가 되었다. 더욱 중요한 것으로, 그는 미국인들의 자신감을 부활시켰던 것이다.

루즈벨트는 일생동안 살면서 한 번도 봉급에 의존하지 않았던 특권적 아들로서 허드슨 강(Hudson River)의 귀족이었지만 평민의 챔피언이 되었다. 그는 흔히 소아마비의 불행이 루즈벨트를 변화시켰다고 한다. 그리하여 그는 종종 자기가 속하는 '귀족계급'의 배신자로 일컬어지기도 했다. 그는 자기의 역경을 극복함으로써 고통의 성격에 관해 통찰력을 얻었고 자신 속에서 힘의 자원을 발견했다. 소아마비를 치료하기 위해 그는 조지아주의 온천지인 웜 스프링스(Warm Springs)로 갔고 그곳에 머무는 수년 동안 농촌 빈곤의 냉혹한 현실을 목격했다. 자기의 주변에서 열심히 일하는 사람들이 초라한 집에 살면서 옷도 제대로 입지 못하고 영양실조 상태에 있음을 보았다. 루즈벨트의 귀족적인 본능은 이에 반발했고 뉴딜(New Deal) 정책으로 결실을 이룬 경제적 아이디어를 형성하기 시작했다. 1929년 대공황이 발생했을 때 뉴욕 주지사로서 그는 광범위한 구호의 노력을 조직한 유일한 행정 수반이었다. 그는 정부를 통해 작동하는 현대 사회는 자신들의 삶을 지탱하려고 노력하지만 그럴 수 없는 주민의 굶주림이나 비참한 빈곤도 막을 무한한 의무를 가진다고 말했다.

루즈벨트는 재능이 넘쳐나서 자신의 타고난 환경에 국한되지 않았다. 그는 자신이 '운명의 사나이'라는 확신과 자기 직업에 대한 헌신은 자신의 귀족계급에 대한 충성을 훨씬 능가했다. 본능과 훈육으로 사회적 보수주의자인 그는 어느 미국인보다 더 평범한 시민들과 그들의 정부 사이의 관계를 변경시키기 위해 더 많은 일을 했다. 그래서 그는 '정부의 의무'에 대한 새로운 개념을 상정했다. 지금까지 정부는 사람들이 행복을 추구하는 조건을 마련하는 것이었다. 그러나 이제는 정부가 물질적 안녕으로 정의되는 어느 정도의 행복을 전달하는 최종적 책임을 갖는다고 간주되었다. 이런 의미에서 그는 자연스러웠다. 그는 정치를 제외한 어느 분야에서도 특별한 재능이 없었다. 그러나 정치에서는 그를 필적한 사람이 없었다. 그의 자신감은 바로 미국이 필요로 하는 것이었다. 사회 안전, 실업 보상, 주식 규제, 은행 저축에 대한 연방정부의 보장, 임금과 노동시간의 입법화, 집단적으로 협상할 노동자의 권리, 농산물 가격의 지원, 농촌에 전기공급 등은 오늘날 우리는 당연시하지만 그러나 프랭클린 루즈벨트 이전에는 존재하지 않았다. 그런 점에서 현대의 정치는 루즈벨트가 시작했다고 말할 수 있을 것이다.

루즈벨트 대통령은 군 총사령관으로서 워싱턴과 그랜트(Grant) 전임 대통령들을 제외한다면 어느 대통령보다도 잘 준비된 인물이었다. 제1차 세계대전을 치른 제16대 우드로 윌슨 대통령 행정부에서 8년 동안 그는 해군성의 제2인자였다. 그는 군부가 어떻게 작동하는지 이해했고 대통령의 권위를 행사하는 데 주저하지 않았다. 1939년 전쟁의 먹구름이 몰려올 때 그는 육군의 서열을 무시하고 조지 마셜(George C. Marshall) 장군을 참모총장으로 임명했다. 1940년 상황이 긴장되자 그는 야당인 공화당에 손을 뻗어 저명한 헨리 스팀슨(Henry L. Stimson)을 전쟁상(戰爭相)으로 임명했다. 루즈벨트는 미국을 전시편제로 몰고 갔다. 그는 무기대여법(the Lend-Lease Act)을 통과시켜 전쟁 중인 영국에 원조를 하고, 징집제도를 재수립하고, 그리고 영국에 서반구에서 기지의 권리와 50척의 항해에 적합한 구축함을 교환했다. 1941년 11월 히틀러가 소련을 침공한 지 얼마 후 미국은 소련에게도 무기대여법을 적용했다. 이것은 중요한 새로운 전시 동맹을 수립하는 첫 조치였다.

루즈벨트는 1941년 태평양에서 악화되고 있는 상황에 충분한 관심을 기울이지 않았다. 그의 행정부는 일본이 1941년에 공격할지 모른다고 인식했지만, 그러나 군부가 난공불락으로 믿고 있는 진주만을 공격할 것으로 생각하지 않았다. 루즈벨트의 전시 리더십은 링컨의 리더십을 닮았다. 1941년 8월 영국령인 캐나다 옆에 있는 뉴펀들랜드(Newfoundland) 앞바다에 정박한 미국의 순양함 어거스트라(Augustra) 위에서 윈스턴 처칠 영국수상과 회담을 갖고 '대서양헌장(the Atlantic Charter)'에 서명했다. 그것은 전쟁의 목적을 선언한 것으로 모든 인민들은 자기가 살아갈 정부 형태를 선택할 권리, 나치 폭정의 최종적 파괴, 그리고 모든 국가들에게 안전하게 살아갈 수단을 제공하는 평화를 포함했다. 그리하여 어느 곳에서나 모든 사람들이 공포와 빈곤으로부터 자유롭게 살아갈 수 있게 하겠다는 것이었다.

1941년 12월 7일 일본으로부터 미국의 진주만이 기습공격을 받은 '불명예의 날' 바로 다음 날 그는 일본에 선전포고를 했다. 그리고 3일 후 독일과 이탈리아가 미국에 선전포고를 했다. 미국도 그들에게 선전포고를 했다. 12월 29일 루즈벨트는 자신의 메시지를 강화했다. 루즈벨트는 "지난 2년 동안의 경험은 어떤 국가도 나치 독일을 달랠 수 없다는 것을 입증했다. 누구도 호랑이를 쓰다듬어 고양이로 바꿀 수 없다."면서 미국은 '민주주의의 거대한 병기고(the arsenal of democracy)'가 되어야 한다고 선언했다. 미국의 참전 소식을 들은 윈스턴 처칠은 이제 연합국의 승리가 보장되었다고 환호했다. 그러나 루즈벨트는 워싱턴으로 돌아와 "2보 전진하고 1보 후퇴"라는 그의 익숙한 행동을 준비했다. 뉴펀들랜드 회담의 중요성에 관해 질문을 받은 루즈벨트는 "의견교환, 그것이 전부다. 그 밖엔 아무것도 없다."라고 말했다. 그는 헨리 모겐소(Henry Morgenthau) 상무장관에게 "나는 저글러(juggler)다. 나는 나의 왼손이 하고 있는 것을 결코 오른 손이 알게 하지 않는다."라고 털어놓았다. 그는 정치술에 있어서 자신이 "사자와 동시에 여우"임을 고백했던 것이다.

미국은 1943년에 와서야 전쟁에서 공세를 취하기 시작했다. 미국의 참전 이래 그때까지는 처칠이 시니어 파트너처럼 행동했지만, 미군이 본격적으로 전투를 시작한 1943년부터는 루즈벨트가 시니어 파트너가 되었다. 그리하여 루즈벨트가 소련 지도자 스탈린을 개인적으로 직접 만나보고 싶어 하는 염원에 따라 3대국의 정상회담인 테헤란 회담이 열렸다. 이 회담에서 루즈벨트가 전쟁수행 전략의 주도권을 잡기 시작했다. 8개월 후 처칠은 처음으로 영국이 얼마나 작은 국가인가를 깨달았으며 자신의 무력함에 소름이 끼쳤다고 지적했다. 루즈벨트의 전시외교는 추축국들의 패배와 법의 통치에 입각한 세계질서의 수립을 위한 길을 닦았다. 이 테헤란 회담을 시작으로 그 후 열린 1945년 얄타회담에서도 스탈린과 부딪치는 처칠을 밀어내면서 루즈벨트가 주도권을 행사했다.

영국의 윈스턴 처칠과 소련의 스탈린과의 관계에서 루즈벨트는 최고의 통치술을 보였다. 반면 프랑스의 지도자 샤를 드골의 취급은 변덕스러워 프랑스와 미국의 관계를 계속해서 요동치게 만들었다. 그러나 그는 전후 유럽에서 공산주의 봉쇄에서 발생할 어려움들을 충분히 이해하지 못했으며 중국에서 일어나고 있는 엄청난 변화를 헤아리지 못했다. 미국은 제2차 세계대전이 시작했을 때 군사적으로 3류 국가였지만 전쟁이 끝났을 때 미국은 역사상 가장 강력한 국가가 되어 있었다. 그럼에도 불구하고 루즈벨트는 그가 싸운 전쟁의 최종적 승리의 영광을 목격하지 못했다. 애석하게도 루즈벨트는 1945년 4월 12일 제2차 세계대전의 최종적 승리의 문턱에서 갑자기 사망했다. 그가 죽었을 때 미국은 로마제국 이후의 어떤 강대국보다도 강력했다. 히틀러는 루즈벨트보다 32일 늦게 권력을 장악하여 그보다 18일 후에 죽었다. 루즈벨트가 없었더라면 히틀러는 전쟁에서 승리했을지도 모른다. 그랬더라면 스탈린은 전쟁에서 훨씬 적게 얻었을 것이다.

궁극적으로 그는 미국의 가장 존경받는 대통령 중 한 사람이 되기 위해

소아마비를 극복했던 것처럼 미국과 그의 이상들이 경제적 역경과 적의 침략전쟁, 그리고 민주주의에 적대적인 세력에 대항하여 승리하도록 했다. 그는 처칠과 같은 웅변능력이 없었다. 그러나 그는 "우리가 두려워할 것은 오직 두려움 그 자체뿐"이라든가 "운명과의 만남"이나 "우리가 불명예스럽게 살 날"과 같은 감동적 구절들을 창조하는 등 자기 생각의 위대한 전달자였다. 그는 절망적에 빠진 미국인들에게 미래에 대한 희망차고 창조적인 입장을 제공함으로써 대통령이 할 수 있는 가장 중요한 일을 했다. 그리고 제2차 세계대전을 승리의 길로 이끌었다. 그리하여 그도 처칠처럼 자신의 정부보다 더 큰 인물이 되었다. 그 결과 오늘날 세계는 거대한 제국을 상실한 처칠이나 이제 기억으로만 남은 스탈린의 공산 전체주의가 아니라 프랭클린 루즈벨트의 세계 속에 살고 있다. 좋든 싫든, 미국은 세계의 중심이다. 그는 미국의 국경선을 넘어 세계사적 위대한 정치지도자였음에 틀림없다. 그런 점에서 그는 우리 모두의 큰 바위 얼굴이 되었다고 해도 결코 과언이 아닐 것이다.

제36장

윈스턴 처칠: 위대한 리더십의 비결(상)

정치가는 전반적으로 국가의 건설과 보존에 어떤 특별한 방식으로 기여했을 때 '위대한'이라는 최고의 명예를 부여받았다. 때때로 우리는 국가의 존재 자체에 기여한 인물들을 찾아볼 수 있다. 조지 워싱턴, 카브르(Cavour), 비스마르크, 그리고 간디 같은 인물들이다. 그러나 우리는 역사에서 분열된 국가를 함께 묶어 국가의 과거 자국의 빛나는 역사적 성취를 상기시키면서 당면한 위험들을 헤쳐나가 새로운 국가적 자신감과 결의의 길로 국가를 이끌어 간 위대한 지도자들도 발견할 수 있다. 그러한 인물들 중에는 에이브러햄 링컨과 샤를 드골이 있다. 그러나 그들 가운데 가장 뛰어난 인물은 윈스턴 처칠이었다.

처칠은 성공적인 정치가나 성공적인 전략가가 되기에는 너무나도 낭만적이었다. 권력이 없을 때 그는 엄청나게 무책임할 수 있었다. 그리고 권력을 가지면 그는 무자비하게 불한당 같았다. 평화 시절의 정치에서 처칠은 얕은 물에서 몸부림치는 좌초한 고래였다. 그러나 전시에 그는 무한한 만족을 느꼈다. 그가 1930년대에 죽었다면 그는 빛나는 실패의 명성을 남겼을 것이다. 그는 1930년대에 죽지 않고 살아서 겁먹고 분열된 국가를 통합하고 패배 후에 국민들을 집결시키고 영국의 역사상 유례가 없는 시련을 통해 국가를 지탱했으며 강대국으로서 국가의 생존을 보장하는 것으로 보이는 승리로 이끌었다. 이 승리는 그렇지 못했다. 세계는 너무나 급속히 변화하여 처칠과 그의 세대가 언제나 당연시했던 세계 속의 영국의 역할을 계속할 수 없었다. 그러나 이것은 처칠의 결함이 아니었다. 처칠이 기억되길 바라는 것은 틀림없이 위대한 전쟁지도자로서일 것이다. 결국 영국의 제2차 세계대전 수행, 다양한 군부대의 상이한 견해와 이익을 조정하고 명령과 위협, 그리고 그것들을 동맹국들의 견해 및 이익과 조화시키는 책임을 진 것은 바로 처칠이었다.

그러나 처칠의 전쟁 수행보다도 더 중요한 것은 그가 국내에서 행사한 그의 리더십이었다. 처칠이 거의 글자 그대로 승리를 위해 어떤 짐도 지고, 또 어떤 희생도 치를 준비가 된 그리고 어떤 심각한 강요 조치도 없이 그렇게 할 국민들을 주도하지 않았다면 어떤 전략적 기술이나 관리 능력도 소용이 없었을 것이다. 당시에 어떤 다른 정치가도 영국 국민들에게 그런 희생을 가능하게 할 수 있는 그런 탁월한 리더십을 제공할 수 있었다고 생각하기 어렵다. 물론 하원에서 불만이 있었고 실패했지만 두 번의 불신임 투표도 있었다. 그러나 이러한 분열은 제1차 세계대전 때의 분열에 비하면 별것 아니었다. 제1차 세계대전의 전반기에 보수당은 허버트 애스퀴스(Herbert Asquith) 자유당 정부에 대한 공격을 계속했으며, 후반기 중 로이드 조지(Lloyd George) 수상은 애스퀴스파 자유당원들과 젊은 보수주의자들, 불만스러운 장군들과 언론에 대항하여 싸워야만 했었다.

처칠은 부분적으로 개인적인 카리스마를 통해 로이드 조지가 할 수 없었던 국가의 통합을 이룰 수 있었다. 왜냐하면 한 세대 전의 로이드 조지와는 달리 그는 방송과 영화와 같은 미디어를 통해 자기의 카리스마를 행사할 수 있었기 때문이다. 그리고 그는 영국의 정치사에서 가장 성공적인 정치적 연립정부를 유지할 수 있었기 때문에 그렇게 할 수 있었다. 보수당은 그를 사랑하지 않았다. 그는 과거에 변절과 오판의 소름 끼치는 기록을 가진 정치적 독불장군이었다.

그러나 그들은 그에 대해 그들의 계급 파괴자로서 제1차 세계대전 중에 로이드 조지에 대해 품었던 증오심을 갖고 있지는 않았다. 노동당 지도자들 중에서 많은 사람들은 처칠을 자기 계급의 적으로 보지 않았다. 보수당으로부터 그의 거리감과 도시의 은행가들과 중부의 제조업자들의 방탕과 무관했던 것이 노동당 지도자들에게 처칠은 보다 수용할 만한 인물이었다. 그리고 이것은 노동당 지도자들이 어느 정도 합의하고 또 노동당이 어느 정도 주도되게 하는 노동당의 역사에서 아주 드문 경우들 가운데 하나였다.

분명히 어떤 다른 보수당의 수상도 처칠이 했던 것처럼 노동당 동료들에게 국내적 행정의 그렇게 많은 부분을 할애하지는 않았을 것이다. 이 뿐만 아니라, 처칠은 노동당 지도자들이 보수당원들이 할 수 없는 방식으로 도시의 노동계급의 주민들과 소통할 수 있을 것임을 알고 있었다. 유능한 어니스트 베빈(Ernest Bevin)이 입각하여 노동문제를 다루었다. 탁월한 기업가인 울턴 경(Lord Woolton)이 식량분배를 다루었다. 그리고 수수께끼 같은 인물인 브렌던 브라켄(Brendan Bracken) 정보장관이 과소평가 되었지만, 중대한 일에 처칠에게 열정과 상상력을 가져다주었다. 그리하여 대체로 영국인들은 위험과 불편을 견디면서 전쟁을 계속했다. 그러나 동시에 그들은 과거 방식으로는 결코 돌아가지 않으려는 압도적인 결의를 하게 되었다. 그러므로 전시 동지애에 대해 너무 황금빛 그림을 그리는 것은 실수가 될 것이다.

전쟁의 중간 시기에 노동분쟁, 파업 그리고 으르렁거리는 긴장과 불만들이 있었다. 성공적인 국민적 합의를 이루는 것이 전적으로 처칠과 그의 동료들의 덕택은 아니었다. 소련에 대한 히틀러의 공격이 좌익분자들을 침묵시켰다. 그들은 수도 굉장히 많았으며 혁명적 목적을 위해 사회의 곤란과 긴장을 이용했기에 더욱 위험스러웠다. 그러나 히틀러에 의한 소련의 침공은 그들을 침묵시켰을 뿐만 아니라 비록 엄격히 일시적이지만 자본주의 적과 그들이 훨씬 더 싫어했던 온건한 노동당 지도자들과 기꺼이 동맹을 맺게 해주었다. 환경이 오직 소수의 파시스트 사이코패스들만을 제외한 진정한 국가적 통합을 창조했다. 그 결과 과거 상당수의 공산주의자들도 그들의 옛 충성을 신속하게 벗어던지고 민주적 과정에 항구적으로 흡수되었다. 그렇지 않은 자들은 전쟁이 끝나자마자 과거의 충성으로 돌아갔다.

그러므로 처칠은 난데없이 국가적 통합을 마술처럼 이룬 것은 아니었다. 그는 국민통합을 감각적으로 파악하고 그것을 환기시켜, 또 흐름을 발견하고 거기에 부응하는 리더십 스타일을 발휘했다. 그리하여 그의 리더십 하에 전쟁과 복지가 손을 잡고 함께 갔다. 노동당 지도자들은 제1차 세계대전 중에 그들의 전임자들이 향유했던 것보다는 훨씬 더 많은 권력의 몫을 포섭했으며 그것은 낡은 질서의 불평등을 제거하기 위한 결의에 차 있었다. 그리하여 처칠은 정쟁이나 복지를 통해 전후 노동당의 복지정책의 구현에 아주 믿을만한 역할을 수행했다.

처칠이 국민적 통합을 이루는 데에는 용기와 지성, 그리고 무엇보다도 아무도 꺾을 수 없는 유머가 필요했다. 요컨대, 당시 국가통합의 비결은 정당, 종교와 계급의 모든 장벽들을 초월하는 통일된 국가에 대한 처칠의 굳건한 비전이었다. 국내외로부터 위협하는 모든 위험에도 불구하고 그를 그렇게 일반적으로 국가적 지도자로 수용하게 만든 것은 역사가로서 어떻게 국민통합이 창출될 수 있는가에 대한 그의 깊은 이해에 뿌리를 둔 비전과 동시에 정치가로서 그의 자신감이었다. 영국이 직면한 역사상 최대 그리고 최고의 위험이었던 제2차 세계대전에서 그런 초월적인 국가적 통합에 대한 처칠의 올바른 비전과 그의 국민통합의 탁월한 리더십이 없었더라면 영국인들은 어쩌면, 아니, 거의 틀림없이 하나의 민족으로서 확실하게 소멸되었을 것이다. 처칠은 단순히 탁월한 전사의 지위를 넘어 국가의 위대한 정치지도자였다.

1940년 5월 10일 그가 수상으로 취임하는 날 프랑스가 독일군의 기습공격을 받아 무너지고 5월 29일 덩케르크의 성공적 철수작전 후에 그가 의회에서 행한 연설은 역사에 길이 남을 감동적인 것이었다.

"우리는 끝까지 갈 것이다.

우리는 프랑스에서 싸울 것이다.

우리는 바다와 대양에서 싸울 것이다.

우리는 불어나는 자신감과 점증하는 힘으로 하늘에서 싸울 것이다.

우리는 무슨 대가를 치르더라도 우리의 섬을 지킬 것이다.

우리는 해변에서 싸울 것이다.

우리는 착륙지점에서 싸울 것이다.

우리는 들판에서 그리고 거리에서 싸울 것이다.

우리는 언덕에서 싸울 것이다.

우리는 결코 항복하지 않을 것이다.

나는 일순간에도 믿지 않지만 이 섬의 큰 부분이 굴복하고 굶주린다 할지라도, 그때 가서는 바다 건너 우리의 제국이 영국의 함대에 의해서 무장되고 지도되어 신세계(the New World)가 모든 권력과 힘을 가지고 늦지 않게 구세계(the Old World)를 구원하고 해방시키기 위해 나설 때까지 투쟁을 계속해 나갈 것이다."

처칠의 이 연설은 영국의회를 감동시켰으며 여러 명의 노동당 의원들이 울었다. 1940년 영국공군의 비행 중대장이었으며 후에 처칠의 경호원이 된 론 골딩(Ron Golding)은 이 처칠의 연설을 듣고 나서 영국인들은 독일인들이 쳐들어오기를 오히려 원했다고 회고했다. 미국이 참전할 때까지 견뎌 나가야 한다는 그의 요구는 감동적으로 영국인들의 가슴속을 파고들었다. 그동안 불안해하던 영국인들은 처칠 수상의 이 연설로 인해 마침내 전쟁을 치를 심리적 준비가 되었던 것이다. 그리고 1941년 12월 일본의 진주만 공격의 소식을 듣자마자 처칠은 “마침내 우리가 이겼다.”라고 소리쳤다. 그가 그토록 기대하던 미국의 참전이 이루어진 것이다. 그는 미국의 참전으로 연합국의 승리는 보장되었다고 확신했다. 당시엔 처칠 수상 외에 누구도 그런 예지력을 보여준 사람은 아무도 없었다. (계속)

제37장

윈스턴 처칠: 위대한 리더십의 비결(하)

윈스턴 처칠의 위대한 리더십의 비결은 지적인 것, 실천적인 것, 그리고 도덕적인 것의 3가지 성질로 이루어진 것으로 보인다. 이러한 성질들은 영도력에 대한 지적인 간파, 영도력의 요구에 따라 행동하는 능력, 그리고 모든 다른 고려사항들을 이러한 요구에 종속시키는 것이었다. 다른 사람들도 처칠만큼 지혜로웠다. 다른 사람들도 행동하는 데 처칠만큼 효율적이었다. 그리고 다른 사람들도 목적을 위해 처칠만큼 일편단심으로 헌신했다. 그러나 당시에 살아있는 누구도 처칠만큼 지적인 탁월성과 행동하는 능력을 하나의 대의를 위해 처칠만큼 결합하지 못했다. 처칠은 정치적 및 군사적 문제에서 올바르게 행동하는 법을 배우기 위해 과거를 기억했다. 그 속에 그의 위대한 비결이 있었다.

우선 첫째로, 그런 지적인 힘의 현저한 성질은 의지와 감정이 이해를 간섭하지 않도록 함으로써 문제를 올바른 비중으로 바라보는 능력이었다. 무엇보다도 정치가에게 요구되는 것은 자기 자신과 적, 그리고 다시 적이 자기를 보는 자신을 명확하게 보는 것이다. 명확하게 본다는 것은 열정 없이, 즉 자부심이나 증오심, 그리고 경멸의 열정 없이 보는 것이다. 정치가는 그가 더 우수하다고 느끼는 적을 이기길 열정적으로 원하지만 동시에 적과의 관계를 학자의 무심함과 객관성으로 보아야만 하는 패러독스를 마스터해야 한다. 처칠은 바로 그 패러독스를 마스터했다.

둘째로, 열정과 이해의 이 패러독스를 마스터하는 지적 능력의 도덕적 상대는 자기 자신에 대한 겸허와 다른 사람들에 대한 관대함이다. 도덕적 태도는 그 자체로서 도덕적 덕목일 뿐만 아니라 정치적 성공을 위한 조건이 된다. 처칠의 정치가로서 위대함은 여기에서도 그의 성질이 드러난다. 포츠담 회담 전야에 퀘벡과 얄타에서 합의된 지역 국경으로 미군을 철수하는 트루먼 대통령의 결정을 개탄했다. 그것은 그가 거듭해서 경고했던 조치였다. 그는 자기가 옳고 트루먼이 틀렸다고 확신했다. 그러나 트루먼의 결정을 설명하고 지지했다. 그리고 그는 스탈린의 계획을 막기 위해 모든 노력을 경주하면서도 러시아의 이익을 이해하고 스탈린의 성질을 존중했다.

셋째로, 만일 처칠이 이러한 성질들을 가져간 대의가 지적으로 덜 도전적이고, 덜 도덕적으로 요구되고, 그리고 우리 모두에게 덜 중대하다면 우리는 처칠의 위대함을 덜 생각할 것이다. 그렇다면 바로 이점이 처칠의 위대성을 완성하는 것이다. 즉, 당시의 그는 모든 대의들 중 가장 위대한 것에 집중하기 위해 거대한 지적 및 도덕적 힘을 경주했다.

우리가 처칠의 위대한 리더십의 비결에서 배울 수 있는 교훈은 무엇일까? 정치 및 군사적 정책에 관해서 말한다면 영국과 미국의 정책, 즉 처칠과 루즈벨트의 전략과 통치술은 달랐다. 처칠에게 전쟁은 정치적 목적에 대한 하나의 군사적 수단이었고 또 군사적 수단에 대한 정치적 목적의 영향은 연합국의 군대들이 군사적 승리에 접근하는 속도를 높이는 것이었다. 그러나 미국의 루즈벨트에게 전쟁은 전쟁의 기술적 규칙들이 허용하는 한 신속하고, 값싸게, 그리고 철저하게, 본질적으로 자족적인 기술적 작전을 수행하는 것이었다. 제2차 세계대전의 마지막 해에 처칠의 전략과 통치술이 주로 염려한 정치적 문제는 더 이상 독일과 일본의 제국주의가 아니라 소련의 제국주의였다. 그러나 미국정부에겐 다가오는 독일과 일본의 제국주의의 패배가 서방세계가 직면한 주된 정치적 문제의 제거를 의미했다. 그리고 나머지 문제들은 상호 간 선의, 특히 소련과 유엔에 안전하게 남겨질 수 있었다.

요컨대, 처칠의 전쟁은 전쟁의 역사적 개념이었던 반면에 미국의 전쟁에 대한 개념은 종말론적이었다. 처칠은 전쟁을 역사적 지속성의 일부로 보았다. 전쟁은 무한한 정치의 본질이며 그것을 무시하는 국가는 무거운 대가를 지불해야만 하는 것이다. 반면에 루즈벨트는 전쟁을 전승이란 전쟁의 종결이 거의 자동적으로 부활시킬 정상상태의 재앙적 중단으로 보았다. 미국인들에게 전쟁은 평화로운 장면을 어둡게 하는 뇌우 같은 것이었다. 그러나 처칠에겐 대의와 표현과 결과를 가진 전쟁은 국가들의 자연적 환경의 일부였으며 그런 결과는 전쟁 동안에 수행되는 정책들에 의해서 결정될 것이다.

전쟁의 마지막 해에 처칠의 생각과 주장 속에서 가장 우선적인 염려는 소련의 붉은 군대를 가능한 한 동쪽에서 만나는 것이었다. 이탈리아 작전 중에 그는 소련에 앞서 빈을 점령할 기회에 사로잡혔고 그래서 그는 이 기회를 위해 남부 프랑스의 진격이 희생되어야 한다고 촉구했다. 연합국이 라인강을 건넌 뒤에 그는 베를린을 소련인들에게 남기지 않기 위해서 남쪽으로 진격하는 대신에 곧바로 베를린으로 공격해 나갈 것을 촉구했다. 비슷한 이유에서 처칠은 가능한 한 많이 체코슬로바키아, 특히 프라하(Prague)의 점령을 권고했다. 그리고 유럽에서 독일의 항복으로 전쟁이 끝났을 때에도 그는 계속해서 정치적 결과의 관점에서 군사작전들을 바라보았다. 즉, 처칠은 미국의 군대들이 여전히 유럽에 있는 동안에 소련과의 타결을 촉구했다. 그러나 그는 모든 주요 문제에서 미국의 반대로 실패했다.

그러나 하나의 중요한 예외가 있었으니 그것은 그리스였다. 그곳에서 처칠은 군사적 고려를 정치적 고려에 굴복시키면서 독자적으로 행동할 수 있었다. 그리스가 공산주의에 의해서, 그리고 그것을 통해서 소련의 제국주의에 의해서 정복당할 순간에 그는 영국의 군대를 그리스에 파견하여 방금 주축국과 성공적으로 싸웠던 바로 그 지하 군대를 패배시켰다. 그의 독단적 군사작전이 군사전략적으로 건전했는가의 여부를 떠나 당시 처칠의 생각과 행동은 동맹국 미국의 생각과 대조되었으며 그는 미국인들에 대한 정치적 우수성을 입증했다.

그러나 처칠의 위대한 비결은 그의 정치적 경륜으로 쌓인 분별력과 함께 그의 확고한 정치적 신념과 비전의 소유였다. 그는 동시에 전쟁지도자로서 탁월한 전략적 안목을 갖고 있었다. 그리고 그는 웅변적이고 수사학적이며 거룩한 언어를 구사했다. 영국인들을 감동시키는 그의 연설은 강력한 무기가 되었다. 그는 히틀러에게 "당신은 최악을 행하라. 우리는 최선을 다할 것"이라고 일갈했다. 후에 미국의 존 F. 케네디 대통령의 찬사처럼 그의 말은 총알이 되어 적진으로 날아갔다. 그러나 무엇보다도 그는 당장은 히틀러와의 전쟁에서 영국은 승리하기 어렵지만 미국이 돕기 위해 올 것이라는 사실을 비관적인 영국인들에게 확신시킴으로써 영국인들의 가슴에 국민적 전쟁의지와 승리를 향한 결의를 불러일으키는 연설을 이어갔다.

오직 처칠만이 히틀러의 침략적 근성을 사전에 미리 간파하고 그것에 대해 경고하고 또 전쟁이 영국에 아주 불리하게 전개되는 상황 속에서 수상직을 맡아 국가적 절망에서 영국을 구하고 세계의 민주주의를 구원한 탁월한 영웅적 지도자였다. 처칠은 동맹국 지도자들 중에서 히틀러를 이기는 길을 알았던 첫 지도자였으며 처음부터 끝까지 히틀러와 싸운 유일한 지도자였다. 즉, 오직 그만이 홀로 서 인류 최대의 시련을 극복한 지도자였다. 정치지도자로서 처칠의 드문 풍부한 경륜은 개인적 경험과 주의 깊은 역사책들의 자율학습으로 얻어진 그의 군사문제에 관한 전문성이 정치가로서 그의 위대성에 본질적이었음을 보여주었다. 정치가는 군사적 지도자들을 지도하기 위해서 정치적 문제뿐만 아니라 군사적 문제에도 상당한 친숙성을 갖고 있어야만 한다.

처칠이 강조한 것처럼 최고의 정치지도자는 전반적인 전략적 목표에 대해 견해를 갖는 것이 긴요하다. 이 간단한 원칙을 지키지 못하는 실패는 행동의 혼란과 무기력을 낳고 그리고 거의 언제나 후에 사태를 더욱 어렵게 만든다. 전반적인 전략적 목표들은 국가가 달성하려고 애쓰는 최고의 정치적 목표들이다. 정치가는 이 목표들을 표출하고 또 그것들을 달성할 책임이 있다. 국가의 전략은 전반적인 전략적 목표들을 달성하기 위한 수단의 선택과 관련된다. 이것들은 외교적, 경제적, 심리적 그리고 군사적 수단을 포함한다. 군사전략은 전반적인 전략적 목표들을 달성하는 걸 돕기 위해 모든 전장에서 군사적 수단의 사용과 관련된 국가전략의 바로 그 부분이다. 군사적 전술들은 전반적인 군사전략에 봉사하는 현지화된 군사작전들과 관련된다. 전반적인 군사전략뿐만 아니라 이들의 현지화된 군사작전들은 보다 큰 맥락, 즉 전반적인 전략적 목표들의 오직 일부로서만 중요하다. 그 속에서 결정이 내려져야만 하는 카테고리가 높으면 높을수록 비록 그의 책임이 군사적 전술들의 것을 포함하여 어떤 카테고리도 배제되지 않음에도 불구하고 정치가의 책임은 그만큼 더 큰 것이다. 역으로 군사지도자들의 적절한 영향은 행동해야 할 규모를 축소시킨다. 처칠은 정치와 전략의 구별은 지위가 올라가면서 감소한다고 말했다. 정상회담에서 진정한 정치와 전략은 하나이다.

정치적 및 군사적 문제들 모든 것에 동시에 전문성을 갖춘 처칠 같은 정치가만이 최고의 정치지도자로서 책임을 수행할 수 있었다. 그는 자신의 군사보좌관들에 의해 주어지는 권고를 완전히 평가할 수 있었고 그리하여 군사적 고려는 국가의 전반적인 전략적 목표에 부응하는 적절한 관계를 유지할 수 있었기 때문이다. 아마도 다른 어떤 현대 정치가에게서보다도 더 처칠에게서 정치적 지혜와 군사적 능력의 다행스러운 일치가 가장 명백했다. 따라서 정치적 리더십을 공부하는 학생들에게 처칠의 연구가 가장 생산적이다. 처칠은 거의 70년 동안 자신이 스스로 리더십에 관해서 글을 썼을 뿐만 아니라 최고의 정치적 책임의 지위에서 리더십의 원칙들을 적용할 기회를 가졌다. 행동하는 정치가로서 그는 정치가의 책임에 초점을 맞추었고 또 그리하여 언제나 발생한 모든 것이 필연적이었다는 환상을 피할 수 있었다.

제2차 세계대전 이후에는 처칠은 인류에 대한 전후 공산주의 폭정의 위험을 경고하는 예지적 선구자가 되었다. 이번에는 세계인들이, 특히 트루먼 미국 대통령이 그에게 귀를 기울였다. 즉, 1930년대와 달리 1946년 3월에 미국 미주리주 풀턴에서 그가 행한 소위 '철의 장막(the Iron Curtain)'의 연설에서 경고한 대로 미국의 주도하에 서방국가들은 공동으로 소련공산주의 위협에 대처하여 자유세계를 지킬 수 있었을 뿐만 아니라 궁극적으로 소련공산주의 제국과의 대결에서 승리할 수 있었다. 그런 점에서 지금 자유민주주의의 삶을 살아가는 세계인들은 모두가 윈스턴 처칠에게 빚을 졌다고 해도 과언이 아닐 것이다. (끝)

제38장

대한민국의 대부(Godfather) 해리 트루먼(Harry S. Truman): 평범한 인간의 비범한 리더십

"전쟁은 난폭한 스승이다." 이것은 그리스의 역사가 투키디데스(Thucydides)가 자신의 역사서를 영원한 인류의 교훈서가 되길 기대하면서 원래 '영원한 재산(Eternal Possession)'이라는 제목을 붙인 그의 불멸 역사서 '펠로폰네소스 전쟁사(History of the Peloponnesian War)'에서 했던 말이다. 전쟁은 본질적으로 폭력성을 가르쳐줄 뿐만 아니라 인간본성에 입각한 인간 삶의 본질적 조건을 가르쳐 준다는 뜻이다. 실제로 인간은 난폭한 전쟁을 체험하면서 세상에 대한 이해가 결정적으로 한 단계 도약하는 깨달음을 얻는다고 하겠다. 바로 해리 S. 트루먼이 그런 인물이었다.

해리 트루먼은 20세기 유일하게 대학에 다니지 못한 아주아주 평범한 한 젊은이로서 제1차 세계대전의 참전 경험을 통해 리더십의 소양을 계발하고 평생 역사와 미국 대통령들의 전기들을 꾸준히 읽는 자율학습을 통해 자신의 지적수준을 함양했다. 그리고 그는 마침내 미국의 제33대 대통령이 되었다. 다시 말해서, 1945년 4월 12일 프랭클린 델라노 루즈벨트(Franklin Delano Roosevelt) 대통령의 갑작스러운 사거로 우연히 대통령에 오른 뒤 누구도 예상하지 못한 비범한 리더십을 발휘하여 제2차 세계대전을 무조건 승리로 마무리하고 전후 세계질서를 수립한 미국의 위대한 대통령이었다.

해리 트루먼은 미국의 역사에서나 세계사에서 조지 워싱턴이나 에이브러햄 링컨과 같은 위대한 영웅적 지도자는 아니었다. 해리 트루먼은 아주 평범한 사람 혹은 평균적 인간으로서, 그 자신의 말처럼, 루즈벨트 대통령의 부통령이 된 후 겨우 8개월 만에 자신의 고백처럼 우연히 대통령이 되었던 인물이었다. 그러나 아주 평범한 인물인 그가 전임자의 갑작스러운 사망으로 대통령직을 승계했지만 그는 놀랍게도 비범한 리더십을 발휘하여 전임자가 마무리하지 못한 제2차 세계대전을 무엇보다도 원자탄의 사용을 통해 빛나는 승리로 장식했으며, 또한 전후 세계질서를 관리할 것으로 기대된 유엔의 창설도 마무리했다.

그리고 전후 스탈린 공산주의의 팽창에 대응하여 트루먼 독트린을 선언했고, 유럽의 복구를 위해 마셜 플랜(the Marshall Plan)을 채택하고 소련을 봉쇄하는 정책을 전개했다. 그리고 그는 이스라엘과 대한민국 국가 탄생의 산파 역할을 했다. 트루먼은 또한 아무도 예상하지 못한 재선의 승리를 이끌었고, 베를린 위기에는 역사상 유례가 없는 대공수작전을 수행했으며, 서방 민주주의를 보호하기 위해 NATO를 창설했다. 그리고 그는 소련의 원자탄 실험에 대응하려 미국의 수소탄(the Hydrogen Bomb) 개발을 결정했다. 이런 중대한 결정들을 통해 그는 전후 자유민주주의를 보전하기 위한 국제질서의 구조를 창조했던 아주 탁월한 세계적 지도자로 올라섰다. 그리하여 그는 서양문명과 그것의 꽃이라 할 수 있는 자유민주주의 수호자가 되었다.

그러나 무엇보다도 우리에게 중요한 것은 그가 당시 소련 주도의 세계적 공산 침략으로부터 한반도의 소위 5,000년 역사상 처음으로 수립된 자유민주주의 공화국 대한민국을 구원한 일종의 '대부(Godfather)'였다는 사실이다. 그는 무엇보다도 용기 있는 지도자였다. 그런 점에서 본다면 트루먼의 전기 작가 알론조 햄비(Alonzo L. Hamby)의 평가처럼 "트루먼은 처칠이 아니었다. 그러나 그의 업적은 중요성에서 처칠다웠다."

윈스턴 처칠도 트루먼 대통령을 그의 면전에서 평가했다. 한국전쟁이 한창 진행 중이던 1951년 10월 26일 영국의 총선에서 보수당이 승리하여 대영제국의 수상으로 복귀한 77세의 윈스턴 처칠 수상은 다음 해 1월 미국의 워싱턴을 방문하여 미국의 트루먼 대통령과 정상회담을 했다. 그때 그곳에서 처칠 수상은 당시 세계정세와 소련제국의 위험과 패러독스에 관해서 말하면서 미국의 핵무기 능력의 중요성을 인정하고 미군을 한국에 파병한 트루먼의 '위대한 결정'을 포함하여 자유세계의 트루먼 리더십을 따뜻하게 칭송했다. 그리고 트루먼 대통령을 쳐다보면서 처칠은 천천히 다음과 같이 말했다.

"지난번 당신과 나는 포츠담에서 회담 테이블을 마주하고 앉았다. 나는 그때 당신을 대단치 않게 생각했다. 나는 당신이 프랭클린 루즈벨트의 자리를 차지하는 것이 싫었다. 나는 당신을 잘못 판단했다. 그때 이후 당신은 그 누구보다도 서양문명을 구했다."

1991년까시 소련 공산제국의 붕괴는 맥아더가 촉구했던 것처럼 공산주의자들과 전면전을 수행하기보다는 공산주의를 봉쇄하는 더 지혜로운 정책을 선택했고 역사는 맥아더가 아니라 트루먼이 옳았음을 입증했다. 트루먼의 결단이 옳았다. 무서운 핵 대결 없이 냉전에서 승리에 대한 트루먼의 기여는 그를 미국의 역사에서 위대한 대통령의 반열에 올려놓았다. 아니, 그보다도, 해리 S. 트루먼 대통령은 그가 사망한 지 20여 년 후인 1990년대 미국인들로부터 존경받는 아이콘으로 부활했다. 퓰리처상(The Pulitzer Prize)을 수상한 1992년 데이빗 맥컬로프(David McCullough)의 트루먼 전기는 수백만 미국인들의 사이에서 트루먼 대통령이 참으로 비범한 대통령이었다는 믿음을 심화시키면서 시속적인 베스트셀러가 되었다.

트루먼은 30년 동안 직업적 정치인으로 살면서 명성을 얻었다. 적자생존의 사회적 다윈주의(Darwinism) 세계에서 정치적 정상에 오르는 것은 미국인들이 대변하는 가치들의 승리라고 간주할 수 있을 것이다. 헤겔(Hegel)의 역사철학적 용어로 표현한다면 트루먼은 역사상 민주주의의 '시대정신'

을 구현한 '세계사적 인물(a world historical man)'들 중 한 사람이었다. 미국사에서도 트루먼은 미국이 낳은 탁월한 대통령 중 한 사람으로 평가받고 있다. 2000년 10월 월스트리트저널이 실시한 조사 결과 미국 대통령의 평가순위에서 제7위에 올랐고 그 후 2017년 C-SPAN에 의한 조사에서 제6위에 오른 대통령이었다.

한국인들은 해리 S. 트루먼 대통령에게 크나큰 국가적 은혜를 입었다. 바로 이러한 이유에서 경기도 파주 임진각에는 트루먼 대통령의 동상이 있다. 이것은 이 땅에 세워진 유일한 외국 국가원수의 동상이다. 그런데도 이러한 사실은 오랫동안 한국인들의 왜곡된 역사교육의 결과로 인해 한국인들에게 대체로 올바르게 인식되거나 기억되지 못했다. 대부분의 한국인에게 트루먼은 1950년 6월 25일 북한 공산주의자들이 남침했을 때 거의 즉각적으로 미국의 참전을 결정했지만, 인천상륙작전을 성공시킨 빛나는 영웅인 더글라스 맥아더(Douglas MacArthur) 사령관을 전쟁 중에 해임함으로써 한국인들의 염원인 북진통일을 좌절하게 한 인물로 오히려 부정적으로 인식되었다.

이것은 한국인 중심의 피상적 역사관이며 후에 세계사는 맥아더 장군이 아니라 트루먼 대통령이 옳았다고 평가했다. 그럼에도 불구하고 역사학자들과 정치학자들을 포함하여 대부분의 한국인에게 그는 거의 전적으로 잊히고 말았으며 학문적으로도 주요 관심의 대상조차 되지 못했다. 그러다가 2023년 7월 27일 정전 70주년 기념일에 경북 칠곡 다부동전적기념관에 이승만 전 대통령 동상과 함께 트루먼 대통령의 새 동상이 설치되었다. 이것은 다행이라는 생각이 들면서도 안타깝게도 참으로 궁색해 보인다.

트루먼의 용기 있는 행동 중에서 그가 가장 어려운 결정이었다고 스스로 고백한 것은 한국전에 미군을 투입하는 참전 결정이었다. 그는 오늘 그가 방금 내린 것과 같은 결정을 해야만 하는 일이 절대 없도록 희망하고 또 기도했다고 말했다. 최종적 분석에서 그는 막 창설된 유엔을 위해서 그 결정을 했다. 그는 과거에 국제연맹을 믿었지만, 그것은 실패했다. 이제 미국이 유엔을 시작했다. 그것은 미국인들의 아이디어였다. 그리하여 그것의 이 첫 번째 시험에서 미국은 그것이 실패하게 내버려둘 수가 없었다는 것이다.

트루먼의 이 참전 결정에 대한 설명의 관점에서 보면 트루먼은 순전히 군사전략적인 관점에서가 아니라 오히려 철저히 국제법과 도덕적인 관점에서 참전을 결정한 것으로 보였다. 당시 한국은 군사전략적으로는 미국의 태평양 방어선 밖에 있었으며 당시에 누구도 한국의 군사전략적 가치를 언급한 인사가 없었다. 트루먼은 결코 마키아벨리 같은 철저한 현실주의자가 아니라 그의 정책결정에서 법과 도덕을 중요하게 간주한 진정한 '이상주의자'였던 것이다. 그의 이상주의는 그가 젊은 시절 존경했던 우드로 윌슨(Woodrow Wilson) 대통령의 영향이었다고 봐야 할 것이다. 독서가 트루먼이 마키아벨리를 읽었다는 흔적은 전혀 존재하지 않았다.

자신의 시대에 해리 트루먼은 우연한 대통령이었기에 일반적 미국인들은 물론이고 그가 속한 민주당원들 사이에서조차 결코 사랑받는 인물이 아니었다. 그리고 그는 역사적으로 낮은 수준의 지지를 받으면서 백악관을 떠났다. 마치 로마의 킨키나투스나 미국의 국부 조지 워싱턴처럼 그는 미련 없이 백악관을 떠나 고향인 미주리주 인디펜던스로 돌아가 소박한 시민의 삶을 살았다. 대통령 해리 트루먼이 스스로 평범한 '시민 트루먼'으로 돌아간 것이다. 그는 퇴임 후 한 기자와의 인터뷰에서 이것을 대통령이라는 국가의 '하인'에서 '시민'으로 승진한 것이라고 말했다. 그는 대통령의 임기를 두 번으로 제한한 수정헌법 제22조에도 불구하고 그 수정헌법이 제안될 때 현지 대통령에게는 적용되지 않게 되어 있었기 때문에 그리고 또 그는 실제로 1948년 선거에서 단 한 번 당선되었기 때문에 그가 원하면 재출마할 수 있었다. 그러나 그는 스스로 그 길을 택하지 않았다.

윈스턴 처칠은 "인간이 권력의 정상에 도달해서 많은 장애물을 극복했을 때 자기가 하고 싶은 것은 무엇이나 할 수 있다고 확신하게 될 위험성이 있다."라고 경고했다. 그러나 트루먼은 결코 나폴레옹이 아니었으며 심지어 그의 전임자 프랭클린 루즈벨트도 아니었다. 그는 18세기 조지 워싱턴과 19세기 오토 폰 비스마르크가 보여준 절제의 덕목을 실천했다. 그들은 자기들이 어디로 가는지를 알았으며 그리고 어디에서 멈추어야 하는지도 알았다. 이런 점에서 미국의 제33대 대통령 트루먼은 참으로 참된 민주적 지도자였다. 1953년 후임 대통령의 취임 직후 낙향한 트루먼은 미국의 역대 대통령 역사상 처음으로 자신의 회고록을 출간하여 그 후 대통령들에 의한 회고록 집필의 전범이 되었다. 1972년 12월 26일 사망할 때까지 그는 지칠 줄 모르는 독서가였다. 해외 참전용사들에게 은혜를 갚듯이 지금부터라도 대한민국의 존망의 위기 시에 대범하게 대부 역할을 했던 해리 트루먼 대통령을 새롭게 재평가하는 범국가적 노력을 시작해야 할 것이다.

제39장

대한민국의 보안관 드와이트 아이젠하워(Dwight Eisenhower): 군인-정치가의 리더십(1)

드와이트 D. 아이젠하워(Dwight D. Eisenhower)는 6·25전쟁의 휴전을 앞두고 이승만 대한민국 대통령의 필사적 요구에 결국 1954년 한미동맹조약을 체결해 준 미국의 제34대 대통령이었다. 그의 전임자 해리 S. 트루먼 대통령이 대한민국의 건국과 북한 및 중국 공산주의세력의 침략에서 대한민국을 구원한 일종의 '대부'였다면(필자의 〈해리 S. 트루먼: 평범한 인간의 비범한 리더십〉 2012, 박영사, 479쪽 참조) 드와이트 아이젠하워 대통령은 대한민국이 잿더미에서 불사조처럼 선진국으로 발전할 수 있도록 지난 70년간 대한민국의 안전을 보장해 준 '보안관'이었다. 한미동맹 체결은 초강대국 미국이 거의 일방적으로 지구의 반대편에 존재하는 약소국 대한민국을 보호하겠다고 약속하고 실천한 세계사에 아주 드문 경우였다. 그것은 아이젠하워 대통령이 철저한 반공(反共)주의자였기에 가능했다. 한국인들은 대한민국의 안전을 그렇게 오랫동안 보장해 준 아이젠하워 대통령에 대해 그동안 정치적으로나 학술적으로나 아무런 관심을 보이지 않았다. 참으로 그에게 미안하고 안타까운 일이 아닐 수 없다. 우리는 그를 잊힌 기억 속에서 이제라도 새롭게 되살려 그를 기릴 필요가 있다.

아이젠하워는 링컨에 관해 읽기를 좋아했으며 링컨의 주요 연설문에서 주요 어록들을 가슴속에 담았다. 전쟁사에서 그는 남북전쟁 때 남부 총사령관 로버트 리(Robert E. Lee) 장군의 어록을 인용하는 걸 좋아했다. 그것들 중에서 "의무란 영어에서 가장 아름다운 단어"라는 말은 리 장군의 핵심적 어록이었다. 그에겐 암기식 학습이 법칙이었다. 코칭(coaching)에 대한 그의 재능은 아주 잘 이용되었으며 팀워크(teamwork)에 보다 헌신적이 되었다. 팀워크는 그의 생활철학의 두드러진 부분이었다. 아이젠하워는 미국 육군사관학교(West Point)의 생도생활을 즐겼다. 그의 무릎상처로 그는 기병이 될 수 없었다. 그래서 그는 육군 소위로서 1915년 텍사스주의 포트 샘 휴스턴(Port Sam Huston)의 보병으로 가게 되었다. 1925년 참모학교(Staff School)에 보내졌다. 아이젠하워는 참모학교를 사랑했으며 그는 다음 해에 1등으로 졸업했다. 그리고 1926~1927년에 잠시 제24보병의 제2 대대장직을 수행했다. 그러고 나서 그는 미 육군대학의 후원하에 미 전투기념위원회(the American Battle Monuments Commission)에서 복무한 뒤 워싱턴 DC로 갔으며, 다시 파리의 본부로 전보되어 1928~1929년을 보냈다.

그의 다음 근무지로 그는 탁월한 행정능력을 인정받아 워싱턴 DC에서 전쟁 차관보의 행정 부관이 되었다. 그리하여 그는 전쟁부(the War Department)의 심장부에 들어갔다. 그곳에서 1929년 11월부터 1933년 2월까지 복무했다.

1932년 1월 육군참모총장 더글라스 맥아더(Douglas MacArthur) 장군이 그를 수석 부관에 임명했다. 맥아더 장군은 군에서 퇴역하면서 자치정부를 준비하는 필리핀에서 필리핀의 군대를 창설하도록 임명되었다. 이때 맥아더는 아이젠하워에게 도움을 요청했다. 아이젠하워는 맥아더를 위해 8년 동안 일했지만 두 사람의 관계는 항상 불안했다. 그는 마침내 1939년 12월 유럽에서 전쟁이 시작된 후 필리핀을 떠났다. 그는 이미 1936년 7월 1일 중령으로 진급했으며 1940년에 와서 그는 육군에서 가장 경험 있는 참모장교들 중 한 사람으로 널리 인정받았다. 그는 부대를 지휘한 적이 없었지만 그러나 항상 활동적이었다. 유럽에서 제1차 세계대전이 끝난 1918년 11월과 진주만 공습이 있었던 1941년 12월 사이에는 어떤 미국 육군 부대도 전투에 종사한 적이 없었으며 전쟁을 경험했던 장교들은 한 세대나 지나갔다. 1940년 아이젠하워는 워싱턴주의 포트루이스(Port Lewis)에 기지를 둔 제3보병사단의 참모장이 되었다. 그때부터 그는 그 요새에서 육군 9군단으로 이동하여 후에는 텍사스주의 샌 앤토니오(San Antonio)에서 미 육군 제3군의 참모장이 되었다. 그사이에 그는 대령을 거쳐 준장으로 진급했다.

이러한 변화들은 그를 육군 참모총장인 조지 마셜(George C. Marshall Jr.) 장군에게 좀 더 가까이 접근할 수 있게 해주었다. 마셜 장군은 아이젠하워 준장에 대해 이미 알고 있었으며 이미 전쟁 시 잠재적 승자로 점을 찍어 두었다. 이 점에서 마셜은 맥아더 장군에 동의했다. 맥아더는 미국이 큰 전쟁에 참가한다면 아이젠하워가 예외적으로 잘할 것으로 확신한다고 말했는데 마셜도 그랬다. 유럽에서 전쟁의 발생과 함께 아이젠하워와 마셜 육군참모총장은 필연적으로 더욱 가깝게 되었다. 왜냐하면 마셜은 육군참모총장이고 아이젠하워는 육군에서 최고의 참모장교였기 때문이다. 진주만 피습 직후 1941년 12월 12일 아이젠하워 장군은 최대한 빨리 마셜 육군참모총장에게 출두하라는 전화를 받았다.

1941년 12월 14일 전쟁부에서 마셜 장군에게 출두했을 때 마셜 장군은 급속히 악화되어 가는 상황을 설명하고 무엇이 일반적 행동노선이 되어야 하느냐고 물었다. 아이젠하워는 몇 시간을 달라면서 자세한 계획을 작성하겠다고 대답했다. 그 후 아이젠하워는 답변서에서 미국의 전진기지로서 호주의 중요성을 파악했고 필리핀은 구할 수 없을 것이지만 노력은 해야 한다고 말했다. 그리고 그는 나머지 아시아 지역은 실패하겠지만 포기되지는 않을 것이라고 말했다. 마셜은 아주 차가운 시선을 보였다. 마셜은 보좌관이 필요하다고 말했다. 아이젠하워는 그 자리를 수락했고 마셜 장군이야말로 이상적인 상관임을 발견하고 그를 스승으로 간주했다. 1942년 3월 말에 아이젠하워는 육군 소장으로 진급해 500만 명의 병력을 내다보는 전쟁계획의 수장이 되었다.

일본에 비교하여 미국 산업기지의 압도적이고 신속한 확장능력을 고려하면 미국은 시간과 기초적 상식으로 태평양에서 승리할 것이 분명했다. 따라서 그는 마셜 장군처럼 유럽에 우선순위를 두는 최고위층의 결정을 충심으로 인정했다. 1942년 말 마셜 참모총장은 이제 점증하는 병사들이 도착하는 전장에서 미군을 책임지고 지휘하기 위해 아이젠하워를 파견하기로 결정했다. 그는 작전을 위한 훈련의 전문가인 마크 클라크 장군과 함께 처칠 영국 수상을 방문했으며 처칠에게 좋은 인상을 주었다. 처칠은 그들은 훌륭한 미국의 젊은 장군들이라고 말했다.

이때는 러시아에 대한 나치 독일의 압력을 완화시킬 무엇인가를 할 절대적 필요성이 있었다. 스탈린그라드 전투(the Battle of Stalingrad) 때까지 러시아가 히틀러의 공격에서 살아남을 것이라는 어떤 보장도 전혀 없었다. 러시아 몰락의 진정한 두려움이 1942년 연합국 전략적 주장의 배경이었다. 마셜 장군의 신호를 받아 아이젠하워와 그의 동료들은 북서부 유럽에 대한 이른 공격을 주장했다. 그러나 처칠 수상과 영국의 육군 참모총장인 브룩(Brooke) 장군이 그것은 재앙의 길이라고 생각했다.

이 단계에서 아이젠하워는 지중해는 사이드 쇼라고 생각했지만 그것이 괴멸의 모험을 하지 않고 미국군이 독일군을 잡고 또 전투경험을 할 기회라고 생각했다. 미국인들에게 결국 대서양 공격을 준비하는 데 불가결한 전투경험을 줄 지중해 공격은 저항할 수 없는 주장이었으며 결국 토치 작전(Operation Torch)의 형식을 취했다. 이것은 모로코, 알제리 그리고 튀니지에 영-미-캐나다 군의 계속될 상륙과 이집트에서 몽고메리(Montgomery) 장군이 이끄는 제8군의 상륙이었다. 토치 작전의 초기 단계들은 6월 24일 런던에서 타결되었다. 다음 날 아이젠하워는 아주 성공적인 기자회견을 가졌다. 그것은 그의 최초 기자회견이었는데 그로 인해 그는 세계적 인물로 등장하였다. 그 때 아이젠하워의 나이가 51세였다. 1942년 10월 23일 엘 알라메인(El Alamein)에서 아프리카의 협공이 롬멜(Rommel)의 아프리카 군단에 대한 몽고메리 장군의 공격으로 시작했다. 2주간의 치열한 전투 후에 11월 4일에 롬멜은 총퇴각했다. 4일 후에 토치 상륙작전이 시작됐다. 그것은 역사상 지금까지 가장 대규모의 상륙작전이었다.

토치 작전은 엄청난 비용이 들었다. 비록 상륙은 잘 진행되었지만 최종 1만 7,000명의 영국과 영연방군이 사상했으며, 1만 명 이상의 미국인들도 그랬다. 죽은 독일인들의 수는 겨우 8,500명 정도였다. 그러나 5월 7일 카프본(Cap Bon)에서 독일인들이 항복했을 때 16만 6,500명의 독일군 포로, 6만 4,700명의 이탈리아인 포로, 200대의 독일탱크와 1,200문의 포들이 연합국 손안에 들어왔다. 이것은 전(全) 전쟁을 통해 최대 전과였으며 대가는 적었지만 그 규모에선 스탈린그라드의 승리와 맞먹었다. 용기와 이성을 잃지 않은 아이젠하워 장군에게 유럽에서 최초의 결정적인 연합국의 승리가 돌아갔다. 처칠은 이것을 '운명의 가장 큰 돌쩌귀'라고 불렀다.

아이젠하워의 다음 목표는 시실리에 대한 작전으로 이탈리아를 전쟁에서 제거하는 것이었다. 7월 10일 시실리에 상륙하여 7월 22일 팔레르모(Palermo)가 점령되었다. 시실리는 쉬워보였다. 7월 24일 팔레르모의 함락에 대한 반작용으로 무솔리니(Mussolini)가 파시스트당 대협의회에서 예상 못 한 패배를 당했다. 왕 빅터 엠마누엘 3세가 피트로 바도글리오(Pietro Badoglio) 원수에게 새 정부를 구성하라고 요구했다. 그러자 아이젠하워는 바도글리오 원수와 비밀협상을 벌여 이탈리아를 구축국 대열에서 떼어내는 데 성공했다. 이러한 배경에서 아이젠하워는 1943년 9월 3일 자신감을 가지고 이탈리아의 본토를 침공하기 시작했다. 5일 후 살레르노(Salerno)에서 아이젠하워 장군은 이탈리아의 무조건 항복을 발표할 수 있었다. 북아프리카에서 엘 알라메인과 스탈린그라드에서 연합군의 승리로 전쟁의 흐름이 히틀러에 불리하게 돌아가기 시작했다. 1943년 지중해에서 나치를 축출하는 작전과 쿠르스크(Kursk)의 큰 탱크 전투는 히틀러가 더 이상 전쟁에서 이길 수 없으며 그는 이제 어떤 합리적 평화를 추구해야 한다는 명백한 신호들이었다. 그러나 연합국은 오직 독일의 무조건 항복에 합의했다.

아이젠하워는 이미 그 조건을 이탈리아에 부여했으며 1943년 9월 3일 그것이 수락되었다. 무조건 항복의 조건은 본질적으로 프랭클린 루즈벨트 미국 대통령의 아이디어였으며 윈스턴 처칠은 그것을 좋아하지 않았다. 아이젠하워는 그 무조건 항복의 원칙에 동의했다. 아이젠하워는 히틀러 정권을 절대적 악으로 간주했다. 노르망디의 전투는 역사에서 그의 핵심적 순간이 될 것이다. 마셜과 브룩 장군들과는 달리 아이젠하워는 오버로드 작전(Operation Overlord)의 필요성을 100% 믿었다. (계속)

제 40 장

대한민국의 보안관 드와이트 아이젠하워(Dwight Eisenhower): 군인-정치가의 리더십(2)

아이젠하워 사령관은 오버로드 작전(Operation Overlord)이 고도로 위험한 모험이 될 것임을 인식했다. 아이젠하워가 런던에서 그 작전을 맡을 때 독일의 롬멜은 연합국의 침공을 해변에서 패배시켜야 한다고 믿었다. 만일 해변을 잃게 되면 연합국들이 프랑스 전투를 이기고 그것과 함께 전쟁에서 승리할 것이다. 롬멜의 판단은 옳았지만 그의 모든 장군들은 예외 없이 파스 드 칼라이스(Pas de Calais)가 선택될 것이라며 대부분의 예비 병력을 그곳에 집중해야 한다고 생각했다. 암호의 해독에 의해 가용하게 된 최고위급 독일육군 신호들의 해독을 통해 이런 사실은 아이젠하워에게 잘 알려졌다.

그리하여 그의 기만작전 계획의 목적은 침공이 북서부 프랑스의 아주 코너에서 이루어 질 것이라는 독일 장군들의 견해를 강화하는 것이었다. 이것은 독일의 20개 사단을 엉뚱한 곳에 유지하고 전략적 예비 병력이 파스 드 칼라이스에 주둔하는 것을 의미했다. 패튼(Patton)장군의 지휘 하에 상상의 군대들의 증거가 칼라이스 바로 반대편에서 만들어졌다. 몽고메리 장군은 지브롤터에 파견된 것처럼 꾸몄으며 독일인들이 발견할 만한 곳에 가짜 계획을 가진 시체가 심어졌다

아이젠하워 장군은 실제 침공이 이루어지는 순간까지 노르망디 전투(the Battle of Normandy)를 감독하는 데 주요 역할을 수행했다. 그것은 원래 5월로 계획되었지만 그러나 그와 몽고메리는 시실리아 이탈리아 작전에서 사용

된 상륙선(船)들을 지중해에서 가져올 수 있도록 그것을 6월로 미루었다. 아이젠하워는 첫 공격력을 3개 사단에서 5개 사단으로 증강했다. 오버로드 작전은 전례가 없었다. 총 병력 수는 200만 이상이었으며 거의 7,000척의 배들이 참가했다. 또한 1만 1,500대의 항공기들이 전개되었으며 그들 중 5,000대 이상의 폭격기와 전투기-폭격기들이 5월 첫 주부터 코텐틴 반도(Cotentin Peninsula)에서 칼라이스까지 후방에 있는 모든 주요 도로, 철도, 터널과 교량을 파괴하기 위해 낮은 수준의 공습을 단행했다.

이것은 어떤 독일 예비 병력의 이동도 금지시키기 위한 것이었다. 아이젠하워는 공습을 고집했고 또 포격을 제공하고 첫 파도들이 들어갈 때 절대적 해군 우월성을 확실히 하기 위해서 거대한 해군력도 고집했다. 약 7만 500명의 미국군과 8만 3,115명의 영국과 캐나다의 병력들이 이 첫 파도들을 구성할 것이다.

첫날에 아이젠하워는 5,000척 이상의 군함을 사용했다. 아이젠하워와 몽고메리를 제외하고는 거의 모든 최고위 사람들은 오버로드 작전에 대해 심히 비관적이었다. 처칠 수상은 엄청날 사상자들을 걱정했다. 마지막 가능한 순간에 아이젠하워는 오버로드 작전의 일자를 보다 나은 가시력(可視力)을 확보하기 위해서 6월 5일에서 6월 6일로 하루 연기했다. 그의 주된 걱정은 날씨였다. 이 결정은 굉장한 용기를 필요로 했고 수정된 일자에 집착하는 것이 더욱 요구되었다. 실제로 6월 6일은 그 달의 전반기에 최고의 날씨가 되었다. 그는 그날이 신의 은총을 받은 그의 행운의 날이라고 불렀다. 디데이(D-Day) 그 자체는 모든 기대를 초과했다. 기습작전은 완벽했다. 오직 한 해변에서만 저항이 치열했다. 사상자들도 예상보다 훨씬 적었다.

둘째 날의 끝에 25만 명의 연합국 병력과 많은 기갑장비들이 해안으로 올라왔다. 6월 11일 아침까지 모든 연합국 교두보들이 하나의 계속 이어지는 전선을 이루었으며 오버로드 작전의 첫 단계가 성공적으로 완성되었다고 아이젠하워는 보고할 수 있었다. 7월 20일에 그의 지휘소 가운데 한 곳에서 히틀러의 암살 기도가 있었다. 아이젠하워는 이것을 보다 독립적인 마음을 가진 독일 장군들이 전쟁은 명분을 잃었고 그래서 연합국들과 협상할 사람으로 히틀러를 대체하려고 결정했다는 증거로 해석했다.

그러나 그 암살기도는 실패했고 히틀러는 반란 장군들을 일망타진하여 그들을 가혹하게 처벌했다. 노르망디 작전의 성공은 독일이 더 이상 서부에서 계속 이어지는 전선을 갖지 못하고 있다는 것을 의미했다. 영국군이 8월 15일 프랑스의 리비에라(Riviera)에 상륙하고 10일 후에는 드골(De Gaulle)장군이 아이젠하워의 병력의 뒤를 따라 파리에 입성하여 자신의 정부를 수립할 수 있었다.

1944년 12월에 아르덴(Ardennes)에서 독일의 반격은 독일인들이 전쟁의 마지막 단계에서 조차도 아직도 무서운 작전을 수행할 수 있다는 것을 보여주었다. 다른 모든 사람들처럼 아이젠하워도 아르데네 공격에 놀랐다. 벌지 전투(the Battle of Bulge)에서 아이젠하워는 자기의 최선을 보여주었다. 처음으로 독일인 사상자가 연합군의 두 배 이상이었으며 그 전투의 종결 단계에서 전 부대들 중 많은 독일인들이 항복했다. 독일인들은 우측 뱅크에서 단호하게 라인강(the Rhine)을 방어하는 대신에 라인강 서쪽에서 싸우기로 결정함으로써 그들의 아르데네 실수를 합성했다. 그 과정에서 그들의 남아 있는 사단들 중 20개 사단이 괴멸되었다.

1945년 5월 7일 아이젠하워는 분쇄된 독일 당국자들에 의한 항복문서의 서명에 참가했다. 전쟁부를 대신하여 마셜 장군은 아이젠하워가 인류를 위해 위대한 역사를 만들었다는 메시지를 보냈으며 소련의 스탈린은 소련 주재 미국대사를 통해 아이젠하워는 그의 "군사적 성취뿐만 아니라 그의 인간적이고, 우호적이며, 친절하고, 그리고 솔직한 성격으로 인해 아주 위대한 인간"이라고 말했다. 1946년 아이젠하워는 옛 마셜 장군의 직책이었던 미 육군 참모총장이 되었다. 그는 이 의무들을 심각하게 생각했다. 육군참모총장으로서 3년간 임기를 마친 뒤에 뉴욕의 가장 오래되고 가장 큰 컬럼비아대학교의 총장직을 수락했다. 그는 저명한 교수들과 함께 산다는 것은 그가 다른 환경에서 결코 가질 수 없는 많은 훌륭한 시간을 갖게 되었다고 증언했다.

1950년 10월 트루먼 대통령이 아이젠하워에게 새로 창설되는 북대서양조약기구(NATO)의 최고사령관직을 수락해달라고 요청했다. 아이젠하워는 1951년 1월에 컬럼비아대학교를 떠나 유럽으로 돌아왔다. 그는 그것을 주로 군사적인 관점에서 보았다. 그는 이데올로그(ideologue)가 아니었다. 그는 나치 독일을 증오했지만 러시아에 대해서는 그런 감정이 없었다. 그는 히틀러의 〈나의 투쟁〉을 읽지 않았던 것처럼 칼 마르크스를 전혀 읽은 적이 없었다. 컬럼비아대학교 총장시절 그는 마르크스주의자로 알려진 사람들의 교수 임명을 반대했다. 왜냐하면 그런 교수는 강의와 세미나에서 낯설고 진실이 아닌 것들을 소개할지 모르기 때문이었다. 그는 대학교수들이 그들의 교육에서 비밀스러운 어젠다(agenda)를 가져서는 안 된다고 생각했다. 아이젠하워는 NATO 지상병력에 대해 아주 실질적인 역할의 견해를 가졌으며, 그것들은 러시아의 어떤 침공도 늦추고 또 양측에 발생한 일에 대한 그 함의를 고려할 시간을 주기 위해 충분히 강력해야 했다. 그는 미국이 원하지 않는 것만큼이나 소련도 핵무기의 시대에 일부러 제3차 전쟁을 시작하지는 않을 것이라고 믿었다.

그러나 양측이 실수할 위험은 진정으로 존재했다. NATO는 그런 실수를 불가능하게 만들기 위해서 존재했다. 이런 이유에서 NATO는 진지하게 간주할 효율적인 사령부 구조와 충분한 전투부대가 필요했다.

아이젠하워는 트루먼 행정부 내에서 그 누구보다도 NATO의 대의를 제시하는 데 효과적이었다. 1951년 1월 1일 미 의회 합동연설에서 그는 "문명의 미래가 달려있다."라고 말했다. "미국의 첫 전선은 독일의 엘베 강(the Elbe)

에 있다."라고 주장했다. 더 나아가 그는 유럽에서 소비하는 1달러가 미국 내에서 소비하는 4달러의 가치가 있다고 주장했다. 그의 연설이 있은 후에 미국이 NATO를 지원하고 막대한 자금을 제공할 것이라는 데에 아무런 의심이 없었다.

1951년 7월 3일에는 런던의 그로스비너 하우스(Grosvener House)에서 '영어를 사용하는 연합의 모임(the English-Speaking Union)'에서 행한 그의 연설도 동일한 효과를 거두었다. 1,200명에 달하는 영국의 주요 인사들로 구성된 관중들도 그에게 열렬한 환호를 보냈다. 윈스턴 처칠은 그 연설을 자기 생애에 미국인이 행한 가장 위대한 연설 중 하나라고 불렀다. 옳은 기회에, 옳은 사람들에게, 그리고 그가 말해야 하는 것의 중요성이 아주 알맞게 부각된 연설이었다. 그는 칭송할 만한 연설가가 되었다. 이제 아이젠하워가 미국의 대통령이 되지 말란 법이 있겠는가?

미국에는 성공적 장군들을 대통령으로 선출하는 전통이 있다. 그 전통은 제1대 조지 워싱턴(George Washington), 제7대 앤드류 잭슨(Andrew Jackson), 그리고 제18대 율리시스 S. 그랜트(Ulysses S. Grant) 등에 의해 형성되었다. 그러므로 제2차 세계대전의 영웅들 중 한 사람인 드와이드 아이젠하워(Dwight Eisenhower) 장군이 미국 대통령에 출마할 기회는 항상 있었다.

그러나 그는 정치성향의 장군들을 싫어했다. 그는 언제나 앞에 나서길 싫어했다. 그는 한 때 "나는 가능한 한 더글라스 맥아더(Douglas MacArthur) 같지 않기를 원한다."라고 말했다. 그는 자기가 스스로 나서기보다는 발견되어야 한다고 생각했다. 그는 결코 조명을 추구하지 않았다. 오히려 그는 조명이 자기에게 오길 기다렸다. 다른 한편으로 그는 의무가 명백하게 부르면 결코 거절해서는 안 된다는 불문율을 갖고 있었다. 그의 속마음이 무엇이었든 그는 엄격히 의무감에서만 대통령직을 수락할 것이라는 인상을 주었다. 그는 1780년대에 정확히 조지 워싱턴이 대통령직에 접근했던 자세를 취했다. 그는 자기를 워싱턴과 결코 비교하지는 않았지만 그러나 그는 다른 사람들에 의해 비견되는 것을 좋아했다.

1950~1951년 아이젠하워는 공화당의 자유주의자들로부터 우익을 반대하고 그리고 또 한 번의 민주당 승리에 심각한 반대를 제공하라는 점증하는 압력을 받았다. 그는 균형예산 외에는 국내 정책에 대한 체감이 없었지만 그러나 그는 제2차 세계대전에 책임이 있는 고립주의를 혐오했다.

당시 로버트 태프트(Robert A. Taft)가 정책에서 싫어하는 모든 것을 대변했다. 태프트에 대한 그의 혐오가 그의 이름이 1952년 3월 뉴햄프셔에서 열린 예선에서 공화당 경쟁자들의 명단에 자기 이름을 올리도록 동의하게 만들었다. 그는 아무런 선언도 하지 않았다. 사실 그는 그 때 여전히 유럽에 있었다. 그는 선거운동을 전혀 하지 않았다. 그럼에도 불구하고 그는 태프트가 받은 3만 5,838표를 넘어 4만 6,661표로 승리하여 공화당 대통령 후보가 되었다. 이것이 그에게는 전환점이었다. 선거자금이 아이젠하워 쪽으로 몰려들기 시작했다. (계속)

제 41 장

대한민국의 보안관 드와이트 아이젠하워(Dwight Eisenhower): 군인-정치가의 리더십(3)

◇ 아이젠하워 1953년 대통령 취임: 1930년대 이후 첫 공화당 집권

아이젠하워는 1952년 공화당 전당대회에서 강경파들에 의해서 작성된 강령에는 별로 관심을 보이지 않았다. 그는 동유럽을 해방시켜 얄타체제를 부인한다는 것은 몰상식하다고 생각했다. 아이젠하워는 자기 강령에 균형을 맞추기 위해서 부통령 후보에 39세의 리처드 닉슨을 선택하는 데 동의했다. 이때 그는 62세였다. 선거는 아주 성공적이었다. 그는 스티븐슨 민주당 후보의 2,700만 표에 비해 전체 투표권자의 55.5%에 해당하는, 역사상 가장 많은 거의 3,400만 표를 얻었고 선거인단에서 442 대 89로 앞섰다. 동시에 공화당은 상원에서 48 대 47, 그리고 하원에선 221 대 213으로 의회를 장악했다. 이것은 굉장한 승리였다. 공화당이 1930년대 이래 한 세대 만에 처음으로 국정을 책임지게 되었다.

◇ 한국에서의 사실상 평화 휴전

1953년 1월 20일 아이젠하워는 백악관의 주인이 되었다. 그는 각료들과 협의하길 좋아했고 그들의 견해가 국내문제에 반영되게 했다. 그는 특히 험프리 재무장관을 좋아했고 그의 재정정책은 빠듯한 예산통제, 낮은 인플레이션, 강력한 달러와 최소 차용이었다. 이것은 아이젠하워 시대의 큰 성공들 중 하나였다. 그는 덜레스(Dulles) 국무장관을 잘 알았고 그를 이용하여 필요한 정책을 밀고 나갔다. 그러나 덜레스는 한국에서의 사실상 평화 휴전이라는 아이젠하워 행정부의 가장 중요한 성공과는 별로 관계가 없었다. 선거 기간 중 아이젠하워는 한국에 가서 평화를 이루겠다고 말했다. 그리고 그는 한국에서 3일 동안 머물고 역사상 가장 긴 휴전으로 입증된 모든 요소들을 안고 돌아왔다. 그것은 전부 아이젠하워의 작품이었으며 아이젠하워 행정부에서 가장 인기 있는 조치였다.

◇ '평화를 위한 원자' 의제 UN 제안

아이젠하워의 마음속에서 핵무기의 공포와 그 사용의 위험성이 결코 떠나지 않았다. 그가 대통령이 되었을 때 미국은 이미 1,600개의 무기고를 갖고 있었고 하루에 하나 꼴로 핵무기를 추가하고 있었다. 그는 핵무기 사용을 결코 심각하게 생각하지 않았다. 그러나 그는 핵무기들을 그가 소련과 벌이고 있는 외교적 및 군사적 게임의 일부라는 확신을 갖고 있었다. 그는 러시아의 주변에 핵무기를 배치하는 데 아무런 거리낌이 없었다. 1950년대 중반까지 미국 수소폭탄의 36%와 원자폭탄의 42%가 해외에서 유지되었다. 1953년에 그는 유엔에서 '평화를 위한 원자(Atoms for Peace)'를 협상 의제로 제안했지만 러시아의 무반응으로 실망했다. 그는 서방의 이익을 증진시키기 위해서 기만 작전과 더러운 속임수도 사용할 준비가 되어 있었다. 그는 1953년 8월 이란에서 모하마드 모사데그흐(Mohammad Mossadegh) 정권을 제거하고 샤(the Shah)를 부활시키는 중앙정보국의 계획을 승인했다. 마찬가지로 1954년에 그는 과테말라에서 위험스러운 하코보 아르벤츠 구즈만(Jacobo Arbenz Guzman) 정권을 제거했다.

◇ 한미동맹 체결한 '대한민국 보안관'

1953년 7월 26일 이승만 한국 대통령, 덜레스 국무장관, 그리고 공화당의 강경파들의 반대에도 불구하고 교착상태에 이르렀지만 한 주에 1,000여 명에 달하는 사상자를 가져오는 한국에서의 전쟁을 종식시키는 데 성공했다.

당시에 이것은 아이젠하워의 가장 큰 업적으로 보였다. 그것에 대한 대가는 사실상 미국이 일방적으로 한국의 안전을 보장하는 한미동맹조약의 체결이었다. 아이젠하워는 대한민국의 보안관이 된 것이다. 그리고 그는 전쟁에서 휴전으로 절약된 돈의 상당부분을 대한민국의 경제건설로 전환했으며 그리하여 오늘날 한국의 성공적인 경제성장을 위한 토대를 놓았다. 회고할 때, 동등하게 중요한 것은 아이젠하워가 베트남에는 개입하지 않기로 한 결정이었다. 그는 미국 국민들이 "그가 한국에서 나오고 베트남에 들어가지 않았다."라고 말하기를 원했다.

◇ 유럽의 NATO 지지

아이젠하워는 처음부터 유럽의 NATO를 지지했었다. 그리고 그는 유럽에 대한 미국의 군사적 공약을 유지해야 한다고 항상 믿었다. 그러나 그는 유럽의 강대국들이 자기들의 자원에 적합한 자신들의 방어에 기여해야 한다고 생각했다. 이러한 이유에서 그는 유럽방어공동체(the European Defense Community)나 유럽군(European Army)의 제안을 환영했다. 그러나 프랑스 의회가 유럽방어공동체를 거부하자 그는 NATO에 독일의 군대를 끌어들였다. 그는 핵무기 없이 독일의 최대 12개 사단을 NATO사령부 하에 두는 계획을 지지했다. 프랑스 의회가 그 계획을 승인하자 그것은 아이젠하워의 승리로 간주되었고 마땅히 미 의회도 승인했다.

◇ 대만 독트린

아이젠하워의 전략들 가운데 하나는 종종 적과 자기의 지지자들을 혼란스럽게 하는 것이었다. 예를 들어 소위 대만 독트린(Formosa Doctrine)의 목적은 중국과 러시아를 혼란스럽게 만드는 것이었다. 대만 독트린은 만일 대만 지역에서 미국에 대한 위협이 감지되면 미 의회가 사실상 대통령에게 백지위임장을 준다는 아이디어였다. 그는 의도적인 모호성과 기만이 이 독트린의 열쇠라고 말했다. 1955년 1월 미 하원은 이 독트린을 410 대 3으로, 그리고 상원은 83 대 3으로 승인했다. 아이젠하워는 솔직히 중공이 퀘모이와 마츠를 공격할 계획이 있다는 것을 알지 못했다. 그럼에도 이 독트린 덕분에 중공으로부터 퀘모이와 마츠를 지켜낼 수 있었다. 퀘모이와 마츠를 다루는 그의 솜씨는, 회고할 때, 그의 경력에서 승리들 가운데 하나였다. 그리고 아이젠하워는 1955년 7월 제네바 정상회담에서 '열린 하늘(Open Skies)'을 소련에 제안했으나 아무 것도 달성하지 못했다.

◇ 수에즈운하 위기

1956년 1월 15일 비밀 만찬에서 아이젠하워의 가장 가까운 보좌진들이 만장일치로 그의 재임을 찬성했다. 1월 12일 재선에 출마하기로 결정했다. 그는 TV에 출연하여 자기의 모든 의무를 수행할 수 있다고 말했다. 그는 미국의 역사에서 가장 거대한 주간(interstate) 도로건설 계획을 제시했다. 8월 23일 공화당 전당대회는 그를 박수로 추대했다. 이것은 그의 기념비적 업적이 되었다. 1956년 후반기에 국제무대는 소위 수에즈운하 위기(Suez Canal crisis)에 의해 지배되었다. 처칠의 후임자인 애소니 이든(Anthony Eden) 영국 수상은 중동에서 영국의 감소하는 힘을 끌어올리고 싶었다. 그러나 아이젠하워는 관심이 없었고, 이집트의 독재자 가말 아브델 나세르(Gamal Abdel Nasser) 대령이 나일강에 새로운 높은 댐을 건설하려는 시도를 허영심에 찬 잘못된 생각이라고 생각했다. 그래서 아이젠하워는 미국의 재정적 지원을 철회하고 영국도 그렇게 했다. 그러자 이에 대한 보복으로 나세르는 영-불 회사에 의해 소유되고 운영되던 수에즈 운하를 장악했다.

이든 수상은 이것을 영국의 중대한 이익에 대한 위협으로 간주하고 프랑스 및 이스라엘과 함께 그에 대처할 비밀계획을 마련하기로 결정했다. 이 합의하에서 이스라엘은 이집트로 진격하여 운하를 점령하기로 했다. 이든 수상은 이 계획을 아이젠하워 대통령과 전혀 상의하지 않았다. 아이젠하워는 유엔에서 희생자, 즉 이집트를 지지하는 노선을 취했다. 동시에 만일 소련이 프랑스인과 영국인을 공격한다면 의회가 회기 중이 아니라 할지라도 미국의 군사적 조치가 정당화될 것이라고 말했다. 한동안 아이젠하워는 제3세계에서 비상한 환호를 받고 아랍 국가들에 대해 우호적인 소위 아이젠하워 독트린(Eisenhower Doctrine)을 발표했다. 아이젠하워 대통령은 자신의 판단에 따라 그 지역에서 군사적 개입을 허용하는 자기의 중동 독트린을 직접 의회에 제출했다. 이것은 문제가 아니었다. 그러나 그는 자신의 해외원조 법안을 통과시킬 수 없었다. 그것은 40억 달러에서 20억 7,600만 달러로 감소되었다. 제3세계의 챔피언이 되려는 아이젠하워의 아이디어는 아무것도 가져오지 못했다.

◇ 소련의 스푸트니크 발사

1957년 10월 4일 소련의 스푸트니크(Sputnik) 발사라는 놀라운 소식이 있었다. 아이젠하워는 소련이 로켓 기술에서 굉장한 노력을 하고 있다는 것을 알고 있었다. 대통령직 시작 때부터 그는 소련의 로켓 장소들에 대한 긴밀한 감시를 승인했었다. 그는 U-2기에 의한 고도의 정찰비행 계획과 추가 기체 생산도 승인했다. 그는 그것이 성공적으로 시험이 되자마자 사용을 명령했다. 그는 그것이 군사적 정보 수집에 긴요하다고 간주했다. 그가 U-2기를 가능한 한 오랫동안 비밀로 유지하길 원했지만 1960년 5월 1일 U-2기 한 대가 러시아인들의 수중에 떨어졌다. 조종사 프란시스 개리 파워스(Francis Gary Powers)는 자살 약품 대신에 낙하산을 이용하였고 러시아에서 체포되었다. 소련의 지도자 니키타 후르시초프(Nikita Khrushchev)는 온갖 난리를 쳤고 1960년 5월 16~19일에 개최된 정상회담이 실패한 이유가 되었다. 그는 심지어 유엔에서 구두를 벗어 그것으로 의장의 연단을 치기까지 했다.

그럼에도 불구하고 러시아의 스푸트니크 발사는 아이젠하워에겐 문제였다. 그것은 미국의 대중들을 경악케 했으며 냉전에 군비경쟁에 대한 점증하는 낙관적 분위기를 뒤집었다. 미디어는 미국이 기술적 우위를 잃고 우주 경쟁을 박탈당했다고 천명했다. 대중들의 이런 인식의 결과 아이젠하워는 1958년 중간선거에서 크게 패배하여 의회의 통제권을 상실했다. 아이젠하워 대통령은 1958년을 자기 생애에서 최악의 해라고 특징지었다.

◇ 베를린 위기 극복

베를린 위기는 그의 대통령 임기 중 마지막 시기를 장식했다. 1958년 11월 후르시초프는 만일 미군이 1959년 5월 27일까지 베를린을 떠나지 않으면 그는 동독정부와 평화조약을 체결하여 서베를린으로 가는 지상의 접근을 거부할 권리를 제공할 것이라고 주장함으로써 베를린에 대한 긴장을 높였다. 아이젠하워는 후르시초프가 공갈을 치고 있다면서 제2의 베를린 위기를 준비하기 위해 지출을 증액해야 한다는 요구를 단호히 거절했다. 그는 위기가 존재한다는 것을 부인했다. 그는 굴복하지 않고 방위예산을 올리지 않고 전쟁 없이 헤쳐 나갔다. 베를린에선 아무런 변화가 없었다. 그는 이 후르시초프의 도발을 멋지게 해결했다.

◇ 대한민국 지킨 한미동맹 기억해야

1961년 1월 17일 아이젠하워가 임기를 마치고 백악관을 떠나기 전에 그는 국부 조지 워싱턴 대통령이 그랬던 것처럼 고별사(Farewell Address)를 발표했다. 그것은 감상적일 것이라는 기대와는 달리 심각한 경고였다. 그는 미국이 군사-산업 복합체의 부당한 영향력에 대해 경계해야 한다는 것이었다. 아이젠하워는 미국에 유례가 없는 번영과 평화의 연대를 제공해 주었다. 이 영광스러운 1950년대는 국제무역과 산업생산의 아주 장기적이고 범세계적인 확장을 반영했다. 모든 통계가 말해주듯 아이젠하워 행정부 시대는 미국의 황금기였다. 미국의 번영은 안전하고 평화로운 세계의 파라미터(parameters)였다. 그는 생산적이고 성공적이며 전체적으로 행복한 삶을 산 뒤 78세의 나이로 1969년 3월 28일 별세했다. 그리고 그는 2017년 C-SPAN의 널리 인정된 대통령 리더십에 관한 역사적 조사에 따른 평가에서 미국의 45명 대통령들 중에서 최고 제5위를 차지했다. 그는 세계사적 영웅이었다. 우리가 6·25 참전국의 용사들을 기리고 대한민국의 대부 해리 트루먼 대통령을 되살렸듯이, 이제 한국인들은 대한민국의 보안관 아이젠하워 대통령을 잊힌 역사 속으로부터 오늘에 되살려 그의 영령에 감사하고 후손들에게 그의 공헌을 전해야 할 것이다. (끝)

제42장

헨리 키신저 박사의 100번째 생일을 축하한다

2023년 5월 27일 헨리 키신저(Henry A. Kissinger) 박사는 100번째 생일을 맞는다. 그는 미국에서 이민자가 오를 수 있는 최고의 정치적 지위에 오른 입지전적의 신화적 인물이다. 미국의 헌법에 미국 출생자만이 대통령이 될 수 있다는 규정이 없었더라면 그가 대통령직에 올랐을지도 모른다. 당시 키신저의 대통령직 출마를 위해 헌법을 개정해야 한다는 여론도 있었지만 그런 제안이 의회에서 정식으로 발의되지는 않았다. 학자-외교관(scholar-diplomat) 헨리 키신저는 마치 20세기의 경이로운 마법사처럼 자신의 엄청난 지적 자산을 사용하여 20세기 후반 국제정치의 평화를 위한 구조적 질서를 구축했다. 당시에 그의 현란한 외교활동을 불안한 마음으로 바라보던 비판자들은 키신저를 외교의 마법사(magician)가 아니라 외교적으로 위험한 줄타기를 하는 일개 곡예사(acrobat)로 폄하하기도 했다.

헨리 키신저는 민주국가들이 가장 중대한 위험에 직면했던 1930년대를 독일에서 경험했고 미국이 인류의 희망을 구현하기 위해 나아가는 수십 년 동안 그 사명에 동참했다. 즉, 그는 파시즘을 파괴하고 적의 영토를 점령하기 위해 건설된 신군사제도들을 실천한 개척자적 세대의 일원이었다. 그는 전후 도전들을 위해 마련된 새로운 학문적 계획의 수혜자였으며, 지구적 대전략을 수립하는 새 전문가 세계의 일원이었으며, 그리고 냉전을 수행할 권력이 부여된 정책결정기구들에 속했다. 미국 국력의 성장은 광범위한 미국의 행위자들 사이에 영향력의 분배를 의미했다. 키신저는 새로운 힘의 중심지들을 통해 활동하면서 미국의 세기에 기여했다. 그러므로 그는 자기가 살았던 시대의 산물이었고, 키신저 자신의 표현대로, '미국의 세기의 자식(a child of the American Century)'이었다.

그리고 동시에 20세기는 또한 '헨리 키신저의 세기'였다. 나폴레옹을 마무리한 후 19세기 전반기 동안 오스트리아의 메테르니히(Metternich) 수상이 당시 최초의 '유럽의 수상(The Prime Minister of Europe)'이라고 불리던 사실을 고려한다면 20세기 중반기 세계적 긴장완화(detente)를 추진했던 키신저의 마법사 같은 국제정치의 관리와 외교력으로 인해 당시에 적지 않은 사람들에 의해서 그가 '미국외교정책의 대통령', 혹은 더 나아가서 '지구의 대통령(the President of the planet earth)'이라고 칭송되었던 것이 결코 터무니없는 일은 아니었다.

키신저는 미국의 대통령이 아니었다. 그는 미국의 역사상 수많은 국무장관들 중 제56대 국무장관이었다. 그는 미국 행정부의 권력구조에서 제2인자에 지나지 않았다. 그랬던 그가 어떻게 '외교적 마법'을 사용하여 한때나마 '지구의 대통령'으로까지 칭송될 수 있었을까? 그것은 당시 키신저의 '군주'였던 제37대 리처드 닉슨(Richard Nixon) 대통령의 신임과 워터게이트 사건으로 닉슨이 사임한 후 외교정책의 문외한인 제38대 제럴드 포드(Gerald Ford) 대통령의 전폭적 신임의 덕택이었을까? 그에겐 분명히 그런 행운의 요소들이 있었다. 그러나 그의 업적은 그의 대부분이 그의 탁월한, 창조적 리더십의 결과라고 보아도 결코 과언이 아닐 것이다.

헨리 키신저는 1938년 어린 나이에 부모를 따라 히틀러의 홀로코스트에서 가까스로 벗어나 미국으로 이민을 온 뒤에 제2차 세계대전에 참전하였고, 그것에 대한 보상으로 주어진 지아이 빌(GI Bill) 덕택으로 하버드대학교에서 탁월한 학문적 재능으로 필적할 수 없는 지적 자본을 축적했고, 또 그곳에서 교수가 되었다. 그 후 정치적 야심에도 불구하고 케네디와 존슨의 행정부 시기에 그는 계속 권력의 외부인으로만 머물다가 1969년 마침내 닉슨 대통령의 국가안보보좌관으로 발탁되어 비로소 권력의 내부인이 되었다. 바로 그때부터 키신저는 마치 경이로운 마법사처럼 당시 치열한 미-소 초강대국들의 정면 대결로 전 세계가 전전긍긍하던 냉전시대에 사반세기 만에 죽의 장막을 뚫고 미-중의 관계개선을 이루고, 소련 제국의 철의 장막을 넘어 미-소 간의 데탕트를 구축하여 국제적 3각(tripolar)체제, 즉 보다 안정적인 정치·외교적으로 다극적(multipolar)인 새 국제체제로 전환시켰다. 그리고 미국을 기나긴 베트남 전쟁의 질곡에서 마침내 탈출을 시켰다.

그는 또한 당시 전쟁 중인 중동과 내전 중이거나 내전의 발발이 위협하고 있는 검은 대륙 아프리카에서 창조적인 왕복외교(shuttle diplomacy)를 통해 마치 현란한 곡예사처럼 중동에서 소련을 추방해 버렸고, 그리고 아프리카에서는 검은 아프리카에서 다수인 흑인통치의 원칙을 채택하고 그것의 구현을 위한 시도에 착수했다. 그리하여 그때까지 미국을 경계하고 심지어 적대적이었던 검은 대륙의 국가들이 미국을 다수인 흑인들의 통치를 위한 세력으로 간주하게 만들었다.

이 모든 것을 한 사람이 주어진 비교적 짧은 기간에 모두 이루었다는 것은 20세기 후반 드라마같은 혁명과 전쟁의 시대에 세계사적 업적이 아닐 수 없다. 이 드라마에서 주인공인 헨리 키신저는 그의 탁월한 지성과 놀라운 재능으로 20세기 후반에 경이로운 마법사이며 동시에 현란한 곡예사 같은 역사의 창조자였다.

헨리 키신저는 스스로 칸트주의자(Kantian)였다고 말한다. 그에겐 분명히 칸트적인 지성적 요소가 많이 있다. 그것은 순수이성 비판에서 볼 수 있는 세계관의 관점에서 본다면 키신저는 필연의 세계관이 아니라 인간은 궁극적으로 행동의 자유를 포기할 수 없고 그래서 자유를 행사하는 존재라는 인식론적(epistemological)인 입장을 갖고 있다. 그러나 인식론이 아니라 인간의 삶의 본질에 관해서, 즉 존재론적(ontological)인 관점에서 본다면 그의 인생관의 본질은 권력의 욕구에 의해서 비밀리에 사로잡힌 니체주의자(Nietzschean)였다. 그리고 그는 외교 전략가로서 20세기의 비스마르크였다.

키신저는 1981년 공직에서 물러난 뒤 대학교수로 돌아가지 않고 빈번한 언론과의 인터뷰를 통해 그리고 줄기찬 저술활동을 통해 미국인들을 교육하는 '국민의 교사'가 되었다. 그가 2022년 99세의 나이에 출간한 〈리더십: 세계전략의 6개 연구〉(Leadership: Six Studies in World Strategy)에서 리더십의 시험은 분석능력, 전략, 용기, 그리고 인격의 4가지 덕목을 서술했다. 그리고 그가 만난 6인의 동시대 지도자들에 대한 연구에서 통치의 전략으로 콘라드 아데나워(Konrad Adenauer)는 '겸손의 전략', 샤를 드골(Charles de Gaulle)은 '의지의 전략', 리처드 닉슨(Richard Nixon)은 '균형의 전략', 안와르 사다트(Anwar Sadat)는 '초월의 전략', 리관유(Lee Kuan Yew)는 '탁월성의 전략', 그리고 마가렛 대처(Margaret Thatcher)는 '신념의 전략'으로 특징지었다. 여기에 우리는 헨리 키신저 자신은 넘치는 '지성의 전략'이라고 추가해도 좋을 것이다.

1972년 5월 모스크바에서의 성공적인 정상회담은 키신저를 지구적 수퍼스타로, 미디아 시대의 첫 그리고 유일한 '명사 외교관'으로 변환을 완성했다. 그가 당시에 받고 있던 대중적 추종의 유형은 〈시카고 선-타임즈〉(Chicago Sun-Times)가 정상회담 직후 낸 전문에 반영되었다: "헨리 키신저는 하나의 현상이기를 멈추었다. 그는 하나의 전설이 되었다." 그리고 그 후 그는 변함없이 전설이었다.

제43장

정치인(Politician)과 정치가(Statesman)의 차이는 무엇일까?

1961년 9월 30일 당시에 프랑스의 저명한 사회학자이자 칼럼니스트였던 레이몽 아롱(Raymond Aron)이 미국의 케네디 대통령에게 신문을 통해 공개 편지를 썼다. 그것은 쿠바의 침공을 자기의 출발점으로 삼는 케네디 대통령의 방식을 다루었다. 대통령은 자기의 보좌진들에 의해서 권고된 두 개의 양립할 수 없는 노선들 가운데에서 선택해야만 했다. 하나는 필요하다면 미국의 군사력으로 쿠바에 침공을 벌이는 것이고, 또 하나는 전혀 개입하지 않는 것이었다. 어느 쪽의 길이든 그것이 내포할 모험을 피하기 위해서 대통령은 중간의 길을 헤쳐 나가려고 노력했다. 그것은 단지 조금 개입하지만 그러나 성공을 보장할 만큼 충분히 개입하지는 않는 것이었다. 그런 흑과 백 사이에서 선택에 직면했을 때 그는 회색을 선택했다.

그러나 외교정책에서 미봉책, 즉 절충은 보통 가능한 정책들 중에서 불리한 점들을 결합하게 된다고 아롱은 지적했다. 그러면서 아롱은 케네디 대통령이 베를린 위기에 대한 접근에서도 그런 실수를 되풀이하지 않을까 염려했다. 왜냐하면 여기에서 또다시 케네디 대통령은 정반대의 행동을 추천하는 상담역들 사이에서 선택을 해야만 했기 때문이다. 하나는 서베를린과 서독에서 미국의 지위를 약화시킬 협상타결이고, 또 하나는 적어도 당장에는 전쟁의 위험을 증가시킬 비타협적인 자세였다. 아롱이 보기에 대통령은 이론상으로는 강경노선을 선택했지만 그러나 그의 스타일과 방식 그리고 언어에서 그는 신축성에 헌신했다. 그 결과 케네디가 처칠의 역할을 하려 했는지 아니면 체임벌린의 역할을 하려 했는지 아무도 확신할 수 없게 되었다. 미국 국민은 물론이고 동맹국들 그리고 아마도 소련의 후르시초프 자신을 포함하여 누구도 서방의 협상입장이 무엇인지를 알지 못했다. 아롱도 그 의문에 답변을 하지 않았다.

케네디 대통령에게 무엇이 문제였을까? 쿠바의 개입과 베를린 위기에 대한 케네디 대통령의 우유부단함은 모두 대통령의 경험과 개성에 깊이 뿌리박힌 결핍의 표방에 지나지 않았다. 보다 노골적으로 말해서, 케네디 대통령은 정치인의 과업은 너무나 잘 알고 있었던 반면에 정치가의 과업이 무엇인지는 알지 못했던 것이다. 그리하여 그는 정치인의 방식으로 정치가의 과업을 달성하려고 했던 것이다. 그러나 정치인의 덕목은 그들이 정치가의 과업을 마주했을 때 쉽게 악덕이 될 수가 있다. 모든 대통령은 정치가로 인정받기를 원한다. 그러나 아무 대통령이나 정치가로 인정받지는 못한다. 왜 그럴까? 정치가의 결정은 3가지의 특징을 갖고 있다. 그것은 행동에 대한 헌신, 모든 다른 행동의 길을 배제하는 특수한 행동에 대한 헌신이고, 그리고 알지 못하고 또 알 수 없는 것의 앞에서 취하는 외로운 결정이다.

정치인은 말을 행동으로 간주할 수 있다. 그리고 그의 말이 사람들에게 영향을 미쳐서 자기를 위해서 혹은 자기의 조치를 위해서 투표하게 하려고 모색하는 한 그의 말은 실제로 행동이다. 그는 약속을 지키지 않으면서 약속을 할 수 있다. 그리고 그의 약속은 심지어 지켜질 것으로 기대되지도 않을 수 있다. 그는 선거 때마다 자기의 강령으로 출마할 수 있고 그 사이에 아주 다른 근거에서 자기의 입장을 취할 수 있다. 그는 상이한 행동의 길들 사이에서 오락가락할 수 있고 또 그것들 모두를 포용함으로써 양립할 수 없는 입장들 사이의 균열을 메울 수도 있다. 그는 오늘은 이런 방식으로, 그리고 내일은 저런 방식으로 투표할 수 있다. 그리고 만일 그가 결심할 수 없다면 기

권할 수 있다. 그리고 그는 사실과 조직 그리고 기획에 적합한 관심을 가지고 자신의 행동을 준비함으로써 미래의 불확실성을 최소로 줄이려고 노력할 것이다.

정치가는, 특히 타국들을 다루는 데 있어서, 결코 그런 일들을 할 수가 없다. 그의 수사학은 말로 표현된 행동, 즉 이미 행해진 행위의 설명이거나 아니면 다가올 행동의 맛보기다. 처칠이나 루즈벨트의 녹음된 연설에서 오늘날 우리를 여전히 감동시키는 것은 그것의 문학적 성질 그 자체보다는 말과 행동 사이의 유기적 연계이다. 그들의 말을 들으면서 우리는 행동을 기억하고, 그래서 우리는 감동하는 것이다. 정치가는 모든 다른 것들을 배제하고 특수한 행동에 헌신해야만 한다. 그는 루비콘강을 건너거나 그러지 말아야 한다. 그는 두 가지를 모두 다 할 수는 없다. 그는 어떤 확실한 모험을 하기 위해 앞으로 나아가든가, 아니면 여전히 그대로 서서 다른 모험을 취할 것이다. 위험이 없는 중간 길은 없다. 또한 한 노선의 행동을 취하는 모험을 하기 전에 움츠러들어 한 걸음 후퇴하고 상이하고 보다 적은 모험을 약속하는 어떤 다른 모험을 시도할 수도 없다. 그가 루비콘강을 건넜다면 그것을 취소할 수 없다.

정치가는 루비콘강이 얼마나 깊고 격랑이 어느 정도인지를 그리고 그가 강을 건너 다른 쪽에서 무엇을 발견할지를 알지 못한 채 건너야 한다. 그는 그것의 결과를 알지 못한 채 특수한 노선의 행동에 헌신해야만 한다. 그리고 그는 그런 무지에도 불구하고 결정적으로 행동할 수 있어야 한다. 그는 자신의 짐작에 국가의 운명을 걸 수 있어야 한다. 그는 침투할 수 없는 미래의 어둠을 마주하고 국가를 이끌면서 그 속으로 걸어 들어가는 것을 피하지 않아야 한다. 얻을 수 없는 지식을 추구하기보다 그는 피할 수 없는 무지에 자신을 조화시켜야 한다. 그는 비극에서 주연배우이다. 그래서 그는 자기의 역을 연기해야만 한다. 대통령은 자기 마음의 우유부단함을 극복해야 한다. 그 마음은 국내정치에서 늘 길들여진 예측성을 추구한다. 따라서 그는 외교정책에서도 일종의 예측성을 모색한다. 그러나 그것을 위한 권고와 정보의 광적인 수색은 과거 군주들에게 점성술사들과 점쟁이들이 했던 것과 동일한 기능을 대통령에게 수행할 것이다. 즉 그것은 확실성이 없는 곳에서 확실성의 환상을 창조하는 것이다.

그러나 토크빌(Tocqueville)이 일찍이 지적했듯이 민주국가의 대통령은 국내정치와 외교정책 사이의 관계가 걱정거리다. 그것은 건전한 외교정책의 합리적인 요청과 민주적으로 통제된 여론의 감정적 선호 사이의 양립불가능성에 의해서 제기된다. 대통령에겐 두 가지를 조화시키는 것이 최고의 과제이다. 만일 대통령이 자기가 건전하다고 간주하는 외교정책을 비타협적으로 추구한다면 그는 우드로 윌슨처럼 국내에서 여론의 지지를 잃을 위험이 있다. 반면에 그가 건전한 외교정책이 요구하는 비용을 무시하고 그 여론을 추종한다면 그는 체임벌린처럼 국가이익을 위험에 빠뜨릴 것이다. 이런 두 개의 극단을 피할 수 있기 위해서 대통령은 국민의 교육자요 두 입장의 조화자라는 두 가지의 역사적 기능을 수행해야만 한다. 대통령은 국민들에게 정치적 삶의 사실들과 국가를 위해 그들에게 무엇이 요구되는가를 말함으로써 건전한 외교정책의 필요성을 각인시키고 그리고 국내 여론을 달래면서 건전한 외교정책의 본질을 손상하지 않는 타협을 해야 한다. 대통령이 정치인을 넘어서 정치가가 되려면 자신의 역사철학적 안목과 진정한 사명의식을 가지고 정책의 창안자요 동시에 여론을 일깨우는 일종의 '국민교사'로서 자기의 역사적 역할을 수행해야 할 것이다.

제 44 장

외교(Diplomacy)란 무엇일까?

외교에 관해 고전적인 권위자인 어니스트 사토 경(Sir Ernest Satow)의 정의에 의하면 외교란 "정부 및 독립국가들 간에 공식적 관계를 수행하는 데 있어 지성과 재치를 발휘하는 것"이다. 그러나 외교란 간단히 국가 간의 대화라고 말할 수 있다. 더욱 진지하게 말한다면, 외교란 국제적 혼돈으로부터 어떤 질서를 가져오기 위해 인간들에 의해 채택되고 실행하는 전통적 방법 중 하나이다. 본질적으로 국가 간의 관계를 수행할 때 외교는 기본적으로 무력 대신에 언어를 사용한다. 외교의 이러한 특징은 분명히 경제적 교류와 군사동맹과 같은 상호 협력적인 일에 적합하다. 그러나 적국과의 외교에서는 대화와 폭력의 사용이 밀접하게 연결되어 있다. 여기서 사용되는 말의 메시지는 외교적 협상을 통해 목적달성에 실패하면 무력을 사용할 수 있다는 것이다. 따라서 외교야말로 실제적인 국제관계의 정치, 즉 가장 정확한 의미의 국제정치다.

맥락은 다르지만 정치와 외교의 목적은 같은 것이다. 즉, 정치와 외교는 다 같이 다원적 이익들을 통합하거나 적어도 양립시키려고 한다. 그것도 아니면 어떤 이익을 다른 이익에 우선시키려고 한다. 그리고 이러한 목적을 추구하는 과정에서 정치와 외교는 다 같이 3가지의 기본적 행위의 행태, 즉 협력, 조정 그리고 반대의 형태에 의존한다. 국내사회에서처럼 국제사회에서도 이 3가지 선택안이 정치활동의 범위를 규정한다. 그리고 이러한 범위 내에서 외교의 고전적 기능은 보통 대표, 정보 그리고 협상을 포함한다. 이런 기능을 수행하는 외교관이란 국제기구에 고용된 사람들을 제외하고는 자신의 조국을 대표한다. 외교관이란 또 자신이 부임한 국가에 관해서 정보를 수집할 뿐만 아니라 자국의 외교부에서 새어 나오는 정보의 중요성을 선별하고 평가해야 한다. 외교관은 또한 협상을 통해 정책을 결정한다.

그러나 외교와 정치는 그 맥락이 서로 다르다는 것도 인식해야 한다. 정치가란 적어도 이상적으로는 국민 전체의 복지가 국민 일부의 복지보다 우선시되는 사회 내에서 활동한다. 반면에 외교관이란 거의 전적으로 자국의 배타적 봉사자이며 국가의 이익이 모든 여타의 이익을 능가하는 사회 속에서 활동한다. 그 결과 국제적 의전과 국제사회라는 개념, 그리고 이들의 다른 표현들은 국제관계를 운영하는 과정에서 국가이익의 뒷전으로 밀려난다. 외교활동의 이러한 특성은 정치가들이 국내정치에서 자유롭게 행동할 수 있는 것과는 달리 외교관은 본국정부의 지시에 따라 행동해야 하는 입장에 의해서 더욱 분명해진다. 주권국가들의 관계 속에서 자국의 주권을 대표하는 외교관은 철저한 적으로부터 아무리 우호적이라도 충성의 대상이 다를 수밖에 없는 사람들에 이르는 외교적 동료들과 관계 속에서 활동한다. 이것 또한 국내정치에선 계급적, 인종적, 지역적 차이에도 불구하고 국가의 범주 내에서 활동하는 정치가들과 다른 것이다.

20세기 통신과 수송의 전례 없는 기술혁명은 외교의 범주와 과정에 깊은 영향을 끼쳤다. 과거에 통신과 수송이 배나 마차 혹은 비둘기에 의존할 때는 대사나 그의 부하들은 본국정부로부터 지령을 받지 않고서 수개월 동안 활동할 수 있었다. 따라서 이들은 상당한 재량권을 인정받았다. 그러나 지금의 통신과 수송의 놀라운 발전은 대사들의 지위를 크게 감소시켰다. 특히 국가 최고지도자 간 핫라인(hot-line) 외교는 심각한 위기 시에 대사들을 사실상 무용지물로 만들 것이다. 더구나 저널리즘과 텔레비전 기술의 혁명은 국가

간 뉴스의 교환을 전례 없는 수준으로 끌어올렸다. 이런 발전은 타국의 청중 앞에서 자국의 외교정책을 설명하는 외교관의 운신 폭에 급속한 영향을 미쳤다.

전통적 외교의 본질을 변질시킨 또 다른 현상은 정상외교(summit diplomacy)와 닉슨-키신저 시대에 유행한 이른바 왕복외교(shuttle diplomacy)이다. 정상회담에서 광범위한 합의와 중요한 결정들이 정부의 최고지도자 수준에서 이루어진 다음에 대사와 그의 참모들이 합의 내용을 다듬게 된다. 더욱이 위기 시에 왕복외교는 번거롭고 공식적인 전통적 외교과정에 대한 하나의 신속하고 효율적인 대안이다. 따라서 이런 외교의 등장은 대사 및 그 참모들의 중요성을 실제로 크게 감소시켰다고 말할 수 있을 것이다.

그러나 이러한 주장과는 정반대로 우리 시대에 외교관의 위상이 더욱 높아졌다는 주장도 가능하다. 과거에 대사들은 행사 때 국가를 대표하고 위기 시에 중요한 메시지를 전달했다. 그리고 그 메시지들은 보통 영토와 무역 그리고 다른 분쟁과 관련된 위협이나 요청 또는 요구를 담고 있었다. 그런데 이제는 새로운 기능들이 전통적 외교관의 책임에 추가되었다. 오늘날 대사들은 복잡한 대사관원들의 네트워크를 감독하는데 그들의 임무는 군사적 및 과학적 업무로부터 홍보, 문화, 종교, 노동, 통상, 재정 및 정치적 활동에 이르는 다양한 것들이다. 그 결과 우리는 외교계에서 각 분야의 전문가들을 점차 충원하려는 성향을 발견할 수 있다. 어쨌든 우리 시대에도 많은 것이 대사의 능력과 그의 대사관 운영 방식에 달려있다는 것을 인정해야 할 것이다.

16세기의 외교 이론가들에 의하면 최초의 외교관들은 하늘과 땅 사이에 메시지를 전달하는 점에서 천사들이었다. 17세기 헨리 우튼 경(Sir Henry Wooten)은 "외교관이란 해외에서 자신의 조국을 위해 거짓말을 하도록 파견되는 정직한 인간"이라고 정의했다. 그래서 그는 외교부에서 해임되었다.

그가 숨겨진 진실을 폭로했기 때문일 것이다.

그러나 외교문제에 대해서 오늘날 가장 많이 인용되는 해롤드 니콜슨 경(Sir Harold Nicholson)에 따르면 일반대중들의 마음속에서도 외교관이란 결코 천사들로 인식되지는 않았다. 어쩌면 정반대의 인상을 받는 것이 사실이다. 이것은 외교관 개인의 인격적 자질과는 전혀 무관하다. 전통적으로 외교관은 우호적인 땅과 적대적인 땅 사이의 경계선을 파악하기가 매우 어렵다는 사실을 알고 있다. 만일 외교관이 오늘의 친구가 내일의 적이고 또 오늘의 적이 내일의 친구가 될 수 있다는 유서 깊은 '힘의 균형'을 상기한다면 외교관은 그런 행동의 제한을 어쩔 수 없이 발전시켜야 한다. 적의 땅은 분명히 적대적일 것이고 중립적 땅도 언제든 적대적으로 될지도 모른다. 우호적인 영토가 속임수일 수도 있다. 따라서 외교관은 국민의 호민관, 즉 보호자라기보다는 정찰병에 더 가깝다고 보아야 할 것이다.

외교관은 사신의 공식적 역할수행에서 자신의 해외 상대방에게 자신의 이름으로 말하지 않고 자국의 외교부 장관이나 국가원수의 이름으로 말한다. 잠재적으로나 실제적으로 적대적인 영토에서 임무를 맡는 것에 의해 주입된 이 조심성은 다른 사람을 대신하여 말하는 사람에게 의무적인 조심성에 의해서 더욱 강화된다. 이런 행태의 행동이 우호적인 정부 간의 관계에선 즉각적으로 분명하게 나타나지 않을지도 모르지만 그런 행태의 행동은 그곳에서도 쉽게 나타날 수 있으며, 특히 분위기가 덜 정중해질 때는 언제든지 등장한다.

오랜 역사를 통해 국제적 동반자 관계는 눈에 띌 정도로 빈약하고 짧았다. 동반자들 간의 깊은 협력적 기간에도 각국의 외교관들은 본국으로부터 지시를 하달 받으며 협력적 관계에 깃들어 있는 공동 목적보다는 각자 자국의 외교부를 위해 일한다. 전시에는 단결에 대한 당연한 필요성에도 불구하고 동맹을 괴롭히는 긴장과 불신은 여전하다. 이처럼 외교관의 지배적 기경은 통일이 아니라 분할이다. 바로 여기에 외교관의 불성실함과 교활함에 대한 명성이 존재한다. 바로 여기에 프랑스의 드골 장군이 외교관이란 국가들의 협력을 위한 지속적 토대를 수립하는 데 헌신적인 진정한 동반자들이라기보다는 조종을 위한 대상으로서 서로가 서로를 보는 '냉혈적 괴물들'이라고 언급한 이유가 있다. 그리고 또한 바로 여기에 외교관은 정치의 갈등적 모델의 규칙에 따라 행동한다는 사실을 그의 세련된 매력이 감추지 못하는 냉소적 음모자로서 이미지가 존재하는 것이다.

이뿐만 아니라, 외교관은 외교관계의 네트워크가 비밀 첩보원이나 비밀 활동으로 뒷받침되는 체제 속에서 활동한다. 따라서 때때로 스파이와의 관계, 비밀에의 의존성, 모호한 표현의 구사, 그리고 자기 정부의 훈령에 복종할 의무가 있는 신분 등이 모두 함께 결합하여 외교 및 외교관의 신빙성에 대한 의구심을 자아내는 것이다. 그러나 무엇보다도 외교의 비밀성과 여기서 파생되는 속임수의 개연성이 외교의 신빙성에 의구심을 자아내는 가장 큰 요인이라고 할 수 있겠다. 비밀성은 적어도 2가지 점에서 속임수의 함축적 의미를 어쩔 수 없이 수반한다.

하나는 소수 특권층에게만 정보의 보유가 제한된다는 것이며, 또 다른 하나는 비밀에 의존함으로써 어떤 것을 숨기고 있다는 의구심이다. 이런 맥락에서 비밀성은 의도적인 거짓의 가장이나 의도적 거짓과 같은 것으로 쉽게 간주한다. 왜냐하면 비밀스러운 목적은 외교관들이 사적인 경우와 공적인 경우에 서로 다른 말을 할 수 있게 허용하기 위한 것으로 간주하기 때문이다. 특히 스스로 민주주의 국가라고 자처하는 국가는 국민들이 모르는 비밀을 유지할 수 없다는 비판을 받는다.

그러나 외교의 비밀성을 옹호하는 사람들은 국민들에게 모든 비밀을 공개한다면 그런 국가는 자국의 적국들에까지 국가의 기밀을 동시에 노출하게 된다고 반박한다. 그렇게 기밀이 노출되면 그 국가는 상대방이 모든 것을 다 알고 있기 때문에 유리한 협상을 할 수 없게 된다. 더구나 공개협상은 협상에 임하는 입장의 경직성을 낳게 된다. 사적으로 외교관은 상대방의 양보를 얻어내기 위한 수단으로 전혀 다른 문제에서 실제로 의도하지 않는 요구를 제기할 수 있다. 그러한 종류의 정치나 협상은 공개적으로는 가능하지 않게 될 것이다. 구속력이 없는 탐색적 토론이나 은밀하게 상대방을 떠보는 절차도 불가능하게 될 것이다. 본질적으로 시험적인 기술들이 공개외교에서는 효율성을 상실하게 될 것이다. 왜냐하면 일반국민은 또한 이런 모든 은밀성의 절차적 측면들 외에도 우리는 동시에 군사, 과학, 경제, 그리고 심지어 정치적 비밀을 보호하는 실질적 기능들도 고려해야만 할 것이다. 이러한 것들은 외교적 비밀의 지속적 정당성에 크게 기여하고 있다. 비밀은 속임수와의 연계성 때문에 하나의 악으로 간주한다. 그러나 보다 근본적인 악인 적(국)이 존재하는 한 필요악이다.

헤롤드 니콜슨 경은 외교관의 제1차적 덕목으로 진실성(truthfulness)을 지목한다. 만일 어느 외교관이 중대한 거짓말을 한 것으로 밝혀진다면 그는 어디에서나 기피인물(persona-non-grata)로 낙인찍혀 외교계에서 결국 추방될 것이다. 그러나 역사에서 대사관은 빈번히 정보작전의 비밀기지로 봉사한다. 이해의 갈등이 적대감을 불러일으키는 곳에서 공동의 이익을 만들어 냄으로써, 다시 말해, 절충을 달성함으로써 갈등을 극복하는 것이 외교관의 최고 소명이다. 그럼에도 불구하고 역설적이지만 외교관의 성공 여부는 그의 진실성에 달려있다.

제45장

아시아-태평양 국가지도자들이 보여준 전쟁과 평화의 역사적 리더십

정치가의 리더십 문제는 국가가 안보외교적 위협에 직면했을 때 그 중요성이 부각된다. 그런데 정치가의 능력은 조직의 조건과 창의력의 균형에 있다고 할 수 있다. 조직은 계속성의 중요성을 나타내고 창의력은 당연하게 간주되는 정책적 틀을 극복하는 능력이다. 다시 말해서 안보외교적 리더십의 시험은 항상 변화하는 국제정치적 환경을 인식하는 지적 요소와 그 인식적 지식을 국가적 목적에 봉사하게 하는 실천적 요소로 구성된다. 여기서 지적 능력은 역사적 과정에 대한 철학적 이해 없이 생각할 수 없다. 역사란 헤겔의 주장처럼 그 자체의 완성을 향해 발전적 운동으로 가정될 필요는 없다. 그렇다고 마르크스주의자들이 믿는 것처럼 역사의 발전과정이 이미 결정되어 있는 것도 아니다. 역사란 오히려 상황적 맥락에 따라 정치지도자의 주관적인 목적과 객관적인 제약 사이의 도전과 응전의 세계라고 보아야 할 것이다. 바로 이러한 이유로 정치지도자들은 역사창조의 기회를 부여받는 것이다.

정치가는 철학자와는 달리 그의 비전을 실천해야만 한다. 지도자의 안보외교적 실천능력은 두 가지의 가능성을 갖는다. 하나는 낡고 시대착오적인 국제질서를 타파하고 새로운 질서를 창조하는 혁명가의 길이요, 또 하나는 불필요한 전쟁을 방지하면서 안보외교정책을 국제적 변화에 분별력 있게 적응시키는 현상관리자의 길이다. 비스마르크처럼 양자 모두에 해당되는 아주 드문 정치가도 있다. 그가 현상타파적 혁명가일 때 그는 자신의 역사적 비선을 실천하는 데 있어서 목적과 수단의 관계를 올바로 이해했던 철저한 클라우제비츠언이었다. 그러나 그가 독일통일 후 현상관리자로 변신했을 때 그는 러시아에 대해 유화정책을 거듭 채택했다. 그의 유화정책은 체임벌린이 뮌헨협정에서 보여준 겁에 질리고 심약한 유화정책이 아니라 거인이 발휘한 절제력의 미덕이었다. 이렇게 볼 때 안보외교정책의 리더십은 어떤 특정 독트린에 있는 것이 아니라 자기 시대에 당연하게 간주되는 사유의 틀을 극복하고 창의력을 적용시킬 수 있는 지성적 용기에 있다고 하겠다. 바꾸어 말해서 안보외교정책상의 리더십이란 매파적 선동이나 비둘기파의 도덕적 설교에 있는 것이 아니라 주어진 상황에서 이성적인 정책과 합리적인 전략을 선택하는 부엉이파의 지혜와 용기에 있다고 하겠다. 요컨대, 지도자의 바람직한 자질은 자신의 비전이나 정책적 선택을 국내외적으로 정당화할 수 있는 지성적 능력과 그것을 행동으로 보여주는 실천적 용기에 있다고 해도 과언이 아니다.

그렇다면 아-태의 역사에 직접적인 영향을 끼친 탁월한 리더십은 어느 때 누구에게서 발견될 수 있을까? 20세기 초 러일전쟁 당시에 일본의 지도자들은 일본의 전 역사를 통해서 보기 드문 빛나는 리더십을 발휘했다. 당시 일본의 리더십은 과거의 실수로부터 신속하게 체득한 깨달음에서 시작되었다. 즉, 중(청)일전쟁에서 승리한 직후 이른바 3국 간섭은 유럽 강대국들과 대치 속에서 일본의 국제적 고립을 노출시켰다. 이때 처음으로 일본은 국가 간 외교의 중요성을 뼈아프게 인식했다. 3국 간섭으로 일본의 지도자들은 세계의 다른 강대국들과 어깨를 나란히 하려면 전선에서뿐만 아니라 외교의 무대에서 자국의 외교를 향상시켜야만 한다고 확신하였다. 따라서 한반도와 만주에서 러시아의 정책이 일본의 정책과 양립할 수 없고 전쟁이 불가피하다고 인식했을 때 그들은 러시아의 동맹국인 프랑스가 러시아에 가담하는 것을 억제할 수 있는 동맹을 구했다. 그리하여 곧 1902년 1월 말 당시 바다의 여왕 영국과 동맹체결에 성공했다. 영일동맹으로 일본은 자국의 국제적 지위를 크게 향상시켰을 뿐만 아니라 일격에 프랑스를 무력화시켜 버렸다. 러시아의 팽창주의를 경계하는 미국의 비군사적 지원이나 독일의 중립선언으로 러시아는 완전히 고립되어 버렸다. 영일동맹 체결은 일본이 러시아와의 전쟁에서 승리할 수 있게 한 빛나는 외교적 성취였다.

이 뿐만 아니라, 당시 일본 지도자들은 다가올 러시아와의 전쟁에 내포된 위험성을 잘 알고 있었다. 그들은 1904년 2월 4일 전쟁수행을 결정했을 때부터 긴 안목을 가지고 있었다. 만일 일본이 상당한 기간 동안 전쟁을 유리하게 이끌 수 있다면 제3의 세력이 중재역할을 해줄 것으로 예상했다. 이토히로부미는 그러한 역할을 해 줄수 있는 유일한 인물로서 미국의 루즈벨트 대통령을 꼽고 있었다. 따라서 그는 루즈벨트와 하버드대학에서 같이 수학한 후 오랫동안 친밀한 관계를 유지하고 있던 카네코 켄타로에게 미국으로 건너가 미일 간의 우호적인 관계를 촉진시켜 달라고 요청했다. 일본의 지도자들은 이처럼 전쟁을 시작할 때부터 전쟁을 종결시키는 문제도 함께 고려하고 있었다. 따라서 당시 일본의 지도자들은 '전쟁은 수단을 달리한 정책의 연속'이라는 전쟁 철학자 칼 폰 클라우제비츠의 중요한 가르침뿐만 아니라 전쟁의 궁극적인 목적은 보다 나은 평화에 있다는 사실도 정확하게 이해하고 있었던 것으로 보인다.

그러나 전쟁에선 뛰어난 외교력도 군부와의 긴밀한 협조 없이는 좋은 결과를 보장할 수 없다. 당시 일본의 군부는 현명하게도 국가의 정치지도자들에게 복종하고 있었다. 이렇게 정부의 외무성과 군부 간에 성립된 긴밀한 협력은 전쟁의 역사를 통해서 볼 때 매우 드문 경우에 속했다. 일본 내에서조차 그 후 이러한 협력은 거의 찾아볼 수 없게 된다. 근대국가가 탄생한 이래로 문민통제가 완벽하게 조화를 이룬 경우는 외교와 전쟁 두 가지가 한 사람에게 온전히 귀속될 때뿐이다. 우리는 프리드리히 대왕과 나폴레옹, 그리고 비스마르크에게서 그것이 성공적으로 이루어진 사례를 겨우 엿볼 수 있다. 대부분의 경우는 미국의 경우를 제외하고는 문민통제가 제대로 이루어지지 않았다. 즉, 국가의 비군사적 능력과는 상관없이 단지 국가가 처해 있다고 생각되는 위험의 크기에 비례해서 문민통제 대신에 군사적 측면의 독주가 주어졌던 것이다. 따라서 당시 일본에서 이루어진 문민통제는 그것이 근대 국가의 군국주의가 한창 성행하던 때에 이루어졌다는 점에서 이례적이라고 말할 수 있다. 현저하게도 러일전쟁 중의 일본에서는 그러한 군사우선정책이 득세하지 못했다. 군사정책이 국가의 정치적 목적과 신중한 외교적 수단으로 간주되었던 것이다. 당시 일본 지도자들은 군사적인 수단에만 결코 의존하지 않았으며 그것을 정치적 목적과 함께 효과적으로 운용하였다. 러일전쟁을 종결짓는 포츠머스 평화회담에 참석한 일본지도자들은 이후의 군국주의에서는 찾아볼 수 없는 현명함, 즉 정치적으로 명료한 인식과 비스마르크의 절제의 지혜를 동시에 겸비하고 있었다. 거기에서 발휘된 고무라 외상의 외교적 수완은 일본의 '사도와(Sadowa)'에 비견될 수 있을 정도였다.

반면 이 시기에 불필요한 전쟁을 예방하고 보수적 분별력의 리더십을 발휘한 지도자는 미국의 시어도어 루즈벨트(Theodore Roosevelt) 대통령이었다. 그는 1898년 스페인과의 전쟁에서 미국 제1의 제국주의자였던 루즈벨트가 이때에는 마치 독일 통일 후 비스마르크처럼 온건 보수주의자로 변신했던 것이다. 그는 러일전쟁 종결 직후 새롭게 등장하는 국제적 상황에 대처하기 위해서 변신했던 것이다. 당시 점증하는 일본의 해군력으로 인해 필리핀이 미국의 '아킬레스건'이, 즉 필리핀이 일본의 인질이 될지도 모른다는 예언자적 인식을 통해 미일 간의 우호적 관계를 확실하게 할 필요성을 자각했던 것이다. 따라서 그는 태프트(Taft) 전쟁장관을 통해 한반도의 새로운 현실을 인정하면서 필리핀에 대한 안전을 확보하는 한편, 1908년에는 루트-타카히라

각서(the Root-Takahira Agreement)를 통해 미일 간의 오해나 불신에 따른 충돌의 소지를 제거하는 행동을 취했다. 즉, 루즈벨트는 이 각서의 정신에 따라 필리핀에서 미해군의 주요기지 건설계획을 포기하고 하와이의 진주만을 태평양의 주요기지로 개발하는 정책전환을 단행했다.

그리고 루즈벨트는 필리핀이 미국의 아킬레스건이 되지 않도록 하기 위해 필리핀에 독립을 주려 했고 불필요한 일본과의 마찰을 선도적으로 제거하려는 리더십을 보여주었다. 그리하여 그는 미국의 페리(Perry) 제독과 타운센드 해리스(Townsend Harris) 초대 주일공사가 개척한 미일양국의 우호관계를 손상 없이 지속시켰을 뿐만 아니라 그의 선도적 인식과 재빠른 행동은 일본에 대한 미국의 영향력을 존속시키는 데 크게 기여했다. 그의 이러한 선도적 대일본 유화정책은 무력감이나 공포에 질려서 나온 우둔한 정책이 아니었다. 그는 자신만만한 지도자였다. 그는 1907년 거대한 미국의 함대로 하여금 지구를 한 바퀴 돌게 하는 항해의 과정에 일본을 방문하게 함으로써 미국의 유화정책이 오해되지 않도록 가시적으로 일본에 해군력을 과시했다. 20세기 초 루즈벨트의 대일본 유화정책은 19세기 후반 비스마르크의 대러시아 유화정책처럼 불필요한 전쟁을 방지하면서 국제적 변화에 분별력 있게 적응하는 현상관리자가 되었다. 루즈벨트는 동아시아에서 힘의 균형 체제를 통해 국제평화를 모색한 최초의 미국 대통령이었다. 요컨대 그는 위대한 평화의 화신이었을 뿐만 아니라 통찰력 있는 정치지도자였다.

이제, 그렇다면 위대한 리더십의 선결요건은 무엇일까? 정치학의 아버지 아리스토텔레스에 의하면 위대한 리더십은 직관적 이해와 과학적 지식의 조화로 이해될 수 있는 정치적 지혜를 토대로 성립하고 있다. 이것을 국제정치에 적용하여 본다면 우리는 국제적 리더십을 다음과 같이 정의해 볼 수 있다. 즉, 무게와 함께 균형, 구성요소와 구도, 내용과 뉘앙스, 그리고 가능성과 한계를 동시에 지각할 수 있는 정치적 능력이라고 말이다. 이것은 결국 국제관계에서 힘의 균형상태의 변화추세를 직관적으로 포착하고 미래의 전망에 부응하도록 현실을 재인식할 수 있는 지적능력으로 요약할 수 있다. 헨리 키신저는 비스마르크를 '기회는 현재로부터 포착했지만 영감은 미래로부터 이끌어낸' 정치가라고 평가했다. 그러한 정치가는 '장엄한' 인간이지 결코 자신의 목적을 현실에 적응시키는 우둔한 기회주의자가 아니다. 진정한 정치가는 야심에 찬 인간이지만 정치적으로 슬기롭게 숙고한다. 리더십이 정치적 지혜와 지적 능력에 의존하는 것이라면 우리는 구체적으로 그것을 어디에서 학습할 수 있을까? 그러나 그것은 과학적 공식의 세계가 아니라 예술의 세계에 속한다. 따라서 쉽게 구매할 수 있는 '기성품'으로서 지혜나, '일괄 포장된' 지적 능력이란 이 세상에 존재하지 않는다. 단지 우리는 역사적으로 위대한 인간의 정신 속으로 끊임없이 귀의해 봄으로써 그것을 간접적으로 배울 수 있을 뿐이다. 오늘날 중국의 시진핑은 어리석게도 과거 일본제국의 대동아 공영권을 넘어 글로벌 중국몽을 실현하려고 애를 쓰고 있다. 그와 함께 러시아와 북한도 현상타파의 야심을 드러냈다. 따라서 아시아-태평양 지역의 국가지도자들에게 참으로 현명하고 겸허한 리더십이 그 어느 때보다도 더 절실히 요구된다.

제46장

조셉 스탈린: 야누스(Janus)같은 두 얼굴의 지도자(1)

1917년 러시아 혁명 이전 80년 동안 차르체제 하에서 1년에 17명의 처형이 있었다. 볼셰비크 집권의 첫 해에 1달에 1천 명의 처형이 있었다. 스탈린 공포정치가 극에 달했을 때 매달 4만 명이 처형되었다. 전체주의 소련의 폭군 조셉 스탈린(Joseph Stalin)은 "한 사람의 죽음은 비극이다. 그러나 1백만 명의 죽음은 단지 통계일 뿐"이라고 잘라 말했다. 스탈린은 독일의 아돌프 히틀러("왜 폭군 히틀러(Hitler)에 관해서 공부해야 하는가?" 아시아투데이, 2024년 4월 25일자 참조)와 함께 20세기에 쌍벽을 이루는 전체주의의 폭군이었다. 그는 러시아의 첫 차르인 학살자로 악명 높은 '이반 더 테러블(Ivan the Terrible)'의 부활이었다. 그는 자기의 정치적 목적을 위해서는 어떤 수단도 가리지 않는 사악한 마키아벨리언이었다. 그러나 동시에 스탈린의 전기작가 줄리스 아처(Jules Archer)가 예리하게 간파했듯이 "그는 대규모 무덤을 정치적 도구로 이용하는 나쁜 습관을 가졌다." 그러나 스탈린은 동시에 소련에서 에티켓과 무용, 교육과 예술, 그리고 과학적 진보를 이루었다. 그의 치하에서 러시아인들은 처음으로 셰익스피어를 읽었다. 무엇보다도, 그는 소련을 단기에 산업화하고 자기 일생의 적인 자본주의·제국주의 국가들과 손을 잡고 히틀러의 침공에서 나라를 구한 소련의 영웅적 전략가였다. 그리하여 스탈린은 그 후 모든 공산주의자들의 롤 모델이 되었다.

조셉 스탈린은 18세가 되었을 때 칼 마르크스와 블라디미르 레닌을 숭배하는 진정한 공산주의 혁명가가 되었다. 그는 혁명에서 뛰어난 역할을 할 결심이었다. 그는 권좌에 오르는 긴 여정에서 자기의 거대한 개인적 야심을 조심스럽게 숨기고 레닌과 볼셰비즘의 대의를 확대하기 위해 헌신을 다했다. 볼셰비크들이 러시아를 장악하고 레닌이 죽은 이후에야 스탈린의 지도층 동지들은 스탈린의 의지에 완전히 굴복하거나 아니면 확실히 제거되었다. 그의 권력 장악은 피에 젖고 무자비했다. 스탈린은 레닌이 정신적으로 뿐만 아니라 신체적으로 거인일 것이라고 상상했다. 그리하여 스탈린은 레닌이 왜소하고 평범해보여 실망했지만 레닌의 연설을 듣고 그의 실망은 사라졌다. 레닌의 냉철하고 탁월한 논리가 그를 압도했다. 1906년 1월 내내 러시아에서는 조절되지 않은 봉기들이 들끓었다. 모스크바 노동자들은 거리에 바리 케이트를 치고 9일 간 군대와 싸웠시반 포병에 의해서 마침내 박살이 났다. 멘셰비크의 지도자인 게오르기 플레카노프(Georgi Plekanov)는 낙담했으며 무장 봉기를 후회했다. 1906년 스톡홀름 당대회에서 사회민주당을 장악한 멘셰비크들은 유럽을, 특히 마르크스 운동이 번창하는 독일을 간절히 바라보았다. 제2의 인터내셔널(the Second International)로 알려진 그것의 지도자들은 총알에 의한 자본주의의 전복보다는 투표에 의한 자본주의의 점진적 개혁을 주장했다. 그러나 레닌과 볼셰비키들은 제2의 인터내셔널을 마르크스 혁명적 가르침의 배신으로 간주했다.

스탈린과 레닌은 1905년 혁명의 실패가 부분적으로는 멘셰비크들의 잔인함과 유혈에 대한 혐오감 때문이라고 느꼈다. 그들은 차르의 군대가 저질렀던 것처럼 개인의 생명을 무자비하게 희생함으로써만이 대규모의 노동자들과 농부들에게 인간적인 새로운 사회가 건설될 수 있을 것이라고 확신했다. 1906년과 1907년 계급투쟁에서 희생된 4천 명에 대한 질문에 스탈린은 "당신은 비단 장갑을 끼고 혁명을 할 수 없다."고 어깨를 으쓱하면서 대답했다. 레닌은 스탈린을 파견하여 폴란드 국경에 있는 바쿠(Baku)의 유전 노동자들을 조직하라고 지시했다. 스탈린은 바쿠에서 성공에도 불구하고 그의 당원들 사이에서 교활한 책략에 분개한 볼셰비크들 사이에서 많은 적들을 만들었다. 마치 그는 셰익스피어의 이아고(Iago)처럼 항상 뒤에서 교활하게 작업을 벌임으로써 자기를 제외한 어떤 지도자에 대해서도 지지를 막기 위해서 동지들을 서로 간에 이간질시켰다. 1908년과 1912년 사이에 스탈린은 5번 체포되고 시베리아로 유배되었지만 4번 탈출하여 바쿠에서 선동작업을 계속했다. 그가 쉽게 탈출하였기 때문에 상당수의 멘셰비크들은 그가 밀고자로 활동하면서 비밀거래를 했다고 의심했다.

1912년 1월 그는 멘셰비크와 공개적인 결별을 계획하기 위해서 레닌에 의해 소집된 볼셰비크 회의를 위해 프라하로 갔다. 레닌은 유배 상태에서 4인으로 구성된 지하 러시아 사무국을 통해 볼셰비크들을 지시할 계획이었다. 레닌이 스탈린을 사분통치의 한 사람으로 임명하자 스탈린은 대단히 기뻐했다. 그는 〈프라우다〉(Pravda)라는 새 불법적인 볼셰비크 신문을 편집할 것이다. 1913년 초 스탈린은 사회 민주당대회에 참석하기 위해 빈으로 갔다. 레닌은 스탈린에게 모든 민족의 러시아인들에게 왜 혁명이 모든 지역적 애국심 앞에 와야만 하는지를 설득할 논문을 작성하도록 요구했다. "마르크시즘과 민족들"이라는 40쪽의 분석에서 스탈린은 자신의 조지아에 대한 충성을 억제하고 교묘하게 각 민족이 진실로 원하는 것은 평등권이 아니라 타 민족에 대한 지배라고 썼다. 각 민족을 위한 자결은 국제적으로 단결된 노동계급이 차르를 타도할 때에만 가능할 것이다. 그러나 혁명 이후에도 어떤 민족도 새 러시아 연방이 모든 불만을 신속하게 바로잡고 조절할 것이기에 그것을 떠날 이유가 없을 것이라고 스탈린은 설명했다.

제1차 세계대전이 발발했을 때 독일 사회주의자들이 카이저의 지지를 발표했다는 소식에 스탈린은 충격을 받았다. 왜냐하면 그것은 노동자 계급의 국제적 단결을 배반했기 때문이다. 영국과 프랑스의 사회주의자들 역시 자기 조국의 편을 들자 제2차 인터내셔널은 무너졌다. 스탈린은 이 전쟁을 단지 시장, 식민지, 그리고 이윤을 위한 제국주의적 투쟁으로 보았다. 그는 차르 러시아의 군사적 패배를 희망했고, 그는 그것이 혁명의 날을 앞당길 것이라고 생각했다. 1917년까지 러시아의 군대는 거의 600만 명의 사상자를 냈으며 그 가운데 반은 죽었다. 2월에 러시아인들은 인내의 한계에 달했다. 통화팽창과 기아 상태의 임금에 대한 분노로 페트로그라드의 노동자들이 다시 한번 소비에트를 조직했다. 이번에 그들은 러시아의 군인들뿐만 아니라 듀마(Duma)의 지지를 받았다. 듀마는 신속하게 알렉산더 케렌스키(Alexander Kerensky)가 이끄는 새 임시 정부를 수립했다. 지방들이 합류하자 경악한 차르 니콜라스는 퇴위할 수밖에 없었다.

4월 16일 레닌이 독일로부터 자기 처인 크루프스카야(Krupskaya) 그리고 다른 추종자들과 함께 독일군부가 마련한 봉합된 기차로 페트로그라드 기차역에 도착했다. 레닌은 만일 독일 자본주의자들이 그들을 러시아로 넘겨줄 만큼 어리석다면 그것은 그들의 장례식이 될 것이라고 말하면서 어깨를 들썩였다. 독일정부는 러시아 혁명을 진전시키도록 그에게 1,000만 달러를 지불했다. 독일정부는 이런 방식으로 러시아가 전쟁에서 벗어나 독일이 더 이상 2개의 전선에서 싸울 필요가 없기를 희망했다. 독일인들은 페트로그라드로 돌아온 레닌이 러시아의 평화의 요구를 앞당기길 기대했으며 그들은 실망하지 않았다. 레닌은 도착연설에서 케렌스키를 거부하지 않은 것에 대해 〈프라우다〉와 페트로그라드 소비에트를 맹렬히 비난했다. 레닌은 케렌스키 정부를 끝장 낼 즉각적인 투쟁을 촉구했다. 8일 후에 열린 전국 볼세비크 회의에서 9명으로 구성되는 새 볼세비크 중 레닌의 귀향연설은 낭의 중앙위원회를 선출했고 이것은 후에 볼셰비크 당 내부 각료인 정치국(Politburo)의 핵심이 되었다. 레닌이 회장으로 선택되었고 38세의 스탈린도 선출되었다

1917년 5월과 6월에 볼셰비크들은 러시아 대중들의 불만을 고조시키고 대규모 시위는 전쟁으로부터 철수를 요구했다. 전선에서도 패전의 소식만 전해왔다. 케렌스키는 레닌을 책망했다. 그는 레닌의 체포를 명령하고 볼셰비크들을 불법으로 선언했다. 무장한 멘셰비크 집단들이 볼셰비크 본부들과 〈프라우다〉의 사무실을 박살냈다. 스탈린은 레닌의 핀란드 도피를 마련했다. 레닌은 떠나면서 스탈린에게 그를 통해서 중앙위원회에 대한 명령을 전달할 것이라고 말했다. 한동안 스탈린이 실제로 정치국의 전부였다. 왜냐하면 트로츠키, 카메네프, 그리고 대부분의 볼셰비크 지도자들이 붙잡히거나 투옥되었기 때문이다. 오직 스탈린만이 당 활동의 뒤에 숨어 도피할 만큼 충분히 약삭빨랐다. 레닌은 핀란드에 도피중이었다. 그곳에서 페트로그라드에서 즉각적인 볼셰비크의 봉기를 촉구하는 레닌의 메시지들이 스탈린에게 폭주했다. 그러나 정치국은 카메네프와 지노비프의 신중해야 한다는 주장으로 주저했다. 레닌은 분개했다. 그들을 밀어붙이려는 결심에서 레닌은 자신을 가발과 안경으로 위장하고 비밀리에 페트로그라드에 돌아왔다.

1917년 10월 25일 유명한 10월 혁명이 새벽 2시에 분출했다. 이 날은 실제로 11월 7일이었지만 러시아가 사용하는 줄리언(Julian) 칼렌더는 2주가 빨랐다. 폭풍 같은 혁명의 중심은 스몰니학교였다. 볼셰비크들은 전체 러시아 볼셰비크 당 대회에서 24시간 행해지는 연설들에 반응하여 흥분의 절정을 이루었다. 병사와 수병, 그리고 총을 든 노동자들로 구성된 적위대원들(Red Guards)은 하나씩 수도의 전략적 지점들을 장악하라는 명령을 받았다. 이제 레닌은 더 이상 도망자가 아니었다. 그는 러시아 수도의 지배자였다. 그는 '모든 권력을 소비에트에게'라는 혁명의 슬로건을 선포했다. 겁에 질린 케렌스키는 겨울의 궁전을 빠져나갔다. 혁명세력으로 넘어간 순양함 오로라(Aurora)는 네바(Neva)에서 겨울의 궁전을 향해 포격을 시작했다. 그리고 적위대원들이 내부로 진입하여 신속하게 총구 앞에 케렌스키의 내각을 사임시켰다. 비록 유혈은 별로 없었지만 그것은 의심의 여지가 없는 내전이었다. 볼셰비크들이 수도를 장악한 것이다.

1918년 1월 새 의회가 페트로그라드의 타우리데(Tauride) 궁전에서 개원했을 때 볼셰비크 군대가 갑작스럽게 궁전을 장악하고 의회를 해산했다. 그리고 나서 레닌, 트로츠키, 그리고 스탈린이 '집행위원회'로서 러시아를 지배했다. 레닌은 트로츠키를 외무상으로 임명하고 그를 독일인들과 평화조약을 맺도록 브레스트-리토프스크(Brest-Litovsk)에 보냈다. 트로츠키는 지연작전으로 조약의 조건으로 실랑이를 벌이는 실수를 자행했다. 스탈린은 레닌에게 트로츠키가 위험스러운 게임을 하고 있다고 경고했다. 그가 옳았다. 트로츠키를 비웃으며 독일군들은 방어력이 없는 러시아의 전선들을 돌진하여 에스토니아, 일부 라트비아, 폴란드, 루마니아, 그리고 우크라이나를 점령했다. 독일인들이 페트로그라드에 접근하면서 그들의 평화조약 조건은 경직되었다. 굴욕적인 브레스트-리토프스크 조약은 러시아로 하여금 주민과 농경지의 1/3에 해당하는 영토의 1/4, 러시아 자원의 1/4, 그리고 러시아 산업의 1/2을 양보하게 만들었다. 레닌은 혁명을 위해 러시아제국의 멸망을 수락하였다. (계속)

제47장

조셉 스탈린: 야누스(Janus)같은 두 얼굴의 지도자(2)

1918년 3월 새 붉은 정부는 모스크바로 이사했다. 러시아의 남쪽에서 붉은 군대는 레닌정권을 타도하고 러시아가 독일에 대항하는 전쟁으로 복귀하기를 기대하는 영국과 프랑스에 의해 비밀리에 지원받는 반-볼셰비크 장군들이 이끄는 백색군대(White armies)의 도전에 직면했다. 레닌은 트로츠키를 붉은 군대의 야전군사령관으로 보냈고 당의 조직과 기획의 천재인 스탈린을 크렘린에서 자기 곁에 두었다. 그러나 스탈린은 전투의 흥분으로부터 멀리 떨어져 있는 것에 조바심을 냈다. 그의 주적인 트로츠키가 전쟁의 영웅으로 전선에서 화려한 인물이 되는 동안 책상에 묶여 있어야 했기 때문이다. 스탈린은 가슴속에 여전히 위험에서 기쁨을 얻는 혁명적 무법자였다. 그가 모스크바를 벗어날 기회가 마침내 4월에 왔다. 모스크바와 페트로그라드를 위한 식량공급이 갑자기 백색군대에 의해 위협을 받았다. 레닌은 스탈린을 차리친(Tsaritsyn, 후에 스탈린그라드)으로 급히 파견했다. 만일 백색군대가 그 도시를 장악한다면 그들은 붉은 군대를 기아로 축출할 것이다. 차리친에 도착한 스탈린은 그 도시가 아주 무질서한 것을 발견했다

우랄지역의 러시아인들은 차르 니콜라스가 한때 1905년 혁명에 대한 보복으로 시베리아와 우랄에서 수천명의 남녀와 어린아이들을 죽이라고 명령했던 것을 결코 잊지 않았다. 7월 16일 에카테린부르크 소비에트(Ekaterinburug Soviet)의 무장한 소작인들과 노동자들이 우랄에 있는 차르의

가족들을 감옥에서 끌어내 총살했다. 레닌은 아무 말이 없었다. 2주 후에 영국과 프랑스는 마치 로마노프 왕가의 살해에 대해 분개한 반응처럼 러시아의 내전에 공개적으로 개입했다. 그 사이에 스탈린은 차리친 전선에서 군사작전을 지휘했다. 1918년 11월 독일이 마침내 동맹국들에게 항복했을 때 소련 정부는 즉시 브레스트-리토프스크 조약을 폐기했다. 레닌은 독일에 의해서 점령된 소련영토의 철수를 요구했다. 윌슨 대통령은 영국의 국방상 처칠의 반대에도 이 요구를 지지했다. 처칠은 소련이 베르사유 평화회의에 참석하는 것을 막았으며 레닌의 정권을 인정하지 않았고 러시아를 적대적인 정부들로 에워싸려고 했다.

1919년 봄에 레닌은 모스크바에서 세계 혁명가들의 대회를 소집했다. 그는 전쟁의 발발로 죽어버린 제2의 인터내셔널을 대치하는 제3의 인터내셔널, 즉 코민테른(Comintern)을 설립했다. 이제 레닌은 공산주의 러시아가 살아남기 위해서는 동맹으로서 유럽에서 혁명정부들이 필요하다고 느꼈다. 설사 다른 공산주의 정권이 들어서지 않는다고 할지라도 모스크바가 통제하는 코민테른이 서방세계에 대항하는 레닌의 손아귀에서 서방세계를 내부로부터 약화시키는데 유용한 무기가 될 것이다. 그 해 말에 코민테른은 미국의 공산당을 창설했고 레닌과 지노비프는 그것을 세계를 향해 전진하는 거대한 한걸음이라고 환영했다. 내전은 1919년 봄과 여름에 치열하게 전개되었다. 스탈린과 트로츠키의 노력으로 백색군대로부터 페트로그라드가 구원되었다. 레닌은 행복하게 스탈린과 트로츠키에게 훈장을 수여했다. 내전에서 붉은 군대를 지휘하면서 스탈린은 자기 자신의 군사적 판단에 자신감을 갖게 되었다. 스탈린은 국내외의 적으로부터 소련을 구원하는데 보여준 군사적 탁월성으로 붉은 배너 훈장(the Order of the Red Banner)을 받았다.

내전은 러시아를 폐허로 만들었다. 모든 것이 절망 상태였다. 트로츠키는 붉은 군대를 군사적 규율 아래 강제로 노동군단으로 전환하기를 원했다. 그러나 볼셰비크 정권이 살아남으려면 주요 자본주의 국가들의 차관을 필요로 할 것이다. 그러나 트로츠키는 러시아가 서방세계의 차관이 아니라 서방세계의 혁명을 촉진해야 한다고 느꼈다. 레닌은 자본주의 정부들을 서로 이간질 시켜 자기들이 필요로 하는 차관, 원조, 그리고 무역을 얻을 수 있다고 주장했다. 스탈린은 이윤을 위한 욕망이 모스크바에 대항하는 통일전선을 막을 것이라고 동의했다.

스탈린은 국내문제에 전념했지만 세계의 눈에 비칠 소련의 국가적 이미지의 중요성을 놓치지 않았다. 1922년 독일 및 오스트리아와 라팔로 조약(the Treaty of Rapallo)을 결정한 레닌을 지지했다. 그것은 러시아가 베르사유 조약에 억매이지 않겠다는 것을 시사했다. 스탈린은 혁명을 수출하는 것은 자본주의 강대국들로 하여금 새로운 공격을 조장할 뿐이라고 주장했다. 레닌은 스탈린에 동의했고 해외 공산당들에게 자기들의 혁명을 위해 선동하는 것을 멈추라고 명령했다. 1922년 4월에 레닌은 갑작스럽게 첫 심장마비를 겪었다. 스탈린의 첫 반응은 진정한 당혹감이었으나 그의 슬픔은 곧 교활한 추측으로 변했다. 자기 말고 누가 권좌에 더 가까이 서 있다는 말인가? 대부분의 러시아인들은 트로츠키를 레닌의 후계자로 생각했던 것이 사실이었다. 그러나 스탈린은 트로츠키가 당의 충실한 일꾼들에 의해서 불신과 혐오를 받고 있음을 잘 알고 있었다. 레닌이 크렘린으로 돌아올 것 같지 않게 되었을 때 스탈린은 레닌이 신임하고 트로츠키를 싫어하는 지노비프(Zinoviev)와 작당하여 그가 스탈린을 당 중앙위원회의 사무총장으로 제안하게 했다. 정치국은 여전히 볼셰비즘의 두뇌와 정신이었지만 사무국이 그것의 강화된 팔과 주먹이었다. 1922년 4월 3일 스탈린은 트로츠키의 불만에도 불구하고 이 새로운 지위로 격상되었다. 스탈린은 조용히 당조직의 인사들을 자기의 옛 바쿠와 차리친의 부하들로 대체하기 시작했다. 그리하여 정치국은 점차 고무도장으로 변질되었고 사무국이 새로운 지배를 시도하기 시작했다. 스탈린이 자기의 아이디어와 인상을 자기의 가장 가까운 동료들과 공유하는 일은 거의 없었다. 그는 침묵에 대한 고도의 재능을 소유하고 있었다. 이 점에서 그는 모두가 떠들기를 아주 좋아하는 러시아에서 독특했다. 트로츠키는 레닌 다음으로 대중에게 가장 잘 알려졌으며 스탈린은 아마도 가장 적게 알려졌을 것이다. 침묵과 기다림에 대한 스탈린의 재능은 그의 길고 지루한 감옥과 유배생활에서 터득되었다.

스탈린은 테러의 사용이 전혀 비도덕적이라고 생각하지 않았다. 초기 공산주의 정의의 전형적인 본보기는 500명에 달하는 과거의 귀족, 지주, 그리고 은행가들을 모스크바에서 레닌의 실패한 암살기도가 있었던 날 밤에 처형한 것이었다. 처음에 스탈린은 고르키의 방문 동안에 레닌의 완전한 지지와 신임을 받았다. 그러나 레닌은 조지아 독립운동을 억압하는데 있어서 스탈린의 잔인한 방법들에 관해서 알게 되었다. 레닌은 사무총장으로서 차르의 선술을 사용함으로써 정권을 불명예스럽게 한 것에 대해 스탈린을 격렬히 비난했다. 스탈린의 심장은 더 빠르게 뛰었다. 그것은 자기생애의 우상인 레닌에 대한 그의 첫 저항이었다. 스탈린은 자기의 직책이 갑자기 위기에 접근하고 있음을 본능적으로 깨달았다. 그는 돌아올 수 없는 지점에 도달했고 앞길이 절망적이었다. 그는 위험한 기회를 잡기로 각오했다. 그는 외진 공화국들에게 어느 정도의 독립을 주어야 하는 지에 대해서 레닌과 부딪쳤다. 그는 민족주의가 모스크바의 엄격한 통제 하에 의해서만 억제될 수 있다고 고집했다. 1922년 12월 16일 레닌은 두 번째 삼장마비를 일으켰고 이제 그가 모스크바로 결코 돌아올 수 없다는 것이 분명했다. 그의 권좌는 즉시 지노비프, 카메네프와 스탈린의 삼두체제로 바뀌었다. 트로츠키는 공내하세노 배제되었다

스탈린은 레닌의 방문 동안에 점점 더 상황에 대해 회피적이 되었지만 그러나 레닌의 부인 크루프스카야(Krupskaya)가 스탈린이 비밀리에 구축하고

있는 관료적 조직에 관해 그에게 경고했다. 레닌은 스탈린이 그렇게 많은 권력을 맡기에는 부적합하다고 결심했다. 그는 트로츠키에게 반-스탈린 세력에 합류하기를 요청하는 편지를 썼다. 스탈린의 스파이들 중 한 명이 그 편지의 사본을 가져왔다. 분개한 스탈린이 레닌의 부인에게 전화를 걸어 그녀를 저주하고 위협했다. 레닌은 스탈린에게 너무나 화가 나서 그의 오른 팔과 다리를 마비시키는 세 번째 심장마비를 겪어야 했다. 레닌은 '당 대회에 보내는 편지'의 형식으로 그의 비서들 중 한 사람에게 정치적 마지막 유언과 증언을 받아쓰게 할 것을 여전히 단호히 고집했다. 그것은 3개월 후에 당대회가 개최될 때까지 절대적 비밀로 유지되어야 했다. 그 편지의 내용은 스탈린을 제거하라는 것이었다. 1923년 1월 레닌은 당대회를 기다리지 않기로 결정하고 스탈린을 공개적으로 비판하는 5개의 기사를 〈프라우다〉에 보냈다. 스탈린은 불안감을 느꼈다. 그러나 레닌은 죽어가고 있었다.

1924년 1월 21일 러시아 혁명의 아버지 블라디미르 레닌이 사망했다. 그의 사망 소식은 모든 러시아인들에게 하나의 경악이었다. 왜냐하면 그의 병세가 얼마나 심각한지를 아는 사람이 별로 없었기 때문이다. 러시아인들에게 그들을 차르 전제주의 체제로부터 해방시킨 사람에 대한 깊은 개인적 상실감과 슬픔이었다. 스탈린은 레닌의 분노를 피했다는 안도감에도 불구하고 그의 소년시절의 우상이며 마르크스 학습을 위한 수원이고, 그가 20년 이상 봉사했으며 그와 함께 차르 제국을 타도한 동지의 상실에 깊은 슬픔을 느꼈다. 그러나 스탈린은 향수 어린 추억에 젖어 있을 수 없었다. 권좌는 비었고 그것에 가장 가까이 있었던 것은 조셉 스탈린이었다.

스탈린은 자신의 행운을 위해 레닌의 시신을 이용하는데 주저할 인물이 아니었다. 그가 각색한 정교한 장례행사는 레닌을 경악하게 했을 것이다. 레닌의 미망인은 당에게 그가 원했을 것처럼 격식의 장례식을 조직하지 말고 자기 남편을 명예롭게 해달라고 요구했다. 그러나 스탈린은 레닌의 시신을 방부제 처리하여 뚜껑이 유리로 된 관에 넣어 영하 20도의 날씨에 모스크바의 눈 덮인 5마일의 거리를 운송했다. 그 행렬은 엄격한 병력에 의해 막아선 수백만 명의 군중을 뚫고 횃불과 모닥불로 밝혀진 붉은 광장에 들어섰다. 군악대가 장례식 템포로 '인터내셔널(Internationale)'을 연주하는 가운데 최종적 명단의 운구자들이 관을 인계받았고 관대 위로 간단한 연설을 하면서 스탈린은 당이 레닌의 이상과 과업에 충실할 것을 죽은 지도자에게 약속했다. 자신을 상주로, 그리하여 후계자로 내세운 스탈린은 자기 자신이 고위 성직자로서 레닌의 숭배를 신속하게 조직하였다. 그는 왁스를 바르고 매달 방부제 처리를 하여 붉은 광장에 있는 붉은 돌로 지은 능에 전시했다. 밤낮으로 러시아 군인들에 의해서 경호하는 그 무덤은 공산주의 신봉자들의 순례를 위한 신성한 메카가 되었다. 레닌 장례식에서 트로츠키의 부재가 널리 알려지고 비판되었다. 그때 그는 흑해의 한 휴양지에 있는 발코니에서 햇볕을 즐기고 있었다. 그는 레닌이 그에게 넘겨주려고 시도했던 권좌를 장악할 그의 마지막 기회를 놓쳤다. 스탈린의 교묘한 공작에도 불구하고 레닌은 사후에 그를 권좌에서 날려버릴 시도를 한 것처럼 보였다. (계속)

제48장

조셉 스탈린: 야누스(Janus)같은 두 얼굴의 지도자(3)

레닌의 장례식을 치룬 4개월 후에 레닌의 미망인인 크루프스카야가 손에 '폭탄'을 들고 중앙위원회에 참석했다. 그것은 스탈린을 비난하고 트로츠키를 그의 후계자로 임명하는 자기 남편의 마지막 유언과 증언이었다. 그것이 다가오는 당대회에서 공개되어야 할 지의 여부를 결정하기 위해서는 큰 소리로 낭독되어야만 했다. 무서운 당혹감이 참석자 모두를 마비시켰다. 연단에 조용히 앉아 있던 스탈린은 작고 비참해 보였다. 그의 운명이 걸려있었다. 지노비프가 서둘러 스탈린을 구출했다. 지노비프는 위대한 레닌의 유언을 결코 무시할 사람이 아니지만 장례식 후 4개월은 분명히 사무총장에 대한 레닌의 두려움이 근거 없음을 모두에게 보여주었다면서, 그러므로 그 유언을 공개해서 불필요한 스캔들로 당을 해쳐야 하느냐고 물었다. 카메네프도 동의했다. 중앙위원회는 40 대 10으로 그 유서를 파일로 만들고 잊어버리기로 결정하였다.

제15차 전당대회에서 트로츠키, 지노비프 그리고 카메네프의 3두마차는 스탈린의 비난으로 당에서 축출되었다. 트로츠키는 체포되어 시베리아로 유배되었고 그를 지지한다고 의심받는 수만 명의 당원들도 마찬가지였다. 지노비프와 카메네프는 시골의 작은 직책으로 쫓겨났다. 1929년 스탈린은 분노하여 트로츠키를 소련연방으로부터 추방령을 내리고 그의 가족들을 인질로 잡아 두었다. 트로츠키가 스탈린에 대항하는 세계여론을 조직하기 시작했을 때 그의 아들, 자매들, 그리고 다른 친척들이 사라지기 시작했다. 부크하린은 지노비프를 규탄한 보상으로 코민테른의 통제권을 받았다. 그러나 이제는 누가 진정으로 크렘린을 지배하는가에 대한 의심은 어느 누구의 마음 속에도 없었다. 명성에 취한 스탈린이 이제부터는 자기 자신을 마르크스와 레닌의 정치이론들의 단순한 집행자가 아니라 창의적 사상가로 자신을 생삭하기 시작했다. 스탈린은 그가 말한 것의 정반대 행동을 하거나 그가 행한 것을 정반대로 말하는데 주저하지 않았다. 그는 당의 우익과 공모하여 좌익의 반대파를 파괴했다. 그는 중도파와 공모하여 우익의 반대파를 파괴했다. 그는 프롤레타리아의 독재가 러시아에서 계급을 타파했을 때 공산당은 사명을 완수하고 사라지도록 허용될 것이라고 확신시켰다. 그러나 그는 크렘린에서 당을 확고하게 사리삽게 했다. 그는 소련에서 유일한 독재가가 된 것이다. 1929년 모스크바는 거대한 퍼레이드로 스탈린의 50번째 생일을 축하했다. 모스크바의 벽들은 그의 거대한 초상화로 덮였고 그의 동상과 흉상들이 광장과 공공 건물들을 가득 채웠다. 표지판과 깃발들은 이렇게 선포했다: "스탈린은 10월 혁명의 영웅이다… 스탈린은 오늘의 레닌이다."

이제 더 이상 권력을 위한 국내적 투쟁에 전력투구하지 않게 된 스탈린은 러시아의 외교정책에 더 많은 관심을 부여하기 시작했다. 러시아의 노련하고 인기 있는 외상인 막심 리트비노프(Maxim Litvinov)에게는 당황스럽게도 스탈린은 소련의 외교를 직접 지휘하기로 결정했다. 그러나 세계정세에 대한 그의 파악은 부적합했다. 그리하여 1928년 7월 13일 그는 경쟁적 자본주의 강대국가들로서 미국과 영국간의 임박한 전쟁을 자신 있게 예측했다. 그해 그는 코민테른을 직접 장악하고 모든 외국 공산당들에게 모스크바로부터 당의 노선을 엄격히 따르도록 명령하였다. 왜냐하면 오직 소련만이 세계의 노동자들에게 올바른 마르크시스트 리더십을 제공하도록 신임할 수 있기 때문이다. 그는 트로츠키처럼 세계혁명을 일으킬 원대한 희망을 갖고 있지 않았다. 그러나 해외 공산주의 지도자들의 충성을 자기에게 바치게 하려면 그들이 트로츠키의 진영으로 넘어가 강력한 반-스탈린 운동을 돕게 할 수는 없었다. 해외 주구들의 통제도 역시 소련정책에 부합하게 조작할 서방국가들에 있는 제5열을 그에게 제공했다.

스탈린은 미국의 공산당에 특별한 관심을 갖고 있었다. 1929년 미국에서 대공황으로 혁명적 위기가 발생하자 스탈린은 그것이 세계 모든 자본주의 종말의 시작일 것이라고 선언했다. 미국의 공산주의자들이 그 해에 모스크바를 방문했다. 스탈린은 그들이 너무 느리고 겁먹고 움직인다고 꾸짖었다. 공산주의의 세계지도자로서 스탈린의 위신을 거의 망가뜨린 외교정책적 실수는 중국의 혁명군을 이끌도록 장제스라는 젊은 군 장교를 선택한 것이었다. 그는 장제스를 모스크바로 불러들여 러시아의 군사적 방법으로 훈련시켜 새 국민당 군대를 위해 장교단을 발전시키라고 중국으로 돌려보냈다. 당시에 천두슈(Chen Tu-hsiu)와 마오쩌둥(Mao Tse-tung)이 이끄는 중국 공산주의자들에게 장제스에게 협력하라는 명령을 내렸다.

스탈린은 서방의 본격적인 공격에 살아남기에는 러시아의 경제가 너무 약하다고 걱정했다. 그리하여 1928년 그는 소련을 최대한 빨리 산업화시키기 위한 첫 5개년 계획을 단행했다. 사적 무역과 산업의 신경제체제를 완전히 제거하고 소비용 상품 대신에 공장들과 기계를 건설하기 위해 국가의 총력을 집중했다. 또한 그는 노동자들을 위한 식량증산을 위해 사적 농지를 몰수하여 그것을 정부의 집단농장화로 통합시킴으로써 토지를 소유한 농민들을 제거했다. 그는 기술적으로 근대화된 나라로 후진적 러시아를 변화시켜야 한다고 당 중앙위원회에서 말했다. 강력하고 안전한 러시아에 몰두한 스탈린은 인간적 희생에 관해서 무관심했다. 그는 자신이 혁명가로서 수년동안 소통의 세월을 견디어 낸 강철 같은 인간으로서 동료 러시아인들에게도 비슷한 희생을 요구하는 것이 당연하다고 생각했다. 그는 자기 계획의 성공을 보여주는 통계에만 관심을 가졌다. 그는 또한 자본주의적 무정부상태를 넘어서 계획경제의 우월성을 전 세계에 입증하고 싶었다. 1929년 시장의 경제가 불경기로 혼란을 겪고 있을 때 계획경제의 선전은 스탈린에게 특별히 유용했다. 스탈린의 문제는 노동자들을 위한 일자리를 발견하는 것이 아니라 일자리를 위한 노동자들을 발견하는 것이었다. 그리고 그는 도로를 건설하고 거리를 청소하는 일에 여성들을 동원함으로써 그들을 부엌의 노예로부터 해방시켰다. 스탈린은 열정적 젊은 자원자들을 이용하여 서부 시베리아의 대규모 개발을 시작했다.

그리하여 집단농장화는 사실상 낮은 임금을 지불하는 농업 공장인 국가농장이 되고 말았다. 많은 자작 농민(kulaks)들이 그들의 농장을 집단화하는 모스크바에서 파견된 관리들에 도전했다. 그리하여 약 500만 명의 농민들이 그들의 집과 마을에서 쫓겨나고 집단농장화 되었다. 모든 가족들이 중앙아시아, 시베리아 그리고 북극지역의 산림지대에 있는 노예노동 캠프로 추방되었다. 농민들은 제1차 세계대전과 내전에서 남겨진 무기들을 들고 소련 관리들에 대항하여 그들을 학살하는 게릴라전을 벌였다. 스탈린은 무자비하게 보복했다. 코카서스의 한 마을 전체가 붉은 군대의 포사격으로 말살되었다. 스탈린은 그런 학살에 전혀 영향을 받지 않았다. 러시아의 정교회가 농민들에 대한 스탈린의 전쟁에 눈을 감을 수 없었다. 성직자가 농민들의 저항을 지지하기 시작했다. 그러자 성직자들이 체포되고 유배되었다. 교회들은 압류당해 정부청사로 변했다. 성탄절 행사가 금지되었고 모스크바의 교회 종소리가 금지되었다.

1932년에 이르자 식량 사정이 절망적이었다. 곡식들이 들판에서 수확되지 않았다. 씨앗은 뿌려졌지만 가꾸지 않았다. 기아사태가 러시아를 휩쓸었다. 스탈린은 모든 식당과 상점을 폐쇄하고 식량을 배급해야만 했다. 크렘린에서 스탈린의 정적들이 다시 한번 불만을 표출하기 시작했다. 한 분노한 비판자가 "굶어 죽지 않을 유일한 장소는 감옥이다."라고 말했다. 1932년의 수확량은 러시아의 역사상 최악이었다. 1932~1933년 겨울 동안에 수백만 명의 농민들이 굶어 죽었다. 농민들에 대한 테러가 식량의 위기를 초래했을 뿐만 아니라 그것은 당의 사기를 떨어뜨리고 스탈린에게 피로 물든 폭군의 이미지를 가져다 주었다. 그는 러시아인들을 비인간적 잔혹성으로 몰았지만 그는 한 세대 동안에 수세대의 성취를 달성하게 했다. 같은 해에 스탈린이 제2차 5개년 계획을 발표할 때 그는 조심스럽게 사탕발림을 했다. 그는 사회주의가 러시아에서 달성되었다고 유쾌하게 선언했다.

스탈린은 단지 5년 만에 후진적이고 경멸을 받던 러시아를 근대 산업사회로 변환시킴으로써 서방세계를 놀라게 했다. 이제 그는 다음 5년을 통해 그의 무례하고 무식한 인민들을 세계에서 누구에게도 버금가는 교양 있는 시민들로 바꾸고 싶어했다. "기계가 모든 것을 결정한다."라는 이제까지의 슬로건이 지금부터는 "사람이 모든 것을 결정한다."라는 새로운 슬로건으로 대체되어야만 했다. 그는 모든 러시아인들에게 위생관념과 에티켓, 그리고 세련된 행위의 교육과 함께 읽고 쓰는 것을 가르치기 위한 문화운동을 시작했다. 그리고 스탈린은 새로운 러시아인들에게 새로운 소련 사회의 고무적 상징을 제공하기 위해서 세계에서 가장 아름다운 지하철을 건설했다. 몰수한 교회들은 하룻밤 사이에 '국립 반종교 박물관'에서 '종교적 문화사의 박물관들'로 변했다.

볼셰비크들이 처음에 정권을 장악했을 때 레닌은 각 당지도자들에게 경쟁자를 결코 죽이거나 암살하지 않을 것을 맹세하게 했다. 그 맹세는 1934년 12월 1일 세르게이 키로프(Sergei Kirov)가 살해될 때까지 16년 동안 지켜졌다. 그는 젊고, 레닌그라드의 당의 수장이었고, 스탈린의 가까운 친구이며, 그의 후계자로 예상되었다. 그러나 정치국이 키로프를 크렘린에 합류하길 원했을 때 스탈린은 자기를 키로프로 대체하려는 음모로 의심하기 시작했다. 그러나 키로프는 모스크바에 도착하기 수일 전에 암살되었다. 스탈린은 직접 그 사건을 조사하기 위해 레닌그라드로 달려갔다. 그는 공개적으로 슬픔과 분노를 표출하면서 시신에 키스까지 했다. 그리고 그는 즉시 117명의 '백색경비 테러리스트'라는 용의자들을 재판 없이 처형하라고 명령했다. 수천명의 레닌그라드 당원들이 시베리아로 유배되었으며, 지노비프와 카메네프도 감옥에서 끌려 나와 그 음모에 가담했다는 비난을 받고 비밀 재판을 받았다. 레닌그라드에서 돌아온 스탈린은 크렘린을 비밀경찰 장교들로 둘러싸고 모든 정치국원들에게 경호원들을 붙였다.

1935년에 이르자 스탈린은 전 러시아를 경찰국가로 변질시켰다. 외국인과 말을 건네다가 붙잡힌 러시인은 누구나 반역죄로 자동적으로 체포되었다. 수천 명에 달하는 옛 볼셰비크들이 비밀재판에 반역자로 회부되어 아무런 증거도 없이 총살당했다. 영향력 있는 혁명가들의 집단인 옛 볼셰비크 사회는 스탈린에 대하여 아시아식 전제정치, 즉 새로운 '이반 더 테러블(Ivan the Terrible)'이라고 불만을 중얼거리기 시작했다. (계속)

제 49 장

조셉 스탈린: 야누스(Janus)같은 두 얼굴의 지도자(4)

스탈린은 그 사회를 불법화하고 선정적인 공식 재판이 열릴 것이라고 담백하게 발표했다. 그 재판은 과거 모스크바 귀족들의 클럽인 귀족들의 홀(the Hall of Nobles)에서 이루어졌다. 첫 재판은 트로츠키의 간첩으로서 카메네프와 지노비프가 이끄는 30명의 당원들이 관련된 음모 사건이었다. 그들은 키로프의 살인과 스탈린 자신의 계획적 암살을 포함하여 간첩행위와 반역죄로 기소되었다. 결국 카메네프와 지노비프도 총살당했다. 러시아의 저명한 소설가 맥심 고르키(Maxim Gorky)가 러시아 혁명의 시기가 끝나간다는 것을 국내외에 과시하기 위해 새 헌법을 촉구하자 제8차 소비에트 당대회에서 스탈린은 모스크바 재판들이 입증했듯이 적대적 자본주의 강대국들에 의해 러시아가 둘러싸여 있는 한 레닌이 희망했던 것처럼 국가가 소멸할 수 없을 것이며 오히려 더 강력해져야 한다고 말했다.

스탈린의 숙청을 수행하고 있던 비밀경찰국장 야고다는 레닌의 훈장(the Order of Lenin)을 수여 받고 국방상으로 승격되었다. 그러나 그에게 놀랍고도 황당하게 스탈린은 갑자기 그를 인민의 적으로 체포했다. 그는 반-스탈린 음모에 가담했다는 등의 죄목으로 체포되었지만 사실은 그가 15년 동안 스탈린의 더러운 명령을 수행한 뒤라서 많은 시체들이 묻힌 곳을 알고 있다는 죄를 범한 것이라고 옛 볼셰비크들은 속삭였다. 스탈린은 젊은 니콜라이 예조프(Nikolai Yezhov)를 그의 후임자로 임명했는데 그는 전임자보다 더 피에 굶주린 처형자였다. 그는 대규모 체포, 비밀재판, 그리고 즉결처형 등을 선호했다. 1937년 1월 스탈린은 또 하나의 재판 쇼를 명령했다. 17명의 전 트로츠키 지지자들에게 사형선고를 내렸던 것이다. 6월에는 한 사람의 원수(marshal)를 포함하여 8명의 최고위직 장군들이 반역죄로 재판을 받고 48시간 후에 모두 처형되었다. 체포된 장군들이 반역죄의 인정을 완강히 거부하자 예조프는 러시아인들에게 그들의 죄를 확신시키기 위해서 그들의 미망인들을 시켜 언론에 그들을 반역자로 비난하도록 명령했다. 거부한 미망인들은 그들의 부모 및 자녀들과 함께 시베리아로 보내졌다. 1938년 마지막 대모스크바 숙청 재판이 열렸다. 이때 21명의 고위급 볼셰비크들이 반역죄로 재판을 받았다. 그들은 야고다를 포함했다.

이제 스탈린이 바로 소련이었다. 공포가 러시아를 장악했다. 정부 관리들도 공포에 휩싸였다. 그들은 누군가 자기들을 비난할 것이고 한밤중에 문을 두드릴 것을 두려워했다. 희생자들은 비밀경찰에 끌려가 수개월 동안 다시는 그들의 소식을 듣지 못했다. 만일 그들이 간첩활동에 대해 사형선고를 피한다면 그들은 25년간의 감옥생활에 직면했다. 공포가 마침내 다른 사람이 아닌 바로 예조프 자신의 체포와 처형으로 끝났다. 예조프도 자기 선임자와 같은 죄목으로 처형되었다. 스탈린은 그의 후임자로 같은 조지아 출신이며 자기의 열정적 추종자인 라브렌티 베리아(Lavrenti Beria)를 임명했다. 스탈린이 마침내 1939년 3월 새 당대회에서 의심할 여지없이 대량 숙청의 방법에 더 이상 의존할 필요가 없을 것이라고 말했을 때 모든 러시아인들은 불안한 안도의 숨을 내쉬었다. 사실은 숙청할 대상이 별로 남아 있지 않았던 것이다. 뿐만 아니라, 대 숙청 재판 뒤에 스탈린은 비열하게도 모든 공식문서들을 파기하기로 결정하였다.

러시아인들에게 소련의 역사에 관하여 최초의 정확하고 믿을만한 그림을 제공하기 위해서 스탈린은 자신이 직접 〈소련공산당의 짧은 역사〉(Short

History of the Communist Party of the Soviet Union)를 받아쓰게 했다. 그 속에서 스탈린은 자신의 역할을 영광스럽게 하고, 모스크바 재판의 관점에서 역사를 새로 쓰고, 그리고 스탈린 판 마르크스주의를 장황하게 설명했다. 그 책은 당원들에게 바이블이 되었고 모든 소련 학생들에게는 필독서가 되었다. 작가들과 역사가들은 그것을 감히 문제 삼지 않았다. 그 사이 1936년 트로츠키는 노르웨이에서 살고 있었다. 스탈린은 만일 오슬로 정부가 그를 재판을 위해 넘겨주지 않으면 무역관계를 단절할 것이라고 위협했다. 노르웨이는 거절했지만 그러나 그는 그에게 망명처를 기꺼이 제공할 멕시코로 추방되었다. 스탈린은 트로츠키는 죽어야 한다고 코민테른에게 담담히 말했다. 1940년 8월 20일 스탈린의 생애에 대해 집필 중이던 트로츠키는 코민테른의 명령을 받은 메르카데르(Mercader)라는 광적인 벨기에의 공산주의자에게 멕시코 시티의 비밀 은신처가 발각되어 도끼로 살해당하고 말았다.

1933년 아돌프 히틀러가 독일제국의 수상이 되었을 때 그는 히틀러에게 그들이 발트해 국가들의 국경선과 독립을 공동으로 보장하자고 제안했다. 그러나 히틀러가 그런 아이디어에 너무도 냉담하자 스탈린은 국제연맹에 대한 자신의 입장을 번복하기로 분별력 있게 결정했다. 1934년 9월에 가입하여 그는 영국, 프랑스, 그리고 체코슬로바키아와 방어적 동맹을 구애하기 시작했지만 그러나 그는 그들이 히틀러를 봉쇄할 필요성을 별로 느끼지 않고 있음을 발견했다. 1936년 히틀러가 베르사유 조약을 위반하며 독일의 재무장이 허용되고 로카르노 조약을 위반하며 라인란트를 점령이 허용되었을 때 스탈린은 점점 불안하게 되었다. 그는 히틀러와 무솔리니가 스페인에서 프랑코(Franco)장군의 파시스트 봉기를 자유롭게 지원했을 때 황당했다. 그리고 독일과 일본이 반-코민테른 조약을 체결했을 때 더 크게 당황했다. 왜냐하면 그것은 분명히 러시아를 위협했기 때문이다.

그리하여 스탈린은 자유의 챔피언으로서 러시아 측에 대한 세계여론을 조성하기 위해서 코민테른에게 스페인의 왕정군을 위한 국제원정 자원여단을 충원하여 히틀러와 무솔리니가 보낸 군대와 싸우기 위해 그들에게 무기를 보내라고 명령했다. 이것은 전 세계의 공산주의자들에게 소련은 물론 서방세계에도 이익이기 때문에 반-파시스트 통일전선과 집단안보를 위해 과시했다. 그러나 스탈린은 그들이 스페인 왕당파들에게 물들어 소련으로 반-스탈린 봉기의 필요성을 소련으로 가져올 것이 두려워 스페인에 보내는 러시아인들의 수를 제한했다. 마드리드가 마침내 프랑코의 손에 떨어졌을 때 그리고 히틀러가 스페인에서 병력을 철수했을 때 스탈린은 모스크바에 있는 미국 대사 데이비스(Davies)에게 히틀러에 대항하여 집단안보조약을 밀고 나가라고 촉구했다.

유럽의 사건들은 빠르게 절정을 향해 움직이기 시작했다. 히틀러는 오스트리아를 병합했고 체코슬로바키아를 위협했으며 독일의 역사적 팽창정책인 동쪽으로 향했다. 그러나 영국의 체임벌린 수상은 1938년 9월 뮌헨에서 이탈리아의 무솔리니와 프랑스의 델라디에와 함께 히틀러를 만나서 히틀러를 달래기 위해 체코슬로바키아를 분할하기로 동의했다. 뮌헨회담에 참가하지 못한데 화가 난 스탈린은 이제 영국과 프랑스가 의도적으로 나치의 소련 침공의 길을 열어주고 있다고 분명하게 확신했다. 그는 또한 만주의 국경선에서 붉은 군대에 대항하여 일본군과의 충돌을 부추기고 있다고 서방을 책망했다. 그것은 소련에 대항하여 2개의 전선을 여는 것이 아니겠는가?

히틀러는 폴란드의 공격을 준비하면서 스탈린에게 만일 그가 불가침조약뿐만 아니라 스탈린이 요구했던 발트해 국가들의 공동보장도 제안할 준비가 되어있다는 입장을 전했다. 그는 스탈린에게 리벤트롭(Ribbentrop) 독일 외상을 모스크바에 초대하여 조약을 협상하도록 촉구했다. 그리고 스탈린은 그렇게 했다. 리벤트롭이 모스크바에 도착했을 때 스탈린은 공산주의자들과 파시스트들 사이의 강렬한 증오심을 완화시키려고 했다. 그와 리벤트롭은 외교적 거짓말을 교환했다. 리벤트롭은 반-코민테른 조약이 실제로는 소련을 겨냥한 것이 아니라 오직 서방의 민주주의 국가들에게 대항하는 것이라고 스탈린을 안심시켰다. 반면에 스탈린은 그 조약이 영국의 재정가들과 상점주인들만을 놀라게 했다면서 히틀러의 건강을 위해 축배를 담당하게 제안했다.

나치-소비에트 불가침 조약(the Nazi-Soviet Nonaggression Pact)은 1939년 8월 24일에 체결되었으며 스탈린이 동부 폴란드에서 행동의 자유를 갖는 반면에 서부 폴란드가 독일에 떨어 질 것이라는 비밀 합의를 내포하고 있었다. 스탈린은 리벤트롭과 헤어지면서 소련은 이 조약을 아주 심각하게 생각하고 있다고 말했다. 이 조약에 관한 소식은 서방 국가들의 수도에는 폭탄처럼 떨어졌다. 런던과 파리는 분개하여 스탈린을 비난했지만 그들은 동맹을 위한 스탈린의 제안에 등을 돌렸었다는 사실을 무시했다. 히틀러를 달래는데 있어서 스탈린은 그들이 뮌헨에서 자기들이 했던 짓을 그대로 했던 것이다. 체임벌린과 델라디에가 먼저 오스트리아와 체코슬로바키아를 나치의 굴레 속으로 팔아 넘겼던 것처럼 이제 스탈린이 폴란드의 독립을 비운으로 봉해 버렸다.

1939년 9월 1일, 독소불가침조약의 체결 일주일 후에 히틀러는 전쟁선포도 없이 폴란드를 침공했다. 영국과 프랑스는 독일에 선전포고를 할 수밖에 없었다. 제2차 세계대전이 시작되었다. 스탈린은 자기가 테이블을 뒤집고 자본주의 강대국들이 서로 전쟁에 들어가게 했다고 기뻐 날뛰었다. 그러나 그는 소련의 국가적 위신에 엄청난 손상을 끼쳤다. 스탈린은 서방 언론에서 엄청난 비웃음을 샀다. 1941년 7월 3일 히틀러에 배신당한 뒤에 스탈린은 방송을 통해 러시아는 1년 반 동안 러시아에 평화뿐만 아니라 러시아의 방어를 준비할 기회를 확보했다고 말했다. 말은 행동과 무관하고 좋은 말은 나쁜 행동을 숨기기 위한 마스크에 지나지 않는다고 그는 설명했다. 그에게 "진지한 외교란 마른 물이나 나무, 철보다 더 가능하지 않았다." 그는 러시아가 독일과 홀로 서 싸워야 하는 재앙적 위치로 몰고 가지 않았다. 그에게는 이제 공산주의가 아니라 러시아의 국가이익이 더 중요했다. 스탈린은 피터 대제(Peter the Great) 만큼이나 러시아의 민족주의자로 돌변했다.

스탈린은 히틀러의 기지에 맞섰다. 그는 핀란드의 기지들을 레닌그라드의 방어에 긴요하나며 요구했지만 그러나 반소 독일 지향적인 핀란드인들이 거절했다. 그러므로 스탈린은 소련의 항공기들이 핀란드 도시들을 폭격하는 동안에 붉은 군대를 핀란드로 진격시켰다. 히틀러가 약이 올랐다면 서방은 분노했다. 영국과 프랑스는 러시아에 선전포고를 고려했지만 그 대신에 러시아를 국제연맹에서 축출하기로 결정했다. 소련의 위신에 대한 최악의 타격은 굉장히 불리함에도 불구하고 영웅적으로 싸운 핀란드 병력들에 의해서 행해진 치열한 저항이었다. 그러나 결국 핀란드의 수상이 굴욕적 평화를 위해 모스크바로 갈 수밖에 없었다. 히틀러가 전격적 정복을 이어갈 때 스탈린은 걱정스럽게 관찰했다. (계속)

제50장

조셉 스탈린: 야누스(Janus)같은 두 얼굴의 지도자(5)

1940년 5월 10일, 완전히 의회의 신임을 상실한 체임벌린이 영국의 수상직을 사임하고 윈스턴 처칠이 수상이 되었다. 영국의 덩케르크의 철수작전 뒤에 스탈린은 발트해의 3국을 장악하기 위해 신속하게 움직였다. 2주후에 프랑스는 독일에게 항복했고, 스탈린은 대담하게 루마니아를 침공했다. 이제 스탈린은 사적으로 자신의 증가하는 불쾌감을 표현한 히틀러와 자기 사이에 두터운 영토적 쿠션을 마련하고 있음이 분명했다. 1941년 3월, 루즈벨트 대통령이 무기대여법(the Lend-Lease Act)에 서명하자 스탈린은 갑자기 스스로 수상직과 동시에 붉은 군대의 총사령관이 되는 것으로 반응했다. 전쟁의 파도가 아주 불확실하자 그는 자신의 본능에 따라 번개 같은 속도로 움직이기 위해서 총체적 권력과 지배의 필요성을 느꼈다. 그는 지금부터 외국의 외교관들과 개인적으로 직접 우호적인 조약들을 협상하기 시작했다. 스탈린의 첫 협상은 모스크바에서 유고슬라비아 대사와 가진 것이었다. 유고슬라비아 대사가 그 협상이 독일인들을 불쾌하게 할 것이라고 말하자 "올 테면 오라지!"라며 스탈린은 어깨를 으쓱했다. 9일 후 그와 일본의 마츠오카(Matsuoka) 외상은 만일 독일이 러시아를 공격하면 일본의 중립을 약속하고, 만일 일본이 미국과 전쟁에 들어가면 러시아가 중립을 약속하는 조약을 협상했다. 스탈린은 마츠오카를 직접 환송하기 위해 철도역에 나타남으로써 모스크바의 외교관들을 놀라게 했다.

그러나 이때쯤 히틀러는 스탈린의 모호한 이중거래에 분노로 가득했다. 그는 그가 이탈리아의 군사력을 무시했던 것과 거의 마찬가지로 소련의 군사력을 무시한 그에게 더 이상 인내력을 발휘할 기분이 아니었다. 게다가 히틀러는 러시아의 식량과 그가 필요로 하는 원자재를 위해 더 이상 지불할 수 없었다. 폴란드의 새 나치-소련 국경선에 독일의 약 150개 사단을 집중시키면서 히틀러는 러시아에 대한 전쟁인 바바로사 작전(Operation Barbarossa)을 준비했다. 히틀러는 그 작전이 러시아를 신속하게 파괴할 것이라고 확신했다. 영국의 정보국은 독일의 바바로사 작전에 관해, 특히 6월 22일이라는 날짜까지 알아냈다. 4월 말에 처칠은 이미 영국의 맨소니 이든(Anthony Eden) 외상을 통해 스탈린에게 경고의 메시지를 보냈다. 그러나 스탈린은 자신의 정보망을 통해 그것을 믿지 않았다. 그리하여 처칠은 후에 "스탈린은 냉담하고, 교활하며, 그리고 잘 모르는 거인"이라고 묘사하게 만들었다.

1941년 6월 22일 러시아인들은 히틀러의 군대가 소련을 기습공격 했다는 긴급소식에 경악했다. 처칠의 경고가 옳았다는 것에 놀란 스탈린은 크렘린에 있는 자기 서재에 4일 동안 처박혀서 생각에 몰두했다. 그는 유럽의 무서운 장기 게임에서 마침내 지고 말았다. 히틀러가 공격한지 11일 만에 공식적 침묵을 깨면서 스탈린은 라디오 방송을 통해 자기 인민들에게 단지 공산주의자가 아니라 자신들의 땅과 모국을 방어하는 애국적 러시아인으로서 침공에 저항하라고 호소했다. 히틀러의 러시아 침공은 1812년 나폴레옹이 침공한 바로 그날 6월 22일에 그리고 동일한 네만(Neman)강에서 시작했다. 24시간 내에 소련은 1,200대의 항공기를 잃었는데 그 가운데 800대는 지상에서 잃었다. 스탈린은 7월 3일 방송에서 러시아 인민들에게 붉은 군대가 반격할 시간을 벌기 위해 나치군대의 진격을 늦추기 위한 무자비한 게릴라전을 수행하라고 촉구했다. 그리고 스탈린은 초토화 작전을 명령했다. 적은 모두 전멸되어야 했다. 그가 과거 차르에 대항하여 사용했던 동일한 방법들을 요구하는 것이 옛 볼셰비크인 스탈린의 성격이었다. 처칠은 나치스에 대항하여 싸우는 인간이나 국가는 모두 영국의 지원을 받을 것이라고 말했다. 7월 12일 영-러 동맹이 모스크바에서 체결되고 양국은 러시아가 제1차 대전 때 했던 것처럼 서로가 별개의 평화조약을 맺지 않는다고 서약하면서 독일에 대항하는 싸움에서 총체적 상호원조를 약속했다. 스탈린은 이제 서유럽의 공식 동맹이 되었다.

스탈린은 조건을 가리지 않고 서방의 군사적 도움이 절실했다. 우크라이나가 히틀러에 신속하게 굴복하자 스탈린은 명백히 경악했다. 많은 우크라이나인들은 침공하는 나치를 정복자가 아니라 해방자로 맞이했다. 그들은 여전히 집단농장화의 유혈기간 동안에 일으킨 농민들의 대학살에 대해 크렘린의 지배자들을 용서하지 않았다. 40만 명의 붉은 군대 농민들이 나치군편으로 탈영했다. 러시아의 규율은 주로 러시아 병사들의 등 뒤에 겨눈 소련정보장교들의 총알이었다. 한동안 스탈린은 혁명의 가능성을 염려했다. 그는 모든 개인용 라디오들을 몰수했고 민간인 반역자로 의심되는 자는 누구든 즉결 처형했다.

1941년 9월 10일 나치스의 전격전은 90일 간 계속된 레닌그라드의 포위로 절정에 달했다. 그 봉쇄된 도시에서 거의 100만 명의 러시아인들이 기아와 폭격으로 죽었다. 각각 5만 명에 달하는 사람들이 양측에서 하루의 전투에서 사라졌다. 스탈린은 인터뷰에서 담담하게 "한 개인의 죽음은 비극이지만 그러나 백만 명의 죽음은 통계일 뿐"이라고 말했다. 10월에 나치스는 모스크바의 근교에 도달했으며 수천 명의 모스크바 시민들이 도망쳤다. 히틀러는 공산주의가 파괴되었다는 표시로 크렘린을 폭파하라고 명령했다. 그러나 스탈린은 크렘린을 떠나지 않았다. 만일 독일인들이 말살전쟁을 원한다면 그들은 그것을 얻을 것이라고 스탈린은 불타올랐다. 스탈린은 러시아의 정교회장인 세르게이와 합의를 서명하면서 정교회의 축복을 모색했다. 그것으로 러시아에서 모든 반종교적 활동이 멈추었다. 스탈린의 모스크바 방어는 동맹국들의 큰 칭송을 일으켰다. 그는 처칠의 칭송을 받았으며 서방에서 새로운 인기를 누리기 시작했다. 군공급품들이 미국과 영국에서 인상적인 양으로 도착하기 시작했다. 그후 코민테른은 미국의 공산당에게 즉시 명령했으며, 그 후 공산당은 즉시 '파업'을 '일하라'라는 슬로건으로 대체하는 운동을 벌였다.

일본의 진주만 공습으로 미국이 일본과 독일에 대항하여 참전하게 되었을 때 스탈린은 담담하게 기뻐했다. 역사의 아이러니는 세계의 가장 큰 자본주의 국가가 세계의 가장 큰 공산주의 국가의 동맹국이 되었다는 것이다. 스탈린은 1942년 5월 몰로토프 외상을 런던과 워싱턴으로 보내 러시아에 대한 군사적 압력을 줄이고 동과 서 양쪽에서 나치를 분쇄하기 위해 그 해에 프랑스에 제2의 전선을 열어줄 것을 촉구했다. 러시아에 대한 공격의 절정은 양측이 결사적으로 필요로 하는 풍부한 식량과 산업자원의 핵심지인 스탈린그라드에서 왔다. 히틀러는 만일 그가 스탈린그라드를 얻지 못하면 이 전쟁을 끝내야 한다고 말했다. 마찬가지로 스탈린도 스탈린그라드를 전쟁의 결정적 전투로 만들 결심이었다. 나치는 1942년 8월 21일에 공격을 시작하여 1943년 2월까지 계속했다. 그 작전의 둘째 날에 단 하룻밤 공습으로 4만 명의 러시아인들을 죽였다. 이 비참한 전투 중에 엄청난 격려가 러시아의 전선을 휩쓸었다. 미국의 전차와 항공기들이 도착했다는 소식이었다. 스탈린의 인민들은 나치를 경악시킬 흉포함으로 싸웠다. 그들의 선택은 죽느냐 사느냐의 여부가 아니라 '어떻게 죽느냐'였다. 그들의 결사적 용기가 스탈린그라드의 방어를 제2차 세계대전의 위대한 영웅적 서사시의 하나로 만들었다.

1942년 11월 드와이트 아이젠하워 장군의 지휘하에 동맹군이 북아프리카에 착륙했을 때 스탈린이 그것은 서방측이 약속한 제2의 전선이 아니라 붉은 군대에게 약간의 안도감을 주는 작전일 뿐이라고 신랄하게 특징지었다. 스탈린은 스탈린그라드의 전투에서 승리하기 위해 자기의 모든 에너지를 집중했다. 그 전쟁의 애국적 성격을 강조하기 위해서 그는 정보장교단 제도를 폐지했다. 〈프라우다〉가 "군인은 사회주의적 의무가 전혀 없다. 그의 일은 단지 자신의 조상들이 했던 것처럼 자기의 조국에 봉사하는 것이다."라고 설명했다. 1943년 1월 31일 독일 침략군의 프리드리히 폰 파울루스(Friedrich von Paulus) 장군이 히틀러의 명령을 어기고 1만 1,000여명의 병사들과 함께 항복했다. 스탈린그라드의 공포스러운 시련이 마침내 끝이 났다.

스탈린그라드 전투의 승리가 전쟁의 물리적이고 심리적인 전환점이었다. 그때까지 전쟁의 결과는 불확실했다. 그러나 이제 이니셔티브는 서방 동맹국으로 넘어갔다. 독일군은 전 전선에서 후퇴하기 시작했다. 루즈벨트는 동맹국들이 무조건 항복을 요구할 것이라고 단호하게 발표했다. 자기의 파트너들에 대한 선의의 제스처로 4월에 스탈린은 코민테른을 해체했다. 그 해 여름에 스탈린은 공세를 시작하여 나치의 손에 넘어간 소련 영토의 2/3를 회복했다. 이때만큼 스탈린의 별이 소련의 하늘에서 뿐만 아니라 전 세계에 걸쳐서 그 보다 더 높게 치솟고 그리고 보다 더 밝게 빛난 적이 결코 없었다. 루즈벨트와 처칠은 그들의 전쟁 노력과 평화계획을 통일하기 위해서 그해 말에 3 거두(a Big Three)가 테헤란에서 회담을 개최할 긴급한 필요성에 동의했다. 루즈벨트는 처칠에게 자기가 스탈린을 개인적으로 다룰 수 있을 것으로 생각한다고 말했지만 그것은 루즈벨트의 순진한 오산이었다.

1944년 6월 6일, D-Day에 마침내 스탈린이 그렇게 고대하던 유럽에서 제2의 전선이 아이젠하워 총사령관의 지휘하에 실현되었다. 6월 10일과 8월 15일 사이에 러시아의 여름 공세가 붉은 군대를 동 프러시아의 국경선에 다다르게 하자 스탈린은 붉은 군대에 의해서 해방되고 있는 동 유럽의 정치적 미래에 대해 자신과 서방 사이에 투쟁이 형성되고 있음을 알았다. 그는 소련의 국경선에 더 이상 어떤 서방 지향적인 정부를 관용하지 않을 결심이었다. 더 중요하게도 그는 동 유럽을 승리의 전리품으로 간주했다. 만일 그가 이 국가들의 풍부한 자원을 이용할 수 있다면 그들을 전후 소련 제국의 공산 식민지로 만들어 전쟁으로 파괴된 러시아가 신속하게 회복될 것이다. 붉은 군대가 바르샤바로 진격하자 폴란드의 반공지하세력이 러시아의 지배를 막기 위해서 봉기를 일으켜 그 도시를 장악했다. 그들은 붉은 군대의 진입 이전에 독일인들의 도망으로 가능했다. 그러나 스탈린의 사단병력들이 비스툴라(the Vistula) 강에서 격퇴되었다. 결국 바르샤바에서 후퇴하는 독일인들이 폴란들인들의 봉기를 분쇄하고 야만스럽게 그 도시의 가옥들을 파괴하여 복수했다. 런던과 워싱턴은 포위된 폴란드인들에게 보급품을 공급하기 위해 러시아의 공군기지의 이용을 원했지만 스탈린이 일거에 거절하고 자신의 보급품을 실은 항공기들을 불타는 도시 위로 보냈다. 그러나 그때는 이미 늦었다. 경악한 서방의 지도자들은 그 비극에 대해 폴란드인들에 대한 스탈린의 냉혹함을 사적으로 책망했다. (계속)

제51장

조셉 스탈린: 야누스(Janus)같은 두 얼굴의 지도자(6)

1944년 9월 중순까지 연합군의 진격으로 독일은 50만 명의 사상자를 냈다. 이때 대부분의 프랑스가 해방되었다. 1945년 1월 붉은 군대가 동부전선에서 나치군대의 최종적 파괴를 노리는 강력한 공세를 폈다. 독일의 몰락이 임박하자 3 거두가 독일의 점령과 유엔의 창설을 포함하여 전후세계를 위한 계획에 대해 다시 모일 필요성이 긴급하게 되었다. 루즈벨트와 처칠은 2월 4일부터 일주일간의 회담을 위해 흑해에 있는 소련의 얄타(Yalta)항구에서 스탈린을 만났다. 그 사이에 스탈린은 스스로 원수에서 총통으로 자신을 승격시켰다. 그들은 독일과 베를린 분할 점령에 합의했고 스탈린은 유엔에서 절대적 거부권을 확보했다. 스탈린은 '해방된 유럽의 선언'에 동의했으며 이것은 각국에게 인민의 의지에 반응하여 정부의 자유선거를 서약하는 것이었다.

붉은 군대가 동유럽을 장악하고 있었기에 스탈린은 자유선거를 자기식으로 해석할 수 있었다. 3 거두들은 독일이 또 다시 세계평화를 결코 흔들 수 없도록 확실하게 하기 위해서 독일의 군국주의와 나치즘을 파괴하고, 또 모든 전범자들을 정의롭고 신속한 처벌을 받게 한다는데 동의했다. 스탈린은 소련이 동부에서 병합한 영토에 대해 폴란드에 보상하기 위해 서부에서 독일로부터 영토를 빼앗아야 한다는 자신의 요구를 관철했다. 3 거두는 또한 소련이 후원하는 폴란드 정부가 폭넓은 민주적 토대에 입각하여 정부를 재조직한다는 스탈린의 서약을 인정했다. 스탈린은 얄타에서 루즈벨트와 비밀 흥정을 했다. 그것은 독일이 패배하자마자 뤼순, 대련, 동중국철도와 쿠릴 섬들에 대한 대가로 일본에 대항하는 전쟁에 들어가기로 약속했던 것이다.

러시아 군대가 베를린으로 몰려들기 18일 전인 1945년 4월 12일 루즈벨트 대통령이 서거했다. 그의 죽음은 전 세계를 경악시켰다. 스탈린은 몰로토프 외상에게 명령하여 다가오는 샌프란시스코 회의에 참석하고 워싱턴을 방문하여 해리 트루먼 새 대통령을 탐색하게 했다. 몰로토프가 트루먼은 폴란드에서 정의가 행해지길 보고 싶어하는 미국의 결의를 가리킨다고 보고했을 때 스탈린의 표정은 어두워졌다. 4월 21일 독일 최고사령부가 연합국들에게 무조건 항복을 함으로써 잔혹한 전쟁이 끝났다. 러시아의 희생을 담담하게 고려한 스탈린은 승리가 수로 소련의 승리였다는 자신의 신념을 인민들에게 극화할 결심이었다. 동시에 그는 서방과의 전시 협력의 시대가 종식되었음을 알리고 싶어했다. 소련의 제국주의적 목적을 추구할 그의 계획은 서방과의 충돌을 가져올 것이며 그는 그것을 위해 러시아인들을 준비시키길 원했다. 소련은 전쟁에서 폐허를 겪었다. 스탈린은 미국의 한 정부관리가 유럽에서 전쟁에 승리한 날(V-E Day) 직후에 미국은 영국뿐만 아니라 소련에 대한 식량과 기타 보급품을 끊는다고 발표했다. 스탈린은 분개했다. 스탈린을 달래고 또 식량의 대여 수송이 계속될 것이라는 것을 그에게 확신시키기 위해 트루먼 대통령은 해리 홉킨스를 특사로 모스크바에 파견하여 무기 대여법의 중단은 한 관리의 잘못된 발언이었다고 설명했다. 스탈린은 냉담했지만 그러나 정복한 베를린 근처의 포츠담(Potsdam)에서 트루먼과 처칠을 만나는데 동의했다.

1945년 7월 17일 포츠담 회담에서 러시아는 결코 비우호적인 폴란드 정부를 관용할 수 없다고 스탈린은 잘라 말했다. 베를린은 이제 소련이 점령한 동독의 내부에서 하나의 '육지 섬'이었다. 이 3 거두들은 베를린과 전 독일을

4개의 점령지로 분할하기로 하고, 그리고 프랑스가 4번째 지역을 맞기로 했다. 그들은 독일을 탈-나치화하고 비무장화한다는 계획도 비준했다. 포츠담 회담이 열리기 하루 전 미국의 첫 원자탄이 뉴멕시코의 앨라모고르도에서 비밀리에 성공적으로 실험되었다. 이런 사실을 보고 받은 트루먼은 이제 미국이 비상한 파괴력의 신 무기를 갖게 되었다고 스탈린에게 불쑥 언급하기로 결정했다. 스탈린은 별다른 관심을 보이지 않으면서 "반가운 소식이다. 나는 당신이 일본에 그것을 잘 사용하길 바란다."라고 말하면서 어깨를 으쓱했다. 스탈린도 트루먼에게 약간의 소식을 전했다. 일본인들이 그에게 항복을 허용할 연합국들과의 조건을 조정해달라고 요청했다는 것이었다. 그러나 스탈린은 무조건 항복에 대한 트루먼의 요구를 지지했다. 그는 태평양에서 전쟁이 갑자기 끝나기를 원하지 않았으며 태평양에서 전리품을 주장하기 위해서 8월 8일 직후에 일본을 공격하길 희망했다. 이 목적을 위해 그는 심지어 중국공산당을 부인하고 장제스를 전후 중국의 통치자로 인정하는데 동의했다.

포츠담 회담에서 귀국한 스탈린은 마오쩌둥을 모스크바로 소환하여 그에게 국민당과의 싸움을 중단하고, 혁명을 멈추고, 그리고 장제스와 평화를 이루라고 말했다. 마오는 냉정하게 듣고, 고개를 끄덕이고, 그리고 분노에 차서 귀국했다. 마오는 스탈린이 과거에 한번 그에게 장제스에 굴복하라고 명령했던 것을 잊지 않았다. 마오는 스탈린 동지가 러시아 공산당에게 좋은 것으로 생각하는 것이 반드시 중국 공산당에도 좋은 것은 아니라고 담담하게 결심했다. 중국 공산주의자들은 국민당 민족주의자들에 대항하여 게릴라전을 계속했다. 스탈린은 중국이 극동지방의 대중들에게 다른 붉은 별을 제공하는 공산주의 강대국으로 등장하는 것을 결코 원하지 않았다. 그도 역시 역사적으로 중국과 러시아의 이익이 서로 반대되는 것이며 결국은 그들을 충돌하게 할 것임을 알고 있었다. 그러나 투쟁하는 새 붉은 중국이 전쟁에서 태어난다면 러시아는 그것을 도울 의무가 있을 것이고 그렇지 않으면 세계 공산주의자들 사이에서 체면을 상실할 것이다.

8월 6일 미국은 원자탄 전쟁의 시대를 여는 원자탄을 히로시마에 투하했다. 히로시마의 공격 이틀 후에 스탈린은 일본에 선전포고하고 만주에서 일본군에 대항하여 강력한 공세를 단행했다. 다음날 두 번째 원자탄이 나가사키에 투하되었다. 일본은 다음날 평화를 청구하였고 8월 14일 트루먼 대통령은 일본의 무조건 항복을 발표했다. 스탈린은 이 승리를 1904년 러일전쟁에서 일본에 의해 자신의 조국이 패배 당했던 것에 대한 러시아의 복수라고 간주했다. "늙은 세대인 우리는 이날을 40년 동안 기다렸다."라고 스탈린은 모스크바에서 선언했다. 스탈린은 폴란드, 헝가리, 루마니아, 불가리아, 알바니아에서 차례대로 모스크바에서 훈련을 받은 공산주의자들이 운영하는 괴뢰정권들을 수립했다. 모두가 경찰국가들이었고 서방과의 접촉이나 통신으로부터 봉합되었다. 그때 스탈린은 러시아가 필요로 하는 것은 무엇이든 이 위성 국가들로부터 짜냈다. 1946년 3월, 윈스턴 처칠은 트루먼 대통령의 고향인 미국 미주리 주의 풀톤을 방문하여 유명하게 된 '철의 장막' 연설을 했다. 스탈린은 1947년 발표된 미국의 트루먼 독트린을 미국의 군사기지들로 소련을 포위하려는 미국의 구실로 생각했으며, 마셜 플랜을 자기에 대항하여 서유럽을 강화하려는 공작으로 보았다. 대응조치로 스탈린은 콤뮤니스트 인터내셔널(the Communist International)을 이용하여 마셜 플랜을 월스트리트 제국주의라고 비난하면서, 특히 정치적으로 불안정한 이탈리아와 프랑스에서 그것에 대항하는 파업과 대규모 대모를 모색했다. 서유럽에서 마셜 플랜을 패배시키지 못한 실패에 좌절한 스탈린은 체코슬로바키아에서 쿠데타를 명령했다. 상력한 진-민주적인 베네스(Benes) 정부가 축출되고 체코공산당이 권력을 장악했다. 이제 스탈린은 모든 철의장막 국가들에 대한 재배권을 강화했다. 유고슬라비아를 제외하고 모든 위성국가들이 모스크바에 충성을 서약했다. 유고슬라비아의 티토(Tito) 원수는 크렘린의 명령을 거부했고 스탈린은 분개했다. 그리하여 스탈린은 티토를 마르크스-레닌주의 독트린의 이탈자요, 또 월 스트리트의 주요 간첩으로서 코민포름(Cominform)에서 추방하였다.

스탈린에게 전후 국제적인 소련공산주의의 추락한 위신을 단번에 회복할 조치로 준비한 것이 서베를린의 봉쇄였다. 베를린 봉쇄는 1948년 6월 24일에 시작했다. 서독으로부터 서베를린으로 가는 도로의 이용이 거부되자 동맹국들은 매일 4,500톤의 공급품을 항공으로 수송함으로써 스탈린의 자존심을 떨어뜨렸다. 베를린 공수작전은 거의 1년 동안 계속되었고 이것은 미국의 국력과 결의의 놀라운 과시였다. 1949년 4월 4일 스탈린은 자기가 실수했음을 깨달았다. 스탈린의 유럽에서 첫 도박은 실패했을 뿐만 아니라 더 두려운 반작용이 일어났다. 그때 유럽이나 북아메리카에서 그들 중 한 나라나 그 이상의 나라에 대한 무장공격은 그들 모두에 대한 공격으로 간주될 것이라는 데 동의하는 북대서양조약(NATO)이 워싱턴에서 체결되었기 때문이다. 새로운 단합을 상징하기 위해 영국, 프랑스, 그리고 미국은 그들의 3개의 각 점령지대들을 서독처럼 인정된 하나의 독립적인 국가로 통합하였다. 스탈린은 이 조치를 포츠담 합의의 위반이라고 강력하게 공격하고 자신의 점령지대를 독일 민주공화국으로 전환했다.

스탈린은 중국에서 공산주의의 승리를 접했다. 1948년 12월 7일 장제스 병력이 대만 섬으로 도피했다. 마오쩌둥 하에 대륙 본토가 세계에서 두 번째로 큰 공산주의 국가가 되었다. 스탈린의 두려움이 현실화된 것이다. 또한 원자탄의 우위를 위한 미국과의 경쟁이 아주 치열해졌다. 그후 미국은 수소폭탄을 개발하고 실험하는데 2년이 걸렸으며 러시아는 6개월이 더 걸렸다. 베를린에서 미소 간 대결에서 패배한 스탈린은 다른 지역에서 그 실패를 만회하기로 결심했다. 그것은 전후 스탈린의 두 번째 도박이었다. 그곳은 러시아의 극동지역 끝자락에 자리잡고 있는 한국이었다. 그러나 그의 두 번째 도박도 미국과 유엔의 반격으로 실패했다. 1952년 10월에 스탈린은 모스크바에서 열린 제19차 당대회에 마지막으로 등장했다. 1953년 1월 스탈린은 갑자기 즈다노프(Zdhanov)의 살인협의와 지도급 육군장교들에 대한 음모죄로 여러 명의 의사들을 체포했다고 발표함으로써 세계를 놀라게 했다. 그러나 곧 스탈린의 심장마비에 걸렸다는 소식이 전해졌다. 1953년 3월 5일 목요일 밤에 73세의 조셉 스탈린이 뇌출혈로 사망했다. 공포스러운 폭군 스탈린의 시대가 마침내 끝난 것이다.

스탈린이 사망했을 때 크렘린에 보낸 미국정부의 공식 메시지는 서늘한 '공식적 애도'의 표시였다. 반면에 당시 영국의 집권 노동당 허버트 모리슨 하원의원이 스탈린은 "위대한 인간이었지만 그러나 좋은 인간은 아니었다." 라고 평가했다. 윈스턴 처칠은 누구보다도 스탈린을 잘 알았다. 처칠은 히틀러가 러시아를 침공했을 때 "만일 히틀러가 지옥을 침공한다면 나는 적어도 의회에서 악마에 관해 호의적 언급을 할 것이다."라고 말했었다. 전쟁의 말기부터 그들 간의 심각한 대립에도 불구하고 처칠은 스탈린의 사망시에 그를 나쁘게 말할 수 없었다. 그러나 동시에 그는 스탈린이 벌인 참혹한 인민재판들, 수많은 수용소들 그리고 수백만의 자작농부들의 처형과 같은 반인륜적 악행을 잊을 수 없었다. 그래서 그랬을까? 윈스턴 처칠은 스탈린의 사망에 관해 완고하게 그러나 웅변적으로 끝까지 침묵을 지켰다. (끝)

제52장

로널드 레이건(Ronald Reagan)의 리더십: 신보수주의의 챔피언(1)

고대 그리스 시인 아르킬로쿠스(Archilochus)가 "여우(fox)는 많은 것을 알고 있는 반면에 고슴도치(hedgehog)는 한 가지 큰 것만 안다."라고 말했다. 레이건은 여우보다는 고슴도치였다. 그는 오로지 철두철미 반공산주의자였다. 그리고 그는 결국 미국의 성공한 대통령이 되었다. 그는 위대성에서 45명의 역대 대통령들 중에서 제9위에 올랐다.

1930년대는 라디오 시대였다. 레이건은 프랭클린 루즈벨트 대통령의 열렬한 지지자였다. 루즈벨트는 그에게 일종의 제2의 아버지였다. 대학졸업 후 레이건은 라디오 방송을 시도하려고 생각했다. 그에게는 데이븐포트(Davenport)에 있는 WOC(World of Chiropractic) 라디오 방송국에서 아이오와대학교(University of Iowa)의 축구경기들을 중개하는 오디션(audition)에 참가할 기회가 있었다. 그의 강인한 목소리와 즉흥적 능력이 방송국 운영자인 피트 맥아더(Pete MacArthur)에게 인상을 주었다. 1933년 초 WOC가 데스모인스(Des Moines)에 있는 보다 강력한 방송국인 WHO와 합병한 뒤에 레이건은 그 도시의 스포츠 아나운서가 되었다. 그의 목소리는 이제 미국의 중서부지방에서 널리 들을 수 있었다. 따뜻하고 마음을 달래주는 그의 특별한 목소리는 라디오에 아주 잘 어울렸다. 그는 자기 목소리가 자연스럽도록 하는 방법은 원고의 시작 부분을 암기하는 것임을 알았다. 그러나 그의 이른 성공을 가져온 것은 목소리의 음색만큼이나 자기 사고의 서술 기법이었다. WHO에서 레이건은 동료들을 위해 루즈벨트 대통령의 노변정담을 흉내내기도 했다. 그러나 그의 꿈은 영화에 있었다.

1936년 레이건은 영화사 워너 브러더스(Warner Brothers)에서 스크린 테스트에 통과되어 그곳에서 15년 동안 일했으며 41개의 영화에 출연했다. 워너 브러더스는 레이건의 신체보다는 그의 목소리에 의존했다. 그가 출연한 영화는 모두 B급에 속했다. 레이건은 배우로서 자신의 능력을 믿었지만 그러나 그는 자신의 한계에 대해 현실적인 이해를 하고 있었다. 그는 서부영화에서 보다 드라마틱한 역할을 하고 싶었지만 자기는 평균치에 지나지 않는다는 것을 인식했다. 레이건 배우경력의 최고의 역할은 킹스 로우(Kings Row)에서였다. 그 작품은 아카데미상 후보에 지명되었으며 레이건을 정당한 스타로 만들었다. 1942년 그는 전쟁 중에 징집되었지만 새로 창설된 영화사의 육군공군부대에서 중위로 복무했다. 1945년 9월 그의 군복무가 해제되었을 때 그의 직업은 모멘텀을 잃었다.

전후 시기는 미국 전역에서 노동투쟁이 기승을 부렸다. 할리우드에서 그 투쟁들은 전쟁 전에 이미 시작해서 1949년까지 계속되었다. 그의 배우로서 직업이 더듬거리자 레이건은 자신이 속한 노조, 즉 영화배우협회(the Screen Actos Guild)의 이사회 회원으로서 그 투쟁에 말려들었다. 그는 동시에 미국재향군인회와 할리우드 예술, 과학과 전문직업 독립 시민회(Hollywood Independent Committee of the Arts, Sciences, and Professions, HICCASP)를 포함하여 그가 활동 중인 자유주의적 조직을 공산주의자들이 장악하려고 시도하는 것을 보았다. 1946년 중반에 레이건이 집행위원회의 구성원이 되기로 동의했을 때 공산주의 동조자들은 그것을 전투조직으로 진환시키고 있었다. 그의 첫 집행위원회 모임에서 레이건은 프랭클린 루즈벨트 대통령의 아들, 여배우 올리비어 드 하빌랜드(Olivia de Havilland) 및 다른 사람들과 함께 공산주의를 거부하는 성명서를 제안했다. 레이건은 곧 할리우드의 공산주의자들을 찾아내려는 그들의 노력에서 연방정부당국과 협력하기 시작했다. 하원의 비-미국인 활동위원회가 1947년 10월에 영화산업에 대한 널리 홍보된 청문회를 열었을 때 레이건은 협조적 증인으로 워싱턴에 갔다. 그러나 그는 순종적인 사람이 아니었다. 레이건의 언행은 민첩했고 그 시대의 맥락에서 칭송할 만했다. 그는 다수의 반공주의자들이 공산주의 선전이 스크린에 도달하는 것을 막았다고 주장하면서 할리우드를 옹호했다.

1947년 레이건은 스스로 진정한 자유주의자들의 진정한 대변인이라는 '민주적 행동을 위한 미국인들(Americans for Democratic Action)'의 국가이사회에 합류했다. 다음 해에 그는 사회적 소비예산을 줄이고 또 부자에 유리한 세금 삭감을 통과시킨데 대해 의회 공화당원들을 공격하는 연설로 해리 트루먼 대통령을 위한 선거운동을 했다. 그러나 1940년대 말과 1950년대 초에 레이건의 견해는 전환하고 있었다. 그는 뉴딜 자유주의자로부터 자유주의적 반공으로, 즉 반공 보수주의자로 변하고 있었다. 그의 굳어진 견해는 할리우드 명성을 향상시키기 위해 세운 조직인 영화산업협회의 대변인으로서 추가적인 역할을 반영했다. 그는 1949년에 그 협회의 의장이 되어 배우의 명예를 옹호하는 대중연설을 하기 시작했다. 당시 할리우드는 민주주의와 공산주의 간의 거대한 이데올로기적 투쟁에서 중대한 역할을 수행하고 있었다. 레이건은 공산당이 외국의 음모라는 근거에서 불법적이라고 선언하는데 찬성했다. 1952년까지 5년간 공산주의자들과 싸운 뒤에 레이건은 더 이상 진보주의자가 아니었다. 그는 민주당원이었지만 공화당의 아이젠하워를 지지했다. 그러나 레이건은 결코 맥카시주의자(McCarthite)는 아니었다. 1952년 3월에 레이건은 1949년 처음 만난 여배우 지망생 낸시 데이비(Nancy Davis)와 재혼했다. 그는 부인 낸시의 무조건적 경배에 의존했으며 그는 비로소 가정의 안정과 행복을 얻었다. 레이건의 당시 사고방식에서 보다 흥미로운 전환은 보다 넓은 공공철학을 향했다. 그리고 그것은 1952년 윈스턴 처칠이 불멸의 '철의 장막' 연설을 했던 미주리 주의 풀턴에서 기독교 여자대학인 윌리엄 우즈대학(William Woods College)에서 행한 졸업식 연설에서 처음으로 표출되었다. '아름다운 미국(America the Beautiful)'이라는 제목의 그 연설은 미국에 대한 그의 개념을 발전시킨 첫 연설이고 첫 장소였다. 그는 미국을 하나님에 의해 약속 받은 땅이라고 생각했다. "우리의 이 땅은 지상에서 마지막 최선의 희망이라."는 링컨의 1862년 연설을 원용했으며 그 후 그는 그것을 되풀이하여 사용했다.

1950년 초에 할리우드는 뉴욕에서 등장한 새로운 텔레비전 산업에 의해 위협을 받았다. 1954년 레이건은 그가 재정적으로 어려울 때 워너 브러더스에 의해서 해임되었다. 레이건은 아주 어려울 때 잠시 동안 그가 경멸하던 밀짚 모자와 보우 타이를 하고 라스베가스 야간업소 진행자 역할을 했다. 그러다 1954년 그는 제너럴 일렉트릭(General Electric)의 광고 대행사에서 자유주의적 반공주의자로 일하기 시작했으며 그곳에서 1962년까지 일했다. 레이건은 이곳에서 8년 동안의 경험을 일종의 정치학에서 대학원 과정이었다고 서술했다. 즉, 그때 그의 보수적 이데올로기가 형성되었다는 것이다. 그는 비행기를 두려워했기에 그의 계약은 기차여행을 명시했다. 긴 기차여행 시간 동안에 그는 읽고, 생각하고, 글을 쓸 시간을 갖게 되었다. 그는 휘태커 챔버스(Whittaker Chambers)의 〈증인〉(Witness), 하이예크(F. A. Hayek)의 〈노예로 가는 길〉(the Road to Serfdom), 그리고 언론인 헨리 해즐릿(Henry Hazlitt)이 쓴 〈한번 수업의 경제학〉(Economics in One Lesson)을 사실상 통째로 암기했다고 한다.

1955년과 1956년 레이건은 간극이 메꿀 수 없을 만큼 너무나 넓었기에 자기는 더 이상 민주당원이 아니라는 것을 자각하게 되었다. 1957년 그의 모교인 유레카 대학의 졸업식 연사로 돌아왔다. 그의 연설은 5년 전 풀톤에서 했던 연설을 상기시켰다. 미국인들은 하나님의 사명을 받은 사람들이었다

하이예크와 해즐릿에 듬뿍 젖은 레이건은 무신경과 무관심 속에서 잃어버린 자유에 관해서 '외부의 적'보다 더 염려했다. 그는 미국이 하이예크의 노예제도로 가는 길에 상당히 접어들었다고 주장했다. 인민들이 미국의 생활 수준에서 바닥을 건설하려고 하지만 실제로는 아무도 오를 수 없는 천정을 건설하고 있다는 것이다. 1952년의 '아름다운 미국'이라는 레이건의 연설의 주제가 1957년에는 '추악한 정부(Government the Ugly)'가 연설의 주제가 되었다. 바로 여기에 뉴딜 자유주의와의 결정적인 레이건의 결별이 이루어지고 철학적 대안의 첫 개발된 표현이 등장했다. 1959년 뉴욕에 있는 월도르프-에스토리아 호텔에서 제너럴 일렉트릭 회사 간부들에게 행한 연설은 한 걸음 더 나아가 공산주의와 정부 팽창의 위험은 서로 연계되어 있다고 주장했다. 레이건은 1960년 선거에서 공화당의 리처드 닉슨을 지지했을 때 그는 이미 완전히 전향했다고 고백했다. 그는 1962년에 마침내 정당을 바꾸었다.

1960년대 초까지 레이건은 배우로 널리 알려졌다. 그러나 1964년 그가 당시 공화당의 대통령 후보인 베리 골드워터(Barry Goldwater)의 지원연설을 하면서 완전히 변했다. 1964년 10월 27일 사전에 녹음된 '선택할 시간(A Time for Choosing)'이라는 제목하의 연설은 레이건의 수사학적 독특한 재능을 최고로 알리는 계기가 되었다. 그는 이 연설에서 절정을 이루었으며 자유주의를 공격했다. 그는 연설 중에 플루타크(Plutarch)를 인용하면서 미국인들에게 "인민들 자유의 진정한 파괴자는 인민들 사이에서 포상금, 기부와 혜택을 퍼트리는 자들"이라고 경고했다. 미국의 국부들은 정부가 인민들을 통제함이 없이 경제를 통제할 수 없다는 것을 알고 있었다. 그들은 정부가 그런 일에 착수할 때 정부는 그것의 목적을 달성하기 위해서 무력과 강제력을 사용해야만 한다는 것을 알고 있었다면서 레이건은 "그러므로 우리는 선택할 시간에 왔다."라고 주장했다. 레이건은 사회주의를 부과하는 최선의 방법은 세금으로 중산층을 말살하는 것이라는 칼 마르크스 말도 인용했다. 골드워터는 대통령 선거에서 민주당의 린든 존슨(Lyndon B. Johnson)에게 패배했지만 레이건의 이 연설은 미국의 역사에서 가장 감상적이고 충격적인 연설로 기억될 것이다. 그리하여 레이건은 즉시 정치의 최전선으로 나아갔다.

1965년 레이건은 자신의 캘리포니아 주지사 선거에 나갈 것임을 선언했다. 민주당 후보인 브라운(Brown) 주지사가 레이건을 멍청한 배우라고 부르면서 성부 일의 무경험을 조롱하고 그를 위험한 극단주의자로 매도했지만 선거에서 레이건은 650만 투표 가운데 100만의 표 차이로 승리했다. 그가 무엇을 할 것이냐는 질문을 받고 레이건은 "잘 모르겠다. 나는 주지사 역을 해본 적이 없다."라고 재치 있게 대답했다. 레이건은 정부가 사적인 이니셔티브를 지원할 것이라는 '창조적 사회(Creative Society)'라는 모토로 출마했지만 실제에서 그의 비전은 곧 통치의 현실에 굴복했다. 1968년 레이건의 전국적 프로필은 버클리 시에서 인민들의 공원(People's Park)에 대한 점령을 끝내기 위해 주방위군을 소집한 결정으로 정의되었다. 그것은 평화적 반대에 대해서는 관용을 베풀지만 파괴에는 무관용이라는 입장이었다. (계속)

제53장

로널드 레이건(Ronald Reagan)의 리더십: 신보수주의의 챔피언(2)

레이건은 주지사의 두 번째 임기가 끝나가면서 자기가 애용하는 주제로 자기의 메시지를 넓혔다. 1974년 1월 보수적 정치행동회의(Conservative Political Action Conference, CPAC)에서 행한 그의 첫 연설에서 그는 존 F. 케네디 대통령의 연설을 통해 갱신된 이미지인 '언덕 위의 도시'라는 청교도 공동체에 대한 존 윈스로프(John Winthrop)의 기도문을 인용했다. 그는 "두 대양 사이에 놓인 거대한 대륙은 자유를 사랑하고 특별한 용기를 소유한 사람들을 위한 어떤 하나님의 계획"으로 믿는다고 말했다. 정부는 실패할 수 있겠지만 미국인들은 실패하고 있지 않다고 레이건은 주장했다. 그는 65세의 나이로 인해 그의 정치적 경력은 끝난 것으로 보였다. 그는 주지사로 3번째는 출마하지 않기로 약속했고, 또 그는 상원에 출마하는 데에는 관심이 없었다. 그는 워터게이트 사건 중에도 닉슨 대통령에 충성했다. 그러나 제럴드 포드(Gerald Ford)부통령이 닉슨의 대통령직 사임후에 대통령직을 계승하자 레이건의 나갈 길이 막혔다. 1974년 9월 포드 대통령이 닉슨을 사면하자 예상 못한 문이 열렸다. 그 사면 발표는 포드 대통령에 대한 처음의 선의를 날려버렸다. 게다가 1975년 미국의 불명예스러운 베트남 철수가 있었다. 정치적으로 포드의 최악의 결정은 넬슨 록펠러(Nelson Rockefeller)를 부통령으로 지명한 것이었다. 포드는 레이건을 수송이나 통상장관, 아니면 영국 대사직을 제안하여 레이건을 밀어내려고 하였다. 레이건은 이 모든 제안들을 거부했다.

1975년 가을, 레이건은 대통령에 출마하길 원했다. 그는 국가언론클럽(National Press Club)에서 출마를 선언하면서 자기는 워싱턴 기존세력의 일원이 아니라 정부제도에 대항하는 동료시민들을 대변하는 시민이라고 주장했다. 그러나 현직 대통령 포드의 지명이 분명해지자 공화당 전당대회는 레이건을 부통령 후보로 생각하기 시작했다. 그러나 포드는 캔자스 주의 로버트 돌(Robert Dole) 상원의원을 선택했다. 1976년 대통령 선거에서 포드가 민주당의 지미 카터(Jimmy Carter) 후보에게 패배하자 레이건은 1980년에 있을 공화당 대통령 후보 지명을 위한 선두주자로 떠올랐다. 그는 미국에서 당시 가장 강력한 뉴스매체인 CBS 저녁방송의 보수적 평론자로 초대받았지만 이것을 거절했다. 레이건은 사람들이 자기 얼굴을 자주 보는 걸 지겨워 할 것이라는 이유에서였다. 그 대신에 그는 1975년 대통령 후보 선언 때까지 그가 쓰기 시작한 매일 라디오 평론을 재개했다. 그가 행하는 연설과 함께 공화당에 영향을 계속해서 미치는 방법이었다. 가장 중요하게도 그의 연합라디오 출현으로 많은 사람들이 대통령후보로 다시 나서기에는 너무 늙었다고 주장하는 나이에도 그는 여전히 정치적 힘을 유지했다. 레이건의 정치평론은 마침내 286개의 방송을 타고 또 전국적으로 226개의 신문에 칼럼이 실렸다. 합쳐서 레이건은 2천만 명의 청중에 접근할 수 있었다. 라디오가 저무는 시대에 레이건은 라디오의 끈질긴 힘을 간파했다. 레이건은 보이지 않는 인간 목소리의 친근감과 청취자들이 그것으로 상상할 그림을 채우는 방법을 이해했던 것이다.

레이건 정치평론의 대부분은 미국의 군사적 취약성에 관한 것이었다. 레이건은 공산주의를 궁극적으로 미국의 도덕적이고 군사적인 도전을 견디지 못할 무능하고 우스꽝스러운 체세로 보았다. 그는 전쟁 없는 미국의 승리를 상정했다. 소련에 대한 레이건의 그런 낙관주의는 순진하게 들릴 수 있었다. 그는 미국이 불충분한 활력으로 냉전을 수행하고 있다고 생각하는 반면에 그는 미국의 근본적 교리들에 의심을 품었다. 레이건은 소련의 지배를 전복하길 원했기 때문에 봉쇄정책을 수용하지 않았다. 그는 핵억제정책이 미국을 안전하게 유지할 수 있다고 믿지 않았을 뿐만 아니라 소련도 그것을 믿지 않을 것이라고 생각했기 때문에 핵억제정책을 의심했다. 그는 상호확증파괴(Mutually Assured Destruction, MAD)의 개념을 도덕적으로 불쾌하고 기이하다고 생각했다. 대안이 무엇일까? 그는 그의 비서인 마틴 앤더슨(Martin Anderson)이 제안한 '보호적 미사일체제(protective missile system)'의 아이디어를 좋아했다. 레이건은 비준되지 않은 SALT II 조약과 함께 기존의 ABM 조약을 반대했다. 그는 자기의 친구인 로렌스 베일리슨(Laurence Beilenson)이 쓴 〈조약의 함정〉(The Treaty Trap)이라는 제목의 책을 빈번히 추천했다. 이 책에서 저자는 국가들이란 그것이 자국의 이익이 되는 동안에만 타국과의 합의를 준수하며, 따라서 평화조약이 결코 평화를 가져오지는 않는다고 주장했다.

1980년 레이건의 선거운동이 시작했다. 공화당의 두 선두 주자인 레이건과 부시는 토론에 동의했다. 3일 후에 레이건이 큰 차이로 부시를 이겼다. 부시가 논리적인 러닝메이트(running mate), 즉 부통령 후보가 되었다. 레이건은 현직 대통령인 지미 카터를 유약하고 무능한 인물로 몰아붙였다. 카터 대통령은 이란의 인질사건과 에너지 위기, 그리고 깊어 가는 불경기로 어려움에 처했다. 반면에 레이건은 미국의 최선의 날들이 미래에 있다고 주장했다. 레이건은 향수어린 민족주의를 자극했고 당시 현안인 카터의 파나마 운하 포기에 집중했다. 레이건은 선거일 이주일 전에 클리블랜드(Cleveland)에서 열리는 카터와 단 한번의 토론에 동의했다. "당신은 4년 전보다 더 잘살고 있습니까?"라는 레이건의 질문이 히트를 쳤다. 레이건은 선거에서 압도적 승리로 미국의 제40대 대통령에 당선 되었다.

레이건은 1981년 1월 20일 대통령 취임사에서 "우리는 정부가 국민을 갖고 있는 것이 아니라 국민이 정부를 갖고 있다… 우리 정부는 국민에 의해서 승인된 것 외에는 어떠한 권한도 갖고 있지 않다. 현 위기에서 정부는 해결책이 아니라 정부가 문제"라고 선언했다. 레이건은 의회에 상당한 군사비 지출의 증액, 3년에 걸친 개인소득세의 30% 축소, 그리고 최고자본 소득세 비율을 20%까지 인하할 것을 요구했다. '레이건 경제학(Reganomics)'은 4개의 중요한 목표를 갖고 있었다. 그것은 감세, 국내비용 삭감, 탈규제의 실시, 그리고 통화팽창을 잡기위해 금융정책을 사용하는 것이었다. 3월 30일 레이건은 워싱턴의 힐튼호텔에서 미국의 노조연합 AFL-CIO의 목수들의 분과에 대한 오찬연설에서 자신의 경제적 계획을 막 마쳤다. 그리고 그가 자기의 리무진을 타려는 순간에 총소리가 들렸다. 그를 차속으로 밀어 넣고 그곳을 빠져나갈 때 비밀경호원들은 레이건이 가슴에 총을 맞았다는 것을 깨달았다. 그들은 조지 워싱턴 대학병원으로 그를 급히 이송했다. 엄청난 고통과 호흡곤란에도 불구하고 레이건은 응급실의 정문으로 걸어 들어가길 고집했다. 응급실 안에 들어서자 그는 바닥에 그대로 쓰러졌다.

레이건 대통령은 수술 후에 의식을 찾자마자 농담을 하기 시작했다. 그는 자기를 보살피는 간호사에게 자기 손을 잡고 있는 게 누구인가를 물으면서 영부인 낸시가 알고 있느냐고 물었다. 몇 분 후에 그는 부인 낸시에게 "여보, 몸을 숙이는 걸 잊었어."라고 말했다. 수술에 들어가려는 외과의사에게는 그들이 공화당원이길 희망한다고 말했다. 레이건의 의사들은 대통령의 생명은 위험하지 않으며 그가 수술 후에 빠르게 회복할 것이라고 말했다. 그는 위험한 상태에 놓이지 않았다. 병원에서 집으로 퇴원하자 그는 그가 신체적으로 약화되었지만 정치적으로는 향상되었음을 알게 되었다. 극단적인 상황에서 그가 보인 우아함은 대중들이 그를 보는 방식을 바꾸어 놓았다. 4월 초에 그에 대한 지지율은 67%로 상승했다. 팁 오닐(Tip O'Neill) 하원의장은 대통령이 영웅이 되었다며 그 만큼 인기 있는 사람과 논쟁할 수 없다고 새로운 현실을 인정했다. 6월 말에 의회는 레이건의 예산안을 통과시켰으며, 한 달 후에 하원은 레이건의 수정된 세금법안도 승인했다.

레이건은 종종 자기가 과거 노조의 의장이었다는 것을 언급할 만큼 노동조합의 반대자가 아니었다. 그러나 그는 공공 고용인들이 공공질서와 안정에 책임이 있기 때문에 파업할 권리가 없다는 생각을 과거 주지사 시절부터 굳게 믿었다. 이 정책은 예외를 인정하지 않았다. 1980년 선거에서 그를 지지선언 했던 직업관제사조직(the Professonal Air Traffic Controllers Organization, PATCO)이 운송부의 새 계약의 제안을 거부한 뒤에 노조 위원장이 불법파업을 선언했다. 레이건은 관제사들이 임용서약을 위반하고 있다고 말하면서 그들에게 48시간 내에 복귀하라는 최후통첩을 발했다. 그들이 파업을 계속하자 레이건은 1만 1,000명의 관제사들을 해고하고 그들을 군인들로 대체했다. 대규모 비행취소에도 불구하고 노조의 불법에 맞선 그의 결정은 널리 인기 있는 행동으로 드러났다. 레이건 대통령의 임기 첫해는 그에게 그런대로 성공적인 한 해였다. (계속)

제54장

로널드 레이건(Ronald Reagan)의 리더십: 신보수주의의 챔피언(3)

1982년이 되자 레이건은 자신의 대통령직에 대한 스타일을 세웠다. 그것은 대통령직에 대한 새로운 유형이었다. 레이건 대통령은 국정 방향을 정하고 주요 결정을 하는 반면에 실행은 다른 사람들에게 넘겼다. 그는 새로운 CEO 슈퍼맨의 패러다임이 되었다. 그는 보좌진을 몰아세우기 보다는 보좌진에 의존적이었다. 그의 첫 임기 동안에 그가 의존한 보좌진은 제임스 베이커(James Baker), 마이클 디버(Machael Deaver), 그리고 에드윈 미즈(Edwin Meese)로 구성된 일종의 '삼두마차(troika)'였다. 행정과 결정의 임무를 보좌진에게 위임하는 것은 레이건에게 굉장한 이점을 가져다 주었다. 개인적인 차원에서 그것은 균형을 유지하고 그가 원하는 삶을 살도록 허용했다. 정치적 차원에서는 그의 업무와 거리를 두는 운영이 책임을 분산하는데 봉사했다. 비록 그가 비밀누설에 관해 불평했지만 레이건은 보좌진들이 미디어의 관심을 추구하거나 개인적 관계의 배양을 막으려 하지 않았다.

레이건 대통령의 부하들은 감세, 방위비 지출, 그리고 소련과의 관계와 같은 영역에서 레이건이 염원하는 어떤 것을 수행하려고 했다. 레이건이 분명한 견해를 표현했기 때문이다. 그러나 그의 프레임워크가 덜 적용되는 영역에서는 그는 종종 곤란에 처했다. 그는 대체로 중국의 변화를 놓쳤다. 왜냐하면 그 주제에 관한 그의 과거 중국관계는 타이완을 위한 지원을 유지하는 것이었기 때문이다. 레이건은 아프리카 국가회의(African National

Congress)가 그 나라를 소련의 위성국가로 만들 것이라는 가정 위에서 남아프리카의 인종차별정책을 지지했다. 그의 가장 위험스러운 단순화된 표현은 중동에 있었다. 그곳에서 그는 모든 테러행위의 책임을 소련에게 돌렸다. 그는 리비아의 지도자 무아마르 가다피(Muammar Gaddafi)를 소련의 대리인으로 보았다. 그는 미해병대를 베이루트에 보냈다. 그곳에서 꼼짝 못하는 공격목표가 되었다. 왜냐하면 그는 레바논을 동서갈등의 전투장으로 오해했기 때문이다.

레이건은 대통령으로서 첫 기자회견에서 소련인들이 세계혁명에 몰두하고 있다고 소련의 장기적 의도에 관한 기자의 질문에 대답했다. 레이건은 학자가 아니었다. 그는 자신의 이해의 단순성을 표출했다. 레이건 행정부는 전임자들의 긴장완화 정책을 군사적 지배의 정책으로 대체하려고 했다. 핵억제가 실패하고 소련과의 전략적 핵전쟁이 발생한다면 미국이 승리할 것이며 소련으로 하여금 미국에 유리한 조건에서 적대성을 아주 초기에 추구하도록 강제할 수 있다는 것이었다. 우익은 이런 새로운 정책을 강경하고 건전하다고 간주했다. 좌익은 그것을 호전적이고 위험한 정책이라고 생각했다. 그러나 레이건은 군사적, 경제적, 그리고 도덕적 압력의 결합이 소련제국을 무너뜨릴 수 있을 것이라는 보다 색다른 견해를 갖고 있었다. 그는 소련체제가 견디어 낼 수 없는 수준으로 핵 군비경쟁을 확대함으로써 그것을 역전시키길 희망했다. 누출된 국방지침은 불균형의 비용을 부과하고, 주요 군사적 경쟁의 영역을 개문하고 과거 소련의 투자를 진부하게 만드는 새로운 고도의 기술적 무기개발을 요청함으로써 이런 아이디어를 표현했다. 그것은 구체적으로 우주에 기지를 둔 무기체제를 언급했다.

공산주의의 몰락에 관한 레이건의 기대는 냉전의 전략을 주도하는 핵심적 지위에 임명된 신보수주의자들의 견해와 모순되었다. 유엔 대사인 진 커패트릭(Jeane Kirkpatrick)은 소련이 변할 수 없다고 주장했다. 행정부에 참여한 다른 신보수주의자들도 공산주의는 되돌릴 수 없다는 유엔 대사의 견해를 공유했다. 레이건은 그들에게 도전할 필요가 없었다. 그는 정책에 별로 관계가 없는 이론적인 논쟁을 원하지 않았다. 군비통제에 대한 그들의 근본적 견해를 공유했기 때문에 그의 목표가 공산주의의 몰락인 반면에 신보수주의자들의 목표는 소련행위의 수정이라는 차이는 별로 중요하지 않았다. 그러나 레이건은 공식 성명에서 소련이 망할 운명이라고 계속해서 주장했다. 서방세계는 공산주의를 봉쇄하는 것이 아니라 그것을 초월할 것이다. 그것은 인류역사에서 그것의 마지막 페이지들이 아직 쓰여지지 않은 어떤 기이한 장이 될 것이다.

레이건의 첫 희망은 폴란드에 집중되었다. 그곳에서 솔리대러티(Solidarity) 노조운동은 소련이 지원하는 정권에 도전하고 있었다. 그들의 경제는 폭발 직전이었다. 폴란드 정부가 계엄령을 선포한 뒤에 레이건은 크게 흥분했다. 미국은 이 반공혁명이 실패하도록 둘 수는 없다고 말했다. 그러나 자기의 선택이 제한되었다는 것을 깨닫고 레이건은 솔리대러티에 비밀 원조와 온건한 경제제재를 하기로 했다. 연계전략으로 알려진 정책하에서 군비통제협상과 무역합의는 별개의 목적이 아니라 보다 나은 행위를 위한 보상으로 처리될 것이다. 처벌에 관해서는 보다 모호했다. 장기적으로 소련의 행위가 폴란드의 침공과 같은 형태로 더 악화된다면 미국은 극단적인 조치를 고려할 필요가 있을 것이다.

대외적으로 레이건의 가장 큰 지지는 영국 수상 마가렛 대처(Margaret Thatcher)로부터 왔다. 레이건은 1975년 영국의 여행에서 그녀와 우정을 형성했다. 그때 그녀는 보수당의 지도자였다. 이 접속은 그녀가 수상 취임 후 1개월 만에 워싱턴을 방문했을 때, 그리고 1981년 여름에 다시 갱신되었다. 보다 포괄적인 영국의 복지국가에 대한 대처의 공격은 세계가 지구적으로 반국가적 조류를 경험하고 있다는 생각을 격려했다. 그러나 레이건은 서유럽의 민주적 사회주의와 동방의 공산 폭정체제를 구별하려고 애를 썼다. 레이건은 소련 실험의 부패를 계속해서 논의했고 지도자들을 정당화할 평화적 수단이 없는 것은 그 체제가 본질적으로 불안정하기 때문이라고 주장했다. 자유와 민주주의의 행군은 자유를 경시하고 인민들의 자기표현에 재갈을 물리는 다른 폭정이 그랬던 것처럼 마르크스-레닌주의를 역사의 잿더미에 남길 것이라고 레이건은 말했다. 레이건의 보다 유명한 같은 견해의 표현은 1983년 3월 올랜도(Orlando)에서 복음주의자 전국협회(National Association of Evangelicals)를 위한 연설에서 나온 그의 '악의 제국(Evil Empire)'이라는 말이었다. 레이건 대통령은 소련을 현대세계에서 악의 초점이라고 규정했다.

그러나 소련과의 직접대결은 예외적이었고 대부분의 강화된 갈등은 제3세계의 대리인을 통해서 발생할 것이다. 그것은 레이건 독트린(Reagan Doctrine)이라고 알려졌다. 미국이 입장을 취해야 할 가장 긴급한 장소는 공산주의자들의 손에 떨어진 니카라과와 소련이 공격 리스트를 갖고 있는 중미(Central America)였다. 레이건은 이것을 특히 위험스러운 신호로 보았다. 레이건은 니카라과 정권의 위험성을 과장하고 우익 반란세력인 콘트라스(Contras)의 덕목도 과장했다. 소련과 갈등을 일으키는 대리인들의 다른 전투장은 아프가니스탄과 앙골라였다. 레이건은 1979년 소련의 아프가니스탄 침공에 카터 대통령의 반응이 너무 지나치게 약했다고 믿었다. 카터는 곡물수출금지와 1980년 올림픽 게임 참가를 거부했었다. 그는 중앙정보국이 아프가니스탄 점령의 저항군에게 스팅거 미사일(Stinger Missile)을 제공하도록 승인했다. 쿠바와 소련의 고문단들이 잔인한 탈-식민 내란에서 마르크스 정부를 지원하고 있던 앙골라에서는 중앙정보국이 앙골라의 완전한 독립을 위한 조나스 사비미(Jonas Savimi) 국가통일 단체에게 무기와 다른 원조를 제공했다. 추가적인 원조가 베트남의 공산주의 정권과 싸우는 캄보디아인들에게 제공되었다. 폴란드에서 레이건은 존 폴 2세(John Paul II) 교황과 함께 공산주의 정권을 불안정하게 하는 비-치명적 정책을 조정했다. 1979년 교황의 조국 폴란드 방문은 솔리대러티 운동에 불을 붙이는 걸 도왔다. 1982년 교황청에서 처음으로 교황을 만났을 때 레이건은 종교가 소련인들의 아킬레스건이 될 것이라는 자기의 견해를 밝혔다. 레이건처럼 존 폴 교황은 1981년 암살의 기도에서 살아남았으며 그와 레이건은 하나님이 특별한 목적을 위해 자기들을 살려주었다는 믿음을 공유했다.

레이건은 11월 18일 자기가 병원에서 브레즈네프에게 보내는 편지의 일부를 텔레비전으로 방영된 연설에서 읽었다. 이것은 외교정책에 대한 그의 첫 주요 연설이었다. 그 연설에서 레이건은 유럽에서 중거리 미사일에 대한 소위 제로 옵션(zero option)을 수용했다. 미국의 NATO 동맹국들은 1970년대 바르샤바 조약국들에 전개된 소련의 SS-20 미사일들이 힘의 균형을 뒤엎는다고 믿었다. 그리하여 그들의 계획은 새 크루즈(Cruise) 미사일과 퍼싱 II(Pershing II)미사일을 전개하는 것이었지만 그러나 소련인들은 보다 정확한 미국의 미사일들이 다른 방향으로 균형을 깨뜨린다고 보았다. 레이건의 제안은 만일 소련이 서유럽을 노리는 SS-20 미사일들을 철수한다면 미국이 크루즈와 퍼싱 미사일들을 취소한다는 것이다. 그러나 제로 옵션은 무에 대해 유를 요구하는 것이었기에 어떤 진전을 기대할 수 없었다. 더구나 그것은 영국과 프랑스가 보유하고 있는 독자적인 핵병기고들을 설명하는 계획이 아니었다. 군비축소에 대한 레이건의 염원은 진지했다. 그것은 레이건이 1982년 여름에 그의 첫 유럽여행을 준비할 때 다시 떠올랐다. 그때 그는 전략무기제한 조약인 SALT의 틀을 버리고 전략무기축소인 START를 선호했다. 그는 세계가 이미 3만개의 핵무기를 갖고 있다고 말했다. 증가율을 되지 익세하는 대신에 그는 그것들의 절대적 수를 축소하길 원했다.

레이건은 군사적 우월성이 군축의 전제조건이라고 믿었다. 그는 군축이 군사적 우월성을 뒤따르길 원했다. 그러나 서방에서 굉장한 반핵무기 운동이 벌어졌다. 대부분의 사람들은 레이건의 입장을 군축에 대한 단순한 반대로 간주했다. 1981년 런던과 다른 유럽의 도시들에서 미국의 핵무기 증강에 항의하는 수십만 명의 사람들이 거리로 나왔다. 제네바에서 회담이 교착되자 이제 대통령은 유럽의 동맹국들이 유럽에 전개할 계획인 미국의 미사일을 거부할 위험에 직면했다. 1982년까지 미국에서 핵동결을 지지하는 대규모 데모들이 있었으며 이것은 1982년 뉴욕의 센트럴 파크에 70만 명의 집결로 절정을 이루었다. 그해 가을 그 운동은 에드워드 케네디와 마크 하트필드 상원의원들이 의회에 동결결의안을 제출할 의도를 천명함으로써 힘을 모았다. 그러나 레이건 대통령은 일방적인 군축의 요구는 제2차 세계대전 전에 있었던 유화정책과 다름이 없다고 생각했다. 그에게 그런 아이디어는 아주 위험스러운 사기였다. 그는 세계평화협회(the World Peace Council)라는 공산주의자들이 지배하는 집단을 인용하면서 소련이 동결운동을 사주했다고 주장했다. 그와 동시에 그는 대안으로 제안할 어떤 것이 필요했다. (계속)

제55장

로널드 레이건(Ronald Reagan)의 리더십: 신보수주의의 챔피언(4)

아프가니스탄 사태로 레이건이 대통령으로 취임했을 때 소련과의 관계는 이미 좋지 않았다. 레이건 행정부 초기에 소련의 지도자 레오니드 브레즈네프(Leonid Brezhnev)가 새 미국 대통령에게 정상회담을 요청하는 편지를 보냈으나 레이건은 이것을 무시했다. 그러나 레이건이 암살기도에서 회복되었을 때 레이건은 하나님이 핵전쟁의 방지를 위해 자신을 구원했다는 생각을 갖게 되었다. 그러나 상호간의 오해로 인해 레이건의 첫 임기 동안에는 정상회담이 없었다. 전략방어계획(the Strategic Defense Initiative, SDI)은 미국과 서유럽의 핵무기 동결운동을 위한 압력에 대응하는 과정에서 등장했다.

레이건의 핵무기에 대한 혐오감, 핵전략의 교착상태 그리고 MX 미사일을 막는 의회의 정치로 인해서 매파들은 미국의 ICBM들이 취약하다고 믿었다. 과학적인 차원에서 전략방어계획 아이디어의 아버지는 핵물리학자인 에드워드 텔러(Edward Teller)였다. 텔러가 엑스레이 레이저를 사용하는 우주에 기지를 둔 방어의 아이디어를 1982년 9월에 대통령에게 던지자 레이건은 그것을 아주 논리적이라고 수용하였다. 레이건은 그것이 바로 자기가 희망해온 것이라고 말했다. 레이건은 전략방어계획을 흥정용 칩이나 씨드시 사전이 아니라 그것을 하나의 우산이라고 보았다. 전략적으로 미사일 방어는 미국의 ICBM들을 선제공격으로부터 보호하는 문제를 해결했다. 정치적으로 그것은 레이건에게 핵동결운동에 대한 대답이었다. 도덕적으로 그것은 상호확증파괴(MAD)로부터 탈출구를 제공했다. 심리적으로 그것은 대단히 단순화하는 해결책이었다. 레이건은 좋은 소식으로 미국을 놀라게 하는 일을 기다릴 수 없었다.

1983년 3월 23일 레이건은 방어적 조치로 무서운 소련의 미사일 위협에 대처하는 계획에 착수한다고 발표했다. 그것은 NATO의 동맹국들이나 주요 의회 지도자들에게 사전에 전혀 알리지 않은 내용이었다. 정확히 '악의 제국'이라는 그의 언급 2주 후에 나와 '별들의 전쟁(the Star Wars)'이라고 즉시 알려진 이 연설은 소련의 지도층을 경악으로 몰아넣었다. 새 소련 지도자 유리 안드로포프(Yuri Andropov)는 그것을 미국이 전면적 핵전쟁을 계획하고 있고 이제 보복으로부터 자신을 보호하려고 준비하고 있다는 확인으로 받아들였다. 소련인들에게 레이건의 발표는 그들이 잘 할 수 없고 또 경쟁할 기술적 전문성도 없는 우주에서 군비경쟁을 알리는 것이었다. 레이건은 미사일 방어가 억제를 손상할 위험이 있다는 것을 이해했다. 그리하여 일주일 후에 그는 해결책을 내놓았다. 만일 기술이 개발된다면 그는 적과 그것을 공유할 것이다. 소련인들은 그의 첫 제안이 무시무시하다고 발견했다면 그들은 레이건의 추가적인 제안을 터무니없다고 생각했다.

새로 임명된 국무장관 조지 슐츠(George Shultz)는 정치적으로 온건한 인물이었다. 그가 부상하면서 레이건의 평화창조의 본능이 그의 매파적 공약을 우회하기 시작했다. 슐츠의 초강대국 관계를 해빙하려는 노력은 1983년 9월 1일 소련의 전투기가 소련의 영공으로 잘못 들어간 대한항공 여객기를 격추하여 269명에 달하는 탑승자 전원을 죽이는 사건이 발생하여 갑자기 멎게 되었다. 사망자 중에는 미국의 하원의원 래리 맥도널드(Larry McDonald)와 60명의 미국 시민들이 포함되었다. 소련은 그 여객기의 격추를 터무니없이 부인하고 그 비행기가 첩보활동을 벌이고 있었다고 주장함으로써 상황을 더욱 악화시켰다. 레이건은 중대한 응징조치의 요구에 저항했지만 수일 후에

텔레비전으로 방영된 연설에서 그의 언어로 그 상황에 기름을 부었다. 그는 그 격추를 학살, 야만, 그리고 인류에 대한 범죄로 불렀다. 그는 소련이 민간 여객기를 의도적으로 격추했다고 주장했다. 그러자 소련은 레이건을 미친 자로 묘사하면서 그를 히틀러에 비유했다. 안드로포프는 미-소 관계의 어떤 개선도 레이건이 재임하는 동안에는 본질적으로 불가능할 것이라고 말했다.

다음 국제적 쇼크가 급속히 이어졌다. 10월 23일 폭탄트럭이 베이루트의 막사에 있던 241명의 미해병들을 죽였다. 그들은 이스라엘의 점령군 철수에 이어 다국적 평화유지 사명의 일부로 그곳에 전개되었었다. 이틀 후에 레이건은 주민이 11만 명인 카리브 해의 작은 섬 그레나다(Grenada)의 침공을 승인했다. 이 두 사건에 대한 레이건의 방영된 연설은 그의 사고의 한계와 의사전달자로서 굉장한 재능을 보여 주었다. 난폭한 쿠데타에 의해 위험에 처한 거의 1천 명에 달하는 미국 의대생을 구하기 위해 군대가 그레나다에 파병되었다. 그러나 레이건은 그것들을 소련의 침략에 대한 대응으로서 설명했다. 실제로 그 사건들은 서로 관련되지 않았다. 오직 그레나다만이 냉전과 어느 정도 관련이 있었다. 헤즈볼라(Hezbollah)와 이란이 레바논의 폭발에서 범인들일 가능성이 높았다.

그레나다 침공의 진정한 중요성은 부활하는 미국 민족주의의 표현이었다는 점이다. 소련인들은 그레나다를 다가올 보다 큰 침공의 신호로 오독했다. 이 작은 전쟁 직후에 미국과 NATO는 에이블 아처(Able Archer)라는 작전명 아래 연례 군사훈련을 실시할 계획이었다. 소련은 미국이 군사훈련을 빌미로 핵공격을 하려고 한다고 생각했다. 이제 별들의 전쟁, 악의 제국 연설, 대한항공 격추, 그리고 그레나다로 인해 높아진 긴장이 배경에서 소련은 미국이 소련에 대한 기습공격을 준비하고 있나고 생각하게 되었다. 비록 에이블 아처 훈련이 사고 없이 끝났지만 이것은 아마도 쿠바 미사일 이후 냉전에서 가장 위험스러운 순간이었을 것이다. 1984년 2월에 안드로포프가 죽고 콘스탄틴 체르넨코가 그를 계승했다. 레이건이 체르넨코에게 미국은 아무런 공세적 의도가 없다고 편지를 썼지만 체르넨코는 레이건의 접근에 대꾸하지 않았다. 1984년 5월 소련은 1980년 미국의 보이콧에 대한 상응으로 다가오는 로스앤젤레스 올림픽 게임에 불참한다고 발표했다.

1984년 1월 18일 레이건 대통령은 재선에 출마할 것을 발표했다. 그 발표는 레이건의 긍정적이고 애국주의적 재선 선거운동의 어조를 형성했다. 그는 공화당 내에서 도전자가 없었기에 선거의 시작부터 중도의 입장을 취할 수 있었다. 그의 약점은 73세라는 나이였다. 민주당 대통령 월터 몬데일(Walter Mondale) 후보와 토론에서 “가장 나이가 많은 대통령으로서 활기찬 봉사를 할 수 있겠는가?”라는 질문을 받은 레이건은 진지한 표정으로 대응했다: “나는 나이를 이 선거운동의 문제로 삼지 않을 것이다. 나는 정치적 목적을 위해 나의 상대방의 젊음과 무경험을 이용하지 않으려 한다.” 몬데일도 함께 웃었다. 그러나 그는 레이건의 그 답변이 그 날 밤 선거운동의 진정한 종말이라는 것을 알고 있었다. 레이건은 49주에서 승리했으며 총투표수의 59%를 획득했다. 그 결과는 전통적 민주당원들이 공화당으로 계속 이동하고 있는 것을 시사했다.

레이건은 그의 두 번째 취임사에서 미국의 예외주의를 장엄한 용어로 표현했다. 이 예외주의에서 모든 시민들에게 제공된 약속, 즉 지구상에서 인간의 마지막 최선의 희망을 부활하겠다는 것이었다. 그는 이 마지막 그리고 가장 위대한 자유의 요새를 보존하기 위해 필요한 모든 일을 하겠다고 약속했다. 헨리 키신저(Henry Kissinger)는 레이건이 정책에는 관심이 없고 공개적으로 말하는 문제에만 신경을 쓴다고 비난한 적이 있었다. 그러나 그에게는 연설이 실제로 레이건 리더십 스타일의 가장 중요한 요소였다. 레이건은 연설을 통해 사람들을 설득하고, 의회에 압력을 가하고, 그리고 자신의 보수주의 동맹세력들에게 그의 타협이 자신의 근본적인 공약에 영향을 미치지 않는다는 것을 확인시켜 주었다. 또한 공개 연설은 그가 행정부에서 봉사하는 사람들을 자신의 신념과 제휴하도록 만드는 방법이었다.

레이건 대통령의 두 임기는 거의 상이한 대통령의 임기였다. 강경론자와 평화창조가 전 임기동안 존재했지만 그러나 균형이 전자에서 후자로 결정적으로 이동했다. 핵동결이 소련의 선전이라고 비난했던 사람이 이제는 핵무기의 축소뿐만 아니라 모든 핵무기의 제거를 제안하고 있었다. 그는 자신의 일기에서 그리고 비서들에게 성경의 아마겟돈(Armageddon)이 멀지 않다고 염려했다. 1985년 3월 미카일 고르바초프(Mikhail Gorbachev)가 소련의 새 지도자로서 등장함으로써 핵평화에 대한 레이건의 희망이 다시 살아났다. 레이건이 평화창조로 전환하는 데에는 두 사람의 중대한 지지가 있었다. 한 사람은 친숙한 것으로 슐츠 국무장관이었다. 그는 소련체제의 취약성에 대한 레이건의 기이한 신념과 국비축소에 대한 그의 꿈을 공유했다. 또 한 사람은 숨겨진 인물로 작가 수잔느 매시(Suzanne Massie)였다. 매시는 러시아의 문화에 대한 레이건의 교사였고 소련 지도층에 대한 하나의 백채널(a back channel)이었다. 그녀는 레이건에게 러시아의 속담을 가르쳤는데 그는 그것을 고르바초프를 곤란하게 할 정도로 되풀이할 것이다. 그것은 "믿어라, 그러나 확인하라."는 것이었다.

53세의 고르바초프는 교육을 잘 받았으며 서방세계를 광범위하게 여행했다. 그는 영어를 이해했으며 유머감각도 있는 것으로 보였다. 권좌에 오른 첫 수개월 동안에 고르바초프는 유럽에서 중거리 미사일의 전개에 일방적 동결을 발표하고 페레스트로이카(Perestroika), 즉 경제개혁의 필요성을 공개적으로 말하기 시작했다. 키신저, 닉슨 그리고 다른 현실주의적 사람들은 레이건에게 고르바초프가 전혀 변화를 대변하지 않는다는 견해들을 제시했다. 그러나 영국수상 마가렛 대처(Margaret Thatcher)는 그런 견해에 동의하지 않았다. 대처 수상은 처음으로 고르바초프를 만난 뒤에 BBC 방송에서 "나는 고르바초프를 좋아한다, 우리는 함께 일을 할 수 있다."라고 말했다. 대처는 캠프 데이비드(Camp David)로 레이건을 방문했을 때 소련지도자에 대한 레이건의 낙관주의를 북돋우고 보다 상세한 평가를 전달했다. 그러면서도 대처 수상은 레이건에게 "적이 보다 매력적이면 더 위험하다."라는 경고도 해주었다.

고르바초프의 처지도 여러 가지로 레이건의 처지와 비슷했다. 그도 역시 흔들리는 경제뿐만 아니라 소련사회에 팽배한 알코올 중독을 공격하면서 사회적 및 정치적 변화를 모색하고 있었다. 레이건처럼 그도 자기 밑의 관료기구보다는 자신의 경험에 더 의존했다. 그는 상호확증파괴(MAD)에 대한 레이건의 혐오감을 공유했다. 같은 시기에 레이건은 소련의 외상 안드레이 그로미코에게 핵무기의 제거를 원한다고 말했고 고르바초프도 런던에서 같은 취지의 연설을 했다. 레이건과 슐츠가 그의 진화된 생각을 고무하는 반면에 고르바초프에게는 외상으로 그로미코를 대체하기 위해 선발한 에두아르드 세바르드나제(Eduard Shevardnadz)가 있었다. 레이건이 새로운 소련지도자와 원하는 관계의 주된 장애물은 그가 갖고 있는 공상이었다. (계속)

제56장

로널드 레이건(Ronald Reagan)의 리더십: 신보수주의의 챔피언(5)

미국과 소련의 지도자가 6년 만에 첫 만남인 1985년 11월에 있을 정상회담의 막바지 준비에서 고르바초프가 레이건에게 우주무기의 완전한 금지를 전제로 ICBM의 50%의 감축을 제안하는 편지를 보냈다. 협상에서 고르바초프는 만일 미국이 우주의 군사화를 포기한다면 자기는 모든 핵주기를 제로로 감축할 용의가 있다고 한 걸음 더 나아갔다. 슐츠는 소련인들이 SDI(전략방위계획)에 대해 얼마나 두려워하는지를 이제 깨달았다. 그것은 그들이 어떻게 개발할지를 모를 뿐만 아니라 개발할 여유가 없는 기술에 달려 있었기 때문이다. 그는 미사일 방어를 소련의 양보를 받아내는 중대한 흥정의 칩으로 간주했다. 아직 SDI가 성공적으로 발명되지는 않았지만 레이건은 SDI를 핵무기를 제거하는 자신의 꿈을 실현하는 열쇠로 간주했다. 제네바에서 그들이 처음으로 만났을 때 레이건은 고르바초프에게 준비된 협상원고를 버리고 서로를 알게 되는 계기로 삼자고 제안했다. 레이건보다 20세나 젊은 고르바초프는 그가 들은 반-소련 농담들 중 어떤 것을 공유함으로써 레이건의 환심을 사려고 했다. 오후 회담에서 레이건은 고르바초프에게 밖에서 산책하자고 제안했다.

일단 옥내로 들어오자 레이건은 종이 한 장을 꺼내어 그것을 고르바초프에게 건네 주었다. 그것은 모든 핵무기를 반으로 줄이고 유럽에서 중거리 미사일들의 제거를 제안했다. 고르바초프는 그것을 검토하고 수용할 만하다고 반응했다. 그러나 그는 우주의 무기에 대한 합의 없이 공세적 무기에 대한 제안을 진행하는 것은 가능하지 않다고 덧붙였다. 레이건이 미사일 방어를 핵심으로 간주하는 반면에 고르바초프는 그것이 핵군축을 불가능하게 만드는 장애물로 간주했다. 대통령의 반응은 소련과 기술을 공유할 준비가 되었다는 것이었다. 그러나 고르바초프는 레이건 자신의 협상팀이 그랬던 것처럼 그런 생각을 비웃었다. 다음날 내내 두 사람은 헛되이 시간만 보냈다. 그의 합의된 지침서를 무시하고 레이건은 다음 해에 미국에 고르바초프의 첫 방문을 초청했고 고르바초프는 즉시 수락했다. 그리고 그 방문 후 레이건을 소련에 초청했고 레이건도 그 답방을 역시 수락했다. 고르바초프는 강인하고 공산주의가 자본주의보다 우월하다고 확신했지만 그러나 거의 5년만에 그는 대화할 소련지도자를 마침내 만났다고 레이건은 후에 기록했다. 고르바초프도 역시 대화를 계속할 상호염원의 중요성을 이해했다. 그럼에도 불구하고 그는 레이건을 '정치적 공룡'으로 간주했으며 레이건의 모순적인 언명을 종합하는데 어려움을 느꼈다.

다음 해에 고르바초프와 레이건이 공포의 균형을 종식시킬 아이디어에 함께 사로잡히는 놀라운 전환이 발생했다. 1986년 1월, 고르바초프는 서기 2000년까지 모든 핵무기들을 제거하자고 제안하는 편지를 레이건에게 보냈다. 레이건은 백악관 집무실에서 보좌진들에게 "왜 2000년까지 기다리는가?"라고 반응했다. 그의 보좌진들은 경악했다. 1986년 4월에 체르노빌(Chernobyl) 원자로에서 발생한 재앙적 사건은 고르바초프의 반핵 감정을 강화했으며 그가 합의에 더 의욕적으로 만들었다. 소련의 악화되는 경제적 상황도 역시 그랬다. 1986년 가을에 사우디 아라비아가 석유를 증산할 계획을 발표했었다. 1986년 봄까지 국제 석유가격이 배럴당 230달러 이상에서 10달러 이하로 곤두박질쳤다. 석유수출로부터 들어오는 경화 없이 소련은 해외 빚을 갚으면서 군사적으로 유지하고, 또 곡식과 다른 기본적 상품들의 수입에 지불할 길이 없었다. 1986년 9월에 고르바초프는 레이건에게 여러 가지 일방적 양보를 제안하고 다음해 계획된 미국의 방문에 앞서 회담을 제안하는 편지를 썼다. 슐츠 국무장관은 레이건 대통령에게 다음 달에 아이슬란드의 레이캬비크(Raykjavik)에서 고르바초프를 만나도록 권유했다.

고르바초프는 우주무기의 개발속도를 늦추는 여부에 따라 중대한 군비축소 보따리를 협상 테이블에 올려놓을 생각으로 레이캬비크에 도착했다. 실제로 고르바초프의 제안은 본질적으로 레이건이 원래 제네바에서 제안했던 것이었다. 즉, 소련 핵병기고의 핵심인 ICBM을 반으로 줄이고 유럽에서 중거리 미사일을 완전히 제거하는 것이었다. 이것을 얻기 위해 고르바초프는 우주에 기지를 두는 미사일 방어에 대한 제한된 연구를 ABM 조약과 양립할 수 있는 것으로 취급할 용의가 있었다. 미국은 오직 SDI 연구를 10년 동안 실험실에 국한하기로 합의만 하고 그 후 5년 동안 ABM 조약으로부터 철수하지 않기로 공약만 하면 되었다. 레이건은 요격용 미사일의 완전한 제거를 제안했고 고르바초프는 10년에 걸쳐 잠수함과 폭격기를 포함하여 모든 전략핵무기의 제거를 역제안했다. 결국 얼마나 오랫동안 별들의 전쟁 연구가 실험실에 국한될 것인가 하는 이 겉으로 보기에는 작은 이견이 역사상 가장 포괄적인 군비통제 합의가 되었을 것을 막았다. 자기 자신의 최종입장을 알고 고르바초프의 최종입장을 간파한 레이건은 그들이 더 이상 나아갈 수 없다는 것을 깨달았다. 그리하여 이 회담은 고르바초프가 SDI의 불안정화 효과를 여전히 외치고 있는 동안에 레이건이 자리에서 일어나서 슐츠와 함께 회담장을 걸어 나갔을 때 끝이 나버렸다.

1986년 10월 레이캬비크에서 철수하면서 레이건과 고르바초프는 다같이 굉장한 실망을 느꼈다. 고르바초프는 정치국으로 돌아가서 레이건을 계급의 적, 원시인, 그리고 동굴인이라고 비난했다. 슐츠는 합의가 실패한 책임을 고르바초프에게 돌렸다. 결코 개발되지 않은 기술이 고르바초프에게 그토록 무서운 전망이었다는 것은 터무니없어 보였다. 상상의 방어 무기에 대한 두려움과 레이건의 그것을 포기하지 않으려는 절대적 거부의 입장이 고르바초프로 하여금 미국과의 계속적 군사경쟁은 실행 불가능하다는 것을 인정하게 만들었다.

그후 수개월 동안 고르바초프와 레이건 사이의 통신이 중단되었다. 그러나 1987년 봄에 두 지도자들은 어느 때보다도 거래를 원했다. 소련에서 페레스트로이카가 기대를 높였지만 그러나 경제적 향상을 가져오지 못했다. 그러자 고르바초프는 현대화를 가속화하고 타협을 추구했다. 그는 수십명의 정치범들을 석방하고 아프가니스탄으로부터 철수를 발표했다. 그는 또한 군비통제에 일방적 양보들을 발표했다. 핵실험에 모라토리엄을 걸고 공세적인 군사적 행동이나 팽창주의적 야심을 포기하는 새로운 독트린을 발표했다. 레이건의 투명한 의도가 고르바초프로 하여금 평화에 대한 레이건의 염원을 진지하게 다루게 했다. 고르바초프는 중거리 미사일에 대한 조약의 조건으로 SDI 연구가 실험실에 국한되어야 한다는 고집을 철회하면서 미사일 방어에 대한 레이건의 공약을 수용하려고 더욱 노력했다. 레이건도 1986년 이란-콘트라(Iran-Contra)사건으로 실추된 자신의 위신을 회복하기 위해 군비통제에 더 열심이었다.

레이건은 그해 봄에 베를린으로 여행하여 소련인들이 동서로 분할한 브란덴부르크 문(Brandenburg Gate)앞에서 연설했다. "고르바초프씨, 이 문을 여세요! 고르바초프씨, 이 벽을 허무세요!"라고 천명하는 동안 소련의 개혁을 위한 이동을 인정하고 있었다. 그 말은 레이건 자신의 말이었다. 그리고 그는 그 문장들을 연설문에서 제거하라는 보좌진들의 압력에 저항했었다. 그 연설은 단지 탁월한 정치적 연극이 아니었다. 그것은 군비통제에 대한 그의 새로 발견된 열정에 관해 회의적인 우익들 사이에서 그의 입지를 강화하는데 도움이 되었다. 1987년 9월에 체결된 중거리 핵무기에 대한 조약은 300

마일에서 3,400마일 사정거리의 모든 미사일, 즉 총 2,611개에 달하는 미사일의 파괴를 요구했다. 닉슨이나 키신저와 같은 현실주의자들은 레이건이 임기의 마지막 해에 평화창조자로 보이기 위한 필사적인 노력의 역사적 실수를 하고 있다고 생각했다. 그러나 그 INF 조약은 상원에서 93 대 5로 비준되었다. 조약체결식은 1987년 12월 8일 오후 1시 45분에 고르바초프가 워싱턴을 방문했을 때 이루어졌다. 공개적으로 고르바초프의 워싱턴 방문은 초강대국 관계의 전환을 이루었다. 고르바초프는 미국의 수도에서 자기 방식으로 매력을 보였고 미국인들은 그를 지구적 명사로서 영접했다.

1988년 5월 레이건은 모스크바에서 자기 임기중 마지막 정상회담에서 소련의 내부를 마침내 볼 수 있었다. 군비통제의 의제가 남아 있지 않았기에 레이건은 미국 대사관저인 스파소 하우스(Spaso House)에서 열린 만찬에서 인권활동가들을 포함하여 거의 100여 명의 소련인들과 만났다. 그는 고르바초프에게 종교의 자유를 권리로 만들라고 요청했으며 베를린 장벽을 허물라는 자기의 요구를 되풀이했다. 레이건은 푸슈킨(Pushkin)을 인용하면서 "친구여, 시간이 되었다."라고 말했다. 기자회견에서 레이건은 진행중인 변화에 대해 대부분의 신용을 받을 자격이 있는 사람은 고르바초프라고 말하면서 소련의 전환에 있어서 자기의 역할을 낮추었다. 두 지도자들이 붉은 광장을 걸어갈 때 한 기자가 레이건에게 그가 소련을 여전히 악의 제국으로 보느냐고 물었다. 레이건은 "나는 다른 시간, 다른 시대에 관해서 말하고 있다."라고 대답했다.

1988년 말에 고르바초프가 유엔에서 연설하기 위해 미국을 다시 방문했다. 그곳에서 그는 일방적인 50만 병력의 축소와 동독, 체코슬로바키아, 그리고 헝가리로부터 대부분 소련군의 철수를 발표했다. 그는 무기의 사용이나 위협이 더 이상 외교정책의 도구가 될 수 없고 또 되어서는 안 된다고 선언했다. 이것은 소련이 동유럽을 지배하에 두기 위해서 개입하지 않을 것이라는 신호로 해석되었다. 이 연설은 고르바초프의 진정성과 레이건이 그를 포용한 것을 입증했다. 그 후 레이건은 자유의 여신상을 배경으로 하고 그의 후임 대통령 당선자인 조지 부시(George H. W, Bush)를 대동하고 거버너스 아일랜드(Governors Island)에 있는 미국 해안경비대에서 고르바초프를 위한 오찬을 베풀었다.

1989년 1월 20일 조지 부시 대통령의 취임식 후에 집으로 가기 위해 대통령 전용기에 오르면서 레이건은 "냉전은 끝났다."라고 말했다. 그 후 일년도 안되어 베를린 장벽은 무너졌고, 동유럽 국가들은 오랜 독재자들을 타도하고 그들의 독립을 주장했다. 1991년 말에 소련제국은 공식으로 끝이 났다. 보수주의자들에 대한 레이건의 신용이 그로 하여금 INF 조약을 통과시키고 급진적 군비축소를 추구하는 것이 정치적으로 가능하게 만들었다. 만일 오직 리처드 닉슨만이 중국에 갈 수 있었다면, 오직 로날드 레이건만이 소련과 평화를 이룰 수 있었다. 2004년 6월 5일 레이건의 사망 소식에 그의 최대 적이었던 소련의 고르바초프 대통령은 "그는 올바른 순간에 평화의 창조자가 되기로 결정한 비범한 정치적 지도자였다."라고 애정을 담아 추모했다. (끝)

제4부

한반도의 정세

제57장

처칠, 윌슨, 워싱턴, 루즈벨트와 대한민국 국부 이승만

아돌프 히틀러가 1933년 초에 집권하여 제1차 세계대전의 패배에 대한 복수의 전쟁을 준비하던 1938년까지 윈스턴 처칠은 독일과의 전쟁이 다가오고 있다고 경고하면서 영국의 평화주의자 네빌 체임벌린 정부의 대독 유화정책에 비판적인 자신의 연설문들을 모아 1938년에 〈영국이 잠든 사이에〉라는 책을 출간하였다. 그러나 그의 경고는 다음해인 1939년 9월 독일이 폴란드를 침공할 때까지 황야에서 카산드라가 홀로 외쳤던 울부짖음 같은 외로운 예언에 불과했다.

그러나 1940년 5월 10일 체임벌린 정부가 무너지고 윈스턴 처칠 자신이 영국의 수상직에 오름으로써 영국은 비로소 히틀러에 맞섰다. 처칠은 프랑스의 패망으로 위험에 처한 33만 8,000명의 병사들을 덩케르크에서 철수시키는 기적 같은 작전을 성공적으로 마친 직후인 6월 4일 의회에서 행한 연설에서 "영국은 결코 항복하거나 실패하지 않고 끝까지 싸울 것"을 다짐했다. 당시 미국인들이 '미국 제일주의'에 젖어 중립을 고수하던 바로 그때에도 처칠은 "신세계가 그의 모든 권력과 무력을 가지고 늦지 않게 구세계를 구원하고 해방시키기 위해 나설 때까지 투쟁을 계속해 나갈 것"이라고 선언했다. 그는 미국의 참전을 당연시했다. 그는 역사상 고대 아테네의 페리클레스와 19세기 미국의 에이브러햄 링컨의 최고 연설에 버금가는 실로 가장 위대하고 또 가장 감동적인 연설을 했다. 그리고 그 후 그의 예언대로 미국에 의해 유럽은 나치의 폭정에서 해방되었다.

미국에서 평생 동안 일본의 제국주의에 맞서 대한독립을 위해 참으로 고독한 투쟁을 벌이던 이승만 박사는 1941년 여름에 일본인들의 침략성을 미국인들에게 경고하는 〈일본내막기: 오늘의 도전〉이라는 책을 미국에서 출간했다. 이 책은 아시아-태평양 지역에서 일본제국의 끝없는 침략적 야욕을 경고한 것이다. 그러나 그의 책도 유럽에서 처칠의 경우처럼 처음엔 미국에서 별다른 주목을 받지 못했다. 그도 역시 불행했던 예언자 카산드라의 운명을 따르는 듯했다. 그러나 그 책이 출간된 뒤 5개월 만에 일본제국의 진주만 기습공격으로 미국인들은 갑자기 이승만 박사를 놀라운 예언자로 주목하기 시작했으며 그의 책은 당시 한동안 베스트셀러가 되었다. 특히 그는 미국의 주요 정부 인사들의 관심을 끌게 되어 그의 대미 로비활동은 한 단계 격상되었다. 처칠의 말처럼 민주국가인 미국의 국민들은 눈앞에 폭탄이 터져야만 그 위험성을 깨달았던 것이다.

제2차 세계대전의 종결과정에서 처칠은 얄타회담에서 나치스를 대체하려 드는 스탈린의 공산 제국주의적 야욕을 일찍이 간파했다. 처칠은 파시즘과 공산주의가 그들을 가르는 것보다도 훨씬 더 많은 공통점이 있다는 것을 간파한 최초의 인물들 가운데 한 사람이었다. 처칠은 '악마의 신념'이라는 제목의 한 기사에서 공산주의와 파시즘에 대해 북극과 남극을 상기시키는 메타포를 사용해 표현하는 천재성을 보였다.

"남극과 북극은 지구의 반대쪽에 있다. 그러나 만일 당신이 어느 한쪽 극에서 내일 잠에서 깬다면 당신은 어느 쪽 극인지 알 수 없을 것이다. 아마도 한쪽엔 더 많은 펭귄들이 있을 것이고, 다른 한쪽엔 보다 많은 곰들이 있을 것이지만 주변엔 온통 얼음과 눈, 그리고 매섭게 부는 바람만 있을 것이다." 결국 파시즘과 공산주의 전체주의는 남극과 북극처럼 사람이 살 곳이 아니라는 말이다.

이승만 박사도 일본제국주의를 대체하는 소련 공산주의의 팽창주의적 야욕을 누구보다도 일찍이 간파했다. 그리하여 이승만 박사는 철저한 반-일본제국주의 투사에서 일본제국의 패망과 함께 철저한 반공주의자가 되었다. 처칠과 마찬가지로 이승만 박사에게도 파시스트 전체주의와 공산주의 전체주의는 동일한 '악의 제국'이었다. 이승만 박사의 그런 정치적 비전과 사상적 신념은 학창시절에 이미 형성되었다. 이승만 박사는 국제법 학자였다. 1910년대에는 아직 국제정치학이 독립적 학문으로 존재하지 않았다. 당시에는 국제법이나 역사학에서 외교사가 국제정치를 공부하는 유일한 과목들이었다. 프린스턴대학에서 국제법 박사학위를 받은 이승만은 프린스턴대학교의 총장이었던 그의 스승 우드로 윌슨이 미국의 제28대 대통령이 되어 제1차 세계대전을 승리로 이끌고 새로운 국제질서를 수립하는 과정에서 철저한 윌슨주의자가 되었다.

윌슨 대통령은 "당시 전쟁을 모든 전쟁을 끝내는 전쟁"이고, 또 평화지향적인 "민주주의를 안전하게 하기 위한 전쟁"으로 규정함으로써 전후 세계는 '민주주의'와 침략제국에서 해방된 '민족의 자결'이 시대정신이 되었다. 미국 최초의 '철인-대통령'이었던 윌슨은 당시까지 수백 년간 국제질서의 기반이었던 힘의 균형체제를 거부하고 집단안전보장 제도인 국제연맹이 주도하는 새로운 국제질서를 계획했다. 이제 국제정치는 미국의 주도하에 권력투쟁이 아니라 국제법과 도덕 그리고 세계여론이 주도하는 새로운 세계에 진입한 것이다.

이러한 국제적 추세를 예리하게 간파한 이승만 박사는 대한독립을 달성하는 방식으로 미국이 주도하는 국제법과 세계여론에 의존하는 국제외교의 방식을 선택하였다. 이제 그에게 대한독립은 국제외교에 달려있었다. 그는 철저한 윌슨주의자로 민주주의와 민족자결의 원칙에 입각한 대한독립을 일관되게 추구하여 아시아-태평양 지역에서 유일하게 성공한 지도자가 되었다. 그러나 그의 성공은 한반도에서 6·25라는 북한공산주의 세력의 침략전쟁으로 절반의 성공에 머물렀다. 그럼에도 불구하고 이승만 박사가 세운 대한민국은 오늘날 국제사회의 모두가 인정하는 선진국이 되었다. 이승만 대통령의 꿈이 이루어진 것이다.

이승만 대한민국의 초대 대통령은 누가 뭐라 해도 대한민국의 명예로운 국부다. 그는 미합중국의 국부인 조지 워싱턴에 비견할 만하다. 조지 워싱턴은 일생 동안 무장한 예언자로서 미국의 독립을 달성했지만 이승만 박사는 일생 동안 비무장 예언자로서 오직 외교적 수완으로 자유민주공화국인 대한민국을 수립했다. 조지 워싱턴에게는 친자식이 없었다. 그래서 미합중국이 조지 워싱턴의 유일한 자식이 되었다. 미국인들은 그래서 자랑스럽게 미국이 조지 워싱턴의 나라라고 불렀다. 대한민국의 국부인 이승만 초대 대통령도 친자식이 없다. 대한민국만이 그의 유일한 자식이었다. 그럼에도 불구하고 오랫동안 그런 영광된 대우를 받지 못했다. 그것은 이승만 박사가 조지 워싱턴의 길을 가지 않고 프랭클린 루즈벨트의 길을 택했기 때문이라고 생각된다.

프랭클린 루즈벨트 대통령은 당시 전쟁수행을 구실 삼아 미국에서 대통령은 계속해서 재임까지만 허용한다는 국부 워싱턴이 세운 전통의 불문율을 깨고 4선까지 했다. 이승만 대통령도 마땅한 후임자가 없어 루즈벨트처럼 4선까지 감행하게 한 것으로 보인다. 그리하여 이승만 대통령은 그 후 오랫동안 독재자라는 오명으로 매도되었다. 그러나 2024년 우파정부의 재집권 이후 한국인들은 역사적 사실의 재인식을 통해 이승만 대통령의 세계사적 위대성을 재발견했다. 이제 대한민국의 역사에서 유일한 '천인-대통령'이었던 이승만 박사에게 영광된 대한민국 국부의 지위를 되돌려드릴 때다.

제58장

폭군 김정은, 당신은 정말로 행복한가?

"당신은 정말로 행복한가?" 이 질문을 우리는 폭군 김정은에게 직접 할 수는 없다. 그러나 그 답변의 실마리는 역사적 사례에서 간접적으로 찾을 수 있다. 그리스 역사가 크세노폰(Xenophon)은 기원전 5세기경 그리스의 유명한 서정시인 시모니데스(Simonides)와 시라큐스의 폭군 히에론(Hieron) 사이에 이루어진 바로 이 문제에 대한 허심탄회한 대화를 기록하여 후세에 남겼다.

시인 시모니데스는 폭군 히에론에게 당신은 과거에 사적인 인간이었다가 지금은 폭군이 되었다며 이렇게 말한다.

시모니데스: "당신은 사적인 삶과 폭군의 삶을 둘 다 경험했으니 폭군의 삶과 사적인 삶이 인간의 기쁨과 고통이 어떻게 다른지를 나보다 더 잘 알 것이다. 나는 사적인 인간으로서 사적 인간들의 기쁨과 고통을 눈과 귀, 코와 입, 그리고 아름다운 여인과의 사랑을 통해 관찰했다고 믿는다. 그리고 차고 뜨거운 것, 단단하고 부드러운 것, 그리고 무겁고 가벼운 것에 대해 우리는 육체를 통해 기뻐하고 괴로워한다. 그리고 우리는 좋고 나쁜 것에 의해서, 그리고 때로는 영혼에 의해서만 그리고 다른 때에는 영혼과 신체 공통에 의해 기쁘고 고통스럽다."

히에론: "폭군이라고 해서 당신이 말한 것들을 다르게 인식하지 않는다. 그러므로 나는 폭군의 삶이 사적인 삶과 다르다는 것은 알지 못한다."

시모니데스: "그러나 다르다. 폭군의 기쁨은 이런 각 수단을 통해 몇 배가

되고 고통은 훨씬 더 적다."

히에론: "아니다. 폭군들은 적당한 수단으로 살아가는 사적인 사람들보다 훨씬 적은 기쁨을 누리고 훨씬 더 많은 고통을 겪는다."

시모니데스: "믿을 수 없는 말이다. 그렇다면 왜 모두가 폭군들을 부러워하는가?"

히에론: "그것은 그들이 두 가지의 삶을 경험하지 않았음에도 불구하고 그것에 관해서 추측을 하기 때문이다. 당신이 시작한 눈으로 보는 것을 가지고 시작함으로써 내가 진실을 말한다는 것을 당신에게 가르쳐주려 한다. 첫째로, 폭군은 눈을 통해 보는 것에서 불리하다. 다른 나라들에는 다른 것들이 많다. 사적인 인간은 구경을 위해 어느 곳이나 어느 나라에도 갈 수가 있다. 그러나 폭군들은 그런 것들을 별로 보지 못한다. 왜냐하면 그들이 그런 곳에 가기에는 안전하지 못하기 때문이다."

시모니데스: "보는 것에서 불리하다면, 귀로 듣는 것에서는 적어도 이득을 얻는다. 당신은 찬양, 즉 달콤한 소리가 부족하지 않다. 왜냐하면 당신 앞에서 당신이 말하는 것과 행동하는 모든 것을 칭송하기 때문이다."

히에론: "나쁜 것은 아무것도 말하지 않는 사람으로부터 폭군이 무슨 기쁨을 얻겠는가? 아첨을 위해 칭송을 하는 자들로부터 무슨 기쁨이 있다는 것인가?"

시모니데스: "그렇다. 가장 달콤한 칭송은 가장 자유로운 사람으로부터 오는 것이다."

히에론: "다수의 사람들은 우리가 입으로 사적인 사람들에게는 제공되지 않는 음식과 술을 보다 기쁘게 먹고 마신다고 믿는다. 물론 식탁은 언제나 풍성하게 준비되어 있다. 그런 충분한 것을 넘는 양이 많으면 많을수록 금방 포만감을 느끼게 된다. 그래서 폭군들은 적당히 사는 사람들보다 입맛이 없어 괴롭다. 기쁘게 먹는 사람들에게 영혼을 약화시키는 사치스러운 것들은

필요하지 않다."

시모니데스: "당신이 바르는 값비싼 향수로 당신의 코는 더 기쁘지 않은가? 그러나 이것은 당신 자신보다는 당신 가까이에 있는 사람들이 기쁘겠다. 아름다운 여인을 당신이 즐기는 것만으로도 위험스럽게 폭정을 낳는 데 가깝다. 왜냐하면 당신은 보기에 가장 아름다운 여인과 언제나 섹스를 하는 것이 가능하기 때문이다."

히에론: "이 점에서 폭군들은 사적인 사람들보다 더 큰 불리함에 처해있다. 낮은 사람과의 결혼은 아주 불명예스럽고 무용하다. 최고의 기쁨은 최고의 자부심을 가진 여자의 관심이다. 노예들의 관심은 전혀 만족스럽지 않다. 사랑은 가까이 있는 것이 아니라 희망하는 것을 갈망하는 데 기쁨이 있다. 갈증을 경험하지 않는 사람이 물을 마시는 것처럼 진정한 사랑의 경험이 없는 폭군은 가장 아름다운 여인의 가장 달콤한 기쁨의 경험이 없다. 폭군은 여인을 복종시키는 것이지 사랑을 받는 것이 아니다. 또한 폭군은 사랑하는 자들을 믿는 것이 절대로 불가능하다. 폭군에 저항하는 음모는 바로 그를 가장 사랑하는 척하는 사람들이 꾸민다. 나는 잘 때나 술에 취할 때에는 매복을 경계해야 한다."

시모니데스: "그래도 명예는 위대한 것이고 인간들 모두가 그것을 위해 모든 수고를 아끼지 않고 모든 위험을 감수한다. 당신도 그것을 좇지 않는가?"

히에론: "강요된 섹스가 진정한 사랑이 아닌 것처럼 강요된 명예는 진정한 명예가 아니다."

시모니데스: "폭군이 그렇게 비참하다면 당신을 포함하여 왜 아무도 그 자리를 자발적으로 포기하지 않는가?"

히에론: "이 점에 있어서도 역시 폭군은 아주 비참하다. 폭군은 권력을 포기할 수 없다. 왜냐하면 그가 권좌에서 내려오면 즉시 그동안 빼앗긴 자들에 의해 보복을 당해 죽음을 면치 못할 것이기 때문이다. 그래서 폭정을 포기할

수도 없다."

오늘날 폭군 김정은 처지가 지금까지 서술한 폭군 히에론의 처지와 비슷하거나, 아니면 그보다도 더 심각하게 비참할 것이라고 생각된다. 그렇지 않은가? 비참한 북한 인민의 피바다 위에 홀로 떠 있는 작은 섬으로서 폭군 김정은, 당신은 정녕코 행복한가?

제59장

무엇이 한국의 보디 폴리틱(Body Politic)을 병들게 하고 있는가?

국가는 한때 은유적으로 인간의 육체로 비유되어 ‘보디 폴리틱(a Body Politic)’이라 불렸다. 국가도 인간 개인처럼 건강을 챙기지 않으면 병사할 수 있다는 뜻이다. 대한민국의 보디 폴리틱을 병들게 하는 몇 가지 유형의 만성병이 있다. 우선 첫째, 질병은 모든 보디 폴리틱에서 보이는 일반적 현상이기도 하지만 오늘날 시대착오적으로 대한민국에서 특히 기승을 부리고 있다. 그것은 대한민국이라는 국가를 전복하려는 친북·친(親)중국 공산혁명세력이다. 그들은 각종 노동단체, 시민단체, 그리고 언론계에서 단단히 똬리를 틀고 결정적 시기와 계기를 기다리면서 오늘도 반정부 투쟁을 계속하고 있다. 그들은 공산주의 혁명 이론가 안토니오 그람시의 헤게모니의 장악을 위한 진지(陣地)라는 군사적 용어의 거점지역을 확대해 가고 있다. 그들에게 정치는 레닌의 말처럼 곧 전쟁이기 때문이다. 이것은 참으로 시대착오적인 질병이다.

인류 역사를 통해 정부에 대한 인민의 이익과 권리의 궁극적인 수호는 무력으로 정부를 전복할 인민의 능력, 즉 혁명의 능력이었다. 이 능력은 정부와 인민들 간 물리적 폭력의 수단이 거의 균등한 분포의 결과였다. 얼추 말하자면, 20세기 시작 이전에 우수한 조직과 훈련을 제외하고는 거의 균등한 토대에서 정부가 인민을 마주했다. 그때는 병사의 수, 사기, 그리고 리더십이 쟁점을 결정했다. 그러나 정부와 인민들 사이에 이 거의 균등한 군사력의 분포는 폭력 수단의 발전으로 우리 시대에는 정부가 우월해졌다. 오늘날 정부는 가장 파괴적인 폭력 수단을 독점하고 있다. 그리고 통치 권력의 중앙집권화로 인해 정부는 수송과 커뮤니케이션의 가장 효율적 수단도 역시 즉각 독점할 수 있다. 그런 우월한 힘의 독점적 집중에 대항하여 인민들은 데모하고 항의하고 탄원할 수 있지만, 그러나 그들은 혁명을 통해 정부를 타도할 수 없다. 따라서 민주 정부가 자국 군부의 충성에 의존할 수 있는 한 혁명으로 폭발하는 인민의 분노를 두려워할 필요가 없다. 혁명가들은 궁극적으로 자살 열차를 타는 셈이다.

둘째로 국민 투표가 정부의 실질적 정책 결정에 미치는 영향 면에서 많은 의미를 상실했다. 왜냐하면 고도로 선진화된 한국사회에서 오늘날 정부가 수행하는 대부분의 중요한 정책 결정들은 일반인들의 기술적 경험과 이해를 넘어서는 것들이다. 일반인들은 감정적으로 반응할 수 있다. 그러나 국가안보, 교육, 주택, 도시문제, 복지, 국토관리 등은 오직 전문가들만이 유능하게 다룰 수 있다. 특히 국가안보정책이나 핵무장과 같은 큰 문제들은 국회나 일반인 사이에서 의미 있는 토론의 주제가 될 수 없다. 왜냐하면 의미 있는 지식이 없이는 유능한 판단을 할 수 없기 때문이다. 그리하여 삶과 죽음에 관한 큰 국가적 결정들은 기술적 엘리트들에 의해 수행되고 있다. 민주정부에서도 정책 결정들은 거대한 관료조직에 의해 이루어진다. 그런데 관료조직은 소위 '파킨슨의 법칙'이 말해주듯 관료조직의 끝없는 확장을 모색한다. 그리고 당파적 이익에 몰두한 나머지 지지 세력을 넓히기 위해 불필요한 공무원들의 채용을 과도하게 늘린다. 지난 문재인 정권은 공무원을 약 20만 명 늘렸는데 이것은 일종의 매표 행위로 정치를 부패시키고 국고를 탕진하는 반국가적 행동이다. 또한 문재인 대통령은 태양광발전과 같은 반(反)국가경제적 거대한 국책사업들을 굶주린 하이에나들 같은 자신의 정치세력에 던져줌으로써 특정 정당의 하수인들을 돈줄로 유지하려는 속임수를 자행했다. 이런 것들은 국민의 정신세계를 비도덕적으로 타락시킨다. 이런 파당적이고 중대한 부패도 국민들의 눈에는 잘 보이지 않는다. 그렇다 보니 정부는 국민들의 삶을 가능하게 하였다는 사기술로 국민들의 복종과 충성을 요구했다. 그러나 내세우는 기술적 합리성과 위선의 뒤에 숨겨진 만연한 부패는 대한민국 보디 폴리틱의 심장을 분명히 병들게 하였다.

셋째는 대한민국 보디 폴리틱의 고유한 불치병이다. 그것은 1948년 대한민국의 정부수립 이후 지난 75년간 지속된 숙환이다. 그 원인은 남북한 사이의 실존적 투쟁, 즉 배타적 투쟁에서 얻은 질병이다. 대한민국은 독자적으로 북한을 청산할 능력이 없다. 그것은 현실적으로 성취할 수 없는 목적이다. 유엔 헌장을 준수하는 민주주의 대한민국이 조국통일의 명분으로 북한을 침공할 수 없다. 그동안 남북한 사이에 간헐적이지만 여러 차례 협상이 있었다. 그러나 군사적으로만 성취할 수 있는 것을 협상 테이블에서 얻을 수 없었다. 그것은 마치 외과적 수술로만 치유할 수 있는 오래된 암 질환을 오직 약물로만 치료하려 드는 경우처럼 부질없어 보인다. 남북한 사이의 근본적 불신은 북한의 오랜 기만 작전에 의해 더욱 악화하였다. 북한에 기만술은 태생적이다. 북한의 지도자들은 레닌이나 스탈린처럼 모두가 저질의 마키아벨리언들로 목적을 위해서 속임수도 정당한 수단으로 간주하기 때문이다. 더구나 북한 김정은 정권은 갈수록 핵무기로 남한을 위협하고 있다. 그러나 김정은도 극단적인 선택을 하기는 쉽지 않다. 왜냐하면 핵무기의 사용은 바로 자살행위가 될 것이기 때문이다. 오늘날 핵무기는 마치 중국의 만리장성이나 1936년에 완성된 프랑스의 '마지노선'처럼 전쟁 발발 전에는 상당한 심리적인 안전감을 줄 수 있지만 실제 전쟁에선 사실상 무용지물로 판명될 가능성이 높다. 소련제국이 핵무기의 부족으로 몰락한 게 절대 아니었던 사실은 세계인 모두가 잘 알게 된 역사적 사실이다.

이런 3가지 질병이 결합하여 대한민국 보디 폴리틱의 건강을 심각하게 해치고 있다. 대한민국의 보디 폴리틱은 오직 자신만 잘 모르는 중환자다. 우리는 대한민국의 건강 회복을 위해 최선의 치유책을 처방하고 실천해야만 한다. 우선 첫 번째 질병의 치유를 위해 우리는 과감한 외과적 수술을 단행해야만 한다. (필자의 〈아시아투데이〉 2023년 8월 3일자 칼럼, "역사적으로 가장 낡은 북한의 대남전략에 당하고 말 것인가?" 참조). 두 번째 질병은 작은 정부를 지향하고 정부 관료제에 대한 엄밀하고 철저한 감시와 감사의 강화를 통해 관료들의 부정부패를 척결해야 한다. 세 번째 질병은 대한민국 주도의 남북통일이 이루어지지 않는 한 치유될 수 없는 불치병이다. 약물치료와 같은 평화적 통일을 위해서는 북한뿐만 아니라 중국도 민주화가 이루어져야 한다. 그러나 이것은 거대한 환상이다. 지금은 순전히 상상력의 세계에서만 생각할 수 있는 하나의 치유책은 미국과 중국 간 제2의 냉전에서 중국이 참패하는 것이다. 그리고 한반도 문제에 어떤 제3국의 개입도 막아줄 수 있는 유일한 동맹국인 미국의 승리에 가시적 기여를 해야 한다. 그러면 북한의 김정은 폭군정권도 뒤따라 쉽게 전복될 것이다. 그리고 그런 북한의 정치적 상황이 와도 패전한 중국이 북한 문제에 개입할 수 없을 것이다. 그럴 경우 꿈만 같던 조국의 평화적 통일, 즉 남한에 의한 북한흡수통일의 전망이 비로소 우리의 눈앞에 펼쳐질 수 있을 것이다.

제60장

소위 제왕적 대통령(Imperial President)은 반민주적인가?

"최악의 정부도 무정부보다는 낫다." 미국 헌법의 아버지 제임스 메디슨(James Madison)의 말이다. 이는 "만일 우리가 천사라면 정부가 필요 없을 것이지만 그러나 인간들에겐 언제나 정부가 필요하다."라는 주장이다. 그렇게 말하는 인간도 좋은 정부에 의해서 통치를 잘 받고 싶어 한다. 그리고 인간들은 통치를 잘 받기 전에 국가가 우선 통치되길 원한다. 그들은 좋고 나쁜 정책들 사이에서 선택하기 전에 그들은 우선 선택할 어떤 정책을 원한다. 그들은 국가라는 배가 취항하는 항로와는 관계없이 그들은 강력한 선장이 있음을 확신하고 싶어 한다.

1789년 프랑스 혁명에서부터 1917년 두 번의 러시아 혁명과 1920~1930년대 이탈리아, 독일과 스페인의 파시스트 혁명을 거쳐 1940년대 중국의 공산혁명에 이르는 근대의 거대한 혁명들은 그들의 국가가 나쁘게 통치되었을 뿐만 아니라 동시에, 아니 그보다 더 중요하게는 충분히 통치되지 않는 것에 대해 실망한 사람들에 의해서 수행되었다. 이 혁명들은 권력을 장악하고, 그것을 유지하고, 그리고 어쩌면 나쁘게 그러나 확고하게 권력을 사용하는 혁명지도자들의 결의와 능력의 덕택으로 성공했다. 현대의 대중들은 어떤 특수한 정책에 반대해서가 아니라 거대한 통치 실패에서 반영되는 정부의 유약함에 절망하고 분노했다. 이런 불행한 위기에 직면한 국가는 분명히 강력한 통치가 필요하다. 그러나 더욱더 필요한 것은 국민의 잠재적인 에너지를 하나의 국가의 목적에 동원하는 사명감을 부활시키는 일이다. 환언한다면 그것은 국가의 과거와 그리고 미래의 진심 어린 수호자로서 행동하는 것이다.

그렇게 하기 위해서는 정부는 자유민주주의의 지성적 전통과 기본으로 돌아가는 것이다. 빗나간 자유민주주의의 궤도 이탈을 인식하고 올바른 지성적 궤도에 재진입하는 것이다. 그러기 위해서 대통령과 정부는 필요한 정책을 위한 국민적 지지를 동원해야 한다. 오늘날 대통령은 그 누구보다도 텔레비전이라는 수단을 통해 자기의 비전과 정책을 설득하고 선전할 수 있는 참으로 유리한 위치에 있다. 정치적 설득은 1930년대까지만 해도 신문이나 팸플릿을 통해 지도자들이 자신의 비전과 정책을 가능한 한 널리 유포시키는 것이 거의 전부였다. 1930년대 들어 미국의 제32대 대통령 프랭클린 루즈벨트, 그리고 1940년대 영국수상 윈스턴 처칠 같은 통치자들은 여론의 지지를 동원하는 데 라디오 방송을 아주 효과적으로 이용하였다. 그러다가 1960년대에 접어들면서부터 텔레비전이 제한된 보급률에도 불구하고 중요한 정치적 역할을 수행했다. 그러나 오늘날 21세기에 거의 전 국민들이 텔레비전 앞에서 많은 시간을 보내게 되어 텔레비전의 영향력은, 좀 과장하여 표현한다면, 신의 경지에 도달했다고 해도 과언이 아니다. 따라서 대통령은 정치적으로 최고의 텔레비전 슈퍼스타가 될 수 있다.

자유민주주의는 그 안에서 정치과정이 발생하는 객관적이고 복잡한 질서를 가정한다. 다수도 그 질서를 쉽게 전복할 수 없다. 그 질서의 원칙들은 자유민주주의의 형성에 기여한 영국의 마그나 카르타(Magna Carta)를 출발점으로 1689년 '권리장전(the Bill of Rights)', '미국의 독립선언서', '미국 헌법의 첫 수정법안', 그리고 프랑스혁명의 '인간과 시민의 권리선언' 같은 문서들에 성문화되어 있다. 오늘날 악의 뿌리는 주로 빗나간 정치철학이나 철학 그 자체의 부재에 있다. 따라서 병든 자유민주주의의 구제는 오늘의 혼란한 정치철학을 바로 세울 건전한 정치철학의 부활에 있다. 자유민주주의의 전통적 정치철학은 자연법이 정치의 객관적인 기준의 반영일 뿐만 아니라 동시에 거의 언제나 정치적 이데올로기이며 지배적으로 현상유지의 이데올로기였다.

모든 정치철학은 그 시대의 불타는 정치적 문제와 관련되어 그 결과 모든 시대가 공유하는 진리의 관점에서 어제의 정치적 경험에 대한 하나의 반성이 된다. 그렇다면 우리 시대의 정치철학의 과제는 우리 시대의 정치적 문제들을 이해하고 또 해결하기 위한 이중적 목적을 위해 항구적 진리들과 객관적 기준을 정치세계에 적용하는 것이다. 정치철학의 딜레마는 그것이 일반적인 방식으로 무엇이 행해져야 하는지를 알지만 그러나 그것을 실행할 수는 없다는 것이다. 반면에 무엇이 행해져야 하는지에 대한 확신이 없이 행동해야만 하는 것이 정치지도자의 딜레마이다. 정치철학이 없는 정치적 행동은 맹목적이다. 설사 철학이 있다 해도 그것은 근시안적인 것을 피할 수 없다. 왜냐하면 정치철학의 일반적인 명제들과 정치적 행동의 구체적인 조치 사이의 격차는 이상주의적 합리주의의 논리적 추론에 의해서가 아니라 정치적 경험의 시행착오에 의해서 메워져야 하기 때문이다.

오늘날 한국 입법부의 일부 시대착오적 공산주의 이데올로기와 맹목적 대중영합주의, 그리고 편파적 언론과 각종 극단적 노동조합과 시민단체 같은 신-봉건주의적 계급들의 무한 투쟁은 정부의 건전하고 효율적인 국가운영의 가장 심각한 장애물이다. 우리는 시급히 과잉 민주주의의 만성병을 치유해야 한다. 그렇게 하기 위해서 한국의 지식인들이 필요한 정치철학적 성찰을 제공할 수 있어야 할 것이며, 정치지도자들은 그런 성찰을 반영하는 행동으로 옮길 용기와 결의, 그리고 전략을 갖고 있어야 할 것이다. 고대 로마 공화정은 국가가 위기에 처했을 때 '헌법적 독재자(a constitutional dictator)'를 임명했다. 그리고 그 독재자는 가장 빠른 기간 내에 국가의 위기를 해결하고 그 비상대권을 원로원에 반납했다. 그는 조지 워싱턴 대통령의 본보기였다.

역사적으로 미국에서 에이브러햄 링컨, 시어도어 루즈벨트, 프랭클린 루즈벨트, 그리고 리처드 닉슨 대통령 등이 제왕적 대통령으로 불렸다. 민주국가에서 가장 뚜렷한 제왕적 대통령은 프랑스의 샤를 드골이었다. 그는 약 30차례의 암살기도에서 살아남아 오늘날 마침내 나폴레옹 황제를 넘어서 프랑스의 가장 위대한 지도자로 인정받고 있다.

한국에서는 근래에 정당들이 건잡을 수 없는 혼란에 빠지면 일시적 비상대책위원회라는 것을 구성하는 경향을 보였다. 그러나 그들은 비상대책위원장에게 엄밀한 의미에서 비상대권을 부여하지 않았다. 따라서 아니, 그럼에도 불구하고 기대만큼 성공을 거둔 경우가 별로 없어 보인다. 정당이 그 자체의 운영조직을 갖고 있음에도 불구하고 이런 비상대책위원회를 구성한다는 것은 사실상 모든 구성원들의 집단적 책임회피라고 간주할 수 있다. 그러나 행정부는 그런 집단적 책임회피가 용인될 수 없다. 정부는 전쟁이나 국내적 반란에 직면했을 때 계엄령의 선포와 같은 헌법상 비상한 방법을 사용할 수 있다. 그러나 그런 절망적 국가 위기가 아닌 상태의 정치적 무기력과 같은 질병의 경우에는 그 질병의 치유를 위해 차라리 제왕적 대통령의 역할이 요구된다. 제왕적 대통령은 야당에 의해 즉시 독재자라는 비난에 직면할 것이고 또 이론상으로 그가 전제적 독재자로 변모할 가능성을 전적으로 배제할 수는 없다. 그러나 이제 대한민국은 정착된 민주국가이다. 따라서 소위 제왕적 대통령은 '제왕'이 아니라 삼권분립하에 자신의 임기 중 '대통령'일 뿐이다. 지금 우리에게는 국가적 붕괴를 예방하기 위해서 강력한 제왕적 대통령이 필요한 때가 아닐까?

제61장

윤석열 대통령은 법률가의 한계를 극복할 수 있을까?

언젠가 영국의 판사인 데닝(Denning)경은 법률가들과 교수들의 차이에 대해 "변호사들의 기능은 자기들이 마주하는 모든 어려운 문제들의 해결책을 발견하는 것인 반면에, 교수들의 기능은 모든 해결책의 어려움을 발견하는 것"이라고 지적했었다. 작금에 많은 어려움들이 해결책의 수를 앞지르는 것 같다. 그것은 물론 윤석열 정부의 수많은 법률가들이 열심히 일하지 않고 있거나 혹은 윤 정부에 너무나 많은 교수들이 있기 때문은 아닐 것이다.

윤석열 대통령은 진실한 법률가이다. 그러므로 나는 윤석열 대통령이 솜씨 좋게 계란말이를 만드는 모습이나 현란하게 김치찌개를 끓이는 장면보다는 조용히 두꺼운 책을 읽는 모습을 보고 싶다. 왜냐하면 '대한민국의 대부'이며 미국의 역대 45명의 대통령 중 위대한 대통령 6위에 올라있는 해리 S. 트루먼 (Harry S. Truman) 대통령의 말처럼 "모든 독서가가 다 지도자가 될 수는 없지만 그러나 모든 지도자는 독서가가 되어야 한다."라고 생각하기 때문이다. 근대의 역사에서 독서광으로 자율학습을 통해 위대한 영웅이 된 지도자들은 나폴레옹 보나파르트, 에이브러햄 링컨, 해리 S 트루먼 등 수없이 많다.

윤석열 대통령은 대한민국 최고의 대학에서 법학을 수학했고 법률가가 되기 위해 오랫동안 법률서적 읽기에 전념했다. 법률서적들 외에 그는 부친의 권유로 노벨경제학상을 수상하여 그때까지 경제학의 헤게모니였던 존메이너드 케인즈를 뒤집은 밀턴 프리드먼의 경제학 책에 한때 심취했다고 알려졌다. 그러나 그는 철저히 법률가이다. 법률가는 본질적으로 이미 발생한 사건을 다루면서 법적 타당성을 따지는 데 헌신하고 그 결과에 만족한다. 그러므로 일반적으로 법률가는 미래에 대한 비전이 없다. 그럴 필요가 없기 때문이다. 그리하여 그는 미래의 문제를 추상적으로 말하는 가능성에 대해 별로 믿음이 없다.

그러나 미래에 대한 기획이란 본질적으로 가상적이다. 그것의 성공은 기존의 틀을 초월하는 능력에 정확히 달려있다. 법률가들이 이 과업을 이행할 준비가 되어 있을지는 모르지만 그는 자기의 직업에 의해서 고무되는 특별한 성질을 극복할 수 있는 정도로만 그 안에서 잘 할 수 있다. 그리하여 법률가에게 자연스럽게 다가오는 것은 각기 등장하는 일련의 문제들에 대한 세련된 분석이다. 그는 가상적 경우보다는 실재적 경우를 다루고 싶어 한다. 그래서 그들은 사태의 발전을 기다리고 문제의 정의 내에서 작동하려는 편견을 갖고 있다. 그는 본질적으로 국가와 사회의 현상유지의 확실한 안정을 추구한다.

그러나 정치란 본질적으로 미래의 역사를 위한 불확실한 투쟁의 세계이다. 그러므로 정치지도자는 무엇보다도 역사의 진행에 제1차적인 관심을 가져야 한다. 정치가의 진정한 과업이란 사회적 안정을 창조로, 긴장의 완화를 자유의 강화로, 그리고 인간의 자기방어를 위한 매몰을 인간의 진보로 전환시키기 위해 국가적 조건을 향상시키는 보다 적극적인 능력을 발휘하는 것이다 따라서 나는 윤석열 대통령이 이 나라의 미래와 윤 대통령 자신의 훌륭한 역사적 평가를 위해 법률가의 한계를 극복하고 진정한 정치가로 거듭나기를 진심으로 바란다.

윤석열 대통령은 정치인이 아니었지만 문재인 정권의 거듭된 자충수들로 인해 우연히 대통령이 되었다. 우연히 대통령이 되었지만 역사적 영웅의 반열에 오른 인물들이 있다. 20세기 유일하게 미국의 러시모어 산(Mount Rushmore)에 워싱턴, 링컨, 그리고 제퍼슨과 함께 그의 얼굴이 새겨진 제26대 시어도어 루즈벨트(Theodore Roosevelt) 대통령 그리고 대한민국의 대부인 제33대 해리 S. 트루먼 대통령이 그들이다. 알프레드 마한(Alfred Mahan)주의자였던 시어도어 루즈벨트는 20세기 초 영국에 다음가는 세계 제2의 해군력을 구축하여 미국외교정책의 원칙인 먼로 독트린(Monroe Doctrine)을 구현하고, 파나마 운하를 건설하고, 러일전쟁의 종결과 모로코 위기에서 중재자의 역할을 훌륭하게 수행하여 노벨평화상을 받기도 했다.

그러나 그는 미국이 최초로 국제사회에서 주요 강대국으로 인정받게 한 미국의 위대한 지도자였다. 그리하여 그는 미국의 역대 대통령 평가에서 4위를 차지하고 있다. 해리 S. 트루먼은 제2차 대전 말기에 아시아 태평양 전쟁에서 일본을 굴복시켜 제2차 세계대전을 승리로 장식했을 뿐만 아니라 트루먼 독트린(Truman Doctrine)과 마셜 플랜(Marshall Plan)을 실시하여 전후 자유 서방세계를 소련 공산주의의 확장으로부터 막아내고 1950년 공산침략에서 대한민국을 구원한 위대한 영웅이었다.

만일 윤석열 대통령이 이 두 영웅들 중에서 정치적 롤 모델을 찾으려 한다면 시어도어 루즈벨트가 적합하다고 생각된다. 현재 대한민국은 20세기 초 미국처럼 경제적으로 선진국의 반열에 올랐지만 그러나 아직 주요 강대국은 아니다. 윤석열 대통령은 선진국 대한민국을 강대국으로 꾸준히 격상시킬 수 있는 역사적 기회를 마주하고 있다. 그런 과정에서 역사의 주사위가 묘하게 돌다가 남북통일의 기회가 주어진다면 신의 축복이 아닐 수 없다.

독일통일의 아버지, 철의 재상 오토 폰 비스마르크는 "정치가의 과제는 역사를 통해 행군하는 신의 발자국 소리를 듣고 그가 지나갈 때 그의 옷자락을 잡아채는 것"이라고 말했다. 바꾸어 말하면 정치가는 역사철학적 안목과 전략적 감각을 구비하고 있어야 한다는 말이다. 바로 이러한 이유에서 나는 윤석열 대통령이 자신의 롤 모델이 될 수 있는 역사적 영웅의 리더십에 관한 책이나 그의 복잡하고 혼란스러운 머리를 맑게 해줄 역사 철학서를 틈나는 대로 읽는 독서가의 모습을 보여주면 더 좋겠다고 생각한다.

제62장

'고슴도치' 김정은 정권, 어찌해야 하나?

1950년 소련을 메카로 한 국제공산주의의 프랜차이즈인 북한의 김일성이 참혹한 민족상잔의 6·25전쟁을 일으킨 후 겨우 휴전을 이룬 1953년, 런던에서는 20세기를 움직인 사상가 중 한 사람인 아이사이야 벌린(Isaiah Berlin) 경의 '고슴도치와 여우'가 출간됐다. 고대 그리스 시인 아르킬로쿠스는 "여우는 많은 것을 알지만 고슴도치는 하나의 큰 것만 안다."라고 했다. 벌린 경의 해석에 따르면 "고슴도치는 모든 것을 한 가지 비전에 관련시키고 그것이 중요하다고 보는 반면, 여우는 여러 가지 목적들, 종종 관련성이 없고 심지어 모순되는 것까지 추구한다." 벌린 경의 이런 해석상의 구별은 남북한에도 융통성 있게 적용될 수 있다. 1950년 이래 남북한의 실존적 투쟁에서 북한의 김정은 세습정권은 줄곧 남한의 공산화라는 대남정책 하나에만 사로잡혀 있는 반면, 남한은 다양한 대북정책들을 수행해왔기 때문이다.

◇ 주한미군 철수·한미동맹 붕괴 집중

동양 최고의 전략가 손자의 명언 지피지기(知彼知己)는 모든 국가관계 정책의 출발점이다. 여기서 적을 안다는 것은 적이 추구하는 목적과 그것을 성취하려는 전략을 안다는 의미다. 그래서 고슴도치처럼 한 가지만 추구하는 북한 김정은 정권의 대남정책의 목적과 전략을 간파하기는 그리 어렵지 않다. 북한 김씨 왕조 전제정권은 제2차 세계대전의 연장선에서 재래식 침공과 전쟁을 통해 남한공산화 정복의 목적을 추구했다. 그러나 이 시도가 한국군의 치열한 저항과 미국과 유엔의 참전으로 완전히 무산됐다. 당시 스탈린과 김일성은 나폴레옹처럼 신생 대한민국 중력의 중심부가 수도 서울에 있고 서울만 함락하면 승전한다고 믿었다. 군사전략적으로 힘의 중심부의 정복은 승전으로 가는 첩경이기 때문이다.

그러나 그것은 전략적 실수였다. 이승만 대통령이 살아서 전쟁을 지휘하는 한 대한민국을 패배시킬 수 없었다. 대한민국의 중력의 중심부는 서울이 아니라 남한 국민이 추앙하는 이승만 대통령이었기 때문이다. 그 후 미국이 참전하자 남한의 중력의 중심부는 태평양 너머 미국의 워싱턴으로 이전해 버렸다. 그리하여 남한 중력의 중심부는 북한과 공산지원국들의 사정권을 벗어나 버렸다. 후원자 스탈린의 사망 후 전쟁은 휴전을 맞았다. 그리고 남한과 미국 간 아무도 예상 못한 한미동맹체제가 수립되고 미군이 남한 땅에 직접 주둔케 되자 김일성의 재래식 전쟁에 의한 남한 정복은 백일몽이 되고 말았다. 김일성은 남한 공산화 정복을 주한미군 철수와 한미동맹체제 붕괴 이후로 무기한 연기할 수밖에 없었다. 그러나 정치적 목적을 결코 포기하거나 변경하지 않은 김일성은 남한의 중력의 중심부를 북한의 사정거리 안으로 끌어들이기 위해 주한미군 철수와 한미동맹체제의 붕괴에 모든 노력을 집중한다.

◇ '고슴도치' 북한, 변한 게 없다

그러다가 1960년대 후반 미국이 베트남 전쟁에서 곤욕을 치르자 미국에게 주한미군의 철수를 강요하기 위해 베트남에 이어 한반도에서 제2의 전선을 열려고 했다. 그러나 현상유지를 원했던 소련과 중국의 강력한 반대에 부딪쳐 김일성은 무장공비의 침투 같은 '저강도' 전쟁수행을 통해 간접적으로 제2의 전선을 열어보려고 했다. 1968년 북한특공대 청와대 기습과 푸에블로호 납치, 그리고 1969년 미군정찰기 격추 등의 사건이 그런 무력도발들이었다.

그러나 한국과 미국은 김일성의 이런 연이은 도발에 말려들지 않았다. 대한민국 정부와 국민의 반공정신과 대북경각심만 강화시켰을 뿐이다. 당시 세계는 오히려 미국의 닉슨-키신저 주도하에 미국이 중국과 화해하고 소련과 정상회담을 하는 등 긴장완화의 시기로 접어들었다. 김일성의 재래식 전쟁 방식에 의한 남한 정복의 실패에 이어 베트남 전쟁을 배경으로 수행한 저강도 도발전략도 모두 실패한 셈이다.

북한이 의지했던 사회주의 형제국 소련공산제국의 갑작스런 붕괴로 북한경제도 순식간에 침몰했다. 많은 북한주민들이 '고난의 행군' 속에서 아사했고 국제사회의 경멸과 연민 속에서 겨우 살아남았다. 김일성 사후 세습독재자 김정일은 재래식 군사력에서는 강한 경제력의 남한과 도저히 경쟁할 수 없다고 보고 남한의 우월한 재래식 무기를 일거에 무효화시킬 핵무기 개발로 전략을 바꿨다. 모든 자원과 역량을 집중한 끝에 그는 결국 핵개발에 성공했다.

이런 상황에서 제2의 세습 전제군주인 김정은이 핵무기와 미사일 실험을 거듭하면서 3대에 걸친 김일성 왕조의 숙원인 대한민국의 궁극적 공산화라는 정치적 목적을 새롭게 다지면서, 한편으로는 핵무기의 피해를 볼지 모른다는 두려움에서 미국이 남한의 주한미군을 철수하고 한미동맹 체제를 해체하는 평화협정으로 나아가게끔 미국을 자극하고, 다른 한편으로는 핵무기가 두렵거든 북한의 경제를 다가올 남북통일 때까지 남한이 전적으로 책임지고 발전시키라고 남한을 위협하는 단계로 접어들었다. '고슴도치' 북한은 여전히 아무 것도 변한 게 없다.

◇ 핵 위협 전략으로 목적 달성 못해

북한의 그런 부당한 요구로 인해 한국의 안보와 경제, 한미동맹체제는 뜻밖의 심각한 시련을 맞게 됐다. 남한은 그동안 북한에 대한 경제적 지원을 포함해 여우처럼 다양한 대북정책을 추진했지만 아무런 성과도 거두지 못했다. 그럼에도 현 정권의 대북정책은 변하지 않고 멈출 줄 모른다. 작금에 국가적 위기가 전례 없이 심각한 것은 남한 국민이 일각의 끊임없는 위선 속에서 북한의 위협을 완전히 망각하고 참혹했던 6·25전쟁조차 그 비극을 체감하지 못하는 막연한 추상적 기억일 뿐이기 때문이다. 참으로 염려스럽다.

그동안 핵무기와 미사일 위협에 맛들인 김정은의 자아도취와 기만전략으로부터 깨어나 이제 우리는 그의 모든 말과 행동을 의심하지 않을 수 없다고 고백해야 한다. 그리고 재래식, 저강도에 이어 핵 차원의 위협전략으로도 결코 목적을 달성할 수 없다는 사실을 그에게 명확히 인식시켜야 한다. 제1차 대전에서 힘겨운 승리를 거둔 프랑스의 조루주 클레망소 수상이 파리평화회의에서 침략국 독일에 대해 했던 말을 이제 침략자 북한 김정은에 대해 이렇게 바꾸어 말해야 한다. "우리는 김정은과 결코 협상하거나 화해해서는 안 된다. 지금부터는 우리가 그에게 당당히 요구하고 단호하게 지시해야 한다. 그렇지 않으면 다른 어떤 조건에서도 그는 대한민국을 존중하지 않을 뿐만 아니라 그가 대한민국을 거듭해서 기만하는 것을 막을 수 없을 것이다."

제63장

북한의 높아가는 핵공포를 어떻게 대처해야 할까?

그리스의 신화에 의하면 프로메테우스(Prometheus)는 신들로부터 불을 훔쳐 그것을 인류에게 선물했다. 그의 벌은 되풀이되는 공포의 삶이었다. 매일 아침 독수리들이 찾아드는 산속의 한 기둥에 높이 매달려 있게 되었다. 그럼에도 매일 밤이면 그의 상처는 회복된다. 그는 매일 여명의 불의 기억과 고통의 공포에 사로잡힌다. 현대인들은 1945년 7월 16일 원자탄의 불을 훔친 이래 프로메테우스의 운명을 공유하고 있다. 종교적 종말론을 눈앞에 현실로 두고 살고 있는 것이다. 근대과학과 산업기술이라는 인간이성의 가장 빛나는 아들이 오히려 그의 아버지인 인간 이성을 위협하고 있는 것이다.

특히 대한민국 국민은 잠재적으로 중국과 러시아는 물론이고 현실적으로 북한 핵무기의 위협에 직면하고 있다. 그럼에도 한국 대부분의 일반인들은 그동안 아무 일도 없었다고 주장하거나, 설마 북한이 같은 동족인 우리에게 핵무기를 정말로 사용하지는 않을 것이라는 막연하고 희망적인 사유에 젖어 우리가 실재로 직면하고 있는 '실존적 위협'에 둔감하게 되었다. 그들은 우리가 직면한 종말론적 위협을 의식하지 못한 채 국가의 미래를 말하는 것은 역사의 잔인한 희롱이 아닐 수 없다. 지금까지 평화 시에는 아들이 아버지를 묻었고 전시에는 아버지가 아들을 묻었지만 그러나 한반도에 핵전쟁이 일어난다면 한반도는 한동안 어떠한 생명체도 살 수 없는 거대한 무덤 그 자체가 될 것이다.

그런 잠재적으로 종교적 '최후의 심판'이 내다보이는 상황에서 북한은 일방적 핵무기로 남한에 '선제적 굴복(pre-emptive capitulation)'을 집요하게 강요하는 공갈 폭탄을 끊임없이 퍼부어 남한을 완전히 무장해제 시키려는 추악한 심리전을 벌이고 있다. 그럼에도 불구하고 한국의 대부분 일반인들은 같은 동족을 주저하지 않고 집단적 살해를 감행했던 6·25 침략전쟁을 망각한 기억상실증에 걸린 채 미래에 대해 한없이 낙천적인 팽글로시언(Panglossian)이 되어버린 것으로 보인다. 참으로 어이없고 또 안타까운 일이 아닐 수 없다.

제2차 세계대전 중 영국, 미국 그리고 소련이 인류역사상 최초로 핵무기를 개발하려 할 때 핵무기는 단순히 보다 더 강력한 화력으로만 간주되었다. 그리하여 제2차 세계대전 말기에 미국이 대(對)일본전(戰)에서 처음으로 사용하였다. 그리고 1949년 소련마저 핵보유국이 되자 다른 전통적 강대국들인 영국과 프랑스는 자국의 국제적 위신을 위해 핵개발에 매진했다. 그리고 냉전시대를 겪으면서 핵무기는 핵무기의 위협에 대처하는 가장 효과적인 억제전략으로 인식되어 핵무기가 확산되었다. 그리하여 중국까지 핵무장을 과시하게 되었다. 그러나 핵무기는 그 후 기존의 재래식 무기와는 판이하게 다른 공포의 무기로 판명되어 절대로 사용해서는 안 되는 절대적 무기로 인식되었다. 그리하여 국제사회는 1968년 핵확산금지조약(NPT)체제를 수립하였다. 그럼에도 불구하고 자국의 안전이 오직 핵무기의 확보에 달려있다고 믿고 핵확산 금지조약에 가입하지 않았던 인도, 파키스탄, 이스라엘 3개국이 핵개발에 성공하여 비공식적으로 핵보유국에 추가되어 총 8개국이 국제적으로 인정되었다.

그러다가 2006년 10월 북한이 갑자기 제1차 핵실험을 하고 그리고 그 후 다섯 차례의 추가 실험을 통해 사실상 핵보유국임을 사처하고 나섰고 그 후 꾸준히 핵무기의 증강에 매진하고 있다. 그러나 북한은 아직도 국제사회에서 핵보유국의 지위를 전혀 인정받지 못하고 있다. 왜냐하면 북한은 1985년

NPT에 가입한 뒤 수년 후에 일방적으로 탈퇴를 선언했지만 국제원자력기구(IAEA)로부터 공인을 받지 못했기 때문이다. 따라서 유엔에 의한 북한의 경제제재가 이루어지고 북한의 비핵화의 요구가 국제사회의 보편적 요구가 되었다. 그러나 북한은 핵무기의 적극적 사용을 거듭해서 분명하고 명확하게 밝혀왔다. 그렇다면 남한은 북한의 날로 강화되는 핵공포를 동맹국 미국의 핵우산 보장만으로 극복할 수 있을까? 그러나 핵공포로부터 완전한 해방은 불가능하다. 그러므로 우리는 이성적 국가정책과 합리적 국방전략으로 그 핵공포를 실질적으로 완화시키나 최소화할 수는 있을 것이다.

그러기 위해서는 우선 첫째로, 핵무기의 가공할 위협을 전 국민이 모두 새롭게 각성하고 북한의 핵공격으로 인한 피해를 최소화할 우리의 전국토를 요새화하는 정책의 수립과 실천방안을 가능한 한 빨리 완비해야 한다. 그리고 핵무기의 '묵시록적 파괴' 속에서도 그 종말론적 희생을 최소화하기 위한 대비를 미리 해 두어야 할 것이다. 그렇게 해야만 핵 피격 후 당연히 발생할 전국적인 혼란과 마찰(friction)을 최대한 극복할 수 있을 것이다.

둘째로, 남한의 대북정책을 남침의 억제정책을 넘어 남한에 의한 북한의 통일을 대북정책의 목표로 공식 선언해야 한다. 억제정책만으로는 북한에 공격의 정점(the culminating point of attack)만을 안겨줄 것이다. 그동안 북한의 수많은 무력도발에 대해 한국과 미국은 더 이상 좌시하지 않겠다는 의미 없는 성명만을 되풀이했을 뿐 북한 도발에 상응하는 소위 비례적 응전을 하지 못했다. 이제부터는 북한의 도발에 대해 단순한 비례를 넘어 복리 이자까지 물리는 압도적 응징을 주저하지 말아야 할 것이다

셋째로, 한미동맹의 시니어 파트너인 미국에게 우리는 북한의 증강하는 핵무기의 실존적 위협의식을 공유하게 하고 북한의 비핵화를 위해 지금까지의 단순한 수세적 핵억제정책을 넘어서 보다 적극적이고 공세적인 북한핵의 제거와 한반도 통일전략을 명백히 가시화하도록 적극적으로 요구해야

한다.

이것은 궁극적으로 핵에만 의존하는 북한정권의 소위 중력의 중심부(the center of gravity)인 김정은을 단칼에 제거해 버리는 외과수술적 참수작전의 실행을 포함해야 한다. 그렇지 않으면 히드라(Hydra) 같은 북한의 도발을 제압할 수 없다. 김정은이 대한민국을 인간이 살 수 없는 황무지를 만들어 놓고 그것을 민족통일이라고 부르겠다고 거듭 선언하고 핵무기로 위협을 높여가는 상황에서 우리는 그의 목을 향해 헤라클레스(Heracles)의 칼을 주저없이 내리쳐야 할 것이다.

제64장

더러운 북한의 핵폭탄에 고귀한 인권폭탄으로 맞서자

"삶에는 두 개의 비극이 있다. 하나는 가슴속에서 욕망의 대상을 잃는 것이고 또 다른 하나는 그것을 성취하는 것이다." 이것은 영국의 비평가 조지 버나드 쇼(George Bernard Shaw)가 한 말이다. 이 말을 냉전의 종식에 융통성 있게 적용한다면 소련은 냉전에서 패배의 비극을 맞았다면 미국은 승리함과 동시에 이제 더 이상 싸울 적이 사라져 버린 비극을 직면했다고 말할 수 있을 것이다. 소련은 공산주의의 메카(Mecca)로서 그 위상을 상실했을 뿐만 아니라 공산주의 체제의 처절한 종말을 기록한 반면에 자본주의의 수장인 미국은 빛나는 승리를 통해 세계에서 유일한, 그래서 외로운 초강대국으로 등극했다. 그리하여 세계는 기세가 등등했던 공산주의가 갑자기 사라지고 세계의 모든 국가가 사실상 자본주의 국가가 됨으로써 정치적 이데올로기로서 활력을 잃어버렸다. 세계인들은 모두가 공허한 가슴을 달래기 위해 어떤 새로운 이데올로기의 출현을 기대했다.

지난 세기에 탄생하여 21세기의 이데올로기로서 역할과 기능을 수행할 것이라고 기대되는 것이 바로 인권이라는 개념과 가치였다. 엄밀한 의미에서 인권(Human Rights)은 20세기의 독창적 창조물은 아니다. 그것은 18세기의 고전적 자유주의 사상과 19세기의 기본권 개념이 확대 발전하여 형성된 것이기 때문이다. 또한 그것은 '미국의 독립선언'과 프랑스 대혁명의 '인간과 시민의 권리선언'이라는 정치행동적 경험과 유산의 집합체이다. 그리고 우리는 과거 19세기 노예의 해방과 노동계급의 해방 그리고 여성해방이 요구될 때 그것들이 모두 인권의 이름으로 요구되었음을 인정한다. 그러나 인권이 보다 뚜렷하게 범세계적 보편성에 입각한 원리로 인정되고 선언된 것은 아무래도 20세기, 보다 구체적으로는 1948년 12월 10일 유엔총회가 채택한 '세계인권선언(The Universal Declaration on Human Rights)'이었다고 말할 수 있을 것이다. 유엔의 세계인권선언은 역사상 최초로 사회주의 국가들의 요구를 수용하여 경제 및 사회적 권리를 도입하고 모든 인간과 국가에 대한 공통의 원칙과 기준을 제시함으로써 정치 이데올로기적 국경선을 초월하는 범세계적 인간의 존엄성에 대한 요구였다. 분명히 그것은 장엄한 역사적 전환점이었다.

그러나 실제로 그 인권선언은 각국에 의해서 사의적으로 해석되었고 또 그것의 적용을 각국 정부의 관할권하에 둠으로써 도덕적 설교의 성격에서 벗어나지 못했다. 그럼에도 불구하고 인권의 보호는 인권선언 이후 꾸준히 국제화됐다. 이 뿐만 아니라 1970년대 중반부터는 인권이 미국외교정책의 정책적 목표가 됨으로써 세계적 의제로 등장했으며, 공산 소련의 지도자인 고르바초프가 인권의 서구적 의미의 기준을 수락함으로써 인권은 새로운 역사적 의미를 갖게 되었다. 물론 그러한 그의 선언이 공산주의 소련과 비공산세계를 분리시키는 헌정질서 및 개념적 간극을 메우지는 못했다. 그러나 긍정적인 면에서 인권은 대부분의 국가들이 여전히 이데올로기적 차이에도 불구하고 인권 독트린에 대해 공식적으로 찬성했으며, 각국 정부는 대규모의 인권유린이 국제평화에 위협이 된다고 할 때 그것이 타국 간섭의 정당성의 토대가 된다고 최소한의 합의가 가능하게 되었으며, 또한 국제사면위원회(Amnesty International) 같은 국제기구들이 세계여론을 동원하게 되었다.

이러한 인권의 원칙은 걸프전쟁 직후인 1991년 4월 유엔이 안전보장이사회 결의안 제688호에 기초하여 국제사회는 자국민에 대한 견딜 수 없는 박해를 가하는 국가를 제재하기 위한 개입의 권리를 갖는다고 공식적으로 그리고 최초로 결정하였다. 그것은 걸프전의 후유증 속에서 이라크 북부에서 야만적 탄압을 받는 쿠르드족에 대한 구원작전으로 실천되었다. 유엔 안전보장이사회가 역사상 처음으로 공동의 인류애가 때로는 '불개입의 원칙'에 우선한다는 것을 인정했던 것이다. 이것은 1990년대 유엔의 여러 번에 걸친 소위 인도주의적 개입을 가능하게 했던 것이다. 또한 2002년 7월 1일에는 국제형사재판소(International Criminal Court, ICC)가 설립되어 집단학살, 전쟁범죄와 반인도적 범죄를 저지른 개인을 처벌하기로 하였다. 그 후 이러한 추세는 한 걸음 더 나아가서 2005년 유엔정상회의의 결의와 2006년 안전보장이사회의 제1973호 결의안이 되어 유엔의 '보호책임(Responsibility to Protect, R2P)'이 국제적 규범으로 확립되었다. 그리고 이 규범적 원칙은 2011년 리비아 사태 당시에 무아마르 알-카다피(Muammar al-Qaddafi)에 의해 자행된 학살행위로부터 리비아 국민을 보호하기 위해 처음으로 적용되었다.

그러나 이러한 인권을 위한 긍정적인 발전이 모든 부정적 장애물을 일소한 것은 아니다. 여전히 인권에 대한 해석과 적용 및 정책순위는 각 주권국가의 국내관할권에 속해 있을 뿐만 아니라 인권과 주권의 관계에선 여전히 주권이 우월한 위치에 있기 때문에 인권유린 문제는 모든 나라의 정책적 우선순위에서 밀려 있다. 물론 상당수의 이상주의적 지식인들과 자기 조국의 이익보다 유엔을 더 사랑하는 유엔의 연인들 사이에서 발견되는 인권의 우상화도 여전히 존재한다. 그들은 인권이 과거의 이데올로기를 대체할 새로운 이데올로기로 인정되어야 한다고 주장할 것이다. 그러나 공산주의의 몰락 이후 우리는 일련의 매력적인 대안적 이데올로기를 발견할 수 없다. 새로운 정치적 이데올로기는 무엇보다도 어떤 초월적 대의에 헌신하길 열망하는 젊은 세대의 영혼을 불태우는 갈망을 채워주는 데 부족하다.

그러나 인권은 자국의 정부나 정치적 반대편을 공격하는 하나의 무기로 사용될 수 있다. 특히 자유민주주의 국가에게는 전체주의적 폭정에 대항하는 하나의 유용하고 효과적인 전략적 공격수단으로 사용될 수 있다. 북한은 21세기에도 이 지구상에서 최악의 인권유린을 당연시하는 유일한 폭군체제이다. 이제 우리는 북한의 핵무기에 맞서 북한동포의 인권문제를 본격적으로 대북정책의 중대한 수단으로 채택하고 공세적으로 사용할 때가 되었다. 북한의 핵무기가 우리를 불안하게 하는 것 이상으로 북한에 대한 우리의 인권폭탄은 북한의 폭군 김정은에게 잠 못 드는 공포의 밤을 가져다 줄 것이다.

제65장

역사적으로 가장 낡은 北의 대남전략에 당하고 말 것인가?

전쟁에서 승전의 가장 좋은 군사전략은 무엇일까? 이것은 인류역사에서 거의 모든 정치철학자나 전략가, 그리고 통치자들이 항상 스스로 묻고 또 타인에게 자문을 구했던 과제이다. 그렇다면 그 해답을 맨 먼저 구할 곳은 서양의 모든 철학의 출발점인 고대 그리스의 정치철학일 것이다. 그러나 불행하게도 우리는 고대 그리스 정치철학자들의 작품들 속에서 성공적 전쟁수행을 위한 전략에 관한 어떤 진지한 논의도 발견할 수 없다. 그것을 위해서라면 역사가 투키디데스(Thucydides)나 크세노폰(Xenophon)의 역사서를 주의깊게 공부해야 한다. 그러나 이 역사서들은 전통적인 철학적 교과서에서 우리가 발견하는 훈계적(didactic) 방식으로 작성되지 않았다. 그것들은 전쟁을 객관적으로 서술할 뿐 군사전략에 관하여 어떤 종류의 교리도 제공하지 않는다. 그래서 고대 그리스의 지성사에서는 고대 중국에서처럼 손자의 〈병법〉과 같은 전략서가 존재하지 않았던 것이다.

서양에서 체계적인 전략이론은 18~19세기 초 나폴레옹 전쟁의 경험 이후에 나온다. 이 말은 그 이전에 전쟁의 전략서적이 전혀 없었다는 뜻이 아니라(사실, 찾아보면 어지러울 정도로 많다) 동양의 손자와 같이 확고한 전략의 교과서로 인정되고 자리 잡은 서적이 없었다는 말이다. 그러다가 3번의 걸친 연이은 전쟁의 승리로 독일통일에 기여한 프러시아의 몰트케(Moltke) 장군의 고백으로 유명하게 된 칼 폰 클라우제비츠(Carl von Clausewitz)의 〈전쟁론〉(Vom

Kriege)이 클라우제비츠를 서양문명이 낳은 최고의 군사전략가, 혹은 유일한 '전쟁철학자'로 만들었다. 마오쩌둥도 생전에 클라우제비츠를 높게 칭송했었다. 그의 혁명전쟁 전략이 손자병법이 아니라 클라우제비츠의 〈전쟁론〉 제6권에서 나온 사실을 알고 있다면 그런 마오쩌둥의 마음을 충분히 이해할 수 있을 것이다. 그러나 클라우제비츠의 전략에는 적을 공격하기 전에 먼저 적국의 내란을 조성하라는 원칙은 없다. 왜냐하면 근대국가를 전제로 한 그의 직접접근법에서는 그런 원칙을 필요로 하지 않기 때문이다.

인간 삶의 거의 모든 양상을 다룰 법을 제안한 플라톤의 〈법률〉에 전쟁을 다루는 법이 없다. 자기의 〈정치학〉에서 최선의 정체에 관한 아리스토텔레스의 논의도 그런 문제에 관한 언급이 없다. 소크라테스도 〈공화정〉에서 수호자들의 교육을 나눌 때 그는 전쟁수행에 관해서 논하지 않았다. 다만 〈공화정〉에서 소크라테스는 그의 제자 아데이만투스(Adeimantus)가 국가의 실질적 외교정책에 관해 물었을 때 전쟁에서 승리로 가는 가장 효과적인 길은 적국의 한 파당과 제휴하여 다른 파당을 굴복시키도록 내란을 조성하는 것이라고 말했다. 그런 소크라테스의 방법은 당시에도 신화적인 호메루스(Homerus)의 트로이 전쟁에서 그리스 동맹국이 사용한 트로이 목마(the Trojan Horse) 전략의 원용에 지나지 않았다. 상대국의 내란조성 전략은 손자병법에도 중요한 전략들 중 하나였다. 이러한 소크라테스, 즉 플라톤이나 손자병법의 이런 아주 낡은 전략은 오늘날 근대 민족국가들에게는 별로 쓸모가 없는 전략이라고 평가될 수 있다.

그러나 불행하게도 한반도는 아직도 하나의 단일 민족국가를 수립하지 못한 분단된 곳이다. 따라서 남북한은 민족통일이라는 숭고한 위장된 슬로건을 내세워 남북한은 서로 간 상대방에게 내전을 조성하기 좋은 조건에 놓여있다. 바로 이러한 이유에서 북한은 한반도에 남북한의 두 개의 사실상의 국가가 수립된 이후 줄기차게 이 낡은 전략을 남한에 실천해 왔다. 반면에 남한의 민주국가는 전체주의 북한에 그런 전략을 구사할 생각조차 하지 않았다. 그리하여 1950년 6·25전쟁을 일으킬 때도 북한은 남한의 남로당 주도의 10만 명에 달하는 남한의 친북 인민 봉기세력을 가정했던 것이다. 그리하여 스탈린의 명령으로 소련군 장교들이 남침전략을 수립할 때 남한의 서울만 북한군이 점령한다면 남한을 정복할 것으로 확신하고 서울의 점령계획까지만 수립해 주었던 것이다. 그런 이유로 북한군이 서울을 점령한 뒤 남한의 인민봉기로 승리를 완성하려고 했으나 아무리 기다려도 남한의 인민봉기가 일어나지 않자 북한의 김일성은 당황할 수밖에 없었다. 왜냐하면 그의 손엔 서울 점령 이후의 군사작전 계획이 전혀 없었기 때문이다. 그리하여 중공군의 개입으로 전세가 역전될 때까지 그는 밀리고 밀리다 국경선을 넘어 중국 땅으로 도피할 수밖에 없었다. 그는 이제 전쟁의 최고지휘권마저 사실상 상실한 허수아비가 된 채 모든 것은 힘의 중심부인 스탈린과 그의 하수인 마오쩌둥에 달려 있었다.

1953년 스탈린의 사망으로 7월에 휴전이 이루어진 이후에도 김일성의 대남전략은 전혀 달라지지 않았다. 고대 동양의 손자와 서양 근대의 클라우제비츠가 공유하는 군사전략의 원칙들 중 하나는 "적을 공격하기 전에 먼저 적의 동맹을 분열시키라."는 것이다. 이런 원칙에 따라서 북한은 대남 내전공작을 변함없이 추진하면서 주한미군 철수와 한미동맹체제의 파괴를 끊임없이 모색했다. 이를 위해 북한은 휴전협정을 종전협정으로 바꾸고 나아가 평화협정을 확보해 주한미군과 한미동맹체제, 그리고 유엔사의 불필요성을 내세워 그들을 축출하려고 끊임없이 노력해 왔다.

이 뿐만 아니라 북한의 폭군 김일성-김정일-김정은 3대 세습 전제정권은 남북대결에서 북한의 승리를 위한 핵무기를 거듭 과시하여 남한의 종북세력에게 북한이 결코 망하지 않고 남북대결에서 궁극적으로 승리할 것이라는 확신을 줌으로써 남한에서 그들이 흔들림 없이 종북세력을 확장토록 하면서 동시에 그들의 충성을 심화해 왔다. 남한의 종북 혁명세력은 공산혁명 이론가 안토니오 그람시(Antonio Gramsci)의 헤게모니 이론을 채택하여 남한에 혁명진지를 구축하기 위한 조직적인 투쟁을 벌여왔으며 그들은 실제로 상당히 성공을 거둔 것으로 보인다. 그람시의 혁명전략이 그 정도로 성공하는 것은 그들이 대한민국의 방만한 민주주의 제도를 이용할 수 있었기 때문이다.

친북세력은 남한에서 종북정권을 세우고 북한과 종전협정을 추진해 주한미군이 철수하는 순간 마치 1938년 오스트리아 나치정권이 독일의 히틀러 군대를 초대했던 것처럼 '민족통일'이라는 미명하에 북한군을 초청하여 총 한 방 쏘지 않고 남한을 점령하려고 한다. 이런 여건이 충분하지 않은 경우에 김정은 정권은 그 대안으로 1975년 베트남에서처럼 남한의 종북정권이 남한의 전군에게 무기를 내려놓도록 명령하고 북한군의 일방적 군사작전으로 남한을 점령하려 들 것이다. 어느 쪽이든 남한에서 종북정권이 수립되어 남한이 내전상태에 빠지는 것이 북한에겐 가장 유리한 조건이 될 것이다.

어쨌든 북한의 모든 대남정책은 철저히 군사전략적이다. 종북세력은 정치투쟁이 아니라 사실상 전쟁을 수행하고 있는 중이다. 따라서 남한정부도 경찰력이 아니라 군사작전으로 수많은 '종북목마'들을 깔끔하게 소탕해야 할 것이다. 그렇지 않으면 6·25 이후 한강의 기적을 통해 선진국을 이룬 세계사에 빛나는 대한민국에 참담한 민족사적 자멸이라는 비극이, 그리고 세계사적으로는 하나의 상상하지 못할 코미디가 발생하고 말 것이다.

제66장

대한민국의 핵무장, 어떻게 생각해야 할까?

우리는 핵무기의 시대를 살고 있다. 지금은 역사적으로 기나긴 과거와 다른 시대다. 그러나 우리들의 삶의 조건들은 핵시대의 충격으로 급격히 변해버린 반면 우리는 여전히 과거와 변함없는 생각 속에서 살고 있고 또 과거에 만들어진 제도들을 통해서 행동하고 있다. 그리하여 우리가 사회적, 정치적, 그리고 철학적인 문제들에 관해서 생각하는 것과 핵시대가 창조한 객관적 조건들 사이에는 간극이 있다. 전쟁 목적을 위한 핵무기의 가용성은 기술의 다른 분야에서 혁명적 전환을 목격한 우리 시대의 가장 현저한 특징이다. 이것은 어느 일순간 귀신처럼 등장한 것이 아니다. 우리 시대의 기술적 혁명을 가져오도록 가능하게 한 원칙들은 19세기 전반부에 처음으로 수립되었다.

기술적으로 말해서, 우리의 시대는 증기엔진, 철도, 전신, 그리고 기관총의 발명으로 시작했다. 이 발명들은 기술의 역사에서 거대한 전환점을 이루었다. 즉, 우리 시대는 인류의 역사가 시작한 시기를 현재의 시기와 분리시켰다. 이 두 개의 시기는 두 개의 상이한 원칙에 의해서 구별되었다.

하나는 첫 시기동안 기술적 발전의 느린 속도와 19세기 전반기 이후 계속적인 가속도를 설명해 준다. 첫 시기 동안에 기술의 발전은 인간과 동물이 발휘하는 힘의 자연적 한계 내에 국한되었다. 이런 한계는 정체된 힘의 사용에 그쳤다.

그러나 두 번째 시기, 즉 우리의 시대에는 인간과 동물이 발휘하는 힘의 보충과 대체로서 인위적으로 새로운 힘의 원천들을 창조하는 법을 알게 된 것이 뚜렷한 특징이다. 인간과 동물의 근육으로 자연이 제공하는 힘을 사용하는 대신에 새로운 힘을 창조할 능력이 우리 시대의 급속한 기술발전을 설명해 준다. 핵무기는 기술의 그런 가속적인 발전의 정점에 지나지 않는다. 아니, 어쩌면, 핵무기도 일시적인 것에 지나지 않을 것이다.

기존의 국가는 물론 인류의 생존을 위협하는 핵무기에 대해 두 개의 상이한 학파의 주장이 있다. 하나는 그 파괴력의 규모로 인해 재래식 무기와의 양적인 차이를 넘어 질적인 차이를 주장하는 반면에 또 다른 하나는 핵무기와 재래식 무기 사이의 차이가 오직 양적인 것에 지나지 않는다고 주장한다.

첫 번째 학파는 핵시대에 전면전은 외교정책의 합리적 수단으로서의 유용성은 끝났다고 가정한다. 그것은 모든 교전국들을 파괴함으로써 승자와 패자의 구별을 없앨 것이다. 거의 모든 국가의 지도자들은 적어도 입으로는 이 명제를 수용한다. 그리고 이것이 일반 대중들의 지배적 견해를 대변한다고 할 수 있다.

이런 견해에 암시적인 핵시대의 유례가 없는 새로움의 가정은 독일의 철학자 칼 야스퍼스(Karl Jaspers)에 의해서 정교하게 설명되었다. 그의 저서, 〈인류의 미래〉(The Future of Mankind, 1958)에서 그는 핵시대의 독특한 성질과 그것의 거의 확실시되는 인간과 정치적 결과에 관한 심오한 철학적 분석을 제시했다. "전적으로 새로운 상황이 원자탄에 의해서 창조되었다. 모든 인류가 분명히 사라지거나 아니면 인간의 도덕적-정치적 조건에 변화가 있을 것이다." 야스퍼스는 "나는 다음 전쟁에서 무슨 무기가 사용될지 모르지만 그러나 '그것 이후 전쟁은 활과 화살로 싸울 것이다'라는 아인슈타인(Einstein)의 말에 동조한다."라고 덧붙였다.

그러나 핵시대의 위협적인 새로움에 대한 합리적 성찰이 이를 극복하고 우리를 구원해 줄 전제조건이다. 핵전쟁으로 인한 인류의 전면적 파멸에 대한 확고한 인식이 마침내 핵전쟁을 불가능하지는 않을지라도 불확실하게 만들 유일한 길이다. 이런 전면적 파멸의 위협은 우리의 존재 의미에 관한 생각들을 가리킨다. 원자탄은 특별한 문제로 적절하게 이해될 수 없다. 만일 인간이 그 문제를 다른 어려운 문제들 중 하나로 취급한다면 그것을 정복할 수 없을 것이다.

필요한 것은 해결을 요구하는 문제들의 급진적 새로움에 상응하는 급진적 변화다. 정치적 변화만으로는 충분하지 않다. "정치에 영원한 족적을 남긴 어떤 인간도 순전히 정치적 동기에서 행동하지 않았기 때문이다. 요구되는 것은 새로운 사고방식이고, 이것을 넘어서, 도덕적, 정치적, 합리적 성질에서 인간 자신의 변환이다." 야스퍼스에게는 핵시대의 새로움에 대한 확신이 너무도 급진적이어서 전적으로 다른 새로운 유형의 인간만이 그것을 감당할 수 있을 것이다.

물리학자 허만 칸(Herman Kahn) 박사가 가장 웅변적이고 독창적으로 대변한 또 하나의 학파가 있다. 그것은 핵전쟁이 재래식 폭력의 양적인 확장에 지나지 않으며 핵전쟁이든 재래식전쟁이든 어떤 전쟁이든 양적으로 평화와 다를 뿐이지 질적으로 다르지 않다는 견해다. 칸 박사는 서양의 유일한 전쟁철학자인 칼 폰 클라우제비츠의 저서인 〈전쟁론〉(On War)을 변용하여 자신의 저서를 〈핵전쟁론〉(On Thermonuclear War, 1960)이라고 지은 네오-클라우제비치언이라고 볼 수 있다. 네오-클라우제비치언들은 전쟁이란 수단을 달리한 정책의 연속이라고 정의한 클라우제비츠처럼 핵전쟁도 역시 국가정책의 수단이 될 수 있다고 보는 것이다.

허만 칸 박사는 전쟁이란 무서운 것이지만 평화도 그렇다면서, 어떤 점에서, 차이는 정도와 기준의 양적인 것으로 보인다고 말했다. 방사선의 유전적 효과에 관해서 칸 박사는 인간이 수백 년 동안 자연의 방사선에 노출되었으며, 새로운 평화 시와 잠재적 전시 노출의 이런 효과들이 무엇이든 그것들은 과거의 것과 종류에서 다르지 않고 오직 보다 강렬할 뿐이라고 주장했다. “핵전쟁은 재래식 전쟁보다 훨씬 더 파괴적이지만 그러나 모든 합리적 국가 정책의 도구로서 그것의 사용을 박탈할 만큼 파괴적이지는 않을 것이다.”

이 학파의 견해에 따르면 핵무기의 올바른 전략적이고 전술적인 사용과 적극적이고 수동적 방어의 적합한 방법만 주어진다면 핵전쟁도 완전한 재앙과 자살적 불합리성이기는커녕 개별국가들의 정치적 목적에 봉사하게 할 수 있다. 그리하여 칸 박사는 당시 핵전쟁을 다룬 영화의 제목 겸 주인공인 ‘스트레인지러브 박사(Dr. Strangelove)’라는 별명을 얻기도 하였다.

이 두 학파 간의 간극이 처음에는 메울 수 없는 것처럼 보인다. 그러나 자세히 들여다보면 두 학파의 견해가 그렇게 아주 다르지 않다. 네오-클라우제비치언들의 낙관적인 학파는 우리가 핵전쟁 후에도 살아남을 수 있다는 결론을 내리는 반면에, 액면 그대로 받아들이면, 그들의 주장은 정반대의 결론에 도달한다. 왜냐하면 이 낙관적 주장들은 겉으로 보기에는 낙관적이지만 실제로는 그들의 논리적 핵심에서 비관적이다. 왜냐하면 핵전쟁의 낙관적 견해와 정책적 권유들 간의 불일치는 처음부터 낙관적 견해의 타당성에 의구심을 자아내기 때문이다.

우선, 칸 박사의 주장은 핵전쟁의 각 개별적 효과들만을 들어 개별적인 각각의 효과에 대한 보호책이 있는지 여부로 간주했다. 그리고 그는 개별적 보호책이 있다는 결론을 제시했다. 즉, 불에 대항할 수 있듯이 일차적 방사선에 대항할 구제책이 있다는 것이다.

그러나 핵전쟁의 파괴적인 효과에 대항하여 효과적인 보호책이 있다는 주장은 우리가 그 효과를 개별적이 아닌 모두가 동시에 직면해야 할 것이기 때문에 무너진다. 이러한 위협의 동시적 발생은 그 위협을 질적으로 변실시킨다. 그는 이 동시 발생의 문제를 다루지 않음으로써 핵심을 놓쳤다. 그는 심장마비, 폐렴, 충수염, 암, 그리고 골절상에 대해 이 질병들이 고립적으로 발생한다면 구제책을 갖고 있다고 말하는 의사처럼 주장한다.

그는 이 모든 질병들이 한꺼번에 모두 발생하는 것을 결코 상정하지 않았다. 즉, 그가 이 질병들의 각각에 대해서는 한 가지씩 구제책을 갖고 있다고 할지라도 그 질병들을 모두 앓고 있는 환자에게는 아무것도 권유할 것은 없다. 이 양적이고, 객관적이며 과학적 연구에서 물리적이고 심리적인 요인들이 빠져 있다.

국제정치학의 아버지 한스 모겐소(Hans Morgenthau)가 경고한 것처럼 인간이나 사회는 한계점(a breaking point)이 있는 것이다. 칸 박사가 주장하는 것은 우리가 필요한 준비를 한다면 핵전쟁으로부터 살아남고 또 회복할 수 있다는 것이다. 그러나 그런 대규모의 준비를 할 수 있을지는 매우 불확실하다.

최근 핵전쟁의 위협과 공포가 갑자기 재등장했다. 레이몽 아롱의 말처럼 "전쟁은 있을 것 같지 않지만 평화는 불가능했던" 미·소 간 냉전이 종식되면서 핵전쟁의 위협과 공포가 거의 사라졌지만, 2022년 4월에 시작된 우크라이나와 러시아 간 전쟁의 확대 과정에서 러시아의 푸틴 대통령이 필요한 경우에 핵무기의 사용도 주저하지 않겠다고 공언하고 서방측에서는 프랑스의 마크롱 대통령이 이에 맞대응하는 발언을 하면서 핵전쟁의 공포가 갑자기 재등장했다.

동북아지역에서는 미·중 간의 신(新)냉전체제가 형성되고 북한의 김정은은 핵무기 사용의 위협을 공개적으로 거듭하고 있다. 이런 와중에 미국의 대선후보 트럼프 전 대통령이 오는 11월 선거에서 당선될 경우 한국에 과도한 방위비 부담을 요구할 것이며, 한국이 이를 수락하지 않을 경우 그동안 북한의 핵위협에 대한 확장된 억제력으로 봉사한 주한미군의 철수를 단행할 게 거의 확실시되고 있다. 이에 대한 대응으로 한국은 막대한 방위비 부담을 감내할 바에는 차라리 핵무장을 해야 한다는 여론이 한국 내에서 부상하고 있다.

대한민국의 핵무장을 주장하는 사람들은 대한민국이 북한과는 다르게 그동안 국제사회에서 안정적이고 신뢰할 수 있는 국가의 명성을 쌓아왔기에 국제사회의 반대가 많지 않을 것이라고 가정한다. 따라서 미국만 용인한다면 이들은 대한민국이 핵을 보유하는 길을 주저 없이 택할 것이다. 물론 기존의 핵무기를 보유한 북한과 중국 그리고 러시아가 대한민국의 핵무장을 강력히 반대할 것이다. 이뿐만 아니라 한국의 핵무장은 일본의 핵무장을 촉발하여 국제적 핵 비확산 체제를 완전히 무너뜨리는 결과를 초래할 수 있다.

그러나 역설적으로 북한, 중국, 그리고 러시아가 한국의 핵무장을 강력히 반대한다는 바로 그 이유가 오히려 한국이 핵무장을 필요로 한다는 한국의 네오-클라우제비치언들의 주장을 더욱 설득력 있게 할 것이다. 한국이 핵무장을 하면 틀림없이 일본이 뒤따를 것이고 그러면 타이완을 제외한 동북아 모든 국가가 핵무장한 상태가 될 것이다. 그럴 경우, 동북아는 핵의 공포에 의존한 항구적 평화지대가 될 것인가, 아니면 무서운 핵전쟁 공포의 지역이 될 것인가?

후자의 경우에 동북아에서 가장 작은 영토의 남북한은 소위 '핵무기 큰 것 한 방'으로 끝나버릴 수 있다는 주변국들의 공갈과 위협에 가장 취약한 곳이 될 것이다. 이제, 한국인들도 미국과 핵 공유든, 미국의 상시 핵 배치든, 아니면 독자적 핵 보유든 간에 한반도가 핵 지대가 되어 핵무기와 함께 실제로 살아가는 방법을 부지런히 배워나가야 하지 않을까?

제67장

대의 민주주의는 현대판 '귀족정치'가 돼야 하지 않을까?

자유 없는 민주주의는 전제정치에 지나지 않으며, 민주주의 없는 자유는 특권일 뿐이다. 자유는 민주주의의 핵심이며 민주주의는 자유의 보루라는 뜻이다. 오늘날 우리가 '자유 민주주의'라고 부르는 이유는 자유와 민주주의는 하나라고 믿기 때문이다. 그러나 역사적으로 자유가 반드시 민주주의를 수반하는 것은 아니었으며 민주주의가 반드시 자유를 보장하지도 않았다. 18세기 계몽주의시대 이래 자유는 인간이 추구하는 최고의 가치였으며 대의 민주주의는 최선의 근대 정치제도로 간주되었다.

그러나 서양문명의 샘인 그리스 고전철학자들에게 최고의 가치는 자유나 평등이 아니었다. 그들의 주된 관심은 정의로운 삶에 있었고 정의를 가장 잘 실현하는 정치제도를 구상할 때 그들은 오히려 자유나 민주주의에 비판적이었다. 그들은 오히려 자유나 민주주의를 상대적으로 열등한 가치와 정치제도로 간주함으로써 근대 인간들로부터 반(反)민주주의자 혹은 비(非)민주주의자로 비판받았다. 그렇다면 그들은 왜 자유나 민주주의에 대해 그처럼 부정적이었을까? 근대 대의 민주주의의 맥락에서도 그들은 반민주주의자나 비민주주의자로 해석돼야 하는 것일까? 소크라테스로 시작하는 고전철학자들은 자유로운 사회 속의 자유로운 인간이 아니라 정의로운 사회 속의 정의로운 인간을 모색했다. 그래서 그들은 자유로운 인간, 즉 민주적 인간이나 그런 인간을 조장하는 민주주의를 다른 인간형이나 정치체제보다 낮게 평가했다. 그들은 공동체의 정치제도의 형태와 그 구성원들의 인간형 사이에는 직접적인 상호관계가 존재한다고 믿었기 때문이다. 따라서 생활방식의 어떤 변화는 정치제도의 변화를 전제하는 것이며 변화의 달성은 오직 정치제도를 통해서 이루어져야 했다. 그들에게 민주적 인간의 생활은 '무원칙의 원칙'에 따라서 무의미한 삶을 사는 것으로 보였다. 민주적 인간들의 사회에서는 정신적 무질서가 지배하여 우선 권위의식이 상실된다. 그래서 "아버지가 아들처럼 행동하면서 아들을 두려워하고 아들은 아버지처럼 행동하면서 아버지 앞에서 부끄러움이나 두려움이 전혀 없게 된다. 그렇기 때문에 그는 자유로운 것이다… 일반적으로 젊은이들은 어른들을 흉내내고 말과 행동에서 어른들과 경쟁하며 어른들은 젊은이들의 수준으로 떨어져서 젊은이들을 흉내내면서 고분고분하고 매력에 넘치게 된다. 그들은 불결하다거나 전제적으로 보이길 원치 않기 때문이다." 플라톤은 이러한 권위 부재(不在)의 민주적 삶은 결국 말초적 욕망의 포로가 될 성향이 있을 뿐만 아니라 그 자체로 열등한 삶이라고 생각했다. 그들에게 인간의 궁극적인 목적인 행복은 객관적인 것으로 개인 각자가 자신의 덕목을 최대로 활용하여 국가에 기여하는 보람을 뜻한다. 그러나 근대의 정치철학자들은 행복은 본질적으로 주관적이고, 또 각 개인에게 '행복추구권'이 있기에 국가는 개인의 생명과 재산을 보호하는 야경꾼의 역할 이상을 해서는 안 된다고 생각하기 시작했다. 그리하여 주관적 행복을 선택할 자유와 그것의 실현방법인 민주주의에 대한 관심으로 전환되어 민주주의는 신성불가침의 위치를 확보했다. 그러나 제1·2차 세계대전을 통해 민주주의는 칼 마르크스의 공산혁명을 겪고 프리드리히 니체의 초인(超人)을 무솔리니와 히틀러를 통해 경험하면서 자유와 사회적 정의 모두를 위협할 수 있다는 역사적 현실에 직면케 됐다. 그리하여 자유민주주의가 살아남을 수 있는 '복지사회'의 구현으로 역사적 방향을 전환하지 않으면 안 됐다. 그럼에도 자유민주주의는 마르크스와 니체의 도전에 부대끼지 않을 수 없는 게 우리 시대의 현실이다. 마르크스적 공산사회의 의미 없는 평등의 삶과 니체적인 파괴적 허무주의적 삶은 평등이나 자유의 맹목적 추구의 결과이다. 마르크스의 이상사회의 허구나 니체의 문명건설을 위한 독선에 대한 방부제는 자유민주주의가 안고 있는 근본적인 문제를 올바르게 이해하고 그것들의 병폐를 경계하는 일이다. 그러한 최고의 방부제는 역시 차분하면서도 깊이 있게 민주주의의 취약점을 논의했던 고전철학자들에게 돌아가는 일이 아닐까 한다.

고전 철학자들은 반(反)민주주의자였기에 근대에 와서 무조건 거부되었다. 그렇다면 그들은 어떤 근거에서 민주주의자들이 아니었는가? 그리스 시대나 지금이나 민주주의는 항상 국민 모두에 의한 직접 통치를 의미했다. 그러나 이것은 너무나 추상적이다. 왜냐하면 만장일치는 결코 없었으며 앞으로도 있을 것 같지 않다. 실제로 민주주의는 다수에 의한 통치다. 만일 안정된 다수가 있다면 이 안정된 다수가 민주주의를 지배한다. 그렇다면 안정된 다수는 무엇인가? 아리스토텔레스에 의하면 모든 정치사회에는 아주 간단히 말해 부자와 빈자의 두 집단이 있으며 이유야 어쨌든 빈자가 언제나 다수다. 그러므로 그는 민주주의를 빈자의 통치로 보았다. 여기서 빈자는 거지들을 의미하지 않는다. 빈자들은 삶을 위해 벌어야 하는 사람들이다. 그들은 가난하기 때문에 충분한 정치적 이론과 교육을 받을 여유가 없다. 그들은 시간이 없기 때문에 교육을 받지 못한다. 민주주의는 그래서 무식한 자의 통치와 동일시되었던 것이다.

고전철학자들이 비(非)민주적이라고 비난을 받는 데에는 또 다른 근거가 있다. 그것은 인간들이 원래 정치적으로 관련된 분야에서 불평등하다는 것이다. 이러한 자연적 불평등은 근대 자유민주주의도 인정하고 있다. 즉, 근대 민주주의는 평균인 이상이라고 믿어지는 사람들을 자기들의 '대표'로 선출하는 '대의 민주주의 제도'이며 이것은 미국의 연방주의자들에 의하면 단순한 직접 민주주의에 대한 커다란 향상이며 개선이다. 따라서 고전철학자들의 비(非)민주주의적 입장은 근대와는 판이하게 다른 환경의 전제 위에서만 올바로 이해될 수 있다. 자세히 보면 그들은 고대 직접 민주주의에 대해 비판적이었을 뿐 근대 대의 민주주의에 대한 비판자들은 아니었다. 그들은 정의의 덕목이 무엇인지를 교육을 통해 알고 있는 정의로운 자의 통치가 바람직하다는 원칙을 지키려 했다. 그것은 거의 모든 다수의 시민들이 정치에 대해 논의하고 독자적 입장을 취할 수 있는 시민교양의 전제 위에 서 있다. 민주주의는 민주주의를 위해 필요한 지식, 습관 그리고 인격을 생산하는 교육을 필요로 한다. 그러므로 일찍이 미국의 국부들인 조지 워싱턴과 토마스 제퍼슨은 민주공화정의 유지를 위한 대학의 설립을 주장했었다. 그것은 오늘날의 종합대학이 아니라 아마 정치교양교육 대학을 의미했을 것이다.

오늘날 유권자들 중 정치에 아주 무관심한 이들도 많지만 자기의 대표를 선출하기 위해 투표권을 행사하는 유권자들은 대부분 이미 상당한 교육을 받았으며 정치에 대해 끊임없이 논의하고 자신의 입장을 가다듬는다. 그들은 자신보다 더 애국적이고 올바른 공적 정책을 수립하고 시행할 정치적 지식과 교양 있는 신사와 숙녀를 선출해야 한다. 그런 점에서 본다면 오늘의 대의 민주주의는 마땅히 일종의 품위 있는 '귀족정치'가 돼야 한다고 생각된다.

제68장

한국에 진정한 보수주의자가 존재하는가?

대한민국에는 영국의 에드먼드 버크 같은 보수주의 철학자나 미국의 알렉산더 해밀턴과 같은 이론가는 없었다. 그러나 이승만 대통령과 박정희 대통령 같은 위대한 보수주의 실천가가 있었다. 그럼에도 불구하고 그동안 한국에서 철저한 보수주의자로 자처하는 정치지도자는 왜 없었을까? 그것은 대부분의 한국인들이 오랫동안 보수주의를 영국의 왕당파(Loyalist), 즉 군주주의자(Monarchist)와 동일시했기 때문이라고 생각된다. 영미 역사에 대해 진지하게 교육받을 기회가 없었던 거의 모든 한국인들은 오랫동안 영국의 보수당을 왕당파로 인식했고 따라서 민주공화국인 한국에서 왕당파인 보수주의자는 설 자리가 전혀 없었다.

그러나 오늘날 보수주의는 군주제와는 완전히 다른 철학체계를 갖고 있다. 서양에서 군주제는 왕권신수설에 입각했다면 근대 보수주의는 국민주권에 입각한 자유주의적 공화주의다. 이뿐만 아니라 대부분의 한국인들은 18~19세기의 자유주의를 경험함이 없이 1948년 건국 이후 당시 지배적인 미국의 프랭클린 루즈벨트 대통령의 뉴딜정책에 의해 자연스럽게 영향을 받았다. 그러므로 18~19세기의 유럽의 자유주의, 즉 20세기 미국의 보수주의는 생소한 것이 아닐 수 없다. 한국인들은 1980년 미국의 신보수주의자인 레이건 대통령의 당선과 그의 8년간의 집권기간을 통해서 보수주의를 처음으로 접하게 되었다고 말해도 좋을 것이다.

보수주의는 합리적인 관점에서 보면 인간이 살아가는 불완전한 세상에서 본질적으로 인간본성에 고유한 힘의 결과라고 간주한다. 이것은 근본적으로 서로 반대되는 이익과 그것들 사이의 갈등 세계이기에 도덕적인 원칙들은 결코 완전히 실현될 수 없지만 그러나 언제나 일시적인 이익들 간의 균형을 잡고 항상 위태로운 갈등의 타결을 통해서 아주 잘해야 그런 도덕적 원칙에 근접할 수 있다고 믿는다. 그리하여 보수주의는 견제와 균형의 제도 속에서 모든 다원적 사회를 위한 보편적 원칙을 발견한다. 그것은 추상적 원칙보다는 역사적 전례에 호소하고 또 절대적 선의 실현보다는 덜 나쁜 것의 실현을 목표로 한다. 보수주의자들은 좋은 것들이 쉽사리 파괴되는 반면에 쉽사리 창조되지는 않는다는 감정을 공유하고 있다. 이것들은 자유, 평화, 법률, 정중함, 공공정신, 재산의 안전 그리고 가정생활 같은 것들이다. 그러나 이런 것들은 여론전에서 불리하다. 그들의 입상은 진실이지만 답답하다. 그들의 반대자들의 입장은 허위지만 자극적이다.

정치의 목적에 관한 보수주의의 입장은 현상(status quo)에 특별한 존엄성을 부여하고 그것을 유지하고 서서히 개선하려고 한다. 이런 보수주의는 우리가 현재 모든 가능한 세계들 중 최선의 세계에 살고 있다고 믿는다. 그리고 만일 다른 세계를 적어도 생각할 수 있다면 그 세계는 미래에 있지 않고 부활되어야 할 황금시대로 과거에 있다. 이런 보수주의는 유럽에서 그것의 자연적인 환경을 갖고 있지만 그러나 미국이나 대한민국의 정치 전통에는 없는 것이다. 미국과 한국정치에서 큰 문제는 현상의 유지나 과거의 부활이 아니라 미래의 창조다. 미국과 한국정치는 불안한 미래에 대항하여 현재와 과거를 옹호하지 않고 서로 다른 종류의 기대하는 미래를 옹호한다. 한국은 현재 정치적 정체를 겪고 있다. 그러나 21세기 오늘날 한국은 정치를 제외한 거의 모든 분야에서 빠르게 전진하고 있다. 국제적 조건도 크게 달라졌다. 소련 공산제국과 냉전시대는 역사 속으로 사라졌다.

그러나 이제는 중국과 러시아, 그리고 미국의 새로운 냉전시대가 발효하고 있다. 북한은 핵무기로 우리의 생존을 더욱 더 위협하고 있다. 그래서 세상은 새로운 비전을 요구하고 있다. 그러나 한국의 자칭 보수주의자들이 정치적으로 제시하는 것은 피상적 보수주의의 복장을 가장한 현상유지일 뿐이다. 한국의 보수주의자는 대한민국의 자유민주주의의 헌법적 질서의 보존이라는 명백한 목적의식이 부족하다. 심지어 현상유지를 위한 보수주의자들의 투쟁도 아주 미온적이다. 왜냐하면 대한민국의 자유민주주의는 한국인들의 피로 점철된 혁명의 산물이 아니라 제2차 세계대전에서 승리한 미국이 아무런 대가 없이 한국인들에게 준 선물이었기 때문이다. 한국인들은 6·25의 참담한 비극에서 대한민국의 대부였던 해리 트루먼 대통령의 덕택으로 대한민국을 보존했지만 그것은 모두가 자랑스러운 빛나는 승리가 아니라 어정쩡한 휴전이었다. 그 이후 대한민국의 보안관 드와이트 아이젠하워 대통령이 제공한 한미동맹체제의 안전 속에서 경제발전이라는 한강의 기적을 통해 자타가 인정하는 선진국이 되었다. 그런 과정에서 한국인들은 용맹한 평화의 수호자가 아니라 게으른 평화의 소비자로서 수십 년을 살았다. 그러다 보니 한국인들은 자신들 삶의 양식을 보장해 준 자유민주주의와 한미동맹의 중요성을 망각해 갔다. 그 결과 대한민국의 보존을 위한 보수주의에는 확고하고 투쟁적인 정치세력이 수세적이고 무기력하였다.

이뿐만 아니라, 심지어 보수정권의 위축증은 대통령이라는 최고 지도자의 리더십 실수로 심각하게 악화된다는 것을 강조할 필요가 없겠다. 우리가 보수정권의 위축증을 얘기할 때 우리는 분명히 정부의 이름으로 행해지는 정부기관들의 양이나 그들의 업무수행을 두고 하는 말이 아니다. 그것은 바로 보수 지도자들의 국민의 이념적 교사와 지도자로서 역할이다. 특히 대통령의 역할은 중요하다. 그런 역할이 없다면 정부는 진정으로 민주적인 방식으로, 즉 자유롭게 주어진 피치자의 동의로 통치될 수가 없다. 민주적이든 아니든 근대 정부는 단지 정책들을 수립하고 집행할 뿐만 아니라 어쩔 수 없이 그것은 수립되고 집행될 정책들을 위한 대중적 합의를 창조해야 한다. 비민주 사회에서는 이 합의가 정부의 선전과 선동 수단의 독점적 조작으로 창조된다. 그러나 민주주의는 다원적 의견과 이익의 자유로운 상호작용을 통해서 다수의 합의를 이성적으로 창조해야 한다. 그리고 이것은 참으로 어려운 일이다.

국민은 분명히 건전한 보수주의 세력을 필요로 하고 또 기대한다. 그러나 더 필요로 하는 것은 그들에게 보수주의적 목적을 부여함으로써 그들의 잠재적 에너지를 동원하는 국민의 사명감을 부활시키는 일이다. 요컨대, 보수주의 정부는 국가의 과거의 수호자이며 동시에 미래의 성실한 안내자로서 행동해야 하는 것이다. 한국인들은 아직도 그런 보수정부를 갖고 있지 않다. 스스로 보수정권을 자임하는 현 정부는 막연하게 자유를 궁극적인 가치로 내세우고 있을 뿐이다. 누구의 자유가 어떻게 행사되고 국내외 정치적 환경이 어떻게 그것을 제약하고 또 어떻게 정의할 것인가가 전혀 분명하지 않아 보인다. 아직도 좌익의 위선적인 복지의 평등이라는 선전용 슬로건에 대항하여 막연한 자유를 앞세우고 있는 것으로 보인다. 그런데도 한국에 진정한 보수주의자가 존재한다고 말할 수 있을까? 한국인들은 보수주의에 대해 스스로 공부하거나 그 어느 때에도 배운 적이 없으니 그들에겐 마냥 낯설고 막연한 이데올로기에 머물러 있는 것은 아닐까?

제 69 장

국호부터가 거짓인 폭군 김정은을 보고만 있을 것인가?

북한의 정식 국호는 '조선민주주의인민공화국(DPRK)'이다. 역사적으로 조선은 1897년 대한제국이 되었다. 북한의 국호엔 우리 민족의 연속성이 없다. 그들은 왜 자기들이 그렇게 좋아하는 '고려'를 택하지 않았을까? 북한은 1960년대 통일방안으로 '고려연방제'를 들고나오기는 했었다. 북한은 민주주의 국가도 아니다. 민주주의는 원래 역사적 전제군주제(autocracy)와 20세기 전체주의(totalitarian) 체제의 정반대이며 공화제(republic)는 군주제에 정반대되는 개념이다. 전제군주체제에선 오직 한 사람만이 자유롭고 모두가 노예인 반면에 민주주의는 모두가 자유로운 정체이다. 군주제는 왕권신수설(the Divine Right of King)에 따라서 왕이나 황제가 세습하며 인민을 전제주의 체제로 통치하지만 공화정은 주권재민의 원칙에 따라 시민의 대표자들이 협의에 의한 법의 통치를 의미한다. 이런 명백한 개념적 정의에 따르면 북한은 분명히 인민 민주주의나 공화국이 아니다. 왜냐하면 북한에서는 오직 김정은 한 사람만이 자유롭고 모두가 사실상 그의 노예이기 때문이다. 또한 권좌를 세습하는 북한이 공화국으로 분류될 수도 없다. 무슨 백두혈통이라는 엉뚱한 족보를 내세운 북한은 분명히 개념적으로 세습 군주제이며 전제군주체제이다. 북한은 이렇게 겉과 속이 다른, 즉 이름과 실체가 완전히 다른 것이다. 이런 거짓 국호를 가진 것은 북한이 세계에서 유일하다.

보다 정확하게 말한다면, 북한은 김정은이 지휘하는 인민군에 점령당한 전체주의적 폭군체제이다. 민주주의란 궁극적으로 정치적 자유와 연계되어 있다. 정치적 자유가 없는 정권에게 민주정부의 이름을 붙인다는 것은 그 단어의 의미에서 뚜렷하게 거짓이다. 정치적 자유가 전혀 없는, 아니, 아무런 자유도 없는 북한 정권은 명백한 거짓과 허구와 속임수에 토대를 둔 지구상에 하나뿐인 기이한 정치집단이다. 그렇다면 북한정권의 수립 이후 지난 70여 년간의 폭군통치의 결과 지금 북한인민의 삶은 어떠한가? 한마디로 비참하다. 참으로 목불인견이다. 북한은 지금 한마디로 일본제국주의 말기와 같은 극단적 국수주의적 통치를 유지하고 있다. 참으로 기가 막히는 일이다. 일본제국주의에 맞선다고 공산주의의 깃발을 날리면서 북한이 일본제국주의의 군국주의적 통치방식을 그대로 실천하고 있기 때문이다. 아니, 북한 김정은 정권은 인류역사상 가장 사악한 폭군들의 모든 통치방식을 모조리 동원하여 북한인민을 탄압하고 있다. 김정은이야말로 지구상 최악의 저질 마키아벨리언(Machiavellian)이다.

폭군은 동서양의 전통에서 모두의 타도 대상이었다. 동양의 현인 맹자는 백성을 굶어 죽게 하는 이웃 폭군은 전복해야 할 의무를 가르쳤고 서양에선 폭군살해(tyrannicide)가 고대 이래 논쟁의 주제로 계속되었다. 그러다가 1648년 근대국가제도가 수립되면서 국가의 주권이 신성시되고 타국의 국내사정에는 불간섭의 원칙이 국가 간 일반적인 규범으로 정착되었다. 그리고 그 결과 국가는 서로를 마치 당구 볼(billiard ball)처럼 간주하는 근대국제 정치체제가 발전되어 지난 350년 이상 지속되어 왔다. 그 결과 유엔의 헌장도 제2조 7항에서 주권국가의 '국내적 불간섭원칙'으로 국내관할권을 사실상 요새화해버렸다. 폭정이 오직 해당 국가의 국내적 문제로 인정되자 여기저기서 폭군들이 출현하게 되었다. 오늘날 북한의 폭군도 그런 국제적 조건에서 요행히 살아남은 최악의 전체주의적 폭군 정권인 것이다.

북한의 세습 폭군들인 김일성, 김정일, 김정은 3부자는 북한인민들에게 공산주의의 천국을 약속하면서 실제로는 그들을 전제군주체제의 지옥으로 끌고 갔다. 그 결과 지금도 북한인민의 삶은 참으로 참담하기 짝이 없다. 북한의 오만한 폐쇄적 기획경제와 불법적 핵실험에 따른 유엔의 경제제재로 북한의 경제는 조각나 버렸다. 식량배급은 끊어지고 치솟는 물가는 북한 인민 모두를 고통 속에 몰아넣었다. 식량과 생활필수품의 부족은 심각한 지경이 되었다. 당 간부들을 제외한 모두가 굶주리고 있다. 김일성이 북한 인민들에게 약속한 '이밥에 단고기'는 속임수로 드러났으며 삶의 조건은 개선될 기미가 전혀 보이지 않는다. 게다가 그렇게 철저히 유입을 막으려고 전 국토를 철통같이 고립시켰음에도 코로나는 어느 날부터 북한 전역에 퍼져 나가면서 수많은 사람들이 의료시설의 결핍으로 손 한번 써보지 못한 채 죽어갔다.

그럼에도 불구하고 가혹한 김정은 정권은 인민들에게 더 적게 먹어도 더 열심히 일하라고 강압하고 있다. 북한 인민들의 영양실조와 탈진은 전국적인 신드롬이 되고 있다. 공산주의의 혁명주체라는 노동자들은 약속한 노동자들의 천국이 아니라 노동자들의 지옥에 들어갔다. 지금도 김정은 정권은 유엔의 제재에도 불구하고 러시아와 중국에 많은 노동자들을 비밀리에 파견하여 그들의 피와 땀이 어린 임금을 강탈하고 있다. 이뿐만 아니라 전 인민군 병사들이 단순 노동자로 착취당하고 있다. 어떻게 노동자의 천국이라고 내세우는 노동자의 국가가 자국의 노동자를 강제로 외국에 파견하여 그들의 저임금마저 강제로 약탈할 수 있다는 말인가? 어떻게 전 인민군 병사들을 아무 때나 어느 곳에서나 공사판 노동자로 부려먹는다는 말인가? 그럼에도 불구하고 북한인민의 노골적인 저항과 항의, 그리고 폭동의 소식은 들리지 않는다. 산재한 보위부원들은 남한 영향의 흔적이나 증거를 찾기 위해 밤낮으로 혈안이 되어있다. 당 간부들의 부패와 특권에 대한 소문은 북한인민들의 차가운 분노를 야기하고 있다. 당 간부와 군대 그리고 보위부 간부들 외에는 아무 것도 없는 북한의 전체주의 사회에서 어떤 새로운 기회를 기대한다는 것은 바보짓일 뿐이다. 그러므로 김정은 폭정에 대한 인민의 직접적인 도전은 불가능하다. 어린아이들은 자신들의 부모와 선생님들에 대해 밀고하도록 세뇌되었다. 김정은 정권은 편재하는 피해망상증의 분위기를 창조했다. 그것은 어디에나 반역자와 잠입자가 숨어 있다고 주장한다. 영양부족에 시달리면서 지나치게 강요된 작업으로 마치 짐승들처럼 내몰리는 북한 인민들은 이성적 판단의 건전한 어떤 토대도 박탈당한 채 정권의 지시에서 이탈하는 자는 눈에 띄자마자 고문과 죽음을 피할 수 없다.

불행하게도 모든 게 현 상태로만 계속된다면 북한 인민들은 결국 김정은 정권이 직면한 비극적 숙명을 공유할 수밖에 없을 것이다. 이를 고려할 때 대한민국은 우선 전체주의적 폭군하에 신음하는 동포들을 폭군 김정은 체제로부터 해방시키겠다는 국민적 의지를 대북정책의 공개적이고 뚜렷한 목표로 선포해야 한다. 특히 수많은 탈북자들을 앞세워 북한의 처참한 인권 상황을 북한주민들과 국제사회에 아주 공세적으로 알려야 할 것이다. 그리고 '진실의 순간'에 대비하여 무엇보다도 완벽한 군사적 전투태세를 갖추어야 한다. 이런 와중에 김정은 정권이 어리석게도 무력도발을 감행할 경우 대한민국의 대통령은 즉각적으로 치명적 반격을 통해 미국의 에이브러햄 링컨 대통령과 같은 조국통일의 대범한 리더십을 발휘해야 할 것이다.

제70장

아시아-태평양 지역의 새 지정학적 조건과 한국의 역할은?

오늘날 유럽과 아시아는 한 세대의 탈냉전시대 분위기가 거의 사라지고 치열한 군비경쟁의 시대로 다시 접어들었다. 유럽에서는 우크라이나-러시아 전쟁으로 그동안 간직했던 재래식 무기들을 경쟁적으로 우크라이나에서 소비하고 최신 첨단무기들로 재무장하느라 야단법석이다. 반면에 우리가 살고 있는 아시아-태평양 지역에서는 중국의 신제국주의적 도전과 정책을 위한 군사력 증강으로 제2차 세계대전 이후 줄곧 이 지역의 안정이 심각하게 위협을 받고 있다. 중국이 노골적으로 미국에 도전함으로써 관련 모든 국가들을 긴장시키고 군비증강을 촉발했다. 그렇다면 이 아시아-태평양지역에서 심화되고 있는 긴장은 어떤 지정학적인 의미를 갖고, 어떤 방향으로 발전해 나갈 것인가? 그리고 그 속에서 대한민국의 역할은 어떠해야 할까?

1904년 2월 러일전쟁의 발발 소식을 접한 영국의 저명한 지리학자 할포드 맥킨더(Halford Mackinder)는 러시아가 시베리아 횡단철도를 통해 해상수송보다 더 신속하게 병력과 장비를 이동할 수 있다는 사실에 착안하여 영국 왕립지리학회에서 '역사의 지리적 중심축(The Historical Pivot of History)'이라는 제목으로 강연을 했다.

여기서 그는 해군력이 영국을 시대의 초강대국으로 만들었다면 앞으로는 거대한 난공불락의 대륙국이 지정학을 지배할 것이라고 주장했다. 이러한 중심축은 유라시아 대륙이고 이 지역에서 미래의 강대국에게 세계의 지배를 이룰 만한 힘을 제공할 것이라고 내다보았다. 그는 러시아의 세계 강대국 부상을 예견했다. 이런 주장은 당시에 지배적인 알프레드 마한(Alfred Mahan)의 해군력 중심의 전략적 사고에 대한 근본적인 도전이었다. 그는 나폴레옹 전쟁 이후 유라시아 대륙을 두고 러시아와 소위 거대한 게임을 벌이고 있던 영국에게 유라시아 대륙을 둘러싼 초승달 모양의 연안국들과의 유대를 통한 러시아의 견제의 전략을 암시했었다. 그러나 유라시아 대륙에서 헤게모니를 추구한 것은 사실 러시아가 아니라 독일 제국이었다. 그리고 그런 이유에서 제1차 세계대전은 독일제국의 견제를 위해 치러졌다. 그는 1947년에 죽었지만 제2차 세계대전 후 소련이 초강대국으로 부상하자 이런 지정학 이론은 큰 관심을 받았다. 그보다 약 70년 앞서 1835년 토크빌(Tocqueville)이 세계는 미국과 러시아를 중심으로 양분될 것이라고 예견했었다. 그러나 토크빌은 맥킨더와는 다르게 지정학이 아니라 서로 다른 정치이념에 이러한 세계가 근거할 것으로 내다보았다.

제2차 세계대전에서 (혹은 아시아-태평양 전쟁에서) 미국이 미드웨이(Midway) 해전의 승리로 전세를 역전시키기 전인 1942년 미국의 예일대학 교수였던 니콜라스 스파이크먼(Nicholas Spykman)은 영향력 있는 미국 중심의 지정학 이론을 제시했다. 그는 이 전쟁에서 미국의 승리를 확신하고 전후 미국에 대한 최대의 위협은 미국을 기습 공격하여 전쟁 중인 일본이 아니라 오히려 당시 일본 제국군에게 무참히 짓밟히고 있던 중국이 될 것이라고 주장했다. 제1차 세계대전의 격돌양상의 예측에 실패한 맥킨더와는 달리 스파이크먼은 21세기 미국과 중국의 대립과 충돌을 정확히 내다본 셈이다. 이것은 참으로 놀라운 예견이었다. 더욱 더 놀라운 것은 전쟁 후에 미국은 당시의 교전국인 일본을 패배시킨 후에 미국이 아시아의 일본을 유럽의 영국처럼 보호해야 할 것이라고 예견했다는 사실이다.

국가 간에는 영원한 적도, 영원한 동지도 없고 오직 국가이익만이 영원하다는 소위 파머스톤(Palmerston)의 경구가 오늘날 미-중 관계와 미-일 관계에 놀라울 정도로 정확하게 구현되고 있다. 제2차 세계대전 이전에 미국은 일본을 견제하고 중국을 돕다가 미국이 참전하면서 중국은 동맹관계로 발전했지만 전쟁이 종결된 후 중국 대륙의 공산화로 다시 오랫동안 적대관계로 들어갔다. 그리고 1968년 소련이 같은 사회주의 국가에 대한 간섭의 권리를 주장하는 브레즈네프(Brezhnev) 독트린을 선언하고 다음 해인 1969년 중-소 국경지대인 진보도에서 양국간 무력충돌이 발생하자 이에 놀란 중국은 1970년대 미국의 대소 전략적 파트너로 변신했다. 냉전종식 후에는 독립적 자세를 취하더니 21세기에 들어서 세계의 유일한 초강대국가로 국제질서의 통제자인 미국에게 사실상 도전장을 낸 것이다. 중국은 제2차 대전에서 승전국이었다. 그럼에도 불구하고 제1차 대전 후 승전국 이탈리아가 분노의 팽창주의정책으로 나아갔던 것처럼 승전국 중국은 21세기에 들어서 미국 주도의 국제질서에 도전하고 있다.

제2차 대전 후 일본과의 관계는 적국에서 동맹관계로 변화했다. 일본 점령군 사령관 맥아더(MacArthur) 장군은 일본을 처음에는 영세 중립국인 아시아의 스위스(Switzerland)로 만들 생각이었으나 1950년 한국전으로 인해 미국의 동맹국으로 선택되었다. 왜냐하면 당시 미국은 한국전쟁의 원인을 소련의 팽창주의의 일환으로 간주했기 때문이다. 패전국 일본은 제1차 대전에서 패전한 독일과는 달리 패전에 따른 복수심을 온전히 단념하고 미국의 일방적 보호 하에 경제성장에 집중하여 경제강국으로 부활하였다. 미국이 1969년 닉슨 독트린(Nixon Doctrine)을 선언하고 동맹국들의 역할증대를 요구하기 시작했다. 일본은 처음에는 단지 비용만을 부담하다가 1996년 4월의 미일안보공동선언과 1997년의 신가이드라인(New Guide Line)을 통해 일본 자위대의 행동반경을 넓혔다. 그 후 일본은 정상국가로의 복귀를 모색했다. 2012년 아베 수상이 미국과 국제안보의 '책임을 떠맡을(buck-taking)' 용의까지 밝힘으로써 "일본이 돌아왔다."는 일종의 아베 독트린(Abe Doctrine)을 채택한 셈이다. 이제 일본은 지정학적으로 유라시아 대륙에 대한 '세계의 섬(the world island)'으로서 미국의 대전략에서 아시아의 영국이 되기로 결심한 것으로 보인다.

그렇다면 대한민국은 어떤 역할의 수행이 기대될 수 있을 것인가? 그것은 유럽에서 프랑스의 역할과 비슷할 것으로 생각된다. 가장 경계해야 할 정책은 여우와 같이 민첩한 중립태세를 취하는 것이다. 왜냐하면 마키아벨리의 오래된 다음과 같은 경고를 망각해서는 안 될 것이기 때문이다: "당신에게 우호적이 아닌 자는 당신의 중립을 요구할 것이고 당신에게 우호적인 자는 당신으로 하여금 무기를 들도록 할 것이다. 우유부단한 군주는 현재의 위협으로부터 도피하기 위해 중립을 선택할 것이고 이런 경우 결국 파멸하게 될 것이다."

제 71 장

민주주의는 우리에게 너무 독한 양주가 아니었을까?

"민주주의가 안전한 세계를 만들기 위해서"라는 기치 아래 제1차 세계대전에 뒤늦게 뛰어든 미국의 제28대 우드로 윌슨(Woodrow Wilson) 대통령은 그가 대학교수 시절에 민주주의 제도와 성격은 의식적인 노력과 자손에 전해지는 적성을 통해서 발전한다면서 오직 영국인들만이 습관을 통해서 민주주의의 제도에 접근했다고 주장했다. 그리하여 민주주의가 미국에겐 하나의 강장제였던 반면에, 프랑스와 스페인에겐 흥분제와 천천히 죽이는 독약이었을 뿐이며, 남미의 국가들에겐 하나의 징발된 발광제에 지나지 않았다는 것이다. 그들은 민주주의를 배양하는 대신에 그것을 채택했기 때문이다. 그러나 윌슨은 미국이 자유롭기 때문에 민주주의를 갖고 있는 것이지 미국이 민주주의를 갖고 있기 때문에 자유로운 것이 아니라고 썼다. 윌슨의 주장을 조금 더 연장한다면 한국인들에게 민주주의는 무엇이었을까? 그것은 미국이 선물한 한국인들에겐 너무 독한 양주가 아니었을까?

1215년 영국의 귀족들은 왕권신수설을 거부하고 전제적 존(John) 왕을 압박하여 근대 헌법의 초석이 된 대헌장(Magna Carta)을 쟁취했다. 그 후 수백 년 동안 우여곡절을 겪다가 1688년 명예혁명을 통해 의회민주주의를 확립했다. 의회는 귀족들의 세계였다. 세월이 흐르면서 영국의 의회와 그것을 대변하는 내각은 옥스브리지(옥스포드 대학과 케임브리지 대학의 합성어)에서 교육받은 귀족출신의 수준 높은 교양인들, 즉 신사들이 영국의 민주정치를 주도하였다. 1689년 영국의 명예혁명을 이론적으로 정당화한 존 로크(John Locke)의 〈시민정부론〉에 입각해 토마스 제퍼슨을 통해 미국의 독립선언서가 발표되었지만 독립혁명 전쟁에 승리한 후 미국의 국부들은 자신들의 새 정부 형태를 식민지 아메리카를 탄압한 영국식의 의회민주주의를 답습하지 않았다. 미국에선 미국헌법의 아버지 제임스 매디슨(James Madison)의 주도로 3권 분립으로 독립전쟁의 목적이었던 자유를 가장 잘 지킬 수 있다고 간주되는 몽테스큐(Montesquieu)의 헌정주의(Constitutionalism)를 선택했다.

몽테스큐는 헌정주의와 더불어 시민자유의 보존, 노예제도의 폐지, 점진주의, 온건과 평화, 국제주의, 그리고 국가적 및 지방의 전통을 당연히 존중하는 사회 경제적 발전을 모색하는 문명국가들의 제도와 전망을 주장했다. 그는 정의와 법의 지배를 믿고 여론과 집회의 자유를 옹호했다. 그는 모든 형태의 극단주의와 광신주의를 혐오했다. 그는 개인들이나 집단이나 다수의 전제적 지배에 대항하는 무기로서 권력의 균형과 권위의 분할에 자기의 신념을 두었다. 그는 사회적 평등을 인정했지만 그것이 개인의 자유를 위협할 정도까지는 아니었다. 그는 자유를 옹호했지만 그러나 그것이 질서 있는 정부를 방해할 정도까지는 아니었다.

그러나 러시아제국과 아시아에서는 여전히 전제정치가 지배했고 스페인에서는 교권주의가 그리고 아프리카에서는 야만주의가, 그리고 유럽에선 민족주의와 제국주의의 요란한 성장이 만연했다. 그럼에도 불구하고 몽테스큐 가르침의 본질들은 미국을 선두로 모든 곳에서 자유주의적 신조의 심장을 형성했다. 그리하여 21세기 우리에게 말할 새로운 것은 아무 것도 없어 보인다. 그의 가르침의 자유주의적 측면들은 오랫동안 토크빌(Tocqueville)과 밀(Mill)에서 시작하여 윌슨 대통령의 애처로운 고지에 오른 자유주의의 웅변적 상식으로 퇴보했다. 몽테스큐의 루소, 칸트, 흄, 벤담 같은 가까운 후계자들은 여전히 인간들의 마음을 휘젓고 뜨거운 불화를 야기할 수 있는 것들을 주장했지만 몽테스큐는 위대한 매력의 작가, 법을 준수하고 교양 있고 장엄한 한 사람의 귀족으로 남았다. 몽테스큐의 견해들이 그의 19세기 후계자들의 견해보다는 21세기 우리 자신의 상황에 훨씬 더 많은 적실성을 갖는 것으로 보인다.

몽테스큐는 일찍이 민주주의 지속에 대한 치명적 위협으로 소위 '부드러운 전제정치(soft despotism)'의 출현을 경고했다. 그것은 민주주의가 발전해가는 어느 단계에서 갑자기 대중 인기영합주의(popularism)에 의해 스스로 자멸의 길로 접어드는 것을 의미한다. 전제정치가 강압에 의해서가 아니라 일부 사악한 정치인들이 일반국민들에게 더 많은 복지의 혜택이라는 유혹으로 시민들의 이성을 달콤한 환각제로 마비시켜 민주정치가 고통이나 저항 없이 전제정치로 변질되는 것을 의미했다. 그것은 현실의 불만의 뜨거운 프라이팬에서 바로 불로 뛰어드는 어리석은 자살행위지만 국민들은 그것을 자각하지 못한 채 부드러운 전제정치에 매몰되는 것이다.

이러한 현상을 고전 철학적 용어로 표현한다면 사적 이익에 사로잡힌 선동가들에 의해서 민주정치가 폭도의 반란을 통해 폭정(tyranny)으로 타락하는 것이다. 그러면 전제정치의 고통스러운 세월을 한동안 겪고 난 후에야 새로운 민주화를 위한 투쟁이 또 시작할 것이다. 볼테르의 말처럼 역사는 되풀이하지 않을지 몰라도 이처럼 인간들은 되풀이하는 것이다. 그리스 철학자 플라톤(Plato)이 이상국가를 건설하기 위해서 가장 중요한 것이 교육이라고 확신했던 것처럼 독립 혁명전쟁을 승리로 이끌었던 미국의 초대 대통령 조지 워싱턴은 새롭게 탄생한 민주공화국의 유지와 지속적 발전을 위해서는 미국인들에게 일정한 지적 수준과 교양이 절실히 필요하다고 생각했다. 그는 퇴임할 때 고별사에서 새로운 세대에게 그런 교양 교육을 위한 대학의 설립을 촉구했다. 제3대 대통령 토마스 제퍼슨은 아예 자기 개인의 재산을 털어 대학을 세웠다.

오늘날 우리의 수많은 대학에서 시민적 교양을 고양시키는 교육이 제대로 이루어지고 있는 것일까? 대학을 졸업한 한국의 정치인들의 말과 행동양식을 보면 지성이나 교양과는 아주 멀어 보인다. 때로는 그들 중 상당수가 민주주의라는 독한 양주에 취해 이성을 잃고 부끄러움도 없이 마구 술주정을 부리는 것만 같다. 윌슨 대통령의 말을 다시 원용하면 한국에서 독한 양주 같은 민주주의가 흥분제나 발광제가 아니라 강장제가 될 수 있도록 절제 없이 민주주의를 퍼 마시는 교양 없는 정치인들을 다음 선거에선 정계에서 깔끔히 추방해야할 것이다. 그런 정치인들은 하나뿐인 조국에 해악만을 끼치고 자신의 모교에는 불명예를 가져다줄 것이기 때문이다.

제72장

한일외교의 신뢰성은 회복될 수 있을까?

"국가 간의 관계는 모든 다른 사회관계들과 구별되는 하나의 독특한 특징을 갖는다. 그것은 전쟁의 그림자 속에서 발생한다. 보다 엄밀하게 말한다면 국가 간의 관계는 본질적으로 전쟁과 평화의 대안들이다." 이것은 20세기 최고의 지성으로 인정되는 레이몽 아롱(Raymond Aron)이 그의 기념비적 저작인 〈평화와 전쟁〉(Peace and War)에서 했던 말이다. 이때 국가를 상징하는 에이전트는 외교관과 군인이다. 군인은 외교관이 실패했을 때 자신의 임무 수행에 나선다.

1604년 영국의 헨리 우튼 경(Sir Henry Wooten)은 "외교관이란 자신의 조국을 위해 해외에서 거짓말을 하도록 파견되는 정직한 인간"이라고 숨겨진 진실을 폭로함으로써 그의 외교관 경력은 종말을 맞았다. 이처럼 외교관이란 언제나 신뢰성(credibility)의 문제를 안고 있다. 16세기의 외교 이론가들에 의하면 최초의 외교관들은 하늘과 땅 사이에 메시지를 전달하는 천사들이었다고 주장했다. 그러나 오늘날 민주국가의 일반 대중들의 마음속에서 외교관이란 결코 천사(angel)로 인식되지 않는다. 어쩌면 불공평하게도 천사와 정반대의 인상을 주고 있는 것이 사실이다. 이런 인상은 외교관 개인의 인격적 자질과는 근본적으로 무관하다.

외국과의 협력적 기간 동안에도 외교관은 자국의 수직적 명령계통 속에서 외국과 협력적 관계에 깃들여 있는 공동목적보다는 각자 자국의 정부를 위해 일한다. 전시에 단결에 대한 당연한 필요성에도 불구하고 제2차 세계대전 시에 미국, 영국, 소련 간의 동맹을 괴롭힌 긴장은 바로 그들 사이에서 이러한 테마의 극적인 예가 될 것이다. 결국 1945년 한반도의 비극적 분단도 미소 간의 그런 외교적 불신의 결과였다. 이처럼 외교관의 지배적 가정은 통일이 아니라 분할이다. 이런 외교의 불성실과 교활함에 드골 장군이 외교관들이 국가들의 협력을 위한 지속적 토대를 마련하기 위한 헌신적인 동반자라기보다는 조작을 위한 대상으로서 서로를 간주하는 '냉혈적 괴물들'이라고 개탄한 이유가 있었다. 바로 여기에 외교관은 그의 세련된 매력이 감추지 못하는 냉소적 음모자로서 이미지가 존재하는 것이다.

이뿐만 아니라 외교관은 외교관계의 네트워크가 비밀 첩보원이나 비밀활동에 의해서 뒷받침되는 체계 속에서 활동한다. 바로 이런 것들이 무엇보다도 외교의 비밀성과 여기에서 파생되는 속임수의 개연성과 결합되어 외교와 외교관의 신뢰성에 대한 의구심을 자아내는 것이다. 더구나 민주주의 국가에서는 국민의 동의에 입각한 민주정부의 전제를 부인하지 않는다면 국민들이 모르는 비밀을 유지할 수 없다고 주장된다. 그러나 외교의 비밀성을 옹호하는 사람들은 국민에게 외교적 비밀을 공개한다면 그것은 적국들에게 국가의 기밀을 노출시키게 된다고 반박한다. 그럴 경우 그 국가는 상대방이 자국의 모든 것을 다 알고 있기 때문에 협상에서 그만큼 상대방이 유리할 수밖에 없다. 더구나 공개협상은 협상에 임하는 외교관의 바람직하지 못한 입장의 경직성을 낳게 된다. 이런 경우에 구속력이 없는 탐색적 토론이나 은밀하게 상대방을 떠보는 절차도 불가능하게 될 것이다. 그러면 적대감의 해소에 유용하고 때로는 불가결한 시험적인 기술들이 효율성을 상실하게 될 것이다. 왜냐하면 자국내의 일반대중과 언론은 외교관의 실질적인 입장과 외교적 연기의 차이를 구별할 수 없기 때문이다. 이러한 이유들로 아직도 외교적 비밀의 지속적 정당성이 옹호되고 있다.

비밀성은 상호 간에 오랜 의심과 두려움의 변증법에 의해서 생겨나고 유지된다. 따라서 이런 유감스러운 변증법이 지속되는 한 국가관계에서 비밀성의 제거를 기대한다는 것은 헛된 일이 될 것이다. 비밀은 속임수와의 연계성으로 하나의 악덕행위(vice)로 간주되지만 그러나 보다 근본적인 악인 적국이 존재하는 한 필요악이다. 이뿐만 아니라 전통적 외교의 본질을 변질시킨 또 다른 현상은 제2차 세계대전 중 윈스턴 처칠 영국수상이 최초로 개발한 정상외교(summit diplomacy)와 미국의 국무장관 헨리 키신저(Henry Kissinger)가 1970년대에 실천한 소위 왕복외교(shuttle diplomacy)이다. 이것들은 번거롭고 지루한 전통적 외교과정에 대한 하나의 신속하고 효율적인 대안이지만 여전히 외교의 연장이다. 오늘날 통신 기술발전과 이런 대안들이 외국에 파견된 외교관들의 중요성을 실제로 크게 감소시켰다지만 그러나 국가 간의 정상적이고 또 일상적인 관계의 대부분은 여전히 전통적 외교에 의존하고 있다.

그러므로 근대의 최고 외교 이론가인 해롤드 니콜슨 경(Sir Harold Nicholson)은 외교관의 제1차적 덕목으로 정직성(truthfulness)을 지적했다. 그리고 현대 민주국가의 대중들은 공개외교를 요구한다. 이런 외교관의 진실성과 공개외교 형식의 불가피성은 오늘날 많은 국가관계에서 외교의 교착상태를 가져왔다. 한일관계가 대표적인 본보기가 될 것이다. 특히 지난 5년간 문재인 정권하에서 한일관계는 양국이 미국의 주니어 동맹파트너가 아니었다면 외교관 대신에 군인이 나섰을 지도 모르는 최악의 관계였다. 그런 상황의 주된 원인은 문재인 정부가 뜬금없이 국내적으로 역사적 반일감정을 부추기고 선전 선동의 대일 적대적 자세를 고취해 국가적 신뢰성을 완전히 상실해 버렸기 때문이다. 문재인 정권은 한국인들의 대북 적대감을 대일 적대감으로 돌리기 위해서 문재인 좌파 종북 정권이 일본에서 일종의 희생양(scapegoat)을 찾으려는 어리석은 모험주의적 작태를 벌인 것이다. 이제 문재인 정권은 사라졌지만 그가 부추기고 이용했던 반일감정의 잔재는 남아 여전히 똬리를 틀고 있다.

작금의 동북아 국제정세의 긴장이 심각하게 고조되는 상황을 고려할 때 미국의 동맹국인 한일 간 비적대적이고, 아니, 우호적인 외교관계의 회복은 군사 전략적으로 아주 긴요한 문제에 속한다. 모두 민주주의 국가인 한국과 일본 간의 외교는 민주주의 국가들이 정치적으로 피할 수 없는 국내의 일부 여론의 반발과 대중적 저항을 완전히 무시할 수는 없다. 그럼에도 불구하고 양국의 정치 지도자들이 국내정치적 이유로 겁을 먹고 여론과 대중을 추종만 한다면 그들은 지도자 본연의 사명인 지도력(leadership)을 방기하는 것이다. 역사는 그들에게 계속 망설이다가 절호의 기회를 놓쳐버린 것에 대해 후에 엄중한 책임을 물을 것이다.

제73장

선진국이 된 대한민국은 이제 주요 강대국인가?

"사람 팔자 알 수 없다."는 한국의 옛 속담을 국가에게도 그대로 적용하면 국가의 팔자도 알 수 없다. 대한민국은 건국 직후 재앙적 전쟁의 참화를 겪은 후에 세계의 최빈국에서 후진국, 발전도상국, 중진국을 거처 마침내 선진국의 반열에 올라선 것이다. 현재 38개국의 선진 회원국을 가진 OECD에 한국이 1996년 29번째로 회원국이 된 지도 거의 30년이 되어간다. 대한민국은 팔자를 고쳐 이제 명실공히 선진국이 되었다. 이런 세계사적 성취는 어느 날 갑자기 청천에 날벼락처럼 찾아온 것이거나 어느 날 불현듯 로또에 당첨되어 백일몽 같은 소망이 달성된 것이 아니다. 그것은 한 인간의 일생인 70여 년에 걸친 대한민국의 선구적 지도자들과 근면한 국민의 피와 땀과 눈물과 고난의 오디세이의 결실이었다.

그러나 대한민국이 선진국이 되었다고 해서 동시에 국제정치의 주요 강대국이 된 것은 아니다. 국제정치에서 선진국이 곧 강대국으로 인정되는 것은 아니기 때문이다. 러시아와 중국은 강대국이지만 그들이 선진국이 아닌 것처럼 싱가포르, 호주, 뉴질랜드, 벨기에, 네덜란드, 그리고 이스라엘 등을 포함하는 OECD회원국 모두가 강대국은 아니기 때문이다. 국제사회에서 강대국으로 인정받기 위해서는 무엇보다 기존 강대국과의 전쟁에서 승리한 빛나는 역사적 업적을 보유해야 하고, 또한 현실적으로는 타국의 지원이 없이도 독자적으로 장기간의 전쟁을 수행할 수 있는 충분히 강력한 무장과 전쟁수행을 뒷받침할 자족적인 다양한 국가적 자산을 넉넉하게 보유하고 있어야만 한다. 지금도 진행 중인 러시아와 우크라이나 전쟁에서 목격하고 있듯이 홀로 전쟁을 수행하고 있는 러시아는 분명 강대국이고 여러 타국의 지원에 의존하고 있는 우크라이나는 분명히 강대국이 아니다. 러시아는 전쟁에서 설사 패배하는 경우에도 여전히 강대국으로 남지만, 약소국 우크라이나는 전쟁에서 승리한다고 해서 바로 강대국으로 인정되지 않을 것이다. 그것은 마치 소인(Lilliput)은 한번 쓰러지면 그것으로 끝장이 나지만 거인(Giant)은 잠시 쓰러져도 다시 일어나면 여전히 거인인 것과 같은 경우라고 할 것이다.

대한민국은 미국과 유엔의 도움으로 전쟁의 잿더미 속에서 마치 한 마리의 불사조처럼 비상하였다. 그 후 한미동맹체제의 덕택으로 안전 속에서 경제발전을 거듭한 끝에 제2차 세계대전 후 탄생한 신생국가들 중 유일하게 마침내 선진국의 반열에 들어섰다. 이것은 세계사적 사건이고 인류 역사상 하나의 기적이라 해도 과언이 아니다. 그러나 한국은 강대국으로 인정받을 만한 빛나는 승전의 경험이 없고 장기간 독자적으로 전쟁을 수행해 나갈 만큼 국가적 자산에서 충분히 자족하지 못하고 있다. 그래서 아직 강대국은 아니다. 그럼에도 불구하고 대한민국이 선진국이고, 더구나 최근 특정 무기들마저 대량 수출국이 되자 적지 않은 사람들이 '강대국 증후군(great power syndrome)'에 걸린 것처럼 보인다. 이것은 '오만(hubris)'을 낳고 오만은 자멸을 가져오는 것이 세계사의 엄중한 교훈이다.

현재 우리의 처지와 비슷하게 일찍이 '강대국 증후군'에 젖어 행동한 소중한 역사적 사례가 주는 유익한 교훈에는 어떤 것이 있을까? 필자는 제1차 세계대전 후 무솔리니 치하의 이탈리아의 경우라고 생각한다. 1919년 파리평화회의에서 이탈리아의 오를란도 수상은 제1차 세계대전의 와중에 서방측에 늦게 가담했지만 아무것도 보상받지 못한 채 '깨끗한 손'이었지만 결국 '빈손'으로 귀국하자 이탈리아는 불만으로 들끓었다. 이 불만을 이용하여

1922년 베니토 무솔리니는 쿠데타로 정권을 잡았다. 분노에 물들고 현대의 카이사르가 되려는 과대망상에 빠진 무솔리니는 이탈리아의 진정한 군사적 및 경제적 취약점을 반영하는 대외정책을 추구하지 않았다. 그는 이탈리아의 자산부족과 거대한 군사력을 공급할 수 없는 자국의 제한된 목적의 외교정책을 정교하게 수립하지 못했다.

소수의 아첨꾼들 속에 고립된 무솔리니는 자신의 직감력을 믿었고 또 자신의 판단이 틀릴 수 없다고 확신했다. 무솔리니의 이탈리아는 유럽의 국제정치에서 소위 균형자의 역할을 꿈꾸었지만 그러나 그는 그러한 역할을 수행할 만한 세련된 리더십과 막강한 군사력을 보유하지 못했다. 그러므로 그는 국제적 균형자의 역할을 시도하지 못한 채 어쩔 수 없이 히틀러의 독일에 편승하는 것을 선택하고 말았다. 그의 어리석은 선택은 궁극적으로 국가의 생존을 희생시키고 파시스트 정권과 자신의 정치적 지위는 물론 자신의 생명까지 잃고 마는 비극적 결과를 초래했다.

이러한 역사적 교훈에서 배운다면 대한민국은 지난 문재인 정권처럼 북한에 '선제적 굴종'을 계속하면서도 무슨 동아시아의 균형자로서 역할을 하겠다고 나설 일이 아니었다. 북한과 중국에 굴종하는 국가를 누가 균형자로 인정하겠는가? 한국인들에게 그런 특권적인 국제적 지위와 역할은 앞으로도 상당기간 주어질 것 같지 않다. 격랑의 국제정치의 파도 속에서 대한민국은 유일한 초강대국인 미국과의 동맹으로 살아남았다. 그러나 그 동맹국인 미국과는 동등한 파트너가 아니라 주니어 파트너라는 사실을 망각해선 안 될 것이다. 그리고 한미동맹체제는, 한국전쟁의 과정에서 세계최강의 미국에게 편승한 이승만 대통령의 선구자적 결단은 참으로 민족사적 최선의 결정이었다. 당시 미국은 한국과의 동맹조약 체결에 아주 미온적이었다. 당시 한미동맹은 미국에 의한 한국의 일방적 보호를 보장하는 것이었기 때문이다. 우리는 한미동맹을 한반도의 분단 상황과 동북아의 지정학적 조건이 근본적으로 전환되지 않는 한 소중하게 관리해 나가야 할 것이다.

그러면서도 동시에 우리는 진정한 강대국으로 성장하고 인정받을 수 있도록 국방력과 외교력을 향상시키는 데 조용히 매진해야 할 것이다. 강대국의 지위는 잘사는 국가라고 해서 저절로 주어지는 것이 아니다. 강대국으로 인정받고 싶은 나라는 국제사회에서 그러한 지위를 스스로 쟁취해야 하고 또 기존 강대국들에게 그들 중 하나임을 실제로 입증해야만 한다. 따라서 벌써부터 오만하게, 아니 가소롭게, 강대국 증후군에 전염되어 대한민국이 이제는 강대국이 되었다고 샴페인을 터트리는 어리석은 국제적 돈키호테가 되어서는 안 될 것이다.

제74장

한국외교 '백 투 더 퓨처(Back to the Future)'가 가능할까?

문재인 정부의 대외정책은 1948년 건국과 함께 수립되고 유지되던 대한민국의 근대적 외교정책의 궤도에서 일탈, 유교적인 전근대적 국제질서의 세계관인 낡은 궤도로 진입하여 멈출 줄 모르는 설국열차처럼 질주하고 있다. 유교적 세계관에서는 "작은 나라는 큰 나라를 정성으로 섬겨야" 하고 장유유서(長幼有序)의 도덕률에 따라 형제국 간에는 매사 '형님 먼저'다. 여기엔 국가의 신성한 주권의 사상이나 국가 간 국제법적 평등의 개념이 없다. 철저히 수직적이고 계층적인 상하 간 질서가 있을 뿐이다. 이런 유교적 세계관이 현재 중국 대외정책의 본질이고 그것은 다름 아닌 바로 21세기 중국식 제국주의론이다.

그럼에도 불구하고 유교적 세계관에 사로잡힌 문재인 정권의 외교는 결국 중국을 무조건 떠받들고, 또 자신을 '남쪽 대통령'이라고 자칭하면서 북한이 형님인 양 어린 김정은 수령에게 매사 굴종적이고 어처구니없는 자세를 보임으로써 대한민국의 안위와 번영을 위협하는 외교정책의 잘못된 궤도 위를 질주하고 있다. 이런 국제질서에 대한 인식은 19세기 제국주의 시대를 거치면서 폐기됐다. 그런데 아이러니하게도 이런 낡고 폐기된 유교적 외교정책의 원칙들이 한국의 문재인 정권에 의해 부활되어 마치 새로운 지상명령처럼 실천되고 있다. 1948년 대한민국이라는 근대국가의 수립 이후 줄곧 냉엄한 국제정치의 원리에 근거하여 국가의 주권을 최고의 가치로 간주하고 동북아의 강대국 간 힘의 균형 속에서 한미동맹을 통해서 국가의 안전과 번영과 남북통일을 추구해온 대한민국의 외교적 전통을 현 정권은 의도적으로 거부하고, 국제적 현상타파를 추구하는 중국의 유교적 외교정책에 편승하는 것이다.

또한 이는 궁극적으로 현상타파적인 유라시아 대륙의 중국제국에 편승하여 전통적 우방인 미국 및 일본의 해양국들을 오히려 견제하는 새로운 역할을 자처하는 꼴이다. 따라서 이 나라의 미래가 참으로 안타깝고 염려스럽기 그지없는 재앙적 상황으로 치닫고 있다. 그 재앙이란 만일 대한민국이 중국제국의 영향권하에 들어가게 된다면 많은 사람들이 걱정하는 1975년의 무력에 의한 베트남식 통일 방식이 아닌 총 한방 쏘지 못하고 남한 종북 정부가 김정은을 불러들이는 방식, 즉 1938년 히틀러의 오스트리아 병합 방식으로 한반도는 일시에 공산화될 것이다. 당시 히틀러는 오스트리아의 나치당원들과 수많은 협력자들에 의해서 동족이라는 이유만으로 오스트리아로부터 열렬한 환영을 받았다. 독일군은 그렇게 비엔나 거리를 행진했고 오스트리아국가는 나치제국의 한 지방으로 전락해버렸다. 히틀러 치하의 오스트리아인들은 히틀러가 일으킨 제2차 세계대전에서 피와 땀과 생명을 바치는 참담한 비극적 역사를 남겼을 뿐이다. 이를 융통성 있게 동북아에 적용한다면 어쩌면 이 비극적 오스트리아인들처럼 공산화된 한국인들은 미-중전쟁이 발발할 경우 중국의 방어를 위한 최전방 전초기지로서 적국이 된 미일동맹체제의 1차 공격의 대상으로 전락하는 비극을 피하기 어려울 것이다. 그럴 경우 한국은 미국공격의 아침거리도 안 될 것이다. 이런 국가적 재앙을 피하기 위해서는 한국 외교정책의 신속한 궤도수정을 통해 '백 투 더 퓨처'를 이루어야만 한다. 유명한 영화의 제목이기도 했던 '백 투 더 퓨처'란 말은 역사의 진행이 어떤 뜻밖의 사고로 궤도를 이탈하여 엉뚱하게 잘못 진행됐을 때 이로부터 탈출하여 원래 진행되었을 바로 그 역사의 궤도로 재진입하는 것을 의미한다.

그러기 위해서 한국인들은 첫째로, 대한민국에 대한 애국주의를 진작시켜야 한다. 여기서 애국주의는 민족주의와 구별해야 한다. 역사적으로 17세기 중엽 근대의 영토국가가 탄생한 이래 애국주의, 혹은 애국심은 국가의 영토 보존 유지를 의미했으며 19세기에 와서는 민족주의와 동일시되는 경향을 보이기 시작했다. 그러다가 제2차 세계대전 후 식민지에서 해방되어 수립된 국가와 국민들은 애국주의와 민족주의를 아예 동일시해버렸다. 그러나 애국주의란 원래, 즉 그리스-로마 시대엔 주민들의 삶의 방식, 즉 삶의 방식을 규정하고 반영하는 헌정질서를 방어하고 유지한다는 의미로 탄생했으며 단순히 거주하는 땅과는 거의 무관했었다.

그러나 최근사(最近史)에서 애국주의가 민족주의와 결합하자 아주 저돌적이 되었다. 조지 오웰은 일찍이 애국주의란 원래 군사적 및 문화적으로 방어적인 반면에 민족주의란 자기가 개인적으로 침잠하고 있는 민족의 권력과 위신을 위한 집단적 욕망으로부터 분리될 수 없기에 공세적이라고 설파했었다. 따라서 우리는 민족주의의 위험성을 경계하면서 잃어버린 대한민국에 대한 올바른 역사의식과 함께 자유민주주의적 삶의 방식을 규정한 헌법질서를 사랑하고 유지하려는 국민적 애국정신이 충만한 역사의 궤도로 재진입해야 한다.

둘째로, 조국통일은 한국인에게도 하나의 지상명령이다. 북한 동포는 김일성 전제군주의 제2대 계승자인 김정은의 폭정 아래 노예적 삶을 이어가고 있다. 수많은 탈북자들이 그 증인이다. 노예란 쇠사슬에 꽁꽁 묶여 짐승처럼 강제노역을 당하는 사람들만을 의미하지 않는다. 인류의 역사는 패전하여 적국의 점령하에 놓여있는 사람들의 경우와 전제군주적 폭군하에서 사실상 모든 자유를 박탈당한 채 숨죽이고 연명하는 주민들을 노예상태라고 간주해왔다. 헤겔식으로 말해 오로지 전제군주인 김정은 한 사람만 자유롭고 주민 모두가 사실상 노예인 북한의 전제적 폭정으로부터 북한동포를 해방시켜야 할 노넉석 의무를 우리 모누가 지고 있다. 따라서 남한 정부의 존재마저 인정하지 않으려고 언제나 남한의 대통령을 아직도 '남조선 당국자'로만 부르는 북한과의 실존적 투쟁에서 대북정책의 목표는 자유민주주의의 기본 질서 속에서 북한 동포들도 살 수 있도록 해줄 노예상태인 '북한동포의 해방'으로 복귀해야 할 섯이다.

셋째로, 한국은 전쟁에 대비해 제대로 무장해야만 한다. 여기에는 핵무장의 준비를 포함하여 최첨단 군사력 구비에 국가정책의 최우선적 순위를 두어야 한다. 강력한 군사력은 전장에서뿐만 아니라 외교의 현장에서도 긴요하다. 프레데릭 대왕이 일찍이 간파했던 것처럼 무력 없는 외교는 악기 없는 음악이나 마찬가지이기 때문이다. 모든 국가가 동일한 수준의 군사력을 보유할 수는 없다. 그것은 그 나라의 총체적 역량에 의해서 제한되기 때문이다. 그리하여 인접국가에 비해 상대적으로 취약한 국가들은 언세나 자국의 제한된 군사력을 보완하기 위해서 믿을 만한 동맹국가를 찾았다. 한국은 한반도를 중심으로 전개되는 국제정치적 조건에서 요구되는 충분한 군사력을 자력으로 확보할 역량을 갖고 있지 못하다. 따라서 북한의 침공 이후 지난 70여 년간 우리에게 동맹국으로서 역할을 다해준 미국과의 관계에서 최근 잃어버린 신임을 회복하기 위해 한국은 최선을 다해야 할 것이다. 그리고 동시에 이제는 한국도 미국에게 가치 있고 믿을 만한 동맹국이라는 사실을 입증하기 위한 노력도 해야 할 것이다. 그리해야만 우리 대한민국은 빗나간 역사의 궤도에서 탈출하여 대한민국의 빛나는 역사를 이어갈 올바른 궤도로 '백 투 더 퓨처'할 수 있을 것이다.

제75장

동맹관리는 국가생존과 번영의 필수과목이다

어느 국가든 살벌한 국제정치의 파도 속에서 잘 살아남기 위해서 자국의 강력한 군사력의 구비는 물론이고 그것만으로 부족할 경우 타국과 동맹을 체결한다. 따라서 그 동맹은 소중한 정원을 가꾸듯 정성으로 관리되어야 한다. 그런데 한국은 문재인 정권이 들어선 이후 우리의 소중한 한미동맹이 푸대접을 받고 있다는 사실을 부인할 사람은 아무도 없을 것이다.

독일민족 통일국가를 세운 오토 폰 비스마르크(Otto von Bismarck) 재상은 국가 간 동맹을 '말과 기수'의 관계에 비유했다. 세상의 모든 동맹관계는 불평등한 것으로 시니어 파트너(senior partner)와 주니어 파트너(junior partner)로 이루어진다. 기수가 말고삐를 단단히 거머쥐고 있어야 하듯이 시니어 파트너 국가는 주니어 파트너 국가가 멋대로 행동하지 않도록 경계를 게을리해서는 안 된다는 뜻이다. 어디로 갈지의 중대한 결정은 반드시 기수가 해야 한다.

탁월한 전략가인 비스마르크를 실각시키고 국민의 인기에 굶주린 독일 카이저가 동맹국인 주니어 파트너 오스트리아-헝가리제국의 지원요구에 백지위임장을 주면서 독일제국과 자신의 왕가를 멸망시킨 제1차 세계대전이 발생했다. 카이저의 이 외교적 행위는 세계외교사에서 가장 어리석은 외교적 실수로 공인되었다. 비스마르크의 정책을 뒤집는 외교적 혁명의 시도가 외교적 반역으로 귀결되고 만 것이다.

일본은 청일전쟁에서 일방적 승리를 거두었지만 러시아, 독일 그리고 프랑스가 개입하면서 장병들의 피의 대가로 쟁취한 전리품인 요동반도를 동아시아의 평화유지란 명분 아래 토해냈다. 그리고 일본은 이런 국가적 굴욕은 동맹국이 없었기 때문이라는 사실을 통감하고 1902년 영일동맹을 체결한다. 그리고 1904년 러시아와의 전쟁에서 빛나는 승리를 거두어 일약 세계적 강대국 지위를 인정받게 된다.

그 후 일본은 영일동맹을 토대로 강력한 대일본제국을 건설하였다. 이러한 일본의 군사강국화가 영국과의 동맹에서 비롯됐다는 점을 크게 염려한 미국의 주도로 1922년 샌프란시스코 집단조약체제(4개국조약 및 5개국조약)의 수립으로 영일동맹이 해체된다.

그러자 일본은 유라시라 대륙국인 독일과 동맹을 맺음으로써 영-미의 해양세력과 적대관계로 돌입하여 결국 제2차 세계대전에서 비참한 패망국으로 전락하고 말았다. 친(親)해양세력에서 친(親)유라시아 대륙세력으로 전환한 일본의 외교적 혁명은 결국 자멸의 길을 스스로 택한 것이다.

제2차 세계대전에서 윈스턴 처칠의 영국은 미국과의 관계에서 초기에 시니어 파트너 역할을 했지만 시간이 가면서 미국의 전쟁에 대한 기여와 미군의 참전이 영국을 압도하자 1943년 말 테헤란 회담에서부터 프랭클린 루즈벨트 대통령의 미국이 시니어 파트너 역할을 수행했다. 처칠은 안타깝지만 영미동맹의 절대적 중요성을 고려하여 주니어 파트너 역할을 담담히 받아들인다. 그리고 그는 두 번째 수상직을 사임하면서 "결코 미국인들과 헤어지지 말라."고 정책적 권고를 했다. 그 후 영국은 강대국이었지만 미국과의 동맹을 관리하는데 정성을 다했다.

이런 역사적 교훈에서 알 수 있듯이 동맹의 관리에 국가의 생존과 번영이 달려있다. 한미동맹에서 한국은 분명히 주니어 파트너일 뿐만 아니라 더구나 강대국도 아니다. 한국의 경제력이 아무리 세계 10위권을 자랑해도 한국은 독자적으로 장기적 전쟁을 수행할 수 없기에 결코 강대국가가 될 수 없다. 더구나 우리에겐 빛나는 승전의 역사가 없기에 타국들이 한국을 결코 강대국으로 대접하지도 않는다.

이런 처지의 한국이 그래도 그동안 국제사회에서 행세할 수 있었던 것은 우리가 미국의 주요 동맹국이라는 사실 덕택이다. 이런 엄연한 사실을 망각하거나 억지로 부인하는 한국의 외교정책은 스스로 자멸의 길을 택하는 것이라고 말해도 결코 지나치지 않을 것이다.

미국은 글자 그대로 세계 최강의 유일 초강대국이다. 미국과의 동맹은 미국을 제외한 세계의 모든 국가들과의 동맹보다도 더 강력한 동맹이다. 왜냐하면 순전히 군사력으로만 말한다면 미국은 전세계를 상대로 전쟁할 수 있고 승리할 수 있는 지상의 유일한 국가이기 때문이다. 이런 국가와의 동맹은 참으로 이승만 대통령의 탁월한 리더십의 결과이며 역사적 행운이었다.

이러한 행운의 동맹을 대영제국의 처칠 수상처럼 겸손하게 정성을 다하여 관리해야만 한다. 그렇지 않고 외교적 혁명의 헛된 망상에서 사로잡혀 있다면 한국도 앞서 지적한 비극적인 역사적 사례들처럼 스스로 멸망의 비탈길에서 벗어나지 못할 것이다. 이뿐만 아니라 만일 한국이 미국과의 동맹을 해체하고 중국과의 동맹을 선언한다면 한국은 세계최강 미국과 미국의 동맹국인 일본의 제1차적인 군사적 목표물이 되고 말 것이다. 그게 어디 한국인들이 일순간 꿈속에서라도 상상할 길이겠는가?

제 76 장

민주주의와 폭정의 사이에서

원래 민주주의란 개인의 정치적 권한에 근거한 정치질서로서 고대 그리스나 로마 시대의 고전적 직접 민주의와 근대의 대의 민주정치제도를 의미했다. 그런데 20세기 초 러시아 볼셰비크 혁명 이후 계급주의자들인 공산주의자들이 자기들이야말로 진짜 민주주의자들이라고 고집스럽게 우겨내는 바람에 민주주의의 실체가 모호하게 되어버렸다. 그러나 19세기 프랑스의 자유주의 정치가였던 에밀 올리비에(Emile Ollivier) 수상이 지적했듯이 "민주주의 없는 자유는 특권일 뿐이며 자유 없는 민주주의는 전제정치일 뿐"이다.

로마의 자유공화정 시대에 로마인들은 갑자기 외부적 침략을 받아 국정이 혼란스럽고 사회질서가 어지러운 국가적 위기에 처하면 그들은 특정 지도자에게 일시적으로 비상대권을 위임하여 국가적 위기를 극복하게 했다. 현대적 언어로 표현한다면 국가적 위기시에 민주주의의 인민들은 일종의 카리스마적 지도자를 찾아 그에게 해결사의 역할을 기대하고 그걸 위해서 일정기간 절대적 정치권한, 즉 비상대권을 부여했던 것이다. 이런 고전적 방법은 국가적 위기를 가능한 한 협소하게 정의하고 제한된 기간에 그것을 극복하고자 했던 것이다. 로마인들은 그런 카리스마적 지도자를 '헌정적 독재자(constitutional dictator)'라고 불렀으며, 그가 일종의 '합법적 초 합법성(legal extra-legality)'을 갖는다고 이해했었다. 그의 신용의 시험은 자기 절대권력의 기간을 확장하려 하지 않는데 있었다. 킨키나투스(Cincinnatus)가 대표적인 헌정적 독재자로서 역사속에서 칭송을 받았다. 요컨대, 당시에 독재자는 국가 위기의 해결사라는 긍정적 의미를 갖고 있었다. 오늘날 부정적 의미의 독재자는 당시엔 완전히 다른 용어인 '폭군(tyrant)'이라고 불리었다.

근대 정치학의 아버지인 마키아벨리도 로마의 독재(dictatorship)를 찬양했다. 여기엔 3가지가 함께했다. 먼저 독재는 아주 짧은 기간 동안만 지속되었고, 독재자의 권한은 제한되었으며, 또한 로마인들은 부패하지 않았다는 점들이다. 이런 조건들이 독재자가 한계선을 넘어가는 것을 불가능하게 만들었다. 그러나 줄리어스 시저가 스스로 '종신 독재자'로 선언하면서 독재자의 이름으로 폭군이 되어 버렸다. 17세기 영국의 올리버 크롬웰도 같은 길을 걸었다. 그러고 칼 마르크스가 사회주의 혁명 후 자본주의가 소멸할 때까지의 프롤레타리아 독재를 제시했다. 그리고 러시아 공산혁명 뒤에 소위 프롤레타리아 독재가 갑자기 민주주의 복장을 착용했다. 그 후에 공산주의자들에게는 독재정치가 최선의 통치제도로 인식되는 어처구니없는 계기가 되었다. 지금도 공산주의자들은 공산당의 일당 독재를 정당하다고 당연시하는 반-자유 민주주의자들이다. 칼 마르크스는 공산혁명 후 프롤레타리아의 독재를 제시했을 뿐 구체적으로 국가의 통치방법을 제시하지 않았다. 그 결과 공산독재는 과거 그들이 타도했던 폭군들보다도 오히려 더 잔혹한 반민주적 폭군들로 전락해버렸다.

세계사에서 독재자와 폭군이 동일시된 것은 20세기에 들어선 이후였다. 미국의 우드로 윌슨 대통령이 제1차 대전에 책임이 있는 유럽의 지도자들을 독재자로 규탄하면서부터 보편화 되었다. 그러나 국가의 위기시에 일시적으로 헌정적 비상대권의 보유자를 전통적 폭군과 동일시한다면 민주주의를 보호하기 위해 마련된 과거 독일의 바이마르 헌법이나 프랑스 제5공화국 헌법상의 비상대권이 반헌정적, 반민주적인 폭정의 위장으로 간주되어야 하는 모순에 빠지게 된다. 따라서 독재와 전제군주적 폭정은 명확히 구별되어 사용되어야 한다. 그렇지 않으면 국가의 일시적 위기의 해결을 의미하는 헌법상 '독재'의 수용이 폭정에 대한 위장으로 변질되어 버리는 결과를 초래할 것이다. 여기서 국가의 위기는 로마의 경우에는 외부로부터의 대규모 기습 침략을 받았을 경우로 국한되었다. 그러나 현대의 민주국가에선 내우회환의 심각한 위기상황을 상정했다. 그리하여 현대의 민주정치 제도하에 사는 사람들에게 폭력혁명이 아니고서는 강력한 카리스마적 지도자의 출현을 기대하기 어렵게 되었다.

미국이 바로 그런 시도를 성공적으로 수행한 근대 자유민주공화국의 효시였다. 국가위기의 일시적 해결사라는 원래 의미로서 위대한 대표적 헌정적 독재자인 로마의 킨키나투스(Cincinnatus)가 일종의 성화(icon)처럼 18세기 말 미국의 독립 혁명가들, 즉 미국의 국부들 사이에서 위대한 스승이 되었다. 특히 조지 워싱턴은 킨키나투스를 모델로 간주하면서 언제나 자신의 '기품(grace)'을 내세우는 카리스마적 리더십의 위험성을 스스로 자제했다. 킨키나투스는 계몽주의에 의해 교회의 성인들이 확실하게 세속적인 이상으로 대치되던 당시에 조지 워싱턴에게 가장 주요한 정치적 스승이었다. 그리하여 조지 워싱턴은 자신에게 주어지는 도덕적 요구들에 완전히 부응했다. 그리하여 그는 미국의 국부로서 모든 후임 대통령들의 표상이 되었다. 환언하면, 이제 조지 워싱턴이 미국인들의 영원한 스승이 되었고 워싱턴 이후 어떤 국가적 위기에서도 해결사로서 독재자를 단 한 차례의 국가적 위기에서도 필요로 하지 않았다. 이런 사실은 미국의 민주정치제도가 효과적으로 작동해왔다는 것을 입증해준다.

카리스마적 지도자는 자신의 개인적 권위로 제도적 권위를 대신한다. 즉, 그 자신이 어지러운 시대에 살아있는 정당성의 상징이 된다. 그러고 그는 자신의 권위를 후임자에게 전해주거나 그것을 단념할 수 없다. 이것이 카리스마적 지도자의 비극적 딜레마이다. 바로 이런 딜레마를 극복하고 평화적 권력계승을 제도화한 것이 근대 민주주의이다. 따라서 만일 어떤 자유민주주의 국가에서 카리스마적 독재자가 국난의 해결사로 절실히 요구된다면 그런 나라의 정치는 민주정치가 제도적으로 올바르게 작동하지 못한다는 것을 의미한다. 민주제도 자체에 결함이 있거나 그렇지 않다면 민주정치 질서를 전복하려는 소수 정치적 야심가들에 의해서 제도가 파괴되고 있다고 봐야 할 것이다.

21세기 대한민국에서 문재인 대통령은 민주적 헌법절차에 따라 유권자의 과반수에 미치지 못하는 지지로 집권한 '민주적 지도자'라는 사실을 외면하고 자신이 마치 '촛불혁명'에 의해 초헌법적으로 권력을 장악한 '카리스마적 혁명 지도자'로 자처했다. 환언하면, 그는 여러가지 반헌법적 정책과 조치들을 엉뚱하게도 '촛불혁명정신'으로 무리하게 정당화하면서 우리의 제6공화국 헌법에도 없는 일종의 '비상대권'을 행사해온 것이다. 즉, 지난 약 3년 동안에 문재인 대통령은 소위 적폐청산이라는 이름으로 사실상 '혁명적 숙청'과 '반헌정적 입법'의 강행을 통해 자유 민주주의를 크게 손상시킨 것이다. 그 결과 그의 국정관리는 자유 민주주의의 정상궤도에서 아주 멀리 이탈해 버렸다. 이제 어떤 후임 민주정치 지도자에게도 빗나간 대한민국의 역사적 진행방향을 바로잡는다는 것은 참으로 지난한 과업이 되었다. 그것은 과감한 외과적 수술만으로 완치되기 어렵기에 수술 후에도 상당히 긴 치유의 과정을 필요로 하는 아주 '심각한 암'과 같다. 이젠 "분열된 집은 스스로 설수 없다."라며 결연히 국가적 통일의 유지를 위해 남북 간 내전까지 용기 있게 치렀지만, 승전 직후 "누구에게도 악감정을 갖지 않고 모두에게 자비를" 역설했던 미국의 제16대 에이브러햄 링컨 대통령이 보여준 위대한 정치적 리더십이 우리에게 절실히 필요할 것으로 생각된다.

제 77 장

대한민국 안보정책의 항구적 딜레마: 대륙과 해양의 사이에서

한반도는 16세기 말부터 지정학적으로 대륙세력의 완충지대로, 그리고 해양세력에게는 교두보라는 이중적 역할을 수행하여 지정학적 충돌지대(the shatter-belt)가 되었다. 그 결과 한반도는 제2차 세계대전 종결과정에서 대륙세력과 해양세력 사이에서 분단되고 말았다. 보다 구체적으로 말해서, 오늘날 한반도는 유라시아 대륙세력과 해양세력 간의 지정학적 충돌이 여전하고, 또 그와 동시에 그들 간의 역사적 경험과 철학적 인식체계의 본질적 차이가 대립하는 충돌지대가 되었다.

우선 첫째로, 유럽은 1648년 근대국가체제의 탄생 이래 국가 간 지리적 인접성으로 인해 상호 간에 항상 경계할 수밖에 없었다. 그리하여 그들은 국가안보를 최우선으로 간주하고 언제든 전쟁도 불사하는 대륙세력의 소위 '방위문화'가 발전하게 되었다. 다른 한편으로 미국은 18세기 말 건국 이래 대서양과 태평양이라는 거대한 두 대양에 의해 동(東)과 서(西)의 위협으로부터 보호받고, 또 국력의 현저한 차이로 인해 미국의 남쪽과 북쪽으로부터의 국가안보에 대한 위협이 사실상 존재하지 않았다. 따라서 미국은 자연스럽게 평화를 국가 간 '정상적인 상태'로 인식하는 해양국가적 사고를 배양하게 되었다. 미국인들은 국부 조지 워싱턴(George Washington)이 그의 고별사에서 말했던 훈계에 따라 유럽의 국제적 권력투쟁에 끼어들지 않으려 했다.

둘째로, 유럽과 미국의 역사적 경험도 판이했다. 유럽국가들의 긴 역사는 전쟁의 역사였으며 평화란 다음 전쟁을 준비하는 기간에 지나지 않았다. 그리하여 "전쟁이란 수단을 달리한 정책의 연속에 지나지 않는다."라는 칼 폰 클라우제비츠(Carl von Clausewitz)의 정의는 국가행위의 당위적 요구가 아니라 현실적 진리였다. 따라서 유럽인들에게 국제정치란 곧 권력을 위한 투쟁이었다. 이와는 판이하게 최초의 근대 민주공화국을 수립한 미국인들은 치열했던 독립전쟁과 1860년대 초 비참했던 남북전쟁의 참화가 그들이 기억할 만한 전쟁역사의 거의 전부였다. 외부로부터 위협을 거의 경험하지 않은 미국인들에게 전쟁은 그들의 집단적 기억 속에서도 아득한 것이었다. 유럽에서 강대국 간 힘의 균형이 유지되는 한 미국인들은 안전했다. 유럽인들이 '평화의 생산자'라면 미국인들은 '평화의 소비자'였다.

셋째로, 유럽인들과 미국인들은 서로 다른 국제정치에 대한 철학적 인식체계를 갖고 있다. 유럽에선 마키아벨리, 홉스, 마이네케, 슈미트, 모겐소로 이어지는 소위 힘의 정치가 일상적인 국제정치의 본질이라고 간주하는 현실주의의 대변자들을 낳았다면, 이와는 달리 미국에선 일종의 탈-정치적인 토마스 모어, 로크와 애덤 스미스의 정신을 구현한 우드로 윌슨과 같은 이상주의자를 배출했다. 유럽인들이 국가안전과 국제사회의 평화를 생산하는 전사의 신념체계를 발전시켰다면, 미국은 평화의 소비자로서 국제정치를 국내정치의 연장선상에서 법적이고 도덕적인 행동양식을 그대로 국제사회에도 기대하고 또 그것을 적용하려고 했다. 대륙의 유럽인들은 항상 적과 동지를 구별하고 적에 대처하는 것이 삶의 방식이었다면, 미국인들에게는 적과 동지의 구별은 불필요했고 오직 전쟁 그 자체가 적이고 평화 그 자체가 동지였던 것이다.

그러나 이러한 유럽과 미국 사이의 상이한 철학적 인식체계 혹은 세계관이 20세기 말 소련제국의 붕괴와 냉전체제의 종식을 맞아 기이하게도 완전히 뒤바뀌게 되었다. 치열한 냉전체제 속에서 자유 서방세계의 수호자로 앞장선 미국이 전사의 철학적 인식체계와 신념을 수용하고 강화해 온 반면에 미국의 보호 속에서 오랫동안 안락한 평화의 소비자였던 유럽인들이 이제는 국제사회의 법과 도덕을 앞장서 내세우는 아이러니한 역사적 변환이 이루어진 것이다. 어쩌면 이런 역사적 변환은 전방에서 항상 긴장 속에서 경계에 임하는 일선장병과 후방의 안락한 삶을 관리하는 행정요원 간 시각의 현저한 차이에 견줄 수 있을 것이다. 그러나 최근 러시아의 우크라이나에 대한 날벼락 같은 무력침공사태로 인해 유럽인들이 자신의 전통적 세계관으로 급속히 회귀하려는 움직임을 보이고 있다.

유라시아 대륙의 한쪽 끝에 자리한 한반도는 대륙세력인 중화제국에 수세기 동안 편승(bandwagoning)하다가 그것이 몰락하자 이이제이(以夷制夷), 즉 주변 강내국들 간의 균형(balancing) 정책을 시도했지만 처참하게 실패했고, 제2차 세계대전 후에는 한반도가 분단되어 북한은 대륙세력인 공산제국 소련에, 그리고 남한은 세계최강의 해양세력인 미국에 편승하여 안전과 번영을 모색했다.

대한민국의 국부 이승만은 미합중국 헌정사의 교훈을 신생 대한민국에 그대로 적용하였다. 그는 초대 조지 워싱턴의 대통령과 제3대 토마스 제퍼슨 대통령처럼 미국의 민주공화정의 성공적 계승을 위해 국민의 교육을 강조했다. 미국의 첫 재무부장관 알렉산더 해밀턴이 많은 반대에도 불구하고 독립전쟁의 재향군인들에게 토지를 분배하여 모두가 토지소유주가 되게 하였다. 상황은 달랐지만 이승만 대통령은 건국 직후 농지개혁을 단행하여 모든 농민이 농지의 소유주가 되게 하였다.

제16대 에이브러햄 링컨 대통령처럼 이승만 대통령은 소련의 지원을 받아 일으킨 북한의 6·25 침략전쟁에서 승리했다. 그리고 한미동맹을 결성하여 안전 속에 국가의 발전을 모색할 수 있게 하였다. 이처럼 이승만 대통령은 대한민국을 '작은 미국(a small America)'으로 발전시키려고 했던 반면에 북한을 점령한 스탈린은 북한을 소련공산주의 제국의 극동 프랜차이즈로 만들었다. 스탈린은 소련군 대위였던 33살의 김일성을 지점장으로 임명했다. 그에게는 명령에 충실한 젊은 장교가 필요했던 것이다. 그 후 북한의 김일성은 오직 남한의 공산혁명화라는, 즉 소비에트화하려는 단일 목적을 내세우면서 전체주의적 일인 세습정치를 유지했다. 비록 스탈린 사후에는 '주체'라는 김일성주의를 내세웠지만 그 통치방식은 여전히 스탈린체제가 북한의 유일한 모델이었다.

그 결과 북한은 공산 프랜차이즈를 개점한 뒤 70여 년이 지난 지금까지도 여전히 세계 최빈국의 처지에서 여전히 벗어나지 못한 반면에 북한의 존재로 인해 대륙진출이 막혀 사실상의 '섬나라'가 된 대한민국은 오직 해상을 통해 명실공히 풍요로운 선진국이 되었다. 따라서 이제 우리는 대륙국가들처럼 마키아벨리식으로만 행동할 수 없다. 그렇다고 해서 해양국가의 자유주의적 법과 도덕만을 맹목적으로 추구하는 돈키호테가 되어서도 안 될 것이다. 대륙세력과 해양세력이 충돌하는 한반도에서 대륙적 힘의 국제정치를 해양적 법과 도덕의 정치로 전환시키는 데 기여할 수 있는 길을 국제적으로 꾸준히 모색해 나가면서, 당장 단기적으로는 우선 섬나라 대한민국의 생존과 번영에 기여할 수 있는 해양세력과 함께 가는 슬기로운 정책과 효과적인 전략을 수행해 나가야 할 것이다. 따라서 오늘날 대한민국의 지도자들에게 무엇보다도 절실히 요구되는 것은 바로 그러한 역사철학적 인식과 국제정치적 안목이다. 그러한 상황에서 대부분의 평범한 지도자들은 절호의 기회를 적극적으로 포착하기보다는 슬며시 회피해 버린다.

기원전 5세기 아테네는 육지 국가였다. 그러나 선구적 지도자 테미스토클레스(Themistocles)는 아테네를 완전한 해양국가로 바꾸어 거대한 페르시아 제국과 싸워 승리했다, 그 후 아테네는 역사에 빛나는 해양제국을 건설했다. 콜럼버스(Columbus)가 신대륙을 발견한 1492년 이후 세계역사는 해양세력에 의해 꾸준히 주도되었다. 스페인제국에서 대영제국으로 그리고 20세기에는 팍스-아메리카의 해양세력은 자유민주주의와 시장경제의 확장을 이루어 왔다.

그러나 유라시아 대륙에서 중국과 러시아가 반민주 전체주의 세력으로 남는 한 앞으로도 오랫동안 대륙세력과 해양세력 간의 경쟁과 갈등은 계속될 것이다. 3면이 바다이며 북쪽이 공산주의 세력에 막힌 대한민국은 1948년 건국 이래 해양세력과의 유대 속에서 국가의 번영과 민주정치를 발전시켜 왔다. 그러나 대륙에 뿌리를 둔 공산 좌익세력은 꾸준히 대한민국의 전복을 도모해 왔다. 특히 지난 문재인 정권은 보다 노골적으로 대륙지향으로 방향을 수정함으로써 극심한 정체성의 혼란을 야기했다.

그러나 다행히도 2022년 정권교체로 윤석열 정부는 국가 진로의 궤도를 다시 정상으로 과감히 되돌려 그동안 빗나간 대륙지향을 지양하고 전통적 해양세력과의 연대를 다시 복구했다. 그러나 윤석열 정부의 대외정책방향의 궤도 수정이 확고한 역사철학적 안목에 입각한 대외정책의 징심화가 아니라 단지 일시적으로 전임정부의 비판에 대한 기계적 반작용에 그치고 있다는 느낌을 금할 수가 없다.

왜냐하면 분명히 말로는 궤도를 수정한다면서도 구체적인 행동에서는 아직도 중국과 러시아, 특히 경제적인 이유를 내세워 중국과의 관계를 우리의 유일한 동맹 해양국가인 미국과의 관계에 못지않게 우호적으로 발전시키려는 노력을 노출하고 있기 때문이다. 이런 기회주의적 자세는 국가적 망신을 초래하고 말 것이다. 제1차 및 제2차 양차대전 때 이탈리아가 민족적 숙원인 대륙이 영토회복(irredentism)을 위해 해양제국 영국과 프랑스를 버리고 대륙제국 독일과 동맹을 맺은 결과는 비참했다. 대륙제국 독일이 해양제국들의 연합국에 패배했기 때문이다. 그들은 해양제국들에게 편승해야 했었다.

실존적 투쟁의 대상인 핵무장한 북한을 머리에 이고 있으면서 세계의 강대국으로 둘러싸인 대한민국이 마치 균형자처럼 행동하려는 자세는 크게 잘못된 것이다. 대한민국은 비록 선진국이 되었지만 아직은 강대국이 아니다. 균형 잡는 특권적 행동은 오직 강대국에게만 주어지는 국제정치현상의 특징이다. 세계적으로 인정받는 군사적 강대국이 아닌 국가의 현명한 정책은 가장 강력한 국가에게 편승하는 것이다.

20세기에 그랬던 것처럼 21세기에도 우리에게 세계최강국 미국보다 더 좋은 편승할 대상은 없어 보인다. 이것이 올바른 정책이라는 것은 누구보다도 대한민국의 역사가 입증하고 있다. 성공적 최고 지도자의 제1차적 임무는 국가가 대외적으로 나아갈 올바른 방향을 제시하고, 그것을 국민들에게 끊임없이 설득하고, 그리고 그 길을 향해 국가를 단호하게 이끌어 가는 것이다. 대외정책을 섣불리 기회주의적으로 구사한다면 구한말처럼, 그리고 양차대전 전 이탈리아의 경우처럼 국가의 앞날은 비참해질 것이다. 바로 그러한 중대한 차이에서 역사는 한 나라의 '위대한 지도자'와 '그렇고 그런 엉터리 지도자'의 차이를 뚜렷이 구별하여 후세에 전할 것이다.

제 78 장

한국인들은 21세기 전체주의의 유혹을 극복할 수 있을까?

20세기가 철학적 개념의 이름으로 싸우는 거대한 전쟁들에 의해서 자국을 낼 것이라고 놀라운 정확성으로 예언했던 것은 프리드리히 니체(Friedrich Nietzsche)였다. 당시까지 인류의 최대 비극인 제1차 세계대전이 끝나가던 1918년과 1923년 사이에 독일의 역사철학자 오스월드 슈펭글러(Oswald Spengler)는 2권으로 이루어진 〈서구의 몰락〉(The Decline of the West)을 출간했다. 그에게 역사는 유기체적 문화들의 성찰과 퇴락을, 그것들의 본질은 신비를, 동력은 염원을, 그리고 그것들의 표명은 권력을 대변했다. 중요한 것은 생물학으로부터 문화 그리고 문명으로 그리고 다시 생물학적으로의 복귀이다. 슈펭글러의 이러한 역사철학적 비관주의의 바탕에서 1929년 세계경제대공황은 서구문명의 위기감을 널리 일반화시켰다.

제1차 대전은 미국의 윌슨 대통령이 정의했던 것처럼 평화지향적 민주국가와 전쟁지향적 독재국가 간의 투쟁이었다. 그러나 전쟁에서 승리한 민주주의 국가들은 혼란과 정치의 무기력으로 서구문명의 몰락이 마치 필연적인 것으로 인식하기 시작했다. 그러나 서유럽의 이러한 절망적 분위기 속에서 전체주의 파시스트들이 대안세력으로 등장했다. 이탈리아에서 무솔리니가, 그리고 독일에선 히틀러가 마치 니체가 말하는 '초인(Superman)'을 자처하면서 당시 '야만적 볼셰비즘(Barbaric Bolshevism)'과 '타락한 민주주의(Decadent Democracy)'의 위협으로 부터 몰락하는 서구문명의 구원자로 나섰다. 그리하여 파시즘의 흥망은 20세기 서양정치사에서 거대한 사건이었다.

많은 자유 민주주의자들은 파시즘을 하나의 극단적 우익의 반동운동이라고 완전히 오해했다. 또 다른 많은 사람들은 그 속에서 볼셰비즘(Bolshevism)의 피부를 가진 전체주의의 특수한 표명 이상의 어떤 것도 보지 않음으로써 우익 전체주의인 파시즘의 특이한 성격을 모호하게 했다. 또 다른 사람들은 여전히 특수한 민족성, 특히 독일의 민족성의 관점에서 그것을 설명하려고 했고 그리고 또 전례를 위한 역사적 과거를 찾으려고 했다. 그러나 〈전체주의의 기원〉(The Origins of Totalitarianism)의 선구적 연구로 명성을 얻은 한나 아렌트(Hannah Arendt)는 전체주의란 우익이나 좌익 혹은 권위주의적 이거나 민주적이라는 정치의 전통적 범주를 통해서는 이해할 수 없고 오직 근대사회의 붕괴를 막고 또 역전하려는 진실로 "새로운 형태의 정부"라고 주장했다. 1919년 노벨문학상 수상자인 독일의 작가 토마스 만(Thomas Mann)은 파시즘을 "어디에서나 편안하고 또 그것으로 부터 어떤 나라도 자유롭지 않은 시대의 질병"이라고 불렀다. 유럽의 파시즘 발전에는 마르크시즘의 흥망이 결정적 중요성을 가졌다. 자유주의적 낙관주의의 전성기인 19세기 중반 기묘한 통찰력으로 유럽사회의 취약성을 드러낸 강력한 역사철학과 혁명 운동가 였던 공산주의자들은 우선 먼저 유럽사회를 붕괴지점까지 악화시키고 그리고 나서 다시 마르크시스트 유토피아의 이미지로 유럽사회를 다시 통합시키려는 결의에 차 있었다.

그러나 1914년 8월 제1차 세계대전이 발발했을 때 그리고 그 직후 3년 동안 마르크시즘은 기본적인 역사철학적 가정과 정치적 예언의 두 가지 관점에서 역사적 수행의 시험을 받게 되었다. 하나는 자본주의 국가들에 살고 있는 노동계급은 국가들끼리 서로 대항하는 전쟁에 참가하지 않을 것이고, 그리고 또 하나는 한 나라에서 성공적인 마르크시스트 혁명이 범세계적 혁명을 촉발할 것인지의 여부였다. 20세기 마르크스주의자들은 이 두 가지 시험에서 모두 낙방했다. 그 결과 사회의 '과학'으로서 그리고 사회의 구원자로서 마르크시즘의 신용은 완전히 손상되었다. 그럼에도 불구하고 세속적 종교처럼 좌익 공산 전체주의는 아직도 중국과 북한 그리고 베트남에서 명맥을 유지하고 있다.

20세기 전쟁과 혁명의 시련으로부터 민족국가가 피를 흘리고 비틀거렸지만 그러나 민족주의는 여전히 유럽사회들을 함께 유지할 수 있는 유일한 세력으로서 등장했다. 제2차 대전을 치르면서 소련 공산주의의 차르 스탈린도 '공산주의' 대신에 러시아의 '애국주의'에 호소했다. 그럼에도 공산주의는 계급사회의 건설을 위해 계속해서 민족을 약화시키고 파괴하려고 위협했다. 그러나 공산주의의 지적 환상과 정치적 취약성이 명백히 드러났다. 계급이 아니라 민족이 사회의 붕괴와 정치적 아나키(anarchy)에 대한 유일한 대안으로 보였다. 그리하여 민족의 생존에 대한 바로 그 위협이 민족을 구하려는 광신적 결심을 불러일으켰던 것이다. 바로 이 지점에서 우익 전체주의 파시즘의 역사적 순간이 들이닥친 것이다.

파시즘은 민족주의와 사회적 혁명에 대한 광신적 호소와 사회의 전체주의적 군사조직을 결합하여 유럽사회를 구원하려고 했다. 이것은 먼저 이탈리아에서 과거 로마제국의 향수를 불러일으키며 무솔리니의 전체주의적 파시스트 정당을 등장시켰고 독일에선 '국가사회주의 노동자당(the National Socialist German Workers Party)', 즉 나치스 당의 이름으로 표현되었다. 그리하여 파시즘은 전체주의라는 점에서 공산주의와 동일하지만 그러나 전형적으로 수정된 방법으로 적을 파괴하려는 반-마르크시즘이었다. 독일 나치즘과 이탈리아의 파시즘이 전체주의의 주된 유형임은 너무나 분명하다. 그러나 당시 프랑스의 파시즘은 독특한 유형이 되지 못했다.

파시즘은 1789년 프랑스 대혁명의 유산에 대한 보수주의적 반대를 품었다. 이런 추세는 이탈리아의 파시즘에서 강력했다. 그리하여 이탈리아의 파시즘은 현상의 보호를 위해서 교회 및 군주와 동맹을 맺었다. 그러나 이탈리아의 파시즘도 대체로 인민의 평등주의적 합의하에 정권을 수립하려는 혁명적인 평등주의적 성향을 알고 있었다. 이런 혁명적 추세가 독일 나치즘의 독특하고 지배적인 특징이었다. 그러나 조직된 인민과 엘리트층 그리고 지도자 사이에 직접 민주적 연계를 수립하려는 시도는 지적으로 강력한 루소의 일반의지를 내포했고 또 정치적으로 그것은 1789년의 세 가지 여망들 중에서 두 가지의 결합으로 간주될 수 있다. 즉, 평등과 박애를 결합하면서 자유를 희생시킨 것이다. 그리하여 한편으로 파시즘은 1789년 자유주의적 여망들에 반대하는 반면에 다른 한편으론 그 과정에서 제아무리 왜곡되고 부패되었다고 할지라도 1789년의 평등주의와 박애주의를 완성시킨 것으로 간주될 수 있을 것이다. 바로 여기에 전통적 전제정치(autocracy)와 20세기 전체주의(totalitarianism)의 결정적 차이가 있다. 전제정치(despotism)는 무관심하거나 적대적인 사람들에게 그것의 의지를 강요한다. 반면에 전체주의는 피치자의 동의로 통치하려고 하고 또 성공할 수 있었다. 일반적으로 전체주의 국가의 선거는 언제나 어쩔 수 없이 수치이며 또 인민의 진정한 의지를 결코 반영하지 않을 것이라고 오해된다. 그러나 나치 독일과 파시스트 이탈리아에서 선거처럼 그것들은 의심할 여지없이 인민의 의지와 정부 사이의 합의를 표현했다.

그러므로 전체주의를 진정한 민주주의와 분리하는 것은 정부가 피치자의 동의를 얻는 방식에 있다. 전체주의는 매스 미디어의 독점적 지배와 조작 그리고 선동과 선전을 통해 그 동의를 생산한다. 그리하여 인민의 동의가 정부에 제약을 가하지 못하고 정부에게 무제한 자유를 부여하는 기능을 수행할 뿐이다. 반면에 진정한 민주주의에선 피치자의 동의란 대중의 지지를 위해 서로가 자유롭게 경쟁하는 적대적 세력간 상호작용의 일시적 결과이다. 여당도 이 경합에 본질적으로 평등하게 들어간다. 여당이 위신이나 영향력 그리고 정보의 덕택으로 갖을 수 있는 어떤 이점도 자유경쟁의 원칙에 실질적인 영향을 미치지 않는다. 그러므로 진정한 민주주의 정부는 다음 선거에서 생존할 수 있을지를 확신할 수가 없다.

진정한 민주주의는 자신을 불완전한 형태로 전환시켜 전체주의로 타락하는 유혹을 항상 경계해야 한다. 민주주의는 인민의 의지가 정부의 자유를 제한하는 것이 필요한 반면에 민주주의도 역시 인민의 의지가 제한되는 것을 필요로 한다. 그렇게 제한되지 않은 인민의 의지는 다수의 폭정이 되어 정치적 경쟁의 자유를 파괴하고 정부의 권한들을 새로운 다수가 정부를 구성하는 것을 막고 스스로 권좌에서 영구히 머무는데 사용할 것이다. 경쟁할 자유의 파괴는 경쟁 그 자체의 파괴로 한 걸음 더 나아가면 그것은 바로 좌와 우의 전체주의라고 할 것이다. 윈스턴 처칠은 파시즘과 공산주의가 서로 간 차이보다는 훨씬 더 많은 공통점이 있다는 것을 일찍이 간파했다: "남극과 북극은 지구의 정 반대쪽에 있다. 그러나 만일 당신이 어느 한쪽 극에서 내일 잠에서 깬다면 당신은 어느 쪽 극인지 알 수 없을 것이다. 아마도 한쪽엔 많은 펭귄들이 있을 것이고 다른 한쪽엔 곰들이 많이 있을 것이지만 주변엔 온통 얼음과 눈, 그리고 매섭게 부는 바람만 있을 것이다." 결국 파시즘과 공산주의 전체주의는 남극과 북극처럼 사람이 살 곳이 아니라는 말이었다.

18세기 자유 민주주의 이론가였던 몽테스키외는 일찍이 자유로운 민주주의 사회에서 선동가에 의한, 즉 요즈음의 용어로는, '대중영합주의(populism)'에 의한 '부드러운 전제정치(soft despotism)'의 등장 위험성을 경고했었다. 18세기 부드러운 전제정치는 과학기술의 발전이 가져다 준 선전과 선동을 통한 세뇌로 인해 20세기에는 전체주의가 되었다. 20세기 파시즘의 가장 뚜렷한 특징은 국가적 투쟁을 위해 국가사회의 완전한 획일성과 평화시에도 전시와 같은 총체적 국민동원체제이다. 그러므로 전쟁은 그 체제의 거의 필연적 욕구이고 행위이다. 그러나 전국민의 사상과 행동의 획일성은 민주적 정치과정을 지지하는 기본적 가정의 반대이다. 민주주의자들은 애국적일 수 있지만 그러나 우선, 무엇보다도 모두 민족주의자는 아니다. 그들의 주된 관심사는 국가 그 자체가 아니라 오히려 통치의 어떤 원칙들과 절차에 관한 믿음이다. 민주주의는 개인주의, 자유, 그리고 정치적 정책결정에 대중의 참여를 강조하는 한 어느 정도 무질서를 감내해야 한다. 엄격한 수직적 질서와 무조건 복종 대신에 평등과 자기책임이 민주시민의 조망을 지배한다. 개인적 자유에 대한 믿음이 자기표현을 고무하고 생활방식의 다양성과 규범의 다원성을 가져온다. 민주주의는 일정한 한계 내에서 다소 이단적 하위문화(sub-culture)와 광범위한 의견의 존재를 용인한다. 그러므로 민주주의적 문화는 건전한 질서와 적절한 행위에 대한 단일한 정의의 강력한 필요성을 요구하는 사람들과 부딪친다.

오늘날 대한민국의 자유민주주의를 위협하는 21세기의 전체주의는 20세기 적대적이었던 공산주의와 파시즘의 두 이데올로기가 전술적 필요에 따라 멋대로 결합하는 기이한 모습을 하고 있다. 또한 그것은 20세기 전체주의처럼 정치적 억압에 의존할 필요가 없을지도 모른다. 기술적 합리성과 언론조작을 통한 대중영합주의적 선동과 선전의 유혹으로 충분할 것이기 때문이다. 그렇기 때문에 21세기 전체주의 유혹은 더 위험하고 덜 가시적이다. 그러므로 우리는 합리적 설득보다는 이성적 요구에 더 귀를 기울이고 선동과 선전보다는 이성적 토론과 선택을 위해 더욱 애를 써야 한다. 그렇지 않는다면 우리는 자유를 빼앗김이 없이 스스로 자유를 포기한 결과를 맞이하게 될 것이다. 자유가 없는 민주주의는 사실상 전체주의일 것이다. 그러므로 감상적인 이데올로기가 아니라 오직 인간 이성에 의지하면서 전체주의의 유혹에 대항하여 끝없는 경계와 지칠 줄 모르는 투쟁을 통해서만 자유민주주의를 향유할 수 있을 것이다.

제5부

국제 정세

제79장

국제평화와 안전을 약속한 유엔: 그때와 지금

"유엔의 목적은 우리들을 천국으로 인도하는 것이 아니라 지옥으로부터 우리들을 구하는 것이다."

유엔의 제2대 사무총장이었던 다크 함마쉘드(Dag Hammarskjoeld)의 가장 유명한 말이다. 그렇다면 지금 유엔은 그렇게 하고 있는가? 2022년 2월 러시아가 유엔회원국인 우크라이나를 기습 침략하는 행위를 목격하면서 사람들은 유엔은 도대체 무엇을 하고 있는지를 묻기 시작했다. 더구나 유엔헌장을 누구보다도 잘 준수해야 할 안전보장이사회의 상임이사국 러시아의 노골적 침략행위는 유엔헌장의 규정에 따라 마땅한 응징을 받아야 하지 않겠는가? 그러나 우크라이나의 침략문제가 유엔 안보리의 의제로 상정조차 되지 않고 있는 작금의 현실을 어떻게 이해해야 할 것인가?

그러나 유엔의 창설의 과정을 잘 아는 사람들에게 그런 기대는 백일몽에 지나지 않는다. 유엔은 강대국 간의 합의를 전제로 탄생한 것이지 강대국을 응징하기 위해 설립된 것이 아니었다. 그것은 원래 1942년 프랭클린 루즈벨트 대통령의 전후 미, 영, 소, 중의 '4개 경찰국가'의 개념에서 출발했다. 후에 프랑스가 인정되어 5대 상임이사국이 주도하는 안보리는 국제사회의 전통적인 강대국체제를 그대로 반영한 것이지 그 체제에 대한 대안으로 창설된 것이 아니었다. 유엔의 창설을 논의하는 과정에서 모든 회원국들이 참여하는 총회의 불필요성에 대한 주장에 처칠은 "작은 새들도 노래할 기회를 가져야 한다. 그러나 독수리들은 작은 새들이 무슨 노래를 부르는가에 대해 신경 쓸 필요는 없다."라고 말했었다.

자국의 권한을 극대화하면서 유엔을 보호하려는 미, 영, 소 3국들은 모두 총회를 토론을 위한 포럼으로만 인정했다. 그리하여 총회가 비록 어떤 결의안을 만장일치로 통과시킨다고 할지라도 회원국들에게 오직 '권고'를 할 수 있을 뿐이다. 모든 회원국들에 구속력을 갖는 결정을 할 수 있는 곳은 오직 안보리뿐이다. 그러나 이곳은 상임이사국인 강대국들 중 한 국가라도 거부권을 행사하면 유엔의 집단안보의 기능이 작동할 수 없다. 유엔헌장 제27조 3항에 의한 상임이사국, 즉 강대국의 거부권은 유엔의 법적 권한일 뿐만 아니라 실제 국제사회의 변함없는 냉혹한 현실적 조건이기 때문이다. 이 거부권 제도가 없이는 유엔창설 자체가 불가능했다. 어떤 의미에서 유엔은 전후 국제사회의 새로운 서열을 제도화한 것이라고 말할 수 있다.

이뿐만 아니라 1945년 6월 유엔헌장이 채택된 지 미처 한 달도 안 된 7월 미국이 최초의 원자탄 실험에 성공하여 세계는 곧 핵시대가 되어버렸다. 더구나 1949년 소련마저 핵무기를 보유하게 되었을 때 세계는 과거와는 완전히 다른 안보적 환경에 접어들었다. 핵시대의 도래는 집단안전보장제도를 통해서 국제평화와 안전을 모색하던 유엔엔 마치 네메시스(Nemesis)의 저주와 같았다. 핵 대결의 전략적 혁명은 유엔의 집단안보체제를 사실상 마비시켜 버렸다. 왜냐하면 핵전쟁을 감수하면서까지 헌장의 규정을 준수할 국가는 없을 것이기 때문이다. 그리하여 국제사회는 유엔체제보다는 경합적 초강대국들과 그들의 동맹체제에 의한 핵억제체제에 의존하게 되었다. 따라서 유엔은 자신의 헌장에 따라 행동할 수 없는, 즉 스스로 선포한 국제평화와 안전의 유지라는 국제적 약속을 지킬 수 없는 처지로 전락하고 말았다.

그렇다고 해서 유엔이 그동안 국제평화와 안전을 위해서 아무런 기여도 하지 않았던 것은 아니었다. 1950년 6월 25일 북한이 남한에 대한 기습적 침략을 감행했을 때 유엔 안보리는 헌장의 제7장에 따른 군사력의 사용에 관한 첫 시험대에 올랐다. 당시 유엔은 미 · 소 간의 대립으로 제43조에 입각한 군사력을 확보하지 못했으며 제47조에 규정된 군사참모위원회도 설립되어 있지 않았다. 그리하여 유엔 안보리는 중국의 대표권 문제를 이유로 소련이 안보리에 불참하고 있음에도 불구하고 1950년 6월 27일 안보리는 결의안 83호를 통해 회원국들에 남한을 방어하도록 하는 조치를 결정하지 못하고 회원국들이 자발적으로 남한을 돕고 필요한 조치를 취하도록 '권고'했던 것이다. 그러나 이런 유엔의 한국전 개입은 그 후 오랫동안 미·소 간의 냉전체제를 더욱 심화하고 악화시키는 결과를 초래했다.

1990년에 들어서 냉전의 종식과 걸프전은 유엔이 마침내 헌장으로 복귀하여 유엔의 약속을 실현할 수 있게 된 것처럼 보이게 했다. 1990년 8월 이라크가 쿠웨이트를 전격 침략한 뒤 11시간 후에 소집된 유엔 안보리는 헌장 제7장에 입각하여 이라크가 즉각적이고 무조건 모든 병력을 철수할 것을 요구하는 안보리 결의안 660호를 채택하였다. 이라크가 이 요구를 거부하자 같은 해 11월 29일 안보리는 결의안 660호를 실현하기 위한 안보리 결의안 678호를 채택하고 1991년 1월 16일부터 2월 28일까지 미국이 주도하는 28개 회원국의 군사작전을 통해 이라크군을 모두 축출하고 쿠웨이트를 해방시켰다. 이것은 냉전종식 후 소련제국의 붕괴에 따른 유일 초강대국인 미국의 압도적 영향력에 입각한 유엔의 조치였다.

그 후 국제체제의 다극화 추세로 유엔은 또다시 그 권능을 상실하고 유엔의 약속을 지키지 못하고 있다. 이러한 유엔의 실제적 한계와 참으로 실망스러운 비극적 역사를 안다면 작금에 벌어지고 있는 러시아의 우크라이나 침략행위에 대해 안보리가 의제로 채택하지도 못하는 유엔의 무(無)대응과 무능력을 쉽게 이해할 수 있을 것이다. 요컨대 유엔은 국제평화와 안전의 '약속된 땅'이 아니라 일종의 '실낙원'이라 해도 크게 지나친 말은 아닐 것이다.

제80장

아랍세계의 형태(Gestalt)는 어떻게 진화하였는가?(1)

◇ 예언자 무함마드와 이슬람의 시작

지금 '신(神)들의 전쟁'이 재개된 중동지역은 세계 위대한 종교들의 산실이었다. 유대교, 기독교, 그리고 모슬렘이라는 3개의 위대한 종교들이 모두 그곳에서 탄생했다. 본문의 주제인 아랍세계는 모슬렘의 영역이다. 서기 570년 메카(Mecca)에서 태어난 무함마드(Muhammad)는 40세의 나이에 신의 계시를 받아 그때부터 약 23년 동안 쿠란(the Quran)이라고 알려진 신의 계시를 기록했다.

서기 6세기 말까지 중동은 콘스탄티노플을 수도로 하는 동로마제국인 비잔틴 제국과 오늘날 바그다드 근처인 크테시폰(Ctesiphon)에 수도를 두고 토착 조로아스터교(Zoroastrianism)를 실천하는 서사니드(Sassanid) 페르시아제국이 지배하고 있었다. 서기 602년에 페르시아 제국이 비잔틴 제국의 영토를 침공하여 25년간의 전쟁을 치르면서 서로의 세력을 시험했다.

최종적으로 비잔틴 제국이 승리했지만 그들은 함께 탈진하여 마침내 평화를 이루었다. 그러나 비잔틴 제국과 페르시아 제국이 서로를 무기력하게 만든 이 긴 전쟁은 이슬람이 궁극적인 승리의 문을 열어주었다.

어떤 제국도 통제하지 않던 서부 아라비아의 척박한 사막에서 예언자 무함마드와 그의 추종자들은 새로운 세계관에 입각하여 세력을 모았다. 무함마드와 그의 신앙공동체는 정치적 조직체를 조직하여 아라비아 반도를 통일했고 기존의 종교들을 대체했다.

유례가 없는 확장의 파도는 이슬람의 부상을 역사상 가장 중대한 사건들 가운데 하나가 되게 하였다. 서기 632년에 무함마드가 죽자 아랍의 군대들은 이 새로운 종교를 아프리카의 대서양 해안, 대부분의 스페인, 프랑스 중심부, 그리고 북부 인도까지 확장했다. 중앙아시아와 러시아, 중국의 일부, 그리고 대부분의 동인도들이 그 후 수세기에 걸쳐 뒤따랐다.

이곳에서 상인들이나 정복자들에 의해 전수된 이슬람은 지배적인 종교로 자리 잡았다. 아랍의 작은 집단들의 연합체는 그 지역을 수세기 동안 지배했던 제국들을 패퇴시킬 운동을 조장할 수 있었다. 그것은 수십 년 전만 해도 상상할 수 없는 일이었다. 인접 사회들은 그때까지 아라비아 반도를 제국적 세력으로 간주하지 않았다.

수세기 동안 아랍인들은 사막과 근처의 비옥한 땅에서 부족 중심적이고 목축업에 종사하는 준-유목민의 삶을 살았다. 이때까지 아랍인들은 거대한 국가나 제국을 수립하지 않았다.

◇ 이슬람의 세계관

이슬람이 정복하거나 조공을 바치는 비-모슬렘인들을 지배하는 지역은 '이슬람의 집(Dar al-Islam)' 혹은 평화의 왕국으로 인식되었다. 그곳은 예언자 무함마드가 행사한 지상의 정치적 권위에 대한 정당한 계승에 의해서 정의되는 제도인 캘리프(the Caliph)에 의해서 통치되었다. 그 밖의 땅들은 전쟁의 영역(Dar al-harb)으로 이슬람의 사명은 이런 영역들을 그 자신의 세계질서 속으로 통합하여 우주적 평화를 이루는 것이었다. 이슬람에 의한 평화(Pax Islamica)가 모든 질서를 대체하는 것이다. 이런 우주적 체제를 달성하는 전략은 투쟁을 통해서 그들의 신앙을 확장하도록 신도들에게 맹세하게 하는 의무감인 성전(jihad)이라 부를 것이다. 성전은 전쟁을 포함하지만 그러나 그것은 군사전략에 국한되지 않았다. 그것은 이슬람의 메시지를 구하고 확산하는 인간의 완전한 힘을 구사하는 다른 수단, 즉 그 종교의 원칙들을 명예롭게 하는 정신적 노력과 위대한 행동을 포함했다. 주어진 환경에 따라 신도들은 '그의 심장, 그의 혀, 그의 손, 혹은 검으로' 성전을 실행할 것이다.

진격하는 모슬렘이 상봉하는 사람들에게는 개종하거나 피보호자의 신분이 아니면 정복이 제안되었다. 절정의 17세기 전투 전야에 포위된 페르시아 제국과 협상하도록 파견된 아랍 모슬렘의 사자는 "이슬람을 포용하면 당신들을 그대로 둘 것이고, 만일 인두세를 내는 데 동의한다면 당신이 보호가 필요할 때 우리는 보호할 것이다. 그렇지 않으면 전쟁"이라고 선언했다. 아랍의 막강한 기병대가 그런 위협을 뒷받침했다. 이슬람 사업의 역동성과 성취를 보면서 전멸의 위협을 느낀 사회들은 새로운 종교와 비전을 채택했다. 이슬람의 확산이 모든 인류를 통일하여 평화를 가져올 것이라는 신념에 따라 이슬람은 유일한 종교임과 동시에 다수 인종의 '초-국가(supcrstate)'였다.

◇ 오스만 제국의 등장과 팽창

모슬렘의 지배영역이 확장되는 과정에서 마침내 위대한 모슬렘 제국이 출현했다. 13세기에 우주적 질서의 꿈이 다시 등장했다. 정복자 오스만(Osman)의 추종자들인 오스만 터키인들이 이끄는 새로운 모슬렘 제국이 그들의 한때 작은 아나톨리 국가(minor Anatolian state)를 비잔틴 제국의 마지막 잔해에 도전하여 결국 대체할 수 있는 막강한 제국으로 확장했다. 그들은 과거 수세기 동안 위대한 이슬람 캘리프 왕국들에 대한 계승국을 건설하기 시작했다. 그들은 스스로 통일된 이슬람 세계의 지도자들임을 자처하면서 그들은 처음에 발칸으로 성전들을 내세운 갑둑들에 의해 전 방위로 확장했다. 1453년 그들은 마침내 비잔틴 제국의 수도인 콘스탄티노플을 정복하여 지리상 전략적으로 보스포러스 해협(the Bosphorus Strait)에 걸터앉았다. 그다음에 그들은 남쪽과 서쪽으로 아라비아 반도, 메소포타미아, 북아프리카, 동유럽, 그리고 코카시스로 진격하여 동 지중해에서 지배적인 연안지역의 지배국이 되었다. 초기 이슬람 제국처럼 오스만인들은 자기들의 정치적 사명을 우주적으로 인식하여 세계질서를 유지한다고 생각했다. 그리하여 오스만 제국의 술탄들(Sultans)은 자신들을 지상에서 신의 그림자(the Shadow of God)이며 세계를 보호하는 지배자로 선포했다.

오스만 제국은 500여 년 전 그것의 선임자들처럼 그것이 서쪽으로 확장하면서 서유럽 국가들과 접촉하게 되었다. 후에 유럽의 다극적 국제체제(the multipolar international system)로 제도화된 것과 자신이 유일한 우주적 제국이라는 오스만의 개념 사이의 차이는 그들 간의 상호작용에 복잡한 성격을 부여했다. 오스만인들은 유럽 국가들을 정당하거나 평등한 존재로 수락하기를 거부했다. 이것은 단순히 이슬람의 교리 문제가 아니었다. 그것은 힘의 관계에 대한 판단을 반영하기도 했다. 왜냐하면 당시 오스만 제국은 영토적으로 모든 서유럽 국가들을 합친 것보다 더 컸으며 수십 년 동안 생각할 수 있는 서유럽 국가들의 어떤 연합세력보다도 군사적으로 더 강력했다. 이런 맥락에서 오스만 제국의 공식 문건들은 유럽의 군주들에게 오스만 제국의 지배자인 술탄보다도 의전상 낮은 지위를 부여했다. 그것은 술탄의 고관이나 수상에 버금갔다. 같은 이유로 오스만 제국에 의해 콘스탄티노플에 거주하도록 허용된 유럽의 대사들은 탄원자의 지위로 간주되었다. 이 사자들과 협상된 계약들은 쌍무적 조약들이 아니라 일방적이고 위대한 술탄에 의해 언제든지 회수될 특권의 승인에 지나지 않았다.

◇ 유럽과 오스만 제국의 지정학적 제휴

오스만인들은 군사적 능력의 한계에 달했을 때 유럽은 종종 전술적 이익을 위해 상호 간 제휴에 들어가기도 했다. 이따금씩 전략적이고 상업적 이익이 종교적 교리를 피해갔다. 1562년 남쪽으로는 스페인에서 합스부르크 힘과 동쪽으로는 합스부르크 왕가의 신성로마제국에 자신이 둘러싸인 것을 걱정하는 프랑스가 오스만의 술레이만 황제에게 군사동맹을 제안했다. 그것은 프랑스가 동일한 전략적 개념으로 가톨릭 프랑스가 100년 후에 30년 종교전쟁에서 개신교의 대의와 스스로 제휴한 것과 같다. 합스부르크의 세력을 동유럽에서 오스만 야심에 대한 주된 장애물로 간주한 술레이만은 프랑스 왕 프란시스 1세(Francis I)를 명백한 주니어 파트너로 취급했지만 그 제휴제안에 호의적으로 반응했다.

그는 동맹에 동의하지 않았다. 왜냐하면 동맹은 도덕적 평등을 의미했기 때문이다. 그 대신에 그는 자기의 지원을 위에서 하명하는 일방적인 행위로 부여했다. 그리하여 스페인과 이탈리아 반도에 대한 오스만-프랑스 간의 합동 해군작전을 포함하는 성공적 군사협력이 등장했다. 동일한 법칙을 활용하여 합스부르크 왕가는 오스만인들을 뛰어넘어 페르시아에 있는 시아 사파비드 왕조(Shia Safavid Dynasty)와 동맹을 간청했다. 적어도 한동안 지정학적인 명령이 이데올로기를 압도했다.

◇ 오스만 제국의 쇠락과 유럽의 팽창

유럽에서 기나긴 종교전쟁 후 1648년 베스트팔렌 체제가 등장했다. 그 후 유럽에 대한 모슬렘 제국의 침공이 재개되었다. 가장 중요한 것은 오스만 제국군이 1683년 오스트리아의 빈(Vienna)에 도달하여 그 도시를 포위한 사건이었다. 그 해에 사보이의 유진(Eugene of Savoy)이 이끄는 유럽의 군대에 의해서 깨어진 빈의 포위는 모슬렘 제국 팽창의 절정을 이루었다. 그 이후 오스만 제국은 궁정의 정통파 종교적 파당들이 근대화에 저항함으로써 점점 경화되었다. 반면에 유럽에선 혁명에 따른 격동의 시대를 경험했다. 프랑스 대혁명과 20년에 걸친 나폴레옹 전쟁 후 빈에서 평화가 회복되고 유럽협조체제가 수립되었다.

그러자 모슬렘 세력과 유럽 세력의 변화는 팽창의 방향을 역전시켰다. 러시아가 북쪽으로부터 오스만 제국을 밀어붙여 흑해와 코카서스로 진격했으며, 러시아와 오스트리아가 동쪽과 서쪽에서 발칸으로 진격했고, 그 사이에 프랑스와 영국은 오스만 제국의 최고 보석인 이집트에서 영향력을 위한 경쟁을 벌였다.

국내적 혼란으로 격변에 처한 오스만 제국은 서방국가들이 의해서 '유럽의 병자(the Sick Man of Europe)'로 취급되었다. 외교사가들은 이때 오스만 제국의 문제를 동방문제(the Eastern Question)라고 불렀다. 19세기 동안에 주요 유럽 강대국들이 유럽의 힘의 균형을 뒤엎지 않고 오스만 제국의 영토를 나눠먹으려 시도했다. 이제 오스만 제국은 유럽의 강대국들을 상대로 약자의 수단을 사용했다. 오스만인들은 경쟁하는 강대국들의 관계를 조종하여 최대한 행동의 자유를 달성하려고 노력했다.

◇ 제1차 세계대전

이런 역사적 과정을 통해 오스만 제국은 19세기 말에 유럽의 베스트팔렌 국제질서의 잠정적인 회원국으로서 유럽의 균형 과정에 진입했지만 그러나 자국의 운명을 온전히 통제하지 못하는 퇴락하는 강대국으로 간주되었다. 즉 오스만 제국의 무게는 유럽의 균형을 수립하는 데 고려 대상이 되었지만 그것을 계획하는 충분한 파트너로는 간주되지 않았다. 영국은 러시아가 흑해 해협으로 진출하는 것을 막기 위해 오스만 제국을 이용했다.

오스트리아는 발칸의 문제들을 다루는 데 있어서 러시아와 오스만 제국과의 동맹을 교체해 갔다. 그러다가 제1차 세계대전이 발발하자 오스만 제국은 독일과 동맹을 맺었다. 따라서 오스만 제국의 미래는 제1차 세계대전의 결과에 전적으로 달려있게 되었다. (계속)

제81장

아랍세계의 형태(Gestalt)는 어떻게 진화하였는가?(2)

제1차 세계대전이 발발하자 오스만 제국은 베스트팔렌 국제체제와 이슬람 체제로부터 모두 자기에게 유리한 명분을 끌어내며 독일편에 서서 참전했다. 오스만 관리들은 성전을 선언하고 이슬람을 괴멸할 목적으로 이슬람 세계에 대해 공격을 가했다고 러시아, 프랑스, 그리고 영국을 비난하면서 모든 국가의 모슬렘인들을 위한 종교적 의무를 선포했다. 그러나 당시의 시대적 추동력은 지구적 성전이 아니라 민족적 정체성과 국가이익이었다. 미국의 우드로 윌슨 대통령이 선언한 민족자결(national self-determination)의 원칙이 범세계적으로 널리 퍼져 나갔다. 그러나 그 원칙은 유럽의 강대국들에겐 여전히 미래의 이상으로 남았다. 영국의 식민지인 인도에서 핵심적 모슬렘 지도자들은 힌두교 동포들과 합심하여 종교 대신에 독립운동에 집중했다. 아라비아 반도에서는 민족적 야망이 깨어났다. 범(凡)이슬람 지지에 대한 독일의 희망은 한낱 신기루에 지나지 않았다. 1918년 제1차 세계대전의 종식에 따라 과거 오스만 제국의 영토들은 여러 가지 부과된 메커니즘으로 베스트팔렌 국제체제 안으로 편입되었다.

◇ 제1차 세계대전과 중동 분할

제1차 세계대전 후 오스만 제국에 남겨진 부분과 1920년에 체결된 세브르(Sevres)조약은 중동을 그때까지 정치적 용어가 아닌 개념으로서 일종의 국가늘의 조각보(patchwork)로 생각했다. 이집트와 비-아랍 이란 같은 몇 국가들은 과거에 제국으로서 그리고 문화적 실체로서 역사적 경험이 있었다. 다른 국가들은 영국이나 프랑스의 위임통치령으로 발명되었는데 그것들은 여전히 지도가 필요한 맹아적 국가들로 정의하는 식민주의의 다양한 속임수이거나 가부장적 시도였다. 1916년 영국과 프랑스 사이에 체결된 시케스-피코트 협정(the Sykes-Picot Agreement)은 중동을 사실상 그들 간의 영향권으로 분할했다. 국제연맹에 의해서 비준된 위임통치제도는 이 분할에 효력을 부여했다. 그리하여 시리아와 레바논은 프랑스에 위임되었고 후에 이라크가 된 메소포타미아는 영국의 영향력하에 들어갔다. 그리고 지중해 해안에서 이라크에 이르는 팔레스타인과 트랜스요르단(Transjordan)은 팔레스타인을 위한 영국의 위임통치령이 되었다. 이런 실체들의 각각은 복수의 종파적이고 인종적 집단을 내포했다. 그리고 그들 가운데 몇몇은 서로 간 갈등의 역사를 갖고 있었다. 이것은 위임 통치하는 강대국으로 하여금 부분적으로 긴장을 조장하여 그들을 지배하게 하였고 그 과정에서 훗날의 전쟁과 내전들의 불씨를 심었다.

◇ 영국정부의 밸푸어 선언과 이스라엘 건국

급성장하는 시오니즘에 관해 1917년 영국정부의 밸푸어 선언은 영국이 팔레스타인에서 유대인들을 위한 조국의 수립을 찬성한다고 발표했다. 반면에 영국정부는 기존에 살고 있는 비-유대인 공동체들의 시민적 및 종교적 권리를 해칠 어떠한 일도 행해지지 않을 것임이 확실히 이해되고 있다고 보장했다. 영국은 동일한 영토를 메카의 사리프(the Sharif of Mecca)에게도 역시 약속하는 듯함으로써 이 표현방식을 합성했다. 이러한 권력의 재조정은 거대한 혼란을 일으켰다. 1924년 불타버린 오스만 터키의 잿더미 속에서 새로 선포된 터키 공화국(Republic of Turkey)이 탄생했다. 신생 터키 국가의 세속적이고 민족주의적 지도자들은 범이슬람 통일의 주된 제도인 캘리프를 폐지하고 세속적 국가로 전환을 선언했다. 그리하여 지금부터 모슬렘 세계가 승리한 베스트팔렌 국제질서와 지금도 실현될 것 같지 않은 이슬람 집(Dar al-Islam)의 개념 사이에 좌초했다. 아무런 경험도 없이 중동의 사회들은 자신들을 대부분이 역사적 뿌리가 전혀 없는 국경선을 가진 근대국가들로 재(再)정의되기 시작했다.

◇ **범아랍주의자들 vs 정치적 이슬람**

유럽식 세속적 국가의 등장은 아랍의 역사에서 전례가 없었다. 아랍의 첫 반응은 그들 자신들의 목적에 주권과 근대국가의 개념을 적용하는 것이었다. 기존의 통상적이고 정치적인 엘리트들은 베스트팔렌 질서의 틀과 지구적 경제 내에서 작동하기 시작했다. 그들이 요구했던 것은 평등한 구성원으로서 합류할 그들 인민들의 권리였다. 그들의 진정한 단결을 위한 구호는 베스트팔렌 질서의 전복이 아니라 기존의 정치적 단위들을 위한 진정한 독립이었다. 이런 목적들을 추구하는 데 있어서 세속화의 흐름이 힘을 얻었다. 그러나 그것은 유럽에서처럼 다원적 국가질서에서 절정을 이루지 않았다. 그 과정에서 두 개의 반대되는 추세가 등장했다. '범아랍주의자들'은 국가를 토대로 하는 체제의 전제를 수용했다. 그러나 그들이 추구하는 국가는 하나의 통일된 아랍국가로 단일 인종, 언어, 그리고 문화적 실체였다. 이와는 대조적으로 '정치적 이슬람'은 근대 아랍 정체를 위한 최선의 수단으로 공통의 종교에 대한 의존을 고집했다. 모슬렘 형제애가 지금은 가장 익숙한 표현인 이슬람주의자들은 종종 새 중산계급의 높은 교육을 받은 계층에서 나왔다. 많은 사람들이 이슬람주의를 서구화 없이 오직 근대화되기 위해 그들의 가치를 포기하지 않은 채 전후 시대에 합류하는 방식으로 간주했다.

◇ **유럽강대국 대신 미국이 중동의 주된 외부세력으로 등장**

제2차 세계대전 때까지 유럽의 강대국들은 제1차 세계대전의 여파로 중동을 위해 계획했던 지역적 질서를 유지할 만큼 충분히 강력했다. 그 후에는 점점 가만히 있지 못하는 주민들을 통제할 유럽 강대국들의 능력이 사라졌다. 그러자 미국이 주된 외부 영향력으로 등장했다. 1950년대와 1960년대에 이집트, 이라크, 시리아, 예멘, 그리고 리비아에서 다소 봉건적이고 군주주의적 정부들이 군사 지도자들에 의해서 타도되었으며 이 새로운 군사 지도자들은 세속적 통치를 수립해 나갔다. 그러나 이슬람의 유산이 곧 다시 되살아났다. 세속적 통치자들의 과잉과 실패를 종교적 통치의 필요성에 대한 쿠란의 주장을 결합하여 기존국가들을 대체하는 범이슬람의 신정(a pan-Islamic theocracy)의 수립을 주창했다. 그들은 서방과 소련을 똑같이 비난했다. 적지 않은 사람들이 기회주의적 테러행위로 자기들의 비전을 뒷받침했다.

◇ 나세르, 후세인 등 군사통치자들의 등장

중동의 군사통치자들은 이슬람의 정치적 운동들을 억압하면서 가혹하게 대응했다. 그것들은 근대화와 국가적 통일을 손상시킨다는 비난에 직면했다. 중동에서 군사적이고 군주제의 정부들은 이견을 난동으로 취급하여 시민사회나 다원적 문화들이 발전할 공간을 별로 남기지 않았다. 21세기에도 여전히 전제적 민족주의 맥락 속에서 현대의 국제질서와 일시적 조정이 이루어지고 있었다. 이집트의 나세르(Nasser)와 이라크의 사담 후세인(Sadam Hussein)과 같은 보다 야심적 지배자들은 무력이나 아니면 아랍통일에 대한 선동적 호소를 통해 그들의 영토적 확장을 시도했다. 1958년에서 1961년까지 이집트와 시리아 간의 단명했던 국가연합이 그런 시도를 반영했다.

그러나 이러한 노력은 아랍국들이 자신들의 세습 유산의 보호에 집착한 나머지 보다 넓은 정치적 통합을 이루지 못했다. 결국 군사 지배자들을 위한 정책의 공동토대는 국가이고 민족주의였다. 그리고 이것은 대부분이 기존의 국경선과 거의 일치했다.

◇ 중동 군사통치자들의 미소 냉전 이용

이런 맥락에서 중동의 군사통치자들은 자기들의 영향력을 높이기 위해 미국과 소련 간 냉전을 이용하려고 했다. 1950년대 말부터 1970년대 초까지 소련은 미국에 압력을 가하는 그들의 수단이었다. 소련은 아랍 국가들을 위한 무기 공급자였으며 외교적 대변자가 되었다. 그에 대한 보답으로 아랍 국가들은 소련의 국제적 목적을 일반적으로 지지했다. 군사 전제주의자들은 아랍 사회주의에 일반적 충성과 소련의 경제모델에 대한 칭송을 공언했다. 그러나 대부분의 경우에 경제는 전통적인 가부장제로 남았고 기술 관료들에 의해 운영되는 한 가지 산업에 집중했다. 군사정권들이 생각하기에 제1차적인 추동력은 정치적 혹은 종교적 이데올로기가 아니라 국가이익이었다.

◇ 이집트의 사다트, 친소(親蘇)에서 미국 동맹국으로 선회

이슬람과 비-이슬람 세계 사이 냉전시대의 관계는 전반적으로 그리고 본질적으로 베스트팔렌식 힘의 균형 접근법을 따랐다. 이집트, 시리아, 알제리 그리고 이라크는 일반적으로 소련의 정책을 지지했고 소련의 지도를 따랐다. 반면에 요르단, 사우디아라비아, 이란, 그리고 모로코는 미국에 우호적이었고 자신들의 안전을 위해 미국의 지원에 의존했다. 사우디아라비아를 제외하고 이 모든 국가들은 세속적 국가들로 운영되었다. 그러다가 1973~1974년에 이런 제휴관계는 변했다. 소련이 무기는 공급해 줄 수는 있지만 그러나 1967년 6일 전쟁(the Six-Day War) 후 이스라엘이 점령한 시나이 반도의 회복을 향한 외교적 진전을 제공할 수 없다고 확신한 안와르 알-사다트(Anwar al-Sadat) 이집트 대통령은 편을 바꾸었다. 그때부터 이집트는 사실상 미국의 동맹국으로 운영되었다. 이집트의 안전은 소련의 무기가 아니라 미국의 무기에 토대를 두었다. 시리아와 알제리도 미국과 소련 사이에서 보다 등거리의 위치로 이동했다. 중동에서 소련의 지역적 역할은 크게 축소되었다.

◇ 이스라엘 등장과 4차례 전쟁… 발칸의 위기를 닮아가는 중동 위기

아랍의 입장을 통일하는 하나의 이데올로기적 쟁점은 주권국가로서 이스라엘의 등장과 국제적으로 인정된 유대인들의 조국이었다. 이런 전망에 대한 아랍의 저항은 1948년, 1956년, 1967년, 그리고 1973년의 4번에 걸친 전쟁이었다. 이 모든 전쟁에서 이스라엘이 승리했다. 사다트 대통령의 사실상 반-소련 궤도로 바꾼 것은 이집트의 국가이익에 토대를 두었다. 그것은 이집트와 이스라엘 사이에 이스라엘 군 철수협정과 1979년 이스라엘과 평화협정을 가져온 강렬한 외교의 시기를 열었다. 그러자 이집트는 아랍연맹(the Arab League)에서 축출되었다. 사다트 대통령은 비난을 받고 그리고 결국 암살되었다. 그러나 그의 용기 있는 행동들은 비교될만한 이스라엘과의 조정을 달성하는 모방자들을 발견했다.

즉, 1974년에 시리아와 이스라엘은 양국 사이에 군사적 전선을 정의하고 보호하는 철수협정을 맺었다. 요르단과 이스라엘은 결국 평화협정에서 절정을 이룬 상호억제를 실천했다. 국제적으로 시리아와 이라크의 권위주의 체제는 여전히 소련으로 기울었지만 그러나 경우에 따라 다른 정책을 지지할 가능성을 열어 놓았다. 1970년대 말까지 중동의 2류 국가들은 자신들의 국가적 목적을 위해 지배적 강대국들의 경쟁을 조장하려 노력함으로써 중동의 위기는 점점 19세기 유럽 발칸의 위기를 닮아갔다. (계속)

제82장

아랍세계의 형태(Gestalt)는 어떻게 진화하였는가?(3)

◇ 이슬람 내 두 주요 종파인 수니파와 시아파의 형성

서기 632년 예언자 무함마드(Muhammad)가 죽었을 때 아랍 부족 원로위원회는 새 모슬렘 공동체에서 합의와 조화를 가장 잘 유지할 수 있는 인물로 무함마드의 장인인 아부 바크르(Abu Bakr)를 그의 후계자, 즉 캘리프(caliph)로 선출했다. 소수가 그 문제는 인간의 오류성을 의미하는 투표에 부쳐서는 안 된다며 권력은 예언자 무함마드의 가장 가까운 혈족인 그의 사촌인 알리(Ali)에게 자동적으로 전수되어야 한다고 믿었다. 이런 충돌은 결국 이슬람의 두 주요 종파를 형성했다.

아부 바크르의 추종자들은 '전통과 합의의 사람들'이라는 말을 줄인 수니(Sunnis)파가 되었다. 반면에 시아-알리(Shia-Ali)의 추종자들은 새 이슬람 사회의 통치는 비밀스럽게 전하는 요소를 갖춘 정신적 과업이라고 믿는 시아파가 되었다. 그들의 견해에 따르면 모슬렘은 무함마드로부터 직접 내려오는 정신적으로 재능 있는 개인들에 의해서 그들이 지도될 경우에만 무함마드의 계시와 올바른 관계를 이룰 수 있다는 것이다.

마침내 제4대 캘리프로 알리가 권좌에 오르자 그는 반란에 의해 도전을 받았고 한 폭도에 의해서 살해되었을 때 수니파들은 중심적 과제를 이슬람의 질서회복으로 취급했고 안정을 재수립한 파당을 지지했다. 그러자 시아파들은 새로운 권력자들을 부당한 찬탈자로 규탄하고 그리고 저항하다가 죽은 순교자들을 떠받들었다. 이러한 태도들이 수세기간 계속되었다. 이란은 중동에서 시아파가 절대 다수를 차지하는 가장 큰 국가가 되었다.

◇ 아야툴라 호메이니의 등장

20세기 이란의 왕, 사 레자 팔라비(Shah Reza Pahlavi)는 1970년대 미국에 의해 중동의 안전을 유지하는 중동의 헤게모니 국가로 인정되었다. 그에게 대항하는 이란의 혁명은 민주주의와 경제적 재분배를 요구하는 반-군주주의 운동으로 시작했다. 적어도 서방세계에선 그렇게 묘사되었다.

그러나 1979년 아야톨라 호메이니(Ayatollah Khomeini)가 파리와 이라크의 망명에서 돌아와 혁명의 '최고 지도자(Supreme Leader)' 역할을 수행했을 때 그는 민주적 통치의 사회적 프로그램을 위한 최고 지도자가 아니었다.

그는 전 중동의 정치적 질서에 대한 공격의 이름으로 그리고 실제로는 근대성의 제도적 조정에 대한 공격으로 그렇게 했던 것이다.

호메이니하에 이란에서 뿌리를 내린 교리는 베스트팔렌 체제 이전의 종교전쟁 이래 서방에서 실행된 그 어떤 것과도 같지 않았다. 그것은 마치 공산주의자들이 국가를 이데올로기적 투쟁에서 공산당에 봉사하는 단지 행정 위원회로 간주했던 것처럼 호메이니도 국가를 스스로 정당한 실체가 아니라 보다 넓은 종교적 투쟁에서 편리한 무기로 간주했다.

◇ 과격한 이슬람주의를 국가권력의 교리로 삼는 정치 · 종교 혁명

그것은 과격한 이슬람주의 원칙들을 국가권력의 교리로 내세우는 정치적-종교적 혁명이었다. 그리하여 중동의 지역적 질서는 완전히 뒤집어졌다. 호메이니는 20세기 중동의 지도는 이슬람 공동체(umma)를 상호 분리하고 별개의 국가들을 인위적으로 창조한 제국주의자들과 폭정의 지배자들의 거짓되고 비-이슬람적 피조물이라고 공격했다.

중동에서 모든 현재의 정치제도들은 그것들이 신의 법률에 토대를 두지 않았기 때문에 부당하다는 것이다. 베스트팔렌 체제의 원칙들에 입각한 현대 국제관계는 국가들의 관계가 국가이익의 원칙이 아니라 정신적 토대에 기초해야 하기 때문에 거짓된 토대위에 놓여 있다는 것이다.

호메이니의 이런 혁명적 선언은 마치 18세기 유럽의 루소(Rousseau)를 상기시켰다. 루소는 유명한 사회계약론(the Social Contract)에서 "인간은 자유롭게 태어났으나 어디에서나 쇠사슬에 묶여 있다."라고 주장했다. 그에게 기존의 모든 국가는 거짓된 사기계약에 의한 것이기 때문에 부당하다고 선언하면서 진정한 사회계약인 일반의지를 내세웠다. 약 200년 만에 이란의 호메이니가 비슷한 혁명을 모슬렘 용어로 표현한 것처럼 보였다.

◇ 신정부에 대한 반대는 정치적 반대가 아니라 신성모독으로 취급

호메이니의 견해는 신성모독으로부터 진정으로 정당한 세계질서의 창조의 길을 가리키는 이데올로기적으로 쿠란의 팽창주의적 읽기에 입각했다. 첫 단계는 모슬렘 세계의 모든 정부를 타도하고 이슬람의 정부로 대체하는 것이다. 이란에서 진실로 이슬람 정치제도의 수립은, 1979년 4월 1일 호메이니가 이란의 이슬람 공화국의 수립에 대해 선언했던 것처럼, '신의 정부의 첫날(the First Day of God's Government)'임을 기록했다.

신정부가 신성한 것으로 간주될 때 이단자들은 정치적 반대가 아니라 신성모독으로 취급되었다. 호메이니하에서 이슬람 공화국은 파도치듯 재판과 처형 그리고 소수의 신앙에 대한 체계적 탄압을 시작했는데 그 탄압의 정도가 전복된 팔레비 왕의 권위주의적 정권하에서 발생했던 것을 훨씬 초과했다.

◇ 이란 신정체제, 베스트팔렌 체제 부정하면서 그 체제의 공식적 보호 사칭

이러한 혼란 속에서 국제질서에 대한 이중적 도전의 형식으로 새로운 패러독스가 생겨났다. 이란의 혁명과 함께 베스트팔렌 체제를 타도하는 데 헌신적인 이슬람 운동은 아이러니하게도 근대 국가에 대한 지배권을 획득하고 유엔에 회원국 신분을 유지하고, 무역을 수행하고, 그리고 외교적 기구들을 운영하면서 베스트팔렌의 권리와 특권을 내세웠다.

그리하여 이란의 신정체제는 베스트팔렌 체제를 믿지 않는다고 반복해서 선포하면서도 그 체제의 공식적 보호를 사칭하여 두 세계질서의 교차로에 자국을 위치시켰다. 즉 이란의 신정체제는 베스트팔렌 체제에 구속당하지 않고 궁극적으로 그것을 대체하려 한다.

이 이중성이 이란 정부의 통치교리에 각인되었다. 이란의 권력구조의 우두머리인 호메이니는 단순히 이란의 정치적 인물이 아니라 이슬람 혁명의 최고 지도자로서, 그리고 이슬람 공동체와 억압받는 인민들의 지도자로서 우주적 권위를 갖는 것으로 생각되었다.

이란의 이슬람 공화국은 테헤란에 있는 미국 대사관을 기습하여 그곳의 직원들을 인질로 444일간 억류함으로써 베스트팔렌 체제의 핵심적 원칙 가운데 하나인 외교적 면책권을 깡그리 위반하며 국제무대에 자신을 드러냈다.

또한 이란은 기존의 권위에 도전하고 그들의 전략의 일부로서 테러공격을 감행하는 레바논의 헤즈볼라(Hezbollah)와 이라크의 마디 군대(Mahdi Army) 같은 비국가적 기구들을 지원했다.

◇ 서방세계와의 분쟁, 기술적 양보나 협상의 형식이 아닌 세계질서의 성격에 대한 경합

이란의 이슬람 혁명의 지상명령은 이스라엘에 대항하는 수니파의 성전 집단인 하마스(Hamas)와 아프가니스탄에서 탈레반을 무장시키는 것을 포함하여 보다 광범위한 반-서방 이익을 증진시키기 위해서 '수니 대 시아'라는 분열을 넘어 협력을 허용하는 것으로 해석되었다.

기존의 세계질서를 타도할 필요성에 대해 이슬람의 수니파와 시아파가 서로 일반적으로 합의했다. 이런 노력에서 소수 시아파를 대변하는 이란에게 승리는 공유된 목표를 위한 교리적 차이의 승화를 통해 상정될 수 있었다.

이런 목적을 위해 이란의 헌법은 모든 모슬렘의 통일을 국가적 의무로 선포했다. 그러나 호메이니와 그의 시아파 혁명가들은 지구적 혼란이 구세주 마디(Mahdi)의 도래로 끝날 것이라고 선포하는 점에 있어서 달랐다. 혁명적 이슬람은 지금까지 서방세계가 이해하는 용어로 국제적 협력의 추구를 선포하지 않았다.

호메이니의 정책에 대한 개념 하에서 서방세계와의 분쟁은 구체적인 기술적 양보의 문제나 협상의 형식이 아니라 세계질서의 성격에 대한 경합이다.

그러므로 독일을 포함하여 유엔 상임이사 5개국과 이란의 핵 프로그램에 대한 잠정협정의 완성 후인 2014년 1월 이란의 현 최고지도자 하메네이(Khamenei)는 미국인들이 이슬람 혁명의 적들이며 그들은 이슬람공화국의 적들이고 그들이 들어 올린 이 깃발의 적들이라고 선언했다.

그는 핵 협상을 전투의 한 형태이고 타협이 금지된 항구적인 종교적 투쟁의 일부라고 서술했다. 그에 따르면 성전은 결코 끝나지 않을 것이다. 왜냐하면 사탄과 사탄의 전선은 영원히 존재할 것이기 때문이다.

◇ 이란의 역사에서 나타난 국제질서에 대한 세 가지 상이한 접근법

헨리 키신저에 의하면 역사는 국가들에게 인격이 인간에게 부여하는 역할을 수행한다. 이란의 자부심에 차고 풍성한 역사에서 국제질서에 대한 세 가지의 상이한 접근법이 뚜렷이 발견될 수 있다.

우선 호메이니 혁명 이전의 국가적 정책이 있다. 그것은 베스트팔렌 원치들에 의해 국가이익을 사실상 추구하면서 다른 국가들의 주권을 존중하고 철저히 국경선을 지키고 동맹에도 기꺼이 참여하는 것이다.

둘째로는 이란을 문명화된 세계의 중심으로 내세우고 자국의 힘이 미치는 한 주변 국가들의 자치를 제거하려는 제국의 전통이 있다.

그리고 셋째로는 이란에 성전의 모색이 있다. 이란이 이런 전통과 복잡한 유산을 어떻게 종합할 것이지는 주로 국내적 정치적 역학에 달려 있을 것이다.

◇ 중동, 종교가 지정학적인 목적에 봉사하는 무기가 됐다

모슬렘 세계의 내부적 갈등도 여전하다. 어떤 점에서 중동은 유럽의 베스트팔렌체제 수립 이전의 종교전쟁과 비슷한 대결에 빠져 있다. 국내적 및 국제적 갈등들이 서로를 부추긴다. 정치적, 종파적, 부족적, 영토적, 이데올로기적, 그리고 전통적 국가이익의 분쟁이 복합적으로 결합되어 있다.

종교가 지정학적인 목적에 봉사하는 데 있어서 무기화되었다. 중동에서 지금 전개되는 갈등은 종교적임과 동시에 지정학적이다. 사우디아라비아, 걸프국가들, 그리고 어느 정도 이집트와 튀르키예로 구성되는 수니파 진영이 시리아, 남부 이라크, 그리고 레바논에서 헤즈볼라와 가자에서 하마스의 민병대들을 지원하는 시아파 이란에 의해 주도되는 진영과 갈등을 겪고 있다.

수니파 진영이 시리아에서 알-아사드(al-Assad) 그리고 이라크에서 알-말리키(al-Maliki)에 대항하는 폭동들을 지원하고 있는 반면에 이란은 지역적 경쟁 국가들의 국내적 정당성을 손상하기 위해서 테헤란에 이념적으로 묶여 있는 비국가적 행위자들을 이용하여 지역적 지배를 노리고 있다.

◇ 중동 경합참여국들은 러시아와 미국의 지원을 추구

이런 경합의 참여국들은 외부의 지원을, 특히 러시아와 미국의 지원을 추구한다. 러시아의 목적은 주로 전략적이다. 그들은 최소한 시리아와 이라크의 성전집단들이 모슬렘 영토 안으로 확산되는 것을 막고 그리고 지구적 차원에서 미국에 대한 자국의 지위를 높이려고 한다.

미국의 난관은 도덕적 근거에서 아사드를 규탄하지만 그러나 그의 가장 큰 반대자들은 미국이 전략적으로 반대할 필요가 있는 알-카에다와 보다 극단적 집단들이다. 러시아와 미국은 서로 협력해야 할지 아니면 서로 대결해야 할지를 결정할 수 없는 상황이다.

자살 테러와 대량파괴 무기의 확산의 시대에 범-지역적 종파적 대결로 말려드는 것은 적어도 중동의 지역적 질서의 모든 책임 있는 국가들의 협력을 요구하는 세계의 안정에 대한 변함없는 위협이 될 것임이 틀림없다. (끝)

제83장

중동에서 '神들의 전쟁'은 어떻게 시작되었나?

지난 10월 7일 아랍 하마스의 기습공격과 이스라엘의 즉각적인 반격으로 중동에서 '神들의 전쟁(the War of Gods)'이 다시 재개되었다. 이 신들의 전쟁은 1948년 5월 14일 유엔에서 이스라엘 국가의 탄생이 선포되는 바로 그 순간에 처음 시작되었다. 서양의 유일한 전쟁 철학자 칼 폰 클라우제비츠에 의하면 전쟁의 동기란 서로 간의 증오심이나 아니면 양립할 수 없는 서로 다른 목적이다. 그러나 증오심에서 시작한 전쟁은 주로 야만인들 사이의 전쟁인 반면에 문명인들의 전쟁은 서로 양립할 수 없는 목적, 즉 정책의 대결이다.

그러나 문명인들 사이에서도 증오심이 쌓이면 서로 양립할 수 없는 목적으로 발전하게 되고 반대로 양립할 수 없는 정책으로 싸우다 보면 증오심이 발생한다. 중동에서 유대인과 아랍인들 간의 전쟁은 분명히 종교적 증오심에서 출발했지만 동시에 이스라엘과 아랍의 대결은 세속적인 국가의 영토를 위한 투쟁이다. 인간과 달리 神은 불멸이다. 그러므로 신들의 전쟁은 영원히 계속될 것이며 근대 유럽국가들의 전쟁의 경우처럼 결코 협상으로 항구적 평화를 수립할 수가 없다. 이것이 1948년 아랍 속에 이스라엘이 건국된 이래 계속되는 중동전쟁의 엄연한 기원이다.

◇ 트루먼 미국 대통령의 인류애적 연민

"자기의 조국에서 끌려 나온 그 밖의 모든 사람들은 돌아갈 어떤 곳이 있다. 그러나 유대인은 갈 곳이 없다." 이 말은 엄청난 고뇌 끝에 이스라엘을 국가로 인정했던 미국의 제33대 대통령 해리 트루먼(Harry Truman)의 말이었다. 트루먼이 고백했듯이 그 문제는 복잡하고, 건잡을 수 없고, 아주 감정적이고 폭발적이라서 아주 극도로 문제였다. 그 결과는 다음 수십 년 동안 중동에서 미국의 외교와 국가이익에 중대한 영향을 끼쳤다. 트루먼의 생각도 여러 방향으로 끌렸지만 그도 대다수 미국인들처럼 상상할 수 없는 공포를 겪은 홀로코스트(Holocaust)의 생존자들인 수십만 명에 달하는 유럽의 유대인들에게 뭔가 옳은 일을 하고 싶었다. 그들을 위한 그의 동정심은 진정이었고 그의 마음속에 깊이 자리를 잡았다. 그의 포레스털 국방장관이 전시에 사우디아라비아의 석유에 대한 절실한 필요성을 상기시키자 트루먼은 석유가 아니라 정의의 관점에서 상황을 다룰 것이라고 말했다.

◇ 영국이 위임통치를 포기하고 유엔으로 넘긴 팔레스타인 문제

팔레스타인을 유대인들의 조국으로 만든다는 것은 19세기 후반에 시작했으며 그 대의를 승인했던 미국인들 가운데에서 가장 저명했던 인물은 미국의 제28대 우드로 윌슨(Woodrow Wilson) 대통령이었다. 1917년 제1차 세계대전 중 영국은 독일제국의 동맹국인 오스만 제국의 지배로부터 팔레스타인을 장악했다.

그리고 영국은 전쟁수행을 지원하고 있던 유대인들에게 보답하는 차원에서 당시 외무상의 이름으로 소위 '밸푸어 선언(the Balfour Declaration)'을 통해 영국정부는 공식적으로 이스라엘의 고대 왕국인 팔레스타인에게 미래 유대 조국의 아이디어를 인정했다. 전쟁이 끝나자 영국은 곧 독립이 뒤따를 것이라는 이해 하에 새로 창설된 국제평화기구인 국제연맹(the League of Nations)에 의해 팔레스타인에 대한 특별한 위임통치를 인정받았다. 그러나 영국의 위임통치는 끝나지 않았다. 오직 제2차 세계대전 후인 1947년에 와서야 국력의 한계를 느낀 영국의 애틀리(Attlcc) 정부가 그리스에서 그랬던 것처럼 팔레스타인으로부터 철수할 것이라며 이 고통스러운 문제를 국제연맹은 대체해 이제 막 창설된 새로운 국제평화기구인 유엔(the United Nations)으로 넘긴다고 발표했다.

당시 유엔을 주도하던 미국의 정책은 팔레스타인의 즉각적인 독립을 선호했다. 그리고 그것이 유대국가와 아랍국가라는 두 개의 별개 국가들로 분단되거나 분할된 다음에 경제적 통합으로 하나가 되는 것이었다. 또한 미국은 유대인들이 새 조국으로 대량 이민하는 아이디어를 지지했다.

그러나 세계 도처에 있는 유대인들은 분단을 원했다. 그러나 영국정부는 팔레스타인으로 가는 유대인들의 이민에 반대했다. 영국인들에게 당시 미국의 트루먼(Truman) 대통령은 신중하지 못한 친-시온주자로 보였다. 미 국무부의 고위관리들은 영국인들처럼 유대인들과 아랍인들 사이의 대결이 어떻게든 해소될 수 있을 때까지 팔레스타인에 대한 유엔의 신탁통치(trusteeship)를 선호했다. 그러는 동안에 팔레스타인에서는 폭력과 테러가 계속되었다. 이미 많은 피가 뿌려졌다. 아랍집단들은 유대인 정착촌들을 공격했다. 유대인 테러주의자들은 영국군을 공격했다. 시온주의 지도자들은 영국군에 의해 투옥되었다.

1947년 11월 29일 토요일 추수감사절 주말에 유엔 총회는 극적인 2시간 30분 동안의 회의 끝에 작은 표 차이로 분단을 통과시켰다. 미국은 무대 뒤에서 그 안건이 통과되도록 주도적인 역할을 했다. 아랍국가들의 대표들이 퇴장해 버린 총회장에서 시온주의자들은 기뻐하고 있었다. 유대인들은 모두 감격의 눈물을 흘렸다. 영국정부는 팔레스타인에 대한 책임을 6개월 이내인 1948년 5월 14일 유엔에 위임한다고 발표했다. 아랍인들은 분할이 곧 전쟁을 의미한다고 말했다. 제임스 포레스텔(James Forrestal) 미 국방장관은 아랍인들이 유대인들을 모두 바다에 쓸어 넣을 것이라고 말했다. 백악관에 대한 유대인들의 압력은 며칠 동안 줄어들지 않았다. 수십만 장의 우편카드가 백악관의 우편함에 홍수를 이루었다. 미국의 33개 주의 입법부들이 팔레스타인에서 유대국가 수립을 찬성하는 결의안을 통과시켰다. 40명의 주지사들과 절반 이상의 의회의원들이 대통령에게 탄원서를 보냈다.

◇ 이스라엘 국가의 탄생과 미국의 국가승인

1948년 5월 14일 금요일 팔레스타인에 대한 영국의 위임통치가 공식적으로 끝나는 바로 그날 워싱턴 시간으로 오후 6시(팔레스타인 시간으로는 자정)에 이스라엘 국가가 선포될 것이라고 알려졌다. 트루먼 대통령은 즉각 이스라엘을 승인하는 성명서를 발표할 것이다. 이스라엘의 독립국가 승인에 반대해 온 마셜(Marshall) 국무장관은 트루먼 대통령을 예방하여 그가 대통령이 취하고 싶어하는 입장을 지지할 수는 없지만 그것을 공개적으로 반대하지는 않겠다고 말했다.

그리고 마셜 국무장관은 국무성에서 유엔문제 담당자인 딘 러스크(Dean Rusk)를 뉴욕에 비행기로 급파하여 미국의 전 대표단이 트루먼 대통령의 입장에 항의하여 사임하는 것을 막았다. 마셜은 몇몇 친구들이 사임을 촉구하자 정책을 결정할 헌법적 권한을 가진 대통령이 결정을 했다고 해서 사임하지는 않는다고 대답했다.

텔아비브(Tel Aviv)에서 이제 이스라엘인들은 국가 탄생을 경축했고 또 아랍세계로부터 공격을 격퇴할 준비에 들어갔다. 5월 25일 하임 바이츠만(Chaim Weizmann) 이스라엘 초대 대통령이 백악관을 방문했고 그에게는 국가원수의 모든 명예가 수여되었다. 수많은 사진 기자들 앞에서 그는 미소 짓고 있는 트루먼 대통령에게 한 권의 토라(Torah)를 선물했다. 미국의 승인은 루비콘(Rubicon)강을 상징적으로 건넌 것이지만 그런 사실이 유대국과 아랍국들 사이의 문제를 일시적으로나마 잠재우지 않았다. 시리아와 레바논은 이스라엘이 국가수립을 선포한 바로 그날 이스라엘을 침공했다. 이라크가 다음 날 뒤따랐다.

트루먼 대통령은 자신이 승인한 이스라엘에 대한 무기금지의 종식, 재정적 지원 그리고 법적 승인의 요구에 직면했다. 바이츠만이 밸푸어 선언에 관해서 말했듯이 "세계의 모든 정부들이 그에게 국가를 준다고 할지라도 그것은 말만의 선물일 것이다. 그러나 유대인들은 팔레스타인으로 가서 건설할 것이고 유대인 국가는 현실이 되고 사실이 될 것이다." 그리고 유대인들은 실제로 그렇게 했다.

그러나 새 국가가 생존하기 위해서는 정당성과 국제적 승인이 필요했다. 데이비드 나일스(David Niles)의 결론처럼, 만일 프랭클린 루즈벨트 대통령이 살아있고 트루먼이 대통령이 아니었더라면 아마도 이스라엘 국가는 탄생하지 못했을 것이다. 또한 트루먼이 없었더라면 새 이스라엘 국가는 처음 어려운 몇 년 고난의 시기를 살아남지 못했을 것이고 그 이후에도 생존에 성공하지 못했을 것이다.

이스라엘을 독립국가로 인정하지 않으려는 국무성과 유엔의 미국 대표자들의 입장을 마지막 순간에 뒤엎고 이스라엘을 국가로 승인하는 용기와 결단을 보여준 트루먼 대통령이 이스라엘에서 영웅으로 간주되는 것은 아주 당연하다. 그리고 그는 이스라엘의 역사에서 계속해서 명예로운 전당에 올라 있다. 다시 말해서 이스라엘 민족에게 트루먼 대통령은 일종의 국부 같은 존재가 되어 이스라엘의 국가수립자들과 함께 영원히 존중될 것이다.

◇ 불멸의 神들 사이에 평화는 없을 것이다

이러한 역사적 이유와 미국정치에 미국의 유대인들이 행사하는 막강한 영향력을 고려할 때 이스라엘은 미국과의 공식적 동맹국이 아님에도 불구하고 미국은 항상 이스라엘을 동맹국, 아니, 그 이상의 형제국처럼 대우하여 왔다. 유일한 초강대국 미국의 지원이 계속되는 한 아랍국가들은 결코 이스라엘인들을 모두 그들의 소망대로 바닷속으로 쓸어버릴 수 없다.

반면에 거대한 아랍의 바다에 떠 있는 하나의 작은 섬과 같은 이스라엘이 아랍국들을 무력으로 괴멸할 수도 없다. 중동의 상황을 토마스 홉스의 유명한 표현을 원용하여 말한다면 자연상태인 '전쟁상태(the state of war)'로 계속 남을 것이다. 따라서 중동에서 항구적인 평화는 결코 기대할 수 없고 오직 신들의 전쟁만이 영원히 계속될 것이다.

제84장

1940년 5~6월 프랑스는 어떻게 한 달 만에 패망했는가?

1940년 5월 10일 윈스턴 처칠이 마침내 대영제국의 수상으로 임명되던 바로 그날 프랑스는 독일군의 전격전(Blitzkrieg)의 기습적인 침공을 받았다. 그것은 1939년 독일의 폴란드 침공작전의 대규모 재현이었다. 또다시 아무런 경고 없이 비교적 청명한 날씨에 히틀러는 인접국들을 공격했다. 그날 히틀러는 룩셈부르크, 네덜란드, 그리고 벨기에를 동시에 침공했다. 이런 절박한 위험 속에 수상이 된 처칠은 13일에 오직 7분간 계속된 그의 수상으로서 첫 연설에서 자기는 "'피와 노고, 눈물 그리고 땀' 외에는 제공할 것이 없다."라고 말했다. 처칠은 히틀러에 단호히 맞섰다.

그러나 프랑스는 독일 공군과 전차에 무참히 짓밟히고 있었다. 이것은 참으로 청천하늘의 날벼락 같은 아무도 예상 못한 놀라운 이변이었다. 5월 14일 저녁에 독일인들이 벨기에 국경선의 아르덴(Ardennes)의 스당(Sedan)에서 프랑스 방어선을 뚫었다는 소식이 도착했다. 프랑스의 폴 레노(Paul Reynaud) 수상은 보다 많은 영국의 전투기들을 즉시 파견해달라고 처칠 수상에게 긴급히 요청했다. 다음 날 오전 7시 30분 레노 수상은 처칠에게 전화를 걸어 독일의 기갑부대가 스당을 돌파하고 파리로 가는 길을 열었다며 수도 파리를 구원하기 위해 영국의 전투기들이 필사적으로 필요하다고 말했다. 프랑스는 패전을 직면하고 있었다.

1919년 제1차 세계대전을 종결하는 파리평화회의에서 모든 대표단들은 유럽과 세계에서 항구적인 평화를 확실하게 할 조건을 부여하길 원했다. 그래서 그들은 미국의 우드로 윌슨 대통령이 주창하는 역사상 최조의 집단안전보장 제도인 국제연맹을 창설하는 데 동의했다. 그러나 유럽의 강대국들은 여전히 그들의 전통적인 힘의 균형정책을 온전히 포기하지 않았다. 영국의 데이비드 로이드 조지 수상은 독일 대신에 프랑스가 유럽대륙에서 강자가 되는 걸 원하지 않았다. 그리고 특히 프랑스의 수상 조르주 클레망소 수상은 군사적 및 경제적으로 독일을 약화시키는 타결을 열심히 몰아붙였다. 프랑스인들은 이것만이 서유럽에서 평화를 확보할 것이라고 확신했다. 그리하여 프랑스는 베르사유 조약에 의해 첫째, 오랜 분쟁 대상인 알자스-로랭 지역을 되돌려 받았다. 그곳은 1870~1871년 프랑스와 프러시아 간의 재앙적 전쟁에서 독일에 패배할 때까지 프랑스 땅이었다. 둘째, 명백히 독일 땅으로 로랭과 독일의 라인란트(Rheinland) 사이에 있는 풍부한 자르(Saar) 탄광이 전쟁 중 프랑스 북부 탄광들에 가해진 손해에 대한 배상으로 15년 동안 프랑스 손에 넘겨졌다. 그곳의 미래는 1935년 자르 주민들의 국민투표에 의해서 결정될 것이다. 셋째, 프랑스인들은 라인강(the River Rhine)이 프랑스와 독일 간의 새 국경선이 되어야 한다고 강력하게 주장했다. 그러나 다른 국가들의 반대로 동맹국들의 합동군사 점령하에 비무장 지대로 만들었다 그러나 실제로 1926년 영국군이 철수했고 프랑스도 1930년에 떠났다. 넷째, 독일은 대량의 배상금을 지불하게 되었고 독일이 배상금을 체납하자 1923년 프랑스와 벨기에가 병력을 파견하여 라인강의 우측 뱅크에 있는, 독일 산업의 대부분이 소재하고 있는 루르(Ruhr) 탄광을 점령했다.

이처럼 프랑스의 외교정책은 독일이 다시 강대국이 되는 것을 막으려는 강박관념에 사로잡혀 있었다. 1926년 독일의 구스타프 스트레제만(Gustav Stresemann)과 프랑스의 아리스티드 브리앙(Aristide Briand)이 양국의 우호증진을 위한 노력으로 노벨평화상을 수상했지만 그러나 이것이 프랑스가 1927

년과 1934년 사이에 독일 전선에 난공불락으로 가정된 마지노 라인(Maginot Line)이라는 요새 라인의 구축을 멈추지 못했다. 또한 그것은 프랑스가 독일을 둘러싸고 있는 다른 국가들과 우호적인 동맹의 체결을 막지 못했다.

1921년 프랑스는 폴란드와 서로의 안전을 보장하는 합의에 이르렀다. 1925년 로카르노 조약(the Locarno Pact)은 벨기에와 독일의 국경선을 보장했다. 1935년에 체결된 슈트레사 프론트(Stresa Front)는 프랑스, 이탈리아, 영국이 히틀러에 대항하여 취할 공동행동에 대한 합의였다. 다른 조약들이 러시아와 체결되었으며 작은 협상국들(Little Entente)이라고 불리던 루마니아, 체코슬로바키아, 그리고 유고슬라비아와 조약체결이 있었다. 이것들은 모두 소위 프랑스 체제(the French System)라고 불릴 정도로 아주 포괄적이고 막강한 프랑스의 안전보장망이었다. 그러므로 당시 프랑스는 유럽에서 가장 안전한 나라처럼 보였다. 그러나 프랑스가 1940년 5월 10일 독일이 침공한 뒤 한 달도 안 되어 독일에 완전히 패망했다. 그 이유는 어디에 있는 것일까?

1918년과 1940년 사이에 프랑스는 20명의 다른 수상이 이끄는 44개 이상의 다른 정부를 가졌다. 같은 기간 러시아에는 오직 2명, 그리고 미국에선 5명의 지도자들이 있었을 뿐이다. 프랑스의 정치적 문제는 정당들이 너무나 많은 데 있었다. 한때는 19개 정당이 국회 안에 있었다. 그 결과 모든 정부는 여러 상이한 정당의 연립정부가 될 수밖에 없었다. 만일 지배적 정당들이 우익이면 그들은 중도의 정당으로부터 지지를 받아야 했다. 좌익 정당들도 그들이 정부를 구성하려면 마찬가지였다. 이 연립집단들은 우익인 '국민통합'이나 좌익을 대변하는 '좌파연합'과 같은 이름으로 알려졌다.

이런 정당들의 구성원들이 쉽게 분열하는 것은 전혀 놀라운 일이 아니었다. 그리하여 새로운 연립정부가 끊임없이 수립되었다. 프랑스의 비극은 이 회전문같이 연속되는 정부들이 프랑스 정부에 아무런 안정성을 가져다주지 못했을 뿐만 아니라 프랑스는 일관된 외교정책을 결코 유지할 수 없었다는 데 있었다.

좌익과 우익 간의 차이는 점점 더 벌어져서 그늘은 한편의 파시스트 조식들과 다른 한편의 공산당이라는 두 개의 극단적 세력으로 벌어지게 된 것이다. 1934년 러시아 태생의 기업가 세르게 스타비스키(Serge Stavisky)가 재정적 불법거래로 프랑스 경찰에 의해 체포되기 전에 자살하자 그 후 조사가 프랑스 정계의 수많은 정치석 거물들에게 의혹을 품게 했다. 이에 강력히 항의하는 데모와 파업들이 발생하자 정부가 무너졌다. 왜냐하면 소요가 내란으로 치달을 수 있는 아주 진정한 위험성이 있다고 관찰되었기 때문이었다.

이 사건은 프랑스에 정치적으로 심각한 영향을 끼쳤다. 왜냐하면 그 사건으로 인해서 전 정치체제가 오명을 쓰고 많은 프랑스인들이 민주주의의 장점을 의심하게 만들었기 때문이다. ᄀ 결과 민주주의는 강력하ᄀ 정직한 정부를 제공할 수 없는 것으로 보이게 만들었다. 그리하여 프랑스에는 1918년부터 1940년 5월 10일까지 프랑스의 안전을 도모한 베르사유 체제와 프랑스 안보체제를 지키기 위해 히틀러의 독일에 대해 선제공격을 단행할 만큼 강력한 정부나 지도자가 존재하지 않았다.

1940년 5월 10일, 히틀러는 당시 중립국이었던 벨기에, 네덜란드 그리고 룩셈부르크를 대규모로 침공하는 것으로 보이는 전쟁을 개시했다. 그에 따라서 프랑스군과 영국군은 벨기에의 군대를 돕기 위해 급히 파병되었다. 그러나 그것은 함정이었다. 독일의 주력 공격군은 벨기에 대신에 현대 탱크전에 적합하지 않은 것으로 프랑스인들이 가정했던 벨기에 남부에 있는 어려운 산악지역인 아르덴을 통해 공격했다. 그곳이 탱크전에 부적합하다는 프랑스 군부의 가성이 완선히 뒤십힌 것이나.

독일 전차들은 약화된 프랑스 군대를 일시에 휩쓸었으며 해협의 해안을 향해 질주했다. 10일 후에 에발트 폰 클라이스트(Ewald von Kleist)장군이 이끄는 전차들이 바다에 다다랐다. 그 결과 연합국 군대들을 북쪽으로 격리시켰다. 다행히도 히틀러는 장군들에게 파리로 진격하는 원래의 계획을 유지하도록 고집했고 그 결과 독일 공격으로 함정에 빠진 이곳저곳의 저항의 집단들을 제거하려고 하지 않았다. 그것들은 나중에 처리할 생각이었다. 만일 독일인들이 계속해서 공격했다면 그들은 확실히 프랑스 땅에서 영국의 원정군을 파괴했을 것이다. 왜냐하면 약 40만 명에 달하는 영국과 프랑스 군인들이 함정에 빠져 있었기 때문이다.

영국은 프랑스에서 후퇴할 수밖에 없었다. 영국해군은 거의 1,000척에 달하는 모든 형태와 크기의 선박들을 모아 덩케르크 항구로부터 신속한 철수를 조직하고 수행했다. 그리하여 영국은 약 25만 명의 영국 병사들과 10만 명이 넘는 프랑스와 벨기에 군인들을 영국으로 철수시키는 데 성공했다. 그것은 영국에게 대규모의 패배였다. 그러나 그것은 상대적으로 희생이 적었다. 살아 돌아온 군인들은 이제 다른 전투에 참가할 것이다. 성공적 철수 직후 처칠은 그들이 항복하거나 실패하지 않을 것이며 끝까지 싸울 것이라는 감동적인 연설을 했는데 그 연설로 인해 당시 덩케르크의 철수작전이 마치 승리인 것처럼 보이게 만들었다.

그러나 프랑스는 덩케르크 이후 독일의 진격에 저항할 수 있는 군대가 별로 없었다. 6월 10일 이탈리아의 무솔리니가 영국과 프랑스에 선전을 포고했다. 6월 14일 독일의 병사들이 행군으로 파리에 입성했고 6월 21일 프랑스 정부는 항복했다. 점령되지 않은 프랑스는 중부 프랑스에 있는 비시(Vichy)라는 작은 마을에서 페탕(Petain)과 라발(Laval)이 패전의 괴뢰정부를 이끌었다.

그러나 영국으로 도주한 샤를 드골 프랑스 장군은 다른 생각을 갖고 런던에서 '자유 프랑스 정부'를 선포했다. 드골은 패망한 프랑스의 어둠 속에서 비친 한 줄기 희망의 빛이었다. 프랑스는 완전히 패망했다. '프랑스 전투'는 끝이 났고 이제 '영국의 전투'가 시작될 것이다. 히틀러는 '바다사자 작전'이라는 암호명하에 영국을 침공할 대규모 공습 계획을 준비했고 실행했다. 그 영국전투에서는 영국공군이 빛나는 승리를 거두었다. 처칠은 영국공군에게 "인간의 갈등 분야에서 그렇게 많은 사람들이 그렇게 적은 사람들에게 그렇게 많은 신세를 진 적은 결코 없었다."라는 유명한 헌사를 보냈다. 그러나 프랑스인들은 이제 히틀러의 점령 치하에서 아무것도 할 수 없었다.

제85장

우-러 전쟁에서 노출된 군사전략적 교훈: 마찰(Friction)

1964년에 시작된 베트남 전쟁에서 초강대국 미국은 4류 국가인 북(北)베트남을 상대로 단 한 차례의 전투에서도 패배한 적이 없었지만 전쟁에서는 졌다. 미국의 국내 반전여론으로 공산주의로부터 남(南)베트남의 보호라는 원래의 전쟁목적을 미국은 1969년 베트남 주둔 미군의 안전한 철수로 수정했기 때문이다. 현재 세계 제2의 강대국이라고 모두가 인정하던 러시아가 3류 국가인 우크라이나와의 전쟁과정에서 국가적 위상이 크게 추락했다. 어찌된 일인지 러시아는 그 수많은 전투에서 단 한 번도 빛나는 승리를 거두지 못한 채 패퇴를 계속하고 있다. 러시아 전쟁수행 전략에 무슨 문제가 발생한 것일까? (군사전략적 분석을 위해서는 필자의 칼럼 "거인 러시아는 왜 소국 우크라이나 전쟁에서 지고 있나?" 아시아투데이, 2022년 10월 6일자 참조) 필자는 그것이 러시아 군부가 전쟁수행과정에서 교전 상대국 우크라이나와는 달리 심각한 전략적 마찰을 겪고 있기 때문이라고 생각한다.

칼 폰 클라우제비츠(Carl von Clausewitz)는 책상 위에서 계획하는 이론상의 절대전쟁(Absolute War)과 실제전쟁(Real War) 간의 차이를 극명하게 제시한 최초의 군사 전략가였다. 그에 따르면 "전쟁에서는 모든 것은 간단하다. 그러나 가장 간단한 것도 어렵다." 왜 그럴까? 만일 전쟁지도자가 결코 전투를 직접 체험하지 않은 초보자라면 그는 끊임없이 경험하는 이 어려움이 무엇인지를 이해할 수 없다. 또한 그는 사령관에게는 왜 탁월하고 예외적인 능력이 필요한지를 이해하지 못한다. 전쟁의 수행에서 모든 것이 단순해 보이고 필요한 지식은 대단한 것 같지 않다. 전략적 선택은 아주 분명해서 비교적 고등 수학의 가장 간단한 문제가 아주 인상적인 위엄을 갖는다. 그러나 일단 전쟁이 실제로 발발하면 어려움들이 선명해지지만 그러나 이런 조망의 변화를 초래하는 미리 내다보지 못한 지배적인 요소를 서술하기는 아주 극단적으로 어렵다. 그것은 모든 군사작전의 효율성을 방해하는 바로 마찰(friction)이다. 군사전략의 원칙들은 결코 어렵지 않고 단순하다. 그러나 사령관이 군사전략을 철저히 내면화하지 않고 엉성한 전략적 개념들만을 기억하고 전쟁에 적용한다면 마치 외교관이 어설픈 외국어 실력으로 국가 간 외교와 협상을 수행하는 것만큼이나 오히려 더 위험하다.

그러나 마찰 그 자체를 이해하기는 어렵지 않나. 평지를 걸어갈 때와 같은 속도로 물 위나 모래밭을 걸어갈 수 없다. 또한 날씨나 지형적 조건 등으로 인해 계획된 시간에 목적지에 도착할 수 없다면 전체적인 계획이 틀어진다. 이것이 마찰의 무서운 작용이다. 전쟁에서 마찰은 훨씬 더 심각하다. 마찰에는 일반적 마찰과 우연적 마찰 등 두 가지 유형이 있다. 일반적 마찰은 전쟁의 분위기를 만들어 그것들을 저항의 수단으로 전환하는 요소들이다. 여기에는 위험성, 신체적 분투, 군사정보의 불확실성과 우연적 마찰을 포함한다. 일반적 마찰의 요소들 가운데 위험성과 신체적 분투가 가장 영향력이 크다. 그리고 이 두 가지 요소는 전쟁을 다른 정치적 혹은 사회적 활동과 가장 뚜렷하게 구별 짓는 것인 반면에 다른 마찰의 요인들은 대체로 일상생활에 존재하는 것들이다.

전쟁을 모르는 초보자들에게 위험성이 처음에는 매력적일 수 있지만 그러나 이런 기분은 전투현장에 가까이 가면서 변한다. 전선에서 우리들은 장교들이 은폐함으로써 자신들을 총알과 포격으로부터 자신들을 보호하는 것을 보게 된다. 그리하여 자기보존의 본능이 자아 극기와 의무감과 경쟁한다.

갑자기 누군가가 총을 맞거나 포격에 당하면 우리는 더 이상 차분하고 침착할 수가 없음을 느끼기 시작한다. 부상당하고 쓰러진 전우의 목격은 초보자에게 충격을 주어 그의 위험성에 대한 처음의 감정은 그것을 피하려는 강렬한 욕망에 의해 대치된다. 오직 비상한 개인만이 그런 인상에 처음으로 노출되었을 때 견디면서 여전히 판단력을 효과적으로 구사할 것이다. 시간이 가면서 우리는 위험에 좀 더 익숙하게 되지만 그러나 우리의 인지와 판단에 미치는 심각한 악영향을 결코 떨쳐버릴 수가 없다.

마찬가지로 신체적 분투도 적어도 위험성 만큼이나 인지와 판단 능력을 해친다. 감각을 마비시키는 추위, 미치게 하는 더위와 갈증, 그리고 기력을 떨어뜨리는 배고픔과 피로의 조건하에서 이루어지는 판단은 객관적 분석에 미치지 못할 것이다. 사무실의 책상 위에서 하는 결정은 자기 보존을 위한 인간의 지구력과 본능이 작동하는 긴장된 고난의 조건에서 무엇을 할지를 결정하는 것과 아주 다르다. 강도와 영향에서 변화무쌍한 신체적 분투는 무한하기 때문에 그것이 사령관의 결정과 병사들의 전투수행에 어떻게 영향을 미칠지를 추산하기 어렵다. 그리하여 작은 어려움들이 쌓이고 전쟁을 체험하지 않았다면 생각할 수 없는 심각한 마찰을 경험한다. 결코 실제로 예상하지 못했던 셀 수 없이 많은 작은 사건들이 서로 결합되어 전쟁수행의 일반적 수준을 심각하게 떨어뜨려 항상 의도한 목적에 도달하지 못한다. 그럴 경우 전쟁수행은 혼란스럽고 전투는 졸렬하게 이루어져 패배를 면하기 어렵다.

마찰(friction)은 실제 전쟁과 이론상 전쟁의 차이를 구별하는 요인들에 잘 들어맞는 유일한 개념이다. 그리고 그것은 군사전략의 오랜 역사에서 오직 클라우제비츠만이 발견한 중대한 개념이다. 군대와 그것에 관련된 모든 것인 거대한 군사적 기계(the military machine)는 기본적으로 아주 간단해서 관리하기 쉬운 것처럼 보인다. 그러나 그 군사기계의 어떤 구성요소들도 한 조각이 아니며 각 부분은 개인들로 구성되어 있기에 그것의 각각이 마찰의 잠재력을 내포하고 있다는 사실을 염두에 두어야 한다. 이론상으로 그것은 아주 합리적으로 들린다. 각 전투 사령관들의 의무는 자기의 명령을 수행하는 것이다. 그러나 실제로 그것은 다르다. 이론의 모든 결함과 과장이 전쟁에서는 즉시 노출될 것이다. 전투 부대는 병사들 개개인들로 이루어져 있다. 전쟁에서 분리할 수 없는 위험들과 전쟁이 요구하는 육체적 분투는 그것들이 중대한 원인들이 될 정도로 문제를 악화시킬 수 있을 것이다.

엄청난 마찰은 우연을 마주하는 모든 곳에서 발생한다. 직접 경험에서 배우지 않은 자는 상식적 지식밖에 없다. 그러나 모든 전쟁은 특이한 에피소드들로 가득하다. 모든 전쟁은 암초들로 가득한 어두운 바다나 안갯속과 같다. 사령관은 암초들의 존재를 의심할 수 있다. 그러나 그는 안갯속을 헤쳐 나가야 한다. 만일 어떤 중대한 불운이 나타나면 사령관은 최고의 기술과 개인적 노력과 최고의 정신상태를 필요로 할 것이다. 마찰의 이해는 대체로 훌륭한 장군이 소유할 것으로 가정되는 칭송할 만한 전쟁의 감각이다. 훌륭한 사령관은 마찰을 극복하기 위해서 가능한 경우에 그리고 바로 이 마찰이 불가능하게 만드는 자기 작전의 표준적 성취를 위해서 그것을 잘 알고 있어야 한다. 확실히 최고의 장군은 마찰의 개념에 가장 익숙한 사람이 아니라 그것을 자신의 가슴 깊이 새기는 자이다. 우연히도 마찰은 이론적으로 정의할 수 없는 힘이다. 설사 그렇다고 해도 끊임없이 많은 사소한 장애물에 의해서 어수선한 영역에서 본능과 요령은, 즉 일종의 판단력은 여전히 필요할 것이다.

그리하여 본능이 거의 습관이 되어 그는 항상 적절히 말하고, 행동하고, 또 이동해야 한다. 하늘을 나는 새나 물속에서 헤엄치는 물고기처럼 이동해야 한다. 그렇게 함으로써 만이 경험 있는 지휘관들이 크고 작은 문제에서 마치 전쟁의 모든 맥박처럼 올바른 결정을 할 수 있을 것이다. 마찰은 분명히 쉬워 보이는 것을 어렵게 만드는 장애물이다. 탁월한 사령관은 경험과 강력한 의지 이상을 필요로 한다. 그는 다른 예외적인 능력도 갖고 있어야 한다. 그러나 이 마찰은 다른 능력이나 전쟁의 수행계획을 망쳐버릴 수 있다. 전쟁에서는 심리적인 요인들뿐만 아니라 모든 사건들의 독특함에 기인하는 마찰이 전쟁의 일반적인 원칙들을 실천하기 어렵게 만들기 때문이다.

전쟁 수행을 심각하게 방해하는 마찰은 어떻게 극복될 수 있을까? 최선의 극복 방법은 전투경험이다. 그러나 러시아는 1989년 아프가니스탄에서 일방적 소련군을 철수한 이래 전쟁의 경험이 사실상 전무한 국가이다. 우크라이나 군부도 전쟁경험이 없긴 마찬가지이지만 우크라이나 군부는 제2차 세계대전 이후 이곳저곳에서 줄곧 전쟁을 해온 미군부의 지도를 받고 있다는 사실을 상기해야 할 것이다. 그리고 러시아 군이 그동안 군사훈련에 게을렀다는 사실도 부인할 수 없다. 오늘날 직접 전투경험을 하기가 쉽지 않다. 이것이 가능하지 않을 때 차선책은 실전에 버금가는 철저한 훈련의 축적이다. 이러한 마찰의 중요한 작용을 정확히 이해하고 전투 전에 미리 예리하게 간파하여 자기의 군대에서 그것을 극복하거나 최소화할 수 있는 사령관만이 탁월한 전쟁지도자가 될 수 있을 것이다. 대한민국의 군부는 이러한 마찰의 개념을 깊이 숙지하고 그것을 극복하기 위해 얼마나 치열한 훈련을 거듭하고 있을까? 문재인 정권하에서처럼 군사훈련을 모두 시뮬레이션으로 대신한다면 그것은 컴퓨터 게임에 지나지 않을 것이다. 그러나 전쟁은 결코 흥미를 위한 컴퓨터 게임이 아니다.

제86장

푸틴이 깡그리 망각한 제1차 세계대전의 역사적 교훈

"역사는 되풀이하지 않는다. 다만 사람들이 되풀이한다." 17세기 프랑스의 계몽사상가 볼테르(Voltaire)의 말이다. 제1차 세계대전에 러시아가 개입한 즉각적인 이유는 1914년 7월 위기 때 차르와 그의 장군들이 내린 결정에 있었다. 2022년 2월에 발생한 우크라이나-러시아 간의 전쟁의 즉각적인 이유도 현대판 차르인 푸틴과 그의 장군들이 우크라이나에 대한 특별군사작전이라는 미명하에 내린 기습침략이라는 결정에 있었다. 그 결과 지금까지 1년 반 이상 지속되고 있는 전쟁에서 푸틴 대통령의 졸렬한 전쟁수행은 차르 니콜라스 2세의 비극적 운명을 되풀이할 것처럼 보인다.

1914년 8월 1일 소위 '8월의 대포소리'로 제1차 세계대전(당시엔 그냥 대(大)전쟁으로 불림)이 시작했을 때 러시아에서는 '어머니 러시아(Mother Russia)'에 대한 애국주의와 '작은 아버지(Little Father)'라고 불리던 차르 니콜라스 2세에 대한 사랑이 지배적인 국민적 감정이었다. 그러나 전쟁의 현실이 본국에 미치자 그런 감정은 아주 신속하게 사라져버렸다. 8월 말 러시아의 군대가 독일의 힌덴부르크(Hindenburg) 장군에게 타넨부르크(Tannenburg) 전투에서 간단히 패배했다. 러시아인들은 서부전선에 있는 독일군을 끌어내기 위해 동(東)프러시아를 대담하게 침공했다. 그러나 프랑스를 돕다가 러시아는 25만 명의 병사들과 많은 장비를 잃었다. 그리고 독일 군대들이 폴란드와 리투아니아를 점령하고 러시아의 영토로 진격했다. 1915년 말까지 그들은(독일군들은) 러시아 내부로까지 침입했고 병사들의 손실은 소름이 끼칠 지경이었다. 1915년 말에만 러시아의 사상자는 400만 명을 넘어섰다. 부상병을 치료할 병원과 간병과 약과 의료시설이 크게 부족했다. 철도망은 병사들과 보급품의 수송을 감당할 수 없었으며 러시아의 산업은 독일의 산업에 상대가 되지 못했다.

러시아의 군대들은 효율적으로 지휘되지 못했고 무장과 의복과 식량이 적절하게 공급되지 않았다. 병사들의 소요는 러시아 인민 전체의 삶에 스며들었다. 많은 사람들이 이미 전투에서 잃은 가족과 친척들의 죽음을 애도하고 있었다. 차르가 1915년 9월에 군의 지휘권을 직접 맡으면서 사태는 더욱 악화되었다. 그는 군사전략적 교육을 받은 적이 없었다. 따라서 이것은 앞으로 전투의 패배들이 필연적으로 모두 그의 책임이 될 것임을 의미했다. 1916년에 들어 파업과 항의가 증가했고 이에 대한 정부의 금지는 별로 효과가 없었다. 더욱 불길하게도 무장병사들 사이에서 시도된 반란사건들은 차르와 그의 보좌진들에게 혁명이 다가왔음을 경고했지만 그것들을 진압할 효율적인 병력이 남아있지 않았다. 그럼에도 불구하고 그는 경고들을 무시하고 1917년 3월 7일 수도 페트로그라드를 떠나 전선으로 향했다.

바로 다음 날인 3월 8일 빵의 부족으로 다시 한번 노동자들이 항의하기 위해 페트로그라드의 거리에 나섰다. 3월 10일 토요일까지 25만 명이 넘는 파업노동자들이 수도의 거리에서 데모를 했다. 많은 사람들이 공개적으로 차르와 그의 정부의 타도를 외쳤다. 상황은 곧바로 통제할 수 없게 되었다. 3월 12일 월요일 데모꾼들은 공공건물에 불을 지르기 시작했고 경찰서와 군(軍)막사들을 공격하기 시작했다. 페트로그라드에 있는 소수의 군부대들은 믿을 수가 없었다. 병사들은 군중들에게 발포하기를 거부했고 대신에 어떤 병사들은 그들의 장교들에게 총을 쏘았다. 같은 날 차르는 의회(the Duma)를 해산하는 칙령을 발표했다. 의원들은 이것을 거부하고 자유주의적 임시정부를 구성했다. 페트로그라드의 다른 곳에서는 소련 노동자들과 군인들의 대표자들이 구성되었다. 임시정부는 알렉산더 케렌스키(Alexander Kerensky)라는 젊은 변호사에 의해 주도되었다. 약 300년의 역사를 자랑하는 러시아의 로마노프(Romanov) 왕가가 마지막 차르 니콜라스 2세의 퇴위로 마침내 비극적 종말을 맞았다. 3월 16일 새로 선출된 의회의 첫 조치는 페트로그라드 소비에트 노동자들과 군인들의 대표들과 합의한 여러 가지 조치들을 발표하는 것이었다.

그러나 가장 중대한 문제는 역시 전쟁이었다. 그리고 이것이 바로 2월 혁명 시 소요의 배경이었다. 케렌스키는 여름에 전쟁장관이 되어 남부 폴란드의 갈리시아(Galicia)에서 공세를 취할 계획을 세웠다. 처음엔 몇 차례 승리가 있었지만 그러나 곧 패배로 바뀌어 수천 명의 러시아 군인들이 도피하거나 군대를 이탈했다. 1917년 4월 레닌(Lenin)과 많은 다른 볼셰비크들이 돌아왔다. 레닌은 중립국 스위스에 있었지만 독일인들이 그에게 철도로 독일을 통과하여 러시아까지 안전한 여행을 제안했다. 독일인들은 레닌이 전쟁을 끝낼 것이라고 계산했고 그들이 옳았다. 그리하여 독일인들은 레닌을 돕는 일에 가능한 모든 지원을 아끼지 않았다. 레닌은 페트로그라드에서 열렬한 환영을 받았고 그는 즉시 볼셰비크 혁명의 때가 도달했다고 발표했다. 레닌은 임시정부와 어떤 협력도 즉시 배제하고 정권의 타도를 요구했다. 레닌은 러시아 군인들은 평화를 원하고, 러시아 농민들은 땅을 원하고, 그리고 산업노동자들은 온당한 임금과 식량과 빵의 적합한 공급을 원한다고 말했다. 그리고 그는 평화, 땅, 그리고 빵이라는 슬로건으로 그들 모두를 만족시켰다.

7월에 레닌과 트로츠키(Trotsky)는 임시정부에 대항하는 폭동을 일으키려고 시도했지만 그것은 시기상조였다. 폭동 자체가 형편없이 조직되었다. 폭동 시도는 실패했고 트로츠키를 포함하는 많은 볼셰비크들이 투옥되었지만 레닌은 재수 좋게 핀란드로 탈출했다. 케렌스키는 수상이 되어 전쟁을 계속하는 전 정부의 정책을 지속했다. 레닌, 트로츠키 그리고 볼셰비크들은 이제 공격하여 정부를 장악하기로 결정했다. 11월 7일 수요일 그들은 이번에는 잘 조직된 상태에서 그래서 사실상 무혈혁명으로 권력을 장악했다. 그것은 대부분 트로츠키가 세운 계획이었다. 권력을 장악한 레닌의 즉각적인 과제는 그가 러시아인들에게 했던 약속을 지키는 것이었다.

레닌은 11월 8일 토지의 사적 소유권을 아무런 보상도 없이 폐지하였다. 후에 인민들에게 경작권을 주었지만 모든 토지는 국가의 소유였다. 노동자들은 그들의 공장들의 운명에 대한 통제권을 얻었다. 레닌은 빵도 약속했다. 그러나 이것은 지키기가 어려웠다. 식량부족은 그 후 몇 년 동안 무서운 기근으로 이어졌다. 레닌은 내전에서 승리하기 위해 전시공산주의(the War Communism) 정책을 도입했다. 그러나 그것은 농민들을 어렵게 만들어 군대와 마을에 사는 러시아 노동자들이 필요로 하는 잉여 옥수수 생산을 막았다.

그러나 레닌은 약속한 평화를 가져오기 위해 뭔가를 할 수 있었다. 12월 15일에 독일과 휴전에 합의했다. 그러나 러시아인들은 독일의 영토적 요구에 동의할 수 없었다. 레닌은 어떤 대가를 치르더라도 평화를 원했기에 독일의 요구를 수락할 준비가 되어 있었지만 트로츠키가 이끄는 다른 사람들은 반대했다. 그러나 독일 군대들이 다시 한번 러시아에서 행군을 시작했을 때 독일의 평화조건에 대한 저항은 무너졌다.

1918년 3월 3일에 레닌의 혁명정부는 어쩔 수 없이 브레스트-리토프스크 조약(the Treaty of Brest-Litovsk)에 서명했다. 이 조약의 조건으로 러시아는 라트비아, 리투아니아, 에스토니아, 그리고 핀란드가 모두 독립하도록 양보하게 되었다. 더욱더 마지못해 러시아는 우크라이나 독립국가의 수립에 합의해야만 했다. 또한 러시아는 전쟁의 피해에 대한 거대한 액수의 배상금을 지불하는데 합의했다. 그 결과 러시아는 주민의 1/3, 곡창지역인 우크라이나를 포함하여 농업용 토지의 1/3, 그리고 러시아 중공업의 약 2/3를 잃었다.

브레스트-리토프스크 조약은 러시아의 동맹국들을 분노하게 만들었다. 왜냐하면 독일인들은 러시아 전선으로부터 병력을 서부전선으로 보낼 수 있게 되었기 때문이다. 서방 측 지도자들은 볼셰비크 혁명에 반대하는 백색 군대(the White Army)에 병력과 보급품을 보냈다. 그들은 차르의 장군들에 의해 지휘됐지만 트로츠키가 새로 조직한 붉은 군대(the Red Army)에게 패배했다. 100만 명이 넘는 러시아인들이 내전에서 죽었다. 그들 중 많은 사람들이 잔인하게 그리고 냉혹하게 죽임을 당했다. 그러나 혁명이 구원되었다. 이제 러시아는 공산주의 국가가 되었으며 1922년 공식적으로 소련사회주의 연방공화국(USSR)이 되었다. 레닌정부는 혁명을 구하기 위해 독일에게 사실상 무조건 항복과 같은 패배를 수용했던 것이다.

그러나 푸틴 대통령은 레닌의 혁명정부처럼 사실상 무조건 항복을 할 수 없다. 제1차 세계대전에 러시아의 참전은 레닌이 아니라 차르 니콜라스 2세에 의해 결정되었다. 그래서 레닌은 독일과 항복에 가까운 휴진과 일종의 평화조약을 체결할 수 있었다. 그러나 차르는 비극적 종말을 맞았다. 현대판 차르 푸틴은 자신이 우크라이나 전쟁을 시작했기에 그런 무조건 항복에 가까운 종전을 수용할 수가 없다. 그는 차르 니콜라스 2세처럼 전쟁에 직접적이고 최종적인 책임이 있기 때문이다. 따라서 푸틴이 러시아의 대통령직을 유지하는 한 승산 없는 소모전이 계속될 것이다.

유럽의 집단방어체제인 NATO, 즉 미국과 10여 개국이 넘는 유럽 국가들의 지원을 받는 우크라이나와 홀로 싸워야 하는 푸틴은 러시아의 수많은 젊은 병사들을 전쟁에 계속해서 갈아 넣고 있다. 이것은 제1차 대전에서 마치 서부전선의 경우처럼 승산 없고 그래서 러시아에겐 무의미한 전쟁이 되어 버렸다. 러시아가 평화로 가는 유일한 길은 21세기 러시아의 차르 푸틴이 20세기 초 차르 니콜라스 2세처럼 강제로 퇴위를 당하거나 아니면 더 이상의 무의미한 전쟁에 반대하는 군부세력의 쿠데타에 의해서 제거되는 수밖에 없어 보인다. 정말로 러시아인들은 역사가 되풀이하지 않는 21세기에 100여 년 전 제1차 세계대전 때 조상들의 실패를 어리석게도 되풀이하고 있는 것으로 보인다.

제87장

짝퉁 히틀러, 푸틴 러시아 대통령의 비극적 운명

나폴레옹 황제의 권력이 거의 절정에 올랐던 1808년 에르푸르트(Erfurt)회담에서 얼마 전 외무상직에서 해임된 텔러랑(Talleyrand)은 러시아의 차르 알렉산더 1세(Czar Alexander I)에게 "라인, 알프스, 피레네스는 프랑스의 정복이지만 나머지는 황제 나폴레옹의 정복이다. 그것들은 프랑스에 아무런 의미가 없다."라고 비밀리에 말할 수 있었다. 오늘날 우리는 이렇게 말할 수 있을 것이다. "푸틴 러시아 대통령의 우크라이나 정복계획은 21세기 러시아에 아무것도 의미하지 않는다. 그것은 푸틴 대통령의 정복 야욕에 지나지 않는다." 이런 관점에서 21세기 푸틴 러시아 대통령은 서방세계에서 20세기 독일의 히틀러와 자주 비교되어 이제는 '푸틀러(Putler)'라고 불리기도 한다. 2022년 2월 24일 푸틴의 특수 군사작전명에 따라 우크라이나를 침략하고 우크라이나가 반격함으로써 시작된 우-러 간의 전쟁이 결정적 전투 없이 지루한 소모전 양상을 띠고 있다. 게다가 푸틴은 자기의 피그말리언(Pygmalion)인 용병집단 바그너 그룹이 프랑켄슈타인 괴물로 변하자 내우외환에 직면했다. 그의 역사적 교육은 참으로 엉성해 보인다.

독일의 히틀러가 1936년 3월 17일 당시 프랑스와 독일 사이의 비무장지대 라인란트(Rheinland)를 슨그머니 점령하고 프랑스와 영국이 이에 군사적으로 대응하지 않자 4월 14일 벨기에는 중립국으로 복귀를 선언했다. 그 결과 프랑스와 영국은 독일로 가는 군사적 통행로를 상실해 버렸다. 이에 자신감을 얻은 히틀러가 1938년 3월 12일 독일군으로 하여금 오스트리아의 국경선을 넘어 수도 빈으로 행군하게 하고 그곳에서 오스트리아인들의 열광적인 환영을 받았을 때에도 영국과 프랑스로 대변되는 유럽은 또다시 침묵했다.

푸틴도 2014년 러시아의 과거 전략적 요충지인 크림반도를 슬그머니 점령했을 때 우크라이나와 유럽은 아무런 저항을 하지 않았다. 이 성공적 행동으로 고무된 푸틴은 2022년 2월 24일 전격적으로 우크라이나를 침략했다. 그는 아마도 히틀러가 받았던 오스트리아인들의 열렬한 환영은 기대하지 않았지만 적어도 우크라이나인들의 피동적 굴복을 기대했을 것이다. 그러나 그는 엄청난 판단의 실수를 저질렀다. 히틀러는 오스트리아인들이 인종적으로 독일인들이었기에 민족자결의 원칙을 내세울 수 있었던 것처럼 푸틴도 우크라이나인들이 같은 슬라브족이었기에 열렬한 환영은 아니라 할지라도 적어도 묵시적 굴복은 기대했을 것이다. 그러나 우크라이나인들은 오스트리아인들과는 달리 러시아의 수백 년에 걸친 압제로 고통받았을 뿐만 아니라 소련의 스탈린으로부터 참혹한 탄압과 약탈을 당했던 트라우마로 인해서 러시아의 영향으로부터 벗어나길 오랫동안 염원했다. 그들은 서방세계에 합류하길 원했다. 따라서 히틀러의 오스트리아와 푸틴의 우크라이나는 판이한 역사적 경험과 현실적 차이가 존재했던 것이다.

이뿐만 아니라 푸틴은 국제정치적 및 군사적으로 중대한 실수를 범했다. 우선 국제정치적으로, 당시 오스트리아에는 이미 독일 나치스정당의 자매정당인 오스트리아의 나치스정당이 정치적 위력을 발휘하고 있었다. 히틀러의 지원을 받은 오스트리아의 나치들은 당시 오스트리아의 수상인 쿠르트 폰 슈슈니크(Kurt von Schuschnigg) 수상에게 나치들을 내각에 합류시키도록 강요했다. 3월에 슈슈니크 수상은 오스트리아인들이 자유와 독립을 원하는지의 여부를 묻는 국민투표의 실시를 발표했다. 그러자 히틀러는 만일 슈슈니크가 국민투표를 실시하면 침공하겠다고 위협했다. 이런 위협에 직면한 슈슈니크는 국민투표를 연기하고 수상직을 사임했다. 그러자 나치스 정당의 지도자 아르투르 세이스-인콰르트(Arthur Seyss-Inquart)가 정부를 장악하고 히틀러의 종용을 받아 평화보존을 돕기 위해서라는 명목으로 독일병력을 초대했다. 히틀러는 오스트리아인들이 같은 독일민족으로 그 당시 당연시되던 민족자결의 원칙을 내세워 오스트리아의 합병(Anschluss)을 정당화했다. 3월 13일 세이스-인콰르트가 오스트리아는 이제 독일 제3제국의 일개 지방이라고 발표했다. 3일 후에 히틀러는 자기가 태어났던 오스트리아에서 벤츠 자동차를 타고 빈에 들어갔다. 군중들은 그를 열렬한 환호로 맞이했다. 한 달 후에 이제 독일인이 된 오스트리아인들이 합병 여부를 묻는 국민투표에서 투표권자의 99%가 찬성표를 던졌다. 그때까지는 이미 오스트리아의 유태인들의 박해가 시작되었다. 히틀러는 치밀한 정치적 공작으로 사실상 오스트리아 무혈입성에 성공했다.

러시아의 푸틴은 우크라이나의 군사적 열세를 알고 러시아의 막강한 무력으로 3일 만에 우크라이나를 점령할 수 있다는 허장성세를 부렸다. 그것은 히틀러의 군사전략적 행동과 판이한 차이를 보였다. 히틀러는 1940년 5월 10일 1,800대의 탱크와 3만 대의 차량으로 윈스턴 처칠이 수상으로 임명되던 바로 그날 독일군으로 하여금 남부 벨기에의 아르덴(Ardennes)을 통과하는 전격작전(Blitzkrieg)을 개시했다. 독일군은 프랑스가 대독일 공세를 위해 남겨둔 마지노선(the Maginot Line)의 공백을 이용하여 전격 기습을 단행했다. 프랑스의 수도 파리가 거의 한 달 만인 6월 14일에 독일군에 함락되고 6월 21일 프랑스정부는 항복했다. 반면에 푸틴은 총 20만 병력을 동원하여 동서 양쪽에서 동시에 공격하는 기습작전을 벌였지만 우크라이나의 세1자석 중력의 중심부(the center of gravity)인 수도 키이우를 점령하는 데 완전히 실패했다. 그의 양면전쟁은 어느 곳에서도 승리를 거두지 못했다.

푸틴은 중대한 집중의 군사전략적 원칙을 위반했다. (보다 상세한 군사전략적 평가는 필자의 2022년 10월 6일자 아시아투데이 칼럼, "거인 러시아는 왜 소인 우크라이나 전쟁에서 지고 있나?" 참조) 게다가 히틀러와 달리 푸틴은 러시아군 '지휘통일(the unity of command)'의 원칙을 확립하지 못한 채 국내적 도전에 직면하고 있다. 러시아의 승전 가능성은 갈수록 낮아 보인다. 그는 히틀러의 전쟁지도자의 능력을 갖추지 못한 히틀러의 짝퉁에 지나지 않았다. 과거 저급한 스파이 활동의 경험밖에 없는 푸틴의 우크라이나에 대한 비열한 침략행위는 예상치 못한 우크라이나의 필사적 저항은 물론이고 미국을 비롯해 유럽 거의 모든 국가들의 규탄과 그 국가들의 우크라이나의 지원에 직면했다. 또한 우크라이나에 살고 있는 러시아인들이 있지만 중앙정부에 영향을 미칠 만큼 강력한 친-러시아 정당도 존재하지 않았다. 그는 2014년 크림반도의 무혈합병의 성공에 취해 그 사건 이후 무방비 상태로 당했던 우크라이나와 미국이 갖게 된 경각심에 전혀 주의를 기울이지 않았다.

수세기에 걸쳐 진행되고 제2차 세계대전 직후 스탈린에 의해서 정점을 이루었던 소위 러시아의 영향권(the sphere of influence) 확보는 오늘의 국제사회에서 더 이상 용납되지 않는다. 2022년 2월 4일 푸틴의 우크라이나 침략은 자국이 서명한 국제평화와 안전을 위한 유엔헌장과 그리고 민주주의, 평화 그리고 단결을 위한 파리헌장을 정면 위반함으로써 러시아는 이제 용납될 수 없는 침략국가가 되어버렸으며 푸틴 대통령 자신은 국제적으로 전범자로 낙인이 찍히고 말았다. 국제정치의 원리와 군사전략적으로 무지한 '푸틀러'같은 지도자는 아무도 예상하지 못한 군사적 패전으로 자기 나라는 물론 자기 자신을 망치는 법이다. 푸틴은 레닌이 숙독했던 칼 폰 클라우제비츠의 〈전쟁론〉(Vom Kriege)을 읽지 않았음이 분명하다.

제88장

우크라이나와 러시아 중 어느 쪽이 치즈처럼 잘릴 것인가?

국제평화와 안전을 약속한 유엔헌장과 파리헌장을 동시에 노골적으로 위반하면서 2022년 2월 24일 러시아가 우크라이나를 기습 침략하여 시작된 우크라이나-러시아 전쟁이 벌써 2년째 계속되고 있지만 종전은 물론 평화의 전망은 아직도 오리무중이다. 그동안 수많은 양국의 병사들이 참담하게 죽어갔지만 어느 쪽도 지금의 상태에서 전쟁을 멈출 생각이 전혀 없어 보인다. 러시아의 푸틴 대통령은 2014년 기습침공으로 과거 러시아의 중요한 군사전략 기지였다는 이유로 크림반도와 그곳으로 가는 길 위의 회랑 같은 영토를 장악하여 러시아에 병합하고 기정사실화에 성공했다. 이 달콤한 성공은 그에게 제2의 우크라이나 기습침공을 향한 마약으로 작용했다.

냉전체제의 종식 후 미국을 비롯한 서방국가들은 우크라이나의 비핵화를 요구하면서 그 나라를 보호하겠다는 공동으로 약속한 1994년 부다페스트조약을 지키지 못했다. 당시 노벨평화상을 아무런 업적도 없이 미리 수상하여 스스로 어안이 벙벙했던 버락 오바마(Barack Obama) 미국대통령은 마치 노벨평화상에 보답이라고 하듯이 우크라이나인들이 앞장서서 항전하지 못하자 대 러시아 대응에서 소극적 자세를 취함으로써 결국 그는 러시아 사신이 국제평화와 안전을 위해 그리고 유럽의 민주주의와 평화를 위해 스스로 각각 서명했던 유엔헌장과 파리헌장을 위반한 푸틴의 우크라이나 영토의 침략과 약탈행위를 인정하는 꼴이 되고 말았다. 이것은 유럽에서 1938년 뮌헨조약의 비극적 운명의 재판이었다. 당시 히틀러가 강압적으로 뮌헨조약에서 얻어낸 체코슬로바키아의 주데텐란트(Sudetenland)에 만족하지 못하고 다음해 1939년 3월 15일 체코슬로바키아의 정부를 협박하여 체코슬로바키아를 통째로 집어삼켜버렸다. 그럼에도 서방국가들은 허공을 향해 규탄만 했을 뿐 아무런 행동을 취하지 않았다. 히틀러는 성공에 또 성공을 거둔 것이다. 이처럼 민주국가들의 약점을 파고든 히틀러처럼 푸틴도 2014년의 성공을 확장하여 2022년에 우크라이나를 특수군사작전이라는 구실하에 통째로 먹으려 들었다.

그러나 2022년의 우크라이나는 2014년의 우크라이나가 아니었으며 유럽과 미국도 2014년의 유럽과 미국이 아니었다. 그리하여 우크라이나의 침공으로 야기된 러시아의 침략행위는 곧 유럽의 전통적인 전쟁의 양상으로 변모해버렸다. 유럽국가들은 그곳에서 어느 국가의 헤게모니 추구도 인정하지 않고 견제하는 전통적 정책으로 복귀하였을 뿐만 아니라 NATO의 주도국인 세계최강의 미국까지 우크라이나를 돕고 나섬으로써 이 전쟁은 지루한 소모전의 모습을 보여주게 되었다. 그 결과 나폴레옹이 말기에 전 유럽국가들을 상대로 싸워야 했던 것처럼 러시아의 푸틴은 세계 최고의 강대국인 미국을 포함하여 전 유럽국가들을 상대로 전쟁을 치러야 하는 곤경에 처하고 말았다. 이런 상황에서 러시아의 승리는 가망이 별로 없어 보인다. 그렇다고 푸틴의 정치적 및 신체적 생존이 걸린 이 전쟁에서 푸틴은 고르바초프가 아프가니스탄에서 일방적 철수를 단행했던 것처럼 행동할 수도 없다. 그는 고르바초프와는 달리 바로 자기 자신이 이 전쟁을 시작했기 때문이다.

세계인들은 궁지에 몰린 푸틴이 핵무기로 위협하거나 실제로 사용할 경우 제3차 세계대전으로 확대되지 않을까 하고 진지하게 염려하기 시작했다. 강대국들 간의 안정을 최우선 가치로 생각하는 헨리 키신저(Henry Kissinger) 박사가 우크라이나에 일정한 영토를 양보하는 선에서 19세기 식으로 전쟁을 끝내는 것이 바람직하다는 의견을 제시하여 적지 않은 비난을 받았다. 그 후 러시아는 1953년 한국전쟁에서처럼 현 전장의 군사적 위치에서 휴전하자는 제안을 하기도 했지만 그것은 그동안의 엄청난 피의 대가를 헛되게 하는 것이라서 우크라이나에 의해 일언지하에 거부되었다.

그렇다면 이 전쟁은 언제 어떻게 끝날 수 있을 것일까? 역사의 신은 말이 없다. 전쟁종결 시기를 예측한다는 것은 전적으로 불가능하지만 종결의 논리를 분석할 수는 있다. 역사적 패턴을 따른다면 푸틴의 축출 이전에는 종전이 불가능하다. 즉, 한국전식의 휴전으로 종전이 불가능하다면 과거 유럽의 전통적 방식인 '불만의 균형'에 기초한 합의가 불가능하다는 것을 의미한다. 푸틴 대통령은 우크라이나의 현 집권세력을 신-나치주의자라고 비난을 계속했지만 아이러니하게도 이 전쟁에서 수많은 우크라이나 대규모 아동들의 납치와 같은 반인륜적 대량학살에 해당하는 러시아의 전쟁행위들은 푸틴이야말로 제2의 히틀러임을 입증해주었다. 그리하여 지난 3월 17일 국제형사재판소(ICC)가 마침내 푸틴 대통령에게 체포영장을 발부하여 푸틴을 전범자로 규정했다. 국제형사재판소는 히틀러의 대량학살의 재발을 방지하기 위해 제2차대전 종결 후 1945년 11월 20일에 연합국 군사재판(Military Tribunal)이 열려 자살한 히틀러를 제외한 나치 전범들을 심판한 뉴렘베르크(Nuremberg) 재판의 정신을 구현한 것이다. 인류에 대한 범죄자, 우크라이나 전쟁의 전범으로 낙인찍힌 푸틴과의 협상은 도덕적으로는 물론이고 국제법상 불가능하게 되었다. 그렇다면 이 전쟁은 제2차 대전의 종결양식을 취할 수밖에 없게 되었다. 그것은 사실상의 무조건 항복을 받을 때까지 싸워 승리한 뒤에 전범자들을 군사재판에 회부하는 것이다.

그러나 이런 종결양식은 미국이 직접 참전하지 않으면 거두기 어려운 성과이고 또 미국은 제3차 대전을 결코 바라지 않을 것이다. 러시아가 전쟁을 포기하고 종전과 평화협상이 이루어지기 위해서는 이 전쟁의 러시아 중력의 중심부인 푸틴이 정치적으로 제거되어야 할 것이다. 그러나 푸틴 대통령의 제거에 미국은 직접 나서지 않을 것이다. 왜냐하면 그것은 러시아에 대한 미국의 직접적인 전쟁행위가 되기 때문이다. 그러나 레닌 주도하에 러시아 혁명은 제1차 대전 당시 차르 니콜라스(Nicholas) 2세를 타도하고 1918년 3월 3일 당시 버거운 교전국 독일과 브레스트-리토프스크(the Treaty of Brest-Litovsk) 조약을 체결하여 영토적으로 라트비아, 리투아니아, 에스토니아, 핀란드, 그리고 폴란드까지 모두 양보하면서까지 휴전을 택했다. 당시 레닌에겐 혁명정권의 생존이 급선무였기 때문이다. 이와 비슷한 혁명이나 쿠데타 상황이 러시아 내에서 재현되지 않을까? 만일 그렇게 된다면 우크라이나가 아니라 과거 소련제국처럼 러시아 국가연합이 다시 한번 치즈처럼 잘려 나갈 것이다.

제89장

거인 러시아는 왜 소인 우크라이나 전쟁에서 지고 있나?

"전쟁에서 모든 것은 간단하다. 그러나 가장 간단한 것도 어렵다." 서양 문명이 낳은 유일한 전쟁철학자 칼 폰 클라우제비츠(Carl von Clausewitz)의 말이다. 올해 2월 24일 러시아의 블라드미르 푸틴 대통령은 '특수 군사작전'이라는 이름으로 우크라이나를 침공하면서 3일 만에 모든 것이 끝날 것이라고 장담했다. 그러나 그후 러시아 군은 거듭해서 전투마다 패배함으로써 3일은 커녕 3개월도 넘어 지루한 소모전으로 진행되면서 그 전쟁은 '푸틴의 전쟁'이라고 비하되고 있나. 마치 1960년대 초강대국 미국이 4류 국가인 베트남에 정식으로 의회의 선전포고를 할 수는 없다며 국제경찰로서 수행하는 전쟁이 지속되면서 일명 '존슨 전쟁'이라고 격하되었던 경우와 비슷해 보인다.

러시아의 침공 후 승리의 전망이 지금까지는 전혀 보이질 않는다. 서방세계의 다양한 지원을 받으면서 우크라이나가 놀랍게도 선전을 거듭하고 있기 때문이다. 그러나 러시아는 과거 크림전쟁에서 패배한 니콜라스 1세나 러일전쟁에서 패배한 니콜라스 2세라는 황제들처럼 패배를 인정하고 전쟁을 종결시킬 수 없으며, 또한 푸틴 대통령은 브레즈네프가 시작한 아프가니스탄의 질곡에서 고르바초프처럼 일방적으로 털고 나갈 수도 없다. 왜냐하면 이 전쟁은 바로 자기가 시작한 전쟁이기 때문이다. 그는 패배를 결코 수용할 수 없을 것이다.

그렇다면 거인 러시아는 왜 소인 우크라이나와의 전쟁에서 지고 있는 것일까? 그것은 단지 스파이 출신인 푸틴 대통령이 대규모 전쟁에 대한 몰이해로 전쟁수행의 기본적 원칙들을 위반하고 있었기 때문이다. 서양문명에서 유일한 전쟁철학자로 인정된 칼 폰 클라우제비츠에 의하면 전쟁이란 우리의 적을 우리의 의지에 굴복시키기 위해 무력을 사용하는 행위로서 전쟁은 원초적 증오심과 확률, 그리고 정책으로 삼위일체를 이룬다. 마치 컴퓨터가 빨강, 파랑, 그리고 노랑의 3가지 기본색으로 온갖 다양한 색깔을 만들어 내듯이 전쟁의 삼위일체도 카멜레온 같이 다양한 전쟁의 모습을 보인다. 이 삼위일체는 정부, 군부, 그리고 국민으로 구성되며 각 요소는 원칙의 준수여부에 따라 전쟁수행에 지대한 영향을 끼친다. 푸틴은 바로 이런 전쟁의 본질을 전혀 이해하지 못한 채 러시아의 압도적인 화력만 믿고 수백 년 동안 러시아의 식민지나 다름이 없었던 우크라이나의 저항능력을 완전히 얕보고 침공을 단행했던 것이다.

그러다 보니 첫째로, 푸틴정부는 국민들에게 정당한 전쟁의 목적을 제시하지 못했다. 2015년 일방적 크림반도의 기습 점령에 우크라이나와 서방세계가 당황한 채 비난만 퍼부었을 뿐 아무런 무력저항을 보이지 못하자 그곳들을 러시아 영토로 병합하는 기정사실화에 성공했다. 그러나 이것은 그에게 일종의 마약이 되었다. 그리하여 이번에는 우크라이나가 나토에 가입을 추진한다는 것을 구실 삼아 우크라이나 전체를 러시아의 '완충국'으로 완전히 종속시키려는 그의 정치적 목적은 무모한 야망이었다. 푸틴은 또다시 전쟁선포도 없이 유엔헌장을 명백히 위반하는 제2의 침공을 단행하여 우크라이나인들은 물론이고 서방세계의 공분을 일으켰다. 서방세계의 지속적이고 다양한 지원은 푸틴의 야심을 허망하게 만들고 말았다.

둘째로, 전쟁선포도 없었고 국가적 동원체제로 들어가지 않은 채 수행되는 대우크라이나의 전쟁은 러시아 국민의 애국적 지지를 받지 못했다. 특히 러시아인들은 우크라이나에 대한 원초적 증오심이 전혀 없었다. 비록 소련

제국 붕괴 후에 독립을 했지만 우크라이나는 냉전기간 내내 소련제국의 일부로서 그들은 동지들이었다. 그러므로 푸틴의 갑작스러운 우크라이나 침공은 러시아 국민들의 지지와 열성을 전혀 받지 못한 채 전쟁을 수행해야 하는 중대한 결함을 노출하게 되었다. 반면에 침략을 당한 우크라이나는 러시아의 어설픈 침공에 국가 총동원체제로 맞섰다.

셋째로, 푸틴과 러시아의 군부는 군사전략의 기본 원칙들을 완전히 망각하고 있었다. 우선 기습작전에 실패했다. 기습공격에선 타이밍이 결정적으로 중요하다. 제2차 세계대전 때 동맹국 이탈리아 무솔리니의 남유럽 작전의 실패를 회복하기 위해 히틀러가 러시아 침공을 한 달간 늦춤으로써 독일 침략군은 러시아 동장군의 저주를 피할 수 없게 되었던 것처럼 베이징 동계올림픽이 끝날 때까지 침공을 연기해 달라는 중국 시진핑의 요구에 따라 우크라이나 침공을 연기한 푸틴은 우크라이나 침공 시 우크라이나의 진흙탕의 저주를 받고 말았다.

넷째로, 공세의 원칙이 지켜지지 않았다. 적대감이 전혀 없는 전투를 하다 보니 러시아 병사들은 치열하게 싸울 의지가 별로 없었다. 이뿐만 아니라 소련제국 붕괴 후 소위 민주화의 영향으로 러시아 군은 재래식 군사장비의 개발과 훈련부족으로 인해 무기는 녹슬고 병력은 오합지졸로 전락해 버렸다. 그 결과 소위 마찰(friction)이 만연하여 어느 곳에서도 효율적인 전투를 수행할 수가 없게 되었다. 반면에 우크라이나는 침략적 공격보다 강력한 형태의 방어적 전쟁의 모든 유리한 이점들을 향유하고 있다.

역사적으로 러시아가 전쟁에서 승리할 때는 언제나 연합국의 일원이었다 나폴레옹 전쟁이 그랬고 제2차 세계대전에서도 그랬다. 그러나 러시아가 단독으로 전쟁을 치를 때는 언제나 패배했다. 크림전쟁에서 그랬고 러일전쟁에서도 그랬다. 따라서 기나긴 러시아 전쟁사의 교훈이 이 전쟁의 최종적 결과에 대한 예상의 올바른 증거가 될 수 있다면 러시아는 결국 군사적으로 패할 것이고 푸틴 대통령은 정치적으로 축출될 것이다. 그러나 러시아는 여전히 거인으로 남을 것이다. 왜냐하면 거인은 한때 쓰러져도 다시 일어서면 여전히 거인이기 때문이다.

제90장

푸틴은 21세기 격세유전적 히틀러의 후손인가?

"남극과 북극은 지구의 반대쪽에 있다. 그러나 만일 당신이 어느 한쪽 극에서 내일 잠에서 깬다면 당신은 어느 쪽의 극인지 알 수 없을 것이다. 아마도 한쪽엔 보다 많은 펭귄들이 있을 것이고 다른 한쪽엔 보다 많은 곰들이 있을 것이지만 주변엔 온통 얼음과 눈, 그리고 매섭게 부는 바람만 있을 것이다."

이는 20세기 '공산주의'와 '파시즘'(나치즘)이라는 두 전체주의 속엔 사실상 자매 같은 공통의 신념이 도사리고 있다는 것을 간파한 최초의 인물들 가운데 대표적인 20세기 최고의 영웅 윈스턴 처칠(Winston Churchill)의 말이다. 처칠은 일찍이 '악마의 신념'이라는 제목의 한 기사에서 공산주의와 파시즘, 남극과 북극을 어떻게 상기시키는지에 대해 메타포(metaphor)를 사용해 표현하는 천재성을 발휘했다. 결국 처칠은 우리에게 공산주의와 파시즘은 남극과 북극에서처럼 사람들이 살 곳은 아니라는 사실을 아주 명확하게 가르쳐주었다. 그런데 그것들을 종식시킨 제2차 세계대전이 끝난 뒤 70여 년이 지났지만 그런 전체주의가 러시아 땅에서 블라디미르 푸틴(Vladimir Putin) 대통령에 의해 마치 격세유전적(atavistic) 후손처럼 다시 출현한 것으로 보인다. 푸틴은 어떤 면에서 스탈린과 히틀러를 결합한 것으로 보인다.

공산주의와 파시즘은 권위, 권력, 전쟁, 그리고 무엇보다도 인간의 의지를 칭송한다. 그것들은 동시에 인간의 고통을 완전히 무시하는 두드러진 특징을 갖고 있다. 그들의 타당성은 성공에 달려있다. 그것들은 실패에서 살아남지 못한다. 그것들은 최고 지도자 한 사람의 개인적 우상화를 통해 국가 전체를 획일적으로 통치한다. 따라서 전체주의 국가의 통치자가 어떤 사상적 신념을 갖고 있느냐는 문제가 결정적으로 중요하다. 그것이 그의 인식체계의 본질이며 개념적 틀이기 때문이다. 보다 추상적으로 말해서, 그것이 바로 그 통치자의 인격이다. 그리고 바로 그것이 그의 거의 모든 행동과 국가 정책의 원천이다.

히틀러는 민족주의와 사회주의를 결합하여 민족사회주의를 내세웠다. 그러면서 거대한 독일민족의 제3제국을 건설하려고 했다. 반면에 스탈린은 공산주의와 애국주의를 결합했다. 그래서 그는 제2차 세계대전을 '애국주의적 전쟁'이라고 명명하고 러시아인들의 애국심을 조장했다. 전쟁수행에 공산주의 이념만으로는 러시아인들의 치열한 전투의지를 확보할 수 없었기 때문이다. 결국 히틀러나 스탈린도 자신들의 정치적 성공을 위해 인간의 원초적 감정인 민족주의(인종주의)와 애국주의에 크게 의존할 수밖에 없었던 것이다.

푸틴은 21세기 러시아를 전체주의로 전환시켰다. 그는 자기의 사상적 스승인 알렉산더 두긴(Alexander Dugin)을 통해 신-유라시아주의 사상에 사로잡혔다. 신-유라시아주의는 러시아의 정교적 슬라브주의와 지정학 이론을 결합하여 마치 히틀러가 제3제국을 추구했듯이 옛 러시아 제국의 재건설을 모색한다. 그리하여 미국의 지구적 헤게모니에 대한 균형자 혹은 평형 축으로서 유라시아 대륙에서 러시아의 헤게모니를 추구한다. 그러기 위해서는 우선 지난 소련제국의 국가적 위상을 확보하는 것이 긴요하다.

소련공산주의 파산 이후 알렉산더 두긴을 통한 푸틴의 정치적 신념체계는 스탈린으로 복귀가 아니라 히틀러의 비밀스러운 격세유전적 후손이 되었다. 왜냐하면 두긴은 히틀러처럼 생존을 위한 실존적 권력의지를 일관되게 주장하는 마틴 하이데거(Martin Heidegger)의 실존주의 철학에 자신의 사상적 뿌리를 두고 있기 때문이다. 그는 또한 정치, 특히 국제정치란 적과 동지를 구분하는 것이라는 독일의 철학자 칼 슈미트(Carl Schmitt)의 정치에 대한 개념과 대서양주의에 맞서는 유럽중심주의의 지정학이론을 수용하여 신-유라시아주의로 발전시킨 것이다. 이것은 결코 국제주의나 사해동포주의가 아니며 전면적 반-자유주의적 정치 신념이다. 전체주의란 고전적 의미에선 폭정(tyranny)이다. 따라서 히틀러는 결코 국가의 위기를 타개하기 위해 일시적으로 독재를 행사하는 로마시대의 '헌정적 독재자(a constitutional dictator)'가 아니라 고전적인 폭군(tyrant)이었다. 이제 21세기에 들어서 대우크라이나 전쟁을 재앙스럽게 수행하는 과정에서 러시아 푸틴 대통령도 단순히 권위주의적 지도자에서 완전히 시대착오적인 폭군으로 변해버렸다. 〈죽음의 집의 기록〉에서 도스토예프스키(Dostoevski)는 폭정에 대해 이렇게 말했다.

"권력, 즉 다른 인간에게 가장 극난적인 굴욕감을 준 경험을 한 자는 누구나 싫든 좋든 자기 자신의 감각에 대한 힘을 상실한다. 폭정은 습관이다. 그것은 발전할 능력을 가지고 있어서 그것은 결국 질병으로 발전한다. 피와 권력은 황홀하게 한다. 인간과 시민은 폭정 속에서 영원히 죽어간다. 인간애, 참회, 재생으로의 복귀는 거의 불가능하게 될 것이다."

이 인용문은 아마도 푸틴 대통령에게 적합하게 적용될 수 있을 것이라고 생각된다. 그의 사상적 신념체계를 깊이 고려한다면 그는 핵무기의 사용을 통해 우크라이나에 '묵시록적' 파괴를 감행할 가능성을 배제할 수 없다. 그러나 만일 푸틴이 그동안 국제적으로 엄격히 터부시된 핵무기 사용의 높은 문턱을 넘어서 핵무기를 품에 안고 번지점프(bungee jump)를 한다면 그는 히틀러가 마지막 순간에 스스로 연출했던 바그너(Wagner)의 비극적 오페라 '신들의 황혼(Goetterdaemmerung)'도 재연하지는 못할 것이다. 왜냐하면 그는 히틀러처럼 폭군의 영혼을 가졌지만 그러나 그는 히틀러의 21세기 어쭙잖은 짝퉁에 다름 아니기 때문이다.

제91장

유럽의 자유민주주의(Liberal Democracy)는 안전할까?

고대 그리스의 위대한 역사가 투키디데스에 의하면 문명은 동작과 휴식을 번갈아 가며 진화한다. 이 말을 좀 융통성 있게 응용한다면 문명은, 즉 역사는 전쟁과 전쟁을 준비하는 평화의 시대가 번갈아 가며 발전한다고 하겠다. 제2차 세계대전은 유럽의 동작의 절정이었다. 그러나 전쟁의 결과 유럽은 미-소 두 초강대국에 의해 분할된 채 국제정치의 주역이 아니라 객체로 전락하여 긴 냉전체제라는 불안전한 휴식의 시대에 접어들었다. 어쩌면 그것은 불완전한 동작의 시대였다고 불러도 좋을 것이다. 그러나 냉전종식 후에 동서가 통합된 유럽은 진정으로 휴식에 들어갔다. 유럽인들은 미국이 주도하는 NATO의 보호하에 평화의 소비자였다. 그리고 미국의 마셜 플랜으로 회복한 뒤 성장을 계속한 경제적 풍요 속에서 물질적 소비자가 왕인 안락한 삶을 살아왔다. 그들은 참으로 안전한 민주주의 속에서 헤도니즘에 젖어 있었다.

1648년 이후 약 400년간 전쟁과 국제평화조약 체결, 즉 국제정치의 중심 무대였던 유럽이 냉전의 시기를 거치고 또 냉전 종식과 함께 1990년 11월 유럽의 34개국 국가원수나 정부의 수반들이 모여 유럽의 '민주주의와 평화 그리고 단결'을 약속한 파리헌장의 출범으로 유럽은 진실로 거의 200년 만에 임마누엘 칸트의 영구평화가 마침내 수립된 것 보였다. 그리하여 미국의 트럼프 대통령이 NATO 정상회의에서 유럽회원국들이 약속한 군비지불을 지키지 않는다고 질타했을 때 유럽인들은 한결같이 비웃었다. 그러나 이제 러시아의 우크라이나 침공에 따른 러-우전쟁으로 유럽은 다시 새로운 동삭에 접어들었다. 우-러 전쟁은 사실상 전 유럽을 움직이게 만들었다. 2022년 2월 발생한 우-러 전쟁이 계속되자 유럽 국가들은 보유하고 있는 낡은 무기들을 마치 쓰레기 하치장에 버리듯 우크라이나에 아낌없이 퍼주고 자기들은 새 첨단무기로 신속히 재무장하느라 야단법석이다. 유럽의 평화가 러시아의 일격에 무참히 깨져버린 상황에서 과연 유럽의 민주주의는 안전할 수 있을까? 1900년에 '선거 민주주의'라고 적합하게 분류될 수 있는 민주국가는 지구상에 존재하지 않았다. (Freedom House, 2000) 사뮤엘 헌팅턴은 그의 고전적 저작인〈제3의 물결: 20세기말의 민주화〉에서 어떤 나라가 민주주의 국가로서 자격이 있는지 여부를 결정하는 다소 덜 엄격한 기준을 제시했다. 그에 의하면 성인 남성의 50%가 투표할 수 있으면 된다는 것이다. 그 기준에 입각하여 그는 미국을 1828년에야 민주주의로 분류하고 또 스위스와 영국, 해외 영국의 자치령과 프랑스, 그리고 여러 보다 작은 유럽 국가들이 20세기가 끝나기 전에 민주주의로 이행했다고 판단했다. 헌팅턴의 이런 헐렁한 기준을 적용한다고 해도 제1차 세계대전 전에 유럽에서 민주주의는 비교적 소수의 국가들에게 국한되었다. 이 숫자는 전쟁 후에 상당히 늘어났지만 그러나 이들 중 어느 국가도 1920년대와 1930년대 파시즘의 부상에서 살아남지 못했다. 그리고 제2차 세계대전 중에 민주주의는 유럽대륙이 나치의 지배하에 떨어짐으로써 유럽의 대부분에서 사라졌다.

나치스가 패배한 뒤에 서유럽의 많은 곳에서 민주주의가 다시 등장했지만 중유럽과 동유럽은 소련 공산제국하에 들어갔다. 남부 유럽에서는 스페인, 포르투갈, 그리고 그리스가 1970년대 중반에 가서야 민주정부로 복귀했다. 1989~1990년 소련 공산제국이 붕괴하고 냉전이 종식되고 나서야 유럽대륙의 대부분에서 혹은 전 소련 국경선의 서쪽에 있는 부분에서 민주주의가 자리를 잡을 수 있었다. 그러므로 20세기는 과거 그 어느 때보다도 전체적으로 자유로워진 유럽으로 막을 내렸다. 이런 점에서 본다면 20세기에 발생한 가장 중요한 사건은 철학자이며 노벨경제학상 수상자인 아마르티아 센의 주장처럼 '민주주의의 부상'이라고 말할 수 있을 것이다. 1세기에 걸친 유럽의 민주주의로의 여정은 두 차례의 세계대전을 겪으면서 엄청난 유럽인들의 생명을 희생시켰다. 동시에 유럽은 두 개의 괴물 같은 공산주의 전체주의와 나치스 전체주의를 탄생시켰다. 유럽은 민주주의의 해안에 도달하는 것이 그 여정의 참혹한 비용의 가치가 있는지를 분명히 물을 수 있을 것이다. 그러나 20세기가 끝나면서 적어도 당장은 20세기의 종말이 행복한 것처럼 보였다.

20세기 후반에 접어들면서 민주주의는 유럽인들이 자신들의 정체성을 생각하는 방법에서 점점 더 많이 중심적 양상이 되었다. 그리하여 당시 유럽경제공동체라고 불리는 것을 수립하는 1957년 로마조약에서 민주주의와 인권이라는 단어들이 등장하지도 않았지만 이와는 대조적으로 사실상 유럽연합을 창설한 1992년 마스트리히트 조약에서는 조약체결 당사국들이 "자유, 민주주의, 그리고 인권의 존중과 근본적 자유들과 법의 지배의 원칙들에 대한 그들의 지지를" 조약의 서문의 첫 항목들 중 하나에서 '확인'했다. 더 나아가 1993년 6월에 유럽위원회에 의해서 규정한 EU 회원자격의 코펜하겐 기준은 처음에 다음의 정치적 조건을 명시했다. "회원자격은 후보 회원국이 법의 통치, 인권과 소수자들에 대한 존중과 보호를 보장하는 제도의 안정을 달성했다는 것이 요구된다." 유럽을 위한 헌법초안을 작성하기 위한 대회를 시작한 2002년 라켄 선언에서 민주주의적 정통성의 부족이 유럽연합의 가장 중대한 약점으로 인용되었다. 2004년 이 대회에서 등장한 헌법초안의 서문에 민주주의의 보편적 가치를 발전시킨 유럽의 유산을 기록했다. 그 초안은 비준되지 않았지만 그러나 이 동일한 단어는 로마조약을 수정하는 2007

년 리스본 조약에 포함되었다. EU의 외교정책도 점차로 민주주의와 인권의 중요성을 강조했다.

그러나 유럽인들이 오늘날 자신들의 민주주의의 상태에 행복해하지는 않는 것으로 보인다. 어떤 유럽 국가에서는 수십 년 만에 처음으로 민주주의가 위험에 처해있다는 진정한 두려움을 발견하고 있다. 그것은 물론 유로존의 위기와 여러 분야에서, 즉 빈혈적 경제성장, 대규모 빚, 줄어든 군사력, 암울한 출산율 그리고 대규모 이민자들의 동화 등 증가하는 문제 속에서 유럽의 퇴락이 예상되기도 한다. 이뿐만 아니라 프랑스의 저명한 역사학자 프랑소와 프레가 지적했던 것처럼, 시민들에게 잠재적으로 무제한적 자유와 평등을 약속하는 현대 민주주의는 기대와 성취 사이에 거대한 간격을 발생시킨다. 경제적 불평등은 그것을 축소하려는 노력에도 불구하고 대부분의 유럽 국가에서 증가하고 있는 것으로 보인다. 증가하는 수명과 낮은 출생률은 지속적인 복지 혜택의 향상을 어렵게 할 것이다. 그리고 최근에 발생한 전쟁으로 인해 유럽 국가들은 그동안 잊었던 자국의 재무장이라는 국가적 도전에 모두가 직면하고 있다. 이제 유럽에서 휴식은 끝났다. 이제 시작된 동작은 머지않아 유럽에서 혼란과 소란을 일으킬 것이다.

제 92장

국가 간 군사동맹을 어떻게 생각해야 할까?

"국가 간에는 영원한 적이나 친구가 없다. 오직 국가이익만이 존재할 뿐이다." 이 유명한 경구는 1848년 파머스턴(Palmerston) 영국 수상이 의회에서 했던 말로 널리 알려져 있지만 사실은 이보다 거의 반세기 전 1796년 미국의 초대 대통령 조지 워싱턴의 〈고별사〉에 담겼던 국제정치의 원칙이었다. 그는 미국인들에게 미국의 정책은 어떤 외국과도 항구적인 동맹을 맺지 않는 것이라고 경고했다. 이것은 그 후 제3대 대통령 토마스 제퍼슨 때 가서는 '워싱턴 규칙(the Washington Rules)'이라고 불렸다. 그리고 토마스 제퍼슨도 1801년 영국과 나폴레옹의 전쟁 중에 중립을 지키면서 '타국들의 분쟁에 말려들게 하는 동맹(entangling alliance)'을 피하라고 경고함으로써 이것은 미국 국부들의 교훈적 유산으로 간직되어 왔었다. 이것은 미국의 가장 오래된 고립주의(isolationism)의 전통이라고 알려졌다.

그러나 그렇게 오랜 중립주의 혹은 고립주의 전통의 미국이 제2차 세계대전 후 냉전을 맞아 평화 시에 가장 많은 국가들과 군사동맹을 맺은 나라가 되었다. 그것은 물론 제2차 세계대전 후 미국이 소련 공산주의 제국의 팽창주의에 대한 봉쇄정책을 위해 가능한 한 많은 동맹국이 필요했기 때문이었다. 원인이 무엇이든 제2차 대전 중에 동맹국이었던 소비에트 러시아와 중국이 이제는 미국의 적대국이 된 반면에 치열하게 싸웠던 적국인 독일과 일본은 오히려 미국의 동맹국이 된 것이다. 파머스턴의 경구가 다시 한 번 빛을 발했다. 그렇다고 예외적이긴 하지만 항구적인 동맹이 전혀 없는 것은 아니다. 미국이 태어나기도 훨씬 전인 1703년에 영국과 포르투갈이 체결했던 동맹은 수세기 동안 살아남았다. 영국의 함대에 의한 자국 항구들의 보호라는 포르투갈의 이익과 포르투갈로 들어가는 대서양 접근을 통제하는 영국의 이익이 아무런 변화 없이 지속되었기 때문이다. 그렇다면 국가 간 군사동맹을 어떻게 생각해야 할까?

현대 국제정치학에서 소위 영국학파의 아버지 마틴 와이트(Martin Wight)에 의하면 동맹이야말로 국제정치의 본질이다. 동맹은 다국적 국제체제 속에서 작동하는 힘의 균형(the balance of power)의 필요한 기능들 중 하나다. 서로 경쟁하는 두 국가에게 그들의 상대적 힘의 지위를 유지하고 향상하는 데 3가지 대안적 선택이 있다. 첫째, 그들은 자국의 힘을 증가시키거나 둘째, 자국의 힘에 타국들의 힘을 추가하든가 아니면 셋째, 타국들의 힘을 적으로부터 거두도록 할 수 있다. 그들이 첫째 선택을 할 수 있을 때 그들은 군비경쟁에 착수할 것이다. 그러나 만일 그들이 둘째나 셋째 대안을 선택을 할 때에 그들은 동맹정책을 추구하게 된다.

그러므로 어떤 국가가 동맹정책을 추구할지 여부는 원칙의 문제가 아니라 편의의 문제다. 타국의 지원 없이도 자국을 유지할 만큼 충분히 강력하다고 스스로 믿거나, 혹은 동맹의 결과로 인한 공약의 부담이 기대하는 이익을 압도할 것이라고 믿는다면 그 국가는 동맹을 기피할 것이다. 이런 이유로 영국과 미국은 역사적으로 상당히 오랫동안 타국들과 평화 시에 동맹에 들어가지 않았다. 영국은 그것을 '화려한 고립(splendid isolation)'이라고 불렀다. 미국은 자국을 '예외적 국가'라고 자부하며 '미국적 차이(American difference)'를 강조했다. 뿐만 아니라 영국과 미국은 1823년 먼로 독트린(the Monroe Doctrine)의 선포로부터 1941년 진주만(the Pearl Harbor)에 대한 공격이 있을 때까지 다른 유럽 국가들에 대해 마치 그들이 동맹국인 것처럼 행동했음에도 불구하고 그들은 서로 간 동맹을 맺지는 않았다. 그 기간 영-미의 관계는 국가들이 동맹이 없는 또 다른 예의 상황을 제공한다. 그것은 그들의 이익이 그런 동맹조약의 형태로 그런 이익, 정책, 그리고 행동을 명백하게 보여주는 것이 불필요한 것으로 보이는 협조적 정책과 행동을 분명히 요구할 때 발생한다. 영국과 미국은 유럽 대륙에 관해서는 한 가지 공동이익을 갖고 있었다. 그것은 유럽의 힘의 균형을 보존하는 것이었다. 그리하여 영국이 그런 유럽의 힘의 균형을 보호하기 위해서 1914년과 1939년 전쟁에 들어갔을 때 미국은 처음에는 중립국에 걸맞은 가시적 공정성에 벗어나 영국을 지원했고 그리고 나서 전쟁에 합류했다. 만일 미국이 1914년과 1939년에 공식적 동맹조약에 의해서 영국에 묶여 있었더라면 미국은 보다 일찍 선전포고를 했을 것이지만 그러나 미국의 일반적 정책과 구체적인 행동은 실제로 다르지 않았을 것이다.

영-미의 경우에서 알 수 있듯이 공동의 정책과 행동을 요구하는 모든 이익의 공동체가 명시적 동맹으로 법적 성문화를 요구하지는 않는다. 국가들이 공유하는 이익은 지리적인 지역, 목표, 그리고 유럽의 힘의 균형의 보존에 영국과 미국의 이익이 그랬던 것처럼 적절한 정책에 전형적으로 그렇게 정확하고 제한되지 않았다. 또한 그것들은 전망되는 공동의 적에 관하여 정확하고 제한될 수도 없다. 왜냐하면 토마스 제퍼슨 대통령은 나폴레옹과 영국 사이에서 그의 동정심이 오락가락했던 것처럼, 나폴레옹 전쟁 이후 1세기 동안 영국과 미국은 변하는 환경 속에서 당장에 누가 가장 큰 위협인지를 결정해야만 했기 때문이었다. 제3국을 겨냥하여 두 국가를 묶는 전형적인 이익은 적과 추구하는 목표와 정책이 보다 명확하다. 19세기 말 10년 동안에 프랑스는 독일에 반대하고, 러시아는 오스트리아에 반대하고, 그리고 오스트리아는 프랑스와 러시아를 겨냥한 독일과 동맹이었다. 어떻게 프랑스와 러시아의 이익이 공통분모를 찾고 정책과 행동지침을 결정할 수 있었을까?

환언하면, 조약 해당 사유가 적과 친구 모두가 그들 각자의 이익에 영향을 미치는 분명한 비상시에 무엇을 기대할지 정의되어야 한다. 그런 일은 1894년 프-러 간 동맹조약으로 발생했다. 프-러 간의 동맹조약 정책과 목표를 분명히 했더라면 유럽에서 영-미의 협력처럼 어떤 동맹조약도 필요하지 않았을 것이다.

국가 간의 협력을 요구하는 모든 이익의 공동체가 이런 협력의 관점에서 동맹조약의 법적 규정을 통해 구체화되는 것을 필요로 하지는 않는다. 그것은 공동의 이익이 정책과 행동의 면에서 미성숙하여 동맹조약이 그것들을 명시적으로 하고 또 작동하게 하는 데 필요할 때에만 필요할 것이다. 그러나 모든 동맹국들의 이익이 동일하지는 않으며 동맹체제 내에서 비용과 혜택의 분배가 동일한 것도 아니다. 국가 간의 정의는 일찍이 그리스의 역사가 투키디데스가 간파했던 것처럼 동등한 힘을 필요로 한다. 군사동맹의 목적이 그것을 수용하는 국가의 영토적 및 정치적 순결이라면 그런 동맹은 사실상 제공하는 국가가 일방적으로 보장해 주는 조약과 구별될 수 없다. 그렇기 때문에 당사국은 경제적 공동이익과 이념적 공동가치로 군사동맹의 필요성을 보완하여 이런 불균형을 메꾸려는 노력을 추가할 것이다. 그럼에도 불구하고 군사적 기여의 정도차이는 동맹관계를 여전히 시니어 파트너와 주니어 파트너라는 불평등한 관계를 극복할 수 없게 만들 것이다.

제93장

미국의 민주주의는 여전히 건강한가?

“우리는 이런 진실을 자명하다고 간주한다: 모든 인간은 평등하게 창조되었으며 그들의 창조자로부터 확실한 불가양도의 권리들을 부여받았다. 이것들 가운데에는 생명, 자유, 그리고 행복의 추구가 있다.” 미국의 독립 혁명가들 중 한 사람인 토마스 제퍼슨(Thomas Jefferson)이 작성하여 1776년 독립선언서에서 사용된 이 용어들은 그 후 미국의 국경선을 넘어 범세계적으로 모든 민주주의의 지적, 정치적 그리고 철학적 세계를 형성했다. 미국인들이 대영제국에 대항하여 독립선언을 한 지 올해로 247년, 그리고 미연방정부를 수립하여 초대 대통령 조지 워싱턴(George Washington)이 취임한 지도 234년이 흘렀다. 미국은 역사상 최초의 소위 ‘신생 국가’였지만 국부들의 위대한 정신과 능숙한 솜씨로 마련된 미국의 헌법질서는 지난 2세기가 넘는 긴 세월 동안 미국을 지상에서 모범이 되는 빛나는 민주정치와 눈부신 번영에 입각한 세계 최대의 군사력으로 이제는 의심의 여지가 전혀 없는 지구상에서 유일한 초강대국의 지위를 향유하고 있다. 미국인들은 근대의 역사상 처음으로 ‘시민권(citizenship)’에 입각한 지속 가능한 민주 공화정의 수립에 마침내 성공했고 또 그것을 계승 발전시켰다.

18세기 계몽주의 독일 정치철학자 임마누엘 칸트(Immanuel Kant)가 어쩌면 시민권의 모든 예외적인 자격들을 가장 잘 요약했다. 그는 시민권이란 인간이 스스로 동의하지 않은 그 어떤 법률에도 굴복하지 않는 속성인 합법적 자유를 향유하는 것이라고 정의했다. 바꾸어 말해서, 왕이나 독재자는 그를 선출하지 않은 사람들에게 그의 의지를 강요할 수 없다는 것이다. 칸트는 시민들이 법률하에서 시민들의 평등을 보장받아야 한다고 덧붙였다. 그들은 사람들 사이에서 그가 타인을 구속할 수 없는 방식으로 그를 구속할 도덕적 능력을 어떤 우월자도 인정해서는 안 된다. 최종적으로 칸트는 시민들의 독립성의 속성을 인용했다. “한 시민의 목적은 자신의 존재와 보존을 사람들 사이에서 타인의 선택에 의해서가 아니라 국가의 구성원으로서 자기의 권리와 권한에 달려있다.” 시민은 자신의 권리들을 위해 어느 누구에게도 감사할 필요가 없다. 그것들은 선천적이고 그리고 실은 자기 자신의 것이다. 그러나 칸트 같은 18세기 철학자들의 이런 비전들은 미국의 민주주의의 수립 이후 200년 이상이나, 즉 1990년대 초 냉전이 종식될 때까지 유럽 전역에서 실현되지 못했다. 시민권이란 오직 동의에 입각한 정부하에서만 궁극적으로 이상과 현실이 충분히 어울릴 최소한의 기회를 갖기 때문이다. 미국의 시민들은 그들이 자유와 대체로 동의하는 통치와 같은 자신의 특권이 어느 특정 정당이나 혹은 특정 지도자의 덕택이 아니라고 믿고 있다. 하나님(Supreme Deity)에 의해 부여된 천부적이고 불가양도의 권리들을 가지는 미국의 시민들은 오직 자신들에게만 책임을 질 수 있다. 이것이 미국 민주공화국의 전통이고 바로 그런 이유에서 미국인들은 자국이 지상에서 ‘예외적인(exceptional)’ 나라라고 간주했다.

그러나 21세기가 되어 미국에서 시민권은 미국 내의 아래와 위로부터 심각하게 동시에 도전을 받고 있다. 첫째로, 많은 미국인들은 수백만 명에 달하는 불확실한 신분의 이민자들에게 무관심하다. 비슷하게도 최근의 많은 이민자들과 심지어 미국 땅에서 태어난 사람들도 미국의 시민권에 대해 별로 알지 못한다. 그러면서도 미국에 이주하고 또 거주한다는 것은 미국 시민권의 모든 혜택이 자기들에게 보장되어야 한다고 믿는다. 또한 많은 미국의 시민들조차 미국의 역사와 전통에 관해서 혹은 미국인의 시민적 책임에 대해서 배울 필요가 없다고 생각한다. 다른 한편으로는 미국의 헌법을 너무나 잘 알아서 그래서 시대에 맞게 미국의 헌법을 수정해야 한다고 믿는 사람들은 미국의 헌법이 지구적 모델로 봉사하도록 헌법을 변경하고, 개선하고, 또 발전시켜야 한다고 주장한다. 이런 소위 '포스트모더니스트(postmodernist)'들은 미국이 지상에서 예외적이고 모범적이라는 자부심보다는 유럽적이고 사해동포주의(四海同胞主義)적 윤리적 정신에 따라야 한다고 생각한다. 그들은 고전적인 시민권 의식을 상실해 버렸다.

둘째로, 선출되지 않은 미국 연방정부의 거대한 관료제가 미국의회의 많은 권한을 잠식하였다. 그리하여 그것은 매년 하원과 상원보다도 더 많은 법률과 규정들을 만들어 내고 있다. 이 항구적인 거대한 관료제는 때로는 심지어 백악관도 압도한다. 관료적 엘리트들은 위험스러워 보이는 어떤 선출된 관리보다 자기들이 선수를 칠 수 있고 또 그래야 한다고 믿는다. 미국의 민주주의는 강력한 관료적 권한에 위협을 받고 있다. 거대한 관료제가 미국 민주주의의 베헤못(behemoth)이 되었다.

셋째로, 미국의 좌파 진보주의자들은 미국의 헌법에 도전하고 있다. 그들은 미국의 국부들이 그들의 현대적 지혜와 오늘날 계몽된 교육, 그리고 끊임없이 향상되는 타고난 인간본성의 혜택이 부족했다고 비난한다. 좌파 진보주의자들은 미국의 헌법이 이제는 비활성이거나 방해하거나, 둘 다 해당된다고 주장하는 데 주저하지 않는다. 그리하여 그들은 헌법에서 많은 화석이 된 개념들과 건국의 문건들마저 폐기하고 대체해야 한다고 주장한다. 좌파 진보주의자들은 어떤 식으로든 대체로 현상의 타파를 모색한다.

넷째로, 글로벌리스트들(globalists)은 미국인들이 세계의 시민으로 전환하는 과정에 있다는 현재의 유행을 내세운다. 아주 오래된 그러나 여전히 작동할 수 없는 사해동포주의(cosmopolitanism)의 아이디어가 재등장하여 이제는

21세기 지구적 여행, 재정과 통신에 의해서 권력을 갖게 된 특권적 유토피언들에 의해서 추진되고 있다. 한편으로 그들은 미국의 예외주의와 민족주의에 대해 냉소적인 비판자들이지만, 다른 한편으로 그들은 미국식의 민주주의와 자유주의적 관용을 지구적으로 확장하고 싶어 한다. 어쩌면 글로벌리스트들에게 세계화는 세계의 완전한 미국화 일 것이다.

이러한 일종의 '미국 민주주의의 예비적 종합건강 진단서'는 미국 민주주의가 정치적 질병을 겪고 있음을 말해준다. 미국의 저명한 역사학자 빅터 데이비스 핸슨(Victor Davis Hanson)에 의하면 미국의 건국 이후 줄곧 미국을 지켜온 독특한 미국인의 시민권의식이 21세기에 와서 죽어가고 있다. 시민권의식은 국가를 위해 지방적 정체성을 포기하는 것을 의미한다. 지방의 정체성 정치는 그 자체가 국가적 시민의식 자체를 제거하여 국가적 민주공동체의 붕괴를 초래한다. 미국인들은 18세기 말 건국 당시 국부들의 계몽적이고 고결한 정신으로 하루빨리 되돌아가야 한다. 빗나간 궤도수정은 항상 어려운 일이다. 이러한 미국 민주주의의 정치적 질환은 정도의 차이는 있어도 21세기의 모든 자유민주주의 국가들이 함께 겪고 있는 질병이다. 그러나 미국인들의 위대한 헌법질서와 전통의 덕택으로 인해 미국은 세계에서 그 어느 나라보다도 높은 자정능력을 소유하고 있기에 건강한 민주주의 모습으로 머지않아 다시 돌아갈 것으로 기대된다.

제 94 장

중립국 국가전략이 21세기에도 유용할까?

"당신에게 비우호적인 자는 당신의 중립을 요구할 것이고 당신에게 우호적인 자는 당신에게 무기를 들라고 할 것"이라는 근대 정치학의 아버지 니콜로 마키아벨리(Niccolo Machiavelli)의 엄중한 경고에도 불구하고 약소국들은 본능적으로 생존을 위해 중립을 선언하고 또 그런 지위를 강대국들로부터 인정받고 싶어 한다. 그리하여 19세기 서양 강대국들의 제국주의의 파도가 극동에 밀려와 조선의 국가적 생존이 위험할 때 고종 왕의 외교 고문관이던 독일인 묄렌도르프(Moellendorff)가 처음으로 유럽에서 당시 벨기에(Belgium)에 부여된 것과 같은 중립국의 지위를 조선에 보장하도록 다른 강대국들에게 제안할 것을 러시아에 요청했다.

러시아의 니콜라스(Nicholas II) 황제는 이런 조선의 요청에 호의적이지 않았다. 조선의 중립국화 추구는 출발부터 실패한 것이다. 그 이후 분단된 한국의 중립국화는 국가의 정책으로 한 번도 추구된 적이 없다. 그럼에도 불구하고 강대국들에 둘러싸여 살아가야 하는 한국인들에게 중립국은 하나의 너무도 매력적인 지위로 간주되어 일부 지식인들은 '한반도의 중립화 통일'과 같은 제안을 여전히 사실상 최선의 방안으로 믿고 있는 것 같다. 그러나 한반도의 중립화는 아주 매력적으로 보이는 것만큼이나 너무도 비현실적이다. 그것은 하나의 몽상에 지나지 않는다.

국제법상 지위로서 중립(neutrality)이란 국가가 타국들에 의해 수행되는 전쟁에 관여하지 않으려는 염원의 결과다. 그러므로 중립이란 본질적으로 교전국 사이의 명백한 관계, 즉 전쟁의 존재에 의존하는 소극적인 지위이다. 법적인 의미에서 전쟁이 없는 곳에 중립은 있을 수 없다. 그러나 중립은 그것의 법적 지위를 구성하는 복잡한 권리와 의무는 전쟁에 끼지 않고 제한된 범위 안에서 가능한 한 최대한 행동의 자유를 유지하려는 정책의 표현이다. 그러나 그런 자유는 중립국을 희망하는 국가 자신에 의해서 결정되기보다는 그 중립국이 상대편에 합류하는 것을 막고 또 지지를 확보하길 바라는 교전국들에 의해서 결정되는 것이다. 환언하면 중립국은 스스로의 선언으로 성공하는 게 아니라 전쟁상태의 타국들에 의해 결정된다는 말이다.

역사적으로 영국과 스칸디나비아국가들 그리고 미국과 같이 중립국의 영토가 교전국의 군사작전이 도달할 수 없는 지리적 고립이 거의 언제나 중립국 지위의 가장 믿을 만한 보호막이었다. 근대국가제도의 출발점인 베스트팔렌 조약과 제1차 세계대전 사이의 기간은 유럽에서 고전적인 힘의 균형(the balance of power)의 시기였다. 나폴레옹 전쟁기간을 제외하면 국제체제의 상대적 안정은 중립국들 지위의 상대적 안전과 일치했다. 그러나 제1차 세계대전은 모든 중립국의 경제적 권리가 완전히 박탈되고 또 벨기에와 그리스의 경우처럼 중립국의 정치적 지위가 파괴되었다. 중립국으로 남는 데 성공한 다른 국가들은 비(非)유럽이나 스칸디나비아 국가들과 스페인처럼 지리적 조건이거나 아니면 네덜란드와 스위스처럼 군사적-정치적 고려의 덕택이었다.

제1차 세계대전의 종결과 국제연맹의 집단안보체제가 중립국의 법적지위에 도전했다. 그동안 중립은 국가정책의 수단으로서 전쟁의 합법성을 기정하고 전쟁의 개입여부를 결정할 모든 국가의 권리를 인정했다. 그러나 이제 집단안전보장제도는 '합법적인 전쟁과 불법적인 전쟁'을 구별했고 모든 국가들로 하여금 합법적인 전쟁을 수행하는 국가에 합류할 것을 요구했다.

국제연맹의 규약이 충분히 성공적으로 작동했더라면 중립국은 불법화되고 정치적으로 작용할 수 없었을 것이다. 그러나 그 규약은 집단안보의 이상을 품었지만 법률적 커다란 구멍을 남겼다. 1935~1936년 이디오피아를 침략한 이탈리아에 대한 국제연맹의 제재 실패는 국제연맹에 의한 집단안보의 실험을 종식시켰다. 그리고 힘의 균형체제의 부활은 약소국가들의 전통적인 반응인 중립을 불러일으켰다. 유럽의 약소국인 벨기에, 덴마크, 핀란드, 노르웨이, 스웨덴, 네덜란드, 스페인, 그리고 스위스가 국제연맹규약 제16조하의 의무를 모든 실질적 목적을 위해 취소했다. 국제연맹은 스위스의 중립만을 공식적으로 인정했지만 소위 전통적인 유럽의 약소국들은 스스로 중립을 선언했다. 그리하여 유럽의 약소국들은 중립의 전통적인 보호정책인 재무장과 고립으로 돌아갔다.

제2차 세계대전의 전야에 국가간 힘의 분포는 제1차 세계대전의 종결 때 존재했던 것과 동일하지 않았다. 그리하여 유럽의 약소국들은 안전을 위해 강대국에 편승했다. 더구나 당시 득세하는 소련과 독일의 전체주의적 제국주의는 중립에 적대적이었다. 이러한 경향들은 제2차 세계대전의 종결 후에 정치적 및 군사적 발전으로 심화되어 결국 중립에 파괴적이었다. 핵무기의 파괴력 증대는 그런 무기가 없는 어떤 국가도 다른 국가의 사용을 억제하는 것이 불가능하게 되었다. 냉전시대에는 미소가 전쟁이 아닌 다른 모든 수단을 동원하여 현상을 변경하려고 했다. 그리하여 전복, 선전, 그리고 원조를 통해 상대방의 국내 상황에 직접적으로 개입하는 심리전이 주된 전략이 되었다. 유엔의 범세계적 집단안전보장제도에도 불구하고 유럽에서 NATO와 바르샤바조약기구라는 집단방어체제, 그리고 한국전 후 지역적 집단방어체제와 쌍무적 방위조약의 확산으로 인한 냉전체제의 심화로 국제사회에서 정책목적으로 중립이 사실상 사라져버렸다.

그러나 얼마 후에 헛된 부활의 시도들이 등장했다. 몇 나라들이 중립이

길 원하면서도 동시에 중립이 아닌 모호한 입장을 취하면서 중립국의 지위와 강대국과의 관계에서 오직 이기적 이득만을 취하려는 모습을 보여주었다. 유럽의 몇몇 국가들과 소위 아시아-아프리카 블록(Asian-Africa bloc)이라는 소위 제3 세력(a third force)이 양극체제에 대한 대안으로 등장했다. 그러나 그것들은 구성원들로 하여금 정치적으로 단결된 행동을 가능하게 할 항구적으로 중대한 공동이익이 존재하지 않았다. '대서양에서 우랄산맥'까지 독립적 제3의 유럽세력을 형성하려 했던 프랑스 드골 대통령의 계획은 하나의 백일몽에 지나지 않았으며, 또한 1955년 4월 반둥(Bandung)선언은 공허했고, 그리고 다음해 있었던 나세르, 네루, 그리고 티토의 회담도 아무런 정치적 효과를 가져 오지 못했다.

냉전이 종식되자 국제사회에서 중립국은 비참한 '나홀로'가 되고 말았다. 냉전 종식의 환희는 21세기에 들어서 비눗방울처럼 창공으로 덧없이 사라져 버렸다. 냉전 종식으로 세계는 칸트의 상호의존적 평화로운 세계가 아니라 유럽에서는 러시아의 팽창주의의 부활 그리고 아시아-태평양지역에서는 중국의 현상타파 모색으로 마키아벨리적 신냉전체제가 심화되고 있다. 이런 상황에서 한국이 중립을 추구한다는 것은 역사적 교훈을 망각한 가장 어리석은 국가전략이 될 것이다.

제95장

조지 워싱턴 대통령과 제이 조약(Jay Treaty)의 교훈

모든 국가는 자국의 주관적 이익을 추구한다. 주관적 이익 추구는 종종 타국과 갈등에 휩싸인다. 그러면 국가간 정의의 문제가 제기된다. 국가간 정의는 근본적으로 그들 사이에 동등한 힘을 필요로 하는 것이다. 그리하여 "강자는 자기가 원하는 것을 얻고 약자는 그것을 인정할 수밖에 없는 것이다." 이런 탁월한 통찰력은 지금으로부터 2천 5백 년 전에 아테네의 역사가 투키디데스(Thucydides)가 발견한 이래 국제정치학의 제1의 원리가 되었다.

미국은 역사상 제국의 식민통치에서 독립한 최초의 신생국이다. 조지 워싱턴은 당시 아메리카 대륙군 총사령관으로 대영제국과 8년간의 전쟁에서 승리한 뒤 1789년 미합중국의 초대 대통령이 되었다. 미합중국(간단히, 미국)이 건국에 성공했지만 당시 미국의 동부사람들은 국제통상으로 먹고 살았다. 그러나 해양제국 영국에 의한 바다의 지배는 독립한 그들의 삶을 어렵게 만들고 있었다. 조지 워싱턴이 재임을 시작하던 1793년 새 공화국 프랑스와 전쟁 중이던 영국정부는 영국해군에 지시하여 식량을 싣고 프랑스 항구로 가는 중립국의 선박들을 가로채고 그들의 모든 화물을 포획했다. 5개월 후에 영국해군은 프랑스의 서인도제도를 모두 봉쇄하는 것으로 간단히 확장되었다. 간단한 명령으로 영국해군은 250척의 배들을 정지시키고 장악하여 배의 상품들을 몰수해버렸다. 이런 영국의 강경한 조치들은 미국 내에서 정치적 폭풍을 일으켰다. 미국인들은 자국의 중립정책을 위협한다고 규탄하는 분노가 들끓었다. 영미 간에 긴장이 높아가고 있었다. 워싱턴은 심각한 정책적 난제에 직면했다.

미국인들은 영국과 전쟁을 피하고, 무역을 유지하며, 약탈당한 배들의 보상을 모색하고, 그리고 독립 후에도 아직 미국 땅에 남아있는 영국의 요새들의 철수 문제를 포함하여 현저한 분쟁들을 타결하기 위하여 영국에 특별외교 사절을 파견하는 것이 필요하다고 생각했다. 워싱턴 대통령은 미 의회에서 영국에 대한 어떤 무역제재도 막길 원했다. 그는 친-영국 인물인 알렉산더 해밀턴(Alexander Hamilton)을 진지하게 고려했으나 해밀턴 자신이 그런 임무를 사양한 뒤에 이상적인 대체 인물로 당시 대법관인 존 제이(John Jay)를 임명하였다. 워싱턴에게 그는 영국과 평화를 확실히 하는 데 가장 적합한 인물로 생각되었다. 대서양 횡단 통신의 오랜 지연으로 인해서 워싱턴은 제이가 런던에서 수행하고 있는 협상에 대해 정확히 알지 못했다. 제이에게 서두르게 하고 싶지는 않았지만 그러나 그가 가능한 모든 방법을 동원하여야 한다고 격려했다.

1795년 2월이 되자 제이가 조약을 매듭지었으며 멀지 않아 미국의 해안에 도착할 것이라는 소문이 나돌았다. 6월 12일, 그 조약문서는 워싱턴 대통령의 책상 위에 있었다. 워싱턴은 영국에 크게 기운 조약의 내용을 보고 입을 다물었다. 특히 그 조약은 영국이 공해상에서 미국의 배들을 나포하는 추악한 행위를 저지하는 데 실패했다. 또한 영국이 미국의 수입을 위해 최혜국대우를 인정하지 않는데도 불구하고 미국은 영국의 수입에 최혜국 대우를 인정하고 있었다. 일단 이런 사실이 알려지면 그것은 마치 제이가 식민지 시대로 돌아가 선상에서 영국의 협상사들에게 읽드린 것처럼 보일 것이다.

그러나 그 조약은 여러 결함에도 불구하고 영국이 마침내 5대호에 있는 영국 요새들의 철수에 동의했다. 그 조치는 영국의 서인도제도를 미국의 작은 배들에게 문호를 열어주었다. 그리고 그 조약은 나포된 미국의 상선들을 보상하기로 동의했다. 이런 양보들은 그 조약의 압도적인 성취에 비하면 아무것도 아니었다. 그것은 바로 영국과의 전쟁으로 나가는 치명적인 계기를 저지한 것이었다. 따라서 워싱턴은 이 결함을 가진 조약이 당시로선 가능한 최선의 것이라고 생각했다. 그러나 워싱턴은 그 조약내용의 폭발성을 잘 알고서 6월에 의회가 소집될 때까지 비밀에 부치기로 했다. 상원은 그 조약을 비공개로 논의하는 데 동의했지만 친-프랑스주의자인 토마스 제퍼슨이 이끄는 공화주의자들은 그 조약의 내용을 알고 나서 공포로 숨이 막혔다. 그들은 영국이 서인도제도에서 70톤 이하의 배로 미국의 무역을 제한한 악명 높은 제12조항을 반대하기로 결정하였다. 그러나 결국 타협을 통해 그 조약은 6월 말에 20대 10이라는 투표결과에 따라 상원을 통과했다.

그러나 워싱턴이 조약에 서명하기 전에 그 조약의 요약문이 한 신문사에 의해 알려지자 대중은 너무나 아연실색하였다. 큰 소동이 일어났고 공화주의자들은 제이를 악마로 규정했으며 7월 4일 독립기념일에는 제이의 인형들이 많은 마을에서 불태워졌다. 알렉산더 해밀턴은 뉴욕의 한 집회에서 조약을 옹호하려다가 항의자들에 의해 돌팔매를 당했다. 임시수도 필라델피아에서 대통령 관저는 매일같이 수많은 조약 반대자들에 의해서 포위되었다. 그러나 워싱턴은 미국이 영국과 새로운 전쟁을 치를 준비가 전혀 되어있지 않다고 생각했다. 시간이 흐르면서 그 조약은 새로운 지지자들을 확보함에 따라 격렬히 반대하던 공화주의자들도 서서히 후퇴하여 워싱턴의 편에 섰다. 그리하여 조지 워싱턴 대통령은 제이조약으로 영국과의 전쟁을 피할 수 있었을 뿐만 아니라, 이 조약으로 미국은 영국과의 통상을 유지하여 경제적 번영을 구가할 수 있었다.

1965년 대한민국은 일본제국에서 해방되어 1948년 건국한 지 17년 만에 박정희 대통령의 주도하에 가까스로 일본과의 국교정상화를 이루었다. 그러나 그것은 미국의 제이조약 못지않게 국내적으로 엄청난 반대와 극렬한 전국적 저항을 불러일으켰다. 그럼에도 불구하고 돌이켜 본다면, 워싱턴의 제이조약이 미국의 안전과 번영에 기여했던 것처럼 한일조약도 대한민국의 경제발전에 적지 않게 기여했음을 솔직하게 인정해야 할 것이다. 국가 간의 협상이란 언제나 상호간 '불만의 균형'에서 타결될 수밖에 없는 것이다. 한일관계에서 우리의 일방적 '만족'을 위해 기원전 전설적인 트로이 전쟁(Trojan War)이후 3천 년 간 변함없이 적대관계를 유지하는 그리스와 터키의 관계를 닮을 것인가? 아니면 조지 워싱턴의 제이조약에서 배울 것인가? 조지 워싱턴처럼 정치지도자는 자신의 감정과 개인적 취향과 혐오를 억제하고 공동선을 확보할 실천적 과업에 전적으로 몰두해야만 한다. 왜냐하면 비스마르크가 말했듯이 증오와 복수심은 정치에서 나쁜 상담역이기 때문이다.

제96장

타이완은 시진핑의 야망으로부터 생존할 수 있을까?

16세기 포르투갈의 선원들이 '아름다운 섬(Ilha Formosa)'이라고 명명했던 타이완은 1640년대(청나라의 초기) 중국대륙의 망명자들을 위한 피난처였다. 당시 타이완 섬은 많은 인구를 지탱하고 해군력을 유지할 수 있을 만큼 풍부한 자원을 보유하고 있었다. 그리고 300년 후 1940년대 중국에서 공산당과의 내전에서 밀린 장제스와 그의 국민당 정권의 마지막 지지자들이 피난해 와서 그곳에서 일종의 망명정부처럼 타이완을 중화민국(the Republic of China)의 국호 아래 통치하면서 제2차 세계대전의 동맹국이었던 미국의 보호와 지원하에 한동안 유엔(UN)에서 형식적으로나마 모든 중국인들을 대표하는 주권국가로 행세했었다.

그러나 국제사회와 유엔은 그런 비현실적인 상황을 영원히 유지해 갈 수 없었다. 1970년대에 들어서면서 미국과 중화인민공화국(People's Republic of China)이 오랜 전통적 적대관계를 청산하고 양국이 화해의 단계로 접어들면서 거대한 국제적 조건의 변화가 초래되었다. 그런 과정에서 1971년 2월 25일 유엔총회는 결의안 2758호의 채택을 통해 타이완 대신에 중화인민공화국에 중국의 대표권을 부여하고 이 결의에 따라 대부분의 회원국들이 외교관계를 정리하게 되자 중화민국, 즉 타이완 정부는 유엔에서 추방되고 국제사회에서 고립되고 말았다. 중국의 대표권을 인수한 중화인민공화국이 일종의 할슈타인 원칙(Hallstein Doctrine)을 대외정책에 적용하였기 때문이다.

그 결과 당시 타이완은 세계 200여 국가들 중에서 오직 22개국과만 정식 외교관계를 유지할 수 있었다. 대부분의 국가들과 유엔체제(the UN System)는 중화인민공화국을 중국의 유일한 합법정부로 인정했다. 그 후 타이완은 중화민국을 인정하지 않는 70여 개국에 무역, 투자, 문화 및 비정치적 분야에 치중하는 '공식적으로 비공식적인(officially unofficial)' 타이완 정부의 대표부나 영사관을 두고 그것이 사실상 대사관 역할을 하고 있지만 그들 사이에서 정치적 문제는 다루지 못하고 있다.

국제기구의 세계에선 2002년 1월 1일부터 '별개의 관세영토'라는 카테고리 속에서 타이완은 펑후(Penghu), 킨멘(Kinmen)과 마츠(Matsu)와 함께 세계무역기구(WTO)에 가입했다. 아태경제협력기구(APEC)엔 1991년 11월 이래 중국 및 홍콩과 함께 '중화 타이페이(Chinese Taipei)'라는 이름으로 회원경제가 되었다. 그리고 2013년 9월에 타이완은 '중화 타이페이'라는 이름의 특별손님으로 캐나다 몬트리올에서 개최된 제38차 국제민간항공기구(ICAO)총회에 처음으로 초청되었다. 중화인민공화국의 압력으로 인해 중국이 참여하는 올림픽 같은 국제행사에도 타이완은 '중화 타이페이'라는 이름과 별도로 도안한 국기를 들고 참석하는 처지에 있다.

이러한 타이완의 안타까운 국제적 위상에도 불구하고 타이완의 국가안보는 최근까지 비교적 안정적이었다. 1972년 세기적 미-중 정상회담에서 미국은 타이완을 중국의 일부로 인정했지만 양국 간 정상화는 쉽게 이루어지지 않았다. 1978년 미국의 카터 행정부가 중국과 결국 외교정상화를 이루자 바로 다음 해인 1979년 미 의회가 타이완 관계법(The Taiwan Relation Act)을 통과시켰고 이 법을 통해 미국은 중국정부의 반대에도 불구하고 타이완 정부에 첨단무기 판매와 군사훈련을 계속 제공해 왔기 때문이다. 이뿐만 아니라 중국은 바다 건너 타이완을 어찌할 수 없었다. 중국은 대륙국가의 전략적 전통으로 인해 바다를 통해 타이완을 성공적으로 침공할 만한 해군력을 결코 보유하지 못했기 때문이었다.

그러나 21세기에 접어들어 중국이 크게 성장한 경제력을 바탕으로 해군력 증강을 중국국방의 최우선 정책으로 삼아 집중적으로 해군력을 강화하면서 동중국해와 남중국해에서 기존 해양질서의 현상타파를 노골적으로 공표하고 나섰다. 그러나 중국의 새 군사력 증강으로 무엇보다도 타이완의 국가 안전에 가장 직접적인 위협이 현실화되었다. 그것은 단순히 해군력 증강이라는 전략적 변화에 그치지 않고 중국의 최고 통치권자인 시진핑 중국공산당 주석이 중국의 마지막 통일 야심을 실현하고자 공개적이고 노골적인 타이완 침공과 정복의 의사를 반복해서 밝힘으로써 타이완은 중화민국 건국 이래 최대의 직접적인 국가안보의 위험에 노출된 것이다. 마치 기원전 아테네인들이 작은 섬나라의 밀로스인(Melians)들에게 말했던 것처럼 시진핑은 타이완인들에게 이렇게 협박하고 있는 것 같다. "당신들은 굴복함으로써 재앙으로부터 스스로를 구원할 것이며 우리는 당신들을 파괴하지 않음으로써 이익을 얻을 수 있을 것이다."

그러나 타이완은 고대 그리스 시대의 밀로스(Melos), 19세기 말과 20세기 초의 대한제국과 같은 멸망의 운명을 마주하지 않을 것이다. 밀로스와 대한제국의 지도자들은 약소국이면서도 어리석게도 동맹국이 없었다. 자신의 힘이 부족한 약소국이 살아남기 위해서는 믿을 만한 강대국과의 동맹이 외교정책의 필수과목이다. 다행스럽게도 타이완은 지상 최고의 강대국인 미국으로부터 비록 동맹국은 아니지만 사실상 동맹국에 버금가는 보호와 지원을 받고 있다. 미국의 보호 및 지원이 과시적이고 또 실질적으로 제공되는 한 중국은 타이완을 전면적으로 침략해서 정복할 수 없을 것이다.

타이완을 미국인들이 계속해서 보호하고 지원할 것인가에 대해 우리는 의문을 제기할 수 있다. 그리고 우리는 대체적으로 긍정적인 답변을 할 수 있다. 왜냐하면 미국의 아시아-태평양 대전략에서 타이완은 중국은 물론 넓게는 유라시아 대륙에 대해 지정학적으로 중요하고 편리한 일종의 교두보 같은 곳이며, 동시에 군사적으로는 과거 더글라스 맥아더(Douglas MacArthur) 장군이 표현했던 것처럼 중국대륙의 막강한 군사력에 대처하는 일종의 '침몰하지 않는 항공모함(Unsinkable Aircraft Carrier)'에 견줄 수 있기 때문이다. 비록 중국의 해군이 더욱 급속도로 증강된다고 할지라도 한동안, 아니, 오랫동안 중국의 해군이 미해군과 실제로 전면전에서 승리할 수 있다는 생각은 중국인들이 공상과학에 빠져 있다는 것을 입증해 줄 것이다.

제97장

21세기 중국의 해양전략은 성공할 수 있을까?

“바다를 지배하는 자는 자유롭다. 그는 자기의 의지대로 전쟁을 많이 혹은 적게 선택할 수 있을 것이다.” 이것은 17세기 영국의 근대 철학자 프란시스 베이컨(Francis Bacon)의 말이었다. 약 200년 후 미국의 알프레드 세이어 마한(Alfred Thayer Mahan)은 바다를 지배할 수 있는 방법을 제시했다. 그는 해군장교와 역사가로서 그리고 전략가로서 그의 교리들은 세계의 모든 주요 해양국가들에 의해 채택되고 실천되었다.

마한은 미(美)해군대학에서 행한 수년간의 강의내용들을 수정하고 정리하여 1890년과 1892년 〈역사에 미친 해양력의 영향〉(The Influence of Sea Power Upon History)이라는 그의 첫 주요저작의 출판으로 거의 즉각적으로 국제적 명성을 얻었다.

그는 “한니발(Hannibal)이 기나긴 육로 대신에 로마인들이 종종 아프리카를 그랬던 것처럼 바다를 통해 이탈리아를 침공할 수 있었더라면 얼마나 역사가 달라졌을까?”라는 의문에서 영감을 얻었다. 이 책과 그 후 그의 저서와 에세이 등에서 그는 제2차 세계대전 초까지 해군전략가들의 사고방식을 지배했던 세 개의 ‘마한의 도그마(Mahanian dogmas)’를 제시했다. 그것들은 ‘전함의 우상화’, ‘집중의 철의 법칙’, 그리고 한번의 ‘결정적 전투에서 적 함대의 격멸’이었다.

마한의 책 출간 타이밍은 절묘했다. 당시 산업화와 기술적 변화로 많은 국가들이 자국의 함대를 점검하기 시작했다. 특히 유럽의 강대국들 사이에서 국가 간 경쟁과 제국적 야심은 해군의 군비경쟁을 촉발시켰다. 세계는 해양력을 보다 잘 이해하려는 방향으로 나아갔다. 마한의 인정은 빨랐고 지구적이었다. 그의 책 리뷰는 환호 일색이었고 또 찬양하는 편지들이 전 세계에서 쏟아졌다. 그 책과 그의 후속 작품들은 프랑스어, 독일어, 일본어, 러시아어 그리고 스페인어로 신속하게 번역되었다.

2년 후에 마한은 해양력에 관해 가장 영향력 있는 학자로 칭송되었다. 프랑스에선 모든 사람들이 그를 인용했고, 영국에선 해군의 모든 장교들이 그 책을 읽거나 읽은 척을 했다. 윌리엄 글래드스턴(William Gladstone) 수상은 그것을 '세기의 책'이라고 명명했다. 1894년 옥스퍼드와 케임브리지 두 대학교는 마한에게 명예박사학위를 수여했다. 독일의 빌헬름(Wilhelm) 황제는 자신의 해군장관 알프레드 폰 티르피츠(Alfred von Tirpitz)에게 그 책의 번역서를 독일 해군의 모든 배에 비치하여 모든 장교들이 그것을 읽게 하라고 명령했다.

그러나 어떤 국가에서도 마한의 저작들이 일본에서만큼 깊고 지속적인 인상을 주지는 않았다. 1894년 그 책이 번역되어 일본제국의 해군 및 육군 참모대학들을 통해 배포되었다. 일본 해군참모대학은 마한을 그곳의 교수로 초빙하려고 시도했으나 실패했다. 마한의 '결정적 전투'의 교리는 한방에 완전히 몰두하라고 촉구한 16세기 일본의 위대한 사무라이 철학자 겸 검객이었던 미야모토 무사시(Miyamoto Musashi)를 상기시켰다. 일본이 동양의 트래팔가 해전에 빗대는 쓰시마 해전의 영웅인 헤이하치로 도고(Heihachiro Togo)제독은 "모든 국가의 해군 전략가들은 마한의 작품이 군사학의 공부에서 범세계적 권위로서 영원히 최고의 지위를 차지할 것이라는 것이 한결같은 의견"이라는 헌사를 썼다.

자신의 조국인 미국에선 시어도어 루즈벨트(Theodore Roosevelt)가 그를 찬양하는 리뷰를 썼고 미국이 새로운 육중한 전함의 함대를 건설해야 한다는 마한의 결론에 특별한 칭송을 아끼지 않았다. 마한과 루즈벨트의 파트너십은 1897~1898년 루즈벨트가 해군의 차관보로 재임하는 동안 스페인과의 전쟁에서 신속한 미국의 승리를 가져온 함대의 전개를 함께 계획했다. 루즈벨트의 대통령 재임 시(1901~1909)에 마한은 루즈벨트의 가까운 보좌관으로 봉사했으며 대통령은 때때로 마한의 에세이에서 문단을 가져와 자신의 연설에서 거의 그대로 사용하였다. 요컨대 미국을 비롯해 유럽 강대국들과 일본제국까지도 19세기 말에 그들은 모두가 마한주의자가 되었다.

그런데 놀랍게도 1세기도 더 지난 21세기에 마치 격세유전적인 현상처럼 중국이 갑자기 마한주의자(Mahanian)를 자처하고 나섰다. 시작은 1985년 6월 덩샤오핑 중국 중앙군사위원회 위원장이 확대회의를 주재하면서 가까운 미래에 세계대전은 없을 것이니 전면전에 대비하는 대신에 제한적 지역갈등에 대한 대비로 전환해야 한다는 천명이었다. 그런 전략적 전환은 군부의 재조직과 100만 병력의 축소를 가져왔다. 그 대신에 20%의 해군 예산을 증강시켰다. 그리고 1988년 중국은 대양해군(the Blue Water Navy)을 건설할 50년 계획을 제안했다. 그러다 곧 냉전종식과 북방의 최대위협인 소련제국의 붕괴를 목격한 뒤 중국은 해군력 증강에 집중했다.

중국이 마침내 공개적으로 21세기의 마한주의자로 변신한 것이다. 그리하여 중국은 항공모함의 구축을 포함한 해군력 증강에 매진하면서 동중국과 남중국의 지배를 당연시하는 시대착오적 제국주의적 정책을 추진하고 있다. 그 결과 제2차 세계대전 이후 줄곧 '바다의 황제'인 미국과 심각한 갈등과 대결의 양상으로 치닫기 시작했다.

그러나 중국은 해군력의 집중적 증강에 매진하면서도 마한의 전략적 교리를 채택하고 있는 것으로 보이지 않는다. 지난 100년 이상 철저한 마한주의자이며 1941~1945년 동안 일본과 태평양 전쟁을 치른 미국은 클라우제비츠의 전략적 원칙들을 해전에 그대로 적용, 집중하여 정면공격이라는 직접 접근법의 전략문화를 유지하고 있다. 그러나 중국은 해양 전략에서도 지상전에서처럼 마치 바둑을 두듯 상대방의 취약한 곳을 공략해 나가는 중국의 전략적 문화의 전통인 간접접근법을 채택할 것이다. 이것은 기나긴 소모전을 택한다는 것을 의미한다.

그러나 민주국가인 미국은 중국과의 장기적 소모전에 결코 말려들지 않으려 할 것이다. 반면에 1949년 중국공산당 집권 이후 단 한 번의 해전 경험이 없는 완전 아마추어인 중국이 오직 폭군 시진핑의 권력욕에 사로잡혀 일종의 번지점프를 하듯이 무모하게 미국에 무력도발을 결행한다면 중국의 해군은 거의 다 섬멸되고 다시 과거의 고립된 대륙국으로 퇴락할 것이다.

제98장

파리헌장 이후 30년, 유럽은 어디로?

20세기는 강대국 간 거듭된 전쟁과 긴 평화의 시대였다. 350여 년 전에 유럽인들은 1648년 베스트팔렌(Westfalen) 조약으로 근대 주권국가제도를 창립한 이래 그들은 유럽의 국제체제를 형성하여 국가 간 끝이 없는 영토 확장을 위한 권력투쟁을 시작했다. 그 후 국가 간의 관계는 본질적으로 자연상태라서 '국제정치는 곧 권력투쟁'이라는 국제정치학의 지배적 패러다임을 창조하여 그것을 역사적으로 꾸준히 계승했다. 이뿐만 아니라 유럽의 국제사회는 유럽의 앞선 산업화에 힘입어 점차 전 지구적으로 확장되었다.

그리고 20세기 전야에 미국이 스페인과의 전쟁에서, 그리고 곧 뒤따른 20세기 여명에는 러일전쟁으로 유럽의 국제체제는 전 지구적으로 확장된, 진정으로 세계화된 '국제정치체제(the international political system)'로 발전되었다. 그 결과 세계화된 지구는 두 차례에 걸친 세계대전을 경험했다. 제2차 대전 후 수립된 범세계적 국제체제는 동서진영 간 치열한 냉전시대였지만 그것도 국제적 양극체제로서 여전히 본질적으로 유럽의 베스트팔렌 체제의 속성을 그대로 유지했다.

파리헌장(the Charter of Paris)은 1990년 11월 말 파리에서 3일 동안 미국, 소련, 영국, 독일 및 프랑스를 포함하여 유럽의 34개국 국가원수나 정부 수반들이 모여 합의한 것이었다. 그것은 냉전종식 이후 유럽인들이 함께 지켜 나갈 새로 수립된 일종의 헌정질서였다. 유럽인들은 그것을 파리헌장의 제1장에서 '민주주의와 평화 그리고 통일의 새 시대(A New Era of Democracy, Peace, and Unity)'의 출범을 선포했다.

그리하여 파리헌장은 다소 명시적으로 이루어진 유엔헌장의 수정과 확장이었다. 제1차 세계대전 후 베르사유 체제와 제2차 세계대전 후 샌프란시스코 체제에 대한 최종적 수정판으로 그것은 1975년의 헬싱키의 최종결의서를 필두로 하여 '유럽의 재래식 무력(the Conventional Forces in Europe, CEF)'에 대한 조약을 환영하고, 그리고 독일을 통일한 1990년 9월 12일 모스크바에서 서명된 독일에 관한 최종타결조약의 명시적 승인을 담고 있었다.

이제 유럽인들은 파리헌장이 적어도 유럽에서는 진실로 새로운 시대의 출범을 의미한다고 인식했다. 파리헌장 체제는 하나의 보편적 국제법을 통해 유럽의 주권국가들을 공식적으로 세계화 과정을 완결하는 표상으로 보였다. 어쩌면 국제사회에서 법의 통치라는 약 200년 전 임마누엘 칸트가 그의 '영구 평화론'에서 꿈꾸고 또 약 80년 전 우느로 윌슨의 세계평화에 대한 비전이 이제야 비로소 현실화된 것으로 보였다. 그리하여 당시 마가렛 대처 영국수상은 이 역사적 파리헌장을 '새로운 마그나 카르타(New Magna Carta)'라고 불렀다.

파리헌장 체제의 수립은 유럽인들에게 미증유의 안전과 평화의 시대를 가져왔다. 그들은 자유와 평화, 그리고 높은 생활수준을 만끽했다. 그들은 모두 평화주의자임을 스스로 선언했지만 그런 선언만으로 평화가 보장되는 경우는 역사에 거의 없었다. 유럽인들은 나토(NATO)의 지도국으로서 미국이 거의 일방적으로 제공하는 자유와 안전을 누리면서도 자신들이 향유하는 자유와 평화의 수호자로서 책임을 회피했다. 유럽인들은 일종의 '무임승차자'였으며 순전히 '평화의 소비자'였다고 해도 결코 과언이 아니었다. 그리고 실제로도 유럽 국가들은 파리헌장이 요구하는 재래식 무기감축의 조약을 구실삼아 독자적으로 전면전쟁을 수행할 재래식 군사력을 충분히 갖추고 있지도 않았다.

그들은 유럽의 안보와 평화를 위한 모든 책임을 미국에 전가해 버린 것이다. 나토 동맹국들의 이런 뻔뻔한 태도를 보다 못한 도널드 트럼프 대통령이 '아메리카 퍼스트(America First)'를 외치면서 나토 정상회담에서 동맹국들에게 그들의 마땅한 책임을 다하라며 노골적인 분노를 터트리기도 했지만 그러나 유럽인들에겐 마이동풍이었으며 그들은 오직 냉소적 반응을 보였다. 트럼프 대통령이 재선에 실패하자 유럽인들은 오히려 트럼프 대통령이 국제사회를 불안하게 하는 호전적 인물이었다는 비난을 쏟아냈다.

그러다가 청천하늘에 날벼락처럼 2022년 2월 24일 러시아가 특별 군사작전이라는 미명하에 인접국인 우크라이나에 불법 기습 침략을 감행하자 유럽인들은 갑자기 제정신이 들기 시작한 것으로 보인다. 사실 우크라이나는 나토의 회원국이 아니며 역사적으로 오랫동안 소비에트-러시아의 사실상 식민지나 다름이 없었다. 이뿐만 아니라 2014년 러시아가 기습적으로 군사력을 사용하여 크림반도를 병합했지만 유럽인들은 아무런 저항이나 응징적 조치를 취하지 않았으며, 유엔 안보리에 의제로 상정조차 되지 않았다. 피침의 당사국인 우크라이나도 소리 높여 러시아를 규탄했을 뿐 실지회복을 위한 어떤 저항적 행동도 보여주지 못했다. 이런 우크라이나와 서방국가들에 의한 기정사실화는 러시아 푸틴 대통령에게 우크라이나 전체를 러시아의 국가적 안전을 위한 일종의 완충국으로 변질시키려는 강렬한 유혹에 사로잡히게 해서 우크라이나에 대한 제2의 침공을 단행케 한 것이다.

그러나 러시아의 제2차 침공은 우크라이나의 강력한 저항에 직면했고, 또한 우크라이나인들이 자신의 조국을 위해 싸울 의지가 있다는 것을 확인한 유럽국가들이 우크라이나를 범유럽적으로 지원하기 시작하면서 이 전쟁은 파리헌장 체제의 수립 30년 만에 자신들의 선조들이 알려준 국제정치의 본질을, 너무도 갑작스럽게 그리고 새삼스럽게 상기하게 된 것이다. 그리하여 유럽국가들은 그동안 보유 중인 낡은 무기들을 마치 '쓰레기 하치장'에 버리듯이 우크라이나에 너도나도 서둘러 세공하고 자신들은 최신식 무기로 새롭게 무장하려는 뚜렷한 정책적 움직임을 보여주고 있다. 이제 유럽은 파리헌장체제의 수립 이후 지난 30여 년간 순전히 평화 소비자의 태도에서 벗어나 자국 안전의 수호자가 되는 방향으로 나아갈 것이다. 환언하면, 이러한 움직임은 유럽인들이 그동안 빗나간 역사의 진행궤도에서 벗어나 일종의 '미래로 복귀(Back to the Future)'를 의미한다고 말할 수 있을 것이다.

제99장

러시아, 여전히 '거인'인 멀고먼 나라

러시아는 한반도와 국경을 접하지만 한국인에게는 머나먼 나라다. 19세기 제국주의 시대 러시아는 다른 유럽국들과 똑같이 지정학적 팽창주의를 지향한 강대국이었다. 기회만 엿보이면 한반도를 포함하여 동북아(당시 극동)에서 국제적 힘의 진공상태를 채우려고 했다. 그러나 이런 팽창주의에도 불구하고 전 세계에 걸친 영·러 간 경쟁과 영국의 두려움에 따른 견제로 러시아가 침략을 먼저 시작할 수는 없었다.

한국인에게 러시아인은 10피트 거인이었다. 1860년 한반도와 국경을 접한 시기부터 러시아의 한반도정책은 19세기 말까지는 한반도에서 국제적 힘의 균형 유지였다. 독일의 철혈재상 비스마르크는 러시아에게 크림전쟁 후 유럽에서는 할 일이 없으니 "동쪽으로나 가보라.(Drang nach Osten.)"고 권유했다. 러시아는 실제로 시베리아 횡단철도까지 부설하면서 적극적으로 동쪽으로 진출했다. 그러나 20세기 여명에 러시아는 러일전쟁에서 대영제국을 동맹국으로 둔 일본에 육지와 바다에서 일방적으로 패해 큰 망신을 당했다. 이처럼 다른 강대국들과 경쟁할 수 없게 되자 러시아는 한반도로부터 완전히 철수했다. 러일전쟁 종전 이후 러시아의 한반도정책을 보면 한반도가 러시아에 중요하지만 사활을 걸 정도는 아니라는 게 분명하다.

당시 한국(조선)인은 이이제이(以夷制夷)의 전략으로 일본을 견제하기 위해 러시아를 이용하려 했는데 러시아의 지원뿐만 아니라 심지어 보호까지 요청했다. 한국인은 임진왜란 이래로 일본인을 증오해왔기 때문에 일본과 러시아 중 러시아를 선택했다. 그 결과 러일전쟁이 일본의 승전으로 끝난 후 한국(조선)은 일본에 의해 강제로 주권을 상실 당하는 비싼 대가를 지불해야 했다.

20세기 소비에트 러시아도 볼셰비키혁명 후 '세계 공산주의혁명'이라는 새로운 팽창주의 정책을 추구했다. 이런 정책으로 러시아는 제2차 세계대전을 계기로 다시 한반도에 등장해 한반도의 북측 절반을 군사적으로 장악하고 북한을 국제공산주의 확장을 위한 하나의 전초기지로 삼았다. 그러다 김일성 지점장을 통한 한반도 공산화가 예상치 못한 미국의 참전으로 실패하자, 스탈린도 한반도에 대한 제1차적 관심을 거두어들였다. 세상에서 오직 미국만을 두려워했던 스탈린은 한반도에 미군이 주둔하고 한미동맹이 체결되자 한반도 공산화의 꿈을 접었다. 유엔을 비롯한 국제사회에서의 남북한 대결에서 러시아는 언제나 북한을 지지했고 그런 정책적 입장은 스탈린의 후계자들에게도 그대로 계승됐다.

소련제국의 붕괴 후 소비에트 러시아는 한동안 극심한 혼란이 지속됐는데, 옐친 러시아연방 대통령의 권력을 계승한 블라디미르 푸틴 대통령은 우선 자신의 권력기반 강화를 위해 혼자서 모든 것을 다하는 보나파티스트(Bonapartist)가 되었다. 시저가 전쟁을 통치의 수(首)행위에 두었듯이, 권력기반 확립 후 푸틴도 2014년 전략적 영토의 확보를 위해 무력을 사용해 지정학적 요충지인 흑해의 크림반도를 병합했다. 푸틴의 침략 행위는 국제사회로부터 도덕적 규탄만 받았을 뿐, 미국의 어떠한 군사적 대응도 유발하지 않았다. '기회주의적' 군사행동이 결국 성공했다.

러시아의 전(全)역사는 서방문화를 거부한 채 이뤄진 서방과의 변증법적 대응이었다. 그것은 러시아적 진실을, 러시아인의 메시아적 아이디어와 '역사의 종말'에 대한 버전을 지탱하기 위한 끝없는 투쟁이었다. 그 투쟁은 여러 방식으로 표현되었다. 러시아인의 그리스 정교, 피터 대제의 세속적 제국, 그리고 20세기엔 전(全)지구적 공산주의 혁명 등이 그것이다. '대서양주의'에 대응하는 '유라시아주의'도 그중 하나다. 그동안 지배적이던 '유럽문화 중심주의'를 비판하며 20세기 말 등장한 유라시아주의는 유럽의 신(新)우익의 정신과 아주 가까웠다. 러시아의 신(新)유라시아주의는 새로운 개념들과의 결합으로 풍성해졌다. 신(新)유라시아주의는 러시아의 전통주의, 지정학, 칼 슈미트(Carl Schmitt)의 정치적 개념, 마틴 하이데거(Martin Heidegger)의 실존주의 등과 결합했다. 그것들은 세상의 모든 것을 권력투쟁으로 간주하고, 생존을 위해서는 실존주의적 권력의지가 곧 삶의 의지라고 일관되게 강조한다.

20세기 말 신(新)유라시아주의는 주로 애국주의적이고 반(反)자유주의적 운동의 내적 일부였다. 그 후 유라시아주의자들은 국가적 볼셰비크운동의 핵심이 되었다. 21세기에 들어와 하나의 독립적인 신(新)유라시아주의 운동이 형성되어 푸틴 치하 러시아에서 새로운 국가이데올로기로 재등장했다. 그것은 옛 원천에만 기초하지 않고 포스트모더니즘을 포함하여 서방세계의 반(反)근대적 원천에서 취한 새로운 요소들을 담고 있다. 그것은 일정 수준의 사회적 인정을 획득했으며 우선 푸틴 주변의 정치적 서클들 안에서 긍정적으로 수용됐다. 이런 러시아의 신(新)유라시아운동의 지적 지도자 알렉산더 두긴(Alexander Dugin)은 오랫동안 푸틴의 보좌관이었다. 그를 비롯한 러시아의 지정학 관련 보좌관들은 미국의 지구적 헤게모니에 대한 평형축으로서 지구적 무대에서, 특히 유라시아대륙에서 러시아의 초강대국 위상의 복귀를 외친다.

1905년 이후 85년간의 긴 단절의 세월이 흐른 1990년, 한국과 소비에트 러시아는 관계정상화를 이뤘다. 이에 당시 북방정책을 추진하던 한국정부와 한국인은 거의 무조건적으로 '러시아 러시(Russia rush)'에 빠져들었다. 러시아 러시가 있었지만, 한국인은 러시아에 대해 무지했다. 한·러 정상회담에서 유창한 통역사를 찾을 수 없을 정도였다. 소련제국의 붕괴와 그에 따른 냉전의 종식에 따라 러시아 내정이 혼란을 겪고, 21세기 중국이 급격하게 부상하자, '차이나 러시(China rush)'가 러시아 러시를 대치했다. 그래선지 한국인에게 러시아는 다시 머나먼 나라가 됐다.

그러나 러시아는 명실상부한 세계 제2위 군사강국이다. 러시아가 아직 취약한 경제력 때문에 냉전시대의 국제적 위상을 회복하기는 쉽지 않다. 이에 더해 인접국 중국의 급속한 부상에 가려 러시아의 부활 노력도 한국인에게 가려져 있다. 그러나 러시아는 여전히 거인이다. 러시아가 두려워하는 것은 오직 유일 초강대국 미국뿐이다. 그래서 미국이 한반도에서 철수하거나 한미동맹이 크게 불안정해 보이면 철저히 국제적 기회주의자 러시아가 갑자기 "러시아가 돌아왔다."라고 천명하면서 우리 앞에 우뚝 설 수 있다.

제100장

21세기의 일본, 어떻게 볼 것인가?

1942년 미·일 간 치열한 아시아-태평양 전쟁이 한창일 때, 아직 미국의 승리를 전망하기엔 지나치게 시기상조였던 바로 그때, 미국의 예일대학 교수로서 지정학 이론가인 니콜라스 스파이크먼은 그의 명저 〈세계정치 속 미국의 전략: 미국과 힘의 균형〉(America's Strategy in World Politics: The United States and the Balance of Power)에서 이 참혹한 전쟁은 결국 미국이 승리할 것이고 전후에 미국은 마치 미국이 영국을 보호해야하듯이 일본을 보호하게 될 것이라고 전망했다. 그리고 그가 보기에 전후 미국의 최대의 위협은 일본의 부활이 아니라 당시 일본과의 전쟁에서 패전을 거듭하던 거인 중국이 될 것이라고 내다보았다.

작금의 미·중 간의 긴장 상황을 고려하면 참으로 놀랍도록 정확한 예상이요, 탁월한 역사적 통찰이 아닐 수 없다. 1945년 아시아-태평양 전쟁에서 처참하게 패망한 후 일본인들은 수세기 동안 인접국들에게 겁주었던 사무라이의 칼을 버릴 수밖에 없었다. 그리고 미국은 한국에서 발발한 6·25전쟁을 계기로 세계 공산주의 팽창주의를 목격하자 영국의 경우와는 크게 다르게 실제로 일본의 거의 일방적 보호국이 되었다.

당시 일본천왕이 항복 선언문에서 "참을 수 없는 것을 참고, 또 견딜 수 없는 것을 견디면서" 일본의 부활을 다짐했던 것처럼 일본인들은 재건에 매진했다. 일본제국이 일으킨 전쟁들의 가장 큰 피해자로서 전쟁 중에 남편을 잃은 수많은 과부들과 아비 없는 자식들 세대가 일본의 경제재건에 묵묵히 나섰다. 그런데 채 5년도 안되어서 일본 경제부활의 설호의 기회는 뜻밖에도, 아주 아이러니컬하게도, 바로 한반도에서 북한의 김일성이 약 3년간의 6·25 전쟁을 일으킴으로써 찾아왔다. 한국에서의 전쟁수행에 필요한 거의 모든 미국의 전쟁물자 보급기지로 변신하면서 일본은 아주 단시간 내에 경제재건을 이룰 수 있었다. 스탈린과 마오쩌둥의 후원 하에 세계 공산주의 한국지점장 김일성이 벌인 3년간의 참혹한 한반도 전쟁은 패전국 일본에겐 재건을 위해 신이 내린 축복과 같았다.

그 후에도 줄곧 일본은 미국과의 동맹에 자신의 안전을 전적으로 맡기고 오직 경제성장에만 매진했다. 즉, 강병은 제쳐두고 오로지 부국에만 전념했던 것이다. 그리하여 1970년대까지만 해도 일본은 하나의 국가라기보다는 '거대한 주식회사'로서 일본 사무라이들은 칼 대신에 서류가방을 들고 전 세계를 누볐다. 그리하여 일본인들은 '경제적 동물'이라는 비아냥을 들었지만 1970년대 이미 일본은 세계 제2의 경제대국으로 성장하였다. 그리고 소련공산제국의 몰락으로 미·소 냉전체제가 붕괴되자 미국의 '꼬붕'(주니어 파트너) 노릇에 신물이 난 일본의 소수 애국·민족주의자들이 "미국에 NO(아니오) 할 때가 되었다."라고 주장하고 나서면서 잠시 기염을 토하는 듯했으나 그들은 곧 유구무언의 바보들이 되고 말았다. 일본이 홀로는 감당 못할 새로운 위협에 곧 직면하게 되었기 때문이다.

그동안 일본은 국제사회에서 비교적 널리 존중받았다. 미국의 중대한 동맹국이라는 신분과 함께 일본의 풍부한 소위 '연성 힘(soft power)'을 통해 유엔과 그 산하 전문기관들을 중심으로 국제사회에서 막강한 외교력을 행사하였다. 이뿐만 아니라 일본은 과거 제국의 무서운 역사적 유산을 갖고 있다. 1945년 미국의 원자탄 두 발에 항복할 때까지 19세기 말부터 20세기 전반에 자기의 전근대의 스승이었던 중국(청)을 무력으로 굴복시키고, 나폴레옹을 무너뜨린 러시아를 러일전쟁에서 망신시키고, 제1차 대전에서 근대의 스승 국가들인 독일로부터 중국의 산동반도를 빼앗고, 제2차 대전에서 프랑스의 인도차이나를 무력위협으로 접수하고, 대영제국의 싱가포르를 점령하고 인도를 위협했던 무적의 일본제국이 미국과의 전쟁에서만 유일하게 패했던 생생한 역사로 인해 일본은 누구도 감히 무시하지 못할 잠재적 강대국으로 대우받았다. 오직 한국인들만이 감정적으로 그 사실을 애써 부인해왔다.

그러다가 1998년 북한의 김정일이 일본 열도를 통과하는 미사일을 발사하고 2006년 핵실험을 실시하자 일본은 한때 잠시나마 패닉 상태에 빠졌었다. 게다가 21세기에 접어들면서 과거 '난징학살'의 원한에 사무친 중국이 역사상 처음으로 해군력 증강에 몰두하고 일본의 생존이 걸려있는 동중국해와 남중국해에서 중국이 새롭게 독점적 권리를 주장하면서 기존의 해양질서에 도전하자 일본은 비로소 미일동맹의 가치를 재인식하고 ODA에 기울인 '연성 힘'의 명백한 한계를 깨닫게 되었다. 칼(핵무장)을 차지 않은 사무라이는 아무도 전혀 두려워하지 않는다는 사실을 일본인들이 새삼스럽게 실감하게 된 것이다. 그리하여 일본의 아베 정권은 핵우산을 위해 미국과의 동맹을 더욱 강화하고 일본의 본격적인 강병정책을 추진하기 시작했다. 이제 일본의 외교정책도 급속히 변화하고 있다. 그동안 미일동맹 속에 안주하며 소극적이고 피동적이었던 일본의 외교정책이 이제는 적극적이고 능동적으로 바뀌고 있다.

이런 새로운 국제적 상황에서 한국의 문재인 정부가 갑자기 일본에 적대적 자세를 취하는 것은 놀라운 외교적 오류다. 그리고 이것이 반미로 가기 위한 예비단계로 취해지는 반일행위라면 국가적 재앙을 초래할, 참으로 어리석은 행위가 될 것이다. 왜냐하면 미일동맹은 한국이 결코 '분리하여 지배(Divide and Rule)'할 수 있는 그런 취약한 동맹이 아니다. 그럼에도 불구하고 만일 한국이 미국에게 둘 중 하나를 선택하라고 강요하면 미국은 당연히 일본을 선택하게 될 것이다. 그 이유는 세계지도에서 서-태평양 지역을 보면 모두에게 자명하다.

아베 일본 총리는 "일본이 돌아왔다.(Japan is back.)"라고 선언했다. 그는 일본인들의 가슴에서 과거 역사적 일본제국주의 비극적 유산인 일종의 '주홍글씨'를 마침내 단호히 떼어버렸다. 이러한 중대한 국제적 변화의 시기에 결코 아무도 만족시킬 수 없는 한국의 도덕주의적 대일외교는 자기기만적 행위다. 외교정책은 정치적 열정이 아니라 실질적 이익에 근거해야 한다.

미국의 국부이며 초대 대통령인 조지 워싱턴은 그의 고별사에서 신생 약소국 미국의 국민들에게 경고했다. "습관적 증오심에 입각하거나, 습관적 호감에 입각하여 타국을 대하는 국가는 이미 어느 정도는 노예다."

제101장

시진핑의 '중국夢'은 실현될 수 있을까?

19세기 중국은 '아시아의 병자(the Sick Man of Asia)'로 불렸다. 당시에 오토만(Ottoman) 제국이 '유럽의 병자(the Sick Man of Europe)'로 지칭되는 것에 빗대 얻은 치욕적 별명이었다. 중국인들은 19세기를 '굴욕의 세기(the Century of Humiliation)'로 간주했다. 1949년 중화인민 공화국을 수립할 때 마오쩌둥은 "중화민족은 일어섰고 굴욕의 시대는 마침내 끝났다."라고 선언했다.

그러나 그것은 허풍에 지나지 않았다. 중국공산당 정권은 생존을 위해 미국식 '자본주의 제국주의'에 맞선다면서 처음에는 소련에 의존했고, 1969년 동북쪽 국경지대에서 소련과의 군사적 충돌 이후에는 '사회주의 제국주의의 패권주의'에 맞선다며 미국에 의지하기 시작했다. 1978년부터는 덩샤오핑의 리더십 하에 바깥세상으로 나와 소위 5,000년 중국 역사상 처음으로 기적적인 부국강병정책의 성과로 기존의 유엔 상임이사국 지위와 함께 마침내 21세기 국제사회에서 유일한 공산제국 국가로서 세계 제2의 강대국으로 누구보다 평등한 국가적 대접을 받게 되었다.

◇ 강대국 간 치열한 투쟁 재발

그러나 이제 우리는 중국이 기존 국제질서의 타파를 추구하기 시작하면서 강대국들 간 권력과 평화를 위한 치열한 국제 지정학적 투쟁의 재발을 목격하게 되었다. 일찍이 아리스토텔레스가 인간의 본성에 입각하여 정치혁명에 관하여 말했듯이 불평등한 자는 평등을 추구하고 평등한 자는 불평등을 추구한다. 인간의 본성과 함께 국가의 본성을 고려할 때 국가도 개인처럼 불평등한 국가는 평등을 추구하고 평등한 국가는 불평등을 추구한다. 그리하여 중국이 아시아와 전세계를 통틀어 유일 초강대국인 미국과는 평등을 추구하는 반면에 기타, 특히 상대적으로 작은 주변 국가들과는 불평등을 추구하는 것은 국제정치의 본질상 자연스러운 현상이다. 그러나 현재 중국이 심하게 앓고 있는 중국몽, 소위 '미들 킹덤 신드롬(the Middle Kingdom Syndrome)'은 중국에만 있는 질병이라는 사실이 문제다. 이 말은 중국의 노골적인 국제적 헤게모니의 추구라는 보다 보편적 용어로 표현해도 좋을 것이다. 이것이 전통적인 중화주의와 다른 것은 작금의 중국은 유라시아 대륙을 넘어 갑자기 21세기 헌신적 마한(Mahan)주의(강력한 해군을 보유한 국가가 세계적으로 더 강력한 영향력을 행사한다는 주장) 추종자가 되었다는 사실이다. 그리하여 시진핑이 스스로 소위 투키디데스의 함정(Thucydides Trap)(급부상하는 신흥강국이 기존의 세력판도를 뒤흔들고 이런 불균형의 해소 과정에서 패권국과 무력충돌하는 경향이 있음을 일컫는 용어)을 경계하면서도 중국 역사상 처음으로 거대한 인근 바다에 대한 독점적 지배를 강력하게 추진하고 있는 것이다.

◇ 미국 헤게모니에 전면적 도전

중국몽이 꿈꾸는 헤게모니는 알고 보면 짝퉁에 지나지 않는다. 중국은 미국이 동아시아에서 '중국식 먼로 독트린'을 인정해줄 것을 요구하고 있다. 이러한 전략적 접근은 제2차 세계대전 이전 유럽과 아시아에서 독일과 일본이 내세운 지정학 이론을 빼닮았다는 점에서 아주 시대착오적이다. 독일의 히틀러가 건설하고자 했던 '독일민족의 레벤스라움(Lebensraum)'(생활권, 원래 서식지를 의미하는 생물학 용어였으나 농경지확보의 필요성을 내세우며 동유럽 방향으로 독일의 팽창을 주장하는 민족사회주의의 주요 구성요소 가운데 하나가 됨)과 일본 제국주의자들이 구축하려고 했던 '대동아 공영권'은 둘 다 영·미식 보편주의(universalism), 또는 작금의 표현으로 전 지구적 보편주의(globalism)

에 대한 지역주의적인 정치·경제·군사 전략적 도전이었다. 그럼에도 불구하고 영·미가 독일이나 일본의 군사력 팽창에 즉각 군사적으로 대처하지 않았던 것은 그들이, 특히 일본제국이 러시아의 야만적 볼셰비즘(Barbaric Bolshevism)에 대한 방어막이라고 잠시 오해했기 때문이다. 중국은 과거 전체주의 국가들의 이러한 헛된 꿈이 철저히 실패하고 인류에 참혹한 비극을 초래했던 지역적 헤게모니의 지정학 이론을 부활시킨 것이다. 그 결과 중국의 현상타파적인 짝퉁 지정학 이론은 오늘날 21세기 국제평화와 안전을 유지하고 있는 미국의 세계적 헤게모니에 전면적으로 도전하는 셈이다.

◇ 중국몽은 결국 신기루인가

중국은 비스마르크 후의 독일이 영국과 해군력 경쟁을 했던 것처럼 무제한 해군력의 증강을 꾀하고, 일본이 러일전쟁 후부터 일본식 먼로 독트린을 내세워 구축한 '대동아 공영권'을 21세기에 중국이 그대로 계승하겠다는 것이다. 동아시아의 모든 국가들이 중국의 이런 야심에 위협을 느끼지 않을 수 없으며 실제로 위협을 주고 있는 것이다. 언젠가 중국몽이 실현된다 할지라도 그것은 이 지역에서 전체주의적 공산주의 폭군적 제국의 출현을 의미할 것이다. 그러나 중국몽은 궁극적으로 신기루 같은 허풍에 지나지 않는다고 해도 과언이 아니다. 왜냐하면 20세기에 독일의 제3제국 건설과 일본제국의 대동아 공영권을 인정하지 않았던 미국, 그리고 미국의 유럽동맹국들과 일본이 이것을 결코 용인하지 않을 것이기 때문이다.

◇ 외교정책은 '멋대로' 안 된다

시진핑 주도하의 중국몽은 미국의 인도-태평양 전략에 의해 군사적으로 빈틈없이 봉쇄될 것이다. 이런 엄연한 국제정치적 현실에서 한국의 대중국 정책은 선택과목들 중 하나일 뿐이다. 대학에서 잘못된 선택과목이 장래성 있는 젊은이의 영혼을 파괴하듯 외교정책의 잘못된 선택은 장래성 있는 국가의 영혼을 파괴할 것이다. 신기루 같은 중국몽에 현혹되어 지난 5,000년간 단 한순간도 우리 한국을 국가 간 국제법적 평등의 원칙에 입각하여 진심으로 존중한 적이 없고, 또 지금도 여전히 우리를 '동쪽의 야만인' 정도로 생각하는 시대착오적 중국과 국가의 진로를 함께하려는 오도된 자발적 기도는 국가적 자살행위가 될 것이다. 요컨대 한국은 중국의 허장성세에 부화뇌동하는 어리석은 국가적 실수를 범해서는 안 될 일이다. 외교정책적인 과목 선택에 완전한 자유를 누리는 미국 같은 초(超)강대국가도 아닌 한국에게 외교정책적인 과목의 선택은 유감스럽게도 제한적일 수밖에 없다. 왜냐하면 외교정책이란 주권국가라고 해서 영성하게 교육받은 정치지도자들이 마치 미켈란젤로(Michelangelo)가 진흙을 주무르듯 멋대로 주무를 수 있는 대상이 아니기 때문이다.

제102장

핵무기 비확산 조약(NPT) 체제를 어떻게 접근해야 할까?

대한민국과 미국은 20세기 안전을 위한 군사적 동맹을 넘어서 21세기엔 가치동맹을 추구한다고 한다. 여기서 그 공동의 가치가 무엇일까? 그것은 두 나라가 국내적으로는 자유민주주의와 시장경제를 지향함과 동시에 국제적으로는 국제법의 준수를 통해 국제적 평화와 안정에 함께 기여하는 것이다. 그런데 최근 한미 양국은 대한민국에서 핵무장의 여론이 강력하게 조성됨으로써 한미 양국은 핵 비확산조약이라는 국제법적 문제로 인해 가치동맹의 유지는 물론 양국 사이에 굳건했던 안보동맹 체제마저 균열의 가능성을 보여주고 있다. 핵 비확산조약은 국제적 안전과 평화를 유지하기 위해 현존하는 효율적인 국제법일까? 아니면 핵보유 강대국들이 타 국가들의 핵보유를 막고 자신들만의 특별한 독점적 지위를 누리려는 이기적 책략에 지나지 않는 것일까? 문제는 두 주장이 모두 진실이라는 데 있다.

핵무기의 확산은 인류의 생존에 심각한 위협을 제기한다. 만일 확산이 멈추지 않는다면 그것들의 궁극적인 사용의 확률은 여러 가지로 계산할 수 없는 돌발 상황을 통해 증가할 것이다. 그것들은 제한전쟁이나 공갈에 대한 적의 반응을 예측하는 데 있어서 실수, 핵병기고 운영자들에 대한 효과적인 통제의 실패로 이 무기들이 허가되지 않고 또 무책임한 자들의 손에 들어갈 가능성의 증가, 핵공격의 원천을 추적하는 데 오류를 범해서 무적절한 대응을 택함으로써 그러한 국가 지도자들이 자신들의 행동이 가져올 결과에 대해 무지하거나 무관심한 경우 등을 들 수 있다. 그 외에도 우리는 다른 동등하게 비극적인 시나리오들을 상상할 수 있을 것이다.

미국, 소련, 영국, 프랑스, 그리고 중국이 이미 핵무기를 보유하고 있던 상황에서 1968년 제22차 유엔총회에서 제안된 핵무기 비확산조약(the Treaty on the Non-Proliferation of Nuclear Weapons)은 1968년 7월 1일 62개국들에 의해서 서명되었다. 그 조약은 본질적으로 1967년 1월 1일 이전에 핵무기나 다른 핵장치를 제조했거나 실험한 각 핵보유 국가들이 어떤 핵무기나 핵장치를 다른 국가로 이전하는 것을 금지하고 그리고 어떤 비핵국가도 핵무기나 핵장치를 수용하거나 생산하지 않는 정책을 공약하는 것이다.

원자력기구에 의한 비핵국가들의 국제적 감시를 통해 안전장치(the safeguards)를 수립하려는 추가적인 규정들은 국제원자력기구(the International Atomic Energy Agency)와 협상을 통해 이루이진 합의들에 기초하기로 하였다. 그 조약은 조약의 당사국들이 평화적 목적을 위해 원자력의 생산과 사용에서 연구와 개발을 계속할 당사국들의 권리에 영향을 주지 않으려 했다. 그리고 그 조약은 또한 한 당사국이 핵에너지의 평화로운 응용의 이득을 다른 당사국들에게도 가용할 것으로 규정했다. 그 조약의 전문은 가능한 한 빠르게 핵무장 경쟁과 궁극적으로 핵 군비축소를 달성하는 것이 조약 당사국들의 의도임을 선언했다. 그러나 그러한 목적을 달성하기 위한 유일한 규정은 미래의 협상을 추구하겠다는 당사국들의 합의였으며 그 결과 오직 비핵국가들만 그 조약의 안전장치를 준수하게 된 것이다.

미래의 역사가 그 조약의 성공과 실패에 대한 궁극적인 심판관이 되겠지만 오늘의 시점에서 그런 국제적 목적을 도달하는 데 있어서 국제적 협력의 효율성을 평가하는 것은 가능할 뿐만 아니라 정당하다. 비확산조약에 대한 관심은 핵 군비통제라는 큰 관심의 일부를 대변했다. 군비통제와 군비축소 회의의 역사는 2,000년 이상 거슬러 올라간다. 일정한 어떤 무기의 통제와 금지는 지난 100여 년 동안 많은 국제적 걱정거리였지만 핵무기의 발전이 이 문제에 대한 걱정을 크게 심화시켰다.

이런 심화된 걱정의 이유는 아주 분명하다. 우선, 핵무기는 과거 어느 무기체제에도 알려지지 않은 속도와 효율성으로 근대 문명을 파괴하는 데 사용될 수 있기 때문이다. 비록 두헤(Douhet)의 항공전쟁 이론이 자기의 동시대인들에 의해서 비판된 군사적 항공기의 피해에 대해 비슷한 견해를 제시했지만, 지구상의 생명을 종식시키는 데 실제로 사용될 수 있는 무기체제가 존재한다는 것을 이제는 정부와 국가의 원수들이 깨달음으로써 국가의 행위에 굉장한 영향을 미쳤다. 핵무기에 대한 이런 점증하는 걱정은 초기의 무기체제가 정당화하지 않았던 긴급성을 적절히 나타낸다.

또 하나의 걱정의 이유는 군비경쟁에 관한 모종의 개념들 속에 있다. 군비경쟁이 전쟁을 초래한다고 부정확하게 주장되었다. 사실 이런 주장은 경험적 및 이론적 정당성이 별로 없는 결론이다. 그럼에도 핵 군비경쟁은 확산과 파괴의 위험을 증가시킨다고 여전히 믿고 있다. 핵 군비경쟁의 초기 단계들은 고도로 위험했지만 그러나 상당한 안전화 요인들도 내포하고 있었다. 초기 핵무기 운반수단들인 항공기와 액체 연료 미사일은 기습공격에 천천히 반응했고 고도로 취약했다. 핵의 돌발사고, 승인을 받지 못한 사용 혹은 취약한 조건하에서 오인된 레이다의 신호 등은 신중한 정치가들이 수락할 수 있는 정도에 비해 더 큰 수준으로 위기 시에 선제공격을 할 확률을 증가시켰다. 그러한 선제공격의 위험이 현실이기는 하지만 그러나 이것은 발생의 확률이 아주 높다는 것을 반드시 의미하지는 않는다.

예를 들어, 두 번의 경우에 만일 적의 행동을 가리키는 것이었다면 미국의 전략무기 사령부 무기의 초기 전개로부터 안전장치의 절차하에서 공격을 위한 대통령의 승인을 기다리는 적극 통제 단계로 나아갔을 레이다의 깜박거림이 기록되어 있다. 그러나 이 경우에 모두 병력이 자동화되지 않았다.

전략사령부 지도자들이 당시에 국제적 긴장이 없었기 때문에 레이다의 깜박거림이 가능한 소련의 공격을 대변할 것이 아닐 것이라고 결정했다. 그리하여 선제공격의 초기 위험들은 국제적 초(超)위기가 없는 그런 조건하에서 너무 성급하게 대응하지 않는 핵 강대국 지도자들의 주저하는 자세에 의해서 안정화되었다. 그럼에도 불구하고 위험들은 여전히 존재했으며 오해된 깜박거림이 실제 위기 시에 발생할 가능성은 배제될 수 없었다.

초기 단계에서 또 하나의 안정화 요인은 미사일 군비경쟁 그 자체에서 특이한 수학에 있었다. 무기체제의 구체적인 특징에 따라서 방어하는 국가가 보유한 많은 수의 미사일은 적의 입장에서는 효과적인 선제공격을 단행하기 위해서 보다 큰 비례적 우월성을 필요로 한다. 그 결과 적이 필요한 공격 우월성을 획득하기가 더 어렵게 되고, 우월성을 달성하려는 시도에서 비밀을 유지하기가 더 어렵게 될 뿐만 아니라 그런 우월성에 도달하려는 노력에 성공적으로 대응하기가 더 쉬워진다. 그리하여 주요 핵보유국가의 핵 병기고의 핵 보유 증가가 각 측이 상대방에게 입힐 손실의 잠재적 양을 증가시킨다고 할지라도, 동시에 그에 따른 위험은 바로 그런 증가에 의해서 안정화되었으며 핵무기의 대규모 사용의 가능성은 줄어들었다.

고체연료와 신속히 대응하는 미사일들이 강화된 기지를 사용함에 따라 무기체제는 양적으로 뿐만 아니라 질적으로 향상되었기 때문에 신중하고 책임 있는 지도자들이 위기 시에서조차 군사적으로 대응하지 않는 자세를 유지할 수 있게 되었다. 그러나 질적인 군비경쟁은 더 이상 상호 안정적이지 않다. 다탄두 탄도미사일들과 미사일 방어체제가 그에 상응하는 아무런 안정화 요인들 없이 선제공격의 가능성과 같은 핵 군비경쟁 초기단계의 위험성을 다시 끌어들이고 있다. 핵 비확산 조약은 이 새로운 문제를 충족시키지 않지만 그러나 그것은 적어도 부분적으로 점증하는 수의 국가들이 핵무기를 획득하려고 시도하는 경우에도 불안전한 군비경쟁이 그 심도에서 크게 증가하지 않게 군비경쟁의 심화를 방지하도록 의도된 것이다.

핵 비확산 조약은 국제적 차원에서 그것의 규정들을 집행하는 것과 관련하여 여러 가지 문제들을 제기한다. 예를 들어, 그 조약의 각 당사국은 그 조약의 주제와 관련된 비상한 사건들이 그 국가의 최고 이익을 위험스럽게 한다는 일방적 발견과 성명에 관하여 3개월간의 사전 통보에 입각하여 그 조약에서 철수할 권리를 갖는다. 그러나 그 조약에는 이 주장의 타당성이나 반론을 주장하기 위한 아무런 절차가 없다. 그러므로 어떤 국가가 다른 국가들에게는 비상한 사건들에 관련되지 않은 것으로 보이는 근거에 입각하여 철수하거나 그 국가 안전 위험을 초래할 대응압력을 피하기 위해서 철수 이전에 3개월간의 사전 통보를 하지 않을 수도 있는 것이다.

어떤 국가들은 의심할 여지 없이 그런 기술적 위반들을 비록 그 조약에서는 아무런 규정이 없음에도 어떤 종류의 집행행위와 같은 것이 필요하다고 볼 것이다. 이 조약의 비회원국가가 핵무기의 획득을 필요로 하는 경우를 상정할 수가 있다. 이 행위는 관습적 국제법처럼 조약의 서명국가들뿐만 아니라 비(非)서명국가들에게도 구속력이 있다는 허약한 주장하에서 집행행위를 위한 요구를 가져올 수 있을 것이다.

그러나 만일 비서명국가들이 그 조약이나 혹은 그것에 적용되는 어떤 집행조치에 의해서도 진실로 커버되지 않는다면, 비서명국가들에 의한 핵무기의 획득은 비핵 서명국가들의 불합리한 열등성을 더욱 강조하는 결과만 초래될 것이다.

그런 집행이 유엔을 통해서 발생할 수 있을까? 조약 위반에 대한 어떤 공식적 제재가 있다고 할지라도 그것은 상임이사국들의 거부권으로 인해서 안보리를 통해 그런 조치를 통과시키기 어려울 것이다. 더 나아가서 많은 국가들은 미래에 자기들에게 향할지도 모르는 절차를 수립하려고 하지 않을 것이기 때문에 유엔 총회에서 3분의 2 회원국들이 그런 집행행위를 지지하지 않을 것으로 보인다. 그럴 경우에 주장된 조약위반이 유엔으로 가지 못하고 개별적으로나 혹은 협력하는 강대국들에 의해서 집행되는 경우를 상정할 수 있을 것이다. 그렇다면 이것이 세계를 위해 좋은 본보기가 될까? 핵시설을 파괴하려는 핵 강대국의 침공이 국제법의 신빙성을 증가시킬까 아니면 그 대신에 그것은 오직 핵보유 강대국의 핵의 독점을 유지하려는 교훈만을 가져올까? 정치적이고 군사적인 위기의 부재(不在) 시에 단지 다른 국가에 의한 핵무기의 획득을 막기 위해서 핵무기를 사용할 위협이 국제법의 준수를 유도할까? 이런 유형의 집행절차는 정당하지 않으며 오직 노골적인 힘의 행사로 보일 것이다. 이것이 공격을 초대하지 않는 환경하에서 행해질 수 있다면 집행의 수단으로서 침공이나 핵무기의 사용은 핵무기 획득의 이점에 관한 믿을 수 없을 강력한 교훈을 가져올 것이다. 지금까지 인도, 파키스탄, 그리고 북한이 핵 비확산 체제를 무시하고 핵무장을 해버렸고 작금 이란의 핵무장이 임박하고, 또 대한민국이 핵무장을 선택한다면, 결국 전통적 강대국인 독일과 일본도 핵무장의 길로 들어설 것이다. 그러면 핵 비확산 체제는 자연히 종말을 맞게 될 것이다.

제103장

트럼프의 '아메리카 퍼스트' 정책, 성공할 수 있을까?

미국 초대 대통령 조지 워싱턴은 고별사에서 신생 약소독립국인 미국이 유럽의 제국들 사이에서 중립을 지킬 것을 당부했다. 제3대 토마스 제퍼슨 대통령도 첫 취임사에서 미국이 동맹에 말려 들어서는 안 된다고 강조했다. 이것이 바로 '워싱턴 규칙(Washington Rules)'이다.(강성학, 〈이아고와 카산드라〉, 1997년, p.44) 토마스 제퍼슨이 광활한 루이지애나 땅을 사들여 국토를 배가 하고, 후에 멕시코에서 독립한 텍사스를 미국에 편입시켰다. 또 멕시코로부터 받은 전쟁 배상금으로 캘리포니아를 수용하여 미국은 대서양에서 태평양에 이르는 거대한 국토를 갖게 됐다. 이처럼 영토를 확대하고 미국 역사상 최대 비극인 남북전쟁을 거치면서도 미국인들은 유럽제국들의 거듭된 전쟁에도 초연하게 워싱턴 규칙을 19세기 내내 지켰다. '미국의 고립주의'란 이런 미국의 외교정책을 말한다. 이 시기 미국은 국제정치의 행위자로 행동하지도 않았고 국제적으로 강대국으로 인정받지도 못했다.

◇ 해외 참전않고 엄격한 중립의 고립정책이 '미국 우선주의'

19세기 후반 산업혁명에 성공한 미국은 1898년 스페인과의 전쟁에서 승리하여 쿠바와 필리핀을 장악했는데 이때 비로소 미국도 국제적으로 강대국으로 인정받았다. 곧 시어도어 루즈벨트(Theodore Roosevelt) 대통령이 러일전쟁의 중재자가 됐고 국제평화 공헌의 공로로 1906년 노벨평화상을 받기도 했다. 그러나 미국은 우드로 윌슨(Woodrow Wilson) 대통령의 리더십 아래 제1차 세계대전에 참전하여 승리로 이끌고 국제연맹을 창설하여 집단안전보장제도에 입각한 새로운 국제질서를 주도함으로써 국제정치의 대표적 행위자가 되었다.

그러나 '민주주의가 안전한 세계'를 이루겠다는 윌슨의 계획은 미국상원의 인준 거부로 실패함으로써 미국은 전쟁 전 고립주의로 회귀했다. 1929년 세계대공황으로 미국경제가 심각한 위기에 처하자 미국인들은 제1차 세계대전 참전을 후회했다. 그래서 1930년대 접어들어 유럽에서 이탈리아와 독일의 전체주의, 그리고 아시아에서 일본의 군국주의가 국제평화를 위협하는 국제상황에서도 미국의 고립주의 성향은 강화됐다.

히틀러보다 몇 개월 뒤 취임한 미국의 프랭클린 루즈벨트(Franklin Roosevelt) 대통령은 둘째 임기까지는 경제회복에 힘쓰는 '뉴딜박사'에 만족했으나 유럽의 상황이 불길해지자 셋째 임기 때는 '전승박사(the Doctor of the Win-the War)'가 되길 염원했다. 그러나 당시에는 강력한 '미국 우선주의 운동'이 전개되고 있었다. 1927년 최초로 대서양 횡단비행 성공으로 국민영웅으로 각광받던 찰스 린드버그(Charles Lindbergh)가 이 운동의 지도자였는데, 시카고에서 시작된 이 운동은 전국조직으로 커졌고 새로운 전파수단인 라디오 방송을 통해 여론을 주도했다. 당시 80% 이상의 국민이 미국 우선주의를 열정적으로 지지했다. 이 운동의 목적은 '워싱턴 규칙'에 따라 미국은 결코 해외전쟁에 참가하지 말고 엄격한 중립, 즉 고립정책을 지키는 것이었다. 그런데 오늘날 미국 우선주의는 자칫 세계 방방곡곡에서 미국의 이익을 위해 미국이 싸워야한다는 뜻으로 오해되기 쉽지만 실제 뜻은 정반대다.

◇ 루즈벨트, 참전 없이 원조만으로 反히틀러 동맹 승리 원해

미국 우선주의 운동의 압도적 위세로 루즈벨트도 공개적으로는 미국의 젊은이들을 전쟁터에 보내지 않겠다는 약속을 되풀이했다. '오른손이 하는 걸 왼손이 모르게 하는' 요술쟁이를 자처한 루즈벨트조차 그저 영국의 처칠 수상과의 서신 교환으로 그곳 상황을 파악하거나, 1941년 8월 뉴펀들랜드에서 처칠과 전후 세계질서에 대한 대서양헌장(The Atlantic Charter)을 발표하고, '무기대여법'을 통해 영국과 소련에 제한된 원조를 하는 게 고작이었다. 루즈벨트는 내심 미국의 참전 없이 미국의 원조만으로 반-히틀러 동맹국들이 승리하기를 바랐다.

이런 딜레마에서 루즈벨트를 구한 것은 역설적으로 1941년 12월 일본의 진주만 공격과 연이은 독일 히틀러의 대미 선전포고였다. 그래서 끈질기게 루즈벨트의 대외정책을 견제했던 미국 우선주의가 안개 걷히듯 사라진 것 같았다. 그러나 워싱턴 규칙에 뿌리를 둔 미국 우선주의는 죽지 않고 긴 동면에 들어갔을 뿐이다. 윌슨의 평화계획에 미국이 참여하여 미국이 국제정치의 관리에 앞장섰더라면 제2차 세계대전은 막을 수 있었다고 루즈벨트는 보았다. 처칠에게도 제2차 세계대전은 '불필요한 전쟁'이었다. 루즈벨트는 전후(戰後) 미국이 고립주의로 회귀하지 않도록 국제평화기구인 유엔을 창설하여 미국이 유엔을 통해 국제질서를 관리할 계획이었다. 냉전시대의 돌입으로 그의 계획은 무산됐지만 미국은 루즈벨트의 국제주의를 처칠과 트루먼의 반공주의와 결합하여 냉전에서 승리했다.

◇ 미국과 트럼프, 국제주의적 세계관리 책임 못 벗어날 것

월남전에서 고전한 존슨 대통령 시대부터, 특히 냉전종식 이후부터 고립주의적 미국 우선주의가 동면에서 깨어나 대안으로 재등장했다. 물론 이미 정착된 국제주의에 도전하기엔 역부족이지만 미국 우선주의는 지지자를 늘리고 있었다. 전후 미국의 일방적 안전보장 아래 패전국 독일과 일본이 미국 못잖은 경제력을 향유케 되고, 세계최빈국 한국도 미국 못잖은 풍요를 누리게 됐다. 이에 미국이 왜 계속 그들을 방위하는 무한수고와 고비용을 지불해야 하는지 미국인들은 의구심을 품고 때로는 분노했다. 대표적 인물이 도널드 트럼프 대통령이다. 그는 미국 우선주의의 전통으로의 회귀를 외친다. 그렇다고 기존 동맹을 당장 일방적으로 해체해서 국제적 불안을 조장할 수는 없으니, 그는 동맹국들에게 그들의 경제력에 걸맞은 높은 방위비 부담을 요구하고 나선 것이다.

미국 국부들은 새로운 공화국 미국이 먼 훗날 로마가 되길 염원했다. 실제로 21세기 미국은 로마보다 더 범세계적인 제국이 됐다. 로마제국은 황제들이 평화의 메시지를 외쳐서가 아니라 끊임없는 전쟁을 통해 '팍스-로마나'를 유지했다. 심지어 로마의 유일한 철인황제 마르쿠스 아우렐리우스도 재임기간을 거의 전쟁터에서 보냈다. 로마가 800년 갔다면 미국은 250년도 채 안됐다. 미국은 아직 청년기다. 미국이 세계 경찰역할을 포기하는 순간 세계는 천하대란에 빠져들 수 있다. 따라서 트럼프가 제아무리 미국 우선주의라는 고립주의, 즉 루즈벨트의 국제주의 이전의 전통으로 회귀하자고 외쳐도, 미국은 물론 트럼프 자신도 국제주의적 세계관리 책임에서 완전히 벗어나지는 못할 것이다.

제104장

고립주의적 트럼프 현상, 어떻게 이해해야 할까?

미국의 역사학자 프랭크 클링버그(Frank Klingberg)가 1952년 〈세계정치〉(World Politics)에 발표한 논문 "미국외교정책에서 분위기의 역사적 순환(Historical Alternation of Moods in American Foreign Policy)"은 1960년대 주목을 받았다. 그는 미국외교정책의 역사에서 '외향성(extroversion)'과 '내향성(introversion)'이란 분위기가 주기적으로 전환하는 미국외교정책의 경향을 발견했다. 전자는 미국이 국가목표를 위해 다른 국가들에 영향력을 행사하고 외교, 군사, 경제적 압력을 가하는 경향을, 후자는 다른 국가들에 영향력을 행사하지 않고 국내문제에 집중하는 경향을 각각 의미했다. 클링버그는 평균 21년의 네 번의 내향성 기간과 평균 27년의 외향성 기간을 찾아냈다.

1985년에 잭 홈즈(Jack Holmes)는 한 걸음 더 나아가 이러한 분위기가 어떻게 작용하는지에 대한 이론을 개발하고 정치-군사 이익과 미국 유권자들 사이의 외교정책 분위기 간의 충돌에 집중했다. 그에 따르면 전반적인 미국의 자유주의적 정신은 상당히 일관되게 세계무대에서 미국의 경제 및 인도주의적 활동을 지지함으로써 보통 정치와 군사와 관련 활동만이 분위기 순환의 대상이다. 역사적으로 볼 때 이 '분위기 이론'이 미국외교정책의 긴 역사를 설명하는 데 꽤 설득력이 있다. 제2차 세계대전 후 한국과 베트남에 대(對)공산주의 봉쇄정책으로 외향성의 극단을 이뤘던 미국외교정책은 1969년 닉슨 대통령의 '닉슨 독트린'을 출발점으로 내향성으로 돌아섰다. 베트남에서 철수하고 한국에서도 1개 사단의 병력을 철수했다. 이러한 미국의 내향성은 포드 대통령과 카터 대통령의 정책으로 이어졌다.

그러나 1981년 로널드 레이건 대통령의 취임과 함께 미국외교정책은 급속히 외향성으로 반전됐다. 레이건 대통령의 신(新)보수주의는 그의 후임자인 제41대 조지 허버트 워커 부시 대통령의 걸프전쟁과 제42대 빌 클린턴 대통령의 다자주의를 거쳐 제43대 대통령 조지 워커 부시 대통령의 테러와의 전쟁으로 이어지는 외향성의 극치를 보여주었으며 제44대 버락 오바마 대통령의 재(再)균형정책이 온건한 외향성을 유지했다. 그러나 2017년 1월 제45대 대통령에 취임한 도널드 트럼프는 '미국 우선주의 정책'을 내세우면서 급격한 내향성으로 미국외교정책의 방향을 틀었다. 클링버그의 분위기 순환 이론을 오늘날 미국인들에게 적용한다면 제1기 도널드 트럼프 대통령의 미국우선주의 정책, 즉 미국의 고립주의정책이 시작된 시점은 미국이 또 다른 내향성 기간으로 진입했음을 의미하며 그때부터 20여 년간, 즉 앞으로 적어도 10여 년간 미국 국민은 이런 내향성 분위기의 심화를 경험할 것으로 예상할 수 있다. 제46대 조 바이든 대통령도 내향성의 방향을 유지하고 있다. 그리고 이러한 예상이 타당한 것이라면 돌아올 트럼프의 유럽과 아시아-태평양 정책은 세계적인 불안정화를 일으킬 가능성을 잉태하고 있다고 말할 수 있을 것이다.

미국이 지난 세기에 수행했던 것처럼 21세기에도 유럽과 아시아-태평양 지역에서 일종의 '경찰' 역할을 수행하지 않는다면 유럽에서 지속적인 러시아의 위협과 아시아-태평양 지역에서 중국의 점증하는 위협을 어렵지 않게 예상할 수 있다. 미국은 역사적으로 혹은 지정학적 이론상으로 보니 역외균형자이다. 역외균형은 다극적 국제체제하에서 해양강대국이 택할 수 있는 전략이고 21세기에 들어 이런 다극적 국제체제는 이미 형성되어 있다. 따라서 역외균형 전략의 주요 목표는 미래 강대국 간 전쟁에서 자유로워지고 국제체제에서 상대적인 군사적 우위를 유지하는 것이다. 이런 의미에서 미국의 역외균형정책은 미국의 전통적 우방국들에는 부담의 공유가 아니라 부담의 이전이 요구된다. 동맹은 침략자에 대처하는 부담을 공유하지만, 집단행동의 문제점 때문에 비효율적일 수밖에 없다. 또한 동맹국들이 부담을 적시에 충분히 받아들이지 못함으로써 균형이 깨어지는 결과를 초래할 수도 있다. 그러므로 문제는 내부지향성의 고립주의를 완화하기 위해 미국의 지정학적 이론이 충분한 정치적 지원을 끌어낼 수 있을 것인가이다.

유럽에서는 제2차 세계대전 이전, 즉 1948년 미국 주도의 NATO가 결성되기 이전 유럽의 전통적인 강대국들인 독일, 프랑스, 영국은 물론이고 유럽의 모든 국가가 대서양 건너 미국의 지원 없이도 유럽의 안전과 평화를 유지할 만큼 충분히 무장할 것인가이다. 이러한 가능성은 작아 보인다. 왜냐하면 유럽 국가들은 그동안 NATO에 대한 의존이 거의 타성화되어 그동안 향유해 온 유럽의 평화와 안전을 자신의 힘으로 유지할 의향이나 의지가 별로 없어 보이기 때문이다. 이것은 미국과 유럽의 동맹국들 사이에 안보의 책임부담의 문제로 인한 지속적인 분열을 그들 사이에 야기할 가능성이 높다는 것을 의미한다.

이러한 미국과 동맹국 간의 분열은 아시아-태평양 지역에서도 쉽게 예상할 수 있다. 여기에서 일본은 기꺼이 '책임부담국'이 되기를 원하고 있으며 그리고 이에 앞서 일본 정부는 이미 2014년 7월 1일 일본 헌법 제9조의 수정해석을 승인했다. 이른바 일본의 아베 독트린은 일본의 국방비 증가와 방위대강 수정은 물론이고 다양한 우발사건 발생 시 일본이 미국을 비롯한 다른 국가들에 군사적 지원을 할 수 있게 함으로써 일본은 전후 새로운 국제적 경로를 갈 수 있게 해 놓았다. 일본의 신(新)노선은 미국과의 대칭적 파트너십 혹은 완전한 군사전략적 독립을 의미하지는 않을 수 있다. 그보다는 중국의 위협에 대처하기 위하여 완전한 독립적 행위자 대신에 미국의 강력한 지원자로서 미국과의 더 밀접한 동맹관계를 강화하려는 것이다. 일본은 세계적 미국의 동맹체제 내에서 '아시아의 영국'이 되는 것만을 바랄 것이다. 왜냐하면 일본은 역사로부터 도피할 수 없기 때문이다.

그러나 한국의 경우는 그렇게 단순하지가 않다. 한국은 미-중 간 대결의 상황에서도 중국에 대한 자극을 피하고 직접적인 안보 위협인 북한에만 초점을 맞추려고 하고 있다. 이러한 한국의 자율성 추구의 정책은 미국과의 동맹에서 균열을 가져올 가능성이 있다. 미국과 중국 사이에서 균형을 맞추려는 한국의 모색은 프라이팬에서 불 속으로 뛰어드는 것과 같이 자멸적인 행동이 될 것이다. 균형이라는 것은 모든 나라가 사용할 수 있는 공공재와 같은 것이 아니라 강대국들의 특권이기 때문이다. 대한민국은 오늘날 분명히 선진국이지만 아직 강대국으로 인정받지는 못하고 있다. 한국은 미-중 간 균형자가 될 수 없다. 한국에 안전한 전략은 가장 강한 국가에 편승하는 것이고 이것은 오랜 역사에서 한민족이 생존할 수 있었던 소중한 비결이다. 1940년 영국의 처칠 수상이 당시 아직 중립국이던 미국의 루즈벨트 대통령에게 했던 말을 변용하여 표현하자면 "한국의 목소리와 힘을 너무 오래 억제하면 아무런 의미가 없게 될 것이다." 한국은 고질적으로 요란하기만 한 오케스트라 연습장 같은 정치를 하루빨리 극복해야 할 것이다.

제105장

제2기 트럼프 대통령은 '미국 요새화(Fortress America)' 정책을 달성할 수 있을까?

미국의 제45대 대통령을 역임한 도널드 트럼프가 2024년 11월 5일 미국의 대통령 선거에서 재선되었다. 그는 미국의 역사에서 대통령을 역임한 뒤 재임에 실패하고 그 뒤 4년 후에 다시 대통령으로 당선된 유일한 인물은 아니다. 이미 제22대 대통령 그로버 클리블랜드(Grover Cleveland)가 남북전쟁 후 공화당의 긴 집권의 시기를 종식시키면서 처음으로 민주당 대통령으로 당선되었다. 그는 재선에서 실패했다. 그러나 4년 후에 클리블랜드는 제24대 대통령으로 재선되어 단임으로만 2차례 대통령을 역임했었다. 이것은 19세기 말에 있었던 일이며 그는 두 번이나 대통령을 역임했지만 조용히 잊힌 전직 대통령이었다. 그 후 거의 1세기 반이 흐른 21세기에 트럼프가 클리블랜드의 역사적 전철을 밟아 제45대 대통령을 역임한 뒤 다시 제47대 미국의 대통령으로 재선되었다.

트럼프 대통령은 역사에서 쉽게 잊혀질 것 같지 않다. 왜냐하면 그는 미국외교정책을 미국의 가장 전통적인 기조인 조지 워싱턴과 에이브러햄 링컨 시대의 고립주의로, 즉 '미래로의 복귀(Back to the future)'를 달성하려고 단단히 결심하고 있기 때문이다. 트럼프의 이런 '미국 요새화' 정책도 미국의 역사상 결코 처음으로 추진되는 것은 아니다. 오히려 미국의 고립주의적 정책은 미국의 가장 오래된 전통이었다. 미국은 독립혁명 때 동맹국 프랑스의 도움으로 성공했지만 건국 대통령 조지 워싱턴(George Washington)이 당시 약소국 미국은 국제적 중립, 혹은 유럽으로부터 고립정책의 토대를 놓았다. 그것은 미국 외교정책의 첫 기조로서 '워싱턴 규칙(the Washington Rules)'으로, 그리고 19세기 남북전쟁 때에도 에이브러햄 링컨 대통령이 준수했으며 20세기 제16대 우드로 윌슨(Woodrow Wilson) 대통령에 의해 제1차 대전에 참전할 때까지 1세기 이상 미국인들에 의해서 유지되었다.

제1차 세계대전은 미국이 전 세계에 자유와 평등을 가져옴으로써 미국의 국가적 목적을 달성할 수단이었다. 미국의 참전은 전쟁을 종식시킬 뿐만 아니라 권력정치도 역시 종식시키는 것이었다. 그리고 그것은 미국의 19세기의 긴 고립주의에서 탈피하는 것이었다. 그러므로 미국의 목적과 참전 사이의 보이는 모순이 제거될 뿐만 아니라 미국의 참전은 미국 목적의 절정을 드러내는 것이었다. 미국이 자국을 위해 영토나 다른 어떤 이득을 추구하지 않음으로써 소극적인 방식으로 그것의 목적에 충실할 것이다. 그리고 미국은 자신의 자유에서 평등을 모방할 모델로 제시할 뿐만 아니라 '민주주의를 위해 안전한 세상을 만들기 위해' 피를 뿌리고 재정을 소비하는 적극적인 방식으로 그것의 목적에 충실할 것이다. 즉, 그것은 세상으로 하여금 미국을 모방할 수 있게 하는 것이었다. 그리하여 윌슨의 사상과 행동에서 민주적 십자군은 20세기의 환경에 적응한 미국목적의 논리적 확장이었다. 윌슨 대통령의 전후 평화계획인 14개 조항은 전 세계에 의해서 미국목적의 사도로서 사실상 수락되었다.

세계는 윌슨의 원칙들을 위해 미국의 힘을 기대했다. 그러나 미국은 세계를 실망시켰다. 윌슨은 권력정치의 짐으로부터 세계를 자유롭게 한다는 약속에 직면하여 그는 그 목적을 지원하는 말 밖에 아무 것도 갖고 있지 않았다. 당시 영국 수상 로이드 조지(Lloyd George)가 지적했던 것처럼 "미국인들은 10계명과 산상수훈의 유일한 후견인의 책임을 남냥하는 것으로 보였다. 그러나 지원과 책임의 실질적 문제에 부딪쳤을 때 그들은 그것의 수락을 단호히 거절했다." 윌슨 대통령의 원칙들은 청사진이 아니라 이정표에 지나지 않았다. 미국은 1920년 국제연맹을 거부함으로써 윌슨 대통령의 십자군 목적을 극적인 방식으로 청산하고 1930년대에는 무조건적인 미국 우선주의 정책(the America-First Policy), 다시 말해서, 미국의 고립주의를 선택했다. 그것은 행복한 귀환이었다. 그리하여 윌슨 대통령의 실패는 고립주의 형식으로 돌아가는 미국외교정책의 반전을 초래했다.

따라서 트럼프의 고립주의 정책은 이런 미국의 역사를 이해한다면 이상할 것이 별로 없다. 미국의 국가적 목적을 달성하려는 또 한 번의 외교정책 변화에 지나지 않기 때문이다. 그것은 21세기 국제적 상황에서 미국 국가이익의 극대화를 추구하는 것이라 생각해야 할 것이다. 미국의 동맹국들이 그것을 탓하는 것은 사실상 자가당착이며 뻔뻔스러운 행위다. 왜냐하면 모든 국가들은 각자가 이미 자국의 이익을 극대화해왔고 또 지금도 그들은 그러고 있기 때문이다. 그 후 윌슨과 그의 정신을 이어받은 프랭클린 루즈벨트(Franklin Roosevelt)의 국제적 자유주의가 두 번째 기조가 되어 제2차 세계대전 후 줄곧 미국정책을 지배하는 두 번째 기조가 되었다. 그리고 1969년 제37대 대통령 리처드 닉슨(Richard Nixon)이 20세기 초 잠시 등장했던 제26대 대통령 시어도어 루즈벨트(Theodore Roosevelt)의 소위 외교정책의 현실주의를 부활시켜 새로운 세 번째 기조를 세웠다.

그 후 잠시 제39대 대통령 지미 카터(Jimmy Carter)의 도덕주의가 등장했지만 그것은 곧 제40대 대통령 로널드 레이건(Ronald Reagan)대통령의 신보수주의(Neo-Conservatism)가 새로운 바람을 일으키며 네 번째 미국외교정책의 기조를 이루었다. 이런 신보수주의는 제43대 대통령 조지 부시(George, W. Bush) 때까지 계속되었다. 그리고 또 다시 제 44대 버락 오바마(Barack H. Obama)대통령에 의한 평화주의 신드롬을 잠시 보이다가 그것은 곧 제45대 대통령인 도널드 트럼프(Donald Trump)의 신(新)고립주의 강력한 바람에 의해 휩쓸려가 버렸다. 그리고 제46대 대통령 조 바이든(Joe Biden)대통령의 취약한 국제주의를 잠시 거쳐 다시 보다 강력한 형태로 트럼프의 미국우선주의의 기조로 복귀할 것으로 보인다.

그러나 20세기 말에 냉전이 종식되고 21세기의 상대적 평화의 시대가 계속되자 미국의 긴 냉전시대에 미국이 오랫동안 짊어졌던 무겁고 일방적인 국제주의적 짐을 내려놓고 싶어했다. 이런 미국의 국내적 분위기를 간파한 도널드 트럼프가 그의 첫 재임기간에 '미국 먼저(America First)'라는 정치적 슬로건을 공식적으로 채택하고 또 추진했다. 그러나 일종의 '트럼프 독트린(Trump Doctrine)'이라고 불러도 좋을 그의 미국우선 정책은 그의 첫 임기 동안에는 트럼프의 요란한 슬로건에도 불구하고 국제사회, 특히 유럽 동맹국들의 냉소적 반응으로 별다른 효과를 보지 못했다. 즉 트럼프는 국제적으로 소동을 일으켰지만 실제로 그의 대외정책에서 미국 우선주의 정책을 구체적으로 실현하는 데 성공하지 못했다. (아시아투데이 "트럼프의 '아메리카 퍼스트' 정책은 성공할 수 있을까?" 2020년 1월 14일자 필자 칼럼 참조) 그러므로 트럼프는 자신의 제2기 임기 동안에는 그것을 성공적으로 달성하기 위해서 매진할 것이다.

그렇다면 제2기 트럼프 행정부는 기존에 거의 안보 무임승차를 해온 유럽과 아시아의 동맹국들에게 노골적인 부담과 책임을 요구할 것이다. 트럼프 행정부는 우선 유럽의 NATO 회원국들에게 각국의 국력에 걸 맞는 안보의 부담과 책임을 전가하려할 것이다. 더 이상 유럽의 안보를 미국이 혼자서 책임질 수 없다는 입장에 설 것이다. NATO의 회원국들이 협조하지 않는다면 트럼프는 미국의 NATO 탈퇴마저 고려할 것이다. 아시아 태평양 지역에서는 이 지역의 안전과 평화를 위해 동맹국인 일본과 한국에 합당한 부담과 책임을 요구할 것이다. 1969년에 발표된 닉슨 독트린(Nixon Doctrine)이 구체적으로 실현되길 트럼프는 원할 것이다. 일본은 아베 정권 이후 일본이 보다 큰 역할과 책임을 담당할 준비를 해왔다. 문제는 대한민국이다. 대한민국은 동북아에서 한국의 전략적 가치나 그것에 대해 자유민주주의라는 가치동맹을 내세워 미국과의 동맹을 정당화했다. 그러나 이제는 미국과 동일한 가치를 추구하는 가치동맹이 아니라 대한민국은 미국에게 실제로 가치가 있는 동맹국이 될 것을 트럼프는 요구할 것이다.

트럼프는 정치 기업가가 아니다. 그는 기업가 정치인이다. 그에게는 경제적 합리성과 이익이 무엇보다도 우선한다. 이런 트럼프의 정책에 미국인들은 웃고 미국인을 제외한 세계인들은 울상이 될 것이다. 1990년에 갑자기 냉전이 종식된 뒤 미국인들은 냉전을 치르는 동안 일방적으로 미국의 자산을 지나치게 낭비했다는 결론에 도달했다. 군사전략적으로 말해서 미국의 군사력은 대소 봉쇄정책을 위해 무리하게 과잉 확장되었던 것이다. 미국의 입장에서 보면 유럽과 아시아의 동맹국들은 사실상 냉전기간에 안보 무임승차를 한 것이나 다름없었다. 그리하여 이제 오랫동안의 무임승차의 관행을 중단하고 모든 동맹국들이 국력에 어울리는 부담과 책임을 지게 할 필요성이 드러난 것이다. 만일 합당한 책임을 거부하는 동맹국가가 있다면 미국은 이제 그 국가와 동맹관계를 청산해도 좋다는 입장이 설득력을 얻게 될 것이다.

그러므로 대한민국은 미국에게 동맹국으로서 군사적으로는 물론이고 특히 경제적으로도 가치가 있다는 것을 부각시켜야 한다. 다시 말해, 대한민국은 군사적 및 경제적으로 미국의 정책에 직접 기여할 수 있어야 한다. 그것이 못마땅하여 만일 한미동맹을 포기한다면 우리는 내일 당장 '전 국민 동원체제'로 전환하여 안보국가(security state)로 전환해야 할 것이다. 대한민국은 분명히 경제적으로 선진국이지만 아직은 상대적으로 주변국가와 같은 수준의 군사적 강대국이 결코 아니다. 우리에겐 여전히 최강의 동맹국이 필요하다. 그렇다면 오늘날 미국보다 더 좋은 동맹국이 과연 있을 수 있겠는가?

미국은 최소의 비용으로 편안했던 19세기의 고립주의로, 즉 미국의 요새화, 보다 자세히 말한다면 미(美) 대륙의 요새화로 회귀하고 싶어한다. 20세기 초 미국은 아주 만족한 국가였다. 미국의 전통적인 자유의 평등이라는 국가적 목적은 여전히 강력하게 작동했으며 20세기 두 번째 대통령인 시어도어 루즈벨트(Theodore Roosevelt)는 국제적으로 미국을 서반구의 보안관으로 자처했으며 국내적으로는 경제적 성장이 절정을 이루었다. 그러나 21세기에 미국은 온통 불만스럽다. 그렇지만 트럼프가 추구하는 미국의 고립주의 정책, 즉 미국의 요새화는 미국에겐 중대한 정책적 실수가 될 것이다. 제1차 세계대전에 환멸을 느낀 미국인들이 고립주의로 돌아선 결과는 미국인들이 인정하듯 제2차 세계대전이었다. 미국이 국제문제에서 탈피한다고 해서 세상이 더 안정되고 평화로운 것은 아닐 것이다. 미국은 국제문제를 피할 수 없다. 오늘날 미국의 외교정책은 인류 모두의 운명이기 때문이다. 미국의 고립주의는 천하대란을 유발하고 방임하는 결과를 가져올 것이다. 그러므로 미국은 멀지 않아 서부영화 '돌아온 서부의 사나이'처럼 다시 국제주의로 돌아올 수밖에 없을 것이다.

찾아보기

ㄴ

ㄷ

ㄹ

ㅁ

ㅇ

ㅊ

ㅋ

ㅌ

ㅍ

A

C

D

I

K

N

O

S

U

V

W

저서목록

해외 출판

『韓国外交政策的困境』, 北京: 社會科學院 社会科学文献出版社, (2017, 중국어판)

『和平之神与联合国秘书长: 为国际和平而奋斗之领』, 北京: 光明日报出版社, (2015, 중국어판)

『戦史に学ぶ軍事戦略 孫子とクラウゼヴィッツを 現代に生かすために』, 東京: 彩流社, (2014, 일본어판)

『Korea's Foreign Policy Dilemmas: Defining State Security and the Goal of National Unification』, Folkestone, UK: Global Orient, UK, (2011, 영어판)

국내 출판

『새우와 고래싸움: 한민족과 국제정치(증보판)』, 박영사, 2023

『시어도어 루즈벨트』, 박영사, 2023

『나폴레옹 보나파르트』, 박영사, 2022

『오토 폰 비스마르크: 천재-정치가의 불멸의 위대한 리더십』, 박영사, 2022

『헨리 키신저: 외교의 경이로운 마법사인가 아니면 현란한 곡예사인가?』, 박영사, 2022

『대한민국의 대부 해리 S. 트루먼: 평범한 인간의 비범한 리더십』, 박영사, 2021

『조지 워싱턴: 창업의 거룩한 카리스마적 리더십』, 박영사, 2020

『윈스턴 S. 처칠: 전쟁과 평화의 위대한 리더십』, 박영사, 2019

『지적 자서전으로서 내 저서의 서문들』, 박영사, 2018

『죽어도 사는 사람: 불멸의 링컨유산』, 극동대학교출판센터, 2018 (김동길 교수 공저)

『한국지정학과 링컨의 리더십: 동아시아의 지정학적 변화와 국가통일의 리더십』, 고려대학교 출판문화원, 2017

『평화神과 유엔사무총장: 국제평화를 위한 리더십의 비극』, 고려대학교 출판부. 2013

『전쟁神과 군사전략: 군사전략의 이론과 실천에 관한 논문 선집』, 리북, 2012

『무지개와 부엉이: 국제정치의 이론과 실천에 관한 논문 선집』, 박영사, 2010

『인간神과 평화의 바벨탑: 국제정치의 원칙과 평화를 위한 세계헌정질서의 모색』, 고려대학교 출판부, 2006

『새우와 고래싸움: 한민족과 국제정치』, 박영사, 2004

『시베리아 횡단열차와 사무라이』, 고려대학교출판부, 1999

『이아고와 카산드라-항공력 시대의 미국과 한국』, 오름, 1997

『소크라테스와 시이저-정의, 평화, 그리고 권력』, 박영사, 1997

『카멜레온과 시지프스: 변천하는 국제질서와 한국의 안보』, 나남, 1995

『동북아의 근대적 변용과 탈근대 지향』(공편), 매봉, 2008

『용과 사무라이의 결투: 중일전쟁의 국제정치와 군사전략』(편저) 리북, 2006

『유엔과 국제위기관리』(편저), 리북, 2005

『유엔과 한국전쟁』(편저), 리북, 2004

『UN and Global Crisis Management』(편저), KACUNS, 2004

『시베리아와 연해주의 정치경제학』(공저), 리북, 2004

『동북아의 평화사상과 평화체제』(편저), 리북, 2004

『동아시아의 안보와 유엔체제』,(편저). 집문당, 2003

『UN, PKO and East Asian Security: Currents, Trends and Prospects』(공편저), 2002

『The UN in the 21st Century』(공편), 2000

『주한미군과 한미안보협력』(공저), 세종연구소, 1996

『북한외교정책』(공편), 서울프레스, 1995

『The United Nations and Keeping-Peace in Northeast Asia』(편저),Seoul Computer Press, 1995

『자유주의의 정의론』(역), 대광문화사, 1991

『키신저 박사와 역사의 의미』(역), 박영사, 1985

『핵시대를 어떻게 살 것인가』(공저), 정음사, 1985

『제국주의의 해부』(역), 법문사, 1984

『불평등한 세계』(역), 박영사, 1983

『세익스피어의 정치철학』(역), 집문당, 1982

『정치학원론』(공저), 박영사, 1982

저자소개

강성학(姜聲鶴)

고려대학교에서 정치학 학사 및 석사 학위를 취득한 후 모교에서 2년간 강사를 하다가 미 국무부 풀브라이트(Fulbright) 장학생으로 도미하여 노던 일리노이 대학교(Northern Illinois University)에서 정치학 박사 학위를 취득하였다. 그 후 1981년 3월부터 2014년 2월 말까지 33년간 정치외교학과 교수로 재직하면서 평화연구소 소장, 교무처장 그리고 정책대학원 원장 등을 역임하였다. 2014년 3월 이후 현재 명예교수로 있다.

저자는 1986년 영국 외무부(The British Foreign and Commonwealth Office)의 펠로우십(Fellowship)을 받아 런던정치경제대학(The London School of Economics and Political Science)의 객원교수를, 1997년에는 일본 외무성의 국제교류기금(Japan Foundation)의 펠로우십을 받아 도쿄대학의 동양문화연구소에서 객원 연구원 그리고 2005년 말과 2006년 봄 학기에는 일본 와세다대학의 교환교수를 역임하였다. 또한 제9대 한국 풀브라이트 동문회 회장 및 한국의 영국정부장학수혜자 모임인 한국 셰브닝 동창회 초대 회장을 역임하였다. 그동안 한국국제정치학회 상임이사 및 한국정치학회 이사, 한국유엔체제학회(KACUNS)의 설립 사무총장과 제2대 회장을 역임하였고 이것의 모태인 미국의 유엔체제학회(ACUNS)의 이사로 활동하였다.

저서로는 2011년 영국에서 출간한 영문저서 ≪Korea's Foreign Policy Dilemmas: Defining State Security and the Goal of National Unification≫ (425쪽. 2017년 중국 사회과학원 출판사가 번역 출간함)을 비롯하여 1995년 제1회 한국국제정치학회 저술상을 수상한 ≪카멜레온과 시지프스: 변천하는 국제질서와 한국의 안보≫(688쪽)와 미국의 저명한 외교전문지인 포린 폴리시(Foreign

Policy)에 그 서평이 실린 ≪이아고와 카산드라: 항공력 시대의 미국과 한국≫(807쪽)이 있다. 그의 대표작 ≪시베리아 횡단열차와 사무라이: 러일전쟁의 외교와 군사전략≫(781쪽) 및 ≪소크라테스와 시이저: 정의, 평화, 그리고 권력≫(304쪽), 또 한동안 베스트셀러이기도 했던 ≪새우와 고래싸움: 한민족과 국제정치≫(402쪽)가 있다. 또한 2007년 대한민국 학술원의 우수학술도서로 선정된 ≪인간神과 평화의 바벨탑: 국제정치의 원칙과 평화를 위한 세계헌정질서의 모색≫(756쪽), ≪전쟁神과 군사전략: 군사전략의 이론과 실천에 관한 논문 선집≫(446쪽, 2014년 일본에서 번역 출간됨), ≪평화神과 유엔 사무총장: 국제 평화를 위한 리더십의 비극≫(328쪽, 2015년 중국에서 번역 출간됨), ≪무지개와 부엉이: 국제정치의 이론과 실천에 관한 논문 선집≫(994쪽)을 비롯하여 지난 33년 간의 교수생활 동안에 총 37권(본서의 말미 저서 목록을 참조)에 달하는 저서, 편저서, 역서를 냈다. 저자는 한국 국제정치학자에게는 어쩌면 당연한 연구주제인 "전쟁", "평화", "한국외교통일" 문제들에 관한 각기 집중적 연구결과로 볼 수 있는 ≪시베리아 횡단열차와 사무라이≫, ≪인간神과 평화의 바벨탑≫ 그리고 ≪카멜레온과 시지프스≫라는 3권의 저서를 자신의 대표적 "학술저서 3부작"으로 꼽고 있다. 아울러 2013년 ≪평화神과 유엔 사무총장≫의 출간으로 "인간神", "전쟁神", "평화神"이라는 일종의 "神"의 3위일체를 이루었다. 퇴임 후에는 2016년부터 2019년까지 한국지정학연구원의 초대 이사장을 역임했으며, 2017년 가을학기부터 2019년 봄학기까지 극동대학교 석좌교수였다. 그리고 ≪한국의 지정학과 링컨의 리더십≫(551쪽), ≪죽어도 사는 사람: 불멸의 링컨 유산(김동길 교수 공저)≫(333쪽), ≪윈스턴 S. 처칠: 전쟁과 평화의 위대한 리더십≫(449쪽), ≪조지 워싱턴: 창업의 거룩한 카리스마적 리더십≫(501쪽), ≪대한민국의 대부 해리 S. 트루먼: 평범한 인간의 비범한 리더십≫(479쪽), ≪헨리 키신저: 외교의 경이로운 마법사인가 아니면 현란한 곡예사인가?≫(843쪽), ≪오토 폰 비스마르크: 천재-정치가의 불멸의 위대한 리더십≫(491쪽), ≪나폴레옹 보나파르트≫(552쪽)를 출간했다. 그리고 저자의 일종의 지적 자서전으로 ≪내 저서의 서문들≫(223쪽)을 출간했다.

에필로그 -권력을 향해 진리를 말하다-

초판발행 2025년 10월 15일

지은이 강성학
펴낸이 안종만·안상준

편 집 장유나
기획/마케팅 노 현
표지디자인 권아린
제 작 고철민·김원표

펴낸곳 (주) 박영사
서울특별시 금천구 가산디지털2로 53, 210호(가산동, 한라시그마밸리)
등록 1959.3.11. 제300-1959-1호(倫)
전 화 02)733-6771
f a x 02)736-4818
e-mail pys@pybook.co.kr
homepage www.pybook.co.kr
ISBN 979-11-303-2281-0 93340

정 가 37,000원